汪敬虞教授九十华诞纪念文集

杜恂诚 陈争平 朱荫贵 林刚 等著

人民出版社

汪敬虞教授近照

汪敬虞教授手稿

目　录

汪敬虞先生学术传略

一、走上学术研究之途

1943 年，有一个青年从武汉大学经济系毕业。他拒绝了中央银行俸禄优厚的聘约，怀着研究学问的坚定意愿，进入中央研究院社会科学研究所当一名研究生。那里的薪俸菲薄，条件艰苦，没有像样的工作环境，但他却安于清贫。在四川的一个偏僻山村中，他度过了漫长的岁月，潜心研究中国的经济问题。

他，就是中国经济史学家汪敬虞先生。

汪敬虞，又名汪馥荪，1917 年 7 月 20 日出生于湖北省圻春县（现名蕲春县）。1937 年考入武汉大学，1943 年毕业。1943 年至 1945 年在中央研究院社会科学研究所任研究生，1946 年改任助理研究员，1949 年 10 月任中国科学院经济研究所助理研究员，1955 年改任副研究员，1979 年改任中国社会科学院经济研究所研究员。1985 年任中国社会科学院研究生院博士生导师。汪先生系民盟成员，1988 至 1998 年曾任中国人民政治协商会议第七、八两届全国委员会委员。他以学者身份积极参加国家的政治活动。1999 年 1 月退休。现为中国社会科学院荣誉学部委员。

汪先生在大学期间，就表现出了一个社会科学研究工作者的气质和素养。从 1942 年开始，他在认真攻读大学课程的同时，以极大的兴趣开始研究国际金融问题，在重庆的《金融知识》杂志上先后发表了《纽约金融市场之分析》、《联邦准备制度信用统制论》等文章，对美国的金融制度做出了颇有见地的分析。此外，他还写了一些介绍金融和经济学知识的文章。

在中央研究院工作时期，汪先生主要研究中国工业生产。在巫宝三主编的《中国国民所得（1933 年）》一书中，他担任其中工业部分的研究工作，该书于 1947 年出版。在中国经济学界，这是一部有代表性的、有影响的著作。当时，关于中国国民收入和工业发展水平的研究很少，这部著作是最为完备和精细的。直到今天，中国近代经济史研究工作者们仍然不时地需要引用这一部书的研究成果。

在中央研究院时期，汪先生还用英文发表了专著《中国的工业生产，1931—1946》（China's Industrial Production, 1931—1946）和论文二十余篇，其中有在英国皇家经济学会英文杂志《经济学报》（The Economic Journal）上发表的《战前中国工业生产与就业》（Industrial Production and Employment in Prewar China）以及在国内发表的《战前中国工业生产中外厂生产的比重问题》和研究抗日战争时期华北等地工业生产的系列文章。

汪先生在对半殖民地半封建中国经济的研究中，得出中国必须走社会主义道路的结论。1949 年初，他在报纸上撰文指出："中国需要社会主义"，而"社会主义和计划经济是不能分开的"，有人主张实行"自由竞争的社会主义"，这在当时的中国是行不通的。他列举了三条理由：第一，中国在当时是一个资本贫乏的国家，实行自由竞争的社会主义会"带来资本的浪费"，因此"中国经济建设的初期，绝对不需要"；第二，中国人口众多，劳动力的"周密与合理的安排"是一个很大的社会问题，这个任务不是自由竞争的社会主义所能解决的；第三，中国人民的生活水平很低，多数人只求温饱，消费需求种类简单，需求变化复杂的，只是极少数人，因而无需借助自由竞争的市场来体现消费需求的变化。① 这个意见，是从对中国国情的具体分析中得出的结论。在当时，一个年轻的经济学家能够提出这样的意见，是难能可贵的。

如果说，汪先生在全国解放之前认定"中国需要社会主义"主要是他个人悉心研究中国经济所得出的结论的话，那么在全国解放之后，他通过认真学习马克思主义理论，这种认识就更为深刻了。1953 年，他在《人民日报》上发表了一篇题为《旧中国为什么不能实现国家工业化》的文章。文章剖析了帝国主义、封建主义、官僚资本主义对中国民族工业的压迫和阻挠。他指出："历史的现实证明了毛主席的科学的结论，教育了中国人民，只有根本改变半封建半殖民地的中国为独立、自由、民主和统一的中国，才可能得到真正的工业化。②"在这篇文章发表之前，当时在《人民日报》主持工作的邓拓同志曾亲自审阅了文稿，并提出了意见。发表以后，《中国建设》和《人民中国》以及国外一些报刊作了转载，产生了比较广泛的影响。

---

① 汪馥苏：《论自由竞争的社会主义》，上海《大公报》1949 年 1 月 16 日和 17 日。
② 汪馥苏：《旧中国为什么不能实现工业化》，《人民日报》1953 年 5 月 21 日。

二、有关中国资本主义的专题研究

解放后，汪先生在中国近代经济史领域的研究成果是非常丰富的。1957年，他汇编的《中国近代工业史资料》（第二辑）出版了，这部近百万字的资料巨著是一部比较完备、学术价值很高、很有影响的书。出版以后，国内外都有对该书的评论和介绍。

在掌握大量资料的基础上，汪先生做了许多专题研究。从 1953 年到1965 年，他在《历史研究》、《经济研究》、《新建设》和《学术研究》等杂志上发表了多篇论文，其中研究中国资本主义的主要有：《第二次国内革命战争时期的中国民族工业》、《五四运动的经济背景》、《关于中国第一代产业工人斗争的资料》、《关于继昌隆丝厂的若干史料和值得研究的几个问题》、《关于资本主义萌芽问题的方法论》和《从上海织布局看洋务运动与资本主义发展关系问题》等；研究外国在华资本的主要有：《十九世纪外国银行在中国势力的扩张极其对中国通商口岸金融市场的控制》、《关于十九世纪外国在华船舶修造工业的史料》、《十九世纪外国在华的工业投资》等。这些论文提出了新的史料和新的观点，开掘既深，又每每阐述了研究中所碰到的一些新问题供大家讨论，因而使人们耳目一新。

打倒"四人帮"以后，汪先生的研究工作进入旺盛的新时期。在 1979年以后的几年中，他的专著《十九世纪西方资本主义对中国的经济侵略》、《唐廷枢研究》和《赫德与近代中西关系》相继出版。他还在《中国社会科学》、《历史研究》和《近代史研究》等杂志上发表了论文《试论中国资产阶级的产生》、《再论中国资本主义和资产阶级的产生》、《论中国资本主义两个部分的产生——兼论洋务运动和中国资本主义的关系问题》、《略论中国资本主义产生的历史条件》、《关于民族资本现代企业发生问题的讨论》等等。其中《十九世纪西方资本主义对中国的经济侵略》和《唐廷枢研究》两书受到国内学术界的好评。《再论中国资本主义和资产阶级的产生》一文获得《历史研究》第一届优秀论文的奖励。进入 20 世纪 90 年代以后，汪先生的学术成果取得大丰收，除了发表大量论文之外，他所主编的《中国近代经济史，1895—1927》上中下三册出版，并获得孙冶方经济学奖等多项大奖，他个人的著作《外国资本在近代中国的金融活动》、《汪敬虞集》、《中国资本主义的发展和不发展》、《近代中国资本主义的总体考察和个案辨析》相继出版。

汪先生是中国经济史学界的知名学者，但他为人虚怀若谷，处世谦让。他工作认真，一丝不苟。对于别人向他请教的事，他急人所急，尽力相助。

他抽不出时间来整理自己的一部书稿，却花了大量时间替别人看稿，哪怕是洋洋百万言的鸿篇巨著，他总是认真阅读后提出十分具体和中肯的意见。对于自己的研究生和博士生，他循循善诱，把自己的研究心得和研究方法传授给他们，处处为他们考虑，主动为他们创造各种条件。他花了很多时间和精力为别人（包括自己的学生）修改稿子，发表时却不肯署上自己的名字，他总说这是中国社会科学院经济研究所的传统。

汪先生治学严谨，他宁肯在荆棘丛生的悬崖峭壁上攀登，而不愿走平坦省事的所谓"捷径"。他的大部分研究工作，是一般人看不起的所谓资料工作，他乐意为从事研究工作的人整理出一些比较可用的资料。他是以协助巫宝三从事中国国民收入的估计开始自己的研究工作的，为了使自己所分担的中国工业生产部分获得比较精确的数字，他不避繁难，从零碎的资料中，整理出比较完整的统计，而不愿图省事，采用笼统估计的办法。例如，关于抗日战争前中国工业生产的外厂部分，有人以外厂资本为华厂资本三倍为依据，估计外厂生产也相当于华厂生产的三倍左右。汪先生认为，这样估计虽然省事，但未必符合实际。因为，第一，当时对外厂资本和华厂资本的估计本身就不完整，而且在已有的估计中，两者的范围也不一致；第二，资本额的增加与生产额的增加并不能构成正比例的关系。[①] 他宁可一家企业一家企业地收集资料，日积月累，不断补充和修正，而不愿做过于粗疏的估计。

当然他并不排斥合理的估计。鉴于中国历史上遗留的统计资料的贫乏，可靠性又极低，他认为大力收集整理统计之外，还应该容许用合理的估计数字对客观的经济形势，特别是宏观方面的经济进行估量。所谓合理，就是这种估计既有充分的事实根据，又有严密的逻辑推理。这也是需要切实认真花点力气去做的工作。举例而言，近代中国广大的手工纺织业的纱、布产量，现有的材料使我们不可能一家一户进行统计。在这种情况下，合理的估计应该是允许的。例如，从有统计可稽的全国棉花产量、棉花进出口量、纱厂用棉量以及有可能进行估计的棉花直接消费量等方面，估计手工纺纱所用的棉花数量和棉纱产量，再进而从厂纱和手工纺纱数量以及棉纱的进出口和直接消费等方面，估计手工棉织业的用纱量和棉布产量。估计的结果，往往同实际的情况大体上吻合。因此，他认为，如果两方面努力，齐头并进，中国经济史研究中的计量问题，也许会得到比较有效的解决，而中国经济史的研究，也将得到顺利和正确的开展。

---

① 汪馥荪：《战前中国工业生产中外厂生产的比重问题》，《中央银行月报》新 2 卷 3 期，1947 年。

汪先生的严谨学风，还表现在他从不掩饰自己工作中的失误和不足之处。像大多数有才能有学问的学者一样，在他对自己作估价时，看得更多的倒是自己的不足之处。他在五十年代初期，曾经和郭沫若、张仲实两位前辈在古史方面有过接触，一是他 1951 年曾为郭老查考希腊黑劳士（Helots）的身份地位①，一是 1952 年曾为张仲实先生所译的《家庭私有制和国家的起源》一书根据英译本进行校核。这两项工作都得到两位前辈的称许，但他始终认为自己担任这两项工作并不相称，惟恐产生误差有负重托。1953 年他又受严中平先生之命合作翻译马克思论中国的几篇评论。② 在翻译过程中，他深深感受到，要准确地翻译马克思的著作，需要博大精深的理论修养和知识结构。他不满意自己的工作。该译稿曾请北京大学向达教授校阅，向达写了一篇译后记，对有关史实作了详尽的论述③，这使他亲身感觉到前辈学者的渊博恢弘，同时也感觉到自己的不足。他认为在他所编的《中国近代工业史资料》和参加编辑的《中国近代统计资料选辑》中，存在一些不足和失误，他多次计划作彻底的修改补充，却始终未能如愿，因而经常感到不安。他对自己的其他一些著作也自我要求甚严，反复反省。实际上，他所反省的一些问题在整部著作中只是个别的小问题，无伤大雅，这样那样的局部小问题几乎是所有的高质量的好作品都会有的，但汪先生严于律己，甚至撰文作自我批评④。

三、对经济史学科的开拓贡献（上）

汪先生对自己的要求很高，他的研究成果也极为丰富。他在中国近代经济史研究中作出了重要贡献。在这门学科的七个方面，他做了开拓性的工作。现扼要介绍如下：

第一是资料建设。汪先生为收集和整理中国近代经济史资料倾注了大量心血。他编的《中国近代工业史资料》（第二辑）勾勒出了 1895 至 1914 年中国资本主义工业的基本轮廓，使读者能了解外国在华工业资本、官办工业资本和中国民族私人工业资本的基本状况及相互关系。这为中国近代经济史的研究做了一件极有益的基础工作。

1959 年和 1962 年，汪先生和其他一些同志为编写《中国近代经济史

---

① 见郭沫若：《奴隶制时代》，人民出版社 1954 年版，第 111、112 页。
② 见《新建设》1953 年 5～6 期。
③ 见《光明日报》1953 年 11 月 28 日"史学"栏目。
④ 如见汪敬虞：《回首杂忆》，《近代史研究》2004 年第 3 期。

（1840—1895）》，曾两次到上海收集资料，前后工作一年以上。上海是近百年帝国主义侵华的主要基地，也是旧中国资本主义经济的中心城市。在上海藏有大量的历史文献。他们在上海期间，先后共收集到中西文资料数百万字，受到学术界的注意。对此，1962 年上海《文汇报》专门作了报道①。

汪先生对资料的收集从不满足，始终孜孜以求。他常常教导他的学生说，要做好中国近代经济史的研究，一定要扎扎实实地先做资料工作，否则就没有发言权。当然，他并不主张单纯为资料而资料，而是坚持理论概括必须建立在大量资料的系统分析和综合的基础上，才更加具有雄辩的说服力。

第二是关于外资侵华的研究。汪先生在这方面的研究成果有《十九世纪西方资本主义对中国的经济侵略》、《赫德与近代中西关系》和《外国资本在近代中国的金融活动》等三部专著及一些论文。《十九世纪西方资本主义对中国的经济侵略》是一部着重分析历史过程的专著，涉及外资侵华的每一个方面。这部大著由十七个相对独立的专题组成，是迄今我们所能见到的关于研究十九世纪外资侵华过程的最为完整和详尽的著作。

中国近代经济史研究中，甲午战争是一个分期点，因为马关条约第一次规定了外国在华的设厂权。甲午前，外资侵华是处于商品输出阶段，甲午后则跨进了资本输出的阶段。但是历史过程是不能用简单的分期标志来取代的。他的研究从两个方面充分展示了历史过程的复杂性和丰富性。第一是关于暴力掠夺。鸦片战争后，西方侵略者获得了他们所要求的条约口岸，获得了有利于推销外国工业制品的协定关税，还获得了保护外国在华商人身家财产的治外法权。若从抽象的概念出发，逻辑的结论应是贸易的扩大和外国商品占领中国市场，应是外国商人按条约的规定从事正常的贸易，因为条约已经提供了他们所要求的一切。但事实却并非如此简单。中国的市场并没有一下子完全打开，外国商人的活动并没有受条约的限制。非法的、破坏中国主权和采用暴力的掠夺，是鸦片战争以后一个相当长的时期以内外国资本主义入侵中国的一个特点。它出现在 19 世纪 40 年代以后的中国，却带有十六至十八世纪早期殖民主义对殖民地的暴力掠夺的色彩，它同资本主义世界以所谓合法贸易的方式打开中国市场，有着明显的区别，但它同时又是资本主义打开中国市场的所谓正常贸易的补充。没有鸦片走私，正常的合法贸易在一个时期以内就无法开展。既是正常贸易，又不是正常贸易，不看到这一点，就不可能对西方资本主义通过商品输出侵入中国的特点，有一个合乎实际的分析；就不可能对鸦片战争以后西方资本主义对中国的入侵，得出一个合乎

---

① 《文汇报》1962 年 7 月 5 日 "学术之窗" 栏目。

逻辑和历史过程的结论。第二是关于资本输出。外国对中国的资本输出是马关条约签订以后才大量出现的事实，但在此之前，外国在中国已有企业投资和借款活动。单是工厂一项，就有 191 个单位，资本累计合银圆将近两千万元。各西方国家对中国的财政和实业放款，初步统计，前后共有 43 笔，累计合库平银 4600 万两。这里出现了资本在百万元以上的香港黄浦船坞公司和中华火车糖局，出现了曾经垄断中国内河和沿海船运的怡和、太古轮船公司，出现了以海关洋税、地方藩库收入乃至各种产权作为抵押的借款。这就说明：在马关条约签订前，西方国家对中国已有资本输出。但马关条约前的借款和企业活动，与条约签订后的资本输出有很大的不同。借款期限短，而且数额也有限，属于临时周转的性质。采矿是为了适应航运的需要，也就是贸易的需要。工厂企业，就几个重点部门而言，他们的主要目的，也都是为了扩大贸易的掠夺，而不是为了输出过剩的资本。这个时候，外国在华工业的两大部门——船舶修造和出口加工，一个是为了便利轮船的运输，一个是为了加速原料的掠夺。可见工业投资的步伐，也是紧紧跟着贸易的步伐的。所以，甲午前外国在华企业活动和借款，既是资本输出，又不是资本输出，这也是合乎逻辑和历史过程的结论。[①]

　　如果说，《十九世纪西方资本主义对中国的经济侵略》是从面上来把握当时的历史过程的话，那么《赫德与近代中西关系》则是以一个典型人物为中心，作辐射状的研究，以此来深刻地展现外国侵华的历史过程。赫德是中国近代史上一个举足轻重的人物。他从 1863 年起，正式担任海关总税务司，1908 年离职以后，依然保留这个头衔，一直到他死去之日。在西方有关中国近代史的著作中，有所谓"赫德中心论"这样一种说法。他们美化赫德，歪曲历史。这是对中国人民历史的挑战。《赫德与近代中西关系》就是为了接受这个挑战而撰写的。全书以丰富的史实，揭示了赫德在中国海关的罪恶活动，揭示了他插手西方国家对中国的贸易掠夺，插手西方国家对中国的投资掠夺，还参与了他们在中国的非法暴力掠夺的罪行。该书还揭示了赫德插手这一切活动时所表现出来的特点。他参与了同样的活动，却往往表现出各种不同的形式。他采取了比较隐蔽的手段，容易迷惑人们的视线。他把许多非法活动加以所谓合法化（如鸦片走私、苦力掠夺）。他把许多侵犯中国主权的活动打扮成维护中国主权的行为（如港口引水）。他把他的所有活动都说成是"为中国多办好事"。《赫德与近代中西关系》对赫德活动的特点进行透视，揭示了这个历史人物的本来面目。[②] 可以说，《十九世纪西

---

①　汪敬虞：《十九世纪西方资本主义对中国的经济侵略》，人民出版社 1983 年版，序。

②　汪敬虞：《赫德与近代中西关系》，人民出版社 1987 年版，引言。

方资本主义对中国的经济侵略》和《赫德与近代中西关系》是姊妹篇，前者从各个侧面来研究，后者则以一个人物为中心来研究，两者互为呼应，相得益彰。

第三部著作则是人民出版社于 1999 年出版的《外国资本在近代中国的金融活动》。正如作者在前言中告诉我们的，这项工作始于 20 世纪 50 年代之末，距本书出版已有 40 年之久。在此期间，作者批阅了北京各图书中心所藏资料，还先后两次赴上海图书馆徐家汇藏书楼收集馆藏 19 世纪中西文报刊和各种遗存文献中的有关资料，并据此撰写了一部 30 万字的专著初稿。其后又在此基础上，先后写了近 50 万字的专题论文。然而由于种种原因，专著既未能定稿付印，专题论文也有一部分未能及时发表。记得十多年前，笔者就曾数度对汪先生提及，希望老师关于外国在华金融活动的著作能够早日出版，这个领域是中国近代经济史研究中比较薄弱的环节之一。汪先生总说手头工作忙，等忙过一阵再说。后来主编《中国近代经济史》第二卷（第一卷是严中平先生主编的），殚精竭虑，呕心沥血，真正是十年辛苦不寻常，直到二卷脱稿后，老师才终于捡起自己开始于数十年前的稿子。

这部著作的学术价值，首先在于其历史资料异乎寻常的丰富。外国在华金融活动之所以是经济史研究中的一个薄弱环节，首先就在于研究资料的不易获得。研究华资金融好歹还有档案可看，而外国在华金融业的档案资料很少，特别是 1927 年以前的外国银行档案，目前在国内几乎看不到。而当时几种主要的金融业刊物，如《银行周报》、《钱业月报》等，也主要是介绍华资金融业的情况，对外资金融的介绍比较简单。从该书的资料来源看，西文的报刊、海关报告、编年史以及西文书籍是主要的资料来源。时间越早，中文资料越少。而这类西文资料的特点是分散的、零星的，从个别资料来看往往是意义不甚明了的。作者收集这类西文资料所下的功夫之深，实在令人惊叹不已。零敲碎打是决不能建功的。作者是用"地毯式轰炸"的方法把这些分散而零星的资料收集、整理成系统而完整的资料，将若明若暗的历史过程重现在我们眼前。从中也可以看出作者高度的敬业精神和工作的高效率。

对外国在华金融活动负面效应的强调，是本书的主要特色之一。本书的另一个特色是能够高屋建瓴地把各个不同阶段外国在华金融活动的不同特点概括出来，然后提纲挈领地以史料和分析展现给读者，使读者虽面对纷杂的历史，却毫无纷杂的感觉。凸现各阶段主要特点的井然有序的夹叙夹议，使读者感受到历史演进内在逻辑的力量。

第三是关于买办的研究。汪先生在这方面的代表作是《唐廷枢研究》，此外在一些文章中也涉及买办问题。在《唐廷枢研究》中，他研究了唐廷枢的生平。他不同意以往有关研究中的扬郑（观应）抑唐（廷枢）之论。有人认为唐是地地道道的"洋务派集团中的人物"，"属于买办性的大资产阶级"，而郑则代表新兴的民族资产阶级。作者认为，唐廷枢和郑观应有许多相同的地方。主要的一点就是他们都是由买办而投身于洋务企业。至于两人的不同之处，在思想理论方面，郑观应固然比唐廷枢看得深远，他的著作写了唐"看不到也说不出的东西"，但在社会实践和实际效果方面，唐是高郑一筹的。①

　　作者以唐廷枢的生平为中心线索，生发开去，精辟地阐述了买办研究中的几个重要理论。作者科学地论证了买办的双重身份。书中指出："洋行要求买办，首先必须是一名商人。"买办不仅是洋行的雇佣者，同时也是有自营生意的商人；不仅是货物的经纪人，同时又是货主。买办不仅兼有商人身份，他还是一个特殊的商人。他和他的主子做同样的生意，但是这里却不存在真正的竞争。相反，从总的方面看，他却受到主子给予的保护和便利。他有自己的一套完整的商业机构，却往往利用他主子的名义，打着他主子的招牌。他是洋行控制中国市场的忠实助手，同时又和通商口岸的钱庄银号、内地的行商坐贾结成巧妙的联盟。他做的是无本生意，但同时又有最充足的资金。他和其他商人一样，害怕封建王朝的勒索，却又从这种勒索中取得其他商人所不能获得的好处。总之，他是半殖民地特有的商人，他有着一般商人所没有的特殊地位和身份。② 这是作者在买办研究中的新建树。

　　从双重身份的研究，作者得出了买办财富主要来自其自营商业的重要论断。这同过去一般所认为的买办收入主要来自佣金的说法是不一样的。作者指出：19世纪60年代中期以前，洋行与买办之间，佣金制度还没有正式建立。当时有许多洋行宁愿支付固定的工资，而不愿买办在生意中抽取佣金。60年代中期以后，佣金制度逐渐建立起来。最初买办的佣金，一般为2%，其后由于竞争，佣金趋于下降。到了60年代后期，有的仍能维持2%，有的则已下降到1%。从60年代开始，一直到80年代终了，1%的佣金率已成为普遍的现象。到90年代初，则进一步下降为0.5%以至0.25%。从1865年至1894年的30年中，贸易总额累计为49亿海关两。30年间，佣金的数额按最高的比例计算，即使全部进出口贸易都经买办之手，并且都抽取佣金，也不到1亿两；如按最低的比例计算，则不过1200万多两。这个数目，显然不足以构成数以千百计的买办的暴发财富的主要部分③。作者认

————————

①　详见汪敬虞：《唐廷枢研究》，中国社会科学出版社1983年版，"结束语"。

②　汪敬虞：《唐廷枢研究》，"几个值得研究的问题"之（五）。

③　汪敬虞：《唐廷枢研究》，第116页。

为，买办以其特殊身份所从事的自营商业是他暴富的主要途径。

作者还论证了在中国资本主义的发生时期，买办资本大量向民族资本转化的史实。作者以丰富的史实说明：中国最早的一批资本主义现代企业的资本，有相当大一部分是由买办资本转化而来。接着，作者分析了为什么买办甚至比积累了更多财富的官僚、地主和旧式商人更愿意投资于资本主义新式企业的原因。作者指出：买办之所以最先投资新式企业，最主要的原因，是他最先接触了资本主义的剥削方式，是他的资本最先享受了这种剥削方式的"果实"。他的资本运动和他的主人——外国资本家的资本运动，保持亦步亦趋的关系。追求最大利润的原则，在作为外国掠夺者的工具的买办资本的身上，同样起着支配的作用。作为外国侵略者的贸易掠夺的工具，买办在分取佣金之外，还建立了自己的商业机构，从中分取更多的商业利润。当外国侵略者从流通领域扩大到生产领域，从贸易活动扩大到投资活动的时候，买办也自然而然地在附股外国企业之外，又建立起自己的企业，从而取得更多的企业利润。买办资本从流通领域向生产领域的转化，从附着于外国企业到自办企业的转化，这并不是出于买办的爱国心和民族感，但是它代表着买办资本向民族资本的转化，是历史的进步。同时，它又使新生的中国资本主义企业和外国资本势力不能不发生先天的依存关系。①

对于买办投资或经营官督商办企业的评价，作者也坚持了实事求是的分析态度。书中指出：官督商办的企业，不只限于发展官僚资本一个前途。这里存在着化官督商办企业为官僚私产的力量，又存在着反对把它化为官僚私产的力量。在这个不断反复的斗争中，人们可以清楚地看出：对官督商办企业寄托发展民族资本的希望的人，也包括投资于这些企业的买办人物在内。②

四、对经济史学科的开拓贡献（下）

第四是关于中国资本主义和资产阶级发生的研究。汪先生在这方面的作品有《试论中国资产阶级的产生》、《论中国资本主义两个部分的产生——兼论洋务企业和中国资本主义的关系问题》、《关于民族资本现代企业发生问题的讨论》、《略论中国资本主义产生的历史条件》、《中国资本主义现代企业的产生过程》、《中国近代手工业及其在中国资本主义产生中的地位》等文章。经济史学界有许多人的意见认为：由于官僚资本与民族资本的性质

---

① 汪敬虞：《唐廷枢研究》，"几个值得研究的问题"之（六）。
② 汪敬虞：《唐廷枢研究》，第146页。

不同，因此，两者的产生也必然沿着截然不同的途径。从早期的洋务派企业到北洋军阀官僚资本以至四大家族的形成，这是官僚资本主义发生和发展的一条途径。而早期的民间近代企业，则是继承封建社会中的资本主义萌芽来的，由此而发展为民族资本主义。对此，他做出了不同结论。他以煤矿、纱厂、云南铜矿、四川盐井等行业的情况为例，论证了在中国现代工业产生的十九世纪七十年代，许多部门中原有的手工业，并没有发展成为使用机器生产的现代工业。中国手工工厂向大机器工厂过渡，不是发生在大机器工业出现之前，而是发生在大机器工业出现之后，这是中国资本主义产生的一个重要特点。这个特点的产生是由于中国小农业和家庭手工业的结合特别坚韧。十九世纪七十年代前后，在为外资掠夺原料、推销成品服务的行业（如广东的缫丝业、上海的船舶修造业等）中，出现手工业向机器"过渡"的可能性。但深入的研究表明，从经营者、资金、机器、技术等诸方面看，新式的机器工业都不是资本主义萌芽的进一步发展。因而，从资本主义萌芽到早期民间近代企业不可能是大量的，更不可能是主要途径。也就是说，两者之间并无直接继承性。至于洋务派企业，也不能简单地把它们看做是官僚资本主义的起点，因为官督商办企业中始终存在着两种力量和两个前途的矛盾斗争，有些官督商办企业后来演化为商办企业。[①] 他认为，为了证明一脉相承，而把洋务派的企业说成是国家垄断资本主义的企业，这是来自一种没有根据的简单类比的结论。

　　汪先生认为，半殖民地半封建社会中产生的资本主义和资产阶级有大的和中小的不同，也就是有官僚、买办资本和民族资本的区别。但是，承认这两种截然不同的资本的同时存在，并不一定意味着它们的产生，也沿着截然不同的途径。也就是说，要看到过程的复杂性，不能简单化，一刀切。中国民族资本企业的产生，经历了三个不同的途径，也可以说三种不同的类型。他以缫丝工业为例，说明在中国民族缫丝工业的发生过程中，既有纯粹商办缫丝厂的设立，也有洋行买办附股外商丝厂和洋务派官办丝厂的转化。这三种途径带有普遍性。也就是说，在事物的过程中，分化和转化带有普遍性。[②]

　　汪先生认为，在现有的中国近代经济史的专著中，谈到现代企业产生的历史条件，几乎无一例外地从商品市场、劳动力市场和货币财富的积累三个

---

　　① 汪敬虞：《论中国资本主义两部分的产生——兼论洋务企业和中国资本主义的关系问题》，《近代史研究》1983 年第 3 期；《再论中国资本主义和资产阶级的产生》，《历史研究》1983 年第 5 期。

　　② 汪敬虞：《关于继昌隆丝厂的若干史料和值得研究的几个问题》，《学术研究》1962 年第 6 期；《关于民族资本现代企业发生问题的讨论》，《近代史研究》1982 年第 1 期。

方面进行分析。这是需要的。但这种分析不能从概念出发，不能像分析西方国家那样来分析中国，因为中国的社会条件不同，一定要从半殖民地半封建中国的特殊的社会历史条件出发来进行研究。另外一个重要问题，则几乎成为所有的研究者所忽略的一片空白，这就是从生产力的变革方面去研究中国资本主义现代企业的产生。生产力的研究，也就是用什么生产工具进行生产的研究。这是区别各种经济时代的最后根据。在这方面，他研究了外国技术的引进同中国资本主义发生的关系。①

汪先生对中国资产阶级的产生的研究，主要考察的是形成的过程。他认为，中国封建社会中的工商行业，在外国资本主义入侵的条件下，面临着两种不同的变化。一是受到外资的排挤和打击，从而走向衰落，甚至遭到淘汰；一是转而适应入侵的资本主义的需要，从而得到保存，甚至还有所发展。前者如海运，后者如钱庄。从入侵者这方面而言，它对入侵道路上的障碍固然要加以打击和扫除，但对能为它所用、受其操纵指使、以收更大的掠夺实效的，也不排斥对它的扶植和利用。而无论打击、排挤，还是扶植、利用，它的目的都是要使中国经济结构的变动适应它的侵略需要。在中国经济结构的变动中，一般地说，受外国资本主义入侵的排挤打击的中国商人，对入侵的资本主义采取抵制禁拒的态度；而适应外国资本主义入侵需要的，则采取迎合效力的态度。这是总的趋势，当然具体情况是复杂的。这样，进入70年代以后，中国原有的工商行业和集团，在对待新生的资本主义企业的态度上，自然而然地出现明显差异。中国第一代工、矿、航运企业的资本家，正是从对新生的资本主义持积极态度的社会集团中产生的，而买办和新式商人则比其他社会集团具有更明显的投资倾向。②

第五是关于旧中国工业资本发展水平的研究。在巫宝三主编的《中国国民所得（1933）》一书中，汪先生承担制造业部分的研究工作。当时的经济统计研究所有一个关于1933年中国工厂生产的统计。但这个统计有三个主要遗漏的地方：未包括外厂；未包括东北和一些边远省份的工厂；未包括发电、货币制造、影片制造等工厂。汪先生的统计则补充了这些遗漏，并作了其他一些修正和补充，作出了一个比较完整和准确的统计。在英国皇家经济学会主办的英文杂志《经济学报》上发表的《战前中国的工业生产和雇工状况》一文中，作者把1933年中国工业发展水平同西方国家作了比较。他还对抗日战争时期华北的工业生产发展水平作过很深入的研究，主要论文有：《战时华北工业资本与生产估计》、《战时华北工业生产指数》、《战时华

---

① 汪敬虞：《略论中国资本主义产生的历史条件》，《历史研究》1984 年第 2 期。
② 汪敬虞：《试论中国资产阶级的产生》，《中国社会科学》1981 年第 5 期。

北工业资本、就业与生产》等。这些工作在当时都是具有开拓性的。

第六是关于中国近代经济史中心线索的探讨。这方面的代表作是《中国资本主义的发展和不发展》①。过去流行的中国近代史的中心线索是所谓"三次革命高潮",即太平天国起义、义和团运动和辛亥革命。20 世纪 80 年代许多学者提出异议,认为应该把中国资本主义的发展看做是中国近代史的中心线索。汪先生则在此基础上更深入一步,认为不仅要研究中国资本主义的发展,而且要研究它的不能充分发展及其原因。这种不能充分发展,不仅表现在资本主义的总体水平上,而且表现为点与面的不协调,表现为点上的发展与面上的不发展并存的局面,先进的工业与传统的农业长期并存,机器大工业与手工业长期并存。汪先生认为,研究中国近代资本主义的发展与不发展,不仅能更为准确地认识中国近代史,还能启迪我们对当前现实的反思,因为这是认识中国国情的基础。

关于中国近代经济史的中心线索问题,曾由《中国经济史研究》编辑部在 1989 年组织了一次笔谈形式的大讨论,以后在别的刊物上也出现了专题讨论的文字。汪先生在这些讨论中汲取营养,并把自己的观点阐述得越来越清楚。2002 年,他出版了专门研究中国近代经济史中心线索问题的《中国资本主义的发展和不发展》②。在该书前言中,作者强调了他过去说过的一段话:"在我的心目中,中心线索就像一支糖葫芦棍,是贯穿事物整体的一条主线。通过这条主线能更紧密地联结主体的各个部分,更好地认识主体。一部历史,通史也好,专史也好,有没有中心线索,形象地说,就看它是像一串糖葫芦,还是一口袋土豆。从这一点看,我们现在所讨论的中心线索,就不止是单纯中国资本主义本身发展状况的描述,如中国资本主义的缓慢发展、微弱发展、初步发展、进一步发展等等,而应该提到理论的范畴中来,提高到质的分析的水平上。资本主义的发展和不发展这个提法,我个人认为基本上符合这个要求。在我的设想中,这样一个提法要着重解决两个问题,即提发展时要着重分析和研究它是怎样发展的;提不发展时要着重分析和研究它为什么不能发展。这两个问题比较好地解决了,我们对半殖民地半封建社会的认识就会有一个比较高的观察点。"③ 可以说,该书是作者对中心线索讨论的一个总结。

第七是关于综合研究。汪先生参加了由严中平先生主持的《中国近代经济史,1840—1894》的专题研究工作。上世纪 80 年代晚期,汪先生则主

---

① 《历史研究》1988 年第 5 期。

② 汪敬虞:《中国资本主义的发展和不发展》,中国财政经济出版社 2002 年版。

③ 参阅《中国经济史研究》1990 年第 2 期,第 2～3 页。

持了《中国近代经济史，1895—1927》这一"八五"国家重点研究项目。该项目历时十余年，汪先生殚精竭虑，呕心沥血，真正是十年辛苦不寻常。最终的成果是于 2000 年出版的，全书 178 万字，分上中下三册①。该书的写作者们在汪先生的布置下，注重发掘第一手资料，在专题研究的基础上构造总的研究体系，成为有分量的巨著。汪先生近期发表的论文集《汪敬虞集》和《近代中国资本主义的总体考察和个案辨析》也可以归入综合研究的范畴。前者收集了汪先生的论文 19 篇②，后者则收集了汪先生的论文 20 篇③，两者的内容少有重复之处，都从宏观和微观两个方面论证了中国资本主义的发展和不发展。

五、敬业精神感人至深

汪先生是笔者的老师。在笔者心中，他不仅在学问上永远是自己的楷模，而且在敬业精神上更加永远是自己的楷模。

说实在的，一个社会在转型的过程中会有许多机会、许多诱惑，从功利的眼光来看，做一个学者确实得到的并不多。笔者也曾经彷徨过，动摇过。当然，改行做别的也很正常，但学科建设总要求有一些人能留下来。我之所以在经济史领域一直工作到今天，汪先生的言传身教是主要原因之一。

1997 年 7 月，汪先生作诗一首，抒发胸中的人生感悟。诗是这么写的：

八十书怀

赣水潮初涌，梁园柳渐鸣。
四川斜日淡，北地暮云轻。④
头白谁堪老，书陈纸尚新。
开门迎寂寞，投笔惜清贫。⑤

汪先生在给笔者的一封信中对"梁园柳渐鸣"作了解释。他说，记得谢灵运有"园柳变鸣禽"的诗句，钱锺书的《谈艺录》中又有"高柳眠阴半在池"的佳句，这表明：在诗人眼中，柳树既会唱，又会睡。于是就有

---

① 　汪敬虞主编：《中国近代经济史，1895—1927》，人民出版社 2000 年版。
② 　《汪敬虞集》，中国社会科学出版社 2001 年版。
③ 　汪敬虞：《近代中国资本主义的总体考察和个案辨析》，中国社会科学出版社 2004 年版。
④ 　汪先生原注：余幼年侍父江西，稍长从兄河南，抗战军兴，违难西蜀，今客京华又忽忽将五十载。赣水梁园、暮云斜日，皆所以自况，非纪实也。
⑤ 　汪先生原注：古有投笔从戎，今有投笔从商，余无所从，惟惜清贫已。

"梁园柳渐鸣" 的发挥。

这首诗的前四句写人生的经历，后四句写做人和做事的意境。"头白谁堪老，书陈纸尚新" 两句，充分表达了老师以学术为生命的境界；"开门迎寂寞，投笔惜清贫" 两句则活脱脱写尽学者风范。一个学者所有的甘苦和成就，均可从这两句诗中寻觅。坦坦荡荡地回首人生，发现寂寞和清贫竟是读书人最大的财富。只有保持心平似镜、坦荡孤寂的心态，才能成就学术。当清贫渐渐离我们远去的时候，我们会觉得：过去的岁月尽管不富有，但我们的精神生活是那么的充实，我们的生活方式是那么的朴实干净。清贫是对我们人生选择的考验。在这方面，汪老师是影响我一生的崇高楷模。

汪先生至今仍在经济史的学术园地里辛勤耕耘，研究和写作已成为他生活方式的一个不可或缺的组成部分。

高山仰止，景行行止，虽不能至，然心向往之。

上海财经大学　杜恂诚

庆贺与期盼

——记敬虞兄的治学与待人

我与敬虞兄相识近半个世纪了。20 世纪 50 年代末、60 年代初他和经济所几位同仁由北京来上海深入地搜集有关近代中国经济史的资料，我那时正从事金融史料的整理与汇编，接待他们，既尽东道主之责，又能得到交流与请教的机会。逐渐熟悉了，彼此往来就多，以后我到北京，总去三里河二区他们家拜访畅谈，还多次叨扰汪夫人曹大夫为我安排菜肴可口的晚餐。他年长我两岁，我称他为兄，既显亲切，又示尊重。值此迎贺他九秩华诞之际，我要想说的话很多，这里只就他治学与待人两方面谈谈我的感受。

一、治学——严谨不苟，止于至善

敬虞兄做学问，一丝不苟，精益求精，这是学术界大家所公认的。正由于治学严谨，对自己的研究成果力求完善，所以他的著作本本都是精品。人们常说的一个人应做到生活上低要求、工作上严要求，他正是这样的人。

关于他的治学严谨，成果累累，可以叙述的事很多。我这里就较为突出的工业、经济、金融三方面加以记叙。

工业方面，早在 20 世纪 40 年代做研究生时他就已开始经济研究，在工业生产力方面做过深入的探索，1957 年《中国近代工业史资料 1895—1914》出版，这是他对旧中国工业生产问题系统研究的成果。这本资料书出版后，被中外学术界引用频率之高，可以说是名列前茅。经济方面，中国社会科学院经济研究所承担的传世之作《中国近代经济史》原分三大编，第一编 1840～1895 年五章中他参与其中三章的撰写，是执笔队伍中的主力，第二编他是主编又是主要撰稿人；第三编他已成为主其事的青年学者们的不可或缺的好顾问，因此可以说，这部巨著得以问世，他是中流砥柱，中兴的功臣。金融方面则是在"文革"之前已写成的《19 世纪外国在华银行》稿，出于他的精益求精的追求，迟迟不作出版之计，直到 1999 年才以《外国资本在近代中国的金融活动》为书名问世，这时已到了止于完善的程度了。以上简括地说他在工业、经济、金融三方面的研究成果，都体现了他一丝不苟、严谨治学的思想和精神，但正由这些成果都是珍品，也就确立了他在中国近代经济史研究领域的权威地位。

他在中国近代经济史学术研究领域的突出贡献，是把"中国资本主义发展和不发展"这一核心观点牢牢地树立起来。几十年来，持这种类似看法的学者不只他一位，但是明确地认为中国资本主义的发展与不发展，是横在近代中国发展过程中的一条线索，并作为一个命题提出来，他是第一人。把握好这一观点是需要有辩证思想的。这一基本观点之所以重要，因为它是认识近代中国社会的一把钥匙。掌握它，就能正确地说明中国资本主义的真实情况，对一些问题的见解能切中肯綮，结论也就更有可能接近真理。

他所持这一基本观点也是逐渐形成的。早在 1964 年准备向邵循正先生商榷和请教的一封信稿中已经有了这一思想的萌芽，以后逐步酝酿、逐渐成熟，终于在 1998 年《中国近代经济史 1895—1927 年》中以"导言：中国资本主义的发展和不发展——中国近代经济史的中心线索"形式提出来。这也说明他一以贯之的严谨的、力求完善的治学精神和治学态度。

二、"快手"——源于功底深厚，心灵和悟速

我钦佩敬虞兄的博学多才，修养深厚，学贯中西，会通古今。尤佩服他写的文章流畅通达，条理明晰，旁征博引，挥洒自如。大家都说他写得快，有的人更形象地称他为"快手"。"快手"的称号，在他是当之无愧的。单看改革开放后的 20 世纪 80 年代，他的业绩就十分显著，接连出版了《十九世纪西方资本主义对中国的经济侵略》（1983）、《唐廷枢研究》（1983）、《赫德与近代中西关系》（1987）、《中国近代经济史 1840—1894》（1989），在等待这第一编出版期间他已基本完成了第二编的准备工作，包括部分内容的撰写成稿，以一位年近七旬的老年学者，十年中有这么多研究成果，不由得不使人叹服。同时不免令人叹息历次政治运动和"文化大革命"，浪费了多少学者的光阴。记得 20 世纪 60 年代有一年我去北京，他正在周家口参加"四清"，我跑到那边去看他，只能站着谈一会儿，"文革"中他也无例外地去河南干校劳动，这些光阴对一个正处于中年将要步入老年的学人来说是多么的宝贵。

他的研究成果多，问世作品多，是他孜孜不倦，不畏辛苦，成天伏案写作的结果，这是容易看到的；但更应该看到的是，他的成就源于功底深厚，掌握研究方法和写作技巧。他书房中的藏书并不算多，但他对社科院和经济

所图书馆藏书的利用，是到了最佳、最成功、最合理的境界。他的书桌上也不是资料成堆，摆满了与近期写作内容并不相干的东西。我发觉他的博闻强记，有超人之处，这倒不是"过目不忘"，而是阅读成效高，又能做成有用的卡片或摘记。这些摘记，又并非枝蔓太广，而是恰到好处，写作时派得上用场，真正到了熟能生巧的地步。

他还有一绝，是凭借心灵和领悟。他之所以能领会快速是因为他阅历丰富，学识深湛，世情通达，善于辩证地看问题。至于心灵则是另一功。有一次，我们谈到文章选题难和选题要准的问题时，他说他常常在早晨醒来或散步时忽然想出隔夜或近期正在想的问题的答案：这时，一个好的题目出来了，一个关键用词跳出来了，一个解决问题的途径浮现在眼前。我恰巧也有同样的感受，往往一早醒来，一个不易解决的难点问题像受到启发一样有了答案。这种情景，正发严复所说的"一名之定，旬日踟蹰"，字斟句酌难定之词，一早得之，何其乐也。我之所以要提出他的这一心得，并非鼓动青年学者们坐等巧遇，而是想阐释做学问要多琢磨、多思考，总有一天会"诚则灵"，有"苦尽甘来"的可能。

三、宽厚——待人之道

越是有学问的人，越是有成就的人，对年青一代和对后一辈越能循循善诱，越能谦和平易。

敬虞兄平生不喜招摇，不图虚名，不好为人师，而助人为乐，不计较自身得失，乃至舍己耘人。上面说过，改革开放前他已有一份相当完整的关于十九世纪外国在华银行的稿子，恰巧我的一位老友亦在收集外国银行史料，便央我代为恳借。对于一部已经相当成熟、稍作修改便可出版的稿子，愿意借给"同行"去参阅的，已属于慷慨之举了，然而借者迟迟不还，出借者也不追索，倒急了我这中介人。此后每见到敬虞兄必问，稿子还来了没有？他总是报以一笑，淡淡地说一句：不急。我之焦急，唯恐稿子丢失。后来这位朋友与别人合作编成一部某一外国银行在华史料，而把敬虞兄稿子中许多内容列在篇首，像是绪言，又像导言，而没有注明资料来源。这对编书写书的人来说，已涉及书德问题，我更是歉疚万分，而敬虞兄又是报以一笑，淡淡地说了一句：让他去。

他对待去访问他的年青人和后一辈，态度之和善、耐心、诚恳，恐怕没有人能及得上他。我曾介绍周育民、竺菊英两位有志于深造的青年去拜访请教，他真是教诲之唯恐不全，帮助之唯恐不周。后来这两位都学有所成，一位已是教授、博导，一位成为留在国外的学者。这固然是他（她）们自己努力的结果，但敬虞兄厚以待人的美德确也会给青年人带来一份温暖和激励。

他对最初培养的两位硕士生的指导、帮助自是满腔热忱，关怀备至。当这两位研究生毕业论文答辩时，因他们的论文题目都是关于金融史的，就邀请我去担任答辩委员会主席，晚上就安排我睡在月坛北小街经济所的办公室里。第二天已故世的张国辉同志一见面就说"老汪、真是……"。"真是"什么：不叫所里接待部门去安排住宿而让客人睡在办公室临时搭起来的钢丝床上。敬虞兄最怕麻烦单位里的事务部门，宁可让老友简单方便地睡一宵，而我倒也是颇觉我们友谊之深，已经有"君子之交淡如水"的韵味儿了。

敬虞兄对别人的研究成果，总是慰勉多鼓励多。我撰写的《从汇丰银行看西方列强对旧中国的金融统治》，1964 年 4 月发表在上海的《学术月刊》上，写了这家银行的 84 年，只有两万字的篇幅；而他撰写的《汇丰银行的成立及其在中国的初期活动》发表在 1983 年《经济史集刊》第五辑上，他写这家银行的最初十年就有 3 万字的篇幅，前者粗疏，后者细密，对照起来十分明显，我自嘲这也是属于"海派"与"京派"之区分吧！但他却热情鼓励我，说我的那一篇是"革命性与科学性的最佳结合"。

四、再出名作名言——我的期盼

敬虞兄对别人请他审阅的书稿文稿总是厚以待人，先作充分肯定再谨慎地提出中肯意见。由于他是认真审阅并反复思考后才提出来的意见，这对编著者来说，不仅恰如其分容易接受，而且总是十分重要，正像他的著作是名著一样，他的这种极其有价值的发言也就是名言。

1997 年 6 月溽暑蒸人，我们《中国金融通史》编委会和中国金融出版社联合在北京西山宾馆举行对《中国金融通史》第一卷（古代部分）的审稿座谈会。我是费了不少口舌才勉强说服他担任我们编委会的顾问。由于金融通史古代部分应该怎样写，没有太大的把握，因此我们更希望听到他的意见和看法。他那年已是八十高龄，且身体刚恢复健康，却仍能来参加座谈，大家十分感动。主持会议的我，说明开会宗旨和要求后，他拿出已准备好的长达 3000 字的稿子首先作了内容精湛、意义深刻的发言。不仅我听了大为折服，参加座谈的其他专家亦多露出欣然点头之状。他的发言稿内容，肯定的部分写了一整页，意见部分分为三方面：（一）关于全书结构方面的问题；（二）关于史实的整订与诠释问题；（三）几个值得进一步思考的问题。其中特别使听者深省的一点是，关于"本书结构与彭著（彭信威著）大体相同，但彭著书名为《中国货币史》，本书书名为《中国金融通史》，书名体现内容，则两书内容应各有侧重"，那样一针见血的论证与判断，是对主编者和著者的莫大帮助。这样一篇经过仔细阅过原稿和经过深思熟虑所写出的发言内容，无疑是一篇名言，应该收入他的文集。由此我联想到，自己正在撰写的金融通史的第四卷即 1928～1949 年部分，对这一卷应如何写，内容怎样摆布，重要论断怎样力求允当等都极需要他像对第一卷那样再作一次著名的发言。

当然我所期盼的并不止对我有关的书稿，我真挚地希望在不影响他的健康前提下，再有他撰写的精品名作出版；同时对年青一辈的学术研究成果能多予指导、审阅和帮助，以利于经济史学界学术水平的进一步提高。我在此衷心庆贺敬虞兄九秩华诞的到来，更期盼他老当益壮再有珍品新作的问世。

洪葭管

（2005 年 12 月冬至夜）

良师益友　突出贡献

（一）

我和汪老敬虞先生相识于抗战时期的四川宜宾李庄镇中央研究院社会科学研究所（中央研究院社会科学研究所后改名为经济研究所。解放后改为中国科学院经济研究所，后来又改为中国社会科学院经济研究所）。汪老一直在此工作了六十多年。当时汪老刚毕业于武汉大学经济系，1943年来所任研究生，1946年任助理研究员。我是1944年初进入研究所任书记（录士），是科研辅助人员，从事稿件抄写及经济资料统计和计算工作，主要任汪老的研究助手。解放后我于1953年考入中国人民大学经济系（原计划统计系）学习，毕业后分配至首都高校从事教学与科研工作，仍得到汪老的指导和帮助，前后共有六十余年的友谊。汪老是我的兄长，也是我的老师，我们相处甚笃，亲密无间，建立了真挚的友情。

我进研究所时是一个十几岁的毛孩子，各方面都很幼稚，对经济学、经济史更是一无所知，是在汪老亲切教导、关怀帮助下开始成长。后来我上了人大，毕业后分在北京高校教书，汪老还一如既往、不吝赐教、诲我不倦、对我帮助很大，是我的良师益友，令我感激不尽。

汪老平易近人，和蔼可亲，以诚待人，助人为乐，使我难以忘怀的有三件事：第一件事是抗战胜利后研究所从四川迁回南京，进行职称评定。我当时仅是一名没有大学学历的录士，我不敢妄想评上什么职称，但在汪老积极保荐下居然被评为统计专业的中级职称"技士"。

第二件事是南京解放前夕，当时我家中上有老下有小。为了让老小避开炮火危险，我曾向所里提出暂时留职停薪，以便将老小送至外地避难，并得到所领导的批准。后来，因为在外地生活困难重重，我们就很快返回南京。但是我要求复职却出现了麻烦。多亏汪老挺身而出向所领导陈述事情经过并据理力争，最后才解决了复职问题，使我一家人解决了生活问题。汪老相助使我们全家万分感激。

第三件事是解放初，1953 年中科院经济所有一个名额可推荐青年人报考中国人民大学经济系本科学习。所内有多位年轻同志报名申请，我也是申请者之一。但是，当时我已 27 岁，且是两个孩子的父亲。不仅如此，我还欠着研究所为迁至北京所借下的安家费。就在这种情况下，汪老等所务委员凑钱替我还了借款，并坚持送我去人大经济系学习。这可是决定我后来成长和事业的大事，令我今生难忘。总之，汪老是有恩于我们家的，真是感恩不尽。

汪老不仅是我的良师兄长，更是我国学术界硕果累累、很有成就、国内外享有盛名的经济史方面的卓越学者。

他是中国经济史学会的副会长，也是中国金融史中心学术刊物《中国金融集刊》首席顾问，他不仅最早享受国务院颁发的特殊贡献专家津贴，而且连任七、八两届全国政协委员。他德高望重，贡献卓越，是中国经济史，特别是工业史研究的权威，受到学术界很高的赞誉。自 1986 年兼任中国社会科学院研究生院教授博士生导师后，担任科研及教学双重任务。

汪老为中国经济史研究勤奋耕耘了六十多个春秋。全心全意，夜以继日，专心致志，献出了毕生的精力。如今他已是九十高龄的老人，仍孜孜不倦搞科研，退休后又出了两本专著。这种奉献精神实在是难能可贵，可敬可佩，值得我们认真地学习。

汪老六十余年的科研工作，成就卓著，贡献突出，具体研究面涉及较广泛，但始终紧扣"中国近代资本主义"这一总的研究方向。汪敬虞教授共编著了各种专著 13 本，其中包括一本外文著作及一本译著，各时期的代表作有《中国国民所得（1933）》（中华书局 1947 年，参加编著主撰工业部分）、主编《中国近代经济史 1895—1927》（人民出版社 2000 年）、《十九世纪西方资本主义对中国的经济侵略》（人民出版社 1983 年）、《中国资本主义经济发展和不发展》——中国近代经济史中心线索问题研究（中国科学院出版基金资助的课题）（中国财经出版社 2000 年）、《近代中国资本主义的总体考察和个案辩析》（中国社会科学出版社 2004 年）。此外尚有单篇论文近百篇。主要发表于《中国社会科学》（包括海外版）、《经济研究》、《中国经济史研究》和《历史研究》《近代史研究》等全国一级刊物。其中部分论文收入中国社会科学院学者论文选《汪敬虞集》（中国社会科学出版社 2001 年）。

（二）

《中国资本主义的发展和不发展》是一本得到中国社会科学院老年科研

基金和社科院经济研究所出版基金资助的中国经济史研究课题的科研成果。

这是一部命题新颖，酝酿很久，准备充分，资料翔实，立论科学的创新之作，汪老在这本专著中提出了许多独到的见解。

作者早在上世纪 60 年代或更早一些时候就接触和思考了这个问题，专著的构思和写作是在上世纪 90 年代。该专著篇幅虽不特长，但下的功夫却很深，水平也很高。

关于中国经济经发展中心线索问题的研究，中国资本主义发展和不发展的提法，最早来自经济所的一位青年同志，（可惜的是该同志不幸早逝）。后这一提法得到中国著名经济史专家严中平老先生的重视和赏识。在严老主持的《中国经济史撰拟提纲》中被提到中国资本主义经济发展中心线索的高度，并明确提出"对其他各种历史现象的分析研究，都应该联系到这条中心经索来进行。"汪老受严老启发，非常重视这一中心线索的研究，他把这一研究提高到一个新的高度，即提高到理论范畴的高度，提高到质的分析的高度。这样在学术上使这一研究解决了近代中国经济史中的两个关键问题，即着重解决了中国资本主义经济是"怎样发展的"和"为什么是这样发展"的问题。这是一次重大突破，具有重大学术价值。它使人们对旧中国半殖民，半封建社会性质的认识上升到一个新的更高境界。

《中国资本主义的发展和不发展》——中国近代史中心线问题研究专著，是汪老敬虞先生半个世纪以来学术研究的结晶，这是一本难得的中国经济史优秀专著。这是作者关于第一次世界大战后一百多年中国资本主义发展总进程的一次精辟的剖析、概括和总体评从。

首先，值得提出的是该书的新颖而严密的科学体系。该书从中国资本主义产生的历史条件出发，分析了资本主义的萌芽产生的三阶段的三方面，接着分析了中国资本主义发展的外部环境，特别是对西方资本主义入侵中国的双重作用和帝国主义在华特权的研究，它涉及特权涵义、内容、扩大及掩饰的分析；再就是中国资本主义发展的机制的研究是本专著创新独到之处；最后是中国资本主义发展的全面评估，从中国现代企业诸领域的起步到整个发展历程。从生产、资本积累、国内市场、对外贸易四方面进行了全面评估。本书结尾还研究了中国资本主义的发展困境和和困境中的发展要求。专著的内容全面系统，有深度，有广度，逻辑性强，论理充分，论据翔实，为国内惟一研究中国资本主义发展中心经索的权威之作。

其次，作者这本专著的创新研究，具有很高的学术价值和很强的理论导向性。这是一本有关中国资本主义发展基本特征及发展规律的创造性研究成果，同时又是汪老重点研究课题的结晶。该书具有鲜明的新颖性和创新性。是汪老经过长期攻关，锲而不舍，花费毕生精力，逐步完成的系统工程。

书中提出许多创新观点和独特见解。如作者认为："中国近代农业生产力始终没有突破封建生产关系可以容纳的范围，这无疑是中国资本主义发展所面临的历史条件的制约。"这一观点在学术界还是首次见到。又如作者十分准确地提出"财政对经济的优先"，概括了旧中国历代统治者处理财政与经济关系的错误方针。深刻揭露了中国历代违背历史唯物主义关于经济决定财政，财政反作用于经济的科学原理。这对研究旧社会财政史有重要价值。特别需要提出的是作者对中国资本主义发展的内部机制的辩证分析。在量的辨析后接着进行了质的探讨，尤其是对没发展的增长和没有增长的发展的辩证研究更是非常精辟，这是发展和不发展论的点睛之笔，具有重要的学术价值。汪老这本专著出版后，在中国经济史论坛上分篇选载，受到读者热烈欢迎。有的篇章在网站达到很高的点击率。有的财经院校已将该书列为教学参考书，还有的学者已把"资本主义的发展与不发展"作为广州近代经济史研究的主线，我们深信该专著的问世，必将大大促进对旧中国资本主义经济发展史的研究进程。

我们衷心祝愿汪老研究成果更辉煌，汪老更健康长寿。

为庆祝著名经济学家汪敬虞教授九十华诞而作

退休前系首都经贸大学教授　杨时旺

散忆汪敬虞先生对我的教诲

　　1988 年我有幸考入段本洛先生门下学习中国近现代经济史。段老师与汪先生同属"书痴"型学者，是以每聆教诲，多能感受到段师对汪先生的惺惺相惜之情。那时，我们除能拜读到汪先生与巫宝三先生 1947 年出版的《中国国民所得（1933）》以及 20 世纪 50 年代出版的《中国近代工业史资料》等著述外，更常常在《中国社会科学》、《历史研究》、《近代史研究》等刊物上拜读到先生的鸿文巨章。先生的文章除扎实的资料外，更富缜密的学理，其厚积薄发的风格、高屋建瓴的架构、渊停岳峙般的气度、抽丝剥笋式的分析，常让人叹为观止。他对继昌隆丝厂、中国通商银行等企业的探究，体现了见微察著的深厚功力；而对中国资本主义、资产阶级等问题的研究，则体现了举重若轻的磅礴手笔。诵汪先生文章如观公孙剑器："来如雷霆收震怒，罢如江海凝青光！"我曾与段老师商量报考博士生，当时段老师领军的苏州大学中国近现代史专业已被国务院增列为博士点，段老师也已是博士生导师，他仍毫不犹豫地推荐我投考汪先生的门下。但由于自 1989 年春夏一直到研究生毕业，我始终无法静下心来准备，遂未能在应届毕业时报考。

　　1991 年夏是一个令中国高校毕业生栖栖惶惶的日子。研究生毕业后，我被分配到浙江师范大学工作。由于自己的愚钝，再加上学校管理环境较差，直到两年以后，我竟未能觅一居处，只得栖身于一间破教室中，仆仆如丧家之犬。而我当时所在的单位，每逢开会，一些平时让我肃然起敬的前辈学者也常吵作一团，使得我辈小人物瞻望前途，备觉渺茫，心情之苦闷可想而知。

　　我把自己的苦闷与考博的愿望写信禀告汪先生，希望能得先生之亲炙。汪先生立即回信，慰勉有加，教导我不要参与任何不必要的人际纠纷，"困难"环境下往往也是最好的读书时机，并向我推荐张国辉、彭泽益两位经济史泰斗。奈直到 1993 年元旦我才争取到考博的权利，而 1993 年中国社会科学院研究生院的报名时间在 1992 年底即已截止，遂失去投考该院经济研究所的机会。

从那时至今，只要我去信，先生必定亲自回复。我是每信必有所求，先生则是有求必应，使我受益无穷。现在，我已年届不惑，凡有年青人给我来信，不论是要我帮其查资料，还是其他琐事，我总设法满足其要求，即使做不到，也一一复信。这个习惯完全学自汪先生。

1993年，我尽管成了一名博士生，但在学术方面尚是未窥任何途径的门外汉，而自己又一贯有着粗率、急躁、武断、妄言的毛病。1995年，我把博士学位论文的部分内容《近代江南地区的资本集中及其经济功能》呈寄汪先生，不但得到了先生莫大的鼓励，而且还热心地推荐给另一位经济史泰斗丁日初先生及其编辑的《近代中国》，遂使我有了向丁先生经常求教的机会。1998年，我的博士论文《规模经济与区域发展：近代江南地区企业经营现代化研究》侥幸入选南京大学第一届博士文丛，汪先生又从头至尾地为拙稿进行了修改，提出的意见足足有十来页。

在做博士后研究期间（1996～1998年），我把博士后报告的提要《江南地区近代社会形态与阶级结构辨析》呈汪先生指导，先生对许多细节与观点（如关于中国产业工人的人数、江南佃仆的身份问题）均作了推敲。如果说，我的博士后报告尚有些新意的话，与先生的无私奉献是分不开的。2002年，汪先生又为拙著、也是我的博士后报告《混合与发展：江南地区传统社会经济的现代演变，1900～1950》作了多次斧正，并亲自执笔，写了长达8000字的"序"。在这篇字字珠玑的序中，既有一位学术宗师对一名孟浪后进的鼓励，又有一位平生谨严的学者对一部尚未定论的书稿的批评意见。值得一提的是，尽管拙文《近代江南地区的资本集中及其经济功能》是汪先生推荐给丁先生的，但在这篇序中，汪先生非常谦虚地称自己是继丁先生之后第二位读到它的。另外，拙著出版前，还有一个小插曲。2002年拙著入选"东方历史学术文库"后，我到社会科学文献出版社杨群先生处听他转述专家们的匿名评审意见。由于次日须回校上课，我准备拜访汪先生及病中的师母后即回南京。从医院出来后，在回汪先生家中的路上，先生知我因时间太紧未能去拜见"东方历史学术文库"的执行编辑阮方纪先生时，他说阮先生对我的著作肯定有极好的意见，当即改道。并对我说："阮先生家不远，我一定要陪你去。"因先生忘了阮先生家的门牌号码，才没有去成。后来，我从阮先生处得知，他家与汪先生家相距足足有四五十里。那一年，汪先生已是八十五岁高龄。

1997年之后，我曾在《中国经济史研究》上发表上四篇拙文，其中前三篇文章中倾注了汪先生的无数心血。且前两篇拙文与汪先生的某些观点不尽相同，我真正是"无知者无畏"，把它们先后呈寄给汪先生，汪先生立即放下手头许多重要工作，先是给我回信，予以勉励，接着一遍又一遍地为我修改窳陋不堪的文章。特别是修改第二篇陋作时，正逢炎夏，从中央台天气预报节目中得知当时北京的气温常在38摄氏度左右，而先生尚居住在北京三里河的老式房屋中，降温条件较差，每日挥汗如雨，除了逐字逐句地做文字方面的改动外，还补充了许多更有说服力的资料。后来在《中国经济史研究》上刊发的第三篇拙文以及在《近代史研究》上发表的拙文，完稿后虽不忍心再让先生修改，但其思路曾向先生汇报过，获得了先生许多指导。

1998年我在南京大学博士后出站时，中国社会科学院经济研究所是我心目中的学术圣地，我很想到那里工作或学习，主要是为了能更经常地聆听汪先生以及其他前辈宗师的教导。当时汪先生把我的想法告诉了江太新、朱荫贵先生，并向两位先生作了举荐，惜由于家庭方面的原因未能成行，我至今抱憾。

2000年，我到美国伊利诺依州立大学进修，先生给我来信，谆谆教诲我要珍惜在国外的机会，以学业为重。我在感动之余，遂下决心读完百本英文专著，并将平时省吃俭用节约的一点钱全部购买外文书籍。正是由于先生的教导，才使这段经历成为我学术生涯一个新的起点。

先生古文、英文俱属一流。20世纪50年代初曾为郭沫若先生翻译过《马克思恩格斯选集》的部分内容。先生时常嘱咐我最好要学会数门外语，以便多几门科研方面的"工具"。正是秉先生的教导，我才在前几年"痛"下决心学习日语。每当为自己年龄大、记忆力衰退而倦怠时，一想到先生的教导，就会受到莫大的激励。

先生两袖清风，恬淡如浮云流水。到先生家中求教，先生总是不准携一物。一次，我带去几束花，先生事后给我来信，婉责我不该为此而"破费"，使他心中好几天感到不安。其率朴诚恳的心境，让我每念及之，即油然而生感动之情。

每去拜访先生，尽管我对去他家的路径非常熟悉，已八秩高龄的他总是不惮楼高十层，早早地到楼下路口处静静地等待。而先生怕我不安，每次均以自己想"锻炼"为借口来遮掩。在他家中，先生不但静静地听我各类稚拙的问题，耐心地加以解释分析，而且常给我讲中央研究院时一些学者如陶孟和、陈翰笙等先生的风范。汪先生与严中平先生在某些学术观点上有些分歧，但私下论及严先生时，汪先生非常赞同严先生提出的"做出来的学问要扔在地上嘣嘣响"（即要非常过硬之意）的观点，并且是身体力行者。他对吴承明先生及其率领的团队所著的《中国资本主义发展史》三卷本，给予了极高的评价，并为我阐释了其中的创新之处。春风化雨般的教诲，让我学会了许多做人、做学问的道理。现在，在对待自己的学生时，我常以汪先生及他所谈及的前辈学者的行为对照自己，愈觉前辈们的品行似三山五岳，而自己堪似一"累壤"。

每到先生家中，先生总是嘱托家中的阿姨烧上满满一桌可口的饭菜，来款待我这位远道而来的后生末学。吃饭时，先生又以自己年龄大、饭量变小为由，一个劲地为我夹菜加肴，惟恐我不能一饱。

先生视学术为自己的精神家园。近年来，由于某些高校"改革"的步伐快于中国社会科学院，造成经济研究所的人才大量外流，已冲击到了该所原本强大而合理的经济史梯队。先生谈及此事，深为忧虑，非常担心经济所良好的学风会受到"经济大潮"的影响，并深责自己无力为该所的年青骨干改善工作条件和生活条件。

实际上，尽管鲁钝如我者，之所以在为学术"奋斗"，半为稻粱之谋，半为兴趣使然。但先生大概也视我为这个"家园"中的一分子，总是寄予希望。1999 年 2 月，在托人转给我的其著作《十九世纪西方资本主义对中国的经济侵略》一书的扉页上，先生深情地写道："这是一个清贫老人给他所钦佩的一位青年学者的菲薄礼物。他没有别的好送，请收下，权当一个纪念吧。"这段话令我备感汗颜，但更使我时时受到鞭策。当我面对物欲横流的世界感到犹疑和彷徨时，这段话总能让我心如止水，重新坐到书桌前，再读上几本书。

南京大学历史系　马俊亚

2005 年 12 月 22 日于南京南秀村

鞭辟入里　启迪心智

——重温汪敬虞先生关于中国资本主义和资产阶级问题的论断

　　汪敬虞先生是我进入中国近代经济史研究领域以后最为敬重和仰慕的前辈学者之一。由于自身条件的限制，我无缘成为他的授业弟子，但许多年来，他的许多著作和精辟见解给我的启迪和帮助是很大的，他对我这个远在上海、半路出家，很少有谋面机会的后学者的关心和指导，其期望之殷，分量之重，也一直深印在我的脑海里，深藏在我的肺腑中。无论是帮助我破解一些学术难题，或是帮助我在"学品"或"人品"的历练、修养方面，都使我受益无穷。

（一）

　　汪敬虞先生近二十余年来在中国近代经济史领域内的研究成果极其宏富，许多独到的见解在国内外经济史学界影响甚大。我是在"文革"结束以后才走上经济史研究的工作岗位上，十年动乱后期，一个偶然的机会，我曾被抽调参加《江南造船厂史》（通俗本）的编写工作，也正是这次机会，使我有幸结识了原在上海经济研究所工作的唐传泗先生，我们两人很快便成了相交莫逆的知心朋友。1979 年，随着"文革"动乱的结束，上海社科院的重建，在唐传泗先生的引荐和推重下，我放弃了回归原单位——上海历史研究所的想法，而转到上海经济研究所工作，开始了我从事中国经济史研究的新征程。自此以后的二十多年间，我把自己的主要精力都投入到关于中国近代资本主义企业和中国资产阶级及其团体等问题的研究，在这过程中，汪敬虞先生关于中国资本主义和资产阶级的一系列论述，以及在我的研究过程中通过书信的方式对我著作所做的评论，常常使我在遇到若干学术难题时得到很好的指导和帮助，并鼓舞、激励我在自己的研究领域里敢于冲破一些人为的学术"禁区"、不断进行努力创新的勇气。

　　在过去相当长的一段时间内，经济史学界由于受到"左"的思潮和陈旧思想观念的影响与束缚，关于中国资本主义和中国资产阶级问题的研究被限定在一种固定的模式里，即只能揭露资产阶级剥削、压迫工人的罪恶，而不能同时研究其艰苦创业以及在创办企业过程中积累的经营管理的经验，研究其在中国社会由传统向近代转轨过程中所起的进步作用；只能研究资本主义的生产关系，而不能同时研究资本主义的生产力；只能揭露外国资本主义入侵中国以后给中国社会带来的深重苦难，而不能研究外国资本主义入侵中国以后对中国经济产生的分解及导致中国资本主义产生的社会现实。这样的思维定式，曾经牢牢地禁锢了我国学术界许多人的头脑，以致这一被学术界公认是中国近代史研究的"中心线索"——中国资本主义和中国资产阶级问题，成为一个使人望而却步的学术"禁区"。20 世纪的 70 年代后期和 80 年代初期，虽然随着"四人帮"的倒台结束了长达十年的"文革"灾难，学术界也吹进了一股改革开放的新风，但人们的余悸未消，旧的思想观念尚有一定影响，新的思想观念还未真正确立，所以在探讨中国资本主义和资产阶级问题时，仍然出现一些似是而非的思想混乱。尽管学术界通过长达数十年的广泛、深入的讨论，达成了一定的共识，这就是汪敬虞先生在 1981 年发表的一篇题为《试论中国资产阶级的产生》的论文中说的："在中国封建社会的资本主义萌芽的过程中，并没有出现资产阶级。中国资产阶级的产生，是在中国资本主义现代企业出现以后。"[①] 然而，认同这一论断，势必要接触到下列一些敏感的问题：那就是外国资本主义对中国的入侵，是否对中国资本主义现代企业的产生起到一种催化的作用？中国的传统性的工商行业及企业在外国资本主义入侵以后又发生了一些什么样的变化？

　　汪敬虞先生在这篇文章里一开头就向我们尖锐地提出了这一重要的研究命题，他认为中国资本主义现代企业的出现，既然是在外国资本主义入侵中国之后，那么，"中国封建社会中的工商行业，在外国资本主义入侵以后，发生了一些什么变化，这是研究中国资本主义企业的产生、从而是中国资产阶级的产生所要首先解决的问题。"

　　汪先生在文章中列举了原有的中国城市工商行业在外国资本主义入侵以后发生了的它们从未经历过的变化的大量事实，指出它们的传统经营和西方资本主义的入侵发生直接的冲突，面临着阵地日益缩小的前景。接着，汪先

---

　　① 本文所引汪敬虞先生的有关著作，主要是《试论中国资产阶级的产生》，刊于《中国社会科学》1981 年第 5 期；《再论中国资本主义和资产阶级的产生》，刊于《历史研究》1983 年第 5 期；《略论中国中国资本主义产生的历史条件》，刊于《历史研究》1984 年第 2 期；《近代中国资本主义的发展和不发展》，刊于《历史研究》1988 年第 5 期。以下引文均不再注出。

生又话锋一转，提醒要注意更为重要的一个社会现实，那就是并不是所有的行业都和西方资本主义的入侵发生直接的冲突，相反，不少行业在西方势力入侵之后，发现自己原来的传统业务和经营很容易转向适应入侵者的需要的轨道，从而有可能相应地扩大自己的活动范围，一天一天地走上为侵略者服务的道路。也正因为如此，所以中国封建社会里的工商行业，在外国资本主义入侵的条件下，面临着两种不同的变化：一是受到外国资本主义的排挤和打击，从而走向衰落，甚至遭到淘汰；一是转而适应入侵的外国资本主义的需要，从而得到保存，甚至还有所发展。从入侵者这一方面而言，它对入侵道路上的障碍固然要加以打击和扫除，但对能为它所用、受其操纵指使、以收更大的掠夺实效的，也不排斥对它们的扶植和利用。汪敬虞先生这一论断和向读者提供的大量历史事实，清楚地勾勒出中国原有的封建经济走上半殖民地半封建化的具体演变过程。

承认中国在外国资本入侵后逐步演变为半殖民地半封建社会这样一个历史事实，是否就意味着如同某些外国学者批评的所谓坚持"传统见解"呢？我认为不是。当时的中华帝国自经历了两次鸦片战争及其后的许多战事败局之后，被迫签订了一系列不平等条约，丧权辱国，门户洞开，从而使原来封建的中国变成半殖民地半封建的中国，这是任何人也否定不了的历史事实。这样的认识和见解，是中国几代人根据长时期身受内外反动势力双重或多重压迫，对社会现实经过深入观察之后所得出的结论；也是有些外国学者站在"局外人"立场观察中国社会往往难以完全理解的。汪先生要我们在论证近代中国资本主义和中国资产阶级的发展状况之前，必须把握当时中国在外国资本主义入侵后逐步沦为半殖民地半封建社会的这一现实，是要我们看清楚中国的资本主义和资产阶级乃是在这样一种特殊的社会条件下和特殊的国情里产生和成长起来的，因此它的成长和发展不可避免会带有这种特殊社会的标记。汪先生的许多文章中都再三提醒我们注意在外国资本主义入侵中国以后出现的社会经济和社会各阶层以及相互关系之间的变化，并且告诫我们还要看到这种变化的不稳定性和复杂性。在复杂多变的社会环境中的一切事物，都不能用简单的"一刀切"办法就能说明问题的。对具体问题要作具体分析，汪敬虞先生的许多著作，无论是对中国社会经济的宏观考察，或是对具体企业、具体人物的典型剖析，都向我们提供了堪资借镜的研究范例。他的名著《唐廷枢研究》一书，是学术界公认的坚持唯物辩证法对一个买办人物剖析得最为细致入微的范本。

正是受到汪先生许多著作的启发，我和我的合作者不仅没有受到当时学术界曾经出现过的种种奇谈怪论的影响，也没有受到原有的某些陈旧观念的束缚。在我所参与的几个重要研究项目中，总是牢牢把握住近代中国在外国资本主义入侵后由原来的封建社会逐步沦为半殖民地半封建社会的这一无可争辩的历史事实，把当时中国资本主义和资产阶级的产生和发展以及它最终的历史命运，放到社会大环境中进行深入的研究和考察。我和姜铎、唐传泗先生合作撰写的第一部专著《旧中国的民族资产阶级》，始终贯串这一历史的中心线索；由我主笔并一度与我的同事钱小明女士合作的另一部专著《上海总商会史：1902—1929》，也是在这一历史的中心线索上展开论述的。当然，在具体考察历史上曾经出现过的事件和人物以及组织、团体、企业时，总使我们感到这些组织、团体、企业以及发生的事件和构成行为主体的人物等，都或多或少地受到当时社会变动的影响，并发生不同程度、不同趋向的变化。如果不弄清其变化的趋向，孤立地凝固地看问题，那就势必违背了历史的真实性，而使我们对事物的分析论证失之偏颇。

举例来说，最为当时学术界关注的一种历史人物，就是买办。对于这样一种特殊的历史人物，在当时的复杂社会环境里，也同样不能一刀切下去，而必须根据具体人物的具体情况进行具体的实事求是的分析。对于这个问题，汪先生既不是像以往有些著作中一概骂倒买办和买办资本，也不像某些学者过分抬高买办人物的作用。他肯定这样的结论："帝国主义给中国造成了买办制度"但同时又"造成了中国的民族工业，造成了中国的民族资产阶级"。认为买办资本固然是民族资本的对立物，"但是，在外国资本主义入侵的条件下产生的民族资本，确又不能割断与买办资本的联系。相反，在中国资本主义的发生时期，大量存在着买办资本向民族资本转化。历史就是这样辩证地向前发展的。"

说得多么好啊！一个"变"字破解了当时许多人感到迷惑不解的一些学术难题。近代中国就是一部复杂多变的历史画卷。在这之前的中国封建社会，当然也不是一成不变的，只不过因为它较长时期受制于闭关自守的政策，限制了它对外界新事物的了解和接受能力，因而在盘根错节的封建经济秩序束缚下，无法迈开从中世纪脱颖而出的脚步，所以其趋新演变的程度也是极其有限的。但是外国资本主义的侵入，一方面固然给中国人民带来许多新的灾难，但也在不同程度上确实打破了封建经济的冰山一角，加快了这个举世瞩目的中华帝国走出中世纪的前进步伐。引人注目的是，在当时由于外国资本主义的入侵中国而最早沐浴到欧风美雨的包括上海在内的一些沿海城市，适应外国资本主义经济侵略需要同时也为自己在新的社会环境里得以生存、立足和发展的，以进出口贸易的商品购销活动为业务的新的商业企业，正借助于这股来自异国风雨的濡染而扶摇直上，逐步取代原有的传统商业而成为城市商业社会的主角。与此同时，屏蔽传统商业、手工业的行会组织也受到这股力量的冲击，以那些新的商业企业联结而组建起来的新的行业团体，正以其雄踞商业社会的"大帮"姿态，取代旧有传统行帮的领导地位。这就不能不使我们把自己的研究重点放到这些随着外国资本主义侵入中国而逐步孳生和较快发展起来的新的商业企业和新的商业行业上面；不能不使我们把关注的研究视角放到城市商业社会发生的不同程度的变化上面。

众所周知，我国民族资本主义经济的形成和发展，是首先从流通领域内开始的，并且始发于广州、上海等这样一类对外贸易兴盛的大城市。而对外贸易的迅猛发展，一方面导致外国在华洋行的急剧增加，另一方面是从事进出口贸易的商品购销活动的华商企业大批设立。在上海，这类从事进出口贸易购销活动的商业企业，主要集中于上海县城以外的租界地区，其中尤以"丝茶为大宗，而烟土、洋货属焉；若钱庄则通南北市。皆以汇借拆息为利者也。"① 这样的商业企业，从 19 世纪中期到 20 世纪初期的时间内，其发展十分迅速。仅上海一地，据 1906 年的资料记载，全市的进口洋货各业，包括洋杂货、五金煤铁机器、洋布、煤油、颜料、洋糖、土（鸦片）等业，共有 639 家；其中洋杂货一业竟有 428 家，占 67%。此外，全市出口土货各业，包括丝、茶、皮货、油麻、蛋等业，共有 122 家，其中丝茶两业的总和就有 85 家，占 70%。两者相加，应为 761 家，② 再加上交通运输业中的轮船业和银钱金融业中与对外贸易发生资金融通关系的汇划钱庄业，在当时的上海已占有整个商业社会的半壁江山，是一支不容忽视的经济力量了。

对这样一支正在蓬勃兴起的经济力量，究竟应该如何评价其所处的地位和作用呢？

按照汪敬虞先生的看法，这类商业企业应该是那种适应入侵的资本主义需要从而得到保存并在外国资本主义扶植和利用之下有所发展的经济力量，但这只是问题的一个方面。认识到这一点，我们才可以清楚地知道为什么当时这类商业企业及其经营者总是和外国资本有着割不断的千丝万缕的经济联系，并在政治上也往往表现出对外来侵略势力的忍让和怯懦。从这个意义上说，把它们说成是"买办化商业"或"买办化商人"是可以理解的。然而，这类商业企业毕竟不能等同于买办资本，经营这类企业的商人也毕竟与职业买办有本质上的区别。即使这类企业的投资人和经营者曾经当过买办，或者本身仍在洋行里担任买办职务，只要他们把自己积累的货币资本，投向本国资本主义现代企业，并且逐步扩大其在本国资本主义现代企业中的投资比重，就意味着他们一只脚已跨进了民族资本的行列，而他们本身也就有了向

---

① 《上海市面总论》，《申报》1879 年 1 月 20 日载文。
② 参见《上海总商会史：1902～1929》一书表 1—2："20 世纪初上海租界地区若干商业企业的行业分布及家数（1900—1905）"中的统计数字。

民族资本家转化的可能。正如汪先生所断言的："买办资本从流通领域向生产领域的转化，从附着于外国企业到自办企业的转化"，"它的确代表着买办资本向民族资本的转化"。既然如此，我们又有什么理由一定要对那些以进出口贸易的商品购销活动为业务的新的商业企业和商业行业，硬是在他（它）们的头上加上"买办化"的帽子呢？就是在职业买办的营垒里，真正依附外来侵略势力、为虎作伥的固然不乏其人，但基于求富自强心理，希望摆脱外来侵略压迫，学习外国先进经验，发展本国资本主义现代企业的也不在少数。我们姑且不去评论这些人是否出于"爱国心"或"民族感"，但要说其中绝对没有一个人受"爱国心"或"民族感"的驱使，则也并非事实。举例来说，那位在清朝末年曾经受聘担任上海东方汇理银行华经理的朱开第（云佐），生前就因鉴于"海禁大开，国势大弱"而下决心钻研英文，远赴欧美日本等国，学习新学知识，并"力创《格致新报》，以牖国人"。他之所以"甘承东方汇理银行之聘，任华经理"，其目的就是利用在外商银行任职的机会，努力学习和掌握银行业务知识，以便于将来在创办本国银行时"借以展其裕国之谋"。用他的话来说，叫做"欲借箸以富其国"。虽然他不幸过早离开了人世，胸怀的壮志未能一一得酬，但在他生前思想和行为的影响之下，其兄朱志尧（也曾担任过东方汇理银行买办职务）不但笃信实学（即机器之学），认为机器乃是"国家之命脉"所系，而且倾全力以赴，"借鉴欧西，步武创造"，终至成功地创办一家求新制造机器轮船厂。① 在他们身上，"爱国心"和"民族感"的存在和流露，不是有目共睹的吗？

我无意为某个买办人物作任何评价，而只是为了说明对买办人物也好，对受到外国资本"保存"、"扶植"的那些以进出口贸易的商品购销活动为业务的商业企业和商业行业也好，都不要一刀切，而必须从发展的眼光来考察其变数；从人与人之间存在的千差万别去考察其变化的趋向和程度的差异。

再来说说对近代中国商会的研究。中国的商会，是中国资本主义经济和新兴的资产阶级发展到一定程度的产物，但是，当我在研究中国商会的创建和它早期的组织构成时，却遇到了一个无法说清的问题。这就是商会既然是资产阶级的社会团体，为什么在它的组织内部却容忍以封建经济为基础的行帮势力的存在，并且有不少行帮势力的头面人物进入商会的领导层？一些行会性的工商团体竟成为当时商会的主体力量？这正是当时国内外许多研究者感到迷惘而无法廓清两者之间关系的难题。在我撰写《旧中国商会溯源》一文时，首先就遇到这一难解的问题，我查阅了当时上海若干传统性的工商

---

① 见上海市档案馆藏：上海求新造船厂历史档案，第80卷。

行业团体的历史资料，就发现随着时代的发展，社会的进步，这类工商团体也同样不是凝固不变，而或多或少地发生着程度并不完全相同的趋新演变的倾向。当时我虽然从汪敬虞先生的几篇论文中再三提醒要注意事物发展变化，不要"一刀切"的教导受到一定的启发，但对自己所下的论断总觉得还缺乏理论上和史实分析上的把握。1983 年 8 月间，在上海复旦大学召开的近代中国资产阶级问题的讨论会上，我特地带着这一问题向出席此次会议的行会史研究专家彭泽益先生请教，得到的是一个十分明确而又肯定的回答，这使我在致力于破解这一学术难题时有了足够的信心。在这篇文章里，我根据初步接触到的有关历史资料，论述当时确有不少工商会馆、公所"一方面继续保留原有的陈规陋习，另一方面又同时出现某些有利于资本主义发展的新趋向"，"所以当时要求成立商会的呼声，不仅没有遭到行会组织的抵制，相反，获得了会馆、公所中人，包括一部分上层人物的积极响应；而各行帮组织的董事之所以后来相率成为当地商会的会董，甚至当上总理、协理，也就不难理解了。"① 此文发表后，我感到言犹未尽，所以其后我又对此问题进行了补充论证，即我在进一步广泛收集有关历史资料之后撰写、发表的题为《清末上海若干行会团体的演变和商会的早期形态》一文，在这篇文章中，我专门就"上海若干行会性团体在新的历史条件下发生的嬗变"进行了较为详尽的分析，并作出了如下的结论："商会同行帮势力的结合，并不意味着商会迎合行会的传统原则，以所谓的'行会性'代替资产阶级性，而恰恰是当时上海若干行会组织在日益增长的资本主义经济因素冲击和影响下发生了同行会本身传统原则相悖逆的递嬗变化"；因而"商会同行会势力的结合点，是发展资本主义的共同要求。它所遵循的不是行会的传统原则，而是争取、维护民族资产阶级的经济利益和民主权利为商会确定的法律准则和行为规范。"② 这一论断，获得学术界的广泛认同，从而也为我较好地完成《上海总商会史：1902—1929》一书的写作奠定了基础。

（二）

　　1988 年，汪敬虞先生经过许多年对近代中国社会经济的宏观考察，在原有研究的基础上，又提出了关于"近代中国资本主义发展和不发展"的新论断，并以此为命题，在《历史研究》杂志上发表了一篇长达一万数千字的论文。为什么说"近代中国资本主义的发展和不发展"呢？汪敬虞先

---

①　见《中国社会经济史研究》1983 年第 1 期。
②　载《中国近代经济史研究资料》第 9 辑。

生这样说："中国资本主义的发展和不发展，这是贯穿中国近代史全过程的一条主线，也是在中国近代史上出现的资本主义的全部命运"。他认为："中国的资本主义现代企业，在将近百年的风雨经历中是有过有所发展的一面"，但同时"又有备受压抑不能发展的另一面。而且在发展与不发展的交织中，不发展的一面处于全过程的主导地位"。与此相联系的关于对中国资产阶级力量的判断，汪先生指出："从中国资本主义有所发展看，资产阶级力量是在不断增强的；从资本主义不发展这个主流看，整个民族资产阶级的力量又是软弱的。"他正是用这样简洁明晰的语言，对在中国近百年历史舞台上不间断地沉浮于世人面前的中国资本主义和资产阶级，作出恰如其分的概括。

汪敬虞先生之所以特别强调中国资本主义不发展处于近代中国社会发展全过程的主导地位，是从中国的具体国情进行深入考察后所下的结论。在中国资本主义发展和不发展的问题上，汪先生同样要求我们"不能作绝对的、一刀切式的理解"。的确，在近代中国历史发展的几个阶段中，由于国际、国内社会环境的变化，也确实产生过有利于中国资本主义现代企业发展的条件，出现过几次投资设厂的热潮。随着国货工业的振兴和发展，在流通领域内也推动了民族商业企业扩大经销国货工业产品的比重和信心。学术界往往被中国历史上一度呈现出来的民族工商业从长期被内外反动势力压得透不过气来的社会环境里稍微获得一些抬头机会，并形成产销两旺局面所鼓舞，动辄美其名曰中国资本主义发展的"黄金时代"。我们姑且不去论述"黄金时代"的提法是否恰当，但某些时期中国民族资本主义工商企业有所发展则确是事实。然而，这种一时的发展也是极不平衡的，而且是危机四伏的。汪先生举了一个在当时全国范围内有较大社会影响的荣家企业发展的例子，来说明即使在国民党统治的前十年间，当荣家资本集团获得较大发展规模的时候，作为荣家企业主要掌舵人之一的荣宗敬在其一封私人信件中就吐露出面临的诸多"困难未有甚于今日者"。是什么样的困难竟使得这位被称为"棉纱大王"的工业界大腕有如此临深履薄之感？那就是他在信里所说的"外厂竞争，外货倾销，农村破产，纱销呆滞，而所担负之统税、利息两项，年在千万以上。现状如此，何能持久？"一向自诩深得"陶朱公""亿则屡中"经商要旨的荣氏兄弟尚且感到在帝国主义、封建势力以及后来形成的官僚资本势力的重重压迫之下日子一天比一天不好过，更何况其他一些资本力量相对比较薄弱，技术力量不足，经营管理经验也远落于别人后面的工商企业呢？类似的事例，可以说是汗牛充栋，不胜枚举。被称为中国资本主义发展"黄金时代"的 20 世纪 30 年代前期尚且如此，更何况在日寇侵略、国土沦丧的国难时期，以及在抗战胜利后国民党反动派投靠美帝国主义，挑起反共反人民内战，造成物价飞涨、民生凋敝、工商业处于绝境、社会经济陷入全面崩溃边缘的时期了。二十多年前，我和杜恂诚先生曾合作编写过一本《上海永安公司的产生发展和改造》的专著，这家在全国范围内具有较大社会影响的大百货公司，在新中国成立以前历经三十多年的半殖民地半封建社会环境里经历了由盛而衰的历史演变，我们通过对其发展变化的全过程的疏理，把这家公司在旧中国半殖民地半封建的社会历史条件下发展和不发展的实情呈现在广大读者面前。这家公司在其初创时期及创建后的十多年时间内，由于郭氏兄弟深得资本主义现代企业经营管理之要旨，又得天时、地利、人和之优势，所以发展很快。仅是在 1918～1931 年的十三年的时间内，上海永安公司的自有资本就增加了四倍，在后续的几个年份内，尽管由于日本帝国主义发动了震惊中外的"九一八"事变，在全国范围内又一次掀起了反帝爱国运动，素以经销寰球百货为经营重点的上海永安公司原有的进货渠道受到一定的影响和制约，但该公司在国货运动的推动下，及时调整了经营方针，积极扶持当时已逐步得到扩展的国货工业，并把一批已证明是优质的国货工业产品在公司商场里经销或包销，从而保持了公司的利好局面。然而这种繁荣并没有维持多久，随着日本对华侵略的步步深入，形势的急剧变化，公司的短暂繁荣也就稍纵即逝，而且处境日益艰难。即使是抗战胜利以后，也在内外反动势力的重重压迫之下，公司的经营环境更加恶化，终至无法维持，面临破产倒闭的严重威胁。当我们完成这部专著的编写工作以后，掩卷以思，感触良多，所以接着又合作撰写了一篇题为《从永安企业的境遇看旧中国民族资本的历史命运》的论文，进一步抒发对民族资本在旧中国好梦难圆、厄运难逃的悲悯和感叹，我们认为，旧中国在鸦片战争以后的社会环境，完全不同于西方十六世纪到十八世纪资本主义上升时期的那种社会环境。当时中国已经演变为一个半殖民地半封建的社会，民族资本主义在其力量还相当薄弱的时候，就不光受到封建主义，而且还要受到帝国主义以及后来形成的官僚资本主义三个方面的压制、束缚和打击。力量的对比是相当悬殊的。到解放前夕，上海永安公司由于一次次遭受到来自各方面的掠夺性的灾难，库存枯竭，元气大伤，原来商场内琳琅满目的商品陈列，已经十柜九空，无货可卖，无人光顾，成为一具虚有其表的空架子。当时留守上海的一位公司领导人"目睹盛衰，不胜浩叹"，对"未来局面更不堪设想"。民族资本在旧中国最终不能得到发展的结局，确实是无法逃遁的历史命运。

　　但是，汪敬虞先生之所以特别强调中国资本主义不发展是处于近代中国社会发展全过程的主导地位，为的是要我们不要忘记那些从荆棘丛生的社会环境里生长起来的资本主义现代企业，无论其进行过多大的努力，抱有多大的宏愿，但半殖民地半封建的社会条件，终究会制约着它们的顺畅发展。只要旧有的社会制度和生产关系得不到根本的变革，我国企业界几代人所付出的大量心血就最终付诸东流。汪先生说"必如此才能正确引出在无产阶级及其政党的领导下取得人民革命胜利的必然性"，这当然是汪先生的一种坚定的革命信念。但这丝毫不意味着汪先生无视近代中国资本主义现代企业在一定的历史阶段里有所发展的积极成果，相反，在汪先生的文章里，不仅注意到中国资产阶级进入民国以后发出的产业革命的呼声，而且注意到"在中国资本主义现代企业的舞台上，代表私人资本的民间资本家，成了引人注目的主角"。他认为："只要不割断历史，中国资本主义的发展轨迹是清晰可辨的"。正因为中国的民族资本主义现代企业和民族资本家，乃是在半殖民地半封建这个特定的社会环境和历史条件下产生、成长起来的，因而"它身上不能不带有这个时代的污渍"。"把中国民族资本主义打扮得干干净净，纯粹而又纯粹，看来不是历史。'金无足赤'这四个字，既可以应用之于中国近代资产阶级人物的评价，也是可以应用于中国近代资本主义企业的评价的。重要的是，它是近代中国的黄金。"

把近代中国的资本主义现代企业和经营这些企业的民族资本家们称之为"近代中国的黄金"，这是多么高的评价啊！接过汪先生这一话题，我不禁要为近代中国的企业家们再多说几句话。

中国的资本主义现代企业，大体说来产生于19世纪中期，到新中国成立，大约经历了一个世纪的时间。由于它来到世间便处于半殖民地半封建的中国社会历史条件下，面对的是比自己强大数十、百倍的外国资本和本国封建势力的压迫，以及一个千疮百孔、经济破败、民生凋敝的社会环境，在内外反动势力压迫的夹缝之中谋求自身生存和发展，可以说是艰辛备尝，呕心沥血，颠顿狼狈，时起时仆。其创业之艰难程度和承受资本、市场等几方面的压力程度，是一般企业经营者难以想象的。所以在近代中国进行的商战角逐，总的格局乃是弱者与强者的对话和较量，处于弱者地位的中国资本主义现代企业，如果没有一种奋发图强的意识，没有一种自强不息的精神，没有知识创新、科技创新、制度创新的观念，在强手如林的经济社会里，不可能有存身立足之地。社会现实就是这样无情和残酷，优胜劣汰的自然竞争法则，在近代中国的经济领域内一次次得到验证，那一批批抱残守缺、不求进取的企业，经不起激烈的市场竞争而迅速成为过眼云烟，只能以它们的失败教训给后人留下较多的遗憾。然而大浪淘沙，也使真正的明珠显露出夺目的光辉，正是在当时严酷的社会现实中，在当时激烈的商战角逐中，使一部分中国资本主义现代企业的经营者经受了千锤百炼，转变了观念，努力学习和逐步掌握先进的生产技术和经营管理的知识和经验，积极培育和引进专业人才，提高企业的整体素质，从而在荆棘丛生的险境中迈出一条条通向成功的道路。我们可以看到，在近代中国这块饱受内忧外患深重苦难的辽阔土地上，由于历届政权的反动腐败，民族工商业所企求的社会环境的改善和政治民主、经济保护政策的实现，始终是一个可望而不可即的幻影；外来的经济侵略，如同一根根有形无形的绳索，紧紧捆绑住中国资本主义现代企业正常向前发展的手脚。从整体上看，一部近代中国的企业史，充满着无数辛酸血泪的记录，充满着商战失败的记录，也是如汪敬虞先生断言的有所发展但最终不能发展的历史记录。但是从局部的商战角逐结果来看，在中国企业史的宝库里则不乏以小制大、以弱胜强的辉煌事例。更值得称道的是，在 20 世纪的二三十年代曾经出现过的一些商战奇迹的创造者，大多数竟是向来不被外国资本家放在眼里的中国中小民族工业企业。而恰恰是这些中小企业，把素来在中国市场上称王称霸的若干外国资本家打得威风扫地，使他们恃以横行的一些外国商品几乎在中国市场上难以立足。当然，当时的中国企业家们，每前进一步，都要付出艰辛的努力和巨大的代价，但这些企业界精英们用自己创造的诸多优质名牌的国货工业精品，一次次把同类洋货逐出国门的奇迹，确实给后人带来一种令人感到扬眉吐气的民族自豪感，并使人们引起如何以史为鉴，认真汲取历史经验教训的无穷的回味和反思。

（三）

　　我和汪先生只有一面之交，但他给我的多次来信和专门应我的请求，特地为《上海总商会史：1902—1929》一书撰写的书评，可以说是字字珠玑，句句金玉，耐心指导，热诚关怀。

　　上世纪的八十年代初，我参加了《旧中国民族资产阶级》一书的编写工作，在搜集资料的过程中，我陪同姜铎先生先去了广州、武汉，然后便到了北京。在中国社科院经济研究所，我第一次见到了仰慕已久的汪敬虞先生和其他前辈学者。原以为这些久孚盛名的经济史学大家对我这样的后学者不会在意，可谁知当姜铎先生把我介绍给他们时，包括汪先生在内的许多老专家竟对我如同久已熟识的朋友那样热情，一点也没有架子。已故的张国辉先生当时还特地几次到招待所来看望我们，宓汝成先生也热情邀请我到他家做客，使我一踏到这里就如同生活在朋友中间那样温暖。但当时因为时间紧迫，任务繁重，没有机会向汪先生请教，就匆匆结束了北京的行程。此后虽有几次赴京的机会，但也为任务所迫，拜访汪先生的心愿始终未能实现。

　　然而汪敬虞先生却一直关心着我的成长，几乎我发表的每一篇论文都受到汪先生的关注。当《上海总商会史：1902—1929》一书出版后，我鼓着最大的勇气，商请汪先生为这部书写一篇书评。这本来是一次不情之请，然而汪先生被我信中声称不要"溢美"之辞，只要求"实事求是"的评价，希望指出"论证中的疏失和不足"等等一番真诚、恳切的话打动了，在接到我的信和赠书后，没有多少时候，便给我寄来了数千字的书评和一封热情的信，他的信和书评的内容，完全体现出老一辈经济史学家对学术问题严肃认真、一丝不苟的治学风格和对后辈学者热诚指导、严格要求的真情关怀。在我看来，汪先生这篇文章，与其说是一篇书评，不如说是一篇对中国商会史研究具有导向性的真知灼见的重要学术著作。他虽然谦虚地说自己"对近代中国商会没有做过研究"，但整篇文章却涉及如何进行中国商会史研究和中国商会史研究中的一些要害问题。例如他一开始就抓住了研究中国商会史的划分标准问题，他经过认真研究和分析，赞同作为该书著者的我们心目中对上海总商会（包括其前身上海商业会议公所和上海商务总会）的单一界定，即界定在中国资产阶级按照自己的意志进行自主活动上的划分标准，认为这是反映了著者在这个问题上有自己的独到见解。但他接着又指出在肯定这个原则的前提之下，还应注意有一个程度的测量问题，即在不同时期内商会能否完全按照自己的意志实现自我的要求？他们的"能"与"不能"，究竟各有多大的程度？这可以说是一语中的，向我们指明了中国商会史研究必须首先要认真贯注的一个重要研究思路。汪先生在肯定研究中国商会史这一思路的同时，又紧接着针对当时上海总商会在各个历史时期中的不同表现和所起的正面或负面的作用等等一直使许多研究者感到难以索解正确答案的问题，指出这样的不同表现和作用，并不是商会有的时候执行了自己的意志，有的时候则违背了自己的意志。如果单纯回顾这段历史，当然应该有这种价值倾向的评估，但是从上海总商会的自身而言，则两者都是按照自己的意志行事。无论它执行哪一种方针，产生什么样的效应，当时的上海总商会都是在表现和实现自我。为了更明确地论证这一见解，汪先生特地引用了刊登于《北京银行月刊》上的一段文字，即在北洋军阀时期一家颇有社会影响的资产阶级社团告诫"全国企业界"的一段话，内强调说：我们（指当时的中国资产阶级）既"不能依附政治势力为起伏"，又"不可脱离政治范围而独立"，对"无论何种势力，决不依附，而图自卫自利之作用"，同时又要"仅于政治范围内，作应尽之赞助，求相当之保护。"汪先生认为：上海总商会在各个历史时期中之所作所为，正是这一心态的典型体现。正面效应也好，负面效应也好，都无不受这种心态的支配，无不代表实现自我的要求。这种心态之所以产生，有它历史的必然性，需要联系中国商会产生的历史条件，才能得到比较符合实际的解释。

汪先生还对中国商会产生问题的核心——中国封建社会中原有工商行会的演变，谈了自己的看法。他指出：在幅员广大的近代中国，行会的发展和变化，是极端不平衡的。情况的复杂多样，使我们对行会在中国整个近代递嬗变化的分析，很难一刀切下去。但有的研究者认为中国近代商会不是"按照一般常规从本土自然而然地生长出来"这一论断，却道出了问题的实质。汪先生在作了上述一系列分析和论证之后指出："从宏观的角度看，这就不仅是一个商会产生的问题，而是整个中国资本主义产生的问题。正是由于中国资本主义的产生如此，所以中国的资产阶级和代表中国资产阶级的组织——商会才同样如此，它们同一个步子，走向一条没有出口的胡同。"

这一系列深刻的分析，点明了中国商会史研究必须牢牢把握的一些重要环节，是很发人深省的，对我们这些在中国商会和中国资产阶级的研究领域内摸爬滚打许多年的老、中、青三代学者，无疑有着极其重要的指导和启示作用。

汪敬虞先生对我的关心和指导，不仅体现于这篇书评的字里行间，而且还体现于他给我的为数不多的几封信函之中。在他的信里，我深深地感受到老一辈学者对中青年学者的期望和关怀；也深深地感受到他对整个经济史学界的期望和关怀。就我所知，汪先生不仅对我发表的论文都用心审阅，而且对上海社科院和上海各大专院校的研究成果也十分关注。他总是以一种长者对晚辈迅速成长、走上正途的殷切期望的心情，在肯定成绩的同时，予以热情的鼓励。他看完了我寄去的《上海总商会史：1902—1929》一书之后，立即给我写来了一封热情洋溢的回信，希望我再接再厉，继续努力，以期不久的将来有更多新的研究成果问世。并说："以先生治学之勤，功力之富，定能更进一步于百尺竿头。"这些语重心长的话，对当时的我，就像有一种无形的力量，督策我不要满足现状，而应该自强不息，再创佳绩。他还十分赞赏当时上海社科院出版社推出的"学者书库"，认为仅 1991 年便一次推出新著八种之多，此举使我国学术界开始呈现出新的繁荣景象，他为此而感到额手称庆。1991 年，即在我年届六十即将离休的那一年，又一次参加上海社科院高级职称的评定，当时我许多方面的条件虽然都已具备，但就是因为自己半路出家，缺少了一个大学本科的学历，而未能被评上研究员职称。我开始确实感到有点委屈，不少同事也纷纷为我鸣不平，但我经过反复思量之后，终于想通了。我认为自己从一个学徒出身、从部队转业地方工作，在党组织的培养和教育下，依靠改革开放的阳光、雨露，依靠前辈学者的引领、提携和帮助，才得以在经济史研究领域内有所建树；而就这仅有的一点微不足道的成绩。不仅受到众多前辈学者的肯定和鼓励，并得到了社会的认可，于愿已足，夫复何求？我把自己的遭遇和内心的想法也坦诚地写信告诉了汪敬虞、张国辉两位一直关心我的先生，他们都很快回信，既十分同情我的处境，又像师长一样谆谆嘱咐我要能够正确对待不顺心的问题。汪敬虞先生的信上特别强调指出："先生之处境如此，令人感慨，而先生之淡泊为怀，不与计较，尤令人敬佩不已。读先生书，深敬先生之学品；读先生信，尤敬先生之人品。……"他希望我把自己的眼光放得远一些，认为只要踏踏实实地做学问，"必有更大的成就于将来"，"此可断言者也"。当时我接到了这封信以后，心如潮涌，反复诵读，激动不已。虽然汪先生的话对我有些过誉，但听了这样亲切的勉励，使我完全忘却了心中的烦恼，完全摒弃了心中的杂念。我感到，能得到学术界前辈的热情鼓励和赞许，我还有什么不满足的呢？还有什么个人利益不能放弃的呢？汪先生信里和书评中的字字句句，我一直铭记不忘。我把这些话视为老一辈经济史学家对我耳提面命，教我如何做人和做学问的金玉良言，当作我后半生须臾不离的座右铭。

今天，我要借经济史学界为尊敬的汪敬虞先生祝贺他九十华诞的机会，对在我后半生的人生道路上给予我很多关心和宝贵的指导、帮助的汪敬虞先生表示由衷的感谢，并衷心祝他健康长寿！

上海社科院研究员　徐鼎新

1930 年代上海和全国工业产值的估计

　　20 世纪 30 年代是近代中国工业发展史上的重要时期，工业总产值是衡量这一时期中国工业发展水平的一个主要指标，它可以反映工业在国民经济中的地位和作用。开创近代中国工业产值统计研究和编制工作的是中国经济史学界前辈汪敬虞先生，他从上世纪 40 年代起，在参与巫宝三先生主持的中国国民所得估计课题的研究中，承担工业部门的产值估计，著有《中国国民所得（1933）》一书（1947 年 1 月中华书局出版），随后不久又有一些修正，发表《"中国国民所得，1933"修正》一文（1947 年 12 月载《社会科学杂志》第 9 卷第 2 期）。其间，汪先生在这个课题研究的基础上，先后发表了一系列相关论文，第一次对 1933 年中国机制工业产值和手工制造业产值作了一个完整的总量估算，为测算 20 世纪 30 年代中国国民生产总值提供了一个重要数据。在我从事近代中国工业史的研究中，通过学习汪先生的论著，得益匪浅。同时也发现了已经发表的机制工业产值数据的一些缺陷；近几年来新发表的一些研究成果所提供的数据资料，又为进一步开展近代中国工业产值的研究提供了新的依据。为此，本文作者曾试图在前辈学者研究的基础上，对 20 世纪 30 年代中国机制工业产值统计作一个补充和修订，但未能如愿。今喜逢汪先生 90 华诞，旧题新作，敬请汪先生和同行们教正。

一、原 1933 年中国工业产值估量的缺陷

　　1933 年中国经济统计研究所在刘大钧主持下对全国各地本国资本工业作过较为详细的调查，于 1937 年刊印成《中国工业调查报告》一书，在这份报告中有各地工业产值的统计数据。但是这个产值统计并不完整，有几个重要的缺陷，一是在华外资工业未作统计；二是电力、钢铁、水泥等少数行业未包括在内；三是东北、西北、西南等 10 余省的工业未予调查。因此，《中国国民所得（1933）》及其修正，在《中国工业调查报告》的基础上作

了补充和修订，经估算结果，1933 年中国机制工业的总产值为 22.47 亿元。① 然而，这个修正产值还有一个不可忽视的缺陷，这就是它依据的《中国工业调查报告》所调查的工厂，仅限于雇工在 30 人以上使用动力设备之工厂。这样，就把相当一部分雇工不足 30 人并使用动力设备的工厂排除在外，于是，这项修正后的机制工业总产值实际上被低估了。如果今天要对1933 年工业产值作一个新的估计，还有一个因素要考虑，因为根据新近发表的研究成果，1933 年上海纺织工业、面粉工业、卷烟工业……一些重要行业的产值都有新的估算，必然会影响到全国同行业总产值的正确估量。因此，本文拟根据有关上海行业史研究的最新成果，对 1930 年代上海机制工业产值作一个新的修正，并在此基础上再对 1930 年代全国机制工业总产值作一个新的估计。

二、1933 年上海工业产值的估计

1933 年，中国经济统计研究所的全国工业调查，其地区范围包括上海在内共 17 个省 146 个县市、且符合《工厂法》规定的雇工在 30 人以上并使用动力设备的本国资本工厂，调查的项目有工厂企业的资本组织形式、资本额、动力设备、工人数、工资、原料消耗、主要产品的产量与产值等等。这次调查所得的各项数据，经整理分析以后，先后发表在以下几种文献书刊资料中。

1. 刘大钧：《中国工业调查报告》，1937 年刊印。该书分上、中、下三册。上册：概说；中册：合乎《工厂法》工厂的分类统计表；下册：分地区工业概况统计表。

2. 刘大钧：《上海工业化研究》，商务印书馆 1940 年出版。该书完稿于1937 年初。书的末尾《附录乙》中，有"二十二年（1933）上海工业详细统计"一节，此外还附有 1928～1934 年上海工业的有关统计资料，以及与上海工业相关的其他一些统计资料。

3. 中国经济统计研究所：《上海工厂分区统计》，载 1938 年 4～12 月《经济统计月志》第 5 卷第 4～12 期。该项统计是根据 1933 年调查资料按上海市各地区各行业（分大类和小类）的工厂家数、资本额、工人数和年产值分栏统计编制的。

此外，上海社会科学院经济研究所"中国企业史资料研究中心"收藏的中国经济统计研究所学术档案中保存有《战前上海工业之分布》

---

① 汪敬虞：《中国工业生产力变动初探（1933—1947）》，《中国经济史研究》2004 年第 1 期。

文稿。① 该文稿完成于 1940 年间，也对 1933 年上海工业 16 个大类按地区分列的工厂家数、资本额、工人数和年产值作了统计和分析，其各项数据均与《经济统计月志》所载之《上海工厂分区统计》相同，只是没有在大类行业之下再编列小类行业的各项统计数据。该文稿还将 1933 和 1931 年上海各地区的工厂分布统计作了比较。

　　上述文献资料所整理的 1933 年上海本国资本工业的各项统计数据，相互之间大多不完全一致。本文作者在 1989 年以《上海工厂分区统计》和《战前上海工业之分布》二文资料为基础（因为这二文的编撰时间稍迟于前面刘大钧的二文，它们对刘二文的统计数据作了新的整理和修订），并参照汪先生《战前中国工业生产中外厂生产的比重问题》② 一文发表的 1933 年在华外资工业的产值统计资料，从中估算整理出 1933 年上海外资工业的产值统计，由此编制成 1933 年上海中外资本工业总产值统计表，发表在《1933 和 1947 年上海工业产值的估计》一文中。③ 后来，1995 年徐新吾和本文作者根据上海行业史研究的最新成果，共同主编了《上海近代工业主要行业的概况与统计》一文，发表了一些主要行业的新的统计资料，对 1933 年上海中外资本工业产值估计又作了修订。④ 但是，这份修订过的 1933 年上海中外资本工业产值统计表除未将中外资本工业分别加以统计外，还发现有些行业的统计数据存在着计算上的错误。这些行业有：

　　1. 化学工业类中的火柴工业，在《上海近代工业主要行业的概况与统计》一文中 1933 年的修正产值为 588 万元，但此数遗漏了本国资本梗片厂的产值 85.3 万元，因此中外资本火柴工业的产值实际应分别为 454.3 万元和 219 万元，合计产值应为 673.3 万元，比原修订数增加 85.3 万元。

　　2. 化学工业类中的制药工业，在《上海近代工业主要行业的概况与统计》一文中 1933 年的修正产值为 800 万元，此系根据该行业 1936 年产值估算而得。但据该文所载的 1936 年上海本国资本制药工业产值 856.6 万元，并非仅仅指符合《工厂法》药厂的产值，而是既包括符合《工厂法》的药

　　① 中国经济统计研究所：《战前上海工业之分布》，中国经济统计研究所学术档案 04—29，上海社会科学院经济研究所"中国企业史资料研究中心"收藏。

　　② 汪馥荪：《战前中国工业生产中外厂生产的比重问题》，载《中央银行月报》新 2 卷第 3 期，1947 年 3 月。

　　③ 黄汉民：《1933 和 1947 年上海工业产值的估计》，载《上海经济研究》1989 年第 1 期。

　　④ 徐新吾、黄汉民：《上海近代工业主要行业的概况与统计》，载《上海研究论丛》第 10 辑，上海社会科学院出版社 1995 年出版。

厂，又包括使用动力设备而雇工不足 30 人不符合《工厂法》的药厂，以及手工业药厂三类药厂产值之总和。现查考 1988 年出版的《上海近代西药行业史》所载资料，[①] 1936 年上海本国资本药厂符合《工厂法》规定的工厂共有 12 家，年产值为 534 万元，我们以 1933 年的产值按 1936 年产值的90% 估算，则本国资本药厂的年产值为 480.6 万元，以此数予以调整。同时，《战前中国工业生产中外厂生产的比重问题》一文估计的 1933 年上海外国资本制药工业产值，是把药房、药行兼营的制药产值都包括了进去，合计 534.9 万元，其中商兼工产值应予剔除。而据《上海近代工业主要行业的概况与统计》所载 1936 年上海外资药厂的产值为 145 万元，现将 1933 年外资药厂的产值亦按 1936 年产值予以调整。这样，1933 年上海中外资本制药工业产值分别为 480.6 万元和 145 万元，合计 625.6 万元，比原修订数减少174.4 万元。

以上化学工业类产值因火柴和制药两业产值的调整，共调减 136.1万元。

3. 还有 3 个行业 1933 年的产值因计算有误需要修正。

（1）机器修造及金属用具制造业（包括电气用具制造业）的产值修正为：华资 2573.2 万元，外资 1364.6 万元，合计 3937.8 万元。该行业与交通用具修造业 1933 年合计产值修正为 5287 万元，比《上海近代工业主要行业的概况与统计》的 5257 万元多了 30 万元。

（2）皮革及其制品业的产值修正为：华资 181 万元，外资 588.8 万元，合计 769.8 万元，比《上海近代工业主要行业的概况与统计》的 697.8 万元多了 72 万元。

（3）造纸印刷业的产值修正为：华资 3356.8 万元，外资 738.4 万元，合计 4095.2 万元，比《上海近代工业主要行业的概况与统计》的 4126.3 万元少了 31.2 万元。

另外橡胶制品业类，《战前中国工业生产中外厂生产的比重问题》一文所载 1933 年上海外资橡胶制品厂有 7 家，年产值 129.5 万元。其实，当时上海橡胶制品业仅有的 1 家日商泰山橡胶厂，1933 年已被华商大中华橡胶厂收买，更名为大中华橡胶第三厂，因此全行业均为华商所经营，[②] 年产值按中国经济统计研究所的调查为 3064 万元，以此调整，比

① 上海市医药公司、上海市工商局、上海社会科学院经济研究所：《上海近代西药行业史》，上海社会科学院出版社 1988 年，第 398～407 页。

② 上海市工商局、上海市橡胶工业公司史料工作组：《上海民族橡胶工业》，中华书局 1979年，第 30、41 页。

《上海近代工业主要行业的概况与统计》的 3193.5 万元少了 129.5 万元。

饮食品工业类，其中面粉业和卷烟业产值仍按《上海近代工业主要行业的概况与统计》列入，即 1933 年上海面粉业全部为华资厂，年产值 11356.9 万元。卷烟业年产值，华资厂 6374 万元，外资厂 5620.3 万元，合计 11994.3 万元。其他中外资本饮食品工业，包括碾米、制糖、罐头食品、糖果饼干、榨油、制茶、饮料、调味品、蛋品加工等等工业产值，在《上海近代工业主要行业的概况与统计》中以 4000 万元估计列入，似较偏低。现据中国经济统计研究所《上海工厂分区统计》所列 1933 年这部分华资工业产值为 3482.9 万元；另据《战前中国工业生产中外厂生产的比重问题》所列 1933 年上海这部分外资工业产值为 2245.9 万元（其中原文所载外资蛋品加工产值为包括上海在内全国各地共 10 家外资厂的产值计 1552.2 万元。据 1989 年上海社会科学院经济研究所等编著的《上海对外贸易（1840—1949）》上册所载，[①] 1933 年上海的蛋品厂外资有 6 家，而华资仅茂昌蛋厂 1 家，它当年的产值为 288.8 万元。这一年茂昌蛋厂与 6 家外资蛋厂订有蛋品出口分配协定，两者分别占总量的 1/3 和 2/3，以此估算，这 6 家外资蛋厂的产值为 577.6 万元）。按此调整，中国资本饮食品工业产值为 11356.9 万元 + 6374 万元 + 3482.9 万元 = 21213.8 万元，外国资本饮食品工业产值为 5620.3 万元 + 2245.9 万元 = 7866.2 万元，总计 29080 万元，比《上海近代工业主要行业的概况与统计》的 27351.2 万元增加了 1728.8 万元。

纺织工业类的产值仍按《上海近代工业主要行业的概况与统计》列入，即华资工厂产值为 23592.3 万元，外资工厂产值为 20946.8 万元，合计 44539.1 万元（具体估算的方法见《上海研究论丛》1995 年第 10 辑第 134 ~135 页）。

其他行业的中外资本工厂产值均以中国经济统计研究所和《战前中国工业生产中外厂生产的比重问题》的数据分别列入。

现将修正调整后的 1933 年上海中外资本工业产值估计列表如下（见表 1）。根据表 1 所示，1933 年上海工业企业中符合《工厂法》规定的工厂生产总值达 106685.2 万元，其中华资工业产值为 64348 万元，外资工业产值为 42337.2 万元。

---

① 上海社会科学院经济研究所、上海市国际贸易学会学术委员会：《上海对外贸易（1840—1949）》（上册），上海社会科学院出版社 1989 年，第 302 页。

表1　　　　　　　　　　**1933 年上海工业产值估计（调整数）**

（限于符合《工厂法》规定的工厂）　　　　　单位：万元

业别	中国资本工业产值		外国资本工业产值		中外资本工业总产值	
	原中国经济统计研究所调查统计数	调整数	《战前中国工业生产…比重问题》一文估计数	调整数	原统计数	调整数
木材制造业	276.8	276.8	407.1	407.1	683.9	683.9
家具制造业	102.1	102.1	—	—	102.1	102.1
冶炼业	103.3	103.3	100.4	100.4	203.7	203.7
机器及金属制品业	2573.2	2573.2	1364.6	1364.6	3937.8	3937.8
交通用具制造业	936.2	936.2	413.0	413.0	1349.2	1349.2
土石制造业	1016.0	1016.0	139.0	139.0	1155.0	1155.0
建筑材料业	153.9	153.9	—	—	153.9	153.9
水电气业	793.1	793.1	7594.6	7594.6	8387.7	8387.7
化学工业	3269.7	3469.8	2016.2	1680.0	5285.9	5149.8
纺织工业	22973.6	23592.3	18484.0	20946.8	41457.6	44539.1
服用品制造业	2950.6	2950.6	386.6	386.6	3337.2	3337.2
皮革及其制品业	181.0	181.0	588.8	588.8	769.8	769.8
橡胶品制造业	3064.0	3064.0	129.5	—	3193.5	3064.0
饮食品工业	21864.6	21213.8	8174.4	7866.2	30039.0	29080.0
造纸印刷业	3356.8	3356.8	738.4	738.4	4095.2	4095.2
饰物仪器业	196.6	196.6	55.7	55.7	252.3	252.3
其他工业	368.5	368.5	56.0	56.0	424.5	424.5
合计	64180.0	64348.0	40648.3	42337.2	104828.3	106685.2

资料来源：根据中国经济统计研究所：《上海工厂分区统计》（载《经济统计月志》第 5 卷第 4
～12 期，1938 年）和《战前上海工业之分布》（上海社会科学院经济研究所"中国企业史资料研究
中心"：中国经济统计研究所档案 04—29，1940 年）；巫宝三：《"中国国民所得，1933 年"修正》
（载《社会科学杂志》第 9 卷第 2 期，1947 年 12 月）；汪馥荪：《战前中国工业生产中外厂生产的比
重问题》（载《中央银行月报》新 2 卷第 3 期，1947 年 3 月）；徐新吾、黄汉民：《上海近代工业主
要行业的概况与统计》（载《上海研究论丛》第 10 辑，上海社会科学院出版社 1995 年）等资料估
算编制。

三、1933 年中国工业产值的新估计

上面提到，《"中国国民所得，1933 年"修正》一文对 1933 年全国工业

产值作了修正估计，其结果，机制工业产值中的华资工业产值为 147585.9
万元，外资工业产值为 77071.7 万元，合计总产值为 224657.6 万元。这个
产值修正估计是在刘大钧的《中国工业调查报告》基础上增补修订估算的，
而《中国工业调查报告》中有关上海工业产值统计数据，与本文依据中国
经济统计研究所编制的《上海工厂分区统计》产值数据虽有一些差异，但
总产值大致比较接近。因此，本文不再对两者各行业产值的多少作具体的计
算比较，而是将上面 1933 年上海工业产值的调整估计数直接在《"中国国
民所得，1933 年"修正》一文的统计表中进行调整，由此估算出 1933 年全
国工业的总产值，见表 2。

表 2 　　　　　　　　　**1933 年中国工业产值估计（之一）**

（限于符合《工厂法》规定的工厂） 　　　　　　单位：万元

	中国资本工业产值	外国资本工业产值	合　计
巫宝三《修正》一文	147585.9	77071.7	224657.6
调　整　数	（增）168.0	（增）1688.9	（增）1856.9
总　产　值	147753.9	78760.6	226514.5

资料来源：根据巫宝三：《"中国国民所得，1933 年"修正》和本文表 1 编制。

注：据前引汪敬虞《中国工业生产力变动初探》所载，原《修正》一文 1933 年中国工业总产
值为 2186.2 百万元，后补充加上钢、铁、水泥工业产值 60.4 百万元，总计为 2246.6 百万元。

由表 2 可知，1933 年全国符合《工厂法》规定的华资工厂和外资工厂
的工业总产值为 226514.5 万元。

上述工厂产值的计算均限于以雇工 30 人以上并使用动力设备符合《工
厂法》规定的工厂为统计范围，未包括同样使用动力设备而雇工不满 30 人
的工厂。但是，后者与前者一样都是机制工厂，其产值理应包括在整个工业
总产值之中。那么，雇工 30 人以下的机制工厂产值在整个工业总产值中占
有多大份额呢？这里，我们有 1930 年代上海工厂的产值调查统计资料可供
参考。据刘大钧在《上海工业化研究》一书第 279~293 页所载，1930 年上
海符合《工厂法》规定的本国资本工厂有 710 家，年产值 40708.4 万元，如
果包括不符合《工厂法》规定的工厂在内，本国资本工厂总数为 1672 家，
年产值总计 43932.9 万元。这里不符合《工厂法》规定的工厂共有 962 家，
年产值 3224.5 万元，其中很可能有相当一部分是无动力设备的手工业工场，
但其产值所占的比重是很微小的，因此在无法确定其具体数量的情况下，我
们暂且把它们都看做是小型机制工厂。这样，1930 年上海本国资本工厂中
不符合《工厂法》规定的机制工厂家数是符合《工厂法》规定的工厂家数

的 135.49%，而它们的产值少得可怜，仅为符合《工厂法》规定的工厂产值的 7.92%。以此为推算依据，1933 年上海和全国机制工业总产值的估计，见表 3 所示。

表3   1933 年中国工业产值估计（之二）

（包括符合和不符合《工厂法》规定的全部机制工厂）   单位：万元

		中国资本工业产值	外国资本工业产值	合　　计
A	上海	64348.0	42337.2	106685.2
	全国	147753.9	78760.6	226514.5
B = A × 7.92%	上海	5096.4	——	5096.4
	全国	11702.1	——	11702.1
总　产　值 A + B	上海	69444.4	42337.2	111781.6
	全国	159456.0	78760.6	238216.6

注：1. A 为符合《工厂法》规定的工厂产值统计，见表 2。

2. B 为不符合《工厂法》规定的机制工厂产值统计，估算方法根据刘大钧《上海工业化研究》一书所载上海 1930 年符合《工厂法》规定的工厂产值与包括不符合《工厂法》规定的全部工厂产值之比例 1：1.0792 估算。外资工业无雇工在 30 人以下的机制工厂资料。

由表 3 可知，1933 年上海和全国机制工业的总产值分别为 111781.6 万元和 238216.6 万元，上海工业总产值为全国工业总产值的 46.92%。如果考虑到全国不符合《工厂法》规定的工厂产值比重可能会比上海高一些，那么，全国工业总产值也会相应高一些，而上海工业总产值所占的比重则就会略小一些。

四、1930 年代中国工业产值发展趋势

1930 年代中国工业的产值，除 1933 年已如上述作出估量统计外，其他各年尚无具体数据可以查考。但上海工业产值除已有 1933 年数据之外，还有 1930、1932 和 1936 年的数据可以查考，并由此尝试推算出相应年份的全国工业产值。推算的方法如下。

第一步，据现有 1932 年上海符合《工厂法》规定的华资工厂产值资料，按 1930 年 1：1.0792 比例推算出 1932 年包括不符合《工厂法》规定的华资机制工厂在内的上海全部华资机制工厂总产值。

第二步，根据 1933 年上海中外资本工业产值之比例，推算出 1930、1932 和 1936 年上海外国资本工业产值，然后计算出上海各年中外资本工业总产值。

第三步，根据 1933 年上海中外资本工业总产值为全国中外资本工业总产值之 46.92% 的比例，推算出 1936 年全国中外资本工业的总产值，然后再按 1933 年全国的中外资本工业产值之比例，分别推算出 1936 年全国的中外资本工业产值。推算结果见表 4。

表 4　　　　　　　　**1930 年代中国工业产值估计**　　　　　单位：万元

		1930 年	1932 年	1933 年	1936 年
上　海	中国资本工业产值	43932.9	60186.0	69444.4	73453.5
	外国资本工业产值	26778.4	36685.1	42337.2	44772.0
	总　产　值	70711.3	96871.1	111781.6	118225.5
全　国	中国资本工业产值			159456.0	168670.4
	外国资本工业产值			78760.6	83302.1
	总　产　值			238216.6	251972.5

注：1. 上海的中国资本工业产值

①1930 年，据刘大钧《上海工业化研究》第 292～293 页所载，符合《工厂法》规定的中国资本工厂产值为 40708.4 万元，包括不符合《工厂法》规定在内的全部中国资本机制工厂产值共计 43932.9 万元。这就是说，符合《工厂法》规定的中国资本工厂产值与包括不符合《工厂法》规定在内的全部中国资本工厂（暂且均以机制工厂论）产值之比为 1：1.0792。

②1932 年，据刘大钧同上书所载，符合《工厂法》规定的中国资本工厂产值为 55769.1 万元，现按 1930 年 1：1.0792 比例推算出 1932 年包括不符合《工厂法》规定在内的全部中国资本工厂产值为 60186.0 万元。

③1933 年见表 3。

④1936 年系本文作者的估计数，即上海中外资本工业产值总计为 118225.5 万元（见徐新吾与作者共同主编的《上海近代工业主要行业的概况与统计》），此数包括符合和不符合《工厂法》规定的全部中外资本工厂的产值。

2. 1930、1932 和 1936 年上海的中国资本工厂产值和外国资本工厂产值，按 1933 年上海中外资本工厂产值分别占总产值 62.13% 和 37.87% 的比例推算。

3. 1933 年全国中外资本工业产值见表 3。

4. 1936 年全国工业总产值，按 1933 年全国工业总产值与上海工业总产值之比例 1：0.4692 推算，其中，中外资本工业产值按 1933 年各占 66.94% 和 33.06% 比例估算。

表 4 所依据的资料，除了 1933 年之外，其他各年都不完整，因此它所反映的仅是一个粗略的匡算，但仍可大体上看出 20 世纪 30 年代中国工业发展的一种趋势。表 4 揭示，由于 1930～1931 年间的物价上升幅度较快，其中工农业产品差价明显扩大，同时，国货运动高潮迭起，因此为国货工业的发展提供了良机，于是导致 1930 年代初期上海工业仍保持较快的发展速度，1933 年中外资本工业总产值由 1930 年的 7.07 亿元快速增长为 11.18 亿元，三年间增长了 58.1%，年平均增长率达 18.7%。但自 1933 年以后，由于农业危机进一步加深，社会购买力不断下降，物价回跌，工业产品的销售跌入

了低谷，1935 年上海电力公司售电量记录凸现了这一颓势，工业用电量所占的比重从以往的 80% 以上大幅度跌落至 50% 以下，工业生产呈现出大滑坡的走向，至 1936 年才止跌回升，工业用电量的比重再次回升至 80% 左右，① 上海的工业产值遂由 1933 年的 11.18 亿元微升至 11.82 亿元，三年间仅增长 5.7%，而整个 1930～1936 年间上海工业产值的年平均增长率达到了 7.9%。1936 年全国工业总产值的估量，按同期上海工业产值的增长率推算，则为 25.2 亿元。这个估算的结果，表明从一个历史时期来看，中国工业的发展依然保持着一定的增长速率，这与当时中国工业发展的实际情况基本上也是吻合的。

通过对 1930 年代中国工业产值发展趋势的分析，可以看出，虽然进入这一时期以后，由于受国内政治社会环境以及自然环境等的影响，尤其是 1931、1932 年日本先后两次在中国工业的主要基地——东北和上海挑起侵略战争，而且又正值世界经济危机给中国带来的严重影响，中国工业生产受到很大冲击，但同时却又迫使中国工业在逆境中寻找新的出路。首先，这一时期工业结构因此发生了新的变化。发轫于 1920 年代以前的针织、丝织、染织、印染、毛纺织等工业，在二三十年代有了很大发展，并又相继出现了一批新兴行业，如电器用具工业、电机工业、染料工业、酒精工业、酸碱工业等等。新兴行业的兴起又促进了工业部门结构的调整，进一步推动了相关工业的发展，并使一批手工业作坊在电力工业和电机工业的发展中走上了机制工业的现代化道路。工业产品的品种也大量增多，高中低档产品的结构也在变化，有一批国货替代了进口货。其次，工业地区分布在扩大，棉纺、缫丝、面粉等主要工业的新设工厂基本上都向内地原料产地扩展，新的棉织厂、针织厂以及各种农副产品加工厂等等，各地几乎都有。这些扩散至各地市镇新工厂的开设，又推动了上海等老工业基地向新的高度发展。再次，工业生产技术水平和管理水平有较大提高。越来越多的企业开始重视生产设备的更新和升级换代。企业中受过专业教育的专门技术人员（包括管理人员）的比重在上升，劳动者的技能也在提高。企业新产品试制能力，以及产品的市场竞争力都在不断增强。伴随着生产技术水平的发展，企业的科学管理方法得到了更多的关注，企业管理和行业管理的状况正在逐步得到改善。此外，一批企业陆续改制组建为有限公司，有些还组成企业集团和各种形式的群体联合组织，企业组织结构的变化，为生产经营规模的不断扩大、产品市场营销能力的增强创造了新的条件。因此，从历史发展的角度来考察，上述

①　徐新吾、黄汉民：《上海近代工业主要行业的概况与统计》，《上海研究论丛》第 10 辑，上海社会科学院出版社 1995 年，第 128～129 页。

影响工业生产力发展的诸多因素，都清楚地表明，虽然 20 世纪 30 年代前期中国的经济面临前所未有的困境，但中国工业生产的总趋势却仍在跌宕起伏中继续有所发展，并在 1936 年达到了近代历史上最好水平。

上海社科院研究员　黄汉民

永定烟业与土楼

内容提要：本文讨论的问题仅仅限于烟草种植业发展、制烟业发达、烟铺（行、店）繁荣及与制烟业相关联的烟刀制造业的发展与土楼建设的关系。从时间上说，上起清代，下讫民国二十六年（抗日战争爆发前）。这段历史时期，正是永定烟草种植业和烟草加工业由发展至昌盛后期，为大规模土楼建筑提供了雄厚经济基础。这是本文要论及内容。

关键词：烟叶、烟棚（烟厂），条丝烟，烟刀，土楼。

一、建造土楼经济来源

永定、南靖（山城）、平和、龙岩适中等县区，是福建省土楼最集中地方，其中又以永定为最。在全县 2290 平方公里的土地上，共有 1882 个主要以自然村落为单位的土楼群体，其中有圆楼 300 余座。① 这些土楼由于建造新颖、规模宏伟、精致、文化内涵丰厚，受到国内外建筑学界广泛关注，也引起旅游业巨大兴趣。

永定自然条件并不优越，人称：八山一水一分田，是福建比较著名的山区之一。又称：全邑山田五倍于平野，层累十余级不盈一亩，农者艰于得耕。田之高燥者多瘠，岁只一收，田之卑湿者多肥，岁可两收。第土薄水浅，无以备旱。故旬日不雨，则农人争水矣，二十日不雨，则迎神祷雨矣。② 这个多丘陵山地，农耕条件并不优越，矿产资源又贫乏的地方，这些客家人依靠什么条件，把自己的家园建设成数量巨大，规模宏伟，成为世界建筑史上的奇迹的土楼群呢？除了当地具有丰富黏土、木材、竹子资源外，更为重要的是要有持续的、巨额的资金投入。这些资金有部分来自官员，他们进入仕途以后，发家致富，把钱寄回老家买田置屋；也有华侨发财以后，

---

① 涂僧：《永定客家土楼的兴建和传播》，《永定文史资料》第 10 辑。
② 民国《永定县志·礼俗志》，《永定文史资料》第 14 辑。

在老家投资建房；也有竹子资源丰富的地方，设厂造纸，赚钱发家，做起大楼。但这些都是个别的、一时性，不是关键所在，对永定土楼建设具有长久影响的因素是：烟草种植业和制烟业的持续发展，以及烟行（店、铺）长期繁荣、兴盛。据《永定土楼志·初稿》云："从明代至清代及至民国，外出经营'条丝'烟业者很多，操纵长江中下游的金融，竟达三、四百年之久。这样一大部分经营者（包括本地烟刀商、烟刀石生产者）大发其财"。①

永定烟草种植何时开始，说法不一。涂僧认为："明朝万历年间，烟草引进永定"。② 翁鼎山亦说："明代万历年间，烟草传入永定"。③ 当时人王简庵说：汀州府原来是偏僻山区，农民只知道耕耘稼穑，从无种烟网利之徒。自康熙三十四、五年间，漳民流寓于汀州，遂以种烟为业，因之所获之利息，数倍于稼穑，汀民亦皆效尤。迩年以来八邑之膏腴田土，种烟者十居三四。④ 不管是明万历年间传入也好，或是康熙年间引进也好，由于永定水土适宜种烟，种出来的烟叶质量又好，所以发展极为迅速，到康熙中后期，永定烟草种植已非常普遍，广大农村，几乎家家户户种烟，人们说起农活，除了栽稻，开口就是种烟。⑤ 据蓝吉研究："单单高头一地，年产量最时，曾超过 10 万斤"。据一位近九十高龄的烟农回忆：当年每百斤晒烟叶，最高价可以卖到 77 元银洋，最低时质量差的也可以卖到 30 余无银洋。⑥ "膏田种烟，利倍于谷，十居其四"。⑦ 在经济利益驱动下，烟草种植已成为当地的重要经济来源。端午节正是当地烟叶收成季节，大量成熟烟叶需要赶天时好时采摘、晾晒，但这时南方又是一个多雨季节，晾晒的烟叶怕被雨淋。烟叶遭雨淋湿既影响质量，又影响外观，更重要的是影响经济收入。因此必须赶在下雨之前，动员全家老少齐上阵，及时抢收，为了适应农事需要，而把家宴时间由中午改到晚上。由此还产生了一个民间传说：当地有些地方端午节家宴为什么不是在中午举行，而是改在晚间进行呢？其原因是某年端午正要家宴时，忽然下起雨来，全家人立刻紧急动员，奔赴晒烟场上收烟笪。待到烟笪收齐，回家一看，桌上摆着的好些佳肴竟被猫呀、狗呀糟蹋得"杯盘狼籍了"，一气之下，某公太规定，自此子子孙孙过端午节，改在晚

---

① 方拥：《永定土楼二题》，转见《永定文史资料》第 14 辑。
② 涂僧：《永定客家土楼的兴建高潮和传播》，《永定文史资料》第 10 辑。
③ 翁鼎山：《漫说大溪乡土楼》，《永定文史资料》第 14 辑。
④ 王简庵：《临汀考言》卷 6。
⑤ 苏炯文等供稿、黄畴改写：《条丝烟漫话》，《永定文史资料》第 11 辑。
⑥ 蓝吉：《高头条丝烟业的盛衰》，《永定文史资料》第 11 辑。
⑦ 道光《永定县志》卷 1。

上吃节日饭。① 这虽然是一个传说，但明白无误地揭示了，烟草种植业在永定农民家庭经济生活中的重要地位。

随着烟草种植业的发展，烟草加工业也得到迅猛发展。自乾隆至民国初年，永定烟草制造业获得巨大发展。从乾隆至民国十五年间，抚市地区先后开办的烟棚（厂）就有 200 多间。② 这些条丝烟除当地销售一部分外，其余烟丝都运销到全国各大城市，如上海、南京、杭州、九江、赣州、新余，武汉、重庆、巴县、成都、长沙、湘潭、浏阳、贵州贵定、广东广州、汕头，等等。也有部分销售到南洋群岛，有的还销售到俄罗斯。据民国五年调查：上杭所出条丝"每年约三千担而弱，不及永定十分之一"。③ 也有人说：每年远销大江南北和南洋各地达 300 余万公斤，价值银元 200 余万，成为永定的主要财源。靠经营条丝烟而成为大小财东的，乡乡都不乏其人。④ 据《永定县志》记载，全县每年条丝烟出口达五、六万笼（箱），约值 200 多万银元。依抚市烟笼重量每笼 90 市斤计，那么每年永定出口销售的条丝烟就有 450 万 ~ 540 万市斤。其中光抚市条丝烟产量就占五分之一，经济收入每年达 40 万 ~ 50 多万银元。⑤ 就抚市乡而言，从乾隆至民国十五年间，先后开办的烟棚（厂）资本在 10 万元以上大烟号有 31 家。⑥ 详见表1：

表1　　　　　　抚溪乡（今抚市镇）在海内经营条丝烟大户商号简况表

序号	所在村名（或现在村名）	烟号铭牌	创始人或继承人	经营所在地（省市县）	鼎盛时期经营资本	年平均盈利银元	建造土楼名称或捐建公益事业
1	抚市乡桥村（今抚溪村）	泗隆行	黄启宏 黄恒球	广东、汕头、潮州	清乾隆至道光间，40 万银元（估期曾经营过银票）	5 万	兴建三堂屋式森玉楼于甲华村
2	抚市乡桥村（今新民村）	骏隆号	黄恒惠 黄定锦	四川重庆巴县 湖南长沙、湘潭	清嘉庆至光绪间，20 万银元	2 万	兴建崇福楼于坝心村
3	抚市乡桥村（今新民村）	长茂厂	黄永赓 黄永豪	湖南长沙、湘潭、浏阳	清嘉庆至光绪间，65 万银元	9 万	兴建府第式高6层的永豪楼，独资捐建永邑考棚、洽溪丁坝，兴建崇志文馆于抚溪桥村

① 苏炯文等供稿、黄畴改写：《条丝烟漫话》，《永定文史资料》第 11 辑。

② 黄慕农、黄刚：《清朝民国时期抚市条丝烟的制作和经济效益》，《永定文史资料》第 20 辑。

③ 转见郑昌淦：《明清农村商品经济》，第 342 页。

④ 涂僧：《永定客家土楼的兴建和传播》，《永定文史资料》第 10 辑。

⑤ 黄慕农、黄刚：《清朝民国时期抚市条丝烟的制作和经济效益》，《永定文史资料》第 20 辑。

⑥ 同上。

序号	所在村名（或现在村名）	烟号铭牌	创始人或继承人	经营所在地（省市县）	鼎盛时期经营资本	年平均盈利银元	建造土楼名称或捐建公益事业
4	抚市乡桥村（今新民村）	永隆昌	黄万斗 黄万才 黄万鹏 黄定献	长沙、湘潭、浏阳 江西南昌、九江 江苏、上海、南京 杭州、温州	清道光至民国，100万银元	18万	兴建永隆昌楼群福盛楼、福善楼及临江文馆、捐建永邑东门大桥重建崇志文馆
5	抚溪乡桥村（今抚溪村）	美玉濂	黄万濂 黄定功	长沙，湘潭	清道光至光绪间 20万银元	2万	修缮怀珠老楼于坝角村
6	抚溪乡桥村（今抚溪村）	福昌观	黄定铿 黄泰垣 黄开育	长沙、湘潭 四川重庆 贵州贵定	清同治至民国，20万银元	2万	修缮福昌观
7	抚溪乡桥村（今抚溪村）	裕兴行	黄定昌 黄泰睦（友山）	长沙、湘潭 重庆、成都	清同治至民国，20万银元	2万	修缮怀珠新楼于坝角村
8	抚溪乡井头村（今新民村）	厚昌号	黄兰开 黄炳无 黄杏良	南京、六合	清道光至光绪间 20万银元	2万	于大坪学堂背购建民居庭院一座
9	抚溪乡社前村	庚兴号	赖庚申	宁都、赣州、瑞金	清乾隆至同治间 65万银元	9万	兴建三堂二落开天井式庚兴楼一座于社前村，在江西宁都独资捐建石拱桥一座
10	抚溪乡社前村	嫦娥厂	赖麟亭	长沙、湘潭	嘉庆至同治间，30万银元	3万	建府第式善庆大楼一座，于社前村头
11	抚溪乡社前村	仁和恩	赖恩贵 赖成贵	长沙、湘潭	清嘉庆至咸丰间 30万银元	3万	建府第式仁和恩大楼一座
12	抚溪乡社前村	永盛典	赖礼彬	长沙、湘潭	清道光至光绪间，20万银元	2万	建永盛典鸳式双合楼一座
13	抚溪乡社前村	万春全	赖玉堂	上汹、南京 苏州、无锡	清道光至光绪间，40万银元	5万	共建永昌楼一座，捐建抚溪木质大桥一座
14	抚溪乡社前村	及万祥	赖东山	长沙、湘潭	清道光至光绪间，30万银元	3万	兴建三堂屋式和集楼一座
15	抚溪乡社前村	天生德	赖德兴 赖道兴	上汹、南京	清咸丰至民国间 60万银元	8万	修缮府第式大楼善庆楼一座
16	抚溪乡社前村	德隆建	赖垣雍 赖南雍	长沙、衡阳、重庆、巴县	清咸丰至民国，30万银元	3万	修建德隆建府第式的贻兴楼一座

序号	所在村名（或现在村名）	烟号铭牌	创始人或继承人	经营所在地（省市县）	鼎盛时期经营资本	年平均盈利银元	建造土楼名称或捐建公益事业
17	抚溪乡社前村	如兰桥	赖凤桥	长沙、衡阳、湘潭	清咸丰至民国间30万银元	3万	修缮府第式雅文楼
18	抚溪乡社前村	广兴茂	赖硕雍赖继雍	长沙、湘潭	清咸丰至民国间10万银元	1万	修缮府第式广兴茂大楼
19	抚溪乡社前村	广昌泰	赖泰辉	长沙、湘潭广州、汕头	清同治至民国间（后期曾经营银票）40万银元	5万	兴建三堂屋式的崇盛楼于社前村
20	抚溪乡中寨村	隆兴万	苏德顺苏德兴	汉口、黄陂街有两间大烟店	清道光至民国，50万银元	6万	兴建隆兴鸳鸯式双合楼一座于中在村
21	抚溪乡中寨村	隆兴贵	苏德顺苏德兴	汉口汉正街有十间店，其中三间经营烟号销售条丝烟	清光绪至民国抗战间，30万银元	3万	兴建隆兴万鸳鸯式双合楼一座
22	抚溪乡中寨村	元茂兰	苏德仁苏德义苏谷哉	天长沙有烟店，兼营苎麻生意，资本30万银元	清咸丰至民国间30万银元	3万	兴建元茂兰的府第式大楼双德楼一座
23	抚溪乡中寨村	绵远堂	苏绵寿	南京、上海	清咸丰至民国间10万银元	1万	修缮绵远堂大楼，建造凉亭等公益事业
24	抚溪乡中寨村	恒顺号	苏九江	南京、镇江、芜湖	清咸丰至民国间10万银元	1万	建造大土楼一座于中在村
25	抚溪乡鸦鹊坪村（鹊坪村）	协昌号	姜汝龄	高邮、扬州	清咸丰至民国间50万银元	6万	建有大型土楼一座于鹊坪村
26	抚溪乡鸦鹊坪村（鹊坪村）	福隆号	姜南龄	长沙、湘潭	清咸丰至民国间30万银元	3万	建有大楼一座
27	抚溪乡鸦鹊坪村（鹊坪村）	大新号	姜兰捷	长沙、湘潭	清咸丰至民国间20万银元	2万	修缮府第式大楼鹤仙楼
28	抚溪乡鸦鹊坪村（鹊坪村）	协大昌	姜兰桂姜凤堂	长沙、湘潭	光绪至民国间10万银元	1万	修缮府第式大楼鹤仙楼
29	抚溪乡龙窟村（龙川村）	永盛无	黄秀龙黄桥元黄林元黄廉无	上海、南京广州、汕头	清道光至民国间30万银元	3万	在龙窟兴建三堂屋式的爱日楼

序号	所在村名（或现在村名）	烟号铭牌	创始人或继承人	经营所在地（省市县）	鼎盛时期经营资本	年平均盈利银元	建造土楼名称或捐建公益事业
30	抚溪乡龙窟村（龙川村）	永和庭	黄振先黄振兴	长沙、湘潭江苏南京	清同治至民国间10万银元	1万	修缮龙窟一座大楼畲坪楼
31		协大号	王道煊黄永煊	长沙、湘潭武汉贵州贵定	清光绪至民国间20万银元	2万	修缮里兴村王屋大楼一座

资料来源：黄慕农、黄刚：《清朝民国时期抚市条资丝烟的制作和经济效益》。《永定文史资料》第20辑，永定县政协文史资料委员会编，2001年12月出版。

　　高头条丝烟业（包括制造业和销售业）的起步，比起抚市和湖雷两乡要迟一点，但一经发轫，便迅速发展。自清代咸丰初年（1851年）起，至20世纪30年代，是高头条丝烟业从兴起到鼎盛的时期。其间，这个人口不到四千的村庄，居然同时办起大小近百家的烟厂：规模大的，雇用工人四、五十人；规模小的，不雇工，由父子或兄弟几个人合作进行生产。

　　高头开办最早，也是规模最大的烟厂数高北村的万顺仁烟厂，厂主江开仁是个屠户，颇有商业头脑，杀了多年的猪，手头也积存些钱。这时他权衡一下，觉得办个厂所需要资金，并不比打屠多多少，而利润却高出十倍八倍。眼看当时高头种植出来的晒烟，大批大批被邻乡烟厂收购去发财致富，自己身处产地都不知道利用，何等可惜！再说，眼下家里劳力众多，大都找不到出路，若不另谋生计，日久难免饥寒。于是他痛下决心放下屠刀，把兄弟子侄组织起来，于清咸丰初年办起高头的第一家烟厂。几年之间，由于家人齐心协力，克勤克俭，果然财运亨通，获得巨额利润。江开仁胆子越发壮了。随即扩大烟厂规模，不但陆续从抚市乡雇来了三四十个制烟技术工人，还为了畅通产品的销售渠道，不远千里到苏州市去开设了一家条丝烟店。自此，"万顺仁"财源广进，家声大振，普通的屠户一跃而为富甲一方的烟商，着实风光了几十年。

　　接万顺仁之后，开办的烟厂是高东村的"万有谦"烟厂。它是由"万利"（老板为江颂三、江华昌兄弟），"有源"（江大有、江大金、江大晋兄弟），"谦益"（江大田）三家京果食杂店联合创办的。由于资金雄厚，初时三家老板既通力合作，又还在漳州、上海等地自设烟店推销产品，因此，发展势头迅猛。

　　万顺仁、万有谦发财之后，高头条丝烟的制造有如雨后春笋，大家都纷纷挂牌办厂，形成一股热潮，蔚为大观。据统计，当时高头大小烟厂有九十余家，其中较有名气的如：高东村的公义昌（江建岩、江国柱、江初传），广隆昌（江树锦、红树声、江树棠），太华（江慨民），新华（江赐章），新华权记（江权三），有源（江汝舟、江汝耆），永天香（江万芬、江益添）；高北村的万有田（江寿礼），丰泰景（江景星），万裕晋（江顺可），福茂仁（江宣炎等五兄弟），泰裕祥（江祥海），太和香（江祥彩）；高南村的万信得（江桂宗），金兰业（江契生）等等。

高头烟厂生产出来的条丝烟除部分在当地销售外，大部分产品外销。外销渠道有两条：一是经广东大埔的三河，利用汀江船运溯江而上转入江西乃至湖南、湖北各地；一是经漳州到厦门，利用海运直抵上海、江苏一带以及南洋各地。而后者是主渠道。为了销售顺畅，当年高头各主要烟厂纷纷在省内外繁华都市开设经营条丝烟的商店，如万顺仁在江苏常熟的永隆烟店，万有谦在上海的大昌烟店，万利在上海的万昌烟店，广隆昌在江苏常熟烟店，福茂仁在厦门的得昌隆烟店，万有田丰泰锦在漳州、厦门的泰裕祥烟店，以及米昌、永昌组成的连昌烟行。据统计，当时高头群众由于种植烟草和制造条丝烟而带来的收入，每年可达 20 万～30 万银洋。① 若按一户五口人计算，这四千人口村庄只是八百户而已，年收入烟业钱按平均 25 万银洋计算，每户每年平均烟业收入就可达 300 银洋。对当时来说，这是一笔很可观的收入，也是他们建筑土楼的雄厚经济基础。

清中后期，湖雷罗陂村也是生产条丝烟的大村庄，不足 500 人的村子，竟有 30 多家烟棚。全村老幼都撕烟叶，刨烟师傅、打烟叶工人有 200 余人。这些师傅、工人大多来自邻近的莲塘、藩坑等村，也有来自堂堡、抚市等地。生产的条丝烟远销湖广、江浙、南洋等地，不少人在湖南长沙、攸县、醴陵，湖北汉口、武昌，云南昆明，江苏南京、扬州和上海等地办烟庄、开烟店。② 又说：该村在清中期曾因经营盐、油、烟、土纸等发财，而且富极一时，当时人称这村为"银缸子"。③ 以一家五口计算，该村只有百户人家，平均每三户就拥有一个烟棚（厂），又有卖油和出产土纸之利，怪不得在当时成为极富之村。钱多了，楼也建得富丽堂皇。

永定制烟业发展也带动了烟刀制造业繁荣与扩大。永定烟刀制造业在抚市乡、坎市乡发展较早，随后洪坑村烟刀业迅速崛起。清同治年间，林在亭为躲避太平军残部骚扰，带领林德山、林仲山、林仁山三个儿子到抚市亲戚家，学习打烟刀的技艺。待太平军开拔漳平永福时，德山三兄弟技艺已学

①　以上资料皆出于蓝吉《高头条丝烟业的盛衰》，《永定文史资料》第 11 辑。
②　张鸣《依山而筑，装饰华丽的罗陂怀德楼》，《永定文史资料》第 21 辑。
③　张鸣《依山而筑，装饰华丽的罗陂怀德楼》，《永定文史资料》第 21 辑。

成，另立门户，开炉办厂，所产烟刀牌号初定为"盖本真"，后改为"日升"。建厂当年盈利 2000 多银元。以后又陆续开办几个新厂。产品除当地销售外，主要在上海、武汉各大城市推销。一时洪坑"日升牌"烟刀闻名遐迩，所向无敌，几乎垄断了全国烟刀市场。到光绪六年（1880），林家顿成豪富。①

　　永定素有烟魁之乡的美称。② 至清末民初，永定条丝烟还在南洋劝业会和巴拿马万国博览会上领回了优胜奖状。永定以生产"福烟"著称，制造精洁，味道清香和平，他处"皆不能及"。③《长汀县志》称：福烟独著名天下，而汀（州）烟以（上）杭、永（定）为盛。④ 乾隆时"永定条丝"曾被授以"烟魁"称号。定为贡品。⑤ 也有人说："永定皮丝"远销大江南北，质量上乘，有"烟魁"之美誉，先后获奖。⑥ 大概由于永定条丝烟质量好，口味纯正，在激烈市场竞争中获得优势。《龙岩县志》称：龙岩"烟夙昔驰名长江南北，所在有岩人烟铺，今其利为永邑人所夺"。⑦ 道光十年《县志》称："膏田种烟……烟产独佳，永民多借此以致厚实焉"。又说："永地山多田少，种烟之利数倍于禾稻。惟此土产货于他省，财用资焉"。还说：乾隆二十年以前，"永定挟千金贸易者，百不得一，……乾隆四十年以后，生齿日繁，产烟亦渐多，少壮贸易他省，或间一岁，或三五岁一回里，或旅寄成室如家。永民之财多积于贸易，捐监贡及职衔者，人以千数，外地置产者，所在多有，千金之赀，固不乏人"。⑧ 乾隆中期以后，永定人以种烟、造烟、卖烟发财者比比皆是，这些人发财致富后，更多的财富是投于买田做屋，安家立业，满足物资生活需要。在此基础上，才是买官职，以荣宗耀祖。但单从买官者"人以千数"来看，永定人当时财富积累是十分丰厚的。《永定土楼志·初稿》记载："从明代至清代及至民国，外出经营'条丝'烟业者很多，操纵长江中下游的金融，竟达三四百年之久。这样一大部分经营者（包括本地烟刀商、烟刀石生户者）大发其财，买官衔、进大学、置田地，有钱有势，大摆派头阔气，兴建富丽堂皇的楼房，这样形成了我县建筑的全盛时期，一直延至清末民初"。⑨ 虽然《土楼志》记载比

---

① 国联：《振成楼的兴建及其建筑业师傅》，《永定文史资料》第 13 辑。
② 翁鼎山：《漫说大溪乡土楼》，《永定文史资料》第 14 辑。
③ 道光《永定县走》卷 10，卷 16。
④ 咸丰《长汀县志》。
⑤ 方拥：《永定土楼二题》，《永定文史资料》第 14 辑。
⑥ 方拥《永定土楼二题》，《永定文史资料》第 14 辑。
⑦ 民国《龙岩县志》。
⑧ 道光十年《永定县志》卷 16、卷 10、卷 1。
⑨ 方拥：《永定足土楼二题》，转见《永定文史资料》第 14 辑。

《县志》记载来得超前，但有清一代至民国抗日战争爆发前这段时间里，永定人通过种烟、制烟、经营条丝烟、打制烟刀、经营烟刀石而致富，这一点是历史事实，正由于有这样雄厚的经济基础，永定土楼的建设才有可能如雨后春笋，在各个自然村迅速崛起。

二、土楼的建设

永定县有多少土楼，据 1987 年统计，除城区之外，现存土楼为 1882 座，其中圆楼 300 多座。但这些土楼建设并不都与烟草种植业及制烟业以及相干产业有关，如元代至明代万历年间，烟草还未从菲律宾传入中国，当然永定也就没有烟草种植业之说，那个时段所建设土楼，也不能与烟业联系在一起，这是历史实际，否则就会牵强附会，闹笑话。不过这个时期建设的土楼数量不多。另新中国成立以后所建设的土楼，数量虽然不少，也很华丽的。但抗日战争爆发后，由于日本帝国主义侵略，以及战争频繁，加上洋烟大量倾销，条丝烟外销阻塞，烟厂纷纷倒闭，种晒烟无钱可赚，晒烟已淘汰，条丝烟制造业已衰落，土楼建设的经济基础已发生变化，已不属本文所研究的范围。大量的、华丽的土楼主要是有清一代，以及抗日战争爆发前这一历史时期所建。

根据 1995 年统计，高头五村现有土楼 170 座，其中元代所建 2 座，明代 35 座，清代 97 座，民国 18 座。据此而言，清代所建占总量 57%，如果加上民国抗战以前所建 13 座，则清至抗战前这一历史所建土楼数占 64.7%。这些土楼建设资金来源都与当地烟业繁荣分不开。[1]

大溪与永定其他村庄一样，烟业给当地村民带来巨大经济利益，在有清一代，建了许多土楼，据统计有 122 座，尤以康熙、乾隆、道光三朝所建者多，而大部分属于大中型（一般都有 20 个地脚间，两分厅），三层到四层，且楼中大都还有回屋或中厅。（大型 19 座，中型 69 座，小型 34 座），这些都是烟草种植和烟草加工业进入鼎盛期之作。[2]

抚市经营条丝烟资本在 10 万银元以上 31 家大户中，新建土楼者就有 20 户，建土楼 20 座，还有 11 家，修缮了自家土楼 9 座。[3]

20 世纪 80 年代，三园一方土楼群在《人民画报》报道后，引起中外专

---

① 江城：《高头五村土楼调查统计》，《永定文史资料》第 14 辑。

② 翁鼎山《漫说大溪乡土楼》，《永定文史资料》第 14 辑。

③ 黄慕农、黄刚：《清朝民国时期抚市条丝烟的制作和经济效益》，《永定文史资料》第 20 辑。

家学者极大关注。这个土楼群是徐姓在初溪的杰作。初溪山上有无边无际的竹林，竹子是造纸的好原料。最盛时期，村中有纸厂40多家，生产土纸除供给本县条丝烟厂做包装纸外，还外销到漳州、广东潮州等地。收入十分可观，加上烟草种植业的发展，这个村子很富足。随着人口增多，土楼也接二连三建起来。如继山派第七、八代所建的集庆楼，拱北振南耀西房第九世所建的绳庆楼，肖乐房第九世所建余庆楼，至1949年止，徐姓子孙先后建庆字楼11座。加上解放后所建，共有十五座。构成一幅雄奇壮丽的画卷。①

下面以几个个案做具体分析。

抚市新民村"五福楼"（又称永豪楼）楼主，是以经营条丝烟发家致富而兴建的土楼。黄宠斋一生以农为生，生活清淡。他有五子，长成后，大子永赓即往湖南、云南、广西等地去做条丝烟生意，次子永豪在家收购烟叶、加工烟丝。兄弟俩一个在外面搞销售，一个在家管采购和加工，配合默契，又经营有方，几年下来，家道殷实了，就像许多发家致富的人一样，要做楼了。道光十一年（1831）辛卯一岁二月初八日在抚溪桥村（今新民村）大洋墩上坝开工兴建"五福楼"。该楼主楼高五层，坐申向寅（即坐南朝北），并右片烟棚一所，统计四百余间，建筑用地多达十五六亩。道光十八年戊戌岁（1838）十一月十五日丑时，举行乔迁仪式。越十余载始臻完备。历时长达十八年之久。建造时间之长，在永定土楼建筑史上是很罕见的。门首砌堤，左至园坝，右至榕树头上，基础巩固，厥工颇巨。该楼设计独特、壮观，显得气势恢弘。迎着正大门的便是一块占地2.5亩的大坪，该坪全用河卵石铺就，大楼左片围墙内，又有一处长方形大坪，面积近1亩。其余天井、花园、"单元"之间的空隔等等，共占地1亩多。在全楼十五六亩地皮中，空地竟占四分之一强。该楼大院坪左边馆东对面，又建烟棚一座，内设收购烟叶的营业厅和加工条丝烟的工场。楼内石门林立，雕刻楹联众多。楼内有上、下厅，天井，以及厢房、正楼、各单元房，此外，左边设有学堂，右边有武馆，各占地20.25亩，均两层，每层为一厅四室。文、武馆的走廊或间隔地，全都铺上花岗岩石板。据称，用石板材之多，为永定土楼建设之最。② 可见烟业给他们带来的利润之丰厚。

福裕楼和振成楼兴建，是烟刀制造业发展的结晶。林仁山兄弟三人，自同治年间创办之后，经咸丰发展壮大，"日升牌"烟刀闻名遐迩。至光绪六年，林家成豪富。这时（1880年冬），他们动工兴建了福裕楼。建造福裕楼地方，土名叫七树坝，前面是金丰溪的河滩，河滩边上有一大片菜园，大部

---

① 苏志强：《初溪土楼群的形成》，《永定文史资料》第20辑。

② 黄慕农、黄宝：《有五大特色的永豪楼》，《永定文史资料》第13辑。

分属于林姓十六世福成公房派下的多户人家。林仲山经过六年筹划才把别人园地、田地通过交换方式，或买入方式获得。基地准备好了，便开始动工。该楼为四方形大楼，前面宽45米，东西深37米，后面宽41.4米。楼的主体分为中间和南、北三个部分，各个部分前面设一个仪门，中间的仪门比南北两边的稍高大。主体两边有横屋，前面是一片长方形的大门坪。门坪的东北角建一座门楼，门坪前面有砖砌围墙，其他各处用卵石浆砌围墙，楼内外界限分明。整座楼占地面积约3500平方米。楼前砌了三重溪坎，基石所用石头皆为千斤大石，4米身高的石坎，一百多年来经历无数山洪的肆虐，始终岿然不动。该楼内外墙皆圬抹石灰，用石灰多达一万多篓，春石灰的石臼就有24个。楼外的石灰壁还打上蜡，锃光发亮。请来专门烧砖瓦师傅开窑烧制砖瓦，用时三年。请铁匠打制铁皮马钉、铁钉、门环、钉锦、屈戌等，也用三年。前后施工花了十年时间。动用资金20万银洋。每间房成本达500元。[①] 成本之高，由此可见一般。光绪二十八年，又独资兴建"日升学堂"，宣统元年又想兴建振成楼，但因地基问题未能及时解决，迟迟未能动土。直到民国元年（1911年），才得以破土动工，历五年建成。该园楼由外圈、内圈和剧院舞台式的中厅三部分组成。所聘用建筑师傅为当时名师。建成了号称"东亚奇观"、"中华一绝"的振成楼。[②]

　　制烟业发展，给永定人民带来了丰厚的财富，也为土楼建设积蓄了大量资金。以上仅列一是条丝烟厂经营和销售发财后建楼事例；一是经营土纸生产和销售，发财后建楼事例；另一个是生产烟刀及销售发财后建楼事例。由此，可以通过点而看到面，由典型看到一般。

　　三、简短总结 人们在研究中国经济史时，总喜欢说：中国传统社会是一个自给自足的封建社会，商品经济不发达，缺乏长途贩运。然而，福建永定这个偏僻的山区县，在烟草种植业兴起后，以制烟业为龙头产业带动下，产品远销长江南北各大城市，甚至南洋群岛，独占条丝烟半壁江山，并成烟刀业制造中心，财源滚滚，操纵长江中下游金融，竟达三四百年之久。由一个贫穷落后的小县，一跃成为资金雄厚，村民富足，掀起土楼建设新浪潮。这个事例起码说明：至清代以后，如果还认为中国农村还是自然经济结构的话，至少已有相当部分农村已经摆脱自给自足自然经济束缚，而是与市场经济发生密切的联系商品经生产，已成为他们家庭经济生活中不可缺少的组成部分。看不到中国农村经济的这种转化，就不可能加深对中国经济史发展的了解。同时也说明中国农村要摆脱贫穷困苦，必须大力发展商品生产，以一

---

① 苏志强：《美轮美奂文采飞扬的福裕楼》，《永定文史资料》第22辑。
② 国联：《振成楼的兴建及其建筑师傅》，《永定文史资料》第13辑。

个产业为龙头，带动相关产业发展，这为解决农村多余劳动就业，开辟了广泛天地，也是农村致富的一条可行之路。对当代如何解决三农问题是一个很有意义的启迪。

中国社科院研究员　江太新

史学方法和历史实证主义

一、史学方法

历史研究（不是写历史）是研究我们还不认识或认识不清楚的历史事物，如果已认识清楚就不要去研究了。历史有无限量的事物，认识不完。历史认识是相对的，已认识清楚的东西，随着知识增长和时代思潮的演进，又变得不清楚了，需要再认识。历史研究就是没完没了的再认识过程。

认识是思维与存在的统一，方法是思维的工具。历史研究的方法可分三个层次。一是世界观意义的方法，是从整体上指导我们研究的思维工具。二是认识论意义的方法，是解释、求证、推理的思维工具，其中又分逻辑思维和非逻辑思维两种。三是专业和技术研究方法，如社会学方法、经济学方法、计量学方法、比较研究法等。本文只谈一、二两个层次，不谈专业和技术方法。

1. 世界观意义的方法

世界是个无限多样性的整体，而我们要认识的都是有限的个别。此个别，对于我们已有的认识即知识来说，是新的东西。我们认识它，不是像录像那样把它原样收入我们的知识夹（那是收集，不是认识），而是要理解它的原委，它在整体中的位置、关系和功能，有如发现一个岛屿等于重绘全幅地图。这样的认识，就必须先有一种观念上的整体理论作为思维工具，它为我们的研究提供观点、视野、思路（approach）以至假说。现代科学的发现都是先有假说，然后再去证实它。人类学家 B. K. 马林诺夫斯基在考察西太平洋某岛土人的文化时说，我们不是在写游记，而是"在描述他们，创造他们"，对于人类知识中还没有的这种新文化的创造，"完全依赖理论的激励"。[①]

就历史事物的认识来说，这种先有的理论就是历史观。历史观是一种世

---

① B. K. 马林诺夫斯基：《西太平洋的航海者》，华夏出版社 2002 年版，第 6、7 页。

界观，在研究具体的历史（如中国经济史）时，它就变成一种方法，世界观意义的方法。恩格斯说："马克思的整个世界观不是教义，而是方法"。①列宁说："历史唯物主义……只企求指出惟一科学的说明历史的方法。"② 这里"惟一"两字可略，因为作为思维方法，还有其他历史理论可以选用。司马迁的"究天人之际，通古今之变"就是一种很高明的历史观。因为人类的活动"一方面是自然关系，另一方面是社会关系"，我们要研究的就是"人和自然及人与人之间在历史上形成的关系。"③

2. 认识论意义的方法——逻辑思维

逻辑思维有归纳法、演绎法、证伪法。

归纳法是由个别、特殊推论出一般，其法创自 F. 培根。培根说观察事物要独立于理智，不受理论干扰。这在当时指排除神学的干扰，有积极意义；今天看，就不对了。观察是有目的的活动，要靠理论来决定思路和取向。爱因斯坦说："是理论决定我们能够观察到的东西，只有理论，即只有关于自然规律的知识，才能使我们从感觉印象推论出基本现象。"④ 基本现象指本质或一般。

培根又十分重视一般公理。他说："从感性与特殊事物中把较低级的公理引申出来，然后不断地逐渐上升，最后才达到最普遍的公理。"⑤ 层层归纳能否得出最普遍的公理是可疑的。在自然界，最普遍的理论如广义相对论并不是靠归纳法得出。在历史学上，梁启超在 1902 年发表的《新史学》中说："历史者，叙述人群进化之现象而求得其公理之例者也。"后来他在 1921 年的《中国历史研究法》中就取消了"公理"之说，而在 1926 年修订该书时干脆抛弃了归纳法，他认为对历史整体性的认识"十有九要从直觉中得来"。⑥

历史研究因是从分散的、个别的史料入手，通常用归纳法。但归纳法有它本身缺点。D. 休谟早就指出，该法是建立在未来与过去相似的假设上，而"自然的途径会发生变化，过去不能成为将来的继续有的规则。"⑦ 我们应当注意这一点。"述往事，思来者"只是提供借鉴。

---

① 《马克思恩格斯全集》第 39 卷，人民出版社 1974 年版，第 406 页。

② 《列宁选集》第 1 卷，人民出版社 1960 年版，第 13 页。

③ 《马克思恩格斯选集》第 1 卷，人民出版社 1974 年版，第 34、43 页。

④ 许良英、范岱年编译：《爱因斯坦文集》第 1 卷，商务印书馆 1977 年版，第 211 页。

⑤ F. 培根《新工具》（1620），译文见北京大学哲学系编《十六——十八世纪西欧各国哲学》，三联书店 1958 年版，第 10 页。

⑥ 梁启超：《中国历史研究法》，上海古籍出版社 2000 年版，导读第 8 页，第 1、138 页。

⑦ D. 休谟《人类理解研究》，商务印书馆 1957 年版，第 13 页。

　　归纳逻辑最大的缺点是它所有的命题都是单称命题，积累同样的命题愈多，愈可信，但终非全面。20 世纪逻辑实证主义兴起，提出用概率论来测定，这很好，但概率论难用于历史事物。不过有时可限定范围，如所论限于五个典型商埠，若五埠都发生银贵钱贱现象，则变成全称命题。

　　演绎法是由一般公理、定律推论出个别、特殊，结构严密。如欧几里德几何学，即从 14 条公理、定义演绎出来的。其定义如"一个点的等距离的轨迹就是圆"既无懈可击，演绎出的整个体系也天衣无缝。但这也只限于数学，其他科学还是用归纳法得出定律、公理。到 19 世纪晚期、定律、公理已成系统，演绎法遂成为主要逻辑思维工具，并从自然科学向社会科学发展。但在历史学，似属例外。

　　历史是"一次如此"的事情，原则上没有重复。历史是人类无计划创造的，并不根据什么公理。一治一乱，分久必合，确有之，但不能证明它就是定律。18 世纪启蒙运动把自由、人道主义，进步论作为历史发展的总趋势，但在论证具体问题时，不能把它们作为演绎法的大前提。社会形态变迁也难作公理，无奴隶制者有之，无封建制者有之，超越"卡夫丁峡谷"者亦有之（如中国）。历史学可用演绎法中的"假言判断"法，其例是如果 A 是真，则 B 是真。但需慎用，因历史是已完成的事，不能随便假言。美国计量史学（cliometrics）者用"反事实度量法"（conterfactural measurement），我不赞成。

　　1942 年美国逻辑实证主义者 C. G. 亨普尔发表《普遍规律在历史中的作用》，后继者踵起，形成一个用演绎逻辑解释历史的流派。其法是 1. 一组序列事件 C 发生的初始条件或边际条件；2. 一组有关这类事件的普遍规律。有此两者，便可对相关事件 E 作出准确解释。这里先行条件 C 相当于原因（cause），而 E 相当于结果（effect）。然而，问题在于找不到什么历史的普遍规律。无何，亨普尔说："规律一词意味着它所提出的陈述实际上已能得到有关事实充分地证实了"①，因而可以不言而喻。亨氏的追随者还有人提出可以"正常状态"作为历史的普遍规律。若此，则还不如清乾嘉学派所用"理断"法，考虑更为周到。

　　证伪法，始于奥籍英人 K. R. 波普尔。波氏 1945 年发表《历史主义的贫困》，将证伪逻辑用于历史。

　　波普尔的证伪逻辑是：任何理论都是一种猜想或假设，需用经验来验证。但不能用归纳法，因理论是全称命题，包含无限个对象，而经验是个别的。有限不能证明无限。归纳多少个正面经验都不能证明该理论是真，反

---

　　①　C. G. 亨普尔：《普遍规律在历史中的应用》，中译文见《史学理论》1987 年第 3 期。

之，只要有一个反面证据，就可证明该理论是伪。没有证实的逻辑，只有证伪的逻辑。①

波普尔的历史学观点有：1. 不可能有整体意义的历史学，它"不能预告人类历史的未来行程"。② 2. 历史没有客观规律。历史发展会有趋向，但"趋向并不是规律"。③ 3. 历史上相继出现的事物可能有因果关系，揭开因果关系要用逻辑实证法，即用初始条件和普遍规律来演绎。而所用普遍规律往往因为太普遍而被略去了。如说 G. 布鲁诺被烧死在火刑架上，其普遍规律是"人被火烧必死"，略去了。④

波普尔的证伪论是个发明。任何理论都需证伪，正如恩格斯所说："今天被认为是合乎真理的认识都有它隐蔽着的，以后会显露出来的错误的方面。"⑤ 但纠正错误不一定要全部否定它。波普尔的史学观点，也有可取之处，但他否定整体史学是不对的。法国年鉴学派、特别是 F. 布罗代尔的整体论史学，是公认的治史的好方法，只是过于繁杂而已。波普尔的最大缺点是不该完全否定归纳法。他不仅否定归纳法，还否定文献资料。他把文献资料作为一种"文化产品"，它不反映物质世界，也不属于精神世界，"因此，资料不是理论的基础，也不是理论的保证，它们并不比我们任何理论或'偏见'更可靠，如有区别，倒是更不可靠一些。"⑥ 这恐怕是任何史学家都不会同意的。其实，历史实证主义离不开归纳法，历史上的证伪也需要归纳法。中国的考据学有"辩伪"一项，成绩斐然。阎若璩的《尚书古文疏证》考证古文尚书有 25 篇是伪书，有根有据，全用归纳法。康有为的《新学伪经考》谓东汉经书全是刘歆伪造，盖先有个刘歆投靠新莽取宠的概念，属演绎法，人多不尽信。

原来，逻辑实证主义和证伪主义都是以"科学哲学"旗号出现的。前者说，只有按"普遍规律"和"初始条件"推演出来的理论或陈述，才是科学的。后者说，只有经得起证伪检验的理论或陈述才是科学，不能证伪的如神学、美学不是科学。然而，1962 年，T. S. 库恩发表《科学革命的结构》，认为科学的发展是新旧范式（paradigm）的更替，这种更替是革命，"革命是世界观的转变"，新旧范式之间是"不可通约的"，没有逻辑关

① 卡尔·波普尔：《猜想与反驳：科学知识的增长》，《世界科学译刊》1980 年第 1 期。
② 卡尔·波普尔：《历史主义贫困论》，中国社会科学出版社 1998 年版，第 2、72 页。
③ 同上书，第 101 页。
④ 同上书，第 126～127、129 页。
⑤ 《马克思恩格斯选集》第 4 卷，人民出版社 1974 年版，第 240 页。
⑥ 卡尔·波普尔：《没有认识主体的认识论》，《世界科学译刊》，1980 年第 2 期。

系。① 库恩是从科学史上总结出他的科学哲学的，被称为"历史学派"。1978 年，另一位历史主义者 I. 拉卡托斯发表《科学研究纲领方法论》。其纲领犹库恩的范式。一个纲领的核心部分是不能改变的，但它的辅助假设称"保护带"，则可以被证伪而修改。所有科学理论或纲领都是开放的，有向前或后退的变化，一种理论退化，让位给另一种，就是科学的进步。②

又一位历史主义的科学哲学家 D. K. 费耶阿本德发表《反对方法》（1975），提出"认识论的无政府主义"，要求"无理性""非逻辑"，废除固定方法，"什么都行"（anything goes）。费耶阿本德是后现代主义者，语出惊人。其实，他是主张多元方法论。从科学史来看，科学发展并非都是靠理性思维，许多发明来自偶然的直觉，神话、占星术、炼金术都对科学发展有贡献。理性的非理性的、逻辑的非逻辑的思维都可用，人们要认识大自然"就必须使用一切思想、一切方法，而不能仅仅使用其中的一部分"；这"也是人道主义的本质部分"，因为它破除思想被逻辑奴役的状态，恢复人的尊严。③

3. 认识论意义的方法——非逻辑思维

认识论中的非逻辑思维有辩证思维、形象思维、直观三种。

辩证思维中国也称辩证逻辑，实际不在逻辑学之内。辩证思维是中国特别擅长的思维方式，自老庄、易传以来，融入儒学，直到宋明理学，成为中国哲学的精华。辩证思维在历史哲学中有重要地位，可以说，自然界和整个人类的历史都是辩证地发展的。辩证思维是一种高级的理性思维，它能解释逻辑思维不能解释的问题。但辩证思维缺乏工具性，一般不作方法论看待。黑格尔的辩证法虽有"正反合""否定之否定"公式，亦非操作规程。本文是讲方法论，对辩证思维暂不置论。

形象思维具有强烈的启发、创作功能，主要用于文学、艺术领域。也见于史学，司马迁遨游半个中国，探禹穴，观仲尼庙堂，访楚汉战场，吊屈原自沉的汨罗江，走蒙恬长城，都是形象思维。形象思维一般也不作方法论讨论，故略。

直观思维是理性思维，在科学和人文科学中都很重要，一般属于方法论，其中又有"悟"和"直觉"两种形式。

悟或顿悟的认识，在宇宙观和哲学中非常重要，在东方哲学中，对世界

---

① T. S. 库恩：《科学革命的结构》，上海科技出版社 1980 年版，第 64、70 页。

② I. 拉卡托斯：《科学研究纲领方法论》，中文摘译见《世界科学译刊》1980 年第 9 期。

③ R. K. Feyerabend, Against Method: Outline of an Anarchistic Theory of Knowledge, London, 1975, P. 52, P. 306.

的认识差不多都是从悟或顿悟开始的。悟的认识过程，至今还没有满意的解释。德国新康德主义学派把悟（Verstehen）与科学思维对立，悟是由人亲自参与事物，由内省、神入得出的第一人称的知识，科学是通过测算和试验得出的第三人称的知识。这并没能说明悟的能力的根源。朱熹把悟归之于"今日格一物，明日格一物"，"一旦豁然贯通"。而事实上人的认识并没有这番功夫。倒是王守仁的"致良知"说比较接近，"念念致良知"就是悟。王守仁《咏良知》："无声无臭独知时，此是乾坤万有基。抛却自家无尽藏，沿门持钵效贫儿"，后二句来自《传灯录》，是禅宗的顿悟法。又《示诸生》："尔身各个自天真，不用求人更问人。但致良知成德业，漫从故纸费精神。"二诗道出悟的根源和方式。（均见《王文成公全书》卷二十）

直觉是一种综合性、整体性的理性思维。笛卡尔认为直觉提供的东西是理性证明的基础和出发点，经"我思"成为"明晰确定"的知识便是真理。唯理主义者都尊重直觉，康德的先验论就是直觉。海德格尔的"操心"（Sorge）自称来自良知，即来自直觉。波普尔认为，科学理论非来自公理的演绎，亦非来自经验的归纳，而是来自科学家的直觉，即对问题提出猜测（假设），再用逻辑作证伪的检验。现代科学，如分子论、量子论、电磁场理论、宇宙大爆炸理论，都是先有直觉的假设，再设法逐步证实的。

现代科学把直觉解释为一种跳跃式的理性思维。一种新的理论，需要在众多环节上进行测量和试验，有的环节目前还无法测量或试验。有丰富基本知识和经验的科学家，越过诸多细微环节，径自做出判断，这就是直觉。爱因斯坦非常重视直觉。他说："我相信直觉和灵感"；理论上我们可以从普遍的基本定律推导出一个"世界体系"来，但是"要通向这些定律，没有逻辑的道路，只有通过那种以对经验共鸣的理解为依据的直觉，才能得到这些定律。"①

二、中国的实证主义史学

实证主义是研究历史的基本方法，不可须臾或离。这里所说实证主义完全指考据证实方法，不是 A. 孔德的实证主义哲学。孔德说他的"实证"（positive）一词有五个含义：真实、有用、不犹疑、精确和"否定之反义"。作为考证方法，我只取他第一个含义，即真实。但我完全拥护他的第五个含义，即"对每一种见解都更公正，更能宽容"，"坚持从历史角度去衡量不

① 许梁英、范岱年编译：《爱因斯坦文集》第 1 卷，商务印书馆 1977 年版，第 102 页。

同见解的各自影响，持续的条件以及衰落的缘由，决不能作任何绝对的否定。"①　这就是说，应当肯定自己而不否定前人。

我国史学，自司马迁以来就是实证主义的，至清乾嘉出现精湛的考据学。考据学主要是考证史料。史料是认识历史的根据。傅斯年在北京大学讲《史学方法导论》说："史学便是史料学"。他又在《历史语言研究所工作之旨趣》（1928）中说："近代之历史学只是史料学"，"一分材料出一分货，十分材料出十分货，没有材料便不出货。"②　此论曾有非议，但傅氏先有一言："史学不是著史"。著史是创作，还须有历史观、论点和评价。

史料并非史实。史实如何，我们无法知道，只能依靠史料去考证。所有史料（文献、文物、口碑）都是人为的，都不免失真、失误、夸大、隐讳以至伪造。而所有的考证，都是相对的真实，需要发掘新的证据，发明新的方法，没完没了的再考证。乾嘉以来，中国的实证主义史学，就经历了这一过程。

乾嘉考据学有训诂、校勘、类推、辩伪、辑佚诸法。前三法都是以归纳法为主，每字每事必广集例证，"类而辑之，比而察之"（崔述《考信录》），得出较真实的解释。胡适说："他们所以能举例作证，正因为他们观察了一些个体的例证以后，脑中已有了一种假设的通则，然后用通则所包涵的例来证同类的例"，这等于从通则"演绎出来。故他们的方法是归纳和演绎同时并用的方法。"（《清代学者的治学方法》，《胡适文存》卷二）。一般说"举例证"是危险的，因为"社会生活现象极其复杂，随时都可以找到任何数量的例子或个别材料来证实任何一个观点。"③　不过清人的训诂、校勘、类推是在某字某事的狭小范围内收集尽量多的例证，比较可靠。他们也力戒"孤证"。

辩伪，以赵翼的《赵氏孤（儿）之妄》为例（《陔余丛考》卷五）。搜孤救孤故事见于《史记·赵世家》。赵翼考《左传》、《国语》、《史记·晋世家》皆记赵氏灭族及立赵武承嗣事，而未提及屠岸贾其人。又灭族及立嗣均在景公十七年，无匿孤之时间。最后"以理断之"其事乃伪。这即清儒"理断"法，这里的"理"是：景公政治清明，屠岸贾非正卿，不能专杀戮。

辑佚是一大功夫。秦火以后，历代均辑亡书。而乾嘉之辑佚常是有目的

---

① 　A. 孔德《论实证精神》，商务印书馆 1996 年版，第 30 页。
② 　《傅斯年全集》第 2 卷，台北版。此处转引自王戎笙《论傅斯年》，《中国史研究》1994 年第 4 期。
③ 　《列宁选集》第 2 卷，人民出版社 1972 年版，第 733 页。

的查寻某人某事之零星记载，称钩沉，如大海捞针，实为难得。

乾嘉考据学原用于考经，后及于考史。钱大昕的《二十二史考异》、王鸣盛的《十七史商榷》较早。钱、王原治经，以考经法考史，但有一个优势。王在他书的序中说："治经断不敢驳经，而史则虽子长、孟坚，苟有所失，无妨箴而砭之。"这是考史要义。稍晚，赵翼之《二十二史札记》则摆脱了考经旧规，分目作专题考证，而用归纳比较法。如一事分别见于纪传表志者，汇而考之；又一事见于各史书（尤其是同一代史书）者，比而考之。此法沿用至今。

"五四"运动以后，中国的实证主义史学进入辉煌的发展时代。其发展之由有二，一是新史料之大量涌现，一是新的考证方法迭起。

新史料之涌现主要有：1889 年开始发现河南安阳小屯村之殷墟甲骨文，1928～1937 年有计划地挖掘，得甲骨 24830 片。1900 年始见的甘肃敦煌石窟藏卷，内容丰富，蔚然成为敦煌学。1908 年英人斯坦因于敦煌附近、罗布卓尔、于阗获汉简、晋简，后人继有发掘。这三项均罗振玉、王国维首先考订整理成书，功莫大焉。又傅斯年主持中央研究院历史语言研究所，于 1929 年收购险被外国人劫取之清内阁大库档案八千余麻袋，编辑《明清史料》30 册。此外，考古学发展，尤其 1921 年出土之仰韶文化遗存，1930 年发现"北京人"化石，证实了中国史前史。

新的考证方法首先是西方史学方法之引进。当时西方占主流地位者为德国 L. 兰克之史学，其方法论有 E. 班海姆之《史学方法论》（1889）和郎格诺瓦与瑟诺博斯合著之《史学原论》（1897）。前书分史料学、考证学、综合观察、词章叙述四部分，而综合观察在于判断"吾人可认识事实间之关系，以及其与演化上之整个及一般间之关系"[1]，此正是乾嘉考据学不足之处。后一书强调史料鉴定。一是"分析史料内容所含，是为积极的命意释文鉴定"；一是"分析史料当制成时之状况，是为消极鉴定。"[2] 二书之中译本发行较晚，但梁启超、傅斯年、陈寅恪均留学欧洲，必有所知。梁之《中国历史研究法》其体例几乎与班海姆书相同。

新考证方法主要还是中国史学家的创造。王国维创"二重证据法"，即以出土文物与文献材料对证。盖王氏于甲骨、金文、敦煌文书、汉晋简无所不精。陈寅恪在《王静安先生遗书序》中说："一曰取地下之实物与纸上之遗文互相释证。……二曰取异族之故书与吾国之旧籍互相补证。……三曰取外来之观念与固有之材料互相参证。……吾国他日文史考据之学，范围纵

---

① 伯伦汉：《史学方法论》，商务印书馆 1937 年版，第 183 页。
② 郎格诺瓦与瑟诺博司：《史学原论》，商务印馆 1926 年版，第 281 页。

广，途径纵多，恐亦无以远出三类之外。"①

陈寅恪掌握古今中外语文十六七种，其运用史料之广最令人服膺，道藏、佛经、小说、野乘无不入史，而以"诗文证史"尤为人倾倒。他的考证不限于归纳法，而重推论，求得当时政治、社会、风俗、学术之状况。如蜀相韦庄《秦妇吟》一诗秘不示人。王国维考证，以其有"内库烧为锦绣灰，天街踏尽公卿骨"句，恐遭人怨。陈寅恪则辗转查知蜀建国之君即当时抗击黄巢之将领王建，故韦庄对此事讳莫如深，惧杀身之祸也。

陈垣研究目录学、年代学、史讳学，考证佛教及基督教之传播，收集道教碑文1300余通。九精校勘之学，著《校勘学示例》，提出校勘四法：本校、他校、对校、理校。理校即清人理断法，本诸演绎。

胡适在《清代学者的治学方法》（《胡适文存》卷二）中总结清人考据方法，提出"大胆假设，小心求证"八个字，实为考据学基本原则。他说，治史不能墨守古训，"假设不大胆，不能有所发明"。假设是站在充分理由上的，但即使理由"很充分"，也还是假设，必须小心求证，才能"升上去变成一个真理"。真理云云，似不必咬定，因为日后有了新的证据，还可能修改。胡适在1946年说："有几分证据说几分话，有五分证据只可说五分话，有十分证据才可说十分话。"② 这是非常恰当的。

1923年以顾颉刚为首，开展了一场异常热烈的古史讨论，汇集成《古史辩》七大册。讨论中顾颉刚提出"层累地造成的中国古史"观点，"时代愈后，传说的古史期愈长"；"时代愈后，传说中的中心人物愈放愈大"（《与钱玄同先生论古史书》，《古史辩》第一册中编）。这次大讨论虽无最后结论，但对古史做了一次大清理，也是考据学的一大展示。

20世纪30年代以后，马克思主义史学兴起，史料学、考据学被用于证实马克思主义历史理论。侯外庐在其《中国古代社会史》（1947）的自序中说，他研究中国古代社会有三个步骤：第一是花费精力研究理论，得出答案；第二是谨守考据辩伪方法，订正史料；第三是将史料与社会发展规律统一成文。此即当时所称"理论学派"的治史方法。而王国维、胡适等老的实证主义者被称为"史料学派"。

新中国建立后，"史料学派"一度受到批判，二十世纪六七十年代考据学被视为"反动"。到80年代史学之风又大变，甚至有"回到乾嘉"之说。实际是，中国的实证主义史学步入一个全新大发展时期。新史料、新观点涌

---

① 陈寅恪：《金明馆丛稿二编》，三联书店2001年版，第247~248页。
② 胡适：《文史的引子》，《大公报》1946年10月16日。转引自白寿彝《中国史学史论文集》，中华书局1999年版，第310页。

现，新的著作蔚郁成林，此皆读者目睹，不论。

三、西方的实证主义史学

A. 孔德的实证哲学陆续发表于十九世纪三四十年代，是一种科学的认识论。他提出，人类的思维或认识是从神学阶段，经过形而上学阶段，发展为今天的实证阶段。实证精神是人们智慧成熟的科学的研究方法。它首先要求确定事物的真相，然后探求对象之间的恒定关系，即规律。他要求各种知识逻辑上的一致性，"认识一致是人类任何真正结合所必需的基础"，而实证主义"是造成认识广泛一致的实在的唯一源泉"。[①] 他承认，现在的归纳和演绎逻辑还不能为一切现象提供一个统一的普遍规律。在自然科学方面，"我们应该只寻求从总体上考虑的实证方法的统一，而不是企求真正科学上的统一"。但在人文科学方面，因为所考察的是"人与人或毋宁说与人类"的关系，"这样的知识倒反而明显自发地趋向于科学上与逻辑上的全面系统化。"[②]

孔德的实证主义认识论，发表后即受到历史哲学家的批判。首先是德国 W. 狄尔泰的诠释学。他认为自然科学是研究无个性单元构成的物理世界，它只能作为现象被人观察和认识，从中抽象出一般性的运动规律。历史学是研究过去的精神活动，甚少或没有一般性、规律性，不能用实证主义方法，只能通过"移情"（empathy），深入古人思想内部去体验本文（历史文献）的原意。19 世纪末 20 世纪初，批判实证主义者日多，主要有意大利的 B. 克罗齐和英国的 B．R．柯林伍德。

克罗齐认为，历史学是艺术，不是科学，不能用实证主义方法去研究。我们可以考证历史史实，但历史学不是像编年史那样记述史实，而是通过直观的抽象和概念的判断，了解历史的意义，而历史的意义就是哲学。他说："精神的自我意识就是哲学，哲学就是它的历史，或者说，历史就是它的哲学。"而所谓哲学，必然是"永恒的现在的思想"，历史判断成为哲学，亦只有"历史被提升为关于永恒的现在的知识"才行。这就进入克罗齐的著名命题："一切历史都是当代史"。他举例说，古希腊人已入墓近千年，到文艺复兴时代忽被当作历史研究起来，因为欧洲人经中世纪神学统治，精神上产生研究古希腊的兴趣。"只有现实生活中的兴趣才能使人研究过去的事

---

① A. 孔德：《论实证精神》，商务印书馆 1996 年版，第 19 页。
② 同上书，第 17 页。

实"，这就给过去一种"当代性"，这种当代性"是一切历史内在的特征。"①

柯林伍德的基本观点是："历史的过程不是单纯事件的过程而是（人们）行动的过程"，人们的行动是由思想支配的，"历史学家所要寻求的正是这些思想过程。一切历史都是思想史。"他又认为，历史上的过去并未死亡，而是以某种方式溶入其后继者之中，就思想说尤其是这样。所以历史研究就是历史学家在自己心灵中"重演过去的思想"，"历史的知识是关于心灵在过去曾经做过什么事的知识，同时他也是在重做这件事；过去的永存性就活动在现在之中。"② 柯氏说，他要同实证主义"进行不断的斗争"。首先，实证主义的先确定事实再探求规律的方法不适用于史学，因史学虽是科学，却是没有规律的。其次，柯氏认为文献和档案资料都是"权威"的"证词"，而"依赖权威们的证词"所作历史不过是"剪刀加浆糊"的历史。再则，他认为由归纳法或演绎法所得到的结论是一科"逻辑强制"，是不可取的。

不过，克罗齐和柯林伍德反对实证主义用于历史，但不否定考证史实。克罗齐说："幸亏有了实证主义，历史著作才变得不那么幼稚，著作中的事实才变得较丰富。"③ 柯林伍德很重视考据学，他说"一切历史学在某种程度上都是考据的"。他在 1946 年出版的《历史的观念》中有一长段讲如何对古代史料改错，辨伪、调换位置等，这实际就是几年前顾颉刚在《古史辩》中的功夫。他又讲"书面资料"要与"非书面资料（有字的陶瓷片等）"互相参证④，这在十几年前王国维的"二重证据法"早已做了。

第二次世界大战后，在美国兴起历史相对主义之风，也是针对实证主义而来。这可以 C. L. 贝克尔和 E. N. 卡尔为代表。贝克尔是一位历史进步论者。他说有两种历史，"一种是一度发生的实实在在的一系列事件"，这种历史是不变的。"另一种是我们所有肯定的并且保持在记忆中的意识上的一系列事件"，它"是相对的，老是跟着知识的增加或精炼而变化的。"而实际上我们只有这第二种历史。"为了一切实用的宗旨，对我们和对目前一时来说，历史便是我们所知道的历史。"贝克尔还叮咛说："从历史来看，作为一种变异过程，我们对人和人的世界的了解，显然只能是暂时的。因为

---

① B. 克罗齐：《历史学的理论和实际》，商务印书馆 1952 年版，第 2、4、43、249 页。
② R. B. 柯林伍德：《历史的观念》，商务印书馆 1997 年版，第 302～303、307 页。
③ B. 克罗齐：《历史学的理论和实际》，商务印书馆 1952 年版，第 244 页。
④ R. B. 柯林伍德：《历史的观念》，商务印书馆 1997 年版，第 202、341～342、382 页。

从定义上来说，它是一种仍在进行而尚未完成的东西。"① 这是历史认识相对论的又一含义。

E. N. 卡尔说："相信历史事实的硬核客观地独立于历史学家的解释之外，这是一种可笑的谬论。"但卡尔并不否定历史事实，而且是尊重客观事实的。他说："历史学家和历史事实是相互需要的。没有事实的历史学家是无根之木，是没有用处的；没有历史学家的事实则是一潭死水，毫无意义。"② 他还认为，历史需要解释才有意义。"解释这一因素渗入每一件历史事实之中"；"历史就是历史学家跟他的事实之间连续不断的相互作用的过程，是现在与过去之间的永无止境的问答交谈。"③ 这就使他的方法论接近于当时最先进的海德格尔—伽达默尔的诠释学理论。

还有一点。自狄尔泰以来，都严格区分自然界与历史，西方历史学也把自然界置于历史研究之外。马克思曾严厉批判这种"把人对自然界的关系从历史中排出去"的历史观。④ 卡尔则认为，历史与科学都是研究人与自然、人与人的相互关系，解答人类生存中的各种问题。因而，"历史学家与自然科学家在寻我解释这一根本目的上，在提出问题与回答问题这一根本问题上是团结一致的。"⑤ 可见，卡尔的历史观已多少有了"究天人之际，通古今之变"的思想。

在从狄尔泰到贝克尔、卡尔一系列的批判下，兼以历史学由叙述式向分析式转换，实证主义在西方史学中逐渐淡化。但从上述介绍可以看出，各家批判主要是针对孔德的实证哲学，他们并不否定历史事实，也不否定对历史事实的考证。西方历史学并未离弃作为考证方法的实证主义，只是在应用上不像中国史学家那样认真和有效而已。

中国社科院研究员　　吴承明

---

① 卡尔·贝克尔：《人人都是他自己的历史学家》，中译文载《现代西方历史学流派文选》，上海人民出版社 1982 年版，第 259～260、277 页。

② 爱德华·卡尔：《历史是什么?》，商务印书馆 1981 年版，第 1、9 页。

③ 同上书，第 18、28 页。

④ 《马克思恩格斯选集》第 1 卷，人民出版社 1974 年版，第 44 页。

⑤ 爱德华·卡尔：《历史是什么?》，商务印书馆 1981 年版，第 92 页。

经济史学研究中区域划分的标准与模式

关于中国经济史学中区域经济研究的沿革与既有成果，郑学檬先生在《中国经济通史》第四卷第三章第二节第一目中有既精彩又精练的概括。他指出，划分的标准与模式有三种：行政区模式，水系统模式，地形模式。区域经济史研究"虽然没有一个固定的、统一的模式，但总体上的研究对象是较一致的，即研究特定时期某一自然条件相同地区的经济发展状况，涉及农业（水利）、手工业、商业的发展过程、优势与劣势等方面。"[①] 现就我在这方面的实践与学习体会作点补充。

一

1956 年 9 月到 1958 年，我主持编写《中国近代国民经济史讲义》[②]，对中国 1927 年以后一段时间的经济，分为国民政府控制区（1927～1949 年）的半殖民地半封建经济形态，中国共产党控制区（1927～1949 年）的新民主主义经济形态，日本侵华军占领区（1931～1945 年）的殖民地经济形态来叙述。划分区域的标准是经济形态性质。

在同一个时期内，在中国土地上存在上述三种性质不同的经济形态地区，是一种历史实际。以经济形态性质作为划分经济区域的标准，是对这种实际的抽象。正因为如此，1958 年以后出版的凡是包括这个时期在内的中国国民经济史著作，无不分为这三个经济区域，并分别叙述。这包括中国近代经济史一类著作，也包括在这种划分基础上按经济形态区域写的著作，如殖民地经济形态地区经济史，半殖民地半封建经济形态地区经济史，新民主主义经济形态地区的经济史。

① 赵德馨主编：《中国经济通史》第四卷（郑学檬、杨际平、陈明光、陈衍德著），湖南人民出版社 2002 年版，第 106～108 页。

② 湖北大学（现中南财经政法大学）政治经济学教研室编，高等教育出版社 1958 年版。

二

上世纪 80～90 年代，我主持《中国近代国民经济史教程》的编写和"中华人民共和国经济史"课题的研究。

《中国近代国民经济史教程》[①] 沿用按经济形态性质划分经济区域的做法。新意有两点：第一，将时段延长至整个近代时期，分为半殖民地半封建经济形态地区（1842～1949 年），殖民地经济形态地区（1842～1949 年，含 1842～1949 年的香港、澳门，1895～1945 年的台湾，1842～1943 年的租界和租界地，1931～1945 年日本侵华军占领的东北和关内地区。）和新民主主义经济形态地区（1927～1949）。第二，在此基础上，又在半殖民地半封建经济形态地区中分为主体地区和少数民族地区。这是在两个层次上划分区域经济。其中第二层次的划分是以民族聚居地为标准。几十个民族生活在神州大地上，各个民族都有聚居地。各个民族的经济生活不同，形成各具特色的区域经济。以民族聚居地为标准划分区域经济，是应有的选择之一。

在《中华人民共和国经济史》[②] 中，我延续了将少数民族经济地区分出来叙述的做法，每卷都设少数民族地区经济专章。在区域划分标准上，这套书的新意有两点。第一，按照特殊的区域经济政策划出特定地区。在 20 世纪 60 年代，人民政府实行"三线"建设政策，形成"三线"地区。在这种政策实行期间，这个地区的经济结构变化比其他地区大，发展速度快，从而有鲜明的特点。所以叙述 20 世纪 60 年代经济时，开辟"三线"地区经济专章。在 20 世纪 80 年代，人民政府实行经济特区政策，特区经济结构变化比其他地区大，发展速度快，从而有鲜明的特点。所以叙述 20 世纪 80 年代经济时，设置特区经济专节。这些都是按区域经济政策标准划分的区域。第二，依据经济技术发展水平的不同，将全国划分为沿海地区与内陆地区。出现沿海经济区域与内陆经济区域的差异，是 1842 年被动开放后逐渐形成的，至 20 世纪上半叶已较明显。这在前述两本中国近代经济史教材中已经提及。但作为经济区域及这种划分区域的标准，则在本书中提出的。

三

1996 年主编《中国经济通史》[③] 时，我强调区域经济分析的重要性。

---

① 赵德馨主编，高等教育出版社 1988 年版。
② 赵德馨主编，河南人民出版社 1988～1989 年，第 1～4 卷；2000 年，第 5 卷。
③ 赵德馨主编，湖南人民出版社 2002 年版。

理由是：中国经济史必须研究经济结构的变迁历程。经济结构有多个方面，诸如产业结构、所有制结构、地区结构等等。在我们撰写本书之前，已有个别经济通史著作在某些时期（章、节）涉及地区结构。本书新的要求是，各个时期都要写经济的地区结构和地区特色，作区域经济分析。这个要求是由经济史学与中国经济史特点决定的。

经济史学的研究对象包含经济、时间和空间三个要素。完整的中国经济通史，这三个方面都要"通"（断代的经济通史则要求在特定时间内空间和经济的"通"）。空间"通"，简单地说就是要覆盖全中国。如果一些有重大特色的地区被遗漏，便称不上完整的通史。

就中国经济史的特点来说，中国是一个大国，地域辽阔，各个地区的自然条件与社会条件（民族、历史、生产方法、生活方式、习俗、文化……）不同。这与新加坡一类国家不同。这些国家领土面积小，有的就是一个城市，虽然内部也有区域的划分，且各区域的经济也有差异，但难以形成区域经济。这是第一。第二，各个地区经济发展不平衡，且导致经济重心地区的转移。在世界上，地区间经济发展不平衡的国家甚多，但这种不平衡导致经济重心地区转移的则少有。不写经济的地区结构，就不能反映中国经济史的这个特色。第三，以地区经济特色为基础的地区间的交往和优势互补，既是中国经济发展的动力之一，也是中国经济特色形成的原因之一。不写出各地区经济的特色与交往，便找不到中华文明延绵不绝的物质基础与内在动力，说不明中华民族中各个民族对中华文明的独特贡献。第四，每个历史时期都有特殊地区。不写经济的地区结构，则反映不出每个时期的特色。[①]

因为各个历史时期都有区域经济结构问题，又因为各个历史时期形成区域经济的原因不同，所以我在强调"力争把写好区域经济成为本书特色之一"的同时，又强调指出："至于区域如何划分，作者可依据本卷历史时期的具体情况而定。如在国家分裂时期，可按多个地方政权管辖区叙述；在国家统一时期，既可按民族地区叙述，也可按经济区域叙述。"[②] 希望作者们创造出多种划分标准与模式。事实上，他们在实践中使用与创造的，比我设想的丰富得多。这给我提供了学习与概括的对象。

《中国经济通史》各卷使用的划分经济区域的标准，概括起来有以下五类。

---

　　① 参见拙作：《我们想写一部怎样的〈中国经济通史〉》，《赵德馨经济史学论文选》，中国财政经济出版社 2002 年版，第 678 ~ 680 页。

　　② 赵德馨：《中国经济通史·序》，上引《中国经济通史》，湖南人民出版社 2002 年版，第 8 页。

（一）民族聚居地。第二卷（秦汉经济史，作者范传贤、杨世钰、赵德馨）列出专章，分节叙述汉族、匈奴、百越与南蛮、西南夷、西域、氐与羌、东夷等各族地理分布与社会经济。第七卷（明代经济史，作者吴量恺等），除汉族主体地区外，专章分节叙述满族和蒙古族地区经济，藏族和维吾尔族地区经济，云南少数民族地区经济，广西壮族和海南黎族地区经济，台湾山族地区经济，土家族地区经济。

（二）水系。第四卷（隋唐五代经济史，作者郑学檬、杨际平、陈明光、陈衍德）介绍的唐代主要经济区有：陇西与河西走廊，黄河中下游地区，长江上游与川西平原，长江中游与两湖地区，长江下游与太湖地区，闽粤沿海地区。从作者郑学檬先生概括划分经济区域的三种模式来看，他在这里使用的是水系模式。

（三）经济形态。第九卷（中华民国经济史，作者王方中）按半殖民地半封建经济地区（1912～1949年）、殖民地经济地区（1931～1945年）和新民主主义经济地区（1927～1949年）设章。第一种地区是主体，共五章；后两种各一章。

（四）经济发展态势。第三卷（魏晋南北朝经济史，作者何德章）第二章在介绍气候形势与自然生态状况之后，分节叙述北方经济总体上的衰退与南方经济的发展及其区域特征。对区域特征，作者这样描绘的：这个时期江南经济的发展，从路径上看，是沿着由江浙到江西再到湖南这一路线梯次进行，这与两汉时期湘江流域发展最快，赣江流域次之，三吴浙东最慢的格局正好相反；从区域上看，宁绍平原、太湖流域最快，其次赣江流域，湘江流域未能保持汉代的上升势头，长江上游的益州及中游的江汉平原呈衰退趋势。很显然，这是从经济发展态势上着眼的。第五卷（宋辽夏金经济史，作者葛金芳）先用一章的篇幅介绍这个时期的生态环境与自然资源，再介绍牧农分界线南移，重点分析南北两大经济区（中原地区，江南地区）之后，叙述了五个周边地区（东北和内蒙地区，黄河河套和河西走廊地区，新疆地区，青藏高原地区，横断山脉南部和云贵高原西部地区）。又用一章的篇幅专写区域经济，重点是分析黄河中下游地区和秦岭、淮河一线以南的长江中下游地区。介绍了五个经济区："顽强发展、一波三折的中原经济"，"蓬勃兴起、后来居上的东南经济"，"不平衡发展的西川经济"，"困顿停滞的中南经济"和"地广人稀、起点过低的广南经济"。作者从动态中分析地区间经济发展水平的差异，强调的是经济发展趋势，并以此作为划分经济区域的标准。

（五）经济技术发展水平。对区域经济着墨最多的是第十卷（现代经济史，作者苏少之、赵凌云），共用了四章的篇幅。除少数民族地区和台湾、香港、澳门等特殊地区外，重点分析沿海经济区（又称为东部地区）与内地经济区（其中又分为西部和中部地区）。划分的标准或依据是"经济技术发展水平与地理位置相结合的原则。"对经济区域划分而言，地理位置是不言自明的原则。因此，这里真正的标准是经济技术发展水平。如果说，以往经济发展水平差异与经济区域的划分，主要在纬度方向，即北方或南方，那么，现在已经变为经度方向，即东方与西方。这个转变是1842年以后经济变化的结果，即由南北方差异显著变为东西方差异突出。1949年以后中国政府发展经济的区域战略是建立在东西部或东中西部区域划分基础上的。

各卷作者对经济区域划分的标准，少数的有说明，多数没有。上述几类是我依据各卷中相关叙述作出的概括，对否，有待作者指正。

四

从上文的叙述中可以看出：

第一，划分经济区域的标准和模式，除了郑学檬先生概括的三种外，还有以下五种：（一）经济政策和经济政策相同地区。（二）民族和民族相同地区。（三）经济形态和经济形态相同地区。（四）经济发展态势和经济发展态势相同地区。（五）经济技术发展水平和经济技术发展水平相同地区。这些标准和模式各自适用于不同的历史时期，因而没有哪个正确哪个错误的问题。

经济本是极为复杂的，它有多个层面的结构。它是变化的，各个历史时期的性质与面貌不同。中国又是一个大国，民族众多，各地的自然条件与人文环境差异很大。因此，只有采取区域研究的方法，并只有从多个角度、用多种标准和模式，才能将它反映得全面一些，具体一些，深入一些。角度越多，标准和模式越多，便会反映得越完整，越具体，越深入，越生动。

第二，区域经济史的研究对象，除郑学檬先生指出的"研究特定时期某一自然条件相同地区的经济状况"外，还有特定时期自然条件相同或不同，但或经济形态相同，或经济发展态势相同，或经济技术发展水平相同，或经济政策相同，或民族相同地区的经济发展状况。一句话，除了自然条件相同的地区外，还有社会经济条件相同的地区。对于经济区域的划分来说，后一种因素或许是更为重要的。

中南财经政法大学教授　赵德馨

认识兴趣与经济史研究

经济史研究的发展总是要从经济学理论、社会思潮和认识论的最新成果中吸取养料。西方马克思主义的法兰克福学派人物哈贝马斯在认识论问题上揭示了知识与人类兴趣之间的关系，提出了"认识兴趣"（cognitive interests）这个具有原创性的概念。本文要阐述的是，从经济史研究的角度出发，研读哈贝马斯有关"认识与兴趣"论述的点滴体会，以供同仁们参考。

一、认识兴趣与科学

哈贝马斯认为，人类在社会发展过程中，存在三种不同的兴趣，即技术性的兴趣、实践性的兴趣和解放性的兴趣。这三种兴趣，都来自人类的社会生活，首先是劳动，其次是沟通，最后是权力。① 人类社会是须臾不能离开劳动的，借劳动来获取物质资源，劳动是人作为主体作用于自然界客体的过程，是人与自然间的物质变换过程。在劳动过程中，人们力图寻找规律性的东西，以便控制自然，这是人类的工具性行动，由此便产生了技术性的兴趣。为了更有效地劳动，人与人必然结成一种社会关系，这是人与动物的一种重要区别。《荀子·王制篇》说："人，力不若牛，走不若马，而牛马为之用，何也？曰：人能群，彼不能群也。""群"意味着人能通过社会关系，合成一种群体的力量。这种群体力量的大小、优劣，取决于人与人之间的沟通以及达成的默契，由此便产生了"实践"的兴趣。无论是劳动过程，还是由沟通形成的社会关系，都离不开权力。马克斯·韦伯的权力社会学之研究成果——科层制，就是一种权力体系的理性安排。但权力是一把双刃剑，走向反面，将导致人与人之间沟通的扭曲，产生腐败和种种社会弊病，以至于人的异化（人的非人化过程）。为了抵御权力走向反面和人的异化，便产生了解放的兴趣。

---

① ［德］哈贝马斯：《作为"意识形态"的技术与科学》，学林出版社 1999 年版，第 126 页。

哈贝马斯认为，从知识社会学的角度来看，一门学科的发展动力，来源于上述的认识兴趣。技术性的兴趣形成了经验性——分析性的知识，即实证科学；实践性的兴趣形成了历史性——诠释性的知识；解放性的兴趣形成了批判的知识，即反思。哈贝马斯认为，批判是认识与兴趣的统一。

二、实证科学与经济史研究

哈贝马斯从认识兴趣所引出的三种科学，是一种哲学认识论。这种哲学认识论对经济史研究有何启示呢？这是本文要着重阐述的问题。

实证科学与经济史研究，是本文探讨的第一个问题。正如哈贝马斯指出的那样，实证科学产生于人类控制自然的工具性兴趣，因此，实证科学在对自然的研究中已经产生了一系列的辉煌成果，这是有目共睹的。但要把实证科学的经验性——分析性的方法应用于对社会的研究，对经济的研究，对经济史的研究，就存在一个适用性的问题。这就是说，我们能否把自然科学的研究方法照搬到社会、经济、历史等领域的研究中去。这可能已经是一个老生常谈的问题。既为老生常谈，就是还有问题没有解决，否则为什么要"老生常谈"呢？

以工具性兴趣引导的实证科学，其研究目的在于发展规律。这对自然科学行之有效，对社会经济历史的研究是否亦行之有效呢？我们能否假设社会经济历史的演变存在规律，这确实是一个需要探讨的问题。过去的经济史研究，强调对规律的研究，这一论述已经预设了经济历史之演变是有规律的。但对这一预设人们往往把它作为公理而肯定之，似乎毋庸置疑。而我则认为这里面是有问题的。波普尔认为，"历史无规律可言"①。这似乎过于极端。而马克思在《资本论》中引用维科的话说："人类史同自然史的区别在于，人类史是我们自己创造的，而自然史不是我们自己创造的。"② 如果人类史是我们自己创造的，那么人类史上就不可能存在像自然史中的那种规律。这是因为自然科学的研究对象是无意识的自然，而社会科学（包括经济史）的研究对象是有意识的人。作为社会行动者的人，其自由意志会影响经济史学家们观察的结果。凯恩斯就利用这一点来说明，面对不确定性时抱有不同的信念，会导致不同的后果。经济史的研究必须重视社会行动者对自己所处情景的解释和理解。所以，经济史研究企图运用实证科学的方法以发现像自然科学那样的经济史规律，似乎不大可能（勉为其难）。正如吴承明先生所

---

① 参看［英］卡尔·波普：《历史决定论的贫困》，华夏出版社1987年版。
② 《马克思恩格斯全集》第23卷，人民出版社1972年版，第409～410页。

说："我主张在广义政治经济学的研究中多讲事实和经验，少讲规律。规律过于概括，反不如说明事实和经验对人有用。至于用规律推导出事实或结论，则更不可取。"①

如果经济史研究不以探索规律为己任，那么实证科学的方法是否就无用武之地了呢？答案应是否定的。经济史研究的基础在于史实（历史事实），史实源于史料。对历史上人们的经济生活，发生的经济事件，必须运用实证科学的方法，通过对史料的考证予以证实，绝对不可杜撰。

三、诠释科学与经济史研究

历史的、诠释的科学与经济史研究，是本文探讨的第二个问题。历史的、诠释的科学，这一概念已表明历史研究应取诠释科学的方法。正如加达默尔所说："历史学的基础就是诠释学。"② 诠释科学主要源于德国的精神科学，20 世纪以来又受到现象学、语言分析的影响而有了长足发展。诠释科学是理解历史的方法论，因为诠释科学方法的研究兴趣在于人与人之间的沟通，在于人与人之间取得共识。历史研究是古今对话，取得对历史的合理解释、沟通与理解，是历史学的应有之义。所以诠释学方法对经济史研究会有更多启示。

诠释学（Hermeneutics）是一门研究理解和解释的学科，诠释学一词亦有译为"解释学"、"阐释学"的，它来源于古希腊罗马神话中的赫尔墨斯（Hermes）。赫尔墨斯口齿伶俐，动作敏捷，是为神传达信息的信使。神的信息从他口中传出来，这既是宣达，也是一种解释。为此，在西方研究诠释问题的学科取此神的名字，命名为"赫尔墨斯之学"（Hermeneutics）。

对一种意义的理解与说明，是人类社会在沟通过程中经常遇到的问题。所以诠释行为是在沟通过程中很普通的行为。诠释成为一门学问，最早是从希腊人对荷马和别的诗人做出解释开始的。希腊哲学家认为，"用某事物来说明其他事物就是诠释"。亚里士多德论述解释的问题，其目的仅在于排除歧义以保证词与命题判断的一义性。后来从教会对新旧约全书的解释中，又产生了诠释圣经的神学诠释学。神学诠释学的目的，在于发现和理解蕴藏在圣经中的上帝的意图。文艺复兴和宗教改革以后，诠释学世俗化了，转变成人文科学的方法论，用于历史学、法学与文艺评论等领域。

① 吴承明：《市场·近代化·经济史论》，云南大学出版社 1995 年版，第 38 页。
② ［德］汉斯·格奥尔格·加达默尔：《真理与方法》，上海译文出版社 1999 年版，第 257 页。

狄尔泰（Willelm Dilthey，1835—1911）是诠释学发展史上的一位里程碑式的思想巨擘。狄尔泰研究诠释学是为了奠定认识历史的方法论基础。首先，狄尔泰认为，人不同于一般自然物，他在生活中不断留下符号和痕迹，这就是所谓的"生活表现"。后人通过这类表现的痕迹，可以跨越时空距离与他建立起联系，通过解释，认识这个人，最终也就认识了历史。而理解、诠释所依赖的是生活得以展开的经验或体验。因此，经验是历史知识和历史理解的基础。只有在经验中，才能达到对生活和历史的客观理解。其次，狄尔泰发现了"解释循环"（hermeneutic circle）。他说："一部作品的整体应由个别的词语及其组合来理解，对个别部分的完全理解却又以对整体的理解为前提。"① 这样一来，整体须通过局部来了解，局部又须在整体联系中才能了解，两者互相依赖，互为因果，这就构成了一切解释都无法摆脱的困难，从而导致"解释循环"这一现象。对此，狄尔泰认为："从理论上说来，我们在这里已经遇到了一切解释的极限，而解释永远只能把自己的任务完成到一定程度，因此一切理解永远只能是相对的，永远不可能完美无缺。"② 当然，这种"解释循环"并不是停滞不前，而是解释的螺旋式发展，这符合认识的逻辑。这种"解释循环"在历史研究中也是存在的。这就是我们经常说的，只有了解历史，才能更好地了解现在（现在是将来的历史）；只有了解现在，才能更好地了解将来。这句话也可以反过来说，只有了解现在，才能更好地了解历史③；只有了解将来，才能更好地了解现在。如果说，这是从时间的角度来理解"解释循环"，那么，从空间角度来看，只有了解经济史，才能更好地了解整个历史；反过来说，只有了解整个历史，才能更好地了解经济史。只有了解中国经济史，才能更好地了解世界经济史；只有了解世界经济史，才能更好地了解中国经济史。由此可见，"解释循环"是一种开放的思维方式，在解释的道路上，伴随着每一个"解释"，往往会涌现更多的需要解释的问题。所以，"解释循环"为我们开拓了更为广阔的认识道路。在此，我们除了感叹个人之渺小之外，还将惊叹世界的广袤与深邃。

谈到诠释学在当代的发展，我们不能不提到加达默尔及其巨著《真理与方法》（1960）。在当代的德国哲学中，它与胡塞尔的《逻辑研究》（1900）、海德格尔的《存在与时间》（1927）并称为三部划时代的巨著。此

① ［德］狄尔泰：《诠释学的起源》，《理解与解释——诠释学经典文选》，东方出版社 2001 年版，第 90 页。

② 同上书，第 33 页。

③ 参看《马克思恩格斯选集》第 2 卷，人民出版社 1972 年版，第 108 页。

书之宗旨是阐明"哲学诠释学的基本特征"。加达默尔的《真理与方法》有专门一部分是讲历史领域的诠释问题的。他在批判地继承狄尔泰思想的基础上，又受海德格尔的影响，对历史诠释问题提出了非常有启发意义的精辟见解。

首先，加达默尔从海德格尔那里继承了"前有"、"前见"、"前把握"和"前结构"这一系列概念。加达默尔认为，正是这个"前见"使理解成为可能。他说："一切诠释学条件中最首要的条件总是前理解。"① 与狄尔泰不同的是，加达默尔认为在理解活动进行之前，理解者已经有了一个"先入为主"的认识框架，这种认识框架就是"前见"和"前结构"。而狄尔泰受历史主义的影响，认为理解的任务就是恢复历史遗传物所反映的本来的生活世界，并如"原作者"或历史当事人理解自己一样地理解他们。理解在本质上是一种自我转换（移情）或一种想像的投射，在这种活动中，认识者否定了把他与他的认识对象分离开来的时间距离，使自己与对象处于同一时代。加达默尔认为，要克服理解者所固有的认识框架（先见）和消除理解者与他的认识对象分离开来的时间距离实在是不可能的。其实，理解的一切过程早已包含了认识者自己的当前情境，而这种情境乃是孕育理解的创造性的基础，而不是一种必须克服的消极因素或理解的障碍。所以，加达默尔认为，理解不仅仅是一种重建过去的过程，还是一种包含理解者自身诠释学情境的富有创造的过程。当然，这并非意味着只要具有这种由"前见"和"间距"所构成的诠释学情境，就会自然而然地创造出新的东西来。

为此，加达默尔提出了"视域"（horizon）这个概念。他认为，前理解或前见是历史赋予理解者的"生产性"的积极因素，它为理解者提供了特殊的"视域"。在这里，"视域"是指理解的起点，形成理解的视野或角度，理解向未知开放的可能前景，以及理解起点背后的历史与传统文化背景。因此，能否对历史现象做出创造性的理解，要取决于理解者所获得的视域，取决于这种视域的宽广程度。所以，加达默尔说："进行理解的人必须要有卓越的宽广视界。获得一个视域，这总是意味着，我们学会了超出近在咫尺的东西去观看……是为了在一个更大的整体中按照一个更正确的尺度去更好地观看这种东西。"②

对于理解者来说，"视域"并非是固定不变的东西。"视域其实就是我

---

① ［德］汉斯·格奥尔格·加达默尔：《真理与方法》，上海译文出版社1999年版，第378页。

② 同上书，第392页。

们活动于其中并且与我们一起活动的东西。视域对于活动的人来说总是变化的。"① 这首先意味着理解者在理解的实践中，通过"教化"可以提升自己的"视域"。其次，对历史的理解还需要一种历史视域。要获得这种历史视域，就需"自身置入"，即把自身置入一种历史情境中，然后来理解历史。但是理解者在置入历史视域的时候，并不能"丢弃自己"，他仍需保留着自身的视域。所以，加达默尔说："理解其实总是这样一些被误认为是独自存在的视域的融合过程。"②

其次，加达默尔对"诠释循环"富有原创性的"引申"对经济史研究具有重要的启发意义。

"诠释循环"在狄尔泰那里是整体与部分的循环。"所以，理解的运动经常就是从整体到部分，再从部分返回到整体。我们的任务就是要在各种同心圆中扩大这种被理解的意义的统一性。"③ 这是一种"本文"（历史流传物）内部的循环。加达默尔在海德格尔的影响下，将理解活动的主体和客体之间的互动引入了"诠释循环"，从而把整个"理解活动描述为流传物的运动和解释者的运动的一种内在相互作用"④。在此，理解者为了理解"流传物"，必须在他的"先见"中具有"与流传物联系在一起的共同性"。"这种共同性是在我们与流传物的关系中，在经常不断的教化过程中被把握的。"⑤ 对经济史研究来说，研究者总是带着他固有的"先见"进入研究工作的。但在他面对经济史的"流传物"（史料）时，他的"先见"中是否具有这种"共同性"还是一个问题。要解决这个问题，其一，要在经济史研究的实践过程中，在解释经济史"流传物"的过程中，涤除错误的"先见"，培育正确的"先见"。我认为这也是一种"循环"过程，即"先见"——理解——更高层次的"先见"——进一步理解。其二，要"经常不断的教化"。人本是教化的产物，专门人才是专门教化的产物。人的教化是接受传统文化的过程，是传统文化"内植"于人的过程。正是这种"教化"，把传统与现实、历史与现在联系起来。研究经济史特殊人才的"教化"，除了人们普遍的教化之外，还需要经济学传统、历史学传统、社会学传统的教化，需要经过经济史研究传统的教化。当然，这些传统也是变化、发展着的，并非一成不变。经济史研究的发展，就在不断地改变、发展经济

---

① ［德］汉斯·格奥尔格·加达默尔：《真理与方法》，上海译文出版社 1999 年版，第 390 页。

② 同上书，第 393 页。

③ 同上书，第 373 页。

④ 同上书，第 376 页。

⑤ 同上书，第 376 页。

史传统。所以，这种教化过程也是一种"循环"，即经济史传统——经济史研究（理解、解释）者——对经济史的新理解（构成经济史的新传统）。当然，这些循环是渐进的还是革命的，我们还可以研究。库恩的观点是赞成革命的，在《科学革命的结构》一书中可见。倘若如此，就有一个选择的问题。我们要在经济史革命的前夜，加入经济史研究的队伍，就可以获得研究收益的最大化。我认为，目前正是这种革命的前夜。加达默尔说："实际上存在着一种熟悉性和陌生性的两极对立，而诠释学的任务就是建立在这种两极对立上。"① 改革开放以来，经济学家投入主要精力研究现实问题，而对历史上经济问题的研究却相形见绌，所以，在这种熟悉与陌生之间正是经济史研究的用武之地。改革开放以来，我们引进了许多西方社会科学、西方经济学的成果，通过这些年的消化，它们也成为"熟悉"的地带了。而对经济史的材料，经济历史的时间的了解却相形见绌。理论之"熟悉性"与历史实践之"陌生性"也是经济史研究的用武之地。所以，在经济史研究的革命前夜，请你加入其研究行列吧！

四、批判的科学与经济史研究

批判的科学（反思）与经济史研究，是本文探讨的第三个问题。批判的科学尽管可以追溯到黑格尔，但是它的杰出发展还是由马克思完成的。批判的科学就是历史的辩证法。马克思说："因为辩证法在对现存事物的肯定的理解中同时包含对现存事物的否定的理解，即对现存事物的必然灭亡的理解；辩证法对每一种既成的形式都是从不断的运动中，因而也是从它的暂时性方面去理解；辩证法不崇拜任何东西，按其本质来说，它是批判的和革命的。"② 辩证法的关键之处是其中的矛盾法则，即对立统一法则。汪敬虞先生近作《中国近代经济史》（1895—1927）之中的"导言"："中国资本主义的发展和不发展——中国近代经济史的中心线索，就体现了这种历史的辩证法。"

经济史的辩证分析，不仅需要事实作依据，也需要对事实的正确理解，还需要一种价值标准（在我看来，历史研究中的价值中立，是一种虚伪）。所以，经济史的辩证分析是规范经济学在经济史中的应用。譬如在诺斯的《西方世界的兴起》与《经济史的结构与变迁》中，发展经济是他的价值标

---

① ［德］汉斯·格奥尔格·加达默尔：《真理与方法》，上海译文出版社 1999 年版，第 378 页。

② 《马克思恩格斯全集》第 23 卷，人民出版社 1972 年版，第 24 页。

准。所以，才会有其中心论点"有效益的经济组织是经济增长的关键"[1]。倘若没有这样的价值标准，就不会有《西方世界的兴起》以及他的经济史研究。

最后，批判的科学与经济史研究具有强烈的实践倾向。马克思说得好，"哲学家们只是用不同的方式解释世界，而问题在于改变世界"[2]。经济史研究是在对经济历史的解释中，为"改变"经济"世界"开辟道路。而这种"改变"的最终目的还是在于使每个人获得更多的解放，这也是我们今天研究经济史的主要原因。

北京大学经济学院　萧国亮

---

① ［美］道格拉斯·诺思：《西方世界的兴起》，华夏出版社 1989 年版，第 5 页。
② 《马克思恩格斯选集》第 1 卷，人民出版社 1972 年版，第 19 页。

从汉冶萍公司看旧中国
引进外资的经验教训

　　19 世纪 90 年代（1894 年），在汉水之滨崛起了一座新式的钢铁厂
——汉阳铁厂。它是中国也是远东最早的一个钢铁联合企业。它的出现引
起了欧洲人士的震动，招来了东邻日本的觊觎。经过三十多年的风风雨
雨，这个被张之洞称为"创地球东半面未有之局"① 的汉冶萍公司终于以
失败告终了。比汉冶萍公司迟办两年的日本八幡制铁所主要依靠汉冶萍供
应矿石与生铁②，却发展成日本第一流的钢铁企业。从 1896 年到 1933 年，
八幡制铁所的钢产量占日本钢产总量的一半左右，生铁产量则占将近
60% 的比重③。直到今天它作为日本最大的钢铁企业——"新日本制铁会
社"的一个组成部分，继续在发挥作用。汉冶萍是失败了，但是它所经历
的坎坷曲折的道路却给我们留下了宝贵的经验教训，值得人们总结和
深思。

　　在旧中国，汉冶萍是一个以借取外债而闻名的企业。它曾经不断地向
英、法、德、俄、日等资本集团借款。从 1899 年到 1930 年，它的外债积累
总额达 58,383,672 两（海关两）合 42,044,836 美元。一个企业同时向这么
多国家的资本集团借债，这在当时的世界上也是少见的。这一点常为史学家
所诟病，认为"汉冶萍的不幸结局，就是因为大举外债的结果"。然而汉冶
萍为什么要借外债？该不该借债？外债究竟对它产生了哪些正面的和反面的
作用？有没有可能避免这一"不幸的结局"？这些问题似乎都还值得进一步
探讨。

---

　　① 《张文襄公全集》（以下简称《张集》）奏稿，卷二八，页二。1908 年汉阳铁厂、大冶铁
矿、萍乡煤矿合并为汉冶萍煤铁厂矿公司。

　　② 小林正彬：《八幡制铁所》1977 所年东京版，第 206～207 页。

　　③ 威廉·洛克伍德《日本的经济发展 1868—1938》（William Lockwood: The Economic Develop-
ment of Japan. 1868—1938）1955 年伦敦版，第 109 页，注 3。

一、借外债以前的汉冶萍公司

汉阳铁厂从一开始就遇到困难。它的创办人张之洞在筹建阶段就连续走错了好几步棋。

首先，采购了错误的炼钢设备。张之洞在任两广总督时（1885～1889年），为了"开利源，塞漏卮"①，向英国订购了炼钢设备。承办单位要求首先化验矿石和焦炭的性质以便决定采用哪一种类型的炼钢炉，张之洞拒绝了，下指示说："以中国之大，何所不有，岂必先觅煤铁而后购机炉，但照英国所用者购办一份可耳。"② 英国厂家只得照英国酸性炼钢供应了贝色麻炼钢炉，另外配备了一个小型马丁炉。张之洞调湖广总督时（1889年），机器在英国尚未启运，他就把这套设备改运到湖北汉阳装配。湖北的矿石（大冶矿）含磷较高，用酸性贝色麻炉炼钢，去磷能力较差，炼出来的钢，含磷 0.2%，不符合路轨钢材含磷 0.08% 以下的要求。于是汉阳铁厂的钢材销路壅塞，成品积压，机器搁置，数以百万两的设备投资不能充分发挥作用，造成了巨大的亏损。因此《清史稿》说张之洞"莅官所至，必有兴作。务宏大，不问费多寡"③。

其次，选错了厂址。关于汉阳铁厂的厂址，许多人（包括洋工程司）都建议设在近煤或近铁的地点，以减轻运输成本。但是张之洞"屡谏不从"（盛宣怀语），力排众议，一定要把厂址设在汉阳大别山下，以便就近监督。汉阳距铁矿基地大冶约 120 公里，距萍乡煤矿约 500 余公里。每吨生铁为此要多耗用运费 69 元左右④。而且汉阳是一个低洼地，为了防洪，在建厂前召雇了数以万计的民工，填土 9 万余方，耗银 30 余万两。所有这些都为后来汉阳铁厂无法与洋轨竞争埋下了不利因素。

再次，燃料问题没有解决。炼钢须耗用大量焦炭。筹建铁厂时，张之洞心中只有一个"中国之大，何患无煤"的朦胧概念。建厂以后张之洞先后花了几年的时间派矿师沿长江中下流探测煤矿，足迹遍历数省，"访寻两年有余，试开窿口数十处"⑤，结果一无所得。由于燃料缺乏，汉阳铁厂无法正常生产，1894 年 6 月 28 日第一次开炉炼钢，但焦炭供应不上，同年 10 月就闭炉停产了。不得已只得用高价购买开平煤，甚至日本、德国焦炭。当时

① 《张集·电稿》卷一二，页五〇。
② 盛宣怀档案资料（以下简称《盛档》，藏上海图书馆）：叶景葵：《汉冶萍史》。
③ 《清史稿》卷四三六，列传二二四，中华书局版，第 13380 页。
④ 全汉升：《汉冶萍公司史略》1972 年香港版，第 66 页。
⑤ 《张集·奏稿》卷二一，页五；电稿，卷二三，页十四。

生铁市价每吨才 20 两，而开平煤的汉阳到岸价格每吨已达十七八两，洋煤则更贵。汉阳铁厂的煤焦成本几乎为当时外国钢厂的三倍，炼出来的生铁与钢，在市场上没有竞争能力。开炉炼钢既要亏本；闭炉不炼，每月固定开支也要七八万两，同样要亏本，真是进退维谷，走投无路。

同日本八幡制铁所对比，可以看出日本对钢铁事业所采取的郑重的态度。1895 年底，第 9 次帝国会议决议设立八幡制铁所后，就责成商务大臣组织专人对铁矿、生铁、钢材、焦炭、耐火材料以及生产费用、厂址的选定等经过 11 次的反复试验和调查，最后才确定预算与计划①。这与张之洞那种坐在衙门里以意为师的一套完全是两种做法。

二、借外债中的汉冶萍公司

到光绪二十一年（1895 年）在机器、厂址、燃料等问题上几次反复后，张之洞的日子很不好过。当化铁炉无煤供应，停炉七八个月后，他诉苦说："若炉久不开，每月徒有工费，而无出货，成何事体？每月总需七八万金。以后用款无从罗掘；以前欠债无从筹还。鄙人实无颜再向朝廷请款，亦无词以谢谗谤之口，是死证矣！"②　张之洞经过估算向海军衙门请领的办铁厂的官款是 2,468,000 余两③，事实上全部工程装配完竣已用了 5,586,416 两④，超支部分都是东拉西扯挪借来的。开工以后，不但还款无期，而且月月坐亏几万两，廷议与谕旨交相指责。这时张之洞最大的愿望已不再是"开利源，塞漏卮"了，而是如何千方百计把包袱摞掉，越快越好。他先是想把整个厂包给洋人去办，催促他的下属"分电比国、德国各大厂，速派洋匠前来估包"⑤。结果无人承应。于是转而看中了盛宣怀。张之洞素来鄙视盛宣怀的为人，但这时也顾不得了。他写信给李鸿藻说："盛之为人，海内皆知之，我公知之，晚亦深知之，特以铁厂一事，户部必不拨款，至于今日，罗掘已穷，再无生机，故不得已而与盛议之，非此则无从得解脱之法，种种苦衷，谅蒙垂鉴。"⑥　盛宣怀的算盘也很精明，他提出的条件是，要接收汉阳

---

①　小林正彬前揭书第 182 页。

②　《张集·奏稿》卷二一，页五；电稿，卷二三，页十四。

③　《张集·公牍》卷九，页三三。

④　《盛档·户部责成湖北铁政局按期归还官本折》（1900 年 8 月），全汉升（前揭书第 41 页）计算为 6,097,865 两。今从《盛档》。

⑤　光绪二十一年十月二十六日，张之洞致蔡勇锡电（抄本，张之洞电稿）。转引自孙毓棠编：《中国近代史工业资料》，第一辑，下册，第 819 页。

⑥　光绪二十二年张之洞致砚斋中堂函（北京大学经济系藏件），转引自汪敬虞编：《中国近代史工业资料》第二辑，上册，第 471～472 页。

铁厂就必须兼办铁路，因为掌握了铁路就掌握了钢材的销售市场。张之洞力求"解脱"，明知盛宣怀有所挟制，也只得隐忍不发，会同王文昭奏保盛宣怀为铁路总公司的总理。接着盛宣怀就接收了汉阳铁厂这个烂摊子，由他任督办负责招收商股，筹还官款。从此汉阳铁厂由官办转为官督商办。时间是光绪二十二年六月十二日（一八九六年七月二十二日）。

（一）汉冶萍外债对生产的作用

盛宣怀接办汉阳铁厂后，主要着手解决两个燃眉之急的问题：一是招收商股解决资金问题；二是解决燃料供应问题。

关于第一个问题，成效很少。据郑观应（当时任汉阳铁厂总办）说，铁厂的生产效率只有当时英、德钢厂的一半，美国钢厂的 1/3 左右[①]，根本无法与洋钢竞争，年年亏本。自 1896 年官督商办起，到 1905 年已亏折 2,259,216 两[②]。正是"煤矿未成，分化甚少，外状颠危，人情观望"[③]。在这种情况下，要吸收商人资金是很困难的。不得已，盛宣怀只得利用他兼任轮船招商局、电报总局、通商银行等官督商办企业督办的职权，从这些企业里抽调了 200 万两，算作"商股"，投入到汉阳铁厂和萍乡煤矿。但是杯水车薪，哪里济事？事实上燃料问题不解决，生产不上轨道，不能转亏为盈，不但商股招不到，连汉阳铁厂的存在都成问题。折腾了几年，盛宣怀决定还是先解决燃料供应问题。但是要对长二十里、宽十里的萍乡煤矿实行新法开采，就需要巨额投资，而且还得修筑铁路把煤从山沟里运出来。在官款奇缺，商本无着的情况下，盛宣怀乃于 1899 年向德商礼和洋行借款 400 万马克（合 2,680,965 海关两），又于 1905 及 1907 年向日本大仓组借款 230 万日元（合 1,776,010 海关两）。利用这笔资金对萍乡煤矿进行了较大规模的建设，包括开凿平巷三条，直井一口，安装矿轨，煤车、起重，抽水等机器，建立大小洗煤机、炼焦炉，还有栈房、码头、医院等基本建设。总共耗银 500 余万两，其中约 300 万两是依靠德、日借款，其余则是股款（约 150 万两）和到处挪借来的债款。采用新法开采以后，逐步见到效果。1900 年它的煤产量已足供汉阳铁厂的需要[④]。萍矿的煤，每吨售价 11 两，远比每吨十七八两的开平煤便宜。单是煤焦一项每年就可为汉阳铁厂节省约 300 万余两[⑤]。汉阳铁厂的燃料问题总算是解决了。

---

① 《盛档·郑观应致盛宣怀函》光绪二十二年九月十一日（1896 年 10 月 17 日）。
② 《盛档·汉阳铁厂财务报告》光绪三十一年十一月十八日（1905 年 12 月 14 日）。
③ 《愚斋存稿》卷十四，奏疏，页十三。
④ 《矿务档》（四），第 2289 页。
⑤ 全汉升前揭书，第 90 页。

但是汉阳铁厂的根本问题还在于酸性贝色麻炼钢炉不适合于炼制含磷过高的大冶矿石。这就涉及到炼钢炉和相应设备的改造问题。所以盛宣怀说："逮甲辰年（1904 年）萍矿告成，醴路已通，煤焦不虞其匮乏，然后可以扩充钢厂"①。"扩充钢厂"，谈何容易。历年亏损，已经使汉冶萍债台高筑。从 1896 年到 1904 年，它的华洋债款总额已达 316 万两②。要摆脱这个困境，除了增加投资、改造设备、扩大销路以外，别无出路。当时的情况是相当紧迫的。盛宣怀说："汉厂机炉旧而且少，不能足用，颠复即在目前。官款无可拨，商股无可加，洋债无可抵，数年以来焦头烂额"③。在这种情况下，他一方面与日本兴业银行洽借日金 300 万元，同时，派汉阳铁厂总办李维格带了两位洋矿师出国考察，先到日本八幡制铁所，再到欧美各国。在英国请专家化验了大冶的铁和萍乡的煤，认为都是上品，问题是矿石含磷过高，若改用碱性马丁炉可以炼出优质钢。李维格回国后就利用日本兴业银行的 300 万日元贷款着手炼钢炉的改造和扩建工程，包括拆去原来的贝色麻炉和十吨的小马丁炉，安装 30 吨马丁炉 4 座、150 吨大调和炉一座，又拆掉已废旧的化铁炉，添建 250 吨化铁炉一座，马丁炼钢炉两座；另外还建立了轧钢、钢轨、钢板厂，扩充了机修厂和电机厂。这一浩大工程于 1908 年全部竣工，耗银 300 余万两④。

汉阳铁厂经扩建与改造后，在降低成本和提高质量上有显著的改进。到 1909 年，盛宣怀已经敢于自称铁厂的出品是"货美价廉"了。他说："总之，'货美'二字，工程司自有公共之法试验，不容假借；'价廉'二字当可与外洋钢价比较。"⑤ 这时正是我国大规模兴建铁路的时候，需要大量的钢轨和铁路器材。汉阳铁厂适逢其会，供应了粤汉、京汉等路的钢轨。当时的订货是如此之多，甚至有应接不暇之势⑥。到 1909 年，汉冶萍公司的账面上开始出现盈余，虽然只有 15400 元，但毕竟是一个转机。

不过也不能因此认为汉冶萍已经立定脚跟了。1908 年盛宣怀把汉阳铁厂、大冶铁厂、萍乡煤矿合并成为一个机构——汉冶萍煤铁厂矿公司以后，原来打算招足股本 2000 万两，还清所有华洋借款并进一步扩充设备。但是商情不踊跃，反应微弱。到 1912 年 4 月，汉冶萍的资本实有 940 万两（合

---

① 《盛档·汉冶萍煤铁厂矿公司注册商办第一届纪略》。
② 《盛档·财务报告》光绪二十一年十一月十八日（1905 年 12 月 14 日）。
③ 《愚斋存稿》卷六十二，电报，页七；卷一四，奏疏，页二二。
④ 《汉冶萍煤铁厂矿概略》载《东方杂志》第 6 年，第 8 期，第 15 页。
⑤ 《愚斋存稿》卷六十二，电报，页七；卷一四，奏疏，页二二。
⑥ 《盛宣怀未刊信稿》1960 年中华书局版，第 93 页。

13, 160, 009 元），但华洋债款却达 24, 407, 600 两①。这一年 7 月，盛宣怀写信给梁启超说："汉冶萍所负中西［债务］本息两倍于资本金，皆属股东肩任"②。这时汉冶萍所面临的局势是，要么宣布破产，全军覆没；要么再扩充生产，还有一线希望。盛宣怀选择了后一条路。

1913 年国内局势已较稳定，盛宣怀又自日本正金银行洽借日金 1500 万元的借款。以日金 600 万元还清以前所欠大小债务本息，以日金 900 万元在大冶添设新熔铁炉两座，并改良了汉阳铁厂、大冶铁矿和机电厂的设备。由于设备改善，矿石、生铁、钢、煤和焦炭的产量都有较大的增长。第一次世界大战时，在世界范围的钢材供应很紧张的情况下，汉阳铁厂的生产有了较大的跃进，应当归功于这次抢在大战前的设备更新和扩建。

若以汉冶萍 1900 年的产量为基数（钢产量的基数是 1907 年），到 1920 年（焦炭为 1924 年）汉冶萍的矿石产量增长 12.8 倍，生铁增长 3.8 倍、钢增长 3.4 倍、煤增长 31.9 倍、焦炭增长 3.4 倍。当然，这些产量同先进工业国家比较是微不足道的。1920 年汉冶萍的生铁产量只占同年英国产量的 1.47%、德国的 1.88%、美国的 0.31%，但却占日本的 22.22%。假使我们把汉冶萍的生产情况作一个纵的考察，就会发现它的主要产品（矿石、生铁、钢、煤和焦炭）在 1903 年、1909 年、1913 年都有较大的跃进，这都与这些年代引进外资、引进技术，进行大规模的设备投资分不开的（1913 年以后的外债，大多用于企业的应急费用，很少设备投资）。因此，我们可以说，汉冶萍的外债对它的生产发展是起了促进作用的。

（二）汉冶萍外债的殖民地性

汉冶萍公司借取的外债具有明显的殖民地性。在同日本的往来中表现得尤为突出：

（1）借款具有很强烈的政治意图。汉冶萍的对日历次借款，表面上是由三井洋行和横滨正金银行出面，实际上背后完全由日本政府在主持其事。早在 1905 年，日本外务大臣桂太郎给曾弥大藏相的公函中就宣称，日本的贷款目的是借"表面上的商业关系"逐步达到攫取萍乡和大冶的采掘权，并在时机成熟时"控制整个汉冶萍的管理权"③。当然，这是他们插手于英国势力范围——长江流域的好机会。这种侵略性的政治目的支配了它们的贷

---

① 《盛档·李维格致八幡制铁所长官中村雄次郎函》1912 年 4 月 3 日。
② 《盛档·盛宣怀致梁启超函》1912 年 7 月 7 日。
③ 1905 年 8 月 2 日，兼外务大臣桂太郎致曾弥大藏臣函。日本外务省编《日本外交文书》第 38 卷，第 2 册，第 1117 号。

款条件（贷款时间长、只准以原料偿还贷款、以矿山为抵押品等）。在洽商1904 年的日金 300 万元贷款时，日本外务大臣小村寿太郎就密电上海总领事小田切万寿之助，要他把贷款期限拉得长一些，以便根据合同享有的权利，较长期地控制大冶的资源；当张之洞建议取消借款合同中以矿山为抵押的条款时，小村寿太郎指令日本方面的谈判代表说："删去这一条款的建议是绝对不能接受的。因为这一项规定正是我们贷款的主要目的。"① 结果这一条款非但没有删掉，反而规定得更加严格了。1912 年日本力主汉冶萍中日合办，1915 年在二十一条中更提出要把汉冶萍直接置于日本政府的控制下。这些，都是侵略意图的具体表现。

（2）控制购销和价格。在借款合同中（特别是三井洋行的借款合同）总是附有独揽购销的条款。1915 年汉冶萍拟委托别家行号购买机器时，日本人就宣称："查汉冶萍扩充资本系由日本政府招致资本家集合而成，……欲购各种机器均应由东洋行家承揽。"② 至于矿石、生铁的供应，日本也采取独占购买的政策。1910 年，当汉冶萍拟将多余矿石售于美国西方钢铁公司时，日本就提出"除售［予］制铁所外，能否兼售他国"的质询③。在洽商 1910 年 11 月 17 日正金银行贷款时，日方迫使盛宣怀向若松制铁所保证在借款合同期内（15 年）若有多余的生铁、矿石"当尽先贵所购买，如不愿买，敝公司即售予他人可也"④。更严重的是，售予日本的矿石与生铁的价格不是以国际市场的价格为标准，而是以"制铁所购入价值为标准"，由公司与制铁所协商行事⑤。这一条规定使汉冶萍在欧战期间铁价大涨时，吃了很大的亏。

（3）控制贷款来源。日本政府为了达到全部控制汉冶萍的目的，千方百计地保持"独占贷款人"的身份。因此，在 1913 年的 1500 万日元的贷款合同中就规定汉冶萍今后不得以"非中国自有的资本"来还款，也不得向"非中国自有的资本"去借款。甚至中国政府要代汉冶萍偿清债款时，也得根据这一原则办事，必须是"确在本国内所得中国自有之资金"（《盛档》1913 年贷款"别合同"附件）。日方还迫使汉冶萍公司向日本制铁所和正金银行做出如下承诺："如敝公司要借大宗长期外资时，在本合同期内，必先

---

① 1903 年 3 月 10 日及 12 月 24 日，小村寿太郎外务大臣致上海小田切总领事函、电。《日本外交文书》第 36 卷，第 2 册，第 1015、1075 号。

② 《盛档·高木陆郎致李维格函》1915 年 10 月 29 日。

③ 1910 年 5 月 20 日西泽公雄致外务大臣小村寿太郎函。《日本外交文书》第 43 卷，第 2 册，第 644～653 号。此事经往返辩诘，盛宣怀认为"查照合同无不符之处"。

④ 《盛档·盛宣怀致若松制铁所长官函》1910 年 11 月 7 日。

⑤ 《盛档·汉冶萍公司董事会议事秘录》1913 年 12 月 10 日；7 月 18 日。

与贵所、贵行相商也。"① 日本方面的谈判代表小田切万寿之助更把这一问题提到两国政治"交涉"的高度，说"若同一借款，何以不要借日本之款。深恐商业变为交涉"②。1914 年和 1915 年汉冶萍打算向英国制造师协会和通惠公司（中国公司）洽商借款还清所有华洋债务。日本屡加阻挠，最后甚至威胁说，汉冶萍若坚持向通惠公司借款，则"在实业即无联络之道，在邦交业开反目之端"③。商业交往竟变成了政治恫吓。后来在汉冶萍多次与北洋政府商洽改为国营和官商合营时也受到日本的强行干预。1913 年借款后，汉冶萍一度酝酿官商合办，日本政府即以债权人身份威胁称："惟自日本方面视之，借款合同成立后，未经几时，并无知照或协商于债权者，而匆率决定之事甚唐突，不免有漠视债权者为门外汉，置之不理之议，似稍抱忿懑者。"④ 控制贷款来源就是控制抵押品（矿山、厂房、机器及其他财产）和控制汉冶萍的管理权，从而控制日本钢铁业的原料供应。

（4）使汉冶萍成为日本钢铁工业的原料基地。日本是一个铁矿资源非常贫乏的国家，随着本国钢铁工业的发展，对矿石和生铁的需求日益增加。八幡制铁所在创立初期的全部矿石、生铁供应几乎都取自汉阳铁厂和大冶铁矿。自 1904 年起，八幡制铁所采用高炉炼钢，改进了炼钢技术并完备了压延工序，开始建立钢铁联合企业⑤，对汉冶萍生铁与矿石的需要更加迫切。1904 年 300 万日元的借款就是在这种背景下洽谈成功的。从 1900 年到 1928 年。八幡制铁所输入矿石总量的 41.95% 取自汉冶萍。而盛宣怀为了贪图预付价款的取给方便，也乐于向日本保证，"贵国所需钢铁年盛一年；……敝厂正在决议推广化铁炉"⑥。在官督商办的第二年，盛宣怀就说："去年与桂太郎谈，系我专售生铁与彼，由彼多加马丁炉炼钢，供通国用"⑦，俨然在日本与中国之间，就钢铁与原料的生产进行了分工。这样的业务方针自然完全适应了日本的需要。于是，汉冶萍矿石产量的 56.40%（1900 年到 1931年）、生铁产量的 54.87%（1903 年到 1911 年）都输往日本。汉冶萍生铁与矿石的供应对日本的军事钢铁工业起了很大的作用。在日俄战争时，日本的军舰和武器所需的炼钢原料，大多来自汉冶萍，沙俄为此提出强烈抗议，

---

① 《盛档·盛宣怀代表汉冶萍公司复日本制铁所、横滨正金银行函》1912 年 3 月 23 日。
② 《盛档·张謇致杨廷栋函》1913 年。（函内引用小田切来函）。
③ 《盛档·小田切万寿之助致孙宝琦函》1915 年 11 月 6 日。
④ 《盛档·高木陆郎致盛宣怀函》1914 年 3 月 28 日。
⑤ 永野真孝：《海外贸易振兴会国际经济课》载［日本］《海外市场》1977 年 11 号。
⑥ 《盛档·盛宣怀致井上馨函》宣统元年三月六日（1909 年 4 月 25 日）。
⑦ 《盛档·盛宣怀致李维格函》宣统元年八月十二日（1909 年 9 月 25 日）。

而日本政府则向中国坚决主张汉冶萍的生铁与矿石不能作为中立国的"战时禁运品"禁止出口①。

（5）深入企业内部控制财务与生产。早在 1899 年的"互易煤铁合同"中就规定日本得派人驻矿"经理购买矿石等一切事宜"。其实这些日本驻矿代表都是探听情况的"代表"。他们经常将汉冶萍的情况，特别是其他外国资本掺入汉冶萍的情况向日本外务省汇报。1904 年大借款的前夕，日本对德国工程师在汉冶萍的实力地位表示极为关切，说"德国方面的竞争异常激烈"，于是关于所谓德国"竞争"情况的汇报源源涌向外务省。提供消息来源的就是日本驻矿代表西泽公雄②。1913 年 12 月 15 日的借款合同中，更明确规定汉冶萍必须聘用日本"最高顾问工程师"，"公司一切营作改良修理工程之筹计及购办机器等事，应先与最高顾问工程师协议而行"；此外，还要聘请日本"会计顾问"，"关于公司所有收入，支出之事，应与会计顾问协议而实行"。③ 事后证明，这位会计顾问（池田茂幸）原来是大藏省的一位官员，假充为正金银行（债权人）的职员派到汉冶萍代表日本政府实行监督④。在会计顾问监督下，汉冶萍所有契约及抵押品单据和地契等都得存放在一个保险柜里，它的钥匙要备一式两份，一份交日本会计顾问保存，"非经双方同意不得将此地契取出"⑤。从此，汉冶萍事实上成为日本八幡制铁所在中国的派出机构，而两"顾问"则是成了太上皇。

随着日本贷款的金额越来越大，期限越来越长，对抵押品的控制越来越严，汉冶萍要想摆脱日本的控制也就越来越困难了。

（三）汉冶萍丧失了摆脱外债桎梏的机会

1941 年欧战后，由于战争的刺激，世界钢铁（包括矿石与生铁）的价格迅速猛涨，到战争结束时生铁每吨市价最低 160 元，最高 260 元⑥。但是由于 1913 年与日本签订的借款合同规定汉冶萍在 40 年内应供给日本矿石和生铁两项共 3000 余万吨，每年产品须尽先供应日本。在大战高潮期间（1917 年）汉冶萍生产的矿石有 3/4 都输往八幡制铁所，留给自己生产生铁

---

① 1904 年 4 月 22 日，外务大臣小村寿太郎致日本驻华公使内田康哉电、《日本外交文书》第 37 卷，第二册，第 916、917 号。

② 1903 年 6—8 月，上海小田切总领事致小村外务大臣函。《日本外交文书》第 36 卷，第 2 册，第 1021—1025 号（按小田切的情况来自于西泽公雄）。

③ 《盛档·聘请最高顾问工程师及会计顾问职务规程》1913 年 12 月 15 日。

④ 《盛档·高木陆郎致盛宣怀电》1914 年 1 月 17 日。原电为"昨电会计顾问现任大藏省官吏之事，请保严重秘密。因该员阳称系正金银行之人以受聘顾问之故。"

⑤ 《盛档·汉冶萍公司董事会议事秘录》1913 年 12 月 10 日；7 月 18 日。

⑥ 《盛宣怀未刊信稿》1960 年中华书局版，第 265 页。

和钢的原料就所剩无几了。特别是受合同的限制，矿石与生铁都不能按国际市场价格调整，吃亏很大。1916 年虽经日本同意把生铁价格提高到每吨 120 日元[①]，但也只有日本东京生铁市价的 1/4。有人计算，汉冶萍在欧战期间售予日本生铁 30 万吨，损失 3000 万元，若与矿石合计，公司于欧战期贡献给日本的达华银 11550 万元[②]。欧战时期钢铁价格猛涨，是汉冶萍还清日债（当时约日金 3530 万元）[③]，打一个翻身仗的好机会，但是它丧失了这一千载难得的良机。从 1916 年出现的盈余象昙花一现，没有几年工夫又一亏到底了。从 1921 年起，战争繁荣已经过去，世界铁价猛跌，只有 1918 年的 1/6[④]。汉冶萍从此更是一蹶不振了。

三、结 论

任何一个后进的国家要迅速实现工业化都有一个引进资金和技术的问题。美国资本主义工业化比英国迟一步，它也曾大量引进英国资本和技术，这都是尽人皆知的事了。至于日本那更是如此。1896 年建立八幡制铁所时，日本全国的外债总额不过 46 万日元，1904 年兴业银行贷款 300 万日元给汉冶萍时，日本外债总额上升到 42000 万日元；1913 年正金银行贷款 1500 万日元时，日本外债已达 19 亿 7000 万日元[⑤]。当时日本在中国是一个债权国，但在欧洲市场，它却是一个大债务国。除向国外借款以外，从中国掠夺的甲午战争赔款约合 3800 万英镑，这笔无偿收入，使日本有了充足的准备金转变为金本位制，因而更有利于引进外资。从 1896 年八幡建厂到 1913 年第一次世界大战前夕，日本引进的外资总额（国际收支相抵以后的总额）占这一时期日本生产领域资本的 20%[⑥]。没有这些借贷的与掠夺的资本，日本要在明治维新以后迅速实行工业化是不可能的。钢铁是一个需要巨额投资的行业，在十九世纪末，一个日本钢铁企业最少须投资二千八百万到三千万日元，而建立一个纺织厂只需要投资二十五万日元就够了[⑦]。八幡制铁所一开始就是国营，主要也是因为在当时只有依靠国家的力量才能把这个投资巨

---

① 《盛宣怀未刊信稿》1960 年中华书局版，第 266 页。

② 侯厚培：《中国近代经济发展史》1919 年版，第 129～130 页。

③ 据高木陆郎及小田切万寿之助在提出二十一条前对公司财产的调查，转引自李毓澍：《中日二十一条交涉》（上），1916 年版，第 228、332 页。

④ 全汉升：《汉冶萍公司史的研究》，载《中国近代史丛刊》，第二册，第 344 页。

⑤ 洛克伍德前揭书，第 255 页。

⑥ 侯继明：《外国投资与中国的经济发展，1840—1937》（chi-ming Hou：Foreign Invetment and Economic Development in China，1840—1937），1973 年哈佛大学版，第 101 页。

⑦ 洛克伍德前揭书，第 19 页，注 31。

大的工业发动起来。

考虑了以上的一些历史对比的情况，我们可以看出，在 19 世纪的 90 年代，张之洞和盛宣怀敢于"务宏大"把钢铁事业搞起来这是很了不起的。这么大的一个企业既得不到政府的支持，又招不足商人资金，要支撑下去，维持生产，只有在外资上找出路。1913 年，汉冶萍由于挪借无着，无可开支，面临闭炉停工的危险。一停工每天仅利息的负担就要赔 7000 两，盛宣怀向日本人告急说："特是西江之水不及苏涸辙之鱼，若无急救之法，转瞬即入枯鱼之肆。"① 盛宣怀为了免于"枯鱼之肆"的命运，借外资以增添设备，改建工厂，想从扩大生产中谋求出路。他回忆当时利用外资改造萍乡煤矿，解决了燃料问题后的情景说："萍焦冶铁，初试新硎，居然京汉铁路，除芦保一段外，二千余里，皆属汉厂自造。虽不免亏折，数年间得轨价四百数十万两，练成一班工匠，萍矿亦借此岁月，以竟全工"②。这是符合事实的。盛宣怀在临死前两年说："钢铁有富强关系，已经办到七分，只有三分，何忍半途而废，一息尚存，此志实不容少懈。"③ 在当时的历史条件下，对钢铁事业的重要性有此认识，并立志不懈的，尚不多见。

当然，盛宣怀借外债也有其自私的目的。他常以外债作为保护自己的工具。辛亥革命后，为了保存他的财产，免被革命党人没收，力主中日合办，借取巨款④；1913 年为了反对"国营"，他还力图挟日本外债以抵制北洋政府，急不可待地密电高木陆郎"能否出于迅速，以免夜长梦多"，"鄙见总以秘密速办为第一要义"⑤。盛宣怀的这些弱点自然被日本人充分利用。正金银行一向把盛宣怀引以为知己，保持着"亲密关系"⑥。辛亥革命前夕，日本很注意盛宣怀的健康情况，估计他"肺病咯血，今后只能活五后"，恐怕五年以后，"别人取代，关系突然变化，购买铁矿石的事就要落空"⑦。所以力争在盛宣怀还有一口气的时候把贷款一笔一笔地敲定。具有个人打算的盛宣怀也就一步一步地套进了日本圈套，最后终于使汉冶萍陷于日债而不能自拔。

---

① 《盛档·盛宣怀致高木陆郎电》1913 年 9 月 10 日。

② 《盛档·汉冶萍煤铁厂矿公司注册商办第一届纪略》。

③ 《盛档·盛宣怀致杨廷栋函》1914 年 3 月 23 日。

④ 陈旭麓、顾廷龙、汪熙主编：《辛亥革命前后》，一九七九年上海人民出版社版，第四章"关于汉冶萍公司。"

⑤ 《盛档·盛宣怀致高木陆郎密电》1913 年 7 月 20 日及 1913 年 8 月 2 日。

⑥ 富川康编：《横滨正金银行史》，1976 年东京版，第 232 页；又见《横滨正金银行史资料》第三集，第二卷，第二回，第 63 ~ 67 页。

⑦ 1911 年 5 月 4 日，北京小田切董事致高桥正金银行总经理电。《日本外交文书》第 44 卷，第二册，第 220、223 页。

　　汉冶萍之所以失败，带有殖民地性的外债固然是一个原因，但这是外因。外因要通过内因才起作用。汉冶萍的失败还有其深刻的社会经济、制度结构、文化传统和国势力量等原因。没有这些内因，外债也不会对汉冶萍构成那种灾难性的后果。

　　汉冶萍时代的中国已经丧失了主权国家的地位，处于落后挨打的状态。由于关税不能自主，汉冶萍无法享受国家保护关税的庇护，幼稚的工业产品——钢轨，无法与工业先进国家的洋轨竞争（1896 年汉阳轨每吨 54 两，而洋轨的中国到岸价格仅 35 两[①]）。汉冶萍的总办李维格曾痛切陈词说："各国保其本国钢铁事业，加重进口税，使外铁不能侵入。中国则不但不能加重［税］，且併值百抽五之轻税亦豁免，一若故欲洋轨之来与汉厂斗者。"[②] 没有国家保护，汉阳轨被"斗"得一败涂地。1896 年以后，日本更挟其战胜国的余威对清政府极尽恫吓、威胁之能事。1904 年的贷款 300 万日元，年息六厘，为期 30 年，而且还附有很多苛刻条款，但终于强使中国接受，也是因为中国当时处于一种挨打的地位，没有什么选择的余地。在 1912 年的 300 万日元贷款合同中，甚至订明在必要时日本制铁所与正金银行可"暂作代理人"接收整个的汉冶萍公司（合同第七款）。只有殖民地才会接受这种漠视国家主权的强制性条款。汉冶萍也曾试图挣脱日本人的外债桎梏。1901 年试销矿石与生铁于美国市场并拟以货价的一部分投资于美国的西方钢铁公司[③]；辛亥革命以后，多次拟议借用英国资本或由国家担保发行公司债券[④]等，都是这种企图的尝试，但每次都被日本以有碍"邦交"，将引起"交涉"等危词要挟的警告，吓得不了了之。

　　汉冶萍诞生于中国多事之秋的年代，战乱连绵，政局极不稳定。义和团运动的爆发，使芦汉铁路停工，汉冶萍的生铁无法炼轨，只得向日本寻求销路；辛亥革命在武昌爆发，停工和直接所受炮火损失达 370 余万两[⑤]。民国以后，南京临时政府向日本借款 250 万日元的应急费，后来也划归汉冶萍承还[⑥]。北洋政府时期，汉冶萍地区成为湘、鄂、赣、黔诸军的战场，矿工拉为壮丁，厂房充作兵站。汉冶萍的一些负责人如张謇、赵凤昌、叶景葵等组

---

　　① 《盛档·郑观应致盛宣怀函》光绪二十二年八月九日（一八九六年九月十五日）。

　　② 《盛档·李维格开送曾使述肇、王参议治昌为汉冶萍创办概略》1914 年 1 月 12 日。

　　③ 《盛档·汉冶萍公司向美国西雅图西方钢铁公司出售生铁及矿石合同》1910 年 3 月 22 日。汉冶萍进入美国市场后，商情踊跃，盛宣怀也信心百倍对处招股，他写信给李伟侯劝购汉冶萍股票说："试买千股，计五万元，如不涨价可以罚我。"《盛宣怀致李伟侯函》宣统二年二月二十八日（1910 年四月七日）。同样函件也寄往吕海寰、杨俊卿、李经羲等。

　　④ 《盛档·盛宣怀致高木陆郎函》1913 年 9 月 29 日。

　　⑤ 全汉升前揭书，第 153 页。

　　⑥ 《盛档·汉冶萍董事常会纪录》1912 年 6 月 22 日。

织统一党反对同盟会想投靠袁世凯，有所结托，结果整个企业差一点被袁氏手下的新交通系财团一口吞掉①。没有一个稳定的政治环境，要发展生产是很困难的。汉冶萍由于不完全是它自己的过错丧失了外债的偿还能力，于是日本人借口保护"债权人"的权益，兵舰游弋在大冶江上，兵士则荷枪实弹登陆，陈兵在大冶山麓。国家积弱与动乱的悲惨处境给汉冶萍带来了穷途末路的命运。外债，作为一种国际信贷，也只有在这种条件下才能成为侵略者肆虐的工具。

晚清政府的昏庸统治和腐朽透顶的官僚政治以及它所推行的封建文化传统，也给汉冶萍带来无穷的灾难。汉阳铁厂的创办人张之洞从一个"由文儒致清要"的清流派②转而办钢铁厂，这不能不是一个进步。但是他是力主"中学为体，西学为用"的。办钢铁厂当然是"西学"，"体"则是四书五经、三纲五常、封建政治。对于西学，张之洞有他自己的解释，但是不管他是怎么想的，"西学"最后总归要导致资本主义的来临。"体"与"用"的矛盾是封建主义与资本主义的矛盾，是目的与手段的矛盾。这样，张之洞就提出了一个他自己也无法解决的矛盾公式。他本来想把办钢铁厂这个"西学"纳入封建的模式，搞成官办，让"体"与"用"统一起来。但是办到后来，焦头烂额，才力求招股商办，结果事与愿违，办出了一个资本主义（股份公司的商办）。搞资本主义，就必须允许"人皆自主，家私其家，乡私其乡……商愿专利，工愿高价"，但是张之洞却说这将是"子不从父，弟不尊师，妇不从夫，贱不服贵，弱肉强食，不灭人类不止"③。真是势不两立，矛盾得很。张之洞的解决办法是在商办前面加一个"官督"，变成"官督商办"。这样他就把封建主义与资本主义的矛盾引进了企业内部。官督商办的企业实际负责人是督办，督办由总督奏请皇帝任命，督办听命于总督，有"用人、理财"之权④。这个权很大，盛宣怀就是靠一系列官督商办企业的"督办"起家，成为晚清富甲中国的第一代的官僚资本家。至于真正的商人呢？张之洞说："盖国家所宜与商民公之者利，所不当听商民专之者权"。⑤ 商人无"权"，自然无"利"。谁愿意来投资？汉冶萍办了几十年，商股从来就招不足，其原因就在于"商情疑惑，何肯出赀"⑥，而"商情疑

---

① 《盛档·陶湘致盛宣怀函》1915 年 4 月 1 日。

② 《清史稿》卷四三七，列传二二四，中华书局版第 12377 页。

③ 张之洞：《劝学篇·正权》光绪戊戌年两湖书院刊本，页二三。

④ 《张集·奏稿》卷二八，页八。

⑤ 《张集·奏稿》卷四三页十。

⑥ 《盛档·盛宣怀致张之洞函》丁未七月二十一日（1907 年 8 月 29 日）；光绪二十六年七月八日（1900 年 8 月 2 日）。

惑"的根本原因在于商人在官督商办企业中既无"权"又无"利"。张之洞用卡住"权"、"利"的办法来维护他的"体"，使封建体制不至于坠落，但是却使一个资本主义性质的企业变成了官府衙门，把汉冶萍办得奄奄一息了。当时钟天纬正在汉阳铁厂当文案，他以亲身的体会说，张之洞办厂"每出一差，则委员必十位八位，爵秩相等，并驾齐驱，以致事权不一，互相观望。仰窥帅意，事事喜用官派，故不喜闻商办之说。"① 这样，"爵秩相等，并驾齐驱"地办衙门则可，办企业必本。因为是办衙门，所以"公司职员，汉、冶、萍三处，统计不下千二百人，大半皆盛宣怀之厮养，是其妾之兄弟，纯以营私舞弊为能"②。汉冶萍人虽多，因为大都是"厮养"，所以并不顶用，一任洋矿师擅权营私，"十数年来［赖伦］大权在握，购不急之料，弗无用之工。矿中各项机器，悉彼经手，惟回用是图，多购旧式。……赖富而公司负债重矣！"③ 当时上海有一位颇有名气的商人经元善谒见张之洞以后，感到"官气之浓甚于沪上，最是商情所大忌"④。一个资本主义性质的企业，却为资本家所"大忌"，这个企业还办得好吗？但是汉冶萍却被清政府看成是一块大肥肉。由张之洞奏请清帝，自国家定购钢轨之日起，汉冶萍每出一吨生铁抽银一两归还前垫官款（5,586,416 两），甚至还清官款以后"仍永远按吨照抽，以为该商报效之款"⑤。这种不计盈亏的"报效"，表明清政府事实上把一个资本主义性质的铁厂变成了封建皇室取之不尽、用之不竭的金库。到 1900 年时，实际报效数已六七倍于当时按吨抽银一两的数额，搞得汉冶萍"勺水无源，其涸立待"⑥。所有这些都使汉冶萍成为一个生产效率低、成本高的衙门企业。八幡制铁所远自外洋从汉冶萍输入矿石，但它每一吨生铁的成本只有汉冶萍的 77%⑦。在汉冶萍年年亏损的情况下，日本的若松制铁所从 1900 年到 1912 年却年年盈余，累积的净盈利达六百万日元⑧。身负重债而不讲求投资效果，这是汉冶萍的致命伤。追溯它的根源，就是腐败的官僚政治，昏聩的衙门式的管理，腐朽的封建文化之"体"。

---

① 《盛档·钟天纬致盛宣怀函》1896 年 2 月 12 日。

② 《时报》1913 年 3 月 4 日。

③ 《盛档·孙德全致盛宣怀函》1913 年 9 月 26 日。

④ 经元善：《居易初集》卷二，页三九。

⑤ 《盛档·户部折》光绪二十二年五月十六日（1896 年 6 月 26 日）；又参阅《张集·奏稿》卷二七，页六。

⑥ 《盛档·盛宣怀致张之洞函》丁未七月二十一日（1907 年 8 月 29 日）；光绪二十六年七月八日（1900 年 8 月 2 日）。

⑦ 《盛档·王勋致盛宣怀函》1915 年 8 月 26 日。制铁所生铁每吨成本 23 元，汉冶萍为 30 元。

⑧ 《盛档·中村男爵关于若松制铁所情况的说明》附件，1913 年 8 月 12 日。

　　同日本相比正好是一个鲜明的对照。明治政府对工业的发展采取了加意扶植的政策，由国家给予大量的补助金。他们一心搞资本主义，没有什么"用"与"体"的矛盾。自 1868 年到 1881 年，从农业税中拨支了 3400 万日元投资于工业部门。这一数字相当于政府税收的 5.5%，占政府支出的 13%[1]。对于钢铁事业举国上下都作为一件特等的大事来抓。1900 年八幡制铁所第二高炉尚未建成，日本皇太子和伊藤博文首相都亲临视察。1901 年八幡点火开炉在当时被日本看成是"本邦创始之大事业"[2]，举国瞩目。为了签订 1904 年的 300 万日元的兴业银行贷款，日本外务大臣同日本驻中国公使和驻上海总领事函电往返达 56 次，反复推敲商议，而中国方面只有盛宣怀一个人单枪匹马地对阵[3]。张之洞创办汉阳铁厂的 500 多万两银子，由于衙门办企业，用于厂地、机炉的只有 200 多万两，"余皆系浮费，于公司毫无利益"[4] 而八幡制铁所的 400 多万日元的预算，用于固定资产和基本建设的就达 78.84%（3, 229, 100 日元）[5]。在日本政府的积极支持下，到二十世纪初，后起的八幡制铁所的生铁产量已为汉冶萍的一倍半（1901 年到 1909 年），钢产量为汉冶萍的 3 倍（1907 年到 1910 年）[6]。日本继八幡制铁所以后，吴工厂两套西门子电炉投入生产（1899 年），大阪工厂的四吨平炉也开始投产（1900 年）了。当汉冶萍在外国、侵略国内动乱、政府勒索、衙门管理和腐朽封建的"体"的压力下濒于破产倒闭时，八幡制铁所却日益扩充，走上了日本钢铁自给自足的道路！

＊　　　　　＊　　　　　＊

　　汉冶萍时代是一去不复返了，但汉冶萍的某些经验教训至今仍对我们有用处。其中最主要的两条是：偿还能力与投资效果。

　　偿还能力的问题，在今天仍然是引进外资的国家普遍存在的问题。第二次世界大战后的世界经济证明，第三世界在引进外资与技术的基础上，确能促进本国的经济发展，有些国家在其经济迅速发展中的外债总额占其国内总产值（GDP）的很大比重（如巴西 1957 年到 1961 年占 14.5%，1963 年到

---

①　费伟凯：《中国早期的工业化》（A. Feuerwerker: China's Early Industrialization），1958 年哈佛大学版，第 40 页。

②　小村正彬前揭书，第 208 页。

③　《日本外交文书》第 36 卷，第二册，第 1013 号至 1078 号。

④　徐珂：《清稗类钞》1920 年第四版，第 17 册，工艺类，第 12 页。

⑤　小村正彬前揭书，第 208 页。

⑥　参阅本文附表二及小村正彬前揭书，第 221～222 页。

1966 年占 22.3％）[1] 就是一个明证。但是偿还能力仍然是一个突出的问题。仍以巴西为例，1979 年它的外债总额已超过 400 亿美元。现在所借的外债大部分用来偿还旧债和利息。1978 年为此目的而需借的外债即达七十亿美元左右[2]。自 70 年代中期以来，第三世界非产油国家的外债总额已达其出口额的一倍半，或相当于这些国家官方储备的 4 倍了[3]。现在一致公认只有用不断提供新贷款的办法才能避免它们债务的总垮台[4]。这个问题也应该引起我们的注意。从历史上看，汉冶萍陷于外债而不能自拔也吃亏在没有认真地考虑偿还能力。如 1913 年借款合同规定汉冶萍在 40 年内供应日本矿石 3000 万吨。据地质学家翁文灏的估计，大冶铁矿的蕴藏量为汉冶萍公司所有的总共不过 2000 万吨，所以即使把汉冶萍卖尽了，还倒欠日本人 1000 万吨[5]。又如 1904 年 300 万日元的借款，周息六厘，每年利息 18 万日元，因此每年至少须输往日本 6 万吨矿石（按合同规定每吨 3 元）才能偿清利息。但 1904 年实际只输出了 38,703 吨。若再加上 1908、1910、1911、1912 和 1913 年的借款合同，须输往日本矿石 1700 万吨和生铁 800 万吨。很明显汉冶萍无论如何是不可能履行这些合同要求的。最后的结果是无力偿还[6]。因而就必须承担不能偿还债务的一切后果。

偿还能力又与投资效果有密切的关系。这里所涉及的问题不仅仅是一个经济问题。引进外资的成败常常与一个国家的经济制度、文化传统、技术基础、教育水平有密切关系。引进的外资当然要归还，但伴随引进外资而引进的技术则是不应"归还"的，而要求在自己的国土上生根开花。汉冶萍虽也曾零零星星地派出技工到国外培训但从未认真抓过，因此几十年中只培养出一个像样的中国工程师（吴健），一切技术大权都操在洋人手里，洋人一走，技术也就"归还"了。第二次世界大战后日本的经济在战争的废墟上迅速发展起来，除引进资金与技术外，是同他们自己拥有雄厚的技术基础分不开的。日本的钢铁工业每引进一元技术就要投入二至三元的研究费用，加

---

① 罗斯贝恩等编：《关于巴西经济与政治发展的时论选集》（H. J. Rosenbaum：Contemporary Brazil Issues in Economic and Political Development），1972 年伦敦版，第 97 页。

② 《泰晤士报》1978 年 9 月 25 日。

③ 复旦大学世界经济系：《第三世界国家经济与反两霸的斗争》（讲义）第 9 页。

④ 魏格堪斯编：《通货膨胀的威胁》（G. C. Wiegance：The Menace of Inflation），1977 年康涅狄克版，第 74 页。

⑤ 全汉升前揭书，第 194 页。

⑥ 费伟凯：《中国十九世纪的工业化——汉冶萍公司》（A. Feuerwerker：China's Nineteenth Century Industrialization：The Case of Hanyehping Coa 1 and Iron Co. Ltd.）载柯文编：《中国和日本的经济发展》（C. D. Cowan：The Economic Development of China and Japan）1964 年伦敦版，第 108 页。

以创新提高。新日铁（它的前身是八幡制铁所）拥有的三个研究所的研究费用占营业额的 1.3%（即 1 亿美元）。日本每年有 1600 多名冶金专业的大专毕业生，比英、德多 7 倍，比美国多一倍①。只有积极提高科学技术的水平才能充分保证引进外资的投资效果，否则就要走汉冶萍公司的老路。劳动生产率是取得投资效果的关键问题。汉冶萍的产品由于劳动生产率低，无法与欧美和日本的产品竞争，只能靠卖原料（矿石）过日子，到后来甚至连这一点阵地也保不住了。假使引进外资的投资项目（或企业）劳动生产率低，产品没有世界市场的竞争能力（我们的产品不能关起门来称大王），就无法偿还外债。今天，封建主义的传统、衙门式的官僚主义在有些部门仍然是我们的大敌。不涤荡这些，隐患无穷。汉冶萍封建衙门式的管理在这一点上造成的灾难性的后果是一个沉痛的教训，我们应该引以为戒。

复旦大学教授　汪　熙

---

① 《日本钢铁工业的现状》（油印稿）第 5~8 页。

清政府时期汉冶萍公司日债述析

内容提要：汉冶萍公司自其前身汉阳铁厂、大冶铁矿 1904 年与日本兴业银行达成 300 万日元贷款和萍乡煤矿 1905 年、1907 年与日本商社大仓组先后达成共计 200 万日元贷款起，日债便同公司结下了不解的孽缘。此时期内签订的多笔日债合同，均要求用公司矿山及各项动产作抵押担保，并要求必须以所产优质矿石或廉价生铁交付本息，一般还贷期订得很长，且规定不得提前偿清。特别是债款来源，多数出自日本政府的财政，出自大藏省预金部的资金，出面与公司签约的各银行（如兴业、正金）或商社（如大仓、三井）只是名义债权人；而在多笔日债的策划和谈判过程，不仅有日本各级驻华外交官员和日本政府有关各省（部）大臣参加，并往往经日本内阁会议决定通过。表明日本对公司的贷款绝非一般资金融通性质，它是日本的财政资本输出，是为实现其确保日本钢铁工业获取充足优质廉价原料图谋的手段。正由于此，这种日债尽管客观上也为公司纾解了部分资金困难，但却使公司生产经营发生变化，一步步脱离原本为"造轨制械"以生产钢轨钢材为主的宗旨，使本时期内的矿石产量大幅超过钢铁，显示出公司的生产方向开始扭转，正常的生产结构遭到破坏。

关键词：汉冶萍公司　日债　日本财政资本　资本输出

汉冶萍公司自其前身汉阳铁厂、大冶铁矿在 1904 年与日本兴业银行达成 300 万日元借款和萍乡煤矿在 1905 年、1907 年与日本商社大仓组先后达成 200 万日元借款起，日债便同公司结下不解的孽缘，可说由此开端的一部公司史也就是一部公司日债史。并且，公司日债不仅直接关联着日本财政金融资本的输出，关联着中日两国近代钢铁工业的发展命运，同时往往牵涉到近代中国一些重大事件。因此，从历史学角度就公司日债进行系统地考察探究，对了解日本财政金融资本一些特性形成，了解中日两国钢铁工业的衰兴消长，以及了解两国间一些交涉事件的某个侧面，均不无意义。本文只是公司日债史的前半部，其后半部再另文撰述。

一、汉厂日债的先期酝酿

1896 年盛宣怀从张之洞手中接办过汉阳铁厂及大冶铁矿，适值是年日本政府也正式决定设立官办的日本制铁所。众所周知，日本是个铁矿资源十分匮乏的国家，于是很快便在 1899 年同盛宣怀签订了所谓"煤铁互售合同"，议定汉阳铁厂每年向日本售出大冶铁矿含铁达 65% 的优质矿石至少 5 万吨，为期 15 年，并可再展期 15 年。即在此项合同磋议过程中，日本政府便策划过对盛氏贷款，其始作俑者，为时任日本驻沪代理总领事小田切万寿之助。正如小田切所云："资金贷借事件……系由听到盛氏与英、比商人借款后，本领事即进而劝诱盛氏，宣扬向我国资本家借款之利而开端者。"① 其具体经过如下：

据小田切称：当即将此事密报日本外务省，并建议："近来我国制铁所与汉阳铁政局和大冶矿山的关系，日渐密切，我相信此际由我国提供此项资金，将铁政局和大冶铁矿管理权，掌握到我国手中，实属极为必要之事。"小田切认为这样除可获取一般营业利益之外，从长久考虑，还有四重利益：一、有运出日本焦煤运回矿石生铁之利；二、有在中国扶植日本势力之利；三、有东方制铁事业由日本一手掌握之利；四、有使中日关系更加密切之利。小田切还进一步为之谋划："鉴于我国经济现状，如资本家自己不愿投资，则希望帝国政府予以相当援助，使能提供资金，以不失此大好机会。"②

对小田切的这一建议，立刻引起日本政府的关注，其相关各省随即进行了磋商和安排。外务大臣青木周藏对农商务大臣曾祢荒助讲："此与购买大冶铁矿石一事有关，有对小田切复电指示之必要。"③ 曾祢荒助也认为"提供此项资金"，"系两国交际上之善策"。当即指派制铁所长官趁赴华签订"煤铁互售合同"之机，对汉冶厂矿进行调查，以便作出决定④。随后大藏大臣松方正义也命令正金银行准备派代表就贷款案负责谈判事宜⑤。同时，

① 小田切致外务次官都筑馨六机密函，1899 年 3 月 1 日，见日本外务省编纂：《日本外交文书》（下称《日本文书》）32 卷，文件号 391。（按此处所谓"与英、比商人"云云，系指盛氏刻正治谈中的与英国 50 万镑、与比国 400 万法郎借款事，后由于日本插手阻挠均未成。）

② 小田切致外务次官都筑机密函，1898 年 12 月 18 日，《日本文书》31 卷，文件号 544。

③ 日外务大臣青木致曾祢机密函，1898 年 12 月 27 日，《日本文书》31 卷，文件号 546。

④ 曾祢复青木函，1898 年 12 月 28 日，《日本文书》31 卷，文件号 549。

⑤ 松方致正金银行训令，转引青木致小田切机密函，1899 年 3 月 14 日，附件二，《日本文书》32 卷，文件号 393。

三省大臣向日本内阁提出呈文，要求阁议会批准①。从上述贷款的提出，可明显看到一开始便是日本政府的主动行为，便是怀着以贷款为手段，控制汉冶厂矿攫取我国生铁矿石原料的侵略意图。并且从其谋划的贷款条件中，还可看出如下值得注意的几点：

第一，"此项资金实际上是由日本政府贷出，但表面上必须作为全属民间资本，与政府无关。"② 这是由于日本认为盛宣怀"为人猜疑很深"，若明说是政府贷款，恐盛氏怀疑其"有何计谋"而不易接受；即使能获得盛的同意，日后传到北京清政府，"亦必引起同样怀疑，而危害本案之成立"③。这固然暴露出日本政府行事之狡黠，但更重要的是表明这种日债一开始便是政府财政贷款的性质，是日本国家资本的输出。

第二，贷款年限，日本要求定为 20 年，而对盛氏所提仅为 10 年之期，表示"未多考虑"。此点显系从日本发展钢铁生产的战略需要，从长期控制汉厂冶矿，以保证日本国内钢铁工业原料的充分供应出发的。

第三，务使中国政府能够保证贷款的安全，并要求盛宣怀"以中国官员身份"签字，还拟在合同中写上"须经总理衙门批准"一条④。这又是由于汉厂冶矿地处长江沿岸英国势力范围之内，日本插足进来，恐引起英国抗争干涉，因此想借清政府的官力，保证日本投资以及所获权益的安全。这虽是反映了日、英之间的矛盾争夺，但也是当年日本垄断资本刚刚形成、力量尚较脆弱的表现。同后来日本垄断资本势力大为加强，而力图摆脱中国政府的干预，适成对照。

第四，1. 除年利订为 5 厘，较后来所有贷款稍低，但却要求以汉厂营业利润的 1/4，或以冶矿销售日本矿石利润的全部或半数至少 1/4 以上，作为"贷款报酬"，这又是后来历次贷款所没再提出过的。2. 先要求汉厂冶矿管理全权须归于日本指派的人员，后退而要求由指定日本技师对厂矿工程技术实行监督。3. 要求以汉厂全部地基、机器、建筑物和冶矿全部矿山作为经济抵押，并要求湖广总督承认、清中央政府批准，是为政治担保⑤。以上这些苛刻条件，又充分反映了后起的日本帝国主义具有的贪婪性。如关于要清政府批准而处于保证地位，甚至小田切都认为"无此先例"⑥。

---

① 三大臣会呈日内阁总理文。转引青木致小田切机密函，1899 年 3 月 14 日，附记，《日本文书》32 卷，文件号 393。

② 青木致小田切机密函，1899 年 3 月 14 日，《日本文书》32 卷，文件号 393。

③ 小田切致外务次官都筑机密函，1899 年 3 月 1 日，《日本文书》32 卷，文件号 391。

④ 以上见青木致小田切机密函，1899 年 3 月 14 日，《日本文书》32 卷，文件号 393。

⑤ 青木致小田切机密函，1899 年 3 月 14 日，及附件一，《日本文书》32 卷，文件号 393。

⑥ 小田切致青木机密函，1899 年 4 月 17 日，《日本文书》32 卷，文件号 399。

　　只是当时萍矿方面已经借到德国礼和洋行的 400 万马克（约合 130 余万两库平银），汉冶厂矿方面因萍煤炼焦问题尚未解决而不能扩充生产，需款不十分急迫，此次贷款的酝酿乃告中止。

　　稍后于 1900 年至 1901 年间，因芦汉铁路修筑工程受义和团起义影响一度中断，所需汉厂钢轨减少，盛宣怀拟用汉厂存轨敷设萍乡至湘潭（实际到株洲）运煤铁路，需要筹措经费，再度引起向日借款。此次是由盛宣怀之侄汉厂总办盛春颐通过汉口日本东肥洋行的橘三郎（日本垄断资本企业大仓组的驻汉代表）与日本驻汉口总领事濑川浅之进接洽的。1900 年 11 月间橘三郎回日本时曾就大冶铁矿作抵借款之事，同日本制铁所长官和田维四郎与三菱洋行门司分行经理高田政久两人进行过洽商。1901 年 4～5 月间，濑川也为贷款事请示过日本外务省，并提出"若从在湖南、江西两省建立扶植帝国势力之基础而言，萍乡之矿山和该地之铁路，相信亦属大有希望之抵押品"[1]。

　　这次酝酿的贷款条件是：金额 300 万日元，年利 6 厘，期限 15 年，以大冶铁矿石或萍乡矿山及新敷设铁路作抵押。但又由于当时日本政府的财政状况，外务省认为"贷出三百万元，颇有困难"[2]，和正值伊藤内阁更迭为桂内阁期间，"对贷款作出决定，实系最不适宜"[3]，而暂被搁置下来。

　　从以上两度未成贷款的酝酿和磋议可以看出，这种日债一开始便是日本政府的官方行为，便纯属日本政府的财政贷款，它是日本政府拟对中国的财政资本输出。同时，它又与日本在中国掠夺矿产资源以及分割经济领土、开拓势力范围紧密相关，具有极大侵略性。

二、300 万日元预支矿价贷款的成立
——公司日债史的正式开端*

　　此笔日债最后成立于 1904 年元月，但即使上述的先期酝酿不算在内，日本对它的策划也早在 1902 年底便开始了。当时日本外务大臣小村寿太郎

---

　　① 濑川致外务大臣加藤高明亲拆函，1901 年 4 月 12 日，《日本文书》36 卷第 2 册，文件号 1079 附件一。

　　② 日外务省总务长官内田康哉致制铁所长官和田私函，1901 年 5 月 1 日，《日本文书》36 卷第二册，文件号 1079 附件二。

　　③ 内田致濑川私函，1901 年 5 月 14 日，《日本文书》36 卷第二册，文件号 1079 附件三。

　　* 较此稍早，于 1903 年底日本商社大仓组经驻汉代表橘三郎斡旋，曾以期限 1 年、月息 6 厘、汉厂现有 6 千吨钢轨作押、整个汉厂担保等条件，贷予汉厂洋例银 20 万两（折日金 24 万 6 千余元）。从发生时间上可算是最早的一笔日债，是为公司日债的嚆矢；但笔者考虑到该笔日债的金额较小，债期也短，届时即行清偿，对公司影响不大，且更不具有上述所酝酿和以后所连续发生的那种日债的特殊性质，故可不将其作为公司日债史的正式开端。

曾给已正式出任驻沪总领事的小田切一通密函，其内容如下：小村说，原订煤焦铁矿石互售合同5年一期（按该合同于1899年4月签订，原规定15年为期，旋因张之洞提出异议，于1900年8月修订为5年一期），到期仍需对矿石售价再行商定，若商定不成，该合同即将失效，这样，"制铁所事业之进行必受一大挫折"；又说，据制铁所派驻冶矿代表西泽公雄的调查，认为冶矿"是颇有希望的矿山"，而且"闻外国人中也有觊觎于此者"，因此，"希望在商定期限届满前，即将我方权利再予以确定"；而"为了便于达到上述目的，对于该矿如有贷款之必要，我方决定将予以应允"；小村还指示小田切"希即善体此意，拟定适当方案，见机与盛宣怀进行商谈"，并告诫说，"冶矿倘或落入外人之手，则实为极严重的问题，因此，为了确立我方权利，务望全力以赴"①。当得知盛氏果有借款的要求后，1903年3月初，小村又接连发出电令和机密函，将其同有关阁僚咨议及召制铁所长官磋商的贷款条件和矿石购买合同的修订要领**知照小田切，令他"以此为基础与盛氏进行交涉"。当时日本政府十分担心大冶铁矿落入欧美诸国之手，所以，函中再向小田切进一步详示了方针。小村说："对大冶铁矿的方针在于使其与我制铁所的关系更加巩固，并成为永久性的；同时又须防止该铁矿落入他国人之手，此乃确保我制铁所将来发展的必要条件。"因此，"借款期限亦当以尽可能的长期为得策，故特定为三十年"，"其偿还年限（按原文如此，似应为偿还年份）及分年偿还办法，无论如何规定，均无妨碍，但三十年的期限则必须坚持"；又，"大冶铁矿本身不能归他国人所有，固不待论，即其事业之经营也须防止落入他国人之手"，故"除铁矿以外，其附属铁道、建筑物及机器等一切物件均必须作为贷款抵押"，并"不得将上述抵押品出让或再抵押与他国政府或私人"，同时"还必须要求对方承诺雇佣我国工程师"③。小村提出的以上方针，就预为日本此后数十年掠夺中国钢铁资源立下了行动张本，可说以后日本的每一步行动都是照此既定方针做出的。

从日本对汉冶厂矿贷款定下的上述方针，可更清楚地看出，贷款只不过是一种掠夺矿石原料或进一步是分割经济领土的手段。作为输出的财政金融

---

① 小村致小田切密函，1902年12月27日，《日本文书》36卷第二册，文件号1013附件。

** （一）借款条件：（1）明治32年（1899年）4月所订矿石购买（即煤铁互售）合同，按下列各条要领修订；（2）借款金额为200万日元，如必须增加可为300万日元，年息6厘，偿还期限30年；（3）以大冶矿山及其附属铁路、房屋和机器等一切物件为担保，此期间内不得将上项抵押品出卖、出借或再抵押他国政府与私人；（4）大冶矿山须聘用日本工程师。（二）购矿合同修订要领：（1）期限自本年起，延长30年；（2）头等矿石价格在明治38年（1905年）8月以前，仍按现行协定为3元，以后每5年在最低2.4元至3元的范围内议定；（3）一年的购买量为5万吨以上，若超过8万吨，则应在上述价格内酌予减价。

③ 小村致小田切机密函，1903年3月10日，《日本文书》36卷第二册，文件号1015。

资本，日本当年远未达到相对过剩的地步。例如上述先期酝酿时期，汉口领事提出对汉厂贷款，即是因日本政府"财政困难"而作罢的。而此次主动策划的这笔贷款，初意也只有日金 200 万元，后不得已方允增到 300 万元。这都表明此刻的日本资本主义虽已迅速进入帝国主义阶段，但其财政金融资本力量仍相对较弱。正如列宁在《关于帝国主义的笔记》中的划分，这时的日本尚属"财政上不独立政治上独立的国家"类型①。

这笔贷款经过小田切与日本驻华公使内田康哉分别在上海、北京两地同盛宣怀多次谈判，于 1903 年 11 月 9 日始签订贷款草合同。接着盛宣怀又同清政府外务部、商部和湖广总督反复磋商，并经内田公使出面交涉②，终于在 1904 年 1 月 15 日签订了所谓"大冶购运矿石预借矿价正合同"。计十项条款，其要点如下：（一）向兴业银行借入日金 300 万元，30 年为期，年息6 厘（第一条）；（二）以大冶得道湾矿山、大冶矿局现有及将来接展之运矿铁路及矿山吊车并车辆、房屋、修理机器厂为担保，并不得将此担保或让或卖或租与他国官商（第二条）；（三）聘用日本矿师驻矿（第三条）；（四）以制铁所按年所购矿石价值给还本息；每年收买头等矿石至少 7 万吨，至多 10 万吨（合同附件还有再多加 2 万吨，即到 12 万吨的规定）；头等矿石价格每吨 3 日元，二等每吨 2.2 日元，照办 10 年（第四、五、六条）；（五）借款期限订明 30 年，每年应还本项，以 10 万日元为度，倘计算不到 30 年便可还清，则需暂停数年还本，以符合同 30 年期限；前订煤铁互售合同，相应展限到 30 年，除购买日煤毋庸照办，矿石价格概照本合同，其余悉照原合同办理（第六、七条）③。

首先，须要指出此笔贷款原本来自日本政府的财政资金，何以合同第一条却明白规定"向兴业银行借入"云云？据日公使内田称：盛宣怀在谈判中曾表示"如以正金银行等名义贷出，对贷款的成立，较为便利。"内田认为盛氏所以如此主张"当然因为若向日本政府借入资金，恐招致外界反对"。内田遂提出："政府设法筹得资金后，通过银行或私人贷出，则本贷款可望很快得到解决。"④ 之后，日方乃决定横滨正金银行作为贷款银行。

---

① 列宁：《奥大利农业统计笔记摘录及其他》，《列宁全集》中译本，人民出版社 1963 年版，第 39 卷，815 页。

② 参见内田致清外务部节略，1903 年 12 月 29 日，王彦威辑：《清季外交史料》卷 179，5～6页；又见书目文献出版社 1987 年版，2817～2818 页。

③ 该合同及附件，见《日本文书》39 卷第二册，文件号 912 附件；湖北省档案馆藏汉冶萍公司档案（下称《公司档》），《汉冶萍公司紧要合同汇编》（公司自刊本）卷一；朱子恩等编：《盛宣怀档案资料选辑之四——汉冶萍公司（二）》（下称《汉冶萍公司（二）》）上海人民出版社 1986 年版，第 387～390 页。

④ 内田致小村机密函，1903 年 5 月 3 日，《日本文书》36 卷第二册，文件号 1019。

但当即将签订合同时，据日外相称："正金银行又发现其自身碍于长期贷款规定，无能为力。"① 原来它成立之初，本是作为经营日本对外汇兑业务的专业银行，不便对中国贷出款项，故最后始改以兴业银行名义贷出并签约的。这不过是日本（或许也有盛宣怀）玩弄的一场掩人耳目的把戏。

从上列各点还可看出，日本政府最初预谋的贷款条件和企图完全得到实现。此前所订旨在保证铁矿石供应的所谓"煤铁互售"被改作单方购运大冶矿石，除价格一项有所变动，其余被照样赓续下来，而且展期到 30 年。借款合同规定大冶优质矿石产区得道湾矿山以及矿局所有其他财产作抵押担保，并不得自行处置，同时还须聘用日本矿师实施监督，更加巩固了日本对大冶矿石原料的独占地位。至于每年 7 万到 12 万吨铁矿石的购买额，则完全依照制铁所现有及日后扩充的冶炼能力而准确算定的，既不使现存原料有积压，又可满足日后增长的需要。合同还规定贷款 30 年为期，不得提前清偿，矿石价格也是一次订定，10 年不变，这就更保证制铁所在一个相当长的时期，能得到廉价的优质矿石供应。可见这些条款对日本何等有利，其算盘打得又多么精细。如关于矿石年购买额的约定，当时制铁所只建成一座日产 160 吨的炼铁炉，矿石年消耗量不过 5、6 万吨，因此，日方最初提出的至少年购买额只为 5 万吨，后接受盛氏要求，在草合同中仅订为 6 万吨，只是在张之洞考虑 30 年限期内足够还清本利而再三坚持下，始不得不在正合同中增至 7 万吨。但日方最后仍以"附函"形式声明：至少 7 万吨之约，须到 1905 年 8 月之后方能照办。这是因为：除了上述煤铁互售已改作 5 年为期，那时恰值一期届满；而更有一层，则是制铁所在建中的第二号炼铁炉将于那时方建成的缘故。对于最高额原初定目标为 15 万吨，显然是顾及日后扩大生产需要的预谋。谈判中小村曾指示小田切："你应再次尝试诱使盛氏接受把最高额增至 15 万吨。如他继续反对，你可让步削减为 12 万吨。如尽一切努力，他仍坚决反对，你可在最后时刻同意 10 万吨"。② 日方在最低额上连 1 万吨都不肯轻易增加，而在最高额上却又为何如此用尽心机索取？这在小村的指示中也讲的再明白不过："矿石吨数最高额由八万吨改为十五万吨，是因为我制铁所将随着事业的扩张，其所需铁矿，势将逐渐超过八万吨之数，此际如不能获得大冶铁矿之供应，则不得已必须特别耗费资金和时间，从事我国内新矿的开采"。③

此外，有一点也须指出，在此笔日债签订过程中，日、德两国间存在着

① 小村致小田切电，1903 年 10 月 23 日，《日本文书》36 卷第二册，文件号 1051。
② 小村致小田切电，1903 年 10 月 1 日，《日本文书》36 卷第二册，文件号 1041。
③ 小村致小田切机密函，1903 年 9 月 19 日，《日本文书》36 卷第二册，文件号 1038。

激烈争夺。汉厂冶矿与德国已是老关系，官办时期不少设备和技术人员均来自德国，萍矿开办初期于 1899 年首先即以轮船招商局产业作抵借过 400 万马克德债，几乎与日本的煤铁互售合同的签订同时。到 1902 年盛氏再拟与德礼和洋行签订第二笔 400 万马克的借款，后因条件过苛，不仅要盛的汉厂、萍矿，且仍要招商局产业实抵，而此刻盛正失去对该局的控制，加之日本又提出贷款的引诱，遂终未成事。但这笔未成交的德债，倒成了盛氏向日本讨价的筹码。谈判中小田切曾频频向小村报告："据闻德国方面有提出即刻再贷与四百万两［按应为马克］之说。""鉴于彼等活动颇为活跃，我方亦应详悉其中内情，谋求以放宽的条件缔结借款合同。"① "前函述及德国方面的借款活动，究竟进行到如何程度，情况不明，本领事更认为应尽速与对方交涉，以制其先为得策。"② 小田切还感到"由于德国的竞争，在讨价还价时动辄陷于不利的地位。"③ 事实或许如此，日本才被迫应允矿石购买最低额由 5 万增至 6 万再增至 7 万吨；又不得不将头等矿石价格定为每吨 3 日元，二等定为 2.2 日元，并放弃若增至 8 万吨以上价款需打 5 至 10 折的条件；同时还接受盛氏提出的接运大冶矿石日轮返程捎带的煤斤水脚不得低过一般水准的要求（因水脚过低，运汉的日煤售价必低，将对萍煤销售不利）。

三、围绕三井、大仓对汉厂、萍矿贷款日本政府的活动

上述日本政府预支矿价贷款成立未久，汉厂萍矿又因资金不敷纷向日本商社拆借款项。如为度过中秋节关，1904 年 10 月汉厂向三井会社借款 26 万余日元④，同时萍矿向大仓组借款 37 万余日元⑤。1905 年 6 月萍矿以扩充工程急需再向大仓借款 30 万日元⑥。同年 8 月汉厂萍矿又以所产生铁、煤焦在日本的专卖权为条件，分向三井、大仓提出更大数额的借款要求。有鉴于此，日本政府农商务、外务、大藏三省大臣于 1905 年 8 月 21 日联署向内阁总理提出"请议案"。该案写道："经过认真研究，认为帝国政府对此如不确定将来之方针，而徒然随着问题的发生，进行小额贷款，则仅流于一时之姑息，恐有不能达到最终目的之虞。"同时提出五项方针及所拟对汉口领

① 小田切致小村机密函，1903 年 7 月 18 日，《日本文书》36 卷第二册，文件号 1022。
② 小田切致小村机密函，1903 年 8 月 8 日，《日本文书》36 卷第二册，文件号 1027。
③ 小田切致小村机密函，1903 年 10 月 2 日，《日本文书》36 卷第二册，文件号 1042。
④ 该笔借款，参见盛宣怀致张赞宸函，1905 年 2 月 10 日，《汉冶萍公司（二）》，465 页。
⑤ 该合同，见《汉冶萍公司（二）》，449 页。按此笔贷款，合月息 9.5 厘。
⑥ 该合同，见《汉冶萍公司（二）》，502 页。按此笔贷款，合月息 9 厘。

事的训令，呈请内阁从速议决。

这五项方针是：（一）为确实扶植帝国在汉口方面的利权，1. 看准时机，使大冶铁矿和萍乡煤矿的开采权完全归于日本；2. 以任用日本人员负责业务为条件提供资金，使冶萍两矿及铁厂的管理权亦全归于日本。（二）实现上述目标，表面上可作为商业关系较为便利。（三）对历来有关系的兴业银行、三井会社、大仓组须适当利用。（四）贷款及其他必须使用的资金当限在 500 万日元之内。（五）务须避免与英国德国发生冲突，为此，在不妨碍（一）项目标限度内，对共同融通资金，也有斟酌之余地。以上五点，再次反映出早期日本帝国主义所具有的贪婪性、狡诈性以及脆弱性等特征。

对驻汉领事的训令，主要内容是：关于汉阳铁厂和萍乡煤矿贷款，其金额要大，利息可降低。条件是承诺延长冶矿采掘权年限，加上汉厂萍矿作抵押，以及聘用日本技师负责业务等等。最后令汉口领事："希按上述方针，考虑进行之手段，并即呈报。"

这份"请议案"当即获得内阁通过，翌日由内阁总理大臣桂太郎签署批复如下："关于汉阳铁政局及萍乡煤矿贷款案，决定帝国将来方针之件及有关该案之致汉口领事训令之件，照请议案办理。"[①] 接着桂太郎向驻汉总领事发出如前述内容的正式训令。从上述方针，进一步看出日本政府用心之深。借款金额要大，利息可降低，再次表明日本政府贷出款项，并不只着眼于几厘利息的获取，而更贪图长远地侵占和掠夺我国的煤铁矿产资源。

日驻汉领事永泷久吉接到训令后，当即往汉厂约见临时兼汉厂总办的萍矿总办张赞宸，假称"个人私见"提出上述贷款条件进行试探[②]；与此同时，据内田公使称，刚上任正金银行驻北京董事小田切，也对盛宣怀加以劝诱道："为了钢铁事业，与其进行零星小额借款，不如将管辖下的冶矿及铁厂一并作为抵押，一次借入巨额资金为得策。"[③] 1905 年 9 月 30 日临时兼任外务大臣的桂太郎又训示永泷：政府不同意由大仓组和三井会社通融贷款，希望仍由兴业银行办理。贷款条件是：（一）总金额，铁厂与煤矿合计不超过日金 500 万元；（二）利率，年息 6 厘；（三）铁厂与煤矿担保；（四）厂矿各聘用一日人为会计员；（五）预定在德国工程师任满后，改任日人；（六）延长对大冶铁矿的权利年限。[④]

为贯彻日本政府的上述意图，接替小田切任驻沪总领事的永泷又指使三

---

① 以上引自临时兼任外务大臣桂太郎致大藏大臣曾祢机密函，1905 年 8 月 20 日及各附件，《日本文书》38 卷第二册，文件号 1117。

② 永泷致桂太郎机密函，1905 年 9 月 15 日，《日本文书》38 卷第二册，文件号 1120。

③ 内田致桂太郎电，1905 年 9 月 30 日，《日本文书》38 卷第二册，文件号 1123。

④ 桂太郎致永泷电，1905 年 9 月 30 日，《日本文书》38 卷第二册，文件号 1123。

井上海分社经理山本条太郎和大仓组的橘三郎，向盛宣怀、李维格（已正式接手汉厂总办，刻正逗留上海）表示：鉴于目前情况，对汉厂萍矿借款要求，未便应允，希望盛等能与兴业银行井上理事商谈。同时永泷又与山本和井上计议：为使盛、李消除恐带有"政治贷款"性质的疑虑，应使三井允诺力图扩大汉厂生铁钢料在日的销路，俾使所售货款得以支付借款利息；至于聘用日本工程师和会计监督等条件，不如采取事实上能收同一效果的其他方策为宜。遂又拟就四项具体条件，作为交涉的基础。这四项条件是：（一）以铁厂地基房屋机器及一切物件为抵押，以萍乡煤矿所属房屋机器铁路轮驳等一切物件为副押；（二）须由兴业银行推荐日员二人，分聘在汉厂萍矿，以供咨询之用；（三）汉厂萍矿一切事宜的改变、扩充及工程师的聘用，须征得兴业银行或上项日员的允许，方可进行；（四）三井须为汉厂扩大生铁和钢料在日本的销路，使所售价款得以偿还借款利息，但不足之数仍须由铁厂补缴①。

交涉中，盛宣怀仍认为兴业银行的第（二）（三）两项条件，"实系政治贷款"，表示"接受有困难"。李维格更表示"第（二）（三）两项，苦于无合作余地"。永泷则巧言辩解，诡称："兴业银行对日本国内工业贷款，通常亦都附有此类条件，不足为怪；且此次贷款与日本政府并无关系，本领事居中斡旋，只是由于私交，毫无政治色彩"。② 真乃此地无银三百两也。之后，复经磋议，仍无结果。适值来华的三井总社的益田孝等人，因担心贷款"有转移到德国人手中的危险"，而关系到日本"在长江的利权"③，遂有出面贷款的意愿；永泷也认为"为了继续将来之关系，此际由三井接受其请求较为得策。"④ 于是，至1906年2月始决定三井会社贷与汉厂100万日元。合同规定：金额100万日元，由2月至11月分十期匀数交付，1907年6月至1909年底三年内分六期还本，按年率7.5厘起息，如汉厂不能按期偿付本息，三井有拍卖该厂一切动产之权。同时又另立三井代销汉厂钢铁合同，汉厂给予三井五年国外（包括中国境内的东北和山东威海卫、青岛地区）独家经销权⑤。

---

① 永泷致日外务大臣小村寿太郎机密函，1905年10月26日，《日本文书》38卷第二册，文件号1129附件。

② 永泷致小村机密函，1905年10月26日，《日本文书》38卷第二册，文件号1129。

③ 转引桂太郎致外务次官珍田电，1905年11月14日，《日本文书》38卷第二册，文件号1135。

④ 永泷致桂太郎机密函，1905年11月14日，《日本文书》38卷第二册，文件号1136。

⑤ 该借款合同，《汉冶萍公司（二）》，540～541页；《日档》，汉冶萍问题之一卷112/289。该代销合同，《汉冶萍公司（二）》，541～542页。

　　至于大仓组同萍乡煤矿，直到1907年5月始签订200万日元贷款合同。合同规定：金额200万日元（其中需扣还1905年所借30万日元，故实付只170万日元），借期7年（前三年只付息，后四年分四期还本），利率7.5厘，以萍矿所有生利财产物件作抵押（前充礼和贷款抵押者作第二抵押，俟该款清偿后，亦改为第一抵押）①。此外，原尚有要求萍矿"应设法防止乱行采掘"和"焦炭应由大仓独家代销"等条件，后据永泷称：因"碍难作出明白约定"②，故未写入合同。

　　此笔贷款，据永泷透露：尽管由于盛宣怀"唯恐重蹈大冶借款的覆辙，希望仅限于商业上的关系，不欲日领事或银行介入其间"，"故一切交涉专由橘三郎担任"，但遇有问题，橘氏总要"征求本总领事意见"。③ 所有交涉都是在永泷秉承外务省意图对大仓操控下进行的。不仅如此，所订合同条件，也是先由大藏省和外务省协商提出的④。而更须指出的是，"大仓组因无资力承担此贷款"，"经外务省与大藏省磋商后，认为萍矿为现在华南唯一煤矿，保留其担保权实属有利，故决定全部资金，由政府支出"。⑤ 其具体办法是：兴业银行购入相当200万日元之政府债券，由该行以6.5厘利率贷给大仓组，再由大仓以7.5厘的利率转贷与萍乡煤矿。这又一次表明公司日债，即或以私人企业（按大仓系合股公司）名义出面贷出，仍不失日本政府财政资本输出的性质，同时也更加暴露日本政府当年利用私人企业机构为其掠夺国策服务的狡诈面目。

四、汉萍厂矿股份改制前后几笔正金银行贷款
——公司最大名义债权人的登场

　　前文提到，早在1899年酝酿第一笔未成的日债时，日本大藏省就曾准备委托正金银行充作谈判代表。接着正式成立的第一笔所谓预支矿价贷款，原仍拟令正金银行作为放款银行，只是到签订贷款草约时，始匆促改作了兴业银行的。因为正金银行于1880年成立后，即确定其国外主营业务只为汇兑，1887年日本政府颁布《横滨正金银行条例》，更成为经营外汇的专业银

---

　　① 该合同，永泷致外务大臣林董机密函，1907年5月2日附件，《日本文书》40卷第二册，文件号1452；《汉冶萍公司（二）》，588～590页。
　　② 永泷致林董电，1907年4月29日，《日本文书》40卷第二册，文件号1449。
　　③ 永泷致林董机密函，1907年5月2日，《日本文书》40卷第二册，文件号1452。
　　④ 大藏大臣阪谷芳郎致林董函，1907年4月27日，《日本文书》40卷第二册，文件号1447。
　　⑤ 林董致驻中国公使林权助机密函，1907年6月13日，《日本文书》40卷第二册，文件号1454。

行，若令其办理对外贷款，自是有违条例。故当到 1906 年萍乡煤矿再向汉口正金分行提出借款要求时，立遭拒绝。且正金总行董事会于该年 11 月 15 日还正式作出对中国各地方不得办理长期贷款的决议。但事隔不到一年，该总行便突然改变了决定，于 1907 年 7 月 9 日向日本政府申请，29 日即得到批复，照准该行对中国进行贷款业务。该行于 8 月 19 日遂向中国的各分支行发出第一号"关于在中国的银币贷款训令"①。于是便在同年 12 月 13 日由汉口分行向汉厂贷出 30 万日元②。债期 5 年，利率 7 厘，抵押与前预支矿价贷款相同。本利偿还，每年再增售矿石 2 万吨还本，付息原订用现金支付，后应日方要求也改为矿石抵付③。这是日本政府以正金银行名义贷出的第一笔贷款，从此，正金银行在公司日债史上正式登场，以后便总揽了日本对公司的所有长期贷款事宜，而成为公司最大的名义债权人。

同时这笔贷款也是汉、冶、萍三厂矿正式合并改制成股份公司前的最后一次日债。截止于此，公司仅长期日债发生额即有 630 万日元，扣除已偿还部分，其余额仍达 560 万日元（笔者据各贷款合同及有关条款推算得出），依当时兑换率，约折银 400 余万两。据盛宣怀向清政府正式奏报：汉冶萍三厂矿"截于三十三年八月（1907 年 9 月）为止"，"已用商本银"合计为 1760 余万两④。而在 1907 年 8、9 月间盛氏却多次向人言，所用商本为 1300 余万两⑤。不论怎样，即是说早于公司组成前，在其总资本构成中，日债已占有相当比重了。1908 年 3 月 26 日（清光绪三十四年二月二十四日）汉冶萍煤铁厂矿股份有限公司在清政府农工商部注册正式成立。尚在汉厂萍矿酝酿合并改制时，日本得讯，兴业银行便以有债权及抵押权关系照会盛宣怀，提出要"参与协议"⑥，公司注册后，日驻汉领事高桥橘太郎又多次同盛就日本资本家参入股份一事进行过面谈。据高桥称：只因公司有些股东反对，又碍于当时各方情势（按此刻正发生抵制日货运动），使盛宣怀未敢遽然应允，暗示此事留待日后解决⑦。

厂矿尽管改制成股份公司，扩股之事并不顺利，新添股份又多属虚拟，实增资本为数寥寥，加之，公司厂矿原为扩建改建向英、德等国预购的机械

---

① 正金银行编：《横滨正金银行史》，东京西田书店 1976 年复刻版，300～301、307～308 页。
② 该合同，《汉冶萍公司（二）》，659 页。
③ 盛宣怀复正金银行北京分行经理实相寺贞彦函，1908 年 2 月 20 日，《汉冶萍公司（二）》，669 页。
④ 盛宣怀奏汉冶萍厂矿现筹合并扩充办法折，1908 年 3 月 13 日，《愚斋存稿》卷 14 奏疏 14。
⑤ 盛宣怀致王锡绶、致吕海寰、致奕劻、致袁世凯，《汉冶萍公司（二）》，610、615、623、624 页。
⑥ 兴业银行总裁佃一豫致盛宣怀函，1907 年 7 月 24 日，《日本文书》40 卷第二册。
⑦ 高桥致林董函，1908 年 5 月 2 日，《日本文书》41 卷第二册。

价款，此刻亟待支付，盛氏不得不再向日本提出举借 200 万日元的申请，遂于当年 6 月 13 日同上海正金银行签订 150 万日元贷款合同①。规定：年利 7.5 厘（半年付息一次），期限 10 年（前三年只付息，后七年分期还本），用公司冶矿矿石抵还，公司原有矿山及他项财产抵押外，另新购之江西九江大城门铁矿山亦作抵押。合同还规定：公司交付矿石的价款，抵还本利所剩余额，如有国外用场，须由正金银行代做汇票。此外还规定：正金应允以完全相同条件，年内再贷出 50 万日元，遂又有同年 11 月 14 日 50 万日元贷款合同的签订②。故此后也将这两笔合称作 1908 年的 200 万日元贷款。须指出之点是：据已改任正金驻北京董事的小田切日后追述，公司过去以厂矿财产抵押借款，事先须经清政府许可，而此番则是由盛氏"独自决定的"，故成为盛氏"今日最怕者"，"因此心中感到不安"，"希望尽量从速偿还"。但诡谲的小田切，却"以此为利器，未轻易予以应允，而推脱日后再议"③，遂成为往后小田切要挟盛的一张牌。

接着又同正金银行发生三笔贷款。一为 1909 年 3 月 21 日同汉口正金银行签订的 50 万两洋例银贷款，限期 2 年半，8 厘起息，以 26 纸汉厂地契作抵押（按合计面积 2.5 万方，时值 88.5 万洋例银两）④；一为 1910 年 9 月 10 日同正金总行签订 100 万日元贷款，年息 7 厘，限期 2 年，抵押除与 1908 年的 200 万贷款相同外，另加盛氏个人担保⑤；再一为同年 11 月 17 日又达成 100 万两规元银贷款，年息亦 7 厘，原定限期 1 年，以盛氏所持 150 万银元公司股票作抵⑥。

关于第一笔贷款，值得注意的是，在谈判中，日本趁机再次提出公司须聘用工程师作为条件，小村曾指示汉口领事高桥，谓："聘用日本工程师一事，作为贷款条件，虽有困难，但无论如何，仍希在此时向对方提出。"⑦由此可见，日本对此条件如何重视。

关于第二笔贷款，更值得关注的则是偿还办法。合同规定需用 1911、1912 两年度公司销往美国西雅图生铁矿石价款的电汇汇票偿还，还规定：即使公司已提前清偿，此项电汇仍需由正金银行承兑，并收取 1.25% 的手

---

① 该合同，朱子恩等编：《盛宣怀档案资料选辑之四——汉冶萍公司（三）》（下称《汉冶萍公司（三）》），上海人民出版社 2004 年版，第 12 页。

② 该合同，《汉冶萍公司（三）》，40 页。

③ 小田切致总行经理高桥是清函，1911 年 5 月 12 日，《日本文书》44 卷第二册，文件号 588。

④ 《公司档》，《各种合同印底》，原杂卷 7 号。

⑤ 《汉冶萍公司（三）》，151 页。

⑥ 《汉冶萍公司（三）》，159 页。

⑦ 小村致高桥电，1909 年 1 月 29 日，《日本文书》42 卷第二册。

续费。日本一反常态，对这笔贷款放弃历来用大冶矿石价款抵偿本利办法，而要求用公司销售到美国西部的生铁及矿石价款的电汇汇票，这不仅是出于对美国外汇的需索，更重要的是出于对公司与美国接近的警惕和留难。因为该年 3 月 22 日，公司由美国西部木材商兼船主大来氏撮合，同西雅图西方钢铁公司签订一项为期 15 年的购售生铁及矿石合同，规定公司每年按吨价 13 美元及 1.5 美元出售生铁及矿石各 3.6 万至 7.2 万吨。此事立即引起日本的极大关注，事发三天，日外务大臣小村便电令驻沪领事有吉明："希对此事，查明电复"①。日本制铁所常驻大冶代表西泽更多次照会大冶铁矿提出交涉，并致函制铁所长官进言："今日美国之入侵，愈知列强对扬子江野心之大，我国人之警觉，更亟需提高。"② 不过当时日本在长江流域尚无足够力量同美英抗衡，因而未采取进一步行动。随后日本农商务省给西泽两点指示：（一）对公司售美生铁及矿石"仅只责其不当，至于美中合同，则应予承认"。（二）应使公司对我制铁所约定，"在现行合同之最终年限以前，以现在矿石价格作为最高限额，不能增加"③。此事遂暂告了结。但不久美国西方公司因财政陷入困境，同公司的购铁合同中止履行。日后大来氏回忆到此事，不无遗憾地说："这对我国是一项损失，由此我们的地位被日本取而代之了。"④

　　关于第三笔贷款，则是它的抵押值得提出。盛氏破例竟将本人及其家人名下的 150 万元公司股票用作公司借款抵押，尽管原订限期只有一年，对双方均有一定风险。故当限期届满时，盛氏仍用 1908 年 200 万日元借款抵押物（即连同新有的九江城门山矿山在内的公司全部财产）换回个人名下的股票，同时将规元折换成日元，并分为两笔各作 61 万余日元，债期则一再延长。看来，这或许又是为了避开清政府对贷款抵押的审核，盛宣怀伙同日本要出的偷梁换柱花招。

五、预支生铁价值 600 万日元贷款的签订

　　这笔贷款的达成，是日本继向公司所谓"预支矿价"后的进一步"预支铁价"，实际上则是继掠夺我国铁矿资源之后的进一步掠夺生铁这种经粗加工的原料资源。此笔为数 600 万日元贷款的签订经过是：先有 1911 年 1

---

①　小村致有吉明电，1910 年 3 月 25 日，《日本文书》43 卷第二册，文件号 645。

②　西泽致中村雄次郎函，1910 年 4 月 14 日，《日本文书》43 卷第二册，文件号 649。

③　转见农商务大臣小松原致小村机密函，1910 年 6 月 3 日，《日本文书》第二册，文件号 652。

④　《罗伯特·大末回忆录》，旧金山 1918 年修订版，144 页。

月 7 日制铁所与公司购售生铁草合同的订立，继有同月 26 日正金北京分行与公司 600 万日元暂借款协议达成，之后始在 3 月 31 日由制铁所、正金银行总行分别与公司正式签订"购售生铁合同"和"预支生铁价值合同"。该贷款合同实际于 4 月 19 日始最终完成签署手续。是日小田切致正金总行经理高桥函称："本日了结合同签字手续。唯借款正合同的日期写成本年 3 月 31 日，这是因为制铁所与公司间之合同（即购售生铁合同），是以该日为签订日期。"① 似此类倒填月日的手法，往后的贷款活动中仍有使用。

前述美国同公司的接近，可说是促使此笔贷款迅速成交的国际背景。而其直接原因则是日本制铁所的扩建增加了对生铁和矿石的需求。按日本制铁所从 1906 年起进行第一期以年产 18 万吨钢材为目标的扩建工程，已于 1909 年完成，接着便着手制定目标年产 30 万吨钢材的第二期扩建计划。日本政府的这项计划，一开始便是将公司的汉厂冶矿当作其钢铁原料的主要供给基地考虑在内的，日本贷款给公司扩建汉厂冶矿，毋宁是为了保证制铁所二期扩充计划的实施，甚至可说就是日本制铁所扩充计划的组成部分。1910 年 10 月 11 日外务大臣小村指示驻北京公使伊集院彦吉："此次政府制定了若松（即八幡）制铁所事业之扩充计划，为了预先让中村长官同盛宣怀之间对此事进行密商，特派该长官赴贵地与盛氏面晤。"② 中村以及公使伊集院、正金驻京董事小田切等与盛氏如何"进行密商"，因未见到有关资料，不得其详，但从所签订的购售生铁草合同所附的两件换文中，或可窥知一二。如换文之一，盛宣怀、李维格致中村函称："敝公司与贵所于本日订定售铁合同，承询扩充之费约需若干，如何筹划，愿借巨款相助……。查敝公司厂矿经此次订定合同之后，自须即行扩充，方能照合同交货。其扩充等费约计需银二、三千万两之谱……。至本日所订合同签字后，拟请预付定银日本金五、六百万元，即在铁价内陆续扣还。"中村的复函则谓："鄙意上述款项，以敝所购买生铁价款偿还为条件，令某银行融通较为方便。……此事于日历明年三月售购生铁正合同签字后，可立即实行。此前倘贵公司需用资金向横滨正金银行北京分行交涉时，本官自当向该行总经理高桥男爵谈妥，请其允予协商。"③

依据上述换文，再联系有关合同及附件条款，使我们进而得知：自 1911 年至 1914 年，"此四年内制铁所愿购、公司愿售每年生铁大约一万五

---

① 《日本文书》44 卷第二册，文件号 579 之附件。

② 小村致伊集院机密函，1910 年 10 月 11 日，《日本文书》43 卷第二册，文件号 658。

③ 该两换文，见《公司档》，《汉冶萍公司紧要合同汇编》（公司自刊本）卷二；《日本文书》43 卷第二册，文件号 660 附件。

千吨之谱",1915 年一年"大约八万吨",自 1916 年起,"大约十万吨,以十年为期",至 1925 年底止。"期满后彼此可议续展十年,仍每年大约十万吨"(购售生铁合同第一款)。再"日制铁所与公司订定购售生铁合同,兹因多购生铁,即须多搭矿石攙用",自 1916 年起,"每年制铁所加购公司矿石十万吨"(上引合同附件一)。按此刻,制铁所急于订购公司生铁及加购矿石,且订购数量作如上具体细致的年度安排,显然是依据其扩充计划制定的。正由于此,对合同中双方愿购愿售大约多少吨之数,又特别作出规定:"现另立合同附件声明,虽有'大约'二字字样,然上下数目不得过一、二万吨之谱,以便可定预算"(正合同附件三)①。正如上引盛、李致中村附函所言:公司"经此次订定合同之后,自须即行扩充,方能按照合同交货"。这样,公司不仅在产品销售上,而且在厂矿生产和扩建上,都要完全受制于日本制铁所,使公司厂矿实际上降至制铁所的附属地位了。

那么,公司厂矿既需不断扩充,自然需要扩建经费,盛宣怀之所以付出如此大的代价,换来的便是此后一笔比一笔数额更大的所谓扩充工程用费贷款,而首先即为此笔 600 万日元的贷款。故贷款合同第一款便写道:"公司照所订购售生铁合同及其附件并函件,订借日本金币六百万元。"因购售合同又以制铁所扩充计划为依据,而扩充计划又需待日本内阁会议最后通过,故而贷款合同只有到那时方能正式签订,因此才有前述暂贷协议之举。所以贷款合同的附函又声明:1 月 26 日所订合同之日币 600 万元,并非另外一款,前订合同(指暂借协议)即行作废。当 1911 年 3 月 23 日,日本第二十七次内阁议会通过制铁所第二期扩充工程预算案之后,是月底便由制铁所与公司签订购售生铁正合同,而上述 600 万日元暂借款便转为正式贷款。

此笔正式贷款的名义是"预支生铁价值",由正金银行、制铁所与公司三方签订。合同规定:15 年为期,按年 6 厘行息,以制铁所订购生铁价值给还本息②。虽未提及抵押担保,但通过此贷款合同规定公司承担的义务,不仅按年供应日本优质矿石的数量大增,且尚须供应日本相当数量的廉价生铁。即按照购售生铁合同,15 年内须以平均 2.6 日元(即头等 3 日元与二等矿石 2.2 日元之平均)价格,供应铁矿石 150 万吨;以每吨 26 日元的价格,供应生铁 140 万吨。日本制铁所计算上两项合计价款为 3354 万日元③,其中除抵偿贷款本利 925.5 万日元(笔者据贷款合同第二条规定:1911～

---

① 该购售正合同及附件,《日本文书》44 卷第二册,文件号 579;《汉冶萍公司(三)》,153～158 页。

② 该贷款合同,见《公司档》,《汉冶萍公司紧要合同汇编》(公司自刊本)卷二。

③ 中村长官致小村外务大臣函,1910 年 12 月 20 日,附记"生铁及矿石购买预定表",《日本文书》43 卷第二册,文件号 660。

1914 年只付利息不还本；1915 年还本 50 万日元；1916～1925 年每年还本 55 万日元，计算得出），尚超出 2429 万多日元。即是说，日本以预支 600 万日元的手段，于 15 年内，不仅可获取 300 多万日元的贷款利息收入，且还可用极低廉的价格（按约相当国际平常时价的 1/2 至 1/3）购入值 2400 多万日元的矿石和生铁。

最后还必须指出的是，据正金银行称："此项贷款资金系由政府交给本行，而以本行名义贷给公司者，此点阁下（指小田切）早已知悉。"① 另据日本学者安藤实揭示，此笔贷款以及前 1908 年间的 200 万日元和 1910 年 11 月的 100 万规银两（后折成 120 余万日元）贷款，债权人名义上虽皆为横滨正金银行，但实际出资人却都是日本政府，是大藏省预金部提供的财政资金，是该部按贷与公司低出一厘的利率，先贷给正金银行，再由该银行转贷给公司的②。

六、一笔更大的预支铁价贷款的续议和中断

上述 600 万日元贷款的正合同尚未最后签订，一笔更大数额的贷款又在日本与公司间开始策划。这笔贷款起因于盛宣怀等募集公司债的计划。改制后的汉冶萍公司已初具规模，原有到此"作一小结束"的考虑，且盛、李等对日债也有所警惕，二人曾"面议汉冶萍不可再借日款"，还约定"俟稍有转机，必须将正金前后合同一并赎回，方免无穷后患。"③ 然而由于对日承担交售矿石生铁数量大为增加，必须继续扩建，已是欲罢不能；同时盛氏垫入公司的资财为数亦不少，据小田切称：故盛氏"拟于此时，募集约三千万元的公司债，一方面用以偿还盛氏通融的款项，另一方面用以充作事业的扩建资金。"原拟"一半从日本募集，一半从他国募集"，因当时盛氏与英法德美四国银行团关于川粤汉铁路贷款的谈判进展颇为顺利，遂萌生从日本与上述四国各分摊募集一半的念头。然此念一经向日方透露，立即遭到正金银行北京分行经理实相寺的抗议，他向公司协理李维格表示："公司与日本之关系，长期亲密无间，今日初开整理之端，遽将我国与素无干系之各国放在同等地位，此为我国感到最不愉快之事。"④ 而在公司被迫决定放弃分摊之议后，小田切马上又高兴地对盛氏安抚说："阁下重视两国经济上之关

---

① 正金总经理高桥致小田切函，1911 年 3 月 20 日，《日本文书》44 卷第二册，文件号 567。

② 安藤实：《日本的对华财政投资》，东京，亚洲经济研究所 1967 年版，37 页。

③ 盛宣怀致李维格函，1909 年 2 月 7 日，《汉冶萍公司》（三）53 页。

④ 小田切致正金总经理山川勇木函，1911 年 2 月 15 日，见《日本文书》44 卷第二册，文件号 565 附件。

系，断绝各国分借之念，不胜欣慰之至。"①

日本政府既迫使公司"断绝各国分借"，当然就应有独自承担认募之责。但正金银行感到在承诺原策划的对邮传部 2000 万日元贷款之后，若再对公司融通 200 万镑（约相当 2000 万元），"这又为日本方面的资金状况所难允许"，于是指令小田切："如认为公司债 200 万镑终于有承担必要时，则邮传部贷款希望只限于目前正谈判中的 1000 万元，不要超过此限额"。②由此可知日本政府此笔准备贷给公司的款项，原是从准备贷给清政府的款项中分挪过来的，这再次显露出日本这个当时在欧洲金融市场上的大债务国，其财政资金支绌捉襟见肘的窘态，同时也更加表明日本政府对公司的"特别关注"，确非寻常可比。日本对公司之所以如此"青睐"，自然看重的首先仍是公司的铁矿资源，所以提出"希望大冶铁矿、汉阳铁厂和萍乡煤矿一定要当作抵押担保，而且公司近来到手的铜官山（位于安徽）亦应尽可能同样当作担保。"③ 当谈判进行之中，由于上述正金银行与邮传部的 1000 万日元贷款的达成（1911 年 3 月 24 日签订合同），盛宣怀已遭到国内舆论的指责，此笔与公司的贷款消息又被泄露后，清政府军机处、陆军部等方面对盛的抨击尤为激烈。故迫使盛氏此刻不得不稍加收敛，遂通知日方暂时停止谈判。

日本的驻华人员伊集院、小田切等却担心"今日如失此机会，将来或发生对我不利之事故，也难预料"④，"公司为其事业扩张计，无论如何有通融资金之必要，此乃显而易见，因此，难保其在此期间内不采取某种方式从他国借款"⑤。于是，在他们的积极策划下，双方又秘密开始进行将此笔贷款改作所谓"无担保简便贷款"的磋商。当与公司拟出贷款方案后，他们又催促日本政府迅速予以认可。他们已经觉察盛宣怀此刻的地位不稳，伊集院指出："由于盛氏的健康关系以及周围的情势，很难预料他在何时死去或者垮台，万一发生上述情况，则关于本件贷款的商谈，将较前更为困难。"⑥小田切也强调说："盛宣怀健康不佳，数年之后，必为他人所代替，双方关系将由友谊关系一变而为纯粹利害关系，则贷款谈判必较今日更为困难。

① 小田切致山川函，1911 年 2 月 15 日，《日本文书》44 卷第二册，文件号 565。

② 正金总理高桥复小田切函，1911 年 3 月 9 日，见《日本文书》44 卷第二册，文件号 566（按此件在原书内系正金总经理山川致外相小村函附件）。

③ 高桥复小田切函，1911 年 3 月 9 日，见《日本文书》44 卷第二册，文件号 566。

④ 小田切致正金总经理高桥电，1911 年 4 月 21 日，《日本文书》44 卷第二册，文件号 571。

⑤ 公使伊集院致外相小村电，1911 年 4 月 25 日，《日本文书》44 卷第二册，文件号 573。

⑥ 伊集院致外相村电，1911 年 4 月 26 日，《日本文书》44 卷第二册，文件号 575。

……彼时，购买生铁矿石虽可继续，但此外目的，恐将成为泡影"①。故这笔贷款很快于 1911 年 5 月 1 日便在北京签订了草合同。

合同名为"预支生铁价值续合同"，计 14 款，规定金额 1200 万日元，15 年为期，按年 6 厘行息，分 3 年交付，本年 8 月底先行交付 25 万元，每次公司签收时，须声明实系推广工程之用，方允照付；前 3 年单还利息，后 11 年摊还本利，以制铁所按年购买生铁价值扣还前 600 万日元贷款本息余额及他人（主要指三井会社）或公司在日本所售生铁价值偿还本息。还规定，此贷款并无抵押，但公司亦不得将所有汉阳大冶两处现有及将来一切财产抵押他国借款，除欲向中国抵借外，如欲向他国抵借，必须先尽正金银行。合同最后强调："此次贷款系以货价抵付本息，属商务往来"性质。签订人仍为正金银行、制铁所和公司三方。合同之外，尚附有制铁所与公司两方交换的函件，颇值注意，内称：制铁所与公司约定，"如制铁所或汉阳铁厂彼此有机炉出险之事，一时不能制造钢货，……拟由彼此代造，并设法使此钢货容易往来，以收通工易事之益。"② 这又表明日本对公司也是对我国钢铁资源算计之深，简直到了无以复加的程度。

草合同一经签订，1911 年 5 月 6 日正金总行即电告小田切："对于汉冶萍公司一千二百万日元贷款合同，制铁所、正金银行已予以承认。"③ 但盛、李此时却迟迟未交公司董事会通过签订正合同。原因是盛氏恐董事内部意见不一而引起纷争，拟待正筹划中的公司总管理处在汉口成立，派其心腹董事杨学沂张赞宸等主持后，即抛开董事会由总管理处代行签署正合同。故此事一直拖延到 8 月间，已届该贷款第一批款项交付期。小田切一面提出如期办理交付，企图以此"开履行合同之端"，造成既成事实，迫使盛氏接受；一面又提出派北京分行经理实相寺赶赴汉口同公司实际负责人李维格等交涉，"以期内外相辅，使事情得到顺利解决。"④

实相寺在汉口停留达十日之久，与西泽一起同李维格等商谈多次。此期间，公司又提出一个新方案，即以此 1200 万日元资金，在长江下游（实则为芜湖）另设年产生铁 20 万吨的新铁厂，之后再以新铁厂同汉厂调换，将各笔借款的债务完全转移到新铁厂。据小田切称，公司提出此案有三点考虑：（一）汉阳铁厂地基狭小，再无发展余地；（二）汉厂原为官办，担心清政府"仅凭一纸上谕"即可对其任意处置；（三）所谓"吨铁两银"永

---

① 小田切致高桥密电，1911 年 4 月 27 日，《日本文书》44 卷第二册，文件号 577。
② 该合同及附函，《日本文书》44 卷第二册，文件号 582 附件。
③ 正金总经理高桥致小田切电，1911 年 5 月 6 日，《日本文书》44 卷第二册，文件号 584。
④ 小田切致高桥函，1911 年 8 月 6 日，《日本文书》44 卷第二册，文件号 590。

久报效的规定，将使汉厂愈扩建，此项负担愈重。公司的这一新方案，正投合日本的下怀，可填充其无限度扩张掠夺的欲壑，故当即得到小田切等的赞同。小田切对此案更敷衍出八大利益上报正金总行①。

此前，小田切曾怀疑盛、李或许受他国人的煽动，对此笔贷款的谈判缺乏诚意，本欲采取强硬态度；但刻下已看出盛李"并无任何隔阂，原有认真履行此项合同之意"。同时又获悉此刻公司与美国西方公司关系已经中止，制铁所由此每年又可增购 1.5 万至 2 万吨生铁，加之日本购买萍乡煤炭的交涉正由西泽顺利办理之中。小田切颇为踌躇得意，在他向总行的一份报告上写道："历来担忧之中美关系，毋宁已趋疏远，而日中之间的结合，则愈益亲密。再则生铁增加之结果，又可增加对我贷款之抵偿额，各方面情况都趋好转，实为可喜"；"如我制铁所与公司之间进而成立萍乡煤炭买卖合同，则根据事态发展，更可取得使我国势力延长到萍乡之机会。"②

尽管如此，小田切仍有不满足之处，在他同一报告中认为：虽然公司提案有考虑之价值，但新铁厂既是完全借用日款建成，"如再允公司以此作抵向大清银行借用资金，实属不当。"因此他又提出，应对原合同含有上述内容的第五款，须作修正，即使公司不允删除有关字句，也应附加下列条件："此际（指若向大清银行借款）须先与本行商谈"，或"此际不得有碍我制铁所及本行之利益。"就是说，今后公司如向中国人自己的银行借款，都要受到限制。而且还须加上，"将来在新铁厂与汉阳铁厂调换后，公司如再以汉厂萍矿作抵借入外资时"，正金银行仍有"必须保留平等加入之权利。"表示即使债务转移到新厂后，日本对汉萍厂矿仍是绝不肯放手的。

1911 年 8 月 24 日小田切便将包括上述内容的贷款草合同修正案送交盛宣怀。接着盛氏同小田切又就原草合同中"正合同需经董事会通过签字"，改作需经公司总管理处签字，以及将第一期 25 万日元款项交付时间延期至本年 12 月底两点，达成妥协，并于 8 月 25 日、27 日先后互换了信函③。至此，双方又约定，小田切回日与各方协调，两个月后再作进一步磋商。小田切旋于 9 月初回到日本（时任制铁所大冶铁矿驻员西泽已先于 8 月 20 日回日）。他们回日后的活动详情未悉，仅从 9 月 26 日外务省政务局长仓知铁吉

　　①　按此八利主要有：新厂地处长江下游，海轮终年可到；且可缩短航程，降低运费；还可采用新技术装备，使生铁质量提高；特别是可采用新厂附近矿石，保存大冶矿石等等。详见小田切致正金总行经理高桥函，1911 年 8 月 23 日，《日本文书》44 卷第二册，文件号 595。

　　②　小田切致高桥函，1911 年 8 月 23 日，《日本文书》44 卷第二册，文件号 595。

　　③　小田切致高桥函，1911 年 8 月 30 日附抄件，《日本文书》44 卷第二册，文件号 596。

分致正金总行经理三岛和制铁所长官中村等的通知函①中得知：该月 28 日外务省曾召开过关于汉冶萍公司贷款案的协调会议。出席者除三岛、中村二人外，尚有外务省次官石井、大藏省次官桥本、日本银行总裁高桥，此外还有小田切。西泽则作为中村随员列席。

公司方面，李维格于 1911 年 8 月下旬由汉赴沪，积极筹划成立总管理处事宜，为这笔大借款的签订作好准备。9 月 17 日李又赶到北京，拟与盛宣怀对合同条款再作最后商酌。可是此际全国早是山雨欲来的形势，四川保路斗争如火如荼，盛宣怀已无暇顾及此事，故直拖到 10 月 10 日盛与李及萍矿总办林志熙等的商酌始告结束。当日下午李维格往访实相寺，对贷款条件提出如下修改意见：（一）根据对公司生产能力的推算，原订 11 年还本有困难，希改为 16 年；（二）考虑将来九江至萍乡铁路修通，有利用萍煤之便，拟将新铁厂改建在九江附近，提出删除"海轮周年可到之处"；（三）考虑此笔贷款专用于建设新厂恐难做到，希望将此项限制也予取消。

盛、李等提出的修改条件尚未及磋议，是夜便鸣起了武昌首义的枪声。惊慌之下，11 日晚李维格与林志熙匆促返汉。盛宣怀在京除吁求日本公使及驻汉领事出面保护汉厂外，还致电在日本的小田切，表示：汉厂财产"若可保护，则草合同即以实相寺续议定夺"②，企图以保护汉厂为条件，完全接受原汉口所议方案，签订正式合同。但日本又乘机要挟，小田切复电谓："鄂议草合同附件（按指正金需向公司暂存售日生铁价款支付利息事）不便照办，乞即照弟 8 月 24 日函呈条款签订"，且"另有两项请加，务祈速行酌定。③"即是说，不只均须按照小田切原修订案办理，还另追加：（一）今后汉厂不得再借外款；（二）新厂须先雇用日本工程师两项条件。其后，盛氏表示完全接受，只要求于合同正式签订后短期内先行交付 600 万日元，以为应变之计。据正金银行推测这是盛氏"或许有将借款移作军费（按指襄助清政府）之意"④，于是又策划着"应利用此机会，提出更进一步的条件，即将萍乡煤矿也纳入我势力范围"。甚至提出不如将此先付的 600 万日元中，直接以 500 万贷予清政府的度支部，"使清朝政府感谢我方好意，同时也给盛宣怀脸上增光。"正金银行认为："总之，不管怎样，1200 万贷款合同之成立，即系使清政府公然承认汉冶萍公司与我国之关系，

---

① 日政务局长分别致正金总行经理和制铁所长官函，1911 年 9 月 26 日，《日本文书》44 卷第二册，文件号 598。

② 盛宣怀致小田切宥电，1911 年 10 月 17 日，《日本文书》44 卷第二册，文件号 604 附件一。

③ 小田切复小田切琰电，1911 年 10 月 19 日，《日本文书》44 卷第二册，文件号 604 附件二。

④ 正金代总经理山川致外相内田函，1911 年 10 月 24 日附件，《日本文书》44 卷第二册，文件号 608。

此者最为有利。"① 但是日方的这些要求条件和如意算盘未待提出，10 月 26 日盛宣怀便被清政府下谕："着即行革职，永不叙用"，翌日晚即在美英法德日等国护卫下离京逃赴青岛。在青岛盛宣怀虽通过该地三井分社同在日本的小田切仍往返电商，妄图尽快签订此笔贷款。小田切并于 12 月初赶至大连，同月 13、14 两日李维格、盛宣怀也分从上海、青岛抵达大连，月底又都秘密转移到日本神户。不过此后的磋商会谈，主要是对公司实行中日合办，已经远远超出此笔贷款的范围了。

尽管此笔巨额贷款因革命风暴突起而未能成立，但在整个交涉过程中，当年日本政府贪得无厌、狡猾奸诈，恃强凌弱的本性，又有进一步展现，使我们更加深了这方面的了解和认识。

＊　　　　　＊　　　　　＊

汉冶萍公司所借日债，从债权人角度看，则是当年日本帝国主义政府的财政资本输出。通过多笔日债的签订过程及所签合同条款，可知这个后起的帝国主义为了掠夺我国钢铁资源，以贷出资金为诱饵，动用其外交机构和金融商业组织，双管齐下地将我国当年最大也是唯一的钢铁企业置于股掌之中。当年的日本通过公司日债，不仅攫取到巨额利息收入，更重要的是以公司产品偿还办法，为其近代钢铁产业的迅速发展获得充足的优质矿石和廉价生铁原料。依日本学者小林正彬的《八幡制铁所》一书提供的数据，在此期间（1900～1911 年）内，制铁所每年从大冶运入的矿石，除个别年份，约占 40% 左右外，多数年份均达 70%～80% 以上②。而汉冶萍公司则在日债的制约下，不得不逐步脱离其原为"造轨制械"以生产钢轨钢材为主而设的宗旨，如自 1904 年起，公司矿石年产量由该年的 10.5 万吨，增至 1911 年的 44.1 万吨，几达 4 倍，此期间，矿石总产量计为 263.2 万吨，八年间运往汉厂自用不过 98.4 万吨，同期运交日本的则达 77.6 万吨，可见公司采掘能力已经大大超过冶炼，表明其生产方向和结构已开始发生转变和遭到破坏，而往后的结果将更加严重，这自然也是后话了。

武汉大学经济与管理学院　代　鲁

---

① 正金代总经理山川致外相内田函，1911 年 10 月 25 日附件，《日本文书》44 卷第二册，文件号 610。

② 小林正彬：《八幡制铁所》，东京教育社 1977 年版，206～207 页统计表。

晚清海关总税务司与"中国海军英国化"

——兼论海关史研究中的史料运用

一、引　言

　　18 世纪 30 年代末，英国率先完成产业革命，为扩大商品倾销市场和资本掠夺地，在全球范围内掀起了建立殖民地和半殖民地的浪潮。1840 年 6 月，发动入侵中国的鸦片战争，迫使清政府签订《江宁条约》，中国开始沦为列强争夺的半殖民地。之后，法国、美国等西方列强又先后迫使清政府签定一系列不平等条约，开放商埠、协定关税，海关主权开始被侵蚀。1854 年 7 月，英、美、法三国驻沪领事接管江海关夷税征收权，确立了外籍税务监督制度。1856 年 10 月，英国联合法国发动第二次鸦片战争，迫使清政府又签订《天津条约》，尤其是 1858 年作为《天津条约》附件的《通商章程善后条约：海关税则》的签订，海关主权进一步丧失，之后，外籍税务监督制度演变为外籍税务司制度，洋员管理海关的制度确立。不过，严格意义上讲，1854 年，英、美、法三国驻沪领事接管江海关夷税征收权的原意是为了建立半殖民地贸易秩序，主要是基于经济上的原因；但是其发展的结果，却使海关逐渐演变成为"列强驻华使馆之附属物"，"英国外交的必要附属品"，成了英国对华关系基石。这一方面与清政府的腐败无能密切相关，同时与这一时期英国对华政策的变化紧密联系。特别是 1851 ~ 1864 年出现的破坏性的太平天国运动之后，英国政府所奉行的炮舰政策开始受到质疑，一些英国官员认为"尽管英国的商业利益迫切要求扩展贸易，但是为了实现这一点而不恰当地施加压力，只能削弱现在的满清政府，加强中国国内的不满，可能导致限制现有的贸易，损害英国的有利地位"，[①] 主张采取一种"零碎的在华逐渐扩展经济机会的政策"，即"有限的进展和调

---

① 〔英〕杨国伦著，刘存宽、张俊义译：《英国对华政策》，中国社会出版社 1991 年版，第 5 页。

和的政策"①；认为改用扶植、改造清政府，使之充当英国的工具，对于英国在华的利益更有保障，一些官员明确指出"受到一个或所有大国的支持而不是控制的外籍税务机构制度"，"可以成为改造政府其他部门的模式"。② 海关逐渐成为英国对华"缓和"外交政策的主要执行者。海关职权的范围也不断扩大，不但征收贸易关税，甚至扩及政治、外交、军事等领域，总税务司署隐然成为清政府的太上王国。③ 作为这一时期英国在华的中心人物之一，李泰国和赫德凭借控制实行外籍税务司制度的海关，极大维护、巩固和发展着英国的在华利益。实际上，近代中国的一系列内政外交，无不与海关干预密切联系，"在一切国际问题上，从谈判一件条约，直到解决一项土地争端……总是依靠北京总税务司的忠告和协助……以便照计而行"，总理衙门亦经常征求总税务司的意见，"不但在税务和商务问题方面，而且在外交问题和内政事物方面"。④ 晚清海军的建立与发展也不例外，从策谋建设海军，到购买船炮；从遣派官员、士兵、炮手等等，到护送兵船来华以及到华之后把船队控制在英国人之手，不让清政府官员插手等等一系列有计划举措，海关，尤其是海关总税务司都扮演了主要角色。"中国海军英国化"，成为晚清政府海军建设殖民化的集中体现，也是我们透视海关外籍税务司制度本质的一个很好切入点。

"中国海军英国化"是英国篡夺中国海军领导权的隐语，由海关英籍总税务司赫德最先提出。他于 1883 年 3 月 24 日在给他的亲信总税务司驻伦敦办事处主任金登干的 A/47 函电中，建议英国海军部"赠送一艘（旧护卫舰）给李（李鸿章）作礼物"，认为"这一行动将从侧面压倒什切青的进攻者，并必然会使中国海军英国化"。⑤ 赫德这里所说的"中国海军英国化"是指英国阿姆斯特朗兵工厂与德国什切青兵工厂竞争中国舰船采购权而言的。但是，这一提法实际上是英国长期篡夺中国海军领导权政策的集中表述，这个表述虽然是在 19 世纪 80 年代才提出的，但在清政府创建海军的整个过程中，总税务司李泰国以及继任者赫德都一直不遗余力地力图实现它。因此，笔者认为，弄清二者的关系，对于我们理解海关外籍税务司制度的本

---

① 〔英〕伯尔考维茨著，江载华、陈衍译：《中国通与英国外交部》，商务印书馆 1959 年版，第 3、6 页。

② 〔加〕葛松：《李泰国与中英关系》，厦门大学出版社 1991 年版，第 106 页。

③ 关于英国侵华政策的转变和海关成为英国对华关系基石的实践的详细论述可参阅：陈诗启：《中国近代海关史》，人民出版社 2002 年版，第 33~42 页。

④ 〔美〕马士：《中华帝国对外关系史（第三卷）》，上海书店出版社 2000 年版，第 416、424 页。

⑤ 1883 年 3 月 24 日赫致金函 A/47。陈霞飞主编：《中国海关密档——赫德、金登干函电汇编（1874~1907）》，（以下简称《密档》）3 卷，中华书局 1992 年版，第 238 页。

质问题亦大有益处。但是，就目前笔者所及，除了一些学者略有涉及外，学术界对于晚清海关总税务司与中国海军英国化的专论仍付之阙如。① 故本文以海关英籍总税务司李泰国，尤其是赫德在晚清海军建设时期大搞"中国海军英国化"的实例为中心，论述总税务司在中国的偌大野心，进而可见海关外籍税务司制度的本质。

本文所用的资料主要是范文澜教授称之为"瑰宝"的赫德与其亲信金登干的私人密函，这是从事中国近代海关史研究的第一手资料。这些资料作为当事人之间的真实表白，毫无顾忌地把当时如何策划、控制中国海关，为英国服务的真实表达出来。其内容可以说：知无不言，言无不尽。② 但是，目前学术界对于这些资料的运用仍然缺乏系统论证，这不能不说是学界的一大缺憾，更有甚者的是，一些学者片面运用史料，断章取义，甚至歪曲整个函电的主旨。我们认为从事历史研究，其前提就是正确运用史料，即忠实地全面地运用史料，不能仅仅选择适于自己观点的史料，而忽视其他不利于自己观点的史料。我们写历史，是根据史料写历史，而不是根据自己的观点写历史。当前，一些学者在史料运用方面确实有待商榷。因此，最后笔者就海关史研究中的史料运用问题谈一点自己的看法。不妥之处，敬请专家批评指正。

二、李泰国与"阿思本舰队"

19 世纪 60 年代一开始，太平军迅速挺进江南。1860 年 4 月至 6 月间，李秀成率太平军攻破江南大营，占领全国富庶的太湖以东地区；8 月，逼近

---

① 一些学者的具体论述可参阅：包遵彭：《中国海军史》，台湾国立编译馆 1970 年版；郝培芸：《中国海军史》台湾武学书馆 1971 年版；吕实强：《中国早期的轮船经营》，中央研究院近代史研究所 1976 年版，第 43～121 页；王家俭：《中国近代海军史论集》，台北文史哲出版社 1984 年版；戚其章：《晚清海军兴衰史》，人民出版社 1998 年版，第 117～136、335～351 页；姜鸣：《龙旗飘扬的舰队——中国近代海军兴衰史》，生活·读书·新知三联书店 2002 年版，第 21～28、117～130、297～306 页；汪敬虞：《赫德与近代中西关系》，人民出版社 1987 年版，第 338～354 页；〔加〕葛松：《李泰国与中英关系》，厦门大学出版社 1991 年版，第 121～190 页；〔美〕魏尔特：《赫德与中国海关》，厦门大学出版社 1993 年版，第 306～348 页；〔美〕马士：《中华帝国对外关系史（第二卷）》，上海书店出版社 2000 年版；王宏斌：《赫德爵士传——大清海关洋总关》，文化艺术出版社 2000 年版。另一些论文也有涉及，如木铎：《外国侵略者与中国最早的海军舰队》，《文汇报》1961 年 12 月 5 日；李德征：《英德帝国主义向清政府兜售船舰的野心和竞争》，《历史教学》1964 年第 7 期；姜鸣：《北洋购舰考》，《复旦学报》1984 年第 3 期；于醒民：《"阿思本舰队事件"始末》，《社会科学战线》1988 年第 3 期。

② 目前这些资料已经先后整理翻译出版，即陈霞飞主编：《中国海关密档——赫德、金登干函电汇编（1874～1907）》（1～9 卷），中华书局 1990～1996 年版。

上海。对于清政府而言，怎样更有效地镇压太平军成为清政府的首要议题。1860 年 5 月，统率清军镇压太平军的曾国藩奏称："攻取苏、常、金陵，非有三支水师不能得手"，指出虽有"由江北造船保护里下河，以取金陵之说"，但"造船必须先设船厂，购料兴工，已非年余不成，自不如火轮船，剿办更为得力"①，所以"购买外洋船炮，为今日救时第一要务"② 1861 年 5 月，奕訢上奏朝廷称，"东南贼势蔓延，果能购买外洋船炮，剿贼必可得力，实于大局有益。"③ 购买新式船炮一时成为清政府镇压太平军的共识。

俄、法、英等国则纷纷表示极大热情，英国则利用占据海关总税务司之职位与总理衙门的隶属关系，迅速取得购买船炮的优先权。事实上，早在 1856 年 4 月李泰国任英籍税务监督时，就曾向江海关护苏常太道兰蔚雯提议购置轮船镇压太平军，"现在中国各处肆扰，正宜买此轮船数只，扫除狂寇。如肯允行，该夷（李泰国）愿立军令状，效力戒行。并将其船坚炮利与俄罗斯争斗获胜情形，绘图九纸，注明夷字禀呈前来"。兰蔚雯"正言拒绝"。两江总督怡良、江苏巡抚吉尔杭阿以"中国兵力，足制逆贼死命，毋庸借资夷力"，以搪塞之，咸丰帝也朱批称："勿堕其术中，预杜患萌"。④ 1861 年 3 月，英驻华公使巴夏礼再次向清政府提出购买外洋船炮，镇压太平军，称"贼情断无成事之理，而官文、曾国藩、胡林翼水陆各军，纪律严明，望而生畏。惟饷项不足，船炮不甚坚利，恐难灭贼。"⑤ 从赫德与李泰国的通信中，亦可清楚看出英国插手购船事宜是早有蓄谋，"去年（1861年）夏秋间，我与恭亲王及新成立的总理各国事务衙门的其他官员有多次会晤。在会晤中我反复提出迫切需要采取措施以肃清沿岸的海盗并防止不法匪徒向条约开放的通商口岸及地点袭击。亲王殿下对我的建议表示很大的兴趣，并指示我书面拟具一份备忘录，就该项建议的应办事项及最易执行的途径详加阐述。"⑥ 这里赫德虽是向李泰国炫耀他对清政府的影响力，却暴露了他插手购船的意图。因此，7 月，当总理衙门大臣向署理总税务司赫德言

①　奕訢、桂良、文祥奏请购外国船炮以期早平内患折。《筹办夷务始末（咸丰朝）》卷79，中华书局 1979 年版，第 2914 页。

②　同治二年五月二十三日总理各国事务奕訢等奏。中国史学会主编：《洋务运动（二）》，上海人民出版社 1961 年版，第 246 页。

③　同治二年五月二十三日总理各国事务奕訢等奏。《洋务运动（二）》，第 246 页。

④　怡良等奏英纵惠中国买其炮船并允助战已予批驳折。《筹办夷务始末（咸丰朝）》卷13，第 456～457 页。

⑤　中央研究院近代史研究所编：《海防档》，台北：中央研究院近代史研究所 1957 年版。"购买船炮"，第 5 号文，第 7 页。

⑥　1862 年 3 月 14 日赫德致李泰国函电。葛松：《李泰国与中英关系》，厦门大学出版社 1991年版。附件四，第 212 页。

及购买船炮一事时，赫德当即进言购买英国火轮船，并提出购买、雇人驾驶、筹款等详细意见：

> "伊（英）国火轮船一只，大者数十万两，上可载数百人，小者每只数万两，可载百数十人，大船在内地不利行驶；若用小轮船十余号，益以精利枪炮。其费不过数十万两……至驾驶之法，广东、上海等处，多有能之者，可雇内地人随时学习，用以入江，必可奏效；若内地人一时不能尽习，亦可雇用外国人二三名，令其司舵、司炮……洋药一项，如照所循之单，征收华洋各税四十五两外，于进口后，无论贩至何处销售，再由各该地方官给予印票，仿照洋行纳帖之例，每帖输银若干，如办理得宜，除华洋各税外，岁可增银数十万两，此项留为购买船炮，亦足裨益。"①

1862 年 1 月，又利用巡视南洋各口海关之际，到广州与两广总督劳崇光"悉心商酌"，到福州晋谒福州将军文清，"坚请福州口应拨银十万两，必须先拨五万两寄去（英国）方能速办。余银应照原限四个月拨给清款"。②3 月 14 日，又致函李泰国，催促办理购船事宜，"现在舰队的建造已获批准，恭亲王急于见到它早日到来。因为你所熟知的种种原因，毫无延迟地把造好的舰船遣送来华，将是至关重要的。就我来说，我将尽力迅速获得款项并寄给你，我深信你必能尽力设法，使舰船能迅速装备起来并遣送来华"。③ 针对有人提出通过华尔向美国购买船炮，赫德则力争仍照前议，向英国购买，称，"若据改往美国购买，则以后未能寄银到英，而从前付过之银，竟成无用，且未免失信于人。况在英国购买，本司原有切实相信之人，托其办理船只，必能工坚料实，炮位火药，亦必精美适用。至代雇管船水手人等，亦必妥当可靠，均应在明年正月内，便到中华。若在美国购买，则本司毫无熟识可托之人，无论船艘坚好，不能据实。即其船亦必俟明年五六月，方可驶到，且雇用管船水手等人，其贤否，亦无从须知，应请仍照前议，在于英国购买。"④ 李泰国更是蓄谋已久，在答复赫德的信函中称："你不要把恭亲王同意购置舰船一事，完全归功于你的努力。关于此事，以往我曾经屡次向中国高级官员建议，他们也据以上奏。正因为如此，我才获得批准，购买

---

① 《海防档》，"购买船炮"，第 5 号文，第 8 页。
② 同治元年六月初十日福州将军兼管闽海关税务文清片。《洋务运动（二）》，第 239 页。
③ 1862 年 3 月 14 日赫德致李泰国函电。葛松：《李泰国与中英关系》附件四，第 213 页。
④ 《海防档》，"购买船炮"，第 89 号文，第 85 页。

'孔夫子'号炮舰。在天津谈判时,我又亲自提出这个问题,并在我的授意下,《天津条约》才增加了关于中英共同肃清海盗的条款,这个条款的措词也使我有根据促使清政府购置船只"。①

但是,总税务司要想建立一支海关管辖下的海上武装,不能仅仅满足于购买炮舰,物色一批主管这些船炮的海军官佐、炮手以及水手人员至关重要。但根据1854年"中立法案",英国在清军与太平军的作战中必须保持中立。因此,要准许英国海军官佐为清军服役,就必须废止这个法令。为此,李泰国数次访问鲁塞尔伯爵等英国高级官员,请求英国政府同意"英籍军官和船员得以自由接受中国政府的雇用"②,"女王的大臣们都被他笼络着了"。③ 英国海军大臣萨默塞特于1862年6月15日致函外交大臣罗素勋爵表达他的意见,"这件事如果不致引起其他国家的猜忌,将不失为一件大好事,应受到你的鼓励和支持。"④ 英国驻华公使卜鲁斯也致函鲁塞尔伯爵,"除了通过设立海关以及在阿思本——或在某些其他有资格的海军官员指挥下所组成的执行机构以外,我认为这种企图的目标是无法取得的"。⑤ 实际上,英国政府也不可能放弃这一控制海军领导权的绝佳机会,鼓励英国军官"报名去海关任职",以便"英国政府同意将他们出借"。⑥ 不但如此,连陆上也不能有一个竞争对手,1862年5月9日,李泰国函电赫德,"关于舰队司令的'权限条款',我认为必须另加一条,那就是,除了在他的管辖之下,中国政府应不雇用其他外籍军事人员——我的目的是解散道台的舰队及'华尔上校的洋枪队'。我们在陆地上不能有一个竞争对手。"⑦ 9月,枢密院发布饬令,同意英国人为清政府服役,并要求"不论在陆上或海上,任何人只能通过李泰国和阿思本,而不能通过其他人,才能合法地应募为中国皇帝服役"。⑧ 1863年3月5日,根据英国政府的敕令,李泰国与海军官佐阿思本签订十三条合同。根据合同的规定,这支由清政府建立的"外国水

① 1862年5月9日李泰国致赫德函电。葛松:《李泰国与中英关系》附件四,第219页。

② 1862年6月16日李泰国致外交部函。葛松:《李泰国与中英关系》,第141页。

③ 〔英〕塞克斯编著、梁从诚译:《太平天国问题通信·英国公使违反指示的手法》,载北京太平天国历史研究会编:《太平天国史译丛(第一辑)》,中华书局1981年版,第99页。

④ 1962年6月15日萨默塞特致罗素勋爵函电。葛松:《李泰国与中英关系》,第141~142页。

⑤ 〔美〕马士:《中华帝国对外关系史(第二卷)》,上海书店出版社2000年版,第159页。

⑥ 〔英〕塞克斯编著、梁从诚译:《太平天国问题通信·英国公使违反指示的手法》,载北京太平天国历史研究会编:《太平天国史译丛(第一辑)》,第100页。

⑦ 1862年5月9日李泰国致赫德函电。葛松:《李泰国与中英关系》附件四,第218页。

⑧ 1962年8月29日法律专员致枢密院办公厅报告。葛松:《李泰国与中英关系》,第151~152页。

师"，以阿思本为"总统"，甚至"不得另延外国人作为总统"；而阿思本只承认由李泰国传达的谕旨，其他人的传达一律不办。并且要求自立银号，直接收纳全国海关税款，"作为该舰队开支的保证"。① 实际上，英国完全篡夺了水师舰队的管辖权，是这支舰队的实际拥有者和控制者。正如当时一名英国人士所分析："如果这个协定付诸实施，那么中国的命运和中国的行政权就等于交托在他们手里了。"②

由于任何由北京支配的海军，除非置于长江一带负责的曾国藩和李鸿章的指挥下，否则都不可能沿江作战。因此，为了最终揽得海军大权，就必须排除这些地方大员的权力。1863 年 6 月 8 日，李泰国企图利用总税务司之权力，切断地方政府的财政支配权，以便实现自己的如意算盘，"有一件事情他已经下了决心，那就是在规定日期之后，他将为总理衙门而不是为各省官员征收税项；如果总理衙门不同意这一点，他就不再担任总税务司，而且将使英国公使撤走海关所有英国人"。③ 英国驻华公使卜鲁斯 6 月 16 日，写了一封措辞强硬的信给恭亲王奕䜣："除非依照下列条件，否则我不能批准用英国海军军官或陆军军官：（1）帝国政府必须把海关税收掌握在自己手中，作为保证定期支付这支部队军饷的方法，以便维护军纪；（2）这支部队应直属于帝国政府，只接受帝国政府的命令，只对帝国政府负责，并据此与地方当局协同动作，但不接受地方当局的节制。"④ 事实上，这也是恭亲王奕䜣等清政府官员最为担心和不能容忍的。1863 年 6 月 11 日，赫德日记中记载了文祥告诉他关于恭亲王奕䜣的担忧，"第一，舰队到达后不受中国节制；第二，舰队的军官不服从命令；第三，维持舰队和总税务司署会把全部对外税收花掉"。⑤ 因为按照清政府的意图，购置船炮的目的，即为了镇压太平军；船到中国后，即交地方督抚接管，"酌配兵丁并统带大员及陆路进攻各事宜，应敕下官文、曾国藩、胡林翼等预为熟计，一俟运到，即请旨办理。"⑥ 配备的洋员则用以驾驶船只到华并训练中国士兵。毫无疑问，这

---

① 《海防档》，"购买船炮"，第 181 号文，第 158～159 页。又见张侠等编：《清末海军史料》，海军出版社 1982 年版，第 162～163 页文字表述不同。关于李泰国与"阿思本舰队"问题学者已有专门论述，陈诗启《中国近代海关史》，人民出版社 2002 年版。一书亦有专章论述，本文仅作略述，以见海关总税务司篡夺晚清海军建设领导权的一贯性。

② 〔英〕呤唎著、王维周译：《太平天国革命亲历记》，上海古籍出版社 1986 年版，第 474 页。

③ 布鲁纳等编、傅曾仁等译：《赫德日记》，第 338 页。1863 年 6 月 8 日。又见《海防档》，"购买船炮"，第 180 号文，第 156 页。

④ 布鲁纳等编、傅曾仁等译：《赫德日记》，第 321 页。

⑤ 布鲁纳等编、傅曾仁等译：《赫德日记》，第 343 页。1863 年 6 月 11 日。

⑥ 奕䜣、桂良、文祥奏请购外国船炮以期早平内患折。《筹办夷务始末（咸丰朝）》卷 79，第 2914 页。

是一支纯为镇压太平军的中国舰队。可是，购买船炮转手赫德、李泰国，却变成一支"以执行在中国沿岸及领水巡逻和治安任务"的"欧华舰队"。① 英国驻华公使卜鲁斯甚至企图把总税务司署现代文官行政制度、关税征收和海军兼海岸巡逻的舰队结合在一起，完成一个合治模式的行政机构。②

　　1863 年 9 月，阿思本统率第二批舰船到达上海。阿思本对于总理衙门的谕示，坚决抵制，认为"他来中国是'为皇帝服役，并不是要做仅仅是省当局的佣仆的'；并且他不愿意置身于戈登少校所处的那种可耻的地位，特别是在一位像李鸿章那样的'无道德修养的官员'的节制之下"。③ 并再次请求卜鲁斯出面干涉，卜鲁斯据此照会总理衙门：

> "查该总税务司与该总兵在本国采买轮船等物之时，我国家秉权大臣亦曾襄办，且深知管带所买轮船之人，又系结实可靠，声名甚佳，是以准其随便采买。本大臣因知其故，理合即将此事情形，报明我国家请示船只等物应如何办理，并已饬知该总兵将所有船只火炮军械暂留，候示遵办，为此照会"。④

按照卜鲁斯的说法，由清政府出资购买的船炮，却须"暂留"，听候英国政府的处理。至此，英国篡夺中国海军管辖权的阴谋完全暴露。实际上，正如恭亲王奕訢所言："准许（英国）军官为中国效劳与否，自属英国公使决定之问题。如公使阁下不予允准，则此事即行作罢；但如允其提供援助，则此等军官由何人统领以及其饷银由何项开支，自当由亲王自行决定。"⑤ 很显然，英国政府是不可能仅仅是为了提供援助。实际上，卜鲁斯早已把此船炮视为英国政府之物，在他看来，任用英国人掌管也是理所当然的事情，"此项船炮乃英国朝廷之物，非买自商人可比，既不用其人，则船炮亦应缴还本国，方能了解"。⑥ 1863 年 10 月 5 日，阿思本向总理衙门发出最后通牒：限 48 小时内批准他和李泰国签订的合同，否则立即解散舰队，"倘二日以内不能示覆，本提督既无权柄，势难再为迁延，只得将员弁水手等遣散"。⑦ 李

① 葛松：《李泰国与中英关系》，第 140 页。
② 1862 年 10 月 13 日卜鲁斯致罗塞尔函电。葛松：《李泰国与中英关系》，第 155 页。
③ 马士：《中华帝国对外关系史（第二卷）》，上海书店出版社 2000 年版，第 44 页。
④ 英国照会。《洋务运动（二）》，第 260 页。又见《海防档》，"购买船炮"，第 259 号文，第 254～255 页。
⑤ 布鲁纳等编，傅曾仁等译：《赫德日记》，第 321～322 页。
⑥ 《海防档》，"购买船炮"，第 290 号文，第 277 页。
⑦ 《海防档》，"购买船炮"，第 278 号文，第 263 页。

泰国则宣称："在英国所定十三条，系与阿思本立定合同，一字不可更易"①，甚至以辞职相威胁，据《赫德日记》记载："如果中国人不让步，而坚持要有个中国官员共同指挥等，则阿思本将回家。那么阿思本的条件得不到满足，李就得辞职。"②

就恭亲王及其同僚而言，舰队的领导权，实际上直接关涉到自己的切身利益，是不可能动摇的，遂即向卜鲁斯列出合同十三条不能照准的缘由：

"一、'凡朝廷一切谕阿思本文件，均由李泰国转行谕知，阿思本本无遵办；若有别人传谕，则未能遵行。'查阿总兵并非李泰国属员，何以必由李泰国转谕始能遵行？……若照此办理，则中国为其束缚。

二、'如有阿思本不能照办之事，则李泰国未便转谕。'查阿思本不能照办之事，自可与中国大员相商；若如所云，则中国大员与阿思本不得通气，必致贻误大事，自然不能允准。

三、李泰国应即日另行支领各员薪俸供食、各船经费等银两，足敷四年之用"，并要求以在英所购各船及各兵器"暂为质押"。这是"李泰国不能相信本衙门各大臣，本爵又岂能相信李泰国一人，遂以重资交付？""未历四年即须先领四年薪俸，中国向无此例，所以未能照准。"③

文祥甚至扬言："清廷宁可退到长城以外，也不屈服于阿思本的要求"。④ 事实上，正如当时英国新闻记者安德鲁·威尔逊所言："只有一个准备让位的政府，才会接受他。"⑤ 11 月 16 日，恭亲王上奏："今曾国藩既有早为疏远之议，曾国荃又有不籍彼战攻之语"，"是与其贻患将来，不若请裁于此日。"⑥ 最后，在美国公使蒲安臣的斡旋下，清政府遣散了这支舰队，但为此却付出了 20 余万英镑的代价。⑦ 11 月 23 日，阿思本离开北京。至此，英国政府企图利用总税务司李泰国借组建"阿思本"舰队之机控制中国海军的计划也彻底落空。卜鲁斯因此对于李泰国的做事方式十分不满，他认为

---

① 《海防档》，"购买船炮"，第 258 号文，第 254 页。

② 布鲁纳等编，傅曾仁等译：《赫德日记》，第 400～401 页。1863 年 10 月 6 日。

③ 总理衙门给英国照会。《洋务运动（二）》，第 262～263 页。又见同治二年十月初六日恭亲王等奏折。宝鋆等修：《筹办夷务始末（同治朝）》卷 21，台北文海出版社 1971 年版，第 2130～2132 页。文字表述略有不同。

④ 布鲁纳等编，傅曾仁等译：《赫德日记》，第 326 页。

⑤ 〔英〕安德鲁·威尔逊著、雍家源译：《常胜军：戈登在华战绩和镇压太平天国史》，载北京太平天国历史研究会编：《太平天国史译丛（第三辑）》，中华书局 1985 年版，第 319 页。

⑥ 同治二年十月初六日恭亲王等奏折。《筹办夷务始末（同治朝）》卷 21，第 2114 页。

⑦ 葛松：《李泰国与中英关系》，第 186 页。

"（中国人）深深地被激怒了，这不独因为他僭越职权而他们处境维艰，也由于他冀求为他自己产生的那种地位——他们把他的行为归因于个人动机，因而对于那些替中国办事的外国人的诚意所抱的信心就极端严重地动摇起来"。①

三、赫德与"中国海军英国化"

"阿思本"舰队遣散之后，总理衙门以李泰国"办事刁诈，以致虚糜钜款，实难姑容"被革职，"其总税务司一缺，另派赫德接手办理"。② 对于赫德，清政府给予很高期望，恭亲王奕訢向英国驻华公使卜鲁斯称，"总税务司（赫德）亦系贵国之人，向为商民所悦服"，"此后中外交涉事件，当更易于办理也"。③尤其是太平天国战争之后，海军作为晚清政府的"新政"中心之一，是清政府着力发展的事业，赫德更不可能置若罔闻。1863 年 6 月 24 日，赫德在日记中写到："李泰国并不完全符合我过去对他的才能所形成的印象；我既没有看到机智，也没看到才干。但是我们逐渐接近一种安排，这种安排——如果我对这件事有发言权的话——我在第一次议事时就能做到，而且在进展中，我最终能一个一个地做到目的所在的其他各项，而不引起忧虑。事实上，是李泰国使他们警惕起来！我敢说，今后他提出的任何事情，没有一件不会引起很多猜疑。英国人的直截了当的方式不是用来对付中国人的方式。你得用他们自己的手段去对付他们。"④ 可见，如果说，李泰国掠夺中国海军领导权策略是一种赤裸裸的夺取，赫德所采取的则是一种更为隐蔽的掠夺。方式不同，但本质一致。1865 年 10 月 17 日呈递《局外旁观论》正是这一方式的集中体现。⑤ 赫德正是凭借这样一种"他们自己的手段"迅速取得清政府的信任，一步步实现自己早已确定下的"安排"。

总税务司赫德既然力图利用中国海关建立"英国化"的中国海军，掌握其领导权是至关重要的。1879 年，曾向总理衙门提出一个海防章程条陈，建议添购炮艇和巡洋舰只，成立南北两洋海军。⑥ 并又向李鸿章暗示：总司

① 1863 年 11 月 19 日卜鲁斯致鲁塞尔伯爵函电。"中英舰队"，第 21 页。马士：《中华帝国对外关系史（第二卷）》，上海书店出版社 2000 年版，第 48 页。
② 同治二年十月初六日恭亲王等奏折。《筹办夷务始末（同治朝）》卷 21，第 2119 页。
③ 同治二年十月二十一日恭亲王等奏折。《筹办夷务始末（同治朝）》卷 21，第 2203 页。
④ 布鲁纳等编，傅曾仁等译：《赫德日记》，第 357 页。1863 年 6 月 24 日。
⑤ 有关《局外旁观论》的内容涉及清政府的政治、经济、军事以及外交各个方面。具体情况可参阅：陈诗启《中国近代海关史》，人民出版社 2002 年版，第 220～224 页。
⑥ 李鸿章撰：《李文忠公全集·译署函稿》卷 10，"论海防"，光绪三十四年金陵刻本，第 5 页。

南北两洋海防非他莫属，建议设立一个由他负责的总海防司署机构，全权处理南北海防及筹练新式海军。① 1879 年 9 月 4 日，致金登干的函中，可以看出其偌大的野心，这里照录全文：

> "今年秋季，我的某项计划可能付诸实施，果真如此的话，我将极有可能需要下列人员：
>
> > 两名精于炮术的海军管驾副，
> > 两名精于航海术的海军管驾副，
> > 两名精于大炮机械的海军管轮，
> > 两名精于轮机舱操作的海军管轮，
> > 两名精于大小火炮操作的炮手，
> > 两名海军外科军医级的医生。
>
> 这些人员将组成两艘海防舰上的军官队伍，这两艘海防舰将由我亲自挑选的两个人来指挥，这两个人将获得中国海军舰长职位，掌管阿姆斯特朗公司所建造的炮艇，训练合格的水兵，定期检验舰艇、大炮、机械，使水兵和舰艇经常处于战备状态。可能组成两支舰队，每队由一位中国高级官员协同一位海防司（正如一位海关税务司协同一位道台那样）领导。这两位海防司就是那两艘海防舰的舰长，他们在我所管辖的一个新衙门当差，这个大概将要设置的新衙门称作海防总署，我的官衔简称为总海防司，我的上司是总理衙门和负责海防务的总督（两位）。这项计划现已上奏皇上和交军机处审议，非常可能获得批准。一开始，我或许就将需要上述的十二个人。我不希望签任何聘约，是否留用要取决于：1. 计划的继续实施；2. 受雇人员的本领。……这些人员如果派出，将在我手下当差，类似海关工作人员那样。请悄悄地物色一下，不要提起我或我的计划，看你能否物色到合适的人选。"②

这封信把赫德篡夺清政府海军领导权的阴谋诡计讲得十分清楚，设立一个海军新衙门，即总海防司署，由自己担任总海防司。它的上司是总理衙门，加上负责海岸防务的两个总督。这完全是海关外籍税务司制度的翻版，只是上司增加了两个总督而已。这两个总督是清政府已经任命的北洋海军大臣李鸿章和南洋海军大臣沈葆桢，赫德不能不加。总税务司虽然隶属于总理衙门，

---

① 李鸿章撰：《李文忠公全集·译署函稿》卷 9，"议赫德海防条陈"，光绪三十四年金陵刻本，第 38 页。

② 1879 年 9 月 4 日赫致金函 A/3。《密档 2》，第 230～231 页。

但实权操于总税务司。总海防司的地位实际上与总税务司的地位一样，赫德架空总理衙门和海防总督，成为海军各级军官的实际首领。12 月 10 日，在另一封致金登干的函电中，讲得更为直接，"今后你如再聘用海军军官时，要向他们所有的人（管驾和助手）讲清楚：他们必须拜访税务司和税务司太太。"① 1883 年 6 月 17 日致金登干的函电再一次透露其野心，"他们在总理衙门向我暗示过，要是我决定根本不离开中国，或者至少再呆五年不走，他们将采纳我在七、八年前向他们提过的建议，建立一个海防衙门或海军部，像总理衙门或外交部那样，并任命我为总海防司。……让这样一个能作一番伟业的机会失掉是可惜的，若是看到这项工作落入德国或美国人的手中，那就更加遗憾了。假如我不坚持下去，这种情况是很可能发生的。"②

清政府官员对于赫德的野心也并不是毫无洞悉。针对赫德提出海防章程条款，1879 年 6 月 23 日，李鸿章的幕僚薛福成上书认为，"夫赫德之为人，阴鸷而专利，怙势而自尊，虽食后禄，受高职，其意仍内西人而外中国。彼既总司江海各关税务，利柄在其掌握，已有尾大不掉之势。若复授为总海防司，则中国兵权饷权，皆入赫德一人之手。且以南北洋大臣之尊，尚且划分界域，而赫德独综其全；南北洋所派监司大员，仅获列衔会办，而赫德独管其政……数年之后，恐赫德不复如今日之可驭矣。"③ 8 月 18 日，李鸿章奏称："此间文武幕吏，多不以为然，谓其既有利权，又执兵权，钧署及南北洋必为牵制"，并称"中外人员共事不易，傥海防司所去所留，督办大员以为不合，未便违约驳论，此则极有窒碍"，认为"若延西人教练兵船，应有总署函告出使大臣谘访西国宿将，择其专门名家能调度者用之"。④

赫德图谋总海防司不遂，遂变化手法，力图安置其他英国人掌控中国海军。他一开始想到戈登⑤。1880 年 5 月 25 日，赫德致函金登干，"如戈登仍在英国，你就去看望他，替我邀请他来这里，只要来一个月看看形势，然后他再决定去或留。现在有大干一番好事的机会，中国请他来承担这项工作。干这工作，将为中国做了一件好事，为英国做了一件好事，为世界做了一件好事！我希望并恳求他不要拒绝中国。职务、任期、条件等等都可在这里商

①　1879 年 12 月 10 日赫致金函 A/6。《密档 2》，第 272 页。

②　1883 年 6 月 17 日赫致金函 Z/126。《密档 3》第 295 页。

③　薛福成：《庸庵文编》卷 2，"上李伯相论赫德不宜总司海防书"，光绪二十四年刻本，第 53 页。

④　李鸿章撰：《李文忠公全集·译署函稿》，"论海防"，卷 10，第 5 页。

⑤　戈登是英国的陆军军官。1860 年随英法联军来华，参与进攻天津、北京，抢掠和焚毁圆明园的活动。1863 年为"常胜军"统带。1864 年离华回国。

定，会安排得使他和我都感到满意。"①5月31日通过金登干亲自致函戈登，"我奉命请你来华，请前来，亲自看看这大干一番真正有用的工作的机会不可错过。一切工作条件职位可在此与你本人商定，使你满意。务必请六个月的假前来。"②不过，事情并没有赫德想象的顺利，戈登来到中国，直接到天津与李鸿章见面，6月4日，又赴北京与总理衙门官员交谈，并没有与他见面，于8月9日离开北京回到英国。③8月11日赫德给金登干的信中流露出自己失望的心情，"我很喜欢也很尊敬他，但我必须说他'头脑不清楚'。是由于宗教、还是自负、还是大脑软化的原因，我就不知道了。但他似乎时而傲慢，时而卑屈；时而自视过高，时而谦卑恭顺；时而神智清楚，时而失去理性。真是莫大的遗憾。"④

与此同时，赫德竭力阻挠美、法等国染指新建的海军领导权，尤其是对于英国政府"不许英国人于战时在交战国指挥作战，只能在和平时期训练怎样打仗"的规定，为他国留下插手军事的机会，甚为不满。从1881年10月5日、16日、30日连续发给金登干的信中可以窥见一斑，1881年10月5日致金登干 Z/57 函电称：

> "我们这里正面临着一次危机，中国的水师几乎肯定要交给李来管辖，而他发现在战时不能依靠英国官员支持他并帮他打仗，因此他正在慎重考虑。他可能任命美国水师提督薛斐尔任总司令，再在他下面混杂安排一些德国人和美国人。假如我们政府的政策允许我们单独去碰运气，我们英国人本来是可以获得有利地位的。可是，像现在这样，我们在中国虽拥有最大的利益，而对它的影响即将减到最小的程度。而且，当我们最小可能滥用我们的影响或用它来反对别国时，我们却必须甘心看着我们的权力和威信转入他手中，这些人的手肯定会滥用权力，并同样肯定会用它来反对我们，而在所有的来华人员中我们是唯一仍处于能被这种指向我们的权力所损害的民族。经过二十多年在某种程度上是世界性的，但基本上是英国和中国之间的工作之后，这真是令人厌恶的回忆。"⑤

---

① 1880年5月25日，赫致金 A/16 函。《密档 2》，第 346 页。

② 1880年5月31日，赫致金 127 号函。《密档 8》，第 211~212 页。

③ 关于此次戈登没有与亲自会见赫德的原因，说法不一。据 1880年7月7日赫致金 Z/20 和 8月10、11日赫致金 Z/23、Z/24 函电看，可能是双方意见相左引发矛盾所致（《密档 2》，第 380、401、403 页）。

④ 1880年8月11日，赫致金 Z/24 函。《密档 2》，第 403 页。

⑤ 1881年10月5日赫致金函 Z/57。《密档 2》，第 632 页。

10 月 16 日致金登干 Z/58 函电中写道:

> "法国人企图让李聘用戈威因和努瓦康担任水师最高的职位,美国人现在则在促使李任用水师提督薛斐尔。目前是哥嘉和葛雷森在掌权,海关的控制是牢靠的。但挡着我的路的是:A. 英国的法律不许英国人在战时指挥作战(别国人可以)。B. 英国的政策(请看"佩奇事件"为证)对英国官员是那么嫉妒和阻挠,以致中国虽充分认识到我们的可靠、诚实和公正无偏见,却不被鼓励它去聘用我们。我要使中国强大起来,要它把英国当作它的最好的朋友。英国人的所作所为——领事馆是经常,公使馆是偶然——都是反对我的,而其他国家的活动简直使英国自杀的深渊加深五倍。该死!该死!!该死!!!"①

10 月 16 日致金登干 Z/59 函电云:

> "我刚想到把 Z/58 和 Z/57 号两信读给斯图尔特·伦道尔先生听也许是值得的,并且暗示他让查尔斯·迪尔克爵士注意到下面这一事实或许是有益的,即我们英国人在中国正在失去参与内部机密的机会,以及造成这种情况的原因。假如英国允许我们去碰碰运气,并且允许我们在战时指挥作战,正如在和平时训练他们怎样打仗那样:又假如政府告诫英国的领事们不要干预(而且要给予支持)受雇于中国的英国人的工作,那么我们就可使英国和中国成为最好的朋友,并可防止中国被不友好的国家弄得强大起来,而这些国家会把中国的巨大力量变成一种对大家都极不利、对英国的利益则绝对最有害的通道。我不能永远坚持在这里,在一段长期的生涯结束的时候,看到自己如此精心维护的机构到处被驱赶和放任自流,又被移交给会把它造成破坏的人的手里,我真无法告诉你我是多么怒不可遏!"②

10 月 30 日致金登干 Z/60 函又称:

> "李正忙于建立北洋水师的准备工作,指挥权可能交给美水师提督薛斐尔,我能做到的最多是使海军的编制带有世界性,这样可防止任何一个大国为了恶意的目的利用它。左宗棠昨天被任命为两江总督,将立

---

① 1881 年 10 月 16 日赫致金函 Z/58。《密档 2》,第 639 页。
② 1881 年 10 月 16 日赫致金函 Z/59。《密档 2》,第 640 页。

即去南京，他在那里除了别的工作外，还掌管南洋水师。我记得他开办福州船政局并信任日意格，因此如果日意格不久就来这里以及法国的机构在南京积极活动，我是不会觉得奇怪的。中国正在玩弄的花招并不坏，它避免卷入同别国结盟，并从每个自愿结盟的国家那里得到一些好处。只要中国拒绝与英国‘亲密无间’，这样就算是最好了。”①

由此可见，赫德作为中国海关的总税务司，为中国服务是假，为英国谋利才是真。为了使英国取得在中国海军中的主导地位，“在幕后努力为中国军队内的英国公民争取陆、海军的高官职”。② 早先企图利用戈登掌握军队领导权的图谋失败之后，他想到了另一重要人物——琅威理。

琅威理，1863 年 9 月，曾随阿思本舰队来华，旋因清政府解散舰队，亦即返国。1877 年，金登干邀请琅威理护航“伽玛”、“戴塔”号炮舰，第二次来华。1880 年，赫德利用戈登掌控海军大权的计划落空之后，遂力荐琅威理担任北洋海军的总教习。为了取得清政府完全信任以及扫除其他国家借口插手之机，赫德极力反对英国政府通过官方渠道与清政府直接交涉，1882 年 4 月 22 日在致金登干的函电中云：“如果外交部已经给威妥玛打了电报，而他去了总理衙门或者给李写了信。我恐怕琅威理的机会（也就是英国的机会）就算完了。到目前为止，中国不喜欢受官方的推荐的束缚，由于需要考虑到其他强国，以及鉴于已经完成的工作取决于个人，而不是取决于国家的推荐。”③ 4 月 23 日，他再次致电金登干，“记住中国政府首先不是为了联合进攻防御；其次将不正式地邀请官方帮助；第三，怀疑官方提供的帮助；第四，感到需要和知道通过非正式渠道即我雇用军官的重要意义；这样为中国避免了官方纠纷，而且不给缔约列强以口实来要求类似待遇；第五，如果海军部正式提议任命琅威理，中国可能拒绝。不过，要是促使琅接受我的邀请，中国现在雇佣琅，而且非常感谢英国；第六，如果不这样做，就不能成功，德国人或美国人会来工作；第七、职位是海军舰队主要指挥官；最后，商定妥是离北京以后的事，此后，没有看到威妥玛，也没有同他商议。”④ 并且亲自到长崎说服琅威理接受他的邀请，“我准备 13 日去日本，15 日去长崎见琅威理，看看我自己能否说服他。要是琅威理拒绝了，

---

① 1881 年 10 月 30 日赫致金函 Z/60。《密档 2》，第 647 页。

② R. J. 史密斯：《十九世纪中国的常胜军——外国雇佣兵与清帝国官员》，中国社会科学出版社 2003 年版，第 214 页。

③ 1882 年 4 月 22 日赫致金函 Z/72。《密档 3》，第 51 页。

④ 1882 年 4 月 28 日金致赫函 Z/7201。《密档 3》，第 57 页。

事情会很麻烦，不过李［鸿章］丁忧三个月，这给我们以喘息之机"。① 为使琅威理取得实权，更是不惜动用英国政府向清政府施加压力，"琅威理应于今天到天津。显然，他已放弃了在福州的指挥权（在我知道之前因为某些纠纷派去那里的），如果李和他没有谈妥，我当然要给他补偿，如果李不批准这一任命，我将写信给乔治·伦道尔，请他利用其影响为琅谋得另一舰只的舰长职务或和他级别相应的职务。"② 对于任何可能威胁其职权的行为亦高度警惕，严防他人染指。1882 年 12 月 17 日致金登干的函电中写到，"法乐即将掌管教练舰，葛雷森将回国休假两年。要密切注视他的动态。我完全相信他可能将会利用时间学习；可是，他也许在回来前或回来时进行这样或那样的活动。琅将会诸事顺手，没有不服从他或和他作对的下属（或同事），必然会一切更好。"③ 就这样赫德利用总税务司之职权，使琅威理担任海军的高级军官，为英国取得在中国海军中绝对控制权，这里不妨看看赫德自己又是怎样表白的：

> "两年前，海军几乎从我的指缝中滑掉，幸好琅威理答应效劳。与其说这是为了薪金和职位，不如说是为了把领导权掌握在适当的人手中。……鉴于他在哪个中国职位上为中国利益立下的功劳确实要比他留下来指挥一艘炮艇大的多，我把这声明理解为他在中国的服役实际上对他在英国的晋升有利。④"

可是，琅威理干了不到 18 个月，中法战争爆发。根据英国法律，琅威理不得不辞职，这对赫德来说是个严重挫折。但机会很快就又来了。因为战争之后，清政府正式成立海军衙门。他积极活动琅威理再次来到中国。1885 年 10 月 10 日通过金登干致函琅威理，"中国将成立海军部，希望你对此提供建议：请来中国并带一名军官作为你的副手或副官。其他各点，李可与你亲自商定。不要放过这一机会，他将把一切再次掌握在我们手中。"⑤ 10 月 17 日致金登干的函电中再次表达对于琅威理任职中国的期望，"琅威理的前途是极其光明的；要是他小心从事，他将会代表中国的海军，就像我代表她的海关一样。"⑥ 当确知琅威理将再次任职海军时，赫德无比兴奋，"琅威理

---

① 1882 年 5 月 2 日赫致金函 A/41。《密档 3》，第 59 页。
② 1882 年 9 月 29 日赫致金函。《密档 3》，第 130～131 页。
③ 1882 年 12 月 17 日赫致金函 Z/101。《密档 3》，第 180 页。
④ 1884 年 4 月 7 日赫致金函 A/57。《密档 3》，第 509～510 页。
⑤ 1885 年 10 月 10 日赫致金函第 288 号。《密档 8》，第 502 页。
⑥ 1885 年 10 月 17 日赫致金函 Z/235。《密档 4》，第 131 页。

要来了，我很高兴。他这次有一个光辉的开端，要是他干得好，二十年后他在中国会成为比我今天还要大的人物。"① 并且极力希望这一次能够长时间任职中国，"如果琅威理能坚守岗位，而不是每隔几个月中断工作，回家一次，他会有所长进和少抱怨些。我对他已无能为力，他已实际掌权——能接触到合适的人物，因此完全应该由他自己来办。他要回来我很高兴，但是如果他不能下决心留下干上五六年时间工作的话，那就干脆辞职，这样对大家——他本人、我、海军等，都有好处。他具备优秀的品质，但大自然没有给他某些最重要的品德。"②

但是，正如赫德所担心的，1890 年，琅威理又一次辞职，再次打乱赫德的如意算盘。③ "琅威理的离去，打乱了我们的计划，正如我国政府所干的那样：经过干预使日本停止在朝鲜扩张之后却缩了回来，辽东的干预中让俄国控制了一切。"④1890 年 6 月 22 日赫德以十分抱怨的心情写道，"琅威理已辞职，我使军舰掌握在英国人手中保持了如此之久，现在可能要转到他人手中了。琅威理工作很有成绩，但是他不会随机应变——他征求别人意见时，暴露自己的思想感情，表明他的意图，因而终于'自断退路'！"⑤ 7 月13 日，"琅威理'破釜沉舟'而不得不辞职是合乎逻辑的，但他以个性取代策略，是以小失大！如果他给中国人的是另一种'盒子'的话，那么，划'火柴'必然不会引起大火。"⑥ 10 月 26 日，"我个人对琅威理是有好感的，他的工作很出色，但他最后采取的办法表明了——至少我是这样看的——他处理事情多么不适当。"⑦

实际上，赫德是不可能轻易放弃自己的计划，1894 年 9 月 2 日，中日战争刚爆发，给金登干的信中就写道："中国人让琅威理走掉，他们把海军弄的一团糟。……现在'牛奶'已经'泼翻'了，我们现在正准备新罐子，不幸的是这头牛也是一头爱踢的牛！"⑧ 他企图再次要求琅威理充当海军舰队的指挥者。11 月 18 日写信给金登干，责备其办事不力，"琅威理的事，你办的太慢：他肯不肯说个'是'或'否'。那样事情就可了结。至于物色

① 1885 年 10 月 24 日赫致金函 Z/236。《密档 4》，第 202 页。

② 1889 年 2 月 10 日赫致金函。《密档 5》，第 20 页。

③ 关于琅威理此次辞职的原因，学界有不同说法。具体研究可参阅：池仲祐编辑：《海军大事记》，载谢忠岳编：《北洋海军资料汇编》，中华全国图书馆文献缩微复制中心 1994 年；罗尔纲：《晚清兵志》，中华书局 1997 年版，第 21～27 页。

④ 1896 年 6 月 7 日赫致金函 Z/711。《密档 6》，第 488 页。

⑤ 1890 年 6 月 22 日赫致金函 Z/442。《密档 5》，第 221 页。

⑥ 1890 年 7 月 13 日赫致金函 Z/446。《密档 5》，第 229 页。

⑦ 1890 年 10 月 26 日赫致金函 Z/465。《密档 5》，第 276 页。

⑧ 1894 年 9 月 2 日赫致金函 Z/630。《密档 6》，第 112 页。

别人，他都做了些什么工作？难道你是害怕中立法而没有着手去做？如果是这样，你应该让我知道以便我到处去想办法。"① 当听说英国政府企图推荐海军退役军官英格斯来华时，赫德再次电函金登干，声称只有琅威理才能胜任此职，"英格斯肯定不行，在日本充当过教练的人，此间是不会欢迎的。琅威理的有利之点是他在此间很有名声，而且中国信任他。我自己认为他没有什么地方高于常人，只是他有不平常的经验使他在某些方面成为海军军官中不多见的一个合适的人物。"②

海军装备的英国化，亦是赫德"中国海军英国化"的重要组成部分，实际上，两者也一直是相辅相成的。阿思本舰队之后，清政府对于通过外国人购置船炮一事，深具戒心。赫德亦怕见疑，不敢重提购船事宜，以免总理衙门的生疑，但是他窃夺舰船购买权的密谋始终也没有停止过。1874 年，日本出兵台湾，极大地刺激了清政府，恭亲王奕訢奏称："现在日本之寻衅生番，其患已见者也。以一小国之不驯，而备御已苦无策，西洋各国之观变而动，患之濒见而未见者也。倘遇一朝之猝发，而弭救更何所凭？"③ 并且认为，日本敢于入犯台湾正是凭借其所拥有的坚船利炮，"臣等伏查上年日本兵扰台湾，正恃铁甲船为自雄之具。彼时各疆臣因防务未集，聚难用兵，均以彼有此船，中国无此船为可虑之尤。"④ 赫德趁此向总理衙门提出购船事宜。据总理衙门大臣奕訢等奏称："因赫德自上年（1874 年）日本扰台事起，屡在臣衙门议及购买船炮各事，经臣等详细询究，拟即量力先行购办［船只］，责令该总税务司经理，以视各口洋行经手购买者较有责成。"⑤ 1874 年 10 月 2 日，赫德向他的心腹金登干发电："我要你不露声色、高度机密地为我搞清楚买一条外观极为平和的轮船，时速 15 海里，安装一门能从 500 码距离穿透 20 英寸钢板的炮要多少钱。比方说，这门炮要花 10000 英镑，那么，能否以 10000 或 12000 英镑的价钱，造一条时速 15 海里，带十天的煤——按最低煤耗计算，在地层舱的平台甲板上前方安装一门炮，并能容得下操纵这门炮和驾驶人员的轮船呢？不露声色地查清，并电复。我不想让任何人知道中国有这类打算。"⑥ 在另一封信中他透露：他很可能再度恢复"1863 年 5 月的原职"⑦，也就是他在阿思本舰队中所保持的地位。

---

① 1894 年 11 月 18 日赫致金函 Z/640。《密档 6》，第 167 页。
② 1894 年 11 月 25 日赫致金函 Z/641。《密档 6》，第 177 页。
③ 同治十三年九月二十七日恭亲王等奏折，《筹办夷务始末（同治朝）》卷 98，第 9031 页。
④ 光绪元年六月二十三日总理各国事务衙门奕訢等奏折。《洋务运动（二）》，第 337 页。
⑤ 光绪元年四月初二日总理各国事务衙门奕訢等奏折附片。《洋务运动（二）》，第 336 页。
⑥ 1874 年 10 月 2 日赫致金函。《密档 1》，第 140 页。
⑦ 1874 年 11 月 21 日赫致金函。《密档 1》，第 175 页。

　　为了长期使英国拥有购买船炮的所有权，让金登干抓住购买"伽玛"号和"戴塔"号炮艇机会，企图用购买先进炮舰换取清政府的信任，1877年3月16日赫致金A/110函中写道："'伽玛'号和'戴塔'号炮艇已然取得的成功在于：中国人定会认识到，按照你的建议行事，他们获得的炮艇使最高主管当局惊异和羡慕，称之为当前最先进的炮舰。只要他们认识了这样的事实，他们就会通过你去订购更多的舰只，而不会雇佣其他代理人。"①并且同样竭力阻挠美、法等国染指购买船炮事宜。1878年8月22日，在致金登干的函电中写道：

　　　　"我感到高兴的是，我们刚刚向阿姆斯特朗公司探询过之后不久，订购指令就这样快地发来了，而且是由我们经办。这样以来，日氏等一伙人多少有点泄气了。我今天将给你发封电报，说明最好使这项订货的消息保密，而不把这个消息传给公使馆或日意格。我提出这个建议，是为了让日远离这个舞台；不然，他又会来回奔波，又是指挥，又是建议，忙个不休，想尽办法来扮演爱管闲事的角色。最好还要提醒阿姆斯特朗公司一声，不得把这消息透露给任何人，并且要记住：在这件事上，除了我们之外，任何人都没有任何发言权。"②

8月24日的信函更为露骨，"关于炮舰：可即刻进行，但这件事要由你亲自办。我不希望郭氏或日意格或李凤苞等等等等插手。"③ 为了防止日意格插手，还以允许中国军官参加炮艇远航的部分工作为诱饵，以取得李鸿章的信任：

　　　　"为了防止日意格一伙插手，我想我们也应该表示，只要实际可行，我们准备遵从李的意愿。我建议本月15日经由恰克图发电报指示裴式楷，以大致如下的内容通知李中堂：
　　　　　　安排中国军官参加炮艇远航的部分工作或许并不困难，但可以肯定，他们的经验还不足以胜任艇上非常负责的岗位……总之，最好的方案是让他们在炮艇上充当编外人员，以便使他们跟随有经验的英国海军指挥官并在其手下服役得到教益，也为以后接替那些任军官职务的人做

---

① 1877年3月16日赫致金函A/110。《密档1》，第515页。
② 1878年8月22日赫致金函Z/59。《密档2》，第93页。
③ 1878年8月24日赫致金函。《密档2》，第94页。

更好的准备。"①

并且对于清政府自行购买船炮也百般阻挠，1879 年 8 月 12 日赫致金 A/2 函电中写道：

> "李凤苞：你当然不可忘记他是驻柏林的中国公使，但他同时又是个'军火商'；你不可听凭他或他的事务败坏你的名声或干扰我们的业务。当你替他探询什么事情时，要让被询问的人了解到，探询不会导致任何结果，并且在答覆他时让他知道被询问者简单地说了些什么。"②

1878 年 9 月 5 日赫致金函中再次强调反对清政府插手购买炮舰事宜，

> "中国人从阿姆斯特朗公司以往的信件中推测，'伽玛'号炮艇总能在五个月内建造好。对现在着手建造的这四艘来说，最要紧的是要在明年 7 月底以前驶抵香港。郭将卸任，不会问津；李在柏林，不致干预。所以在曾到任以前，你要按我的叮嘱，把此事掌握在自己手里。"③

从 1875 年到 1888 年十余年时间里，仅清政府北洋舰队就先后向英国购买 11 艘炮艇，碰快船 2 艘，巡洋舰 2 艘、鱼雷艇 1 艘，共 16 艘，这些舰船都是通过总税务司署驻伦敦办事处主任金登干向英国的阿姆斯特朗兵工厂订购的。第一批订购的是装 38 吨炮的炮艇两只，装 26 吨半炮的炮艇两只，1875 年汇银定造，1876 年 10 月，炮艇便驶抵大沽口④。1878 年，总理衙门以"此项船只，无论各海口，难资分布，即咽喉要区，根本重地尚恐不敷，必应及时添置"，又订购了四艘；1879 年 11 月，添置的四艘驶抵天津海口⑤。之后，又购买碰快船两只⑥。至此，赫德利用税务司的职权再次取得购买船炮的主动权，牢牢抓住清政府海军建设的主导权。之后，又多次通过金登干向英国兵工厂订购炮舰、军火。例如光绪二十年，由英国购到福安船炮；光

---

①　1879 年 1 月 11 日金致赫函 H/89。《密档 2》，第 163 页。
②　1879 年 8 月 12 日赫致金函 A/2。《密档 2》，第 219 页。
③　1879 年 9 月 5 日赫致金函。《密档 2》，第 104 页。
④　光绪二年十月二十日直隶总督李鸿章奏折附片。《洋务运动（二）》，第 345 页。
⑤　光绪五年十月十六日直隶总督李鸿章奏折。《洋务运动（二）》，第 418 页。
⑥　光绪六年十一月二十六日直隶总督李鸿章片。《洋务运动（二）》，第 468 页。

绪二十二年，向英厂订购海天、海圻两巡洋舰。①

　　总之，赫德凭借一种"他们（清政府）自己的手段"，一步步去实现自己早已确定下的"安排"。从晚清海军建军时期的策谋，到与清政府总理衙门大臣商谈购买英国船炮，再到与英国政府串通控制船炮的购买；从遣派官员、士兵、炮手等等，到护送兵船来华以及到华之后把船队控制在英国人之手，不让清政府官员插手等等一系列事件，赫德在整个晚清海军建设中扮演了重要角色，使英国控制中国海军的企图一步一步地实现。

四、余　论

　　综合以上分析可知，在整个晚清海军建设的过程中，海关总税务司始终扮演着主要角色，无论是李泰国，还是赫德，都试图把主导权紧紧掌握在英国人手中，英国政府，也不失时机地极力支持海关总税务司，控制中国海军。"中国海军英国化"，成为晚清海军建设一个突出特点。这里我们援引1884 年 4 月 7 日赫德致金登干的 A/57 函，看看赫德是怎样评价自己的所作所为：

　　　　"你知道最近这 25 年来，我一直使中国陆、海军的职位如不保留在英国人手中，至少也不让它们落入可能对英国的利益施加敌对影响的人的手中。如果发生后者的情况，结果很可能对中国不利。
　　　　……
　　　　这样，我特地不让新建的海军由非英国人来领导，尽管有法国、德国和美国的军官，不但用他们的本领来当教官，而且用他们的刺刀来为伟大的李鸿章作战效劳，我还是保持了英国人对中国海军的领导权。"②

可见，保持英国人对中国海军的领导权，一直是总税务司努力实现的目标。事实上也是如此，通过其努力，无论是在清政府聘用外籍海军军官上，还是在海军装备方面，"英国化"的特点都十分明显。

　　当然，我们并不是全盘否认其"英国化"本身所带来积极性一面。③ 但

---

　　① 池仲祐编辑：《海军大事记》，载谢忠岳编：《北洋海军资料汇编》，中华全国图书馆文献缩微复制中心 1994 年版，第 1094、1101 页。
　　② 1884 年 4 月 7 日赫致金函 A/57。《密档 3》，第 509～510 页。
　　③ 关于此，王家俭先生曾有专文论述，可参阅：王家俭：《英国对于清季创设现代海军的影响——近代中国军事之传统与蜕变》，载郝延平、魏秀梅：《近世中国之传统与蜕变——刘广京院士七十五岁祝寿文集》，中央研究院近代史研究所 1998 年版，第 375～394 页。

是，部分学者因外籍税务司领导下的海关创办了一些洋务，包括海军建设，以图挽救腐朽垂危的清政府统治，大力推崇海关的功绩，认为这是中国现代化的开端，对此，笔者实在不敢苟同。关于中国现代化的开端问题，不是本文论述的范围。不过，通过前面对其在清政府海军建设过程中所扮演的角色的分析，应该有更为清楚的认识。实际上，不仅仅是海军，晚清时期，总税务司利用海关兼办邮政、教育、港务、航政、气象等大量洋务和海事业务。这些工作和征税工作所起的作用不同，征税工作是执行不平等条约有关关税问题的规定，对民族工商业的发展显然起到阻碍作用；至于洋务、海务工作，包括海军建设，一方面加强了对中国的侵略；但另一方面，这些工作所产生的客观效果具有一定的现代性则不容忽视。但是，正如学者所指出："中国海关在管理的现代化与引进西方技术方面，有可观的成就，这是事实。但是根本问题在于：它是为列强利益服务的。""怎么能够仅仅因为它的管理办法较为先进与若干技术的引进，以及挂一个'中国'牌子，就称之为中国的'现代化'呢？"① 实际上，这是涉及海关外籍税务司制度的本质问题。笔者曾经指出，这一制度的产生"一方面是作为资本主义因素出现在中国，这就不可避免地带进了资本主义的新事物；另一方面，也是主导方面，它作为维护、发展列强经济的工具，因而也就不可避免地阻碍了中国社会的发展"，归根结底，海关作为近代西方列强"对华关系的基石"，"在更广泛的范围维护和发展了列强特别是英国在华的经济利益"。② 通过上文分析表明，海关总税务司及其所领导的海关长期以来一直是英国政府在华利益的代理者和维护者。

最后，需要指出的是，海关史研究中一些问题之所以争议颇多，评价不一，除与作者看问题的视角不同外，史料的解读与运用是其重要的因素。目前片面运用史料，断章取义的现象依然存在。历史是既往事实的记载，事实一旦发生就即刻消失。但是，历史是可以追踪的，追踪的方法有多种，学术大师王国维、陈寅恪倡导的"实物"与"遗文"互相释证。③ "实物"一般是藏在地下，要用发掘考证的方法才能使用；"遗文"即文献资料，记述会

---

① 陈霞飞：《再谈旧中国海关与中国现代化》，载吴伦霓霞、何佩然主编：《中国海关史论文集》，香港中文大学崇基学院出版 1997 年版，第 281～290 页。

② 陈诗启：《中国近代海关史》，"再版序言"，人民出版社 2002 年版，第 2～3 页。相关的具体研究也可参阅陈诗启：《中国半殖民地海关的创设和巩固过程（1840—1874）》，《厦门大学学报》1980 年第 1 期；《中国半殖民地海关的扩建时期（1875—1901）》，《厦门大学学报》1980 年第 2 期；《论中国近代海关行政的几个特点》，《历史研究》1980 年第 5 期。

③ 陈寅恪：《王静安先生遗书序》，载王国维：《王国维遗书》，上海古籍书店 1983 年版，第 1 页。

有错误，有的被篡改，这就要求史学家在运用这些资料时，要加以考证，放在当时的历史条件下，辨证分析，去伪存真，根据历史唯物论做出科学的论断。最近，笔者有幸读到台湾的潘安生先生《从赫德书信探索中国近代史史料》一书，对于作者利用和处理史料的方法，实在令人遗憾。作者把赫德与金登干的函电有选择地编译下来，但对于其中不利于自己观点的资料，包括上面所引的有关海军的资料基本未提。以上，我们选取晚清海军建设，围绕着海关总税务司与中国海军英国化进行探讨，并不厌其烦地引用大段信函资料，目的就在于使学术界能够正确认识此问题。① 当然，这里我们并不是刻意把自己装扮成十全十美之作、全部地解决了所有问题；我们也知道，一定时期内人们对历史过程的认识只是其中的若干方面，囿于主客观的限制，一些方面、一时原委很难解释或根本无从知晓。但是，一个严谨的学者，必须抱着知之为知之，不知为不知的态度；一个规范的学术研究，必须要有正确运用、解读史料的态度。只有这样，我们的海关史研究或其他历史研究才能不断取得进步，其研究成果才有可能更加客观，更加接近于历史事实。

厦门大学中国海关史研究中心　　陈诗启

厦门大学历史学系　　佳宏伟

---

① 潘安生：《从赫德书信探索中国近代史史料》，台湾邮政博物馆编印 1985 年版。

清代江南经济：自然环境作用的一个典型

江苏、浙江两省的苏州、松江、常州、镇江、江宁、杭州、嘉兴、湖州等八府和太仓州，具有大致相同的自然环境，形成一个经济区，即通常所说的江南地区。

自然环境，从经济史来看，是与人类经济活动密切相关的自然条件。江南地区自然环境优越，地势平坦，平原辽阔，江海环抱，湖泊河港纵横，水资源丰富。亚热带气候温和湿润，日照充足，无霜期长，雨量充沛，土壤肥沃，非常适合农作物的生长。特别值得指出的是，江南地区沿江沿海的高田地带，地势高，多沙质土壤，具微碱性，适宜种植耐旱并有抗碱能力的棉花。太湖周围的低田地带多水，其保肥能力强的壤质黏土，适宜种植桑树，其中性土壤适宜种植喜湿的水稻。

自然条件的差异性和自然产品的多样性，形成农业分工的自然基础。稻、棉、桑遂成为农作物种植的最佳选择。自然环境对于人类发展的影响，"是一种可变的量"。[①] 生产力水平的高低，与其作用的大小呈负相关。在清代生产力的条件下，自然环境还具有强大作用。人们只能适应和利用自然环境，以充分获取它所提供的自然生产力。江南人民遂采取两方面措施，以尽量发挥土地的潜力。

首先是扩大棉田与桑地，以进一步适应生态条件，优化农业布局。

明代江南农民因地制宜，发展粮食、棉花和蚕桑生产。明中叶后，已形成如下格局："高者麦，低者稻，平衍者则木棉桑枲，皆得随宜树艺，庶乎人无遗力，地无遗利，遍野皆衣食之资矣，此百世经常之大利也"[②]。江南农民在明代农业生产发展的基础上，大面积改稻田为棉田，改粮地为桑地。常熟县的东高乡，雍正间，"种棉十仅四五"，到乾隆间已"种棉渐多于

---

① 《普列汉诺夫哲学著作选集》第3卷第170页。
② 张瀚：《松窗梦语》卷4。

稻"①。道光间，太仓州及所属镇洋、嘉定、宝山等县，已是"种稻之处十仅二三，而木棉居其七八"②。而浙江嘉兴府的旱地，明万历时为42万余亩，至清嘉庆间，增为55万余亩，大都成为桑地。江南地区的沿江沿海遂成为以棉为主或棉稻并重的棉稻产区，太湖南部成为以桑为主或桑稻并重的桑稻产区，太湖北部成为以稻为主的水稻产区。甚至在地跨高田地带与低田地带分界线上的各县，如武进、常熟、昆山、桐乡等县的农作物种植也沿此线而泾渭分明③。

其次，发展农业生产技术。

清代江南农民在农业生产上，投入更多劳力，发展了深耕、套耕等精耕细作技术；又增加用肥，发展了垫底、接力等合理施肥技术。他们种田治地，施用粪肥、河泥、绿肥、豆饼等肥料。种桑种棉的用肥更多于种稻。用肥增多，促进了肥料的商品化。绿肥种子和豆饼通常都需要购买。经营地主和富裕农民购买粪肥的渐多。《沈氏农书》曾记载到平望镇买"磨路（牛粪肥）、猪灰（猪厩肥）"，到"近镇买坐坑粪"，还要从桐乡"必往杭州"买人粪，等等。饼肥肥质优良，效力大，使用方便，施用饼肥已经很普遍。据《沈氏农书》、《浦泖农咨》和《租核》等书提供的资料估算，明末至清后期经营地主与富裕农民每亩土地用饼肥的货币支出约增加二倍多。劳动集约型农业向资金集约型农业转变开始显露苗头。清代以"粪多力勤"为特点的农业技术体系，就是在江南农业生产经验的基础上形成的。明末清初提出"凡种田固不出粪多力勤四字"的《补农书》（包括《沈氏农书》）实为其奠基之作。包世臣更具体地以粮食为例，诠释了其增产效果：治田"加粪一遍，则溢谷二斗；加做一工，亦溢谷二斗"。④ 清代江南地区种粮、种棉、种桑养蚕的农书很多，这些都是农民生产经验的结晶。农业技术的发展，正是当时生产力条件下，自然条件得到良好利用的集中体现。

经过人与自然的良性互动，棉花和蚕桑生产，在明代的基础上获得了进一步的发展。生产者如果就地取材，从事棉纺织业和丝织业，就可以节省经过市场环节的各种费用，降低成本。农民如果以自己生产的原料进行加工，更可获得种植经济作物的收益，减少原料费用。许多农民就是"植棉以始之，成布以终之"。《沈氏农书》也说，农民织绢，"若自己蚕丝，利尚有浮"，都是说的这个道理。特别应当指出的是，棉织品与丝织品都是关系国

---

① 郑光祖：《一斑录》卷7、卷2。
② 林则徐：《林文忠公政书》江苏奏稿卷2。
③ 参阅李伯重文，《农业考古》1985年第2期。
④ 《齐民四术》农二。

计民生的重要手工业品。它们都是衣着材料，特别是棉布更是广大人民的生活必需品。它们都有广阔的消费市场。充分利用原料资源的巨大优势，发展农产品产业化，成为江南人民必然的经济选择。棉纺织业和丝织业都是传统经济中的重要产业，二者得一，就足以"通商贾，致富饶"，而今得到自然界恩赐，竟使二者都作为支柱产业，并行发展。

棉纺织全为农民家庭手工业，在棉、粮产区，"比户纺织"。在蚕桑区，也有大量农民从事纺织，棉纺织在江南地区普遍发展。有些农民"食于田者，惟冬三月"，"谋生之方已不专仰于田亩"，棉纺织已从副业发展为主业。他们既不离乡，又不离土，就地实现了专业化或半专业化生产。

棉纺织的发展，带动了生产工具和染整加工的专业化，延长了产业链。纺车、绽子与布机，各城镇均有生产，青浦县的"金泽锭子谢家车"最负盛名。棉布漂染有蓝坊、红坊、漂坊、杂色坊等分工。踹布原附设于染坊，入清后染踹分离，各自成业。染坊、踹坊大都设于城镇，苏州最为集中，雍正间，有染坊 450 余处，染踹工匠"总计二万余人"①。

蚕桑区有大量农民从事丝织，俗称"乡机"。有些从事丝织的农民，"田功半荒"，生产也已专业化或半专业化。众多丝织机户则集中在盛泽、南浔、濮院、双林、黄溪等市镇和江宁、苏州、杭州等城市。个体机户"皆自织"，只使用家内劳动力。大多数机户拥有较多织机，雇用机匠生产，属手工作坊。清代前期江南城乡民间织机共约 8 万台，比明代后期最多不过15000 台的情况超过很多。盛泽镇"中元夜，四乡佣织多人及俗称曳花者约数千计，汇聚东庙并升明桥，赌唱山歌"②，雇工人众，可见一斑。丝织机具的制作也已专业化，江宁即有专门制售机具的机店、梭店、筘店、篦子店、络梭竹器店等，多属前店后厂。绸绢的染整有染坊、踹坊、练坊。濮院镇的练坊，即有"佣者数十人，名曰练手"③。

清代前期，手工业的发展，呈现出农民家庭手工业从副业向主业发展的趋势，城乡手工业呈现出从家庭劳动向雇佣劳动发展，从个体小生产向社会化大生产发展的趋势。这种趋势在江南地区，特别是在棉纺织业和丝织业中，表现最为显著。这是农产品产业化发展的结果，也是农产品产业化进一步发展的条件。江南地区终于成为我国最重要的绸缎生产基地和棉布生产基地。

生产创造需求，需求拉动生产。江南地区所产棉布和棉花，绸缎和蚕丝

---

① 雍正《朱批谕旨》雍正元年四月初五日胡凤翚奏。
② 乾隆《盛湖志》卷下。
③ 金淮：《濮川所闻记》卷3。

都开辟了广阔市场。对这些商品的产量和商品量，学术界都做过许多估算，但由于数据稀缺，何者更接近实际，难以评定。而前人所作的描述，也能往往给人以一种具体印象。棉布因北方织布兴起，秦晋市场收缩。但仍然保有北至山东，中通江淮，南至福建的地域，并开辟了东北广大市场。嘉庆时人说："冀北巨商，挟资千亿，岱陇东西，海关内外，券驴市马，日夜奔驰，驱车冻河，泛舸长江，风餐水宿，达于苏常，标号监庄，非松不办"①。太仓州棉花质优价贵，而"北土之吉贝贱"，故江南输入北方的棉花，而卖出太仓棉花以获取比较利益，闽广商人每年从太仓州购买的棉花，"无虑数十万金"。②

绸缎的销售面更广。乾隆时杭世骏说，杭州"饶蚕绩之利，织纴工巧，转而之燕之齐之秦晋、之楚、蜀、滇、黔、闽、粤，衣被几遍天下"③。而南京绸缎，也是"北趋京师，东北并高句丽、辽沈；西北走晋绛，逾大河，上秦雍、甘凉、抵巴蜀；西南之滇黔；南越五岭、湖湘、豫章、两浙、七闽；沂淮泗，道汝洛"④，实无远不至。江西织葛，福建纱绢，山西潞绸，广东粤缎，均需掺用湖丝。"湖丝衣天下，聚于双林，吴越闽番至于海岛，皆来市焉。五月载银而至，委积如瓦砾，吴南诸乡，岁有百十万之益"⑤。

丝和以南京布为品牌的棉布，都是重要出口商品，仅次于茶叶居第二位、第三位。它们都主要是江南地区的产品。直至 19 世纪 30 年代，中国对外贸易始终居于出超的优势地位，大量白银内流，也活跃了城乡经济。

江南地区棉纺织业和丝织业的发展，是在传统经济条件下，中国历史上一个大农产品产业化工程。它把种植、加工和流通有机结合起来，扩大生产规模，延长产业链，增加商品供应，提高经济收益，使地区之间和城乡之间都得到协调发展。正如包世臣所说："松太两属，方壤不过二百里，岁供编银百余万两，额漕六十余万石"。"而今数百年来，红粟入太仓者，几当岁会十二；朱提输司农者，当岁会亦且二十而一。而士民仍得各安生业，称东南乐土"，就是因为"凡所取给，悉出机杼"的缘故⑥。钱泳进一步指出，"以苏、松、常、镇、杭、嘉、湖、太仓推之，约其土地无有一省之多，而计其赋税，实当天下之半。是以七郡一州之赋税，为国家之根本也"⑦。他

---

① 钦善：《松问》《清经世文编》卷 28。
② 乾隆《镇洋县志》卷 1。
③ 《明清苏州工商业碑刻集》第 19 页。
④ 同治《上江两县志》卷 7。
⑤ 唐甄：《潜书·教蚕》。
⑥ 《齐民四术》礼二。
⑦ 《履园丛话》卷 4。

们都充分肯定了这种农产品产业化所创造的巨大财富。在一个面积 4.3 万平方公里的地区之内，农业和手工业的发展，竟能满足国内外从初级产品到最终产品如此巨大的商品需求，在工业革命前的世界历史上，无疑是罕见的。

江南地区不但有优越的自然环境，还有优越的人文环境。从经济史来看，人文环境就是与人类经济活动密切相关的社会条件。它也是经济发展的必要前提，对经济发展具有不可忽视的能动作用。社会条件主要是政治条件与文化条件，或者说是政治环境与文化环境。自然环境是自然形成的，人类无能为力，而人文环境却是人类自己创造的。优越的自然环境，导致经济发达；经济发达又会导致文化繁荣。优越的文化环境归根溯源，实际是优越自然环境所派生的。清代江南地区人文蔚起，人才辈出，形成优越文化环境，对经济发展起到了重要促进作用。

江南地区的人文蔚起，集中通过科举效应显现出来。据清代进士题名录统计，清代共录取进士 26815 人，江南地区即占 4013 人，占 14.05%。其中苏州府有 658 人，占全国进士总数的 2.8%①，居全国各府之冠。清代状元共 114 人，江苏有 49 人，苏州也多达 24 人②。其他如举人、秀才比比皆是。

江南地区书院家塾林立，读书喜学成风。读书人越多，知识分子的基数越大，科举中式率就越高。这是需要教育文化投资的。科第层次越高，教育社会成本就越高，教育个人成本也越高。所以沈尧说，"非父兄先营事业于前，子弟即无由读书以致身通显"。"古者士之子恒为士，后世商之子方能为士"③。此话虽有些片面，但也说明了文化发展，需要经济的支撑。

"学而优则仕"，读书人总是会进入仕途做官，高科第的人更是要做大官。江南地区尚书、侍郎之类的大官连袂接踵，知府县令之流更如麇集。他们丰厚的宦囊收入（包括俸禄与赃银），都会带回原籍。一部分购买田地，"以长子孙"，所以江南地区缙绅地主最多。另一部分则投入消费。江南商业发达，他们遂和商人一道，形成一个庞大的高收入群体，也是一个庞大的高消费群体。他们"好亭馆花木之胜"，大造豪宅与园林。"以讲求饮食闻于时"，"一席之盛，至数十人治庖"。又讲究衣饰，"戴貂衣绣，炫丽矜奇"，以至"四方重吴服"。"吴人好游"，"游必画舫、肩舆、珍羞、佳酿、歌舞而行"；富室朱门更在风景名胜之区"竞为胜会"。所以当时人说，"吴俗奢靡为天下最，日甚一日而不知返"④。

---

① 范金民：《明清江南商业的发展》，第 342 页。
② 范金民等：《苏州地区社会经济史》，第 514 页。
③ 《落帆楼文集》卷 34。
④ 龚炜：《巢林笔谈》卷 5。

物质产品的消费需求，是推动社会生产发展的决定性因素。富人"彼以粱肉奢，则耕者庖者分其利；彼以纨绮奢，则鬻者织者分其利"①，就说明了缙绅地主和商人的消费需求，又会形成另一个拉动商品生产的巨大力量。这种属于本地的消费需求，与前述属于外地的消费需求，是相辅相成的。它不但促进了棉、丝、棉布、绸缎的发展，更促进了果蔬、水产、禽畜等农业生产的发展，促进了酿酒、榨油、印刷、铁器、建筑材料、金玉器加工等手工业的发展。

还值得提出的是第三产业的发展。商业和为生活服务的服务业日益繁盛。如在苏州，"洋货、皮货、衣饰、金玉、珠宝、参药诸铺、戏园、游船、酒肆、茶座，如山如林，不知几千万人"②。"上有天堂，下有苏杭"，此语虽出自宋朝，实已是一代强于一代。

生产和流通的发展，也必然要求为生产和流通服务的服务业得到发展。如果说为生活消费服务的服务业，宋代开始成为新的经济增长点。到了清代，为生产和流通服务的服务业更成为新的经济增长点。牙行、典当分布之广，网点之密，经营规模之大，其他各地均望尘莫及。如湖南典当业资本，"一岁之出入，不及两江十之一二"③。典当从整体上说，主要是为生活服务的金融业，但也有为生产和流通服务的一面。从明末开始，江南典当开展了米麦花豆丝质当业务，它的后一种性格遂更为彰显。如江西巡抚汤聘说，有些商人"恃有典铺通融，无不乘贱收买（米谷）"，"随典随收，辗转翻腾"，以囤积居奇。"每年遇蚕丝告成，及秋底棉花成熟，此等商户一如收当米谷之法，恣胆张罗④"。浙江巡抚方观承说，有些农民在蚕丝价贱时，也"以典当为待价缓售之计⑤"。又如苏州、上海等地原为专事兑换银钱的钱庄，从乾隆始，逐步开展存放款和汇兑业务，并发行信用货币。在常熟，乾隆嘉庆间，已"广用钱票"，即乡镇小店也"竞出百文钱小票通用"⑥。现代金融业基本职能的萌发，江南实开风气之先。

长江、大运河和以上海为中心的南北洋航运的发展，尤引人注目。四川、湖广、江西的米谷经长江输入江南，北方的豆麦杂粮梨枣经大运河输入江南，闽粤的食糖蓝靛经南洋海运输入江南，关东豆麦经北洋海运输入江

---

① 陆楫：《蒹葭堂杂著摘抄》。
② 顾公燮：《消暑闲记摘抄》。
③ 《湖南省例成案》户律卷33。
④ 《皇清奏议》卷44。
⑤ 《方恪敏公奏议》卷2。
⑥ 郑光祖：《一斑录》卷6、卷2。

南，数量都很巨大。如"关东豆麦每年至上海者千余万石"①。而从长江来的米谷，据许多学者估算都在 1500 万石以上②。江南产品也要经过这些航路外运。鸦片战争前，我国商运路线的东西干线、南北水陆联运干线，以及沿海航线，都已具有近代规模，鸦片战争后不过是以轮船代替木帆船而已。在航运业的发展中，江南与各地物资交流其功至伟。

第一、第二、第三产业全面而协调地发展，是社会分工和生产社会化发展的反映，这是江南又一个重大的经济成就。

在传统经济中，生产工具简陋，劳动者是生产力中发展生产的决定性因素。优越的文化环境也有利于劳动者素质的提升。明代周忱说过，"天下之民，出其乡则无所容其身；苏松之民，出其乡则足以售其巧"③。清代也有人说，"吴中人才之盛，实甲天下，至于百工技艺之巧，亦他处所不及④"。而广大的农民，也是"苏民精于农事"⑤。这也有利于实现人的能动性与自然界能动性的良性互动。

自然环境、文化环境可以使生产力与生产关系大体相同的地区呈现出差异性。江南地区得天独厚，终于脱颖而出，成为当时中国经济最为发达的地区。它是自然环境、文化环境促进经济发展的一个典型，也是环境进入历史的一个典型。

江南地区通过发展棉、丝、棉布、绸缎生产，与全国各地建立了广泛的经济联系。从江南赋税占全国之半和北洋商船往往回空，可见其区域间贸易实处于一种出超和顺差的优势地位。吴承明教授认为，"这种不平衡正是江南发展的主要制约。只有外区经济发展，江南在能源、原材料和粮食上得到保证，它才能进一步发展。"⑥ 外地区也应当像江南一样，充分利用本地的自然条件，发展优势产业，生产比较成本相对有利的产品，实行专化分工，然后通过交换，优势互补，在地区之间建立起一种整体的经济均衡，以互利共赢。这才是外地区经济发展的出路所在，也是江南地区经济进一步发展的出路所在。

中国社科院研究员　方　行

---

①　包世臣：《安吴四种》卷 2。
②　范金民：《明清江南商业的发展》，第 66 页。
③　《皇明文衡》卷 27。
④　道光：《苏州府志》卷 194。
⑤　包世臣：《齐民四术》农二。
⑥　《中国现代化：市场与社会》，第 345 页。

香港铸钱局（1866～1868）个案研究

一、香港政府初期的货币政策

香港岛于 1842 年割让给英国后，香港流通货币仍受到广州金融市场的影响，银元与铜钱并用。①各国货币如墨西哥"鹰洋"、印度卢布、美国的共和币、英国的先令皆有流通。香港总督璞鼎查（Henry Pottinger）及德庇时（John Frances Davis）先后于 1842 年及 1845 年三度公布香港货币政策，目的在于尽快建立一套货币制度。②德庇时着意在香港及各商埠强化英国先令的市场地位，不惜立例规管各种货币的兑换价，并于 1847 年由英国财政部运来先令辅币在香港流通。德庇时在给英国外交部副官的信中说："此等硬币〔先令〕证实对小额交易非常有用，连中国人亦将银元换作先令。"③他随即订购多达价值一万英镑的先令硬币来港。由此可见，英国先令曾解决香港早期辅币荒的问题。

从当年实际情况分析，香港政府的货币政策包含严重的缺点；最大的问题是英国先令是根据金本位制发行，其币值受伦敦黄金市场的影响，④而香港的货币市场是受中国（主要是广州）对各种银元及纹银价格的影响，属银

---

① 参阅 "Report from W. Smith, Commissariat of China, 1 December 1850"，节录自 *Hong Kong Blue Book, Year 1850*，页 209～212。

② 香港总督在当年身兼英国在华商务总督一职，在华各商埠公使亦须向其负责，故港督在香港实施的货币政策亦对各商埠有间接的影响。1842 年 3 月 29 日，香港政府第一次公告货币政策，企图立例规管各种外国货币在香港的合法流通和互相比价；同年 4 月 27 日，第二次公告以"鹰洋"为贸易及标准货币；1845 年 5 月 1 日，第三次公告以先令为主要货币，并列出先令对各种货币的兑换价格，实行金银双位制。参阅 "Proclamations of Hong Kong Governor, Year 1842, 1845"，*Hong Kong Government Gazette, Year 1843, 1845*；Frank H. H. King, *Money and Monetary Policy in China 1845～1895*，页 182。

③ 参阅港督德庇时（John F. Davis）给 Carl Grey 信件，Hong Kong，1847 年 3 月 13 日，*Hong Kong Blue Book, Year 1846*，attachment no. 31 Civil。

④ 虽然金币在"金本位"中为法定货币，但实质流通仍以银元和铜币为主，亦因为流通货币以黄金的储存为基准，英国的"金本位"制度在国际金融市场有稳定汇率的作用。

本位制。由于两种不同币制的存在，故在欧美汇市（主要是伦敦及波士顿），银元对先令的价格未能完全反映到中国或香港的银元市场，又或者说中国在广州（其后包括香港及上海）已形成独特的外币汇兑市场，其市场波动有较强的地区性。正因如此，英国先令在其他英属殖民地所得到的认可价值，未足以反映于香港及中国各商埠。德庇时企图管制各银元的兑换价格完全失败，市场力量已盖过官方的指定汇价。① 1850 年，英国驻华军需部委员史密斯（W. Smith）曾对此作出报告：“任何人士若收到〔英国〕先令将要承受严重的损失，他们会发觉其手中的货币购买力将大跌，〔英国〕军队对汇兑上带来的损失极表不满，而且不幸的是这种情况看来还没有解决的办法。”② 到 1851 年底，当时的英国商务督办庄士敦（A. R. Johnston）曾就香港及上海汇市对各种银元价格作出比较（见表 1），③得出的结论是先令在香港贴水 11%，在上海贴水更达 20%。其他商埠“鹰洋”对“本洋”的兑换价亦出现 8% ～16% 的折损。④直到 1855 年 9 月，香港政府不得不承认英国先令的折让价跌了 30%。此外，各种银元的兑换价格不时出现地区性的波动，中外商民活跃于银币买卖中投机谋利，亦导致各式各样的银元伪币在市场出现。

表 1　　　　　　　　**1851 年香港与上海的银元兑换价格比较**

货币种类汇兑单位	政府官价 （1845 年 5 月 1 日公告比价）	香港市场 兑换价	上海市场 兑换价
100 “鹰洋”兑“本洋”	100%	92.50%	88%
227¼ 印度卢布兑“本洋”	100%	95%	94.68%
£ 20 16s. 8d. 英国货币兑“本洋”	100%	89%	80%

附注：1848～1850 年间，香港库务司未有收受“本洋”，“本洋”是上海唯一的流通货币。

资料来源：香港辅政务司孖沙致港督附件第 131 号，19 December 1851，节录自 "Correspondence relating to the supply of silver in the markets of China," *British Parliamentary Papers*（*BPP*），18 May 1858，页 10。

---

① 参考 An article "The Colonial Currency of Hong Kong", *The Bankers' Magazine*; *journal of the money market and railway digest*，（简称 The Bankers' Magazine 英国银行家杂志），*Year 1851*, London: Groombridge & Sons, 页 193～196；参阅 *The China Mail*, 24 October 1850, 页 170。

② 参阅 "Report from W. Smith, Commissariat of China, 1 December 1850", 节录自 *Hong Kong Blue Book*, *Year 1850*, 页 209～212。

③ 参考香港辅政务司孖沙（W. T. Mercer）致庄士敦（A. R. Johnston），第 131 号附件，1851 年 12 月 19 日，节录自 "Correspondence relating to the supply of silver in the markets of China", *BPP*，1858 年 5 月 18 日，页 10。

④ 参考英驻厦门公使苏利云（G. G. Sullivan）致港督般咸（G. Bonham）第 49 号附件，1851 年 7 月 28 日，节录自 "Correspondence relating to the supply of silver in the markets of China", *BPP*，1858 年 5 月 18 日，页 8～9。

　　因银元有庞大的市场，伪币很早已在中国出现。早于 1844 年，广东顺德曾发现一间大型伪币制造厂，雇用上百人之多。该厂专门改造"本洋"，先掏空真的银元，再将铅板或其他金属放置其中，又或者将银元不同的记号铲除，以混淆欧美商人的判断。更甚者是制造假的银元，用平价金属造板，表面涂上纯银，再以钢模压上所须银元的式样。据说此厂利润颇高。[①]踏入咸丰初年，"本洋"流入中国明显减少，每枚"本洋"价值曾超过纹银一两，但银元经中国商民间流通戳印，多成烂板，其价算作八折。外商见新板银元有利可图，遂于 1854 年春在广州近郊设置造币厂，试图仿铸西班牙银元。他们利用收回的烂板，镕炼及仿铸 1791 年式样的"本洋"。为求伪币能被中国商民接纳，伪币样本两枚经港督包令（或译宝宁，John Bowring）交英国皇家铸币局测试鉴定，结果证实与真币的金属成分无异，并建议可和真币一起流通（见表 2）。[②]

表 2　　由港督包令交与英国皇家铸币局的中国制造西班牙银元化验报告

样本编号	样本年份标记	重量（克）	百分比		金属含量（克）	金属含量（克）	价值：金本位（便士）	
			含银量	含金量	含银量	含金量	金	银
1	—	411.5	0.9073	0.0011	373.4	0.45	51.4	50.5
2	1791	408.5	0.9032	0.0027	369.0	1.10	52.3	50.0
3	1017	414.8	0.8825	0.0018	366.1	0.75	51.1	49.6
平均值					369.5	0.77	51.6	50.0

　　资料来源：英国皇家铸币局厂长致 C. E. Trevelyan 爵士信中附件第 14 号，21 August 1854，"Correspondence relating to the supply of silver in the markets of China"，BPP，p. 33。

　　以当时英商在广州建厂铸造伪币的情况看，相信是他们利用中国商人只接受一定式样西班牙银元的市场的导向，企图经英国政府的帮助，使伪币能够广泛被中国商民所接纳。原初估计伪币能有 10% 升水，其价值与真币 18% 升水只差 8%，[③]对于解决"本洋"供应的问题，这未尝不是一种途径。

---

　　① 据说该伪币厂以重金从欧洲购进西班牙银元的钢模，参与其中的有不少是广州钱铺的看银师。参阅 John Robert Morrison：*A Chinese Commercial Guide*，2nd edition，Macao：S. Wells Williams 1844，页 202。

　　② 两枚样品分别刻上年份为 1791 及 1017。测试结果，分别含银量 369 克及 366.1 克。参阅皇家铸币局局长 J. F. W. Herschel 于 1854 年 8 月 21 日致 C. E. Trevelygan 爵士的书信附件 12 号化验报告。"Correspondence relating to the supply on silver in the markets of China"，BPP，页 33。

　　③ 香港总督包令 1854 年 5 月 2 日致英国外交部 12 号文件。"Correspondence relating to the supply on silver in the markets of China"，BPP，页 32。

1854 年 11 月，伪币在上海流通两个月后，市场价值跌至 7 折以下。① 英商欲在广州铸造伪币试验被证实完全失败。最令英商无奈的是当时一般人相信不少从欧洲运入中国的西班牙"本洋"也是仿造的，分别只是仿造得比广州伪币更为精细。而它仍为中国商民及看银师所接纳，个中原因相信是在市场上已很难找到完整的"本洋"，能仿造精美及含银度高的"本洋"，其市场价自然比其他银元为高。②由此可见，铸造新的银元在当时大有市场。

二、香港铸钱局③创立的背景

倡议建厂者：香港总督包令

　　鉴于英国货币先令在中国未被接纳，市场贴水高达 30%，而英国政府一直希望先令能在香港建立市场地位，因此，它坚持香港政府及各个中国商埠的英国雇员以英镑先令支薪。但若以香港政府每年库存 120,000 英镑投放于等值四千万英镑的银元流通市场，而希望先令对市场能起指导作用，连港督包令也直认这是一种愚蠢的想法。以包令的见解，若能在中国推行以港元为交易单位，应为最佳办法，故他大力倡议在香港设立造币厂以制造新式样的英国银元，目的不只着眼于提供香港流通新币，更着眼于广大的中国银元市场。④包令的计划是在香港铸造英帝国银元，经中国五个通商口岸介绍给中国商人，以求英国银元能逐步代替"本洋"成为中国主要流通货币。⑤他

---

① 香港总督包令 1854 年 11 月 29 日致英国外交部 16 号文件。"Correspondence relating to the supply on silver in the markets of China"，*BPP*，页 34；参证咸丰五年周腾虎著：《铸银钱说》，"即或夷人重铸新者，各钱店又呼为新板，而坐以七折。"节录自杨端六著：《清代货币金融史稿》，香港广角镜出版社 1977 年 9 月版，页 158；祥泰洋行（Birley, Worthington & Co.）给 Rathbone Bros & Co. 信，1854 年 5 月 25 日，节录自 Sheila Marriner, *Rathbones of Liverpool 1845～73*，页 176。

② 香港总督包令 1854 年 11 月 29 日致英国外交部 16 号文件。"Correspondence relating to the supply on silver in the markets of China"，*BPP*，页 34。

③ "香港铸钱局"（The Hong Kong Mint）应为该厂的正确中文名称，前辈学者曾称之为香港造币厂或香港铸币厂，应是近代从英文名字中翻译所得的名称。因当年该厂得英国皇家铸币局（The Royal Mint）提供技术协助及香港政府特设一条铸钱局街（The Royal Mint Street）直达该厂，亦曾被香港政府官员及一些历史学者误称为皇家香港铸币局（The Royal Mint of Hong Kong），但经小心核对英国皇家铸币局所有分厂的记录，证实该厂并不属于英国皇家铸币局的一个分支，而是直属香港政府的一个（工业）部门。当年正确的中文名称可参考 *The China Directory, Year 1867*，香港政府部门名录；及 "Record of the Royal Mint, 1446～20ᵗʰ Century, Mint 1～29"，List & Index Society, *Publications*, *Vol. 234*, London：Swift, 1965, Mint 17-Branch Mints，页 252。

④ 香港总督 1855 年 9 月 4 日致英国财政部 22 号文件。"Correspondence relating to the supply on silver in the markets of China"，*BPP*，页 45。

⑤ 香港总督 1856 年 4 月 17 日致英国议会 25 号文件。"Correspondence relating to the supply on silver in the markets of China"，*BPP*，页 50。

企图游说英国内政部支持其建厂计划，正如他致英国财政部议长伟信（James Wilson）信中所说："我相信在香港设立造币厂，在政治、商业及社会价值上都有益处，此厂将会是重要收入来源。"① 可是包令建厂的鸿图大计受到英国财政部的质疑，认为这种试验不值得财政部投资。② 但包令不但没有放弃他的建议，更加强他的游说，指出英国银元若能被中国商民接纳，其流通将远至日本、朝鲜及安南一带地区。其计划是由英国雕造银元钢模，再由英国及加尔各答铸币厂提供有关建厂造币的资料。③ 铸造的新币将以含锌量 1/10 为标准（见表 3），而不依照英国流通银元标准。原因是：若依据英国流通银元的成色铸造新式的银元，重量只有 400 克，较"本洋"的 416 克重量为小，因细少的银元不为中国商民接纳，故以九成含银量铸造 416 克重新币为最适合，比"本洋"的 89.16 克含银量还略要高，希望更易于被中国商民接纳。④ 包令再从"鹰洋"开始在广州被接受的程度分析，认为只要港府立例支持新币的推行，不难成为众商认可接受的货币。到时商民可视市场的需要，直接与造币厂订购新币，故造币厂应是一项有利可图的建设。⑤

表 3　　　　　　　　**1856 年建议在香港铸造英国新银元金属成色**

	纯度（克）	含锌（克）	总重量（克）	纯银（%）
西班牙银元	370.90	45.10	416	89.16
计划中的新英国银元	374.40	41.60	416	90
标准英国银元	384.80	31.20	416	92.50

资料来源：1856 年 11 月 5 日上海美商致香港总督书信。"Correspondence relating to the supply on silver in the markets of China"，*BPP*，页 56～59。

当包令收到印度加尔各答铸币厂提供造币厂的参考数据后，了解到该厂已拒绝港府任何造币的要求，他便以此测试英国财政部的反应。他给财政部的问题是："若英政府反对在香港建造币厂，英属的铸币厂能否提供银元及

① 香港总督包令 1856 年 3 月 24 日致英国内政部信件。"Correspondence relating to the supply on silver in the markets of China"，*BPP*，页 49。

② 英国财政部会议记录 26 号 1856 年 7 月 15 日。"Correspondence relating to the supply on silver in the markets of China"，*BPP*，页 52。

③ 香港总督包令 1856 年 3 月 21 日致英国议会附件 1，27 号及 1856 年 4 月 23 日附件 2，27 号。BPP，"Correspondence relating to the supply on silver in the markets of China"，*BPP*，页 53～54。

④ W. Woodgate 对英国银元用于香港备忘录 1856 年 4 月 26 日广州。"Correspondence relating to the supply on silver in the markets of China"，*BPP*，页 55～56。

⑤ W. Woodgate 对英国银元用于香港备忘录 1856 年 4 月 26 日广州。"Correspondence relating to the supply on silver in the markets of China"，*BPP*，页 55。

辅币给与香港？"①然而，英国财政部还是反对他的提议。包令在他离任前仍未能成功游说英国政府支持建立造币厂。②他在任内积极推动建立造币厂虽然失败，但对日后港府在同一议题上，提供了良好的计划基础。

专业意见提供者：印度加尔各答铸币厂

因应港督包令的要求，印度加尔各答铸币厂提供了造币厂的重要参考资料，其中包括建厂的成本、机械的支出、员工的薪金、有关部门的使用费用，也介绍了造币厂的运作安排。这些数据对香港筹建造币厂非常有用。以印度加尔各答铸币厂的资料看，投放机械用了110万卢布（约等值49万港元），厂房投资用了130万卢布（约等值57万港元），合共总数240万卢布（约等值106万港元）。另员工薪金支出每年为19.4万卢布（约等值8.6万港元），其中付给厂长（master of mint）的薪金在总支出高达17%。③生产量为每天13万个铜币及20万个银元。若只造银元，产量为25万个，一年工作260天，总产量为6,500万个银元。④至于造币的收费，订定为任何货币铸造价值的2%，另加0.1%作预先熔炼的额外收费。⑤从数字分析，印度加尔各答铸币厂效率非常高，投资费用可于一年后收回。该厂厂长给香港政府一个很贴切的忠告："对于付款委托该厂代铸货币，还是自己建厂，哪个比较有利，殖民地政府应作出最终决定。这个问题的重点取决于造币的数量，答案可从所需费用及公众需求得出。……因我不知道中国造币的需求有多大，故对建厂的大小规模未能给与任何意见。"⑥因该厂只承造印度本土货币，并重申当时不能为香港提供任何造币服务。⑦从此，在中国境内兴建造币厂一直是英国驻华官员的议题，讨论过程中亦反映出不同阶层的不同立场。

中国商人的立场

要分析华商对建立造币厂的立场，首先须了解中国流通货币的情况。中

---

①　港督包令 1856 年 11 月 11 日致英国外交部 The Earlof Clarendon 信件。"Correspondence relating to the supply on silver in the markets of China"，*BPP*，页 61。

②　英国外交部 Shelburns1857 年 12 月 17 日致港督包令的信件。"Correspondence relating to the supply on silver in the markets of China"，*BPP*，页 66。

③　印度加尔各答铸币厂厂长 J. H. Bell 1856 年 7 月 9 日致皇家铸币局秘书长 E. F. Harrison 信件附件（A）及（B）。"Correspondence relating to the supply on silver in the markets of China"，*BPP*，页 64～65。

④　同上，62 至 63 页。

⑤　同上，第 6 及第 10 点，63 页。

⑥　同上，第 5 及第 8 点，63 页。

⑦　同上，第 2 点，63 页。

国商民一般使用铜钱为货币单位，每枚铜钱约重 57.98 克。至于大额贸易则以银票、钱票或纹银为交易资金。清政府曾制定每两纹银可兑换一千铜钱（故铜钱亦称千文或文钱），或每枚银元兑 700 铜钱的指定价格，但因各省的铸钱局铸造铜钱的质素不一，同治年间的兑换价已跌至 1,358 文钱兑一两银或 970 钱兑一银元。在香港，铜钱是合法流通货币，官方兑换价为每先令兑 288 文钱（或相等于一银元兑 1,200 铜钱），相比实际的铜钱市场价格低估了 24%，离可接受的情况相去甚远，故香港政府的铜钱政策被形容为一张不存在的 "废纸"。①

与银元货币接触的华商，一般指从事出入口贸易的行商、业于银钱买卖的钱商、从事本销的零售商以及为外商服务的买办和看银师。因华商各自代表不同角色，他们在同一议题的立场亦有所不同。中国钱商每天聚会并商议铜钱的兑换价，通常以铜钱的供应多少作出决定，其中亦受到银元、纹银的比价影响。大小钱商以此为生，不少更囤积罕有的银元，待价而沽。在广州，行商与钱商曾就 "鹰洋" 的接受问题闹上法庭，最后由钱商于 1854 年 1 月 23 日公告接纳所有银元；包括烂板，其计算以含银量为标准。②在同一问题上，上海道台曾访问过不少钱商、行商，结论是互有所指，钱商说是行商在贸易中不接受新的 "鹰洋"，故造成银元间价格很大的偏差。而行商则指钱商坚持以含银量较高及熟识的本洋为认可币值，在兑换中上下其手，谋取暴利。事实上，行商与钱商在银钱价格波动中互相配合。当行商估计或得悉钱价将会上升，便立即将货品提价，若铜钱价下跌，行商并不作出反应减价，直至市场出现竞争才调整货品价格。③最终受害的多是被迫收受折价银元的农民和须折算铜钱为卖价的进口外商。有见及此，上海道台曾建议在上海设立指定的银元兑换店，这些兑换店须硬性接受 "鹰洋" 的兑换，以公平市价买卖 "鹰洋"，希望此币为中国商民普遍接受，企图减少钱商以此币未能在上海流通为借口的谋利活动。④

除钱商及行商外，买办及看银师在贸易中扮演了多种角色，正好为他们在银元、纹银和铜钱间的差价中提供图利的机会。事实上，早在咸丰末年及同治年间，各洋行的买办及看银师就是银元炒卖的投机者。如在 1862 年，

① 参考港督罗便臣致英国纽卡素公爵第 35 号信件第 14，16 及 19 点，1861 年 3 月 9 日，PRO-UK，CO129/80。

② 参考 *The China Mail*，1854 年 1 月 26 日，第 4 页。

③ 参考港督罗便臣致英国纽卡素公爵第 35 号信件第 18 点，1861 年 3 月 9 日，PRO-UK，CO129/80。

④ 上海道台公告 1856 年 10 月 25 日。"Correspondence relating to the supply on silver in the markets of China"，*BPP*，页 61。

丽如银行（The Oriental Bank Corporation）上海分行买办冯显就因伙同洋大班炒买银元损失被揭发。[①] 此外，宝顺洋行（Dent & Co.）的买办徐润亦曾于同年秋天伙同看银师及洋大班共五人沽空六至七百万元"鹰洋"，两天内损失共三十万元，而接货的对手正是怡和洋行（Jardine Matheson & Co.）买办、商人黄以规及陈怡春。[②]由此可见，买卖银元并不是行商或钱商的专利，不少大额的炒卖银元活动是买办和看银师的作为。

由于买办和看银师是与外商接触的主要桥梁，故香港华人社会对港英政府在金融货币政策上的意见，是由外商的买办及看银师经外商银行向香港政府作出反应的。如建议中的香港新币设计，经各外商银行接触中国买办及看银师后，得出建议是新造的银元和铜钱辅币的重量必须弃用英国标准而采用中国惯用的十进制。[③]香港的商户普遍对港府发行一元以下的辅币甚表赞同，原因是除纹银及银元外，辅币便是铜钱，但伪造铜钱的情况在华南一带非常严重，商店有时亦被迫接纳有伪币混杂其中的吊钱，严重时曾出现一吊钱中有一半以至七成是伪币的情况，故标准化的新铜钱及银元辅币，应可解决辅币供给的不足。

在上海，华商的意见可直达道台，再由道台经英国公使向港府反映。显然上海华商对在港设置造币厂的提议没有多大反应，态度亦有所保留。其主要原因是"本洋"流通已久，广被接纳，而各种银元间的兑换价格亦有一定的市场规律，没有必要制造新的银元推出市面。然而，对部分钱商而言，多一种认可的银元并不失去在兑换差价中谋利的机会，故亦没有表示反对，一切依从市场的发展导向。

满清政府的立场

对清政府而言，银元（清政府称之为夷钱、洋银或洋钱）每枚重库平七钱二分，熔化后纯银的重量只有六钱五分，但"民间以其无成色之低昂，无弹兑之轻重，而且取携甚便，习惯自然，是以不胫而走，价虽浮而人乐为用。"[④]清政府官员深知不可强行禁用，原因是银元"由来已久，民间未必遵

① 两江总督致总理衙门信（有关丽如银行事件）1864 年 4 月，PRO-UK，FO/1080/132；*North-China Herald*，4 June 1864，supplement，页 91～92。

② 徐润着：《徐愚斋自叙年谱》，上海古籍出版社，1995 年，页 10～11。

③ 香港买办及看银师认为香港新的铜钱重量须与中国铜钱相若，但因中国铜钱的金属含量不一，故香港新的铜钱曾出现"一文"为单位，实指 1000 文钱兑壹圆银元，其后以"一千"的新称号代替。后因香港新铜币体积太小及不能与中国铜钱作金属比价，改发行一仙铜币。参考港督罗便臣致英国纽卡素公爵第 35 号信件第 20 点，1861 年 3 月 9 日，PRO-UK，CO129/80。

④ 咸丰五年二月二十七日福建巡抚吕佺孙折。参阅中国人民银行总行参事室金融史料组编：《中国近代货币史资料》第一辑上册，中华书局 1964 年版，页 191。

行，欲绝来源，则取利甚大，夷人必不遵约。"①除广东沿岸海关税收可接纳银元外，两江总督于咸丰元年亦照章批准兼用银元完纳税饷。②有见银元广被接纳，福建巡抚曾于1856年初拟议仿铸外国银元，并设局制造银元。但该建议为军机处否决，原因是银元只流通于江、浙、闽、广一带，其它各省未受影响，而且仿造洋银早已在江苏一带出现，因式样秤色不一，一经商铺之手，立辨不行，或折价甚巨。还有，清政府一直以中国钱法为依据，故仿照"外夷式样造银元，实有乖体制。"③事实上，咸丰年间的钱法已是钞、钱、银并用：钞是宝钞、银票等；④钱是指官钱、铜钱及后期的大钱；⑤银是实银或纹银。清政府发放官钱、宝钞是经兵饷流出市面的。⑥咸丰十年前是四成宝钞、二成铜钱及四成实银。咸丰十年后因宝钞滥发贬值而取消，兵饷的四成票钞改折为三成实银。⑦从学者的研究看，满清政府的货币政策曾于不同时期更改其实施方法，到咸丰年间，清政府因战争赔款及太平军战事已令国库存银大不如前，其国家财力不足以抗衡外国银元的流入及其对钱法的影响。⑧

银元在中国被接纳的过程中，清政府地方官员的影响力最为重要。在实质的运作上，上海外商对银元的意见是经英国公使转上海道台、两江总督再上达中央，而广州的外商亦是经两广总督转达意见。其建议能否到达清政府最高权力中心，全在道台、两江及两广总督之手。⑨有学者认为，银元问题

---

①　咸丰五年二月二十七日福建巡抚吕佺孙折。参阅中国人民银行总行参事室金融史料组编：《中国近代货币史资料》第一辑上册，中华书局1964年版，页192。

②　一件江苏抚部院完纳夷商税饷讫据。咸丰元年正月初四日，PRO-UK，FO682/391/2（5）。

③　军机大臣奕欣等折，咸丰五年四月二十四日。参阅中国人民银行总行参事室金融史料组编：《中国近代货币史资料》第一辑上册，页193。

④　钞可分为官钱票、宝钞、实钞、银票，其中又分为已造票、已制字票及已未入筒之空钞。以咸丰十年停发钞票计算，已造宝钞二千余万串，已制字之宝钞约八百余万串，已造银票约计九百余万两，已制字银票一百九十余万两。清政府亦曾令五十家民钱铺推行宝钞，但两年未见通行，息数收回。参阅中国人民银行总行参事室金融史料组编：《中国近代货币史资料》第一辑上册，页412，415。

⑤　学者研究咸丰年的铜钱品种多至三千余，非常混乱。

⑥　清政府制造的铜钱并不是直接公开发行，而是发给清兵作军饷再流出市面，每次发饷是依据市场兑换价折算铜钱数量，但其中5%以官方指定兑换价一千铜钱兑一两银作计算，兵员实收少了1.3%。参考港督罗便臣致英国纽卡素公爵第35号信件第14点，1861年3月9日，PRO-UK，CO129/80。

⑦　兵饷经改放后为七成实银二成铜钱，户部每月发放各旗营的兵饷由十七万余两增放十一万余两，而少放的官钱铺钱票六十万吊及实钞二十八万余吊，约值实银七万两，户部多出实银四万余两。参阅咸丰十年二月初九日惠王绵愉等折。参阅中国人民银行总行参事室金融史料组编，《中国近代货币史资料》第一辑上册，页413。

⑧　参见 Frank H. H. King, *Money and Monetary Policy in China 1845～1895*，页171～172。

⑨　同上，页166～167。

是因为清代官员未曾接受金融知识的培训所致。但以广东籍买办出身的上海道台吴健章为例，他对银元运作及市场触觉经验丰富，并不存在对金融知识不足的问题。可是大部分咸丰及同治年间的官员仍以旧有的钱法为正宗，各省市不同纹银的比价亦以库平为标准，官民习以为常，对没有可能被接纳的银元议题尽量避免上报。亦因建制上的缺陷，外商的意见从来没有认真地被传达到权力中心。①上海外商普遍对清政府官员非常不满。从 1856 年上海外商提议以墨西哥银元为交易货币的事件分析，清政府地方官员的无奈在货币政策上表露无遗。②

在香港政府建立造币厂前，海关总税务司赫德（Robert Hart）曾于 1863 年后多次向清廷建议设立造币厂，但不得要领。③香港政府就兴建铸钱局制造香港新银元一事亦曾经英国驻北京公使阿礼国（Rutherford Alcock）转达清政府，但没有得到任何回复。一般相信清政府认定，在香港设立造币厂是英国政府在香港殖民地的地方货币政策，无须参与或表态。及至香港铸钱局成立后，经港督两次催促，阿礼国才得到总理衙门恭亲王同意海关确认新币可用于完税。但新币的市场价值比"鹰洋"要低，与原先计划广泛推行于各商埠的目的相去甚远。④英驻北京汉文参赞威妥玛（Thomas F. Wade）于是大力倡议该厂应为中国清政府制造银元，在政治及商业上均有利无害。英政府曾为此着令英国皇家铸币局设计多款中国银元的式样，部分式样经香港铸钱局制造。从 1866 年 8 月 20 日开始，不同银元的式样经英公使多次转交清中央政府。该式样则由英国皇家铸币局及香港铸钱局制造，其中包括于 1867 年为上海设计的"上海壹两"及"香港壹两"的式样，但均为清政府拒绝接纳采用。⑤其后拒绝接纳的还有 1868 年设计注明"同治年铸"的"中华通宝"银壹两及"中外通宝"关平银壹两，相信是与清政府在同治年间仍未接纳以机制银元为货币标准有关。以港英政府的观点，若施压要求清政府当局接受或强行推动，可能会有反效果或造成混乱。⑥故香港铸钱局的建立与运作，在时机上未能与清政府后期货币改革接轨。

---

① 1856 年 11 月 5 日上海美商致香港总督书信。PRO-UK，C/O129/59，页 124。
② 同上，页 126。
③ 阿礼国回复港督 1867 年 11 月 22 日信件。PRO-UK，CO129/121。
④ 香港新银元在中国境内并不受欢迎，原因是港英政府立例禁止在新币上打戳确认，对中国商民来说并不习惯，而全新的"鹰洋"供应充足，没有必要换购新币。
⑤ 见 Joe Cribb，*Money in the Bank*，页 34~35。
⑥ 同上；阿礼国于 1867 年 11 月 22 日致港督信件。PRO-UK，CO129/124。

外商的立场

外商对制造新银元在中国流通的提议出现了在不同地区不同时间有不同立场的现象，这个分歧可从外商之间的利害关系中表现出来。在香港第一任港督璞鼎查于 1842 年 3 月发表第一份货币公告后，怡和（香港俗称渣甸洋行）、宝顺（香港俗称颠地洋行）及主要外商便要求香港政府认同墨西哥银元在香港的合法地位，以保证其手上大量墨西哥银元的合法性。①而香港的货币制度亦从此得以确立，即以港元为单位的制度实以墨西哥银元为支付基准。香港货币交易的情况基本与广州相同，但各种银元间差价的问题没有其它商埠那么严重。②但踏进 19 世纪 60 年代，香港与亚洲区内的贸易增长令银元需求剧增，而墨西哥银元的价值更高于其本身的含银量。当时的港督罗便臣（Hercules Robinson）将建立造币厂的议题上呈英国内政部，得到部分英商支持，其中有利银行经理麦健时（McKenzie）认为在香港设立造币厂是值得支持的。但由于估计建厂费用高达 140,000 英镑（等值 672,000 港元），而每年营运费用又需港币 80,000 元，大多数外商及银行家担心政府会增加税项，故多持异议。至于建议中的造币厂将制造港元辅币，从银行的立场看，英商东藩汇理银行（即丽如银行在香港的名称）是在香港发钞的主要银行，其钞票在货币市场上广泛流通并有一定的认可接受性，皇家特许状给与其发钞的面额是五元或以上，但一元或以下的面值货币发行便不能参与。对东藩汇理银行而言，一元新银币的制造及流通，会直接影响其发行钞票的发展，故它的经理表示该行每月只需等值五英镑的碎银或铜钱辅币已可满足银行的交收。③从一般外商的角度看，辅币的概念在中国商民中并不存在，因制钱及钱票的使用已足够解决辅币供应的问题，④故银质辅币的需求亦相对的低，造币厂将提供辅币的作用备受质疑。怡和洋行大班韦托（James Whittall）的立场与东藩汇理银行相同，认定香港没有必要设立铸币厂。至于由香港外商成立的香港上海汇丰银行（简称汇丰银行），其立场正

---

① 1842 年 4 月 27 日，璞鼎查以"鹰洋"供应充足为由，指定"鹰洋"为贸易标准货币，参考 G. B. Endacott："The Currency problem in early Hongkong"，*Far Eastern Economic Review*，19 April 1956，页 486；Friend of China《中国之友》（April，28，1842）及 Canton Press《广州杂录》（May，7，1842），节录自 *Frank H. H. King*：Money and Monetary Policy in China 1845~1895，页 182。

② 香港在 1862 年前没有自己的货币，"港元"及银行发行以港元为单位的纸币实以"鹰洋"支付，而"鹰洋"在香港的兑换价受法例确认与"本洋"相同。

③ 参阅 G. B. Endacott："The Hong Kong Mint and the Colony's currency problem"，*Far Eastern Economic Review*，14 June 1956，vol. 20，页 744；参考港督罗便臣致英国纽卡素公爵第 35 号信件第 13 点，1861 年 3 月 9 日，PRO-UK，CO129/80。

④ 同上。

代表大部分香港商人在货币问题上的态度。汇丰银行期望造币厂铸造的新银元能方便流通，最终能取代现有的"买办制度"，即经过看银师打戳验证每一枚银元的惯例。汇丰银行推算，新银元可加强本地货币的流通，这对它发钞亦有帮助（其观点与丽如银行刚好相反）。汇丰银行欲成为中央结算银行的目标至为明显。①故港督罗便臣的货币改革及设立造币厂的建议，汇丰银行属于支持的一方。

在上海，外商并不希望中国及英国政府对银元市场作出任何形式的干预。原因是外商从事出入口贸易交易中所使用的"本洋"及"鹰洋"被视为有利可图的货币，各种不同式样的外国银元比价早已掌握在他们手中。外商从"本洋"的高水、其它银元的低水、纹银间的折价及烂板的再造中得益不少，投机买卖的现象非常普遍。②不少外商及帕栖（香港称巴斯）商人亦屯积不少银元，以买卖银元为正业，任何市场规律的改变可使他们蒙受极大的损失。故上海道台于 1855 年 8 月 25 日公布的银元法规时，便受到以宝顺、怡和、琼记（Augustine Heard & Co.）及帕栖等众外商的大力反对。③以银元含银量为市场标准价值的建议不为主要英商接纳，他们认为清政府若不正式接受银元为法定货币，便应取替所有银元在中国的流通，并建立自身的造币厂制造一种标准货币。④但当香港总督提议在香港筹建造币厂时，英商的意见并不一致。划一币制无疑对那些大的汇票商及钱商不利，其中上海的怡和、宝顺等汇票商人的态度暧昧，原因是该等洋行的大班均是香港立法局及行政会的成员，故不便在上海公开反对港督建立造币厂的提议。⑤ 在英驻上海公使一再催促下，他们只由上海英商会的秘书回答，表明几位会员坚决反对上海道台及中国商人以纹银为货币标准的要求；至于港督拟议在香港设立的造币厂，只表示若新币能有适当的监督，重量及纯度得到绝对的保证，将对中国贸易有利。⑥相反，美商如琼记、旗昌、同珍（Bull, Nye &

---

① 参阅 Frank H. H. King："British Chartered banking: Climax in the East"，*Asian Policy*, *History and Development*, Hong Kong: Centre of Asian Studies, University of Hong Kong, 1979, 页 15。

② 不少英商及帕栖商人曾拒绝收取中国商人以"鹰洋"支付购买鸦片及棉花，相方争持了差不多一个月，令市面没有鸦片成交，直至"鹰洋"兑换价上升到与纹银价相近才接受交易。参考 *The China Mail*，1854 年 1 月 26 日，页 4。

③ 1855 年 9 月 18 日上海外国商人联名上书英、美、法领事信件。"Correspondence relating to the supply on silver in the markets of China"，*BPP*，页 46～47。

④ 1856 年 11 月 5 日上海美商致香港总督书信。PRO-UK，C/O129/59，页 124。

⑤ 香港若要建立造币厂，必须立法局通过，立法局是港府与主要英商谈论条款及利益问题的重要场所，故怡和和宝顺的大班对处理建厂提议一事非常小心。1864 年 2 月 26 日，立法局最终通过支持兴建造币厂。

⑥ 上海英商会秘书 S. E. Patullo1856 年 11 月 3 日致英使的复信。"Correspondence relating to the supply on silver in the markets of China"，*BPP*，页 60。

Co.）等公司皆支持港督包令的立场，赞成在香港铸造新的银元。①以美商的见解，银元在中国的接受情况及差价问题与贸易不平衡并没有关系，其原因主要是因为中国商民对罕有银币的偏好。美商更从完好的银元和烂板在中国的差价分析，认定中国商民愿意付出高价得到新的银元，故在香港铸造新银元供应中国各口岸被认同为一个可行及很好的建议。美商进一步建议新币要制作精美，以防广州钱币商造假；又新币应以中国常用的十进制为单位，正面应示英文标记以便清楚展示新币属英国人的货币，背面则须刻上有中文的重量和币值，以利中国商民确认。②

英国政府的立场

英国政府对于在香港建立造币厂的态度由最初反对港督包令的倡议，到后来答应港督罗便臣同样的计划，出现极端的变化。从整个过程中，我们察觉到英国政府因应不同的时势而对中国货币政策作出过多次的调整。

从英国政府的立场看，港督于开埠初期订立的银元兑换价是正确的做法，有助于提升各种银元与"本洋"的等同价值，而英国货币先令在英国本土及英帝国属地均被视为标准货币，它的价值亦应如其他银元一样，不可能在中国地区被刻意低估。包令于 1855 年的提议，是企图以新币代替英国先令，虽然没有言明，但对英政府来说实属严重的问题。在没有足够理据的支持下，包令的提议是不可接纳的。③反对建立造币厂的，还有前任港督德庇时。他指出香港的情况与东印度及新加坡非常相似，居民都不使用政府货币而使用西班牙银元，故认为建厂制造香港新硬币是不可行的。④针对包令的建议，英财政部更指出包令在造币成本假设中出现的误差，并加以批评。以财政部的看法，包令建厂的提议可能对商人有利，若试验失败，英国政府的财政负担会大大加重。⑤此外，英政府明确表明不会在财政上支持兴建造

---

① 1856 年 11 月 5 日上海美商致港督书信。"Correspondence relating to the supply on silver in the markets of China"，*BPP*，页 56～59。

② 参考 1856 年 11 月 5 日上海美商致港督书信。"Correspondence relating to the supply on silver in the markets of China"，*BPP*，页 58～59。

③ 前任港督德庇时于 1858 年 2 月 14 日信件中提及英外交部已书面通知包令否决建立造币厂的建议。PRO-UK，CO129/59，页 120。

④ 前任港督德庇时于 1858 年 2 月 14 日信件，就包令 1856 年 11 月 12 日建议作出评论。PRO-UK，CO129/59，页 121。

⑤ 英财政部认为若计算每枚银元造币成本为 4 先令 3 至 4 便士是有偏差的，原因是包令没有将建厂的成本及银的本身价值计算在内。而以财政部当时为港府购入银币成本价为 61 便士，加上运费、利息、保险和其他杂费，每枚银元的到岸价应是 4 先令 6 便士。英财政部报告第 31 号 1858 年 2 月 26 日。"Correspondence relating to the supply on silver in the markets of China"，*BPP*，页 68。

币厂。它估计在香港建立一间造币厂需要 672，000 港元，以当年香港政府全年税收只有 170，400 港元计算，是没有能力独资兴建的，① 故包令的大计在当年无法得以推行，其建议只是他和部分外商的意愿。英财政部更认为商人应供应充足的"鹰洋"在中国广泛使用，对于为中国商民提供另一种新的英国银币，而期望能被广泛接纳的可行性并不认同，故包令的建厂提议最终被英政府否定。②

踏入 19 世纪 60 年代，香港与各地贸易大幅增长，银元需求比供应多，"鹰洋"的升水比其含银量还要高。至于英国货币先令，香港政府的全年税收只记录有 1.7% 是以先令支付，③ 故英国先令在香港的地位被香港银行家认作是"花钱"④，流通有限，若顾客欲提取英镑先令回英国祖家，银行须到钱币找换店或从钱商处兑换。⑤ 可见，英国先令在香港及各商埠是一种虚有的货币，币制改革对香港政府是急需解决的事情。1861 年 3 月 9 日，港督罗便臣（Hercules Robinson）向英廷陈述 32 点论据和 7 点建议，极力争取银元为法定货币及政府部门以银元结算。此外，亦提议财政部接纳发行港元辅币。⑥罗便臣更在接触部分香港商界和银行后，认定在香港建立造币厂比从英国购入港元辅币更佳；若能在香港制造新银元，该币在大中华及亚洲地区将可替代"鹰洋"的领导地位。他遂把建立造币厂的提议再次呈上英国内政部，希望尽快能在香港能建立稳定的银元供应基地。此计划最终获得英国政府的同意，但港府须支付一切开支。

三、香港铸钱局的运作：一次昂贵的试验

铸钱局于正式营业前，早已做好商业及政治上的安排及推广。在商业上，为吸引商界及银行交付银料与该厂铸造新币，港府于 1865 年底公布所谓"零、壹、贰"的推广计划。按照该计划，造币厂开业头两个月内，交来

① 参阅 "Comparative statement of the Revenue and Expenditure of the Colony of Hong Kong in 1855 and 1856", *Hong Kong Blue Book*, *Year 1856*, 页 40～43。

② 英财政部报告第 33 号 1858 年 2 月 27 日。"Correspondence relating to the supply on silver in the markets of China", *BPP*, 页 69～70。

③ 1860 年香港政府的税收为 94,000 英镑，但实收英国先令只有 1,600 英镑，其他均是等值的"鹰洋"。1864 年的情况更差，只收了 289 英镑 7 先令 6 便士。英国先令在香港的地位早已为"鹰洋"所取代。参考港督罗便臣致英国纽卡素公爵第 35 号信件第七点，1861 年 3 月 9 日，PRO-UK，CO129/80。

④ "花钱"英文原名 fancycoins，指没有实质成交非流通货币。"花钱"多用作纪念币。

⑤ 港督罗便臣致英国纽卡素公爵第 35 号信件第九点，PRO-UK，CO129/80。

⑥ 港督罗便臣致英国纽卡素公爵第 35 号信件，1861 年 3 月 9 日。PRO-UK，CO129/80。

的银元、银锭、银条、银碎，均可免费代铸新的通用银元；之后的两个月内
收费为1%；优惠期过后，即开业后第五个月及以后代铸新币收费一律以
2%计算。①1866年5月2日，香港政府公告有关香港铸钱局收受银料铸币的
新条例。②该条例经政府与行政局商讨，采用比较灵活的条款，除免费代铸
期外，划一代铸新币收费为2%，并取消含银量低的银料附加费1‰，改为
多种的规条和限制。③在政治上，除公布新币在香港的合法地位外，更经由
广州英国公使与两广总督接洽，要求新币在广东等地区被接纳为合法货币。
经粤海关化验后，新币成色为九成纯银，以110两1钱1分对100海关两为
准，新币被中国政府承认，并可用做缴纳海关税款。④香港铸钱局首先铸造
的银币是香港银元壹圆、半圆、五仙、壹毫及贰毫辅币。⑤首批制成的
50,000枚半圆及400,000万枚壹圆银币于1866年9月15日由政府公告为合
法流通货币。⑥10月20日，英财政部正式确认香港铸钱局制造港元辅币条
例，明列各种面额银元辅币的设计、含银量。

　　铸钱局原本计划于1866年3月开业，但铸造的模具未能如期到达，⑦故
改期为1866年5月7日开业。市场最初反应甚佳，很快收到达1,212,044
安士的银币、纹银、银条和烂板交来镕铸新币。但厂房生产准备未足，测试
工作亦没预早做好，意外相继发生。正所谓屋漏兼逢夜雨，船烂偏遇打头
风：先有两个动力大车轮破损，继而是镕炼部员工生病及春饼模件不配合。
由于未能有效生产交来的银料，港督麦当奴遂决定将免费代铸期限延长两个
月。铸币厂厂长干打要求增大镕炼部门，并估计每天能出40,000枚银元。
到了5月29日，三个星期的产量合计只有18,000枚银元。干打于是一再更

---

　　①　香港政府公布1865年12月20日。"Government Notification announced by W. H. Alexander
on 20 December 1865"。

　　②　不少学者把它与同年4月20日发布的条例混淆，有多处出现数据错误。参阅香港工商业汇
报编：《香港建造业百年史》页43；正式公告见于香港辅政务司公告文件第64号，《香港政府宪报》
1866年5月26日。

　　③　香港政府公布1866年5月2日。"Government Notification announced by W. T. Mercer on 2
May 1866"。

　　④　因应英国驻广州公使的要求，两广总督及粤海关经测试香港铸造的半圆和壹圆银币后，证
实其成色为每百两海关纹银值91.1111纯银度。并公布香港新币被清政府接纳为税付的货币。英国
驻广州公使梅瓦士（WilliamFred. Mayers）致香港辅政务师孖沙信件第218号，1866年11月26日，
附两广总督及粤海关公告，《香港政府宪报》1866年12月1日第182条；1867年5月1日两广总督
致英国公使信件。PRO-UK, Mint13/204。

　　⑤　参阅Joe Cribb：*Money in the Bank*，页22～33，附图2.20。

　　⑥　港督公告第11号文件，《香港政府宪报》1866年9月15日；PRO-UK, Mint13/206。

　　⑦　原因是英女皇对硬币设计的女皇像不满意，需要皇家铸币局更改雕模，新设计正面人像雕
刻由Henry Sheard负责，背面由Owen Jones负责设计雕刻。参阅G. B. Endacott："The Hong Kong
Mint and the Colony's currency problem"，*Far Eastern Economic Review*，21 June 1956，vol. 20，页794。

改其产量估计，将原本乐观的数目改为每天出 10,000 至 20,000 枚，并承诺将产量慢慢提升到 40,000 至 50,000 枚。但到 6 月 12 日，厂房的每日平均产量仍只有 2,000 枚，头一个月只制造了 30,000 枚银元。香港政府评价铸钱局试铸新硬币投资非常昂贵，但质量并不稳定。①直到 8 月份，铸钱局最高峰每天只能生产 15,000 枚，与每天 27,000 枚的收支平衡数目相去甚远，三个月的运作已令铸钱局损失了 127,000 元。②

踏入秋季，市场再没有足够的银料交与镕铸新币。英国皇家铸币局曾建议新币的含银量必须提高，以增加它的接受程度，但不为港督接纳。同时，港督麦当奴成立小组研究铸钱局所出现的问题，但因辅政务司孖沙与怡和大班韦托二人有不同的立场，调查没有得到结果。③到 12 月底，干打总结造币厂的利润为 10,321 元。④这是个不实的数字，其目的是要求增加镕炼的设施及改善不适合的设备。经政府核数处的分析，结论是从造币所得的 6% 收入，不能抵销政府因借贷所支出的 8% 的利息。由此可见，政府借款来制造新币是盘亏本的生意！⑤最大的问题是到该年年底，政府的库房还储存了等值 100,000 元的新辅币而未能流出市面。1867 年 1 月，为求增加制造新币的吸引力，麦当奴将镕炼费减为 1%，但市场没多大反应。部分英商及英政府官员认为铸钱局若要有利润，清政府必须全面接受香港新币。但麦当奴认为香港政府是没有能力支持英国货币在中国发展的费用，而香港作为一个贸易港口，其货币只能适从中国地区常用的流通货币，而不是强行建立本身的货币，若英政府不支持铸钱局，便应将之结束。⑥

1867 年 10 月，铸钱局几乎到了无事可做的地步。干打便到日本与日本政府商议收购香港铸钱局及雇用外籍员工。经过与幕府官员接触后，他得知日本无力购买该厂，遂提议香港铸钱局代造日本银币，但未得到接纳，只是成

---

① 香港铸钱局第一批交与英国化验的试铸银元出现不同重量及其他缺点。参阅 "Letter from Mackenzie to Sir Robinson"，PRO-UK，Mint13/201。

② 参阅 G. B. Endacott，"The Hong Kong Mint and the Colony's currency problem"，*Far Eastern Economic Review*，21 June 1956，vol. 20，页 795。

③ 香港政府 1867 年 1 月 8 日公告第 6 号，《香港政府宪报》，1867 年 1 月 12 日。

④ 铸钱局经过七个月的生产，成绩差强人意，香港政府经核数后，认定该厂的营利报告不尽属实，1866 年底的确实入账利润为 10,490.03 元，但没有计算政府造币所需的借贷利息。参考 "Net Revenue and Expenditure of the Colony of Hongkong in 1866"，*Hong Kong Blue Book*，*Year 1866*，页 24。

⑤ 港督麦当奴致英国 The Earl of Carnarvon 第 172 号文件第 7 及 13 点，1866 年 12 月 3 日，PRO-UK，CO129/116；铸钱局 1866 年的实收帐为 10,490.03 元，其中 1,255.65 元是代铸新币收费，9,241.36 元是造币的利润，其它化验费占 4.8 元，镕炼费 3.6 元。参考 "Net Revenue and Expenditure of the Colony of Hongkong in 1866"，*Hong Kong Blue Book*，*Year 1866*，页 24。

⑥ 参阅 G. B. Endacott："The Hong Kong Mint and the Colony's currency problem"，*Far Eastern Economic Review*，21 June 1956，vol. 20，页 795。

功游说日本政府承认香港新币缴纳完税的地位。[1]另一方面，驻上海英国中文参赞威妥玛曾提出铸钱局若为中国政府镕制纹银，应比中国自己铸造纹银成本低，但被英国公使否定其可行性；其后还有提议为中国铸造银元，亦没有进展。[2] 1868 年 2 月 22 日，麦当奴收到英国政府电报通知，授权他结束铸钱局。[3]

若从铸钱局两年间的产量分析，可见该厂最初问题丛生、产量极低，到后期效率已有所改善。该厂两年总产量为 6,404,589 枚银币，等值港币 2,540,020 元。1866 年度的产量为 1,225,795 枚，但 1868 年头四个月的产量已增加至 3,452,220 枚，[4]每天的平均产量由 1866 年的 7,857 枚增至 1868 年的 46,029 枚（见表 4），增幅为 4.8 倍。可见铸钱局的运作已开始成熟，与计划初期估计的产量相近，可见该厂后期的生产效率已进入轨道。

表 4　　香港铸钱局铸造银元的数量（1866 年 5 月 7 日至 1868 年 4 月 30 日）

年份	日期	壹圆	半圆	贰毫	壹毫	五仙	总数（枚）
1866 年	5 月 7 日—8 月 7 日	372,232	—	—	—	—	372,232
	8 月 7 日—10 月 31 日	61,271	52,934	139,118	600,230	10	853,563
1867 年	1866 年 11 月 1 日—1867 年 1 月 31 日	—	52	—	19,232	136,044	155,328
	2 月 1 日—4 月 30 日	43,568		4,083		115,102	162,753
	5 月 1 日—7 月 31 日	848,533	5,532	61,660		200,000	1,115,725
	8 月 1 日—10 月 31 日	67,469		65,405	146,017	13,877	292,768
1868 年	1867 年 11 月 1 日—1868 年 1 月 31 日	2,098	69	15,785	51,842	144,529	214,323
	2 月 1 日—2 月 29 日	115,787		28,783		64,606	209,176
	3 月 1 日—3 月 31 日	410,968		95,005	1,290,063	—	1,796,036
	4 月 1 日—4 月 30 日	186,128		35,590	371,832	639,135	1,232,685
	总数（枚）：	2,108,054	58,587	445,429	2,479,216	1,313,303	6,404,589
港圆总值：		2,108,054	29,293	89,086	247,921	65,665	2,540,020

资料来源：英国国家档案 PRO-UK，Mint 13/206。

再从该厂的营运支出及收入分析，该厂造币及镕炼的利润分别由 1866

---

①　干打致辅政务司信件 19 October 1867。PRO-UK，Mint13/202。

②　参阅 Joe Cribb：*Money in the Bank*，页 34～36。

③　港督麦当奴 1868 年 2 月 25 日致英国 Duke of Buckingham 信件。PRO-UK，Mint 13/202。

④　参阅 "Return of coins coined by the Mint in Hong Kong from 7 May 1866 to 30 April 1868"，PRO-UK，Mint 13/206。

年度（5月至12月）的 10,505 元，1867 年的 12,705 元增至 1868 年头四个月的 19,038 元（见表 5）。增幅分别为 21% 及 50%。至于铸钱局的开支，撤除 1866 年创办年及 1868 年结束所需的额外开支外，1867 年参考性开支为 63,166 元，[①]而最大的支出是员工薪金，每年达四万元。看来铸钱局对雇员的待遇不菲；除各外籍雇员都提供宿舍外，最低薪的外籍低级文员年薪亦有 300 元，连一名等同买办地位的翻译员或华工首领的年薪亦有 900 元。[②]因为每年的支出巨大，铸钱局的设施及生产规模又不足以增加产量，故发展受到限制，除非有大量的银币订单支持收入外，该厂是没有可能自给自足的，但银元制造合约在很大程度上受到银元及汇兑市场波动的影响，铸钱局没有主动权，若得不到香港及英国政府的全力支持，其经营实在难以为继。

表 5　　　　　　**香港铸钱局收支表（1866 年 5 月至 1868 年 4 月）**

		港　　元		
		1866 年 5 月至 12 月	1867 年全年	1868 年 1 月至 4 月
收入：				
项目	铸币费	1,255.65	7,201.44	7,149.03
	化验费	4.80	124.51	163.73
	预镕炼费	3.60	959.56	913.85
	造币利润	9,241.36	4,419.55	10,781.28
	银料再造得益			30.00
	总数：	10,505.41	12,705.06	19,037.89
支出：				
厂长户口	固定支出（厂长及督办薪金）	22,080.00	22,080.00	10,327.18
	紧急及非经常性开支	19,941.28	19,994.37	28,006.84
铸钱局户口	在香港支出	7,738.58	5,220.41	3,847.87
	在英国支出	4,955.52	10,546.47	
	外籍雇员及家属回国旅费			6,578.00
	外籍雇员宿舍及仓库租金	6,685.99	5,325.00	2,267.74
	总数：	61,401.37	63,166.25	51,027.63

　　附注：1. 1866 年 5 月至 12 月共录得 156 天工作日，1867 年是 240 天，1868 年 1 月至 4 月只有 75 天。

　　2. 雇员薪金于 1866 年是 40,953.60 元，1867 年薪金支出是 39,048 元，而厂长及督办的薪金固定为 22,080 元。

　　资料来源：香港政府财务收入及支出，1866，1867 及 1868 年，"Comparative Yearly Statement of the Revenue and Expenditure"，*Hong Kong Blue Books*，*Year 1866～1868*。

---

　　① 参阅 "Revenue and expenditure of the Hong Kong Mint from year 1866 to 1868，data from the Revenue and expenditure of Hong Kong Government"，*Hong Kong Blue Book*，*Year 1867 to 1868*。

　　② 钟达志 Chun Tat Chi 于 1867 年 2 月 27 日受雇为翻译及看银司一职，薪金在华籍公务员中亦算很高。"Appointment of staffs and their salary of the Hong Kong civil servants including the Mint year 1867"，*Hong Kong Blue Book*，*Year 1867*。

四、香港铸钱局结业

香港铸钱局由最初倡议到正式开业历时 11 年、经历三届港督，投资港币四十五万元，运作了两年时间便结束经营，考研个中原因，不难作出判断，并可归纳为内在与外在因素。大多数历史学者只解说结业的内因，亦即是管理不善、成本高、产量低等问题。至于金融业的急剧变化、对中国货币市场的错误评估、得不到商界支持等外在因素就很少详细论析。诚然，它的致命伤是得不到英国政府的实质支持，而香港政府亦无意独力承担这一个沉重的包袱。

用人不当、计划不周、管理不善

港督罗便臣于 1862 年到 1864 年间长期离港，港府实质的运作、铸钱局的筹划及落实执行便落在辅政务司孖沙身上。孖沙是一位典型的殖民地官僚，没有大建树但亦没有大错失，[①] 但用人的眼光却被批评。他在任期间，曾多次申请港督一职但未能如愿，后期更是一个失意的政府官员。[②]虽然干打的委任状是罗便臣根据英国皇室委任令发出，但他当时的直属上司正是孖沙。孖沙对造币业了解有限，又不是工业背景出身，故铸钱局的整个建设完全由干打主理，孖沙只提供政策上的支持。正因如此，铸钱局最终由一班没有实际造币经验的人管理，很多问题未能预见及尽早解决。从干打对铸钱局的产量多次估计错误看，他本人对整个运作亦未完全掌握，令香港政府处于困局。看来孖沙完全依赖干打处理房厂一切事务，并没有要求利用皇家铸币局或其属下分厂的人才作工程监督或运作指引。又因各级督办没有相关经验及缺乏协调，铸钱局于开业前意外频生，以致香港政府被迫以访客会影响该厂运作为理由，谢绝参观。[③]此外，又因外籍雇员接连生病，生产无法如期达标。港府为免影响商人对新币的意向，决定将免费铸造期限由六月份伸延至八月份，平白少了两个月的收入。[④]直至麦当奴上任后，由于其作风硬朗、

---

① 参阅 G. B. Endacott：*A Biographical Sketch-book of Early Hong Kong*，2nd edition，Hong Kong：Hong Kong University Press，2005，页 79～83。

② 孖沙大力支持 W. T. Bridges 升任律政司一职，但 W. T. Bridges 因涉及包庇 D. R. Caldwell 在海盗事件的问题备受抨击，事件对孖沙日后申请港督一职时产生负面影响。参阅 G. B. Endacott：*A Biographical sketch-book of early Hong Kong*，页 80。

③ 辅政务司 1866 年 5 月 3 日公告第 65 号文件，《香港政府宪报》，1866 年 5 月 26 日。

④ 辅政务司 1866 年 5 月 15 日公告第 72 号文件，《香港政府宪报》，1866 年 5 月 26 日。

主见甚强，对铸钱局多次出现运作上的问题极为不满，孖沙很难与其共事。①可见，铸钱局失败的其中一个原因是用人不当。

此外，干打是铸钱局的总指挥，其下属全是英籍技术人员，华籍中级管理层并不存在。英籍技术人员并没有为华工提供培训或传授相关技术，一旦问题出现便指责华工无能，可见该厂没有一套有效的培训管理制度。亦因为缺乏中层管理人员，英籍技术人员压力大增，非常不满，干打只好每年提升他们的薪金来安定人心。②从种种迹象看，干打并不是一位能干的商业管理官僚；他可能是一位出色的机械工程师或军官，但由于本身缺乏造币的实际经验，不少问题未能适时解决。

干打本人，虽被形容为技术官僚，办事亦算尽力，③但他处理本人去留问题的方法则值得商榷。干打很明显是得不到港督麦当奴信任的，故当铸钱局的命运还未有定论时，他已为自己的未来作出了安排。1867 年 10 月日本之旅虽然未能成功出售铸钱局与日本政府，但他已成功游说日本政府有关他在香港造币的宝贵经验；④当怡和洋行的日本代理与日本政府接洽收购香港铸钱局的机械时，私下相谈了干打日后参与日本建厂一事。可见，干打早已知道铸钱局逃不过结业的命运，为自己的未来准备好后路，抱着树倒猢狲散的心态，并没有尽力与政府商讨或游说支持该厂继续运作。1868 年 7 月干打与日本东洋银行（即英商丽如银行在日本的分行）签约成为日本造币厂厂长。同一时间，干打亦去信英国财政部要求介绍他到英国皇家铸币局任职，但他的申请于同年 12 月被否决。⑤

金融市场的急剧变化

倡议成立铸钱局的 1864 年，正是商贸发展进入高峰年代的开始，第二次鸦片战争的结束（1860 年）与太平军的被歼灭（1864 年）使经济重拾正轨，经贸一片好景，流通货币需求大幅增加，市场需要大量完好的"鹰洋"，该币对其他银元及纹银曾出现高水。提议在香港建立造币厂得到一定

---

① 参阅 G. B. Endacott：*A Biographical Sketch-book of Early Hong Kong*，页 83。

② 参阅 "Appointment of staffs and their salary of the Hong Kong civil servants including the Mint year 1866 and 1867"，*Hong Kong Blue Books*，Year 1866 & 1867。

③ 干打于完成大阪造币厂的合约后，仍然向该厂查询造币的进展并向英国皇家铸币局汇报。参考 "Letters and papers concerning the Japanese Mint at Osaka, from April 1873 to January 1886"，PRO-UK, Mint 13/226。

④ 因干打的介绍，日本政府派出特使到香港参观考察铸钱局，回国后建议聘用外籍厂长和技术人员建立日本造币厂。

⑤ 见 1868 年 12 月 17 日英国财政部及军部（War Office）回复香港政府的信件，PRO-UK, CO129/135，页 437～444。

的支持，初步计算应属有利可图的计划。故罗便臣虽然中途离任，但建厂计划仍如期进行，没有停止。可是在短短两年间，时局出现了很大的变化。1866 年一场金融风暴令整个形势改观，大型外商如宝顺洋行、蕴也士的厘行（Lyall, Still & Co.）及不少汇票商相继倒闭；1865 年在中国出现的 11 家外商银行只有 6 家可以生存，这个打击连香港政府亦不能幸免。①

与此同时，银元和纹银间的比价与需求出现很大的变化，商民对"鹰洋"或纹银铸造新币失去兴趣。新币的含银量与"鹰洋"一样，外商及银行只会交来有戳印的银元或烂枚，原因是新的"鹰洋"在市场高水 8% ~ 10%，商民是没有必要多付额外的 2.1% 熔铸费来换取市场认可接受性还未受到证实的新币，故交来熔铸的新币全是烂板。以纹银铸造新银元的计算分析，以每枚新银元含银量为 374.4 克，1,000 两纹银含银重 577,521 克，可得 1,542.52 元新币，扣除铸造费 2%，实得 1,611.67 元。若以官方兑换价计算，亦即是 1,000 两纹银可换 1,534 新港元，账面损失 22.50 元或 1.46%，但当时实际的市场价是银元比纹银高水 1.5%，刚可抵消造新币的差价损失，故市场对制造新币并不积极。②

1866 年，"鹰洋"对纹银升水的情况出现变化，远东对银元需求减少而纹银入口印度大幅增加，纹银升水达 6%。从而在香港以纹银铸造新银元比订购"鹰洋"有 8% 水位，在港制造新币亦算有利可图。③可是新币未能取代"鹰洋"的地位，若"鹰洋"需求减少，新币对纹银没有机会出现升水的情况，这亦是香港商民对新币信心不强的主要原因。④

对中国货币市场的错误评估

从各方面的资料分析，决定兴建香港铸钱局时并没有精算银货市场在不同情况下对新币价值的各种评估；港督罗便臣只凭着 1864 年经贸畅旺、对"鹰洋"有大量需求、完美的银元曾出现升水、市民大多欢迎新辅币的提供等因素，以最乐观的考虑决定兴建造币厂。直到该厂即将开业，香港政府审计长云利（William Hepburn Rennie）才于 1866 年 4 月 9 日致信当时辅政务司孖沙分析制造新币可能出现的财务问题，对于即将开业投产的铸钱局无疑

---

① 1866 年，香港政府因卖地价钱不理想及需支付部分军费，导致财政出现问题；同年 11 月 14 日，更需向汇丰银行借贷港币 75,000 元，年息 8%。参阅 "Public Debt", *Hong Kong Blue Book*, *Year 1866*, 页 54 ~ 55。

② 参阅 "The Hong Kong Mint", letter to editor *Daily Press*, 2. March 1866, 节录自 *China Overland Trade Report*, 15. 3. 1866, 页 11 ~ 12。

③ 同上。

④ 同上。

是一个警号。

　　该报告是基于公众使用该厂的可行性作出分析，其原理是交来的银料经过铸钱局制造出来的新银元，能否比原来的银料有更高的价值或购买力。分析从香港实际的银料现状开始，包括有"鹰洋"、银条及纹银。以"鹰洋"为例，其重量和含银量与新币相同，就算头两个月免去铸造费，但1‰的熔炼费、清除杂质后的含银量及其间的利息，商人和银行交此币来改铸新币是无吸引力的。至于银条因含银高达0.996纯度，在市场对"鹰洋"有9.5%至10%升水，换算以银两化作银元可以得出1,000两银换到1,542.50银元。若加上2%铸币费，银条换算银元并不划算，除非银条的升水低于8.5%。纹银中的海关两含银是0.9814，每1,000两重569,692.8克纯银，而每枚新的港元银币只有374.4克，故可制成为1,517.97新银元，若加上2%铸币费，升水一定要跌至6.5%才有利可图。审计长更以印度加尔各答造币厂造币成本的计算和香港比较，结论是很难令"鹰洋"、银条和纹银在香港再造新币能有利润。[①]亦即说明若新币依照当年银元市场的情况，很难确定在香港生产新币是有利可图的，一切须视市场实际变化。不同银元汇价对制造新币所带出的问题，可从铸钱局最初收到的银料大部分是碎银或烂板，及后期出现生意清淡的局面得到解答。而制成的新币，有不少流入广州，中国钱商很快便将新币熔铸成纹银，[②]原因是新币的九成含银量与"鹰洋"差别不大，但未曾有"鹰洋"的同等市值。由此分析，新币的存在价值与银币市场变化息息相关。

得不到商界与银行的支持

　　对发钞银行而言，香港铸钱局制造的新银元及辅币正好填补银行只能发行五元或以上面值纸币的不足。而外商亦高兴见到此等辅币能打破买办制度所垄断的制钱交易市场，但对于铸钱局的昂贵运作，多不表支持。1868年初，铸钱局的高成本运作及预期造币所得的2%利润没有出现。当港督麦当奴得悉英国政府批准将铸钱局结束，[③]便随即召开行政会议，与行政会成员及银行家接触，希望尽最后努力，获取他们表态支持铸钱局继续运作。与此同时，有利银行及汇丰银行给与铸钱局足够两个月共值700,000元的辅币合约。

---

　　①　香港政府核数处长 W. H. Rennie 1866 年 4 月 9 日致信辅政务司孖沙信件，PRO-UK, Mint 13/201。

　　②　参阅 *The China Mail*, 8 January 1868, No. 1434, 页 2～3。

　　③　参阅 "A telegram from the Duke of Buckingham dated 30 January 1868 informed the Governor that he was authorized to close the mint", *The China Mail*, 25 February, 1868, 页 3。

　　会议中①，香港库务司认定铸钱局完全失败，在财务上没有盈余或利润。怡和洋行代表吉士域（William Keswick）希望该厂能继续尝试运作，但公众是无可能负上该厂高昂营运费用的。银行家的意向在这事件上最受重视。有利银行的香港经理杰克信（William Jackson）认为最大的问题是银元的兑换价正处于低位，银行很不愿意投放任何资金于造币上，并表示以银行家的身份，他乐见铸钱局能继续运作；但以殖民地官员的身份看，他确实认为该厂应该关闭。②渣打银行经理其欣（William Kaye）支持有利银行的观点，认为问题出于印度而非英国的银元汇市，行使"鹰洋"的价格比制造新币更便宜，更认定支持该厂运作的提议不值得他向其英国总行董事局报告，表示不作任何支持并认同应关闭该厂。东藩汇理银行（上海称丽如银行）因金融风暴后元气大伤，虽不表明立场，但其经理毕域（James Berwick）认同该厂没有前途。从东藩汇理银行于该厂结业后积极参与日本大阪造币厂的运作，可知该行早已计算铸钱局应该结束。唯一支持该厂继续运作的是法兰西银行，它的经理特伯高（Mr. Delbanco）表示各银行每年应支付3000 元补贴该厂运作的损失，直至该厂有利可图为止。至于汇丰银行，③其总经理爵士那（Victor Kresser）看不到汇率有提高的机会，短期内毋须使用该厂铸造新币。④其后，汇丰银行更大胆地提议将铸钱局私有化，并答应每年给与该厂 60,000 元作营运费用，为期五年，共 300,000 元。条件是该厂每天需要生产 25,000 元或等同的硬币，而最重要的是汇丰银行要求全面控制该厂，包括所得的利润，更有权将造币前的银元汇价提升至 2.1%、控制辅币的数量、拥有在香港发钞的专利权及法律上代表香港殖民地政府的会计地位（亦即香港中央结算银行的角色）。⑤当然，这个大胆的建议直接冲击其它皇家特许银行在香港发钞的特权，更何况英国财政部坚决反对将英皇室的资产转让给私人的商业机构，无怪汇丰银行欲将铸钱局私有化的提议被断然否决，但它在金融货币上的鸿图大计已初步浮现。此外，一部分英商更认为香港政府对铸钱局并不负责；投入大量金钱、物资和时间，但得出一个没有

---

　　① 参阅 *The China Mail*, 25 February 1868，页 3。

　　② 有利银行是当初支持港督建立铸钱局的外商银行之一，参阅 *The China Mail*, 25 February 1868，页 3；Frank H. H. King: *The Hongkong Bank in Late Imperial China*, *1864 ~ 1902*，页 158。

　　③ 汇丰银行于 1866 年 12 月 15 日依据"汇丰银行 1866 年条例"正式注册为集团（Corporation），《香港政府宪报》，1866 年 12 月 15 日第 51 条。

　　④ 参阅 *The China Mail*, 25 February 1868，页 3；Frank H. H. King: *The Hongkong Bank in Late Imperial China*, *1864 ~ 1902*，页 158。

　　⑤ 参看 Frank H. H. King: "British Chartered Banking: Climax in the East", *Asian Policy*, *History and Development*，页 16。

作为的结果。① 因得不到英商的支持，香港政府曾希望将铸钱局售与中国政府，但未能成功。该厂最终因得不到大众基金的支持，正式结业。②

从香港铸钱局的结业决定与安排，可以窥看到外商银行及大型商行的政治影响力，以及资本主义商业竞争、唯利是图的商人本质。铸钱局决定结业后不久，怡和洋行便计算如何利用铸钱局的资产谋利，其日本分行会同东洋银行（即驻日本的英商丽如银行）立即提供日本政府建立大阪造币厂所需的安排，铸钱局的机器经怡和全数售与大阪造币厂，怡和从交易中收取 5% 佣金。③东洋银行更成为大阪造币厂的代理人，负责雇用、管理外籍雇员，并提供造币所需的金银原料。而汇丰银行亦不甘后人，提供资金给糖局（Wahee Smith & Co.）收购香港铸钱局位于铜锣湾东角的厂房和地段，而该行的银行大班爵士那（Victor Kresser）更曾一度成为糖局的董事，④糖局是汇丰银行于 1870 年代间接介入合股企业投资的三个主要项目之一。⑤香港第一家机器制造食糖的工厂亦建立于铸钱局原址上，该厂营运并不理想，到了 1878 年，它的所有权正式落入怡和洋行属下的中华火车糖局（China Sugar Refinery Co. Ltd.），而铜锣湾区发展的最终得益者还是怡和洋行。

五、香港铸钱局的历史意义

香港铸钱局是中国境内早期工业机械化的第一家造币厂，因它只是短暂

---

① 参阅 *The China Mail*，16 April 1868，页 5。

② 参阅 Frank H. H. King：*The Hongkong Bank in Late Imperial China*，*1864~1902*，页 159。

③ 香港铸钱局出售造币机器给日本政府，所得实数 60,102.71 元于 1869 年入账，但其中没有计算工人包装费 7,000 元，其他政府部门的补偿 4,500 元。故实际得益只有 48,500 元，参阅港督麦当奴致伯明翰公爵 1868 年 9 月 2 日信件；英财政部致铸钱局 1868 年 9 月 18 日信件，PRO-UK，Mint13/202；"Revenue of year 1869"，*Hong Kong Blue Book*，*Year 1869*。

④ 1870 年，香港铸钱局出售厂房给糖局（WaheeSmith&Co.），分三期入账：1870 年收首期 40,000 元，1871 年收 5,000 元，1872 年收余下的 19,000 元，共得 64,000 元。糖局的收购资金曾受汇丰银行资助，属该银行早期间接参与工业活动的例子，汇丰银行首任大班 Victor Kressor 亦成为该厂的董事，其后的债务由法国法兰西银行接上。该公司曾记录由汇丰银行华人买办罗鹤朋参与的东方糖厂（Oriental Sugar Co.）接手，并于 1878 年售与怡和的中华火车糖局（China Sugar Refinery Co. Ltd.）。参阅 "Comparative Yearly statement of Revenue，year 1869~1872"，*Hong Kong Blue Book*，*Year 1869~1872*；*The China Directory 1872*，*Hong Kong*，页 A45；Frank H. H. King：*The Hongkong Bank in Late Imperial China 1864~1902*，页 238，516；PRO-HK，HKRS115-1-101。

⑤ 其他两间接投资的企业项目分别是西贡的糖厂 Indo-Chinese Sugar Co. 及香港酿酒厂（Hong Kong Distillery），至于负责货运的货仓及码头公司（The Pier and Godown Co.）则是参股的活动，见 Frank H. H. King：*The History of Hong Kong and Shanghai Banking Corporation*，Vol. 1，Cambridge：Cambridge University Press，1987，页 184。

出现于香港，故以往历史学家触及香港货币发展史时才作简短的□述，并以港督罗便臣的货币改革及建设作归类，完全没有提及建厂拟议早于包令任港督时已经出现。至于该厂结束的原因，更简单地纳入成本高、效率低的结论。若我们从历史时段、地缘和政商环境等各种因素分析，香港铸钱局从提议到结业，正反映出英国政府对中国货币金融政策在不同时期的变化，也反映出工业在殖民地资本主义商业运作的环境中发展的局限性。其结果是令外商银行在中国的纸币发行得到进一步发展，并带出中国在机械化生产发展初期的技术配合和资金成本等问题。

外商银行纸币发行的进一步发展

铸钱局结业后出现的另一个问题，是停止制造壹圆银币。已铸造发行含九成纯银的半圆和壹圆银币共值 1,421,487.5 元，继续在市面流通。但壹圆银币因铸钱局的关闭已没有供应，其它面值辅币则由英皇家铸币局及英国喜敦造币厂继续提供，出现银元与辅币各自发展的情况。香港政府仍然提供壹圆以下面值辅币的供应，但由于已发行的旧壹圆银币在市面慢慢减少,[①]市场开始出现供应的空隙，其位置虽有"鹰洋"填补，但最终于1872 年由汇丰银行发行壹圆纸币所代替。在当时来看，壹圆纸币很受大众市民欢迎，并很快得到香港政府确认。但港督坚尼地（Arthur Kennedy）后期以收到英财政部的意见为由，认定汇丰银行发行壹圆纸币并没有经英国政府批准，于 1874 年 2 月颁令收回，并用上非常荒谬的理由："若经济一旦出现问题，手上持有大量壹圆纸币的中国平民及劳苦大众将蒙受很大的损失。"[②]细看整个事件，若说发钞受到英国财政部的反对，倒不如说是其他发钞银行的反对，因为汇丰银行是根据香港有限公司条例成立的，不像其他皇家特许银行受发钞条例限制（不准发行五元以下面值的纸币），故汇丰银行只须港督批准便可以发行低面额的壹圆纸币。后经民众上书英国政府要求保留壹圆纸币并得确认，事件才告平息，其它发钞银行亦无可奈何。汇丰银行成功发行壹圆纸币，正标志着其深化香港纸币发行的企图，对日后在中国金融货币市场的影响力更跨进一大步。香港本土的银元发展只局限于提供地区性辅币的供应，至于等同"鹰洋"的香港壹圆银币的供应亦完全停止，代之而来的是以汇丰银行为主的纸币发行

---

① 原因是香港政府立法禁止在维多利亚女皇银币俏像上打戳，令商户流通不便，而且新币兑换价比"鹰洋"为低，不少新币流入广东并被镕炼为纹银。

② 参考 "The correspondence on the one-dollar note issue is voluminous and intellectually unrewarding"，汇丰档案 T. 1/7457A of 1875，节录自 Frank H. H. King 编辑：*Eastern banking*：*essays in the history of the Hong kong and Shanghai Banking Corporation*，London：Athlone Press，页 56。

机制。[①]

中国在机械化生产发展初期的技术配合及资金成本的问题

相比较而言，日本大阪造币厂的成功在很大程度上是建基于香港失败经验之上的。日本政府重金投资于造币厂，从英国购买机械设备（从香港购进的旧机器大部分在 1869 年火灾中烧毁）和聘用外籍技术人员，[②]而日本政府有计划的投资亦令该厂减少外籍员工的聘用。外籍员工全部由东洋银行负责聘用，而雇员本地化亦于三年后实施，大大减轻对外籍员工的昂贵薪金支出。制成的银元有大比数流入中国并成为贸易银元中主要货币之一。该厂亦为日本明治维新及现代化发展开创新纪元。从大阪造币厂的经验看，外籍雇员除带来新的造币技术外，[③]还带来了西方的管理制度及决策模式。相反，香港铸钱局虽建立在中国境内，但没有发现明显的技术转移。原因是西方管理模式及会计制度早已随外商流入广州，对中国行商、买办来说已没有新意。以西方制造技术输入中国的历史看，早期传教士的引荐到后来商人的投资都是主要动力。[④] 至于机器造币的特色，则在于产量多、水平高、成本低，对中国钱商而言，他们早已把握造币的冶金技术，只是因需求问题而没有考虑采用精准的机械生产，亦即是停留于手工业的技术发展模式。在香港铸钱局成立前，中国本土制造或改造银元的工厂已在 1844 年前出现于广州，证明中国人对制造银饼或银元已掌握了一定的技术水平，但未曾进展到机器造币的阶段。至于外商于 1854 年在广州近郊自设仿造西班牙银元的工厂，更可视为西方银元制造技术进一步转移的孕育场。直到香港铸钱局正式引入机械造币，日本大阪造币厂成功利用西方技术造币，才令清政府察觉到机械造币的重要性，亦间接为后来的广东钱局在机械操作技

---

① 汇丰银行于 1872 年首次成功发行壹圆纸币，曾引起华人社会、英商与香港政府的争论。从此，港元的流通以商业银行发行的纸币为主，壹圆以下的辅币则由英国制造及香港政府发行。

② 日本政府建立造币厂是金融改革的一个重要环节，其中 400,000 元的资金是从 Alt & Co. 于 1869 年 1 月 29 日借贷的，亦因日本政府极需要这笔资金开办造币厂，曾与 Alt & Co. 订下极不理想的合约，包括该公司提供日本造币厂所需的金、银、铜料的专利。为避免未来造币厂的运作受到制约，日本政府和荷兰商社 Baudwin & Co. 商借一百万元新贷款用作清还 Alt & Co. 的旧借贷。见 Roy S. Hanashiro: *Thomas William Kinder and the Japanese Imperial Mint*, *1868～1875*, 页 45～46。

③ 干打发现日本没有制造镕银罐的技术，故在神户一带找寻制造的材料。其他包括强水（硫酸）及苏打（碳酸钠）的制造技术流入、为运输银料而建成的第一条铁路、西方的簿记制度及管理模式等等。参阅 Roy S. Hanashiro: *Thomas William Kinder and the Japanese Imperial Mint*, *1868～1875*, 页 164～167。

④ 参阅汪敬虞：“中国产业化黎明期西方科技的民间引进”，《中国经济史研究》2002 年第一期，页 5～7；参阅 Shannon R. Brown: “The Transfer of Technology to China in the Nineteenth Century: The Role of Direct Foreign Investment”, *The Journal of Economic History*, Vol. 39, 1979, 页 181～197。

术改良上起了示范作用。①

香港铸钱局的创建，亦带出机械化生产在中国发展的问题，首先是机械及相关技术引入的配合问题，其次是引进外国机器的资金问题。以香港铸钱局为例，造币机器、模具及制造所需原料全是从英国直接购入，技术则依赖从英国聘请的技师，但从铸钱局的初期运作分析，问题出现于不同部门机械与技术的不协调：动力车轮损坏是机械安装及使用的问题，镕炼处地方设施不足是厂房设计的问题，不合用的英国模具更是造币技术不配合的问题。机械化生产与技术的配合非常重要，能做到恰到好处在当年来说并不是必然的。由此可见，英国人在中国境内设立机械工业亦遇到各种问题，中国欲发展机械化生产，真是谈何容易。直到广东钱局的大型投资建设完成，在改良机器造币技术上才略见成效。至于引进外国机械所需要的资金，就涉及中国外汇价格及银元购买力的问题。中国一直采用银铜本位制，与欧美各国的金本位制相比，就会出现金贵银贱的汇率问题。虽说银贱对中国出口有利，但对于引进新式机器发展制造业无疑是一个很大的阻力。香港铸钱局的小规模试验在购买机械上就用了 72,955 元，比建设厂房的 60,000 元还要高。到发现英国模具不适用而需要从法国重新订制时，便引起港督关注引进外国设备的昂贵费用，原因是银元在中国高水情况在殴美汇市得不到认同。② 以大阪造币厂从英国购进的机械计算，在 1870 年代初期就用了 955,200 元，还未计算雇用外籍技术员工的开支。可见在此币制下，引入机器生产是极其昂贵的事情。再以广东钱局为例，机械投资比香港铸钱局多出五倍，引进英国喜敦厂的机器就用了 315,000 两纹银，购地及建厂投入资金 146,000 两。③购买进口机器部分就占了总投资的 68%，一再证明在中国境内发展机械化生产所需的成本极为昂贵。

六、结　语

香港铸钱局投资虽然很高，但最终的失败是不能完全归咎于成本高、

---

① 广东钱局成立于光绪十五年（1889年）。该厂的机械是从英国喜敦厂（Ralph Heaton & Sons., Birmingham）订购，产量每天二百六十枚铜币或每天十万枚银币，其建设规模之大可说是当年世上最大型的造币厂。参阅广东造币分厂编辑：《广东造币分厂第一次报告书》，广州：广东造币分厂，1918 年，页 1；James O. Sweeny: *A Numismatic History of the Birmingham Mint*, Birmingham: The Birmingham Mint Ltd, 1981，页 80。

② 银元是中国对外贸易的唯一国际认可货币，中国的纹银只能当作银料出口印度，若中国需进口机器，银元是计算的标准，但"鹰洋"在中国的高水并没有同时出现于欧美汇市，故中国购买进口机械须付出更大的代价。

③ 参阅《广东造币分厂第一次报告书》页 1。

效率低的商业运作分析。原因是成立铸钱局的开支早有预算；建筑费用曾出现超支，但营运费用全在计算之内，从后期铸钱局的生产效率有明显改善看，若假以时日，收支平衡应没有问题。故该厂后期的问题已不在于生产效率，而是没有足够的造币合约支持其运作，铸钱局及香港政府亦察觉到问题所在，曾希望为日本政府造币，亦曾游说中国政府代其制造纹银，又提议为清政府设计及铸造中国银元，可见该厂的生产效率已不是其致命伤，造币订单不足才是问题的关键所在。而导致订单不足的原因是1866年的金融风暴，该风暴对香港造成开埠以来最大的经济打击，因经济收缩而引至银元需求大减，制造新银元没有市场价值。铸钱局制造含银量只得八成的五仙至二毫辅币，香港政府是最大客户；制造含银量九成的壹圆和半圆硬币正是为商贸而设，顾客主要是银行和部分大商行。而这两类银元订购者正受到金融风暴的严重冲击。香港政府因财务收支不平衡，需要向汇丰银行举债。香港的十一家银行只有六家仍然存在，幸存的大部分银行可说是有心无力支持铸钱局日后的营运开支，而以往支持建立铸钱局的宝顺洋行、有利银行亦受重创，前者结束收场，后者业务亦大不如前。相反，不败的怡和洋行和刚冒起的汇丰银行正是将铸钱局推向结束的死亡使者。

　　从香港政府的角度分析，建立香港铸钱局是一个政治决定，而这个决定的成功与否在于能否在中国及亚洲建立一种强大的英国新货币，从而影响及控制该地区的金融发展。无疑这是一个宏大的理想，但其中涉及改变中国本土的货币制度及华人社会普遍对银元的认可接受性。若不能得到香港政府在财务上的绝对支持，铸钱局很难依靠商人及银行的经费维持。虽然建厂前曾有不少数据预测该厂的产量和利润，但很多计算数据是基于拟议者和附和者的假设，没有反映市场真正的情况。没有稳定的银元需求是很难维持工厂生产运作畅顺的。印度造币厂、日本大阪造币厂及后来的广东钱局之所以成功，在很大程度上是因为出产的银元受政府支配发行流通，亦即政府直接控制货币供应，商人对造币厂的影响有限。香港铸钱局是一次昂贵的试验，其经验在130年后为香港提供良好示范作用：香港金融管理局于1997年香港回归后，以政治保安理由全数收购香港唯一的英商德纳罗印钞厂（De La Rue），亦即是香港政府第二次直接投资货币制造工业。为避免可能重蹈铸钱局的命运，香港政府要求三大发钞银行及中国印钞公司入股，以保证得到所有发钞银行的实质支持，[①]

---

　　① 参阅拙作："从英国德纳罗到香港印钞有限公司"，《香港钱币研究会会刊》2004年8月第19期，页83~98。

这个方法确能兼顾到政治及商业上的考虑。

香港大学历史系　林准祥

试说明清皖南佃仆制度的历史地位

——为祝贺汪敬虞先生九十寿辰而作

佃仆制度是宋元时代地主制经济中占有重要地位的租佃关系的残存形态，也是明清时代租佃关系发展变化的起点和背景，因此，我认为，具体地了解明清皖南佃仆制度的历史地位是十分重要的，虽然它在当时当地社会经济生活中并不占多么重要的地位。

（一）

如果我们把研究明清时代皖南佃仆制度所得的认识，按照一定的顺序简要地叙述出来，明清时代皖南佃仆制度的历史地位，就会鲜明地显现出来。

原来，在明清时代，一无所有、赤贫如洗的劳动者没有土地可以耕种，没有房屋可以居住，没有地方可作葬所，投靠或卖身给地主，地主给劳动者提供土地耕种，提供房屋居住，提供山场安葬。这就是文献中所说的"地主取田与耕，取屋与住，取山与葬；劳动者葬主山，住主屋，佃主田"的现象。劳动者一家随之丧失了自身的自由，世世代代隶属于地主，纳租服役。劳动者与生产资料如此结合起来，就形成了佃仆关系。在成立佃仆关系，或者葬山、住屋的时候，劳动者必须出具文约，明确世世代代纳租服役，并接受地主的管束，如有违抗听凭地主鸣官究治的隶属关系。但是，文约中却无一字提及地主不遵守契约规定虐待劳动者时，应负何种罪责，以及如何处置的规定。这当然是片面的、不平等的。显而易见，这是一种通过契约规定的统治与被统治的关系。地主一方是统治者，劳动者一方是被统治者。劳动者隶属于地主，是地主的佃户，也是隶属于地主的人。这样通过订立契约规定这种主佃之间的统治与隶属关系，就形成了我们所要讨论的佃仆制度。但是，必须指出，这不是劳动者一家佃主田、住主屋的一般结合，那种结合并不使劳动者一家更多地丧失自身的自由，也不构成地主与佃仆之间的那种严格隶属关系，那样结合起来的是多多少少摆脱了严格隶属关系的主佃关系，处在与严格隶属关系不同的发展阶段，与佃仆关系的这种结合并不相同。

所谓隶属的关系，在明清时代，虽然在地主与奴婢之间、地主与佃仆之间、地主与雇工人之间、甚至地主与一般佃户之间都有存在。但相对说来，有严格与否之分，其程度和特点并不完全相同，或者很不相同。这是需要作具体的说明，不容混淆和模糊的。这里我们要说明的是地主与佃仆之间存在的严格隶属关系。

首先，劳动者一家必须居住在地主指定的地方，不能自由移居他处，没有迁移的自由。劳动者居住的这片土地就是所谓的火佃屋基、火佃地、火佃屋、屋基或庄屋、庄基。这是一片在当地政府鱼鳞册上登记并编了号的土地，根据土地面积的大小，负有向政府交纳相应税粮的义务。它可以属于一人一家所有，也可以属于多人多家所有，或者集体所有。其上建筑有房屋、厨屋、牛栏等等。这项土地上的房产可以是一家独资所建，也可以是多家集资所建。劳动者家庭子孙繁衍、人多屋狭住不下时，还可以要求主人扩建。但是，劳动者及其家人乃至子孙后代必须居住在这里，不能离开。这具体地表明了劳动者隶属于地主占有的土地房产，是土地房产的附属物的事实。因此，这项土地房产具有了特殊的性质和作用，所以在有关买卖契约、分家文书中都特别标明是火佃屋基、庄基或庄屋等等，与其他土地房产并不相混。这一事实，似乎是把封建法典中的人户以籍为定的律条，在实践中贯彻到了极致。

其次，不只是劳动者本人，包括劳动者全家人，也即劳动者的家庭是处在地主或家主的统治之下的。任何人一旦进入佃仆家庭，成为佃仆家庭的一个成员，就陷于佃仆的地位，处在地主的统治之下，绝无例外。在地主的统治下，劳动者虽有生儿育女的自由，劳动者和每一个家人却是不能自由离开这个佃仆之家的，特别是男性劳动力。他们有娶妻的自由，因为他们的妻子进入了佃仆之家，地主就多了一个奴役和剥削的对象，所以地主并不干涉佃仆娶妻。但是，佃仆家里的男性却不能出赘、出继或过房给别的家庭。因为那样一来，这个男性劳动力就离开了自己的佃仆之家，地主就丧失了一个可以任意奴役和剥削的劳动力，这是地主所不愿意看到和不能接受的事情。如果劳动者本人不幸身亡，留下的妻子只能召赘一个夫婿进自己的家门，而不能改嫁出去。这个夫婿也就成了地主奴役和剥削的对象，以替代死去了的佃仆。如果一位寡妇嫁来佃仆家里，并带来前夫子女，他们母子便都陷身于佃仆的地位。如果有人入继佃仆之家，他也就成了地主的佃仆，陷入地主奴役和剥削的网罗，终生不能改变。在地主统治之下，为了奴役和剥削尽可能多的劳动力，佃仆的家门是易进难出的。这里我们还要强调，进入佃仆之家的外来劳动力，嫁来的妇女除外，入赘、入继佃仆之家的男人都必须出具承担佃仆责任的文约给地主，始能如愿。所以我们见到的入赘入继佃仆之家的文约，都是出具给地主的，而不是给佃仆之家的家主的。他们出立文约入赘入继之后，就不能离开佃仆之家了。入赘入继也因而成为了补充佃仆队伍的一个十分重要的途径。还要提到的是，佃仆家的女儿出嫁也要得到地主的许可，甚或要交纳一笔银两方能离开佃仆的家门。这清楚地说明了地主利用封建社会里的宗法家长制度，利用佃仆丈夫奴役其妻子，利用佃仆妻子奴役其招赘来的丈夫，利用佃仆家长奴役其家人子女，是无所不用其极、彰明昭著的。

第三，在地主的统治下，佃仆家长没有处置自身以及家人们的劳动力和人身的权力。佃仆不能工雇他人。所谓他人是指佃仆主人、或众多主人以外的任何人，佃仆一家都不能同他们发生雇佣关系。至于佃仆能否同众多主人成员之间发生雇佣关系，未见契约明文规定。即便可以，他们之间发生了雇佣关系，由于主佃之间已经存在着严格的隶属关系，不管当时社会上的一般雇佣关系是什么性质，这种雇佣关系无论如何也不可能是自由的。佃仆还不能把自己的子孙或家人卖给他姓。他姓指地主家族以外的个人、家庭和家族而言。如果佃仆擅自把子孙家人卖与他姓，被地主发觉追究，还必须自己赎回来。但是，佃仆在地主同意的条件下，是可以把子女出卖给自己的某个主人的。而地主却可以不顾佃仆的意愿，享有把佃仆一家随同屋基出卖给任何人的权利。

第四，明清时代行政管辖权和惩处权是掌握在封建政权手中的，一般人并不享有这些权力。可是，在当时的佃仆制度之下，地主或家主却在相当大的范围内享有这些权力。户婚田土，盗窃奸逃，耕作经营，日常礼仪；大到革命造反，小至插秧失时，甚至不来叩节、饮酒失仪等等，凡属违反政府法令、地方惯例和族规家法的行为，如果出在佃仆及其家人身上，地主都可以过问。对于自身或家人的这些过失行为，佃仆必须向地主或家主出具伏罪文约，承认自身和家人的错误，并保证不再违犯。不仅如此，地主或家主还可以直接惩罚有关的佃仆及其家人，或者罚款，或者罚谷；甚至施行体罚，责打一十、二十、八十甚至一百二十板子。这似乎是封建领主制下领主享有行政管辖权和司法裁判权传统的继续。所以，诸如私设公堂、捆绑责打、草菅人命在当时当地并不罕见。不过，封建政权统一和强大的时候，地主们所享有的这些权力就小一些；政权分散和衰弱的时候，地主们所享有的这些权力就大一些。当地主们无能为力的时候，他们就求助于政权，二者之间存在着互相补充的关系。因此，私自责罚和送官究治就构成了地主对佃仆的双重压迫。在这一双重压迫之下，佃仆们的处境特别悲惨，要想翻身十分困难。这要算是中国封建社会里农奴制的一个特点。

第五，最重要的，地主们控制和羁縻佃仆一家男女劳动力的目的是要强制他们一家独立地为地主耕种田地、经营山场、服役劳动。这里所谓独立地，是说地主并不直接经营，而是通过租佃关系强制劳动者一家独立经营，然后掠夺和剥削劳动者一家的剩余劳动。这部分剩余劳动或者体现为农田和山场的产品地租，或者体现为货币地租，或者体现为劳动者某个或数个家庭成员的服役劳动、亦即劳役地租。这里的地租是以家庭劳动为基础的封建地租，而不是以雇佣劳动为基础的资本主义地租。这就是明代《窦山公家议》上说的，设置庄佃，"不唯耕种田地，且亦备预役使"的政治经济学含义。这不是自由租佃，劳动者在这个场合只能听从地主的安排，没有自己选择的余地。但是，在此后地主强制劳动者一家为其耕种田地、经营山场、服役劳动的实践过程中，与时俱进地、逐步地渗入了单纯纳租关系甚至自由租佃关系的因素，形成了严格隶属关系与自由租佃因素的结合，这一结合构成了明清时代佃仆制度的一个基本特征，需要作些简要的说明。

（二）

先说耕种田地。

这里主要是指佃仆居处、屋基而外的，地主租给劳动者耕种的土地。在结成佃仆关系时地主"取田与耕"指的主要就是这种土地。佃仆接受这种土地时，像当时流行的租佃习惯所要求的一样，必须出具租佃契约。佃仆出具的这种租佃契约与一般的租佃契约并无不同。如果单看这类契约，是看不出佃仆与地主之间存在着严格隶属关系的。地主租给佃仆的土地可多可少，并无一定之规，但对维持主佃之间的严格隶属关系、维持佃仆制度的正常运转，却是必不可少的。如果地主没落了，没有土地（包括下面将要说到的山场）租给，主佃之间的严格隶属关系就难以继续维持了。

明清时代，在租来的地主的土地上，佃仆自负盈亏地独立经营，并交纳一般说来是定额的实物地租或货币地租。这里所谓自负盈亏地独立经营，强调的是劳动者自负盈亏。至于种什么作物，什么时候种，都是唯地主之命是从的。这也可以说是一种单纯纳租的关系，不过它与上面所说的那种严格隶属关系是结合在一起的，不能分割开来。

我们要强调的是，在这一基础上，几乎是与一般租佃关系的发展同步，也出现了佃权与地权分离的现象。这是说，佃仆一家通过辛勤劳动、艰苦经营、节衣缩食、积累资财，他们可以购买土地，也可以购买田皮，或者通过改良土地，提高产量而享有佃权。这时佃仆也可以占有属于自己的地权和佃权。这在明代后期的皖南地区并不罕见。处在这种情况下的佃仆已经可以说是稍有资财，甚或相当殷实，不是当初成立佃仆关系时的一无所有了。

当然，这只是佃仆中的少数。更多的佃仆是生计艰难，难得温饱的；破衣烂衫，糠菜半年粮，甚至衣不蔽体、食不果腹，卖儿卖女的现象也比比皆是。

回到我们讨论的主题。一般而言，这种地权与佃权的分割情况发生在地主与佃仆之间时，往往是地主享有地权而佃仆享有佃权。在这种情况下，佃仆通常不能自由处置自己所享有的佃权。这不但在契约上有明文规定，在实际生活中也有实例。清初，一家佃仆将田皮出卖给同主的另一家佃仆，被地主发觉，还必须自己赎回来。地主却可以自由运用自己掌握的田皮换取佃仆的劳役。此点后面还要谈到，这里就不说了。

再说种山分成。

皖南是山区，山多田少，所以兼有田地和山场的地主除了强制佃仆佃田纳租而外，还要强制佃仆种山分成。种山分成是类似于佃田纳租的一种经营方式，需要地主与佃仆之间订立种山合同。佃仆订立的这类合同与一般佃户订立的种山合同并无什么不同，从上面看不出有什么严格的隶属关系。合同规定，地主租给佃仆一定面积的山场，佃仆自负盈亏地独立经营，在山上栽培树木，树木成材之后，主佃双方按照契约的规定，各得成材树木的一个份额，或者二八分成，或者四六分成，或者三七分成，或者对分各半等等，类似于农田上的分成制。不过它的生产周期远长于农田的生产周期，可能长达几十年。劳动者所得部分成材树木称为力坌，按照契约规定，不到树木砍伐的时候，劳动者是拿不到自己的应得份额的。树木不能直接用于生活消费，成材砍伐下来以后必须出卖给木商。砍伐和出卖这一过程就叫做出拚，出拚标志着一个种山生产周期的完成。这时劳动者如果要继续种山分成，就需要与地主订立新的种山合同了。这是一种生产周期相当长的商品生产。

劳动者在入山点种树木的时候，必须备有工本，工本或者地主给予，或者劳动者自备。在种山过程中，劳动者还可以在林隙种些粟麻梓桐之类，砍些枝枝杈杈作为柴薪，谋求一点收入以满足消费需求，这叫做花利，花利不算在劳动者应得的力坌之内。花利是劳动者种山过程中的副产品，年年都有收益，可说是一项经常性收入。如果种山全过程中的花利和种山过程结束时的力坌两项全归劳动者所得，种山分成就与佃田纳租的分成制相类似，没有什么特殊的地方。如果在此基础上，地主一方把花利视为给予劳动者种山的工本，类似于雇佣关系中的工值，事情就发生了不可忽视的变化。

因为，如果地主把花利视为给予劳动者种山的工本或工值，就可能出现如下的两种情况。一、如果种山失败，没有收益，地主可以收回劳动者历年所得花利，亦即收回地主历年支出的工本，以作为劳动者对地主的赔偿。
二、如果花利收入相当丰厚，地主又可以花利准折劳动者的应得力垒，于种
山全过程结束时，不把劳动者应得份额力垒给予劳动者。这样一来，劳动者
所得只是花利。以上两种情况都表明劳动者所得类似于雇佣关系下的工值，
而地主的所得则是花利之外的全部主要产品，租佃经营类似于雇工经营了。
当然，这里的花利是劳动者在租佃过程中历年生产的副产品的一部分，并非
是地主的直接支出。但是，无论所说的是赔偿，或者是准折，都是以主佃双
方都应该享有产品的一个部分为前提的。赔偿形式上是赔偿劳动者历年所得
的花利，实际上是赔偿地主应得的产品部分；准折是准折佃仆应得的产品部
分，亦即没收了劳动者应得的主要产品部分。而产品这两部分的划分是种山
合同中已经规定了的，花利则是劳动者种山过程中应得的副产品部分，这也
是种山合同中已经规定了的。无论如何，这里不能排除或离开种山合同即租
佃契约的原有规定，而是在种山合同即租佃契约原有规定的框架内的变动。
所以，这里既有租佃关系的因素，又有雇佣关系的因素，二者是紧密结合在
一起的，可以称之为一种分益雇役制。至于分益雇役制的历史地位是众所周
知的，这里勿需再做说明了。

　　至于佃田纳租和种山分成而外的服役劳动，则是另外一种情况。

　　为地主服役是佃仆负担的一个不可缺少的部分。它显示了佃仆制度的特
点，却不一定是其负担的主要部分。一般地说，佃田种山多的佃仆，服役在
其整个负担中不占重要地位；佃田种山少的，其负担中的服役部分就不小
了。服役与佃田种山的有无相关，与佃田种山的数量多少并无多大的关系。
但是，不论什么情况，佃仆必须为地主服役，不管有多少个主人，都是没有
变化的。

　　佃仆对地主的服役有两大类。一类是地主家冠婚丧祭等所需要的服役，
另一类是地主家冠婚丧祭等以外所需要的服役。前一类服役，除了有一定次
数的常年祭祀而外，随地主家人口的多少而异，虽不年年都有，或者多年不
遇，却是可能随时发生，随时服役，是无法预计的，但实地计算起来，毕竟
是有限度的。后一类则不同了，随地主家的主观需要而定，没有什么客观
限制。所以需要有一个各方面都能接受的数量界限。如果只是一家地主安
排自家独占的佃仆的服役劳动，还是比较容易解决的，地主可以根据自家
佃仆的具体情况规定一个数量界限，与他人无关。如果是多个主人对多个
佃仆而言，则需要有一个大家（包括主佃双方）都接受的数量界限。比
如说，每家主人每年役使佃仆十个工，每家佃仆每年应役十个工等等。佃
仆或者固定分组对各家地主服役，或者并不固定，插花起来对每家地主服
役。地主役使工数与佃仆服役工数，力求大体上公平合理。这样一来，就

出现了佃仆服役数量定额化的倾向，佃仆每年服役一定的工数。在此基础上，随着时间的推移，又演变出了佃仆个人于不出工时，可以交纳一定的代价给地主以代替出工的现象，这笔代价称为工银。由服役定额化到以工银代替出工，类似于劳役地租转化为代役租，也是一个不可忽视的变化。不过，要注意的是，这个变化只与冠婚丧祭等以外需要的服役相联系，与冠婚丧祭等所需要的服役无关。冠婚丧祭等所需要的服役仍然是一如既往，并无变化。

综合以上所说各个方面的变化，主要是：佃田纳租方面，在单纯纳租关系与严格隶属关系相结合的基础上，演变出了佃仆享有佃权和部分土地所有权与严格隶属关系的结合。种山分成方面，在分成制的基础上，演变出了雇役分益制与严格隶属关系的结合。劳动服役方面，部分服役转化为交纳工银的代役租。这些变化都意味着自由租佃因素的发展。不过，这些发展都还没有突破严格隶属关系的原有框架和制约，而是与严格隶属关系紧密结合在一起的。

从表面看，佃仆佃田、种山和服劳役的各个方面是互不干涉的。其实不然。这在地主考察和安排这三个方面的结合时，表现得十分清楚。地主总是让佃田的佃仆种山，因为劳动者已经可以自谋生活，地主不必负担种山需要的工食。同时，由于种山收益比较丰厚，地主也宁愿让佃田的佃仆种山，改善他们的经济状况，以免交不出农田上的地租来。当地兼有田地和山场的地主就是根据这一山田互补的原则来安排佃仆的佃田和种山的。至于佃田种山和服役的关系也是十分清楚的。地主必须给予佃仆土地耕种，在条件许可的情况下，也必须给予佃仆山场经营。这样一来，佃仆独立经营、独立生活，才有可能去为地主服役劳动。如果像上面曾提到过的，地主没落了，丧失了给予佃仆耕种经营的土地和山场，佃仆无以谋生，当然也就难有能力去为地主服役，主佃之间的严格隶属关系乃至佃仆制度也就难以继续维持下去了。显而易见，地主是以佃仆一家的全年劳动为基础，全盘来考虑如何掠夺和剥削他们的剩余劳动的。在这一场合，封建地租实质上是劳动者一家的剩余劳动，也就暴露无遗了。这也就是上面说过的，佃仆全家的剩余劳动可以体现为农田上的实物或货币地租，也可以体现为种山分成中地主所得的份额，还可以体现为为地主服役的单个或者数个佃仆家人支出的服役劳动。我们一再强调这一点，是因为分别开来，单纯考虑农田上的地租，单纯考虑山场上的地租，以及此外的劳役地租，是一种形而上学的思维方法，对于了解佃仆制度的本质，是没有帮助的。

此外还有：佃仆每年需要交纳柴薪银、常贮银等等；地主年节向佃仆发放年钉等等；其特点和演变，这里就不能细说了。

（三）

但是，在佃仆制度下，严格隶属关系与自由租佃因素的结合，就其与庄基之间的关系，和与此以外佃仆耕种经营的土地和山场之间的关系，是不相同的。这在土地房产买卖转让和继承的时候表现得特别突出。

在买卖转让和继承土地房产的时候，佃仆及其家人是附属于其所居住的土地房屋上面的。在买卖契约和分家文书中所特别标明的火佃基屋、火佃地、火佃屋、庄基、庄屋等等都必然附带有佃仆及其家人；许多时候，还不只一家。由于佃仆不能离开其所居住的土地房屋，这些火佃屋地、庄基、庄屋被买卖、被继承了以后，佃仆也就随之更换了主人。此后佃仆就脱离了旧主或部分脱离了旧主，完全或部分地听从新主的安排和使唤了。

这些火佃屋地、庄基、庄屋被整个买卖和继承的时候不多，问题也比较简单明了，这里不去说它。更为普遍的情况是把它们分割开来出卖和继承，这样一来，问题就复杂了。因为土地房屋可以分割，而佃仆及其家人的人身是不能分割的。可能的处理办法是一仆二主，一仆众主，佃仆听从多个主人的使唤。所以，出现了这样的办法：保持佃仆居处的完整，保持佃仆家庭的完整，只标明出卖和继承的是它的一个份额，这个份额不管多大和多小，其所有者就都有权役使其所附属的佃仆及其家人。

标明份额的办法是多种多样的。一是标明土地面积，这个面积与整个屋基面积的比例，就是应占有的份额。一是标明地租数量，这个数量与屋基土地应纳地租总量的比例，就是应占有的份额。或者是前面提到的服役工数，或者是前面提到的工银数量，都表明的是份额。更为直接的办法是标明一个份额。份额可大可小。例如 1/2、1/3、1/18、1/64、1/120 等等。

经过不断地买卖和继承，以及主佃双方的自然增殖，这个份额被不断分割的结果是地主占有的那个份额可能小而又小，而佃仆应该服役的主人可能多而又多。本来是一家地主对一家佃仆的关系，可以繁衍为这一族对那一族，几十家地主对几十家佃仆，甚至这一村对那一村的关系。为了避免产权越分越碎、易于迷失的现象，有些地主把屋基、庄屋作为族产或祠产，属于全族和祠堂集体所有，避免一再分割继承，以保持对佃仆的有效控制。这就是皖南佃仆多与族产祠产相联系的缘由。

至于火佃屋地、屋基、庄屋而外，佃仆租佃耕种经营的、属于地主的土地和山场就不同了。地主给予佃仆耕种经营的土地和山场，可多可少，可以给予，也可以收回，随地主的兴衰与其占有的土地山场的集散为转移，并无一定之规。对于这些土地和山场的买卖转让和继承，并不影响佃仆原来的地位和所属，佃仆仍然隶属于原来的主人，并不随这一买卖转让而变换主人，哪怕是部分的改变也没有。有研究者认为，佃仆是土地房产的附属物，类似于宋元时代的随田佃客。表面上看，这似乎只说明佃仆与火佃屋地、屋基、庄屋等之间的关系。其实，从本质上看，与佃仆所耕种经营的土地山场也是紧密结合在一起的。这一点特别重要。因为，像我们在上面一再说明的，如果地主没有土地山场给予佃仆经营耕种，仅仅依靠火佃基屋、屋基、庄屋那一点越来越小的份额，久而久之，是难以继续维持主佃之间的严格隶属关系的。出现了这种情况以后，佃仆在现实经济生活中就不成其为佃仆，而转化成了只是概念上的佃仆，即所谓的"远年世仆"了。

（四）

无论佃仆制度下的严格隶属关系与自由租佃因素的结合处于什么发展阶段，处在佃仆制度下的男女劳动者与地主之间都存在着所谓的主仆名分，在社会上被视为贱民。这需要作点说明。

在中国漫长的封建社会里，始终存在着相当严格的封建等级制度。当地主占有劳动者人身的时候，相对而言，不论程度如何——像奴婢为主人无期的完全占有，像雇工为主人有期的不完全占有——都同主人之间存在着主仆名分。佃仆一般为主人无期不完全占有，后来也出现了有期的不完全占有，他们处在奴婢和雇工之间，自然同主人之间也存在着主仆名分。在主人无期或有期完全占有或不完全占有劳动者人身的基础上，地主和劳动者之间必然存在着统治与隶属的关系。地主是主，是占有者和统治者；劳动者是仆，是被占有者和被统治者，隶属于地主。这里应该强调的是地主对劳动者享有管辖权和惩治权，这就是我们在上面说过的地主不同程度地继承了领主制下领主所享有的特权。这是佃仆制度得以维持好几百年之久的原因之一，是在研究佃仆制度时必须强调的一个历史事实，不应忽略。

地主是占有者和统治者，占有佃仆全家人的人身，佃仆没有迁移自由，没有出赘出继过房的自由，没有出雇的自由；佃仆全家必须在地主控制下，佃田纳租、种山分成和服役劳动；佃仆必须服从地主的管辖和惩治；而且世世代代继承下去。

地主对佃仆的管辖是相当苛细的。比如：佃仆与主人不能平等相称，也不能平起平坐；年节寿诞佃仆须要到地主家叩头祝贺，有的地主规定佃仆须要跪拜四拜才算尽礼；佃仆的住屋正脊不许超过两丈，一切门楼装修，只宜朴素；入葬不得妨碍主坟，墓碑高不得超过二尺五寸，阔不得超过一尺五寸；所穿衣着不许用绫罗和绸缎，男不许戴大红纬帽，女不得饰珠簪头烧金镶笄；娶亲不许用轿；酒席不许用篮碗山珍；不许用成对的书姓灯笼；生儿取名不得同活着和死了的地主重名；佃仆见地主，坐则必起，呼则必诺；佃仆有事关白，必须候于门外；甚至只能出入地主家的旁门，等等。

这类对地主有主仆名分的佃仆，与雇工人不完全相同，却与奴婢相类似，被视为不折不扣的贱民，像奴婢和倡优一样，被压在社会的最低层，没有丝毫的政治权利。他们在法庭上没有与士农工商包括一般佃户在内的良民相平等的法律地位；在生活中也没有与良民互通婚姻的权利；尤其是不能捐纳考试，进入仕途，改变他们的贱民身份。

终明清之世，地主阶级始终坚持佃仆必须遵守上述主仆名分和贱民地位的种种规定，不容佃仆干犯和违反。这在地方志书中，累世相承，写得清清楚楚。比如：万历《祁门县志》说："所役属佃仆不得犯，犯辄正之公庭，即其人盛资积行作吏，不得列上流。"道光《祁门县志》引《康熙县志》说："所役属佃仆不得犯，犯则正诸公庭，即其人狡狯多财作胥吏，终不得列上流。"乾隆年间的府县志书上还是这样说的。例如赵吉士《徽州府志》说："重别臧获之等。即其人盛资厚富行作吏者，终不得列于流辈。（此俗至今犹然。脱有稍紊主仆之份，始则一人争之，一家争之，一族争之，并通国之人争之，不直不已。）"彭家桂《婺源县志》也说："主仆之分甚严，役以世，即其家殷厚有赀，终不得列于大姓。或有冒试者，攻之务去。"上面说过，佃仆制度之所以能够维持好几百年之久，原因之一是由于地主与封建统一政权互相补充的行政管辖权和司法裁判权双重压迫的存在。这一双重压迫由于明清时代封建等级制度松弛化趋势的发展，有弱化而没有什么强化。可是上面所引的地主们说话的口气，"不直不已"、"攻之务去"，一仍旧贯，相对说来似乎是显得地主们越来越凶悍强硬了。其实，这并不表示现实生活中这一双重压迫一如既往，或者越来越是强大，反而暴露了地主阶级的色厉内荏和佃仆制度继续维持的日益困难罢了。

（五）

事实上，明清时代佃仆制度下严格隶属关系与自由租佃因素的结合，随着时间的推移，随着封建等级制度松弛化的发展，随着封建租佃关系的发展，特别是进入清代以后，开始显露出一些新的变化。

首先，有些地主主动地放松了对佃仆的人身控制。这主要是因为这些地主占有的土地和山场不能随着佃仆的自然繁殖而相应地增多，无法满足众多佃仆对土地山场的需要的缘故。用他们自己的语言说是："今人丁繁众，谁多山场，足供斫伐？谁多田园，足供耕种？谁多屋宇，足供居住？"有些地主同意佃仆可以出赘客村，而且在地主设定的条件下，可以不回原来的佃仆之家。显然，这里注重考虑的都是租佃的因素。

其次，在订立佃仆关系的契约中，不时出现了这样的新规定：如果劳动者不再住屋佃田，就可以不再服役。本来，在佃仆制度下，劳动者佃田住屋以后，必须服役，而且是永远服役，佃仆并无选择有期与无期的权利。现在，双方商定劳动者不再佃田住屋以后，亦即迁离基屋以后，不再为地主服役。这就意味着中止主佃之间的严格隶属关系，取消主佃之间的主仆名分。这里显然不是严格隶属关系制约着自由租佃因素，而是自由租佃因素的继续存在与否决定了严格隶属关系的终结与否。这也就是说，在这一结合中，自由租佃因素的地位和作用相对地提高了。

后来，又出现了这样的情况：在成立佃仆关系的契约中，规定劳动者佃田住屋以后，地主不像过去那样，无条件地强制劳动者必须服役劳动，而是以减让大、小租为条件，换取劳动者服役劳动。契约规定的这种服役劳动当然是具有强制性的。契约上并且明确指出减让部分是作为豢养之资。按照过去的惯例，佃田住屋葬山就是豢养，并无减让地租数量之说，劳动者就必须为地主服役劳动。现在变为减让地租才能换取往昔的强制性服役劳动，这不能不说是严格隶属关系的制约作用发生了由强向弱的变化，亦即自由租佃因素的作用和地位相对地上升了。

可能是由于出现了上述的这些变化，法律上确认佃仆关系的标准也部分地发生了变化。除了以买卖基屋的契约作为判定是否为佃仆关系的标准而外，原来缺乏契约根据、或提不出契约根据，而以豢养亦即佃田住屋葬山作为判断是否为佃仆关系的标准，改变成为以有无主仆名分作为判断是否佃仆关系的标准。这就意味着，原来强调以经济关系为标准，现在强调以等级关系为标准了。如果视经济关系为基础，视等级关系为上层建筑，这就不能不说是一种舍本逐末的观点。这使我们联想起明清时代等级雇佣关系向非等级雇佣关系演变的过程，在那一过程中，也出现过以强调等级关系代替强调经济关系作为判断是否为等级雇佣关系这种舍本逐末的做法；而与此同时，等级的雇佣关系也就难以维持了。所以历史的经验是，出现了这种观点，等级关系的末日就要到了。佃仆关系也不例外。

根据上面所说的这种反映在法律上的意识形态的变化，以及现实经济实践中发生的变化，亦即在佃仆制度下严格隶属关系与自由租佃因素的结合中自由租佃因素地位的上升现象，两者结合起来，我们很可以说，到了这个时候，明清皖南佃仆制度的末日已经为期不远了。

*　　　　*　　　　*

　　归结起来，明清时代皖南佃仆制度所处的历史地位是：随着社会上封建租佃关系的发展，随着封建等级制度松弛化的发展，上述佃仆制度下严格隶属关系与自由租佃因素的结合，也在与时俱进地缓慢地向前发展，由以严格隶属关系为主向自由租佃关系发展；自由租佃因素已经开始显现，但还没有转化为主要的方面，更没有达到完全摆脱严格隶属关系束缚的地步，虽然为期并不遥远。所以这一结合当时具有过渡的两重性，呈现出的是既有严格隶属关系的特点，又有自由租佃因素的特点。顺便说说，如果可以据实论虚的话，从这中间也可以探究处于严格隶属关系发展阶段的封建租佃制度的原型及其发展的规律。这对于了解中国封建租佃关系演化的具体历史过程和特点也是富有启示的。

后　志

　　上世纪八十年代，先生曾垂询明清封建租佃情况。当时回答，语焉不详，复有舛误。每一念及，辄觉汗颜。今以此文奉献于先生前，冀博先生一笑，稍补前愆。时年八十。

中国社科院研究员　魏金玉

古代商品经济中的需求及相关问题论略

——以战国秦汉为中心的思考[①]

2000 年中国经济史论坛举办了关于中国历史上商品经济的系列讨论，比较深入地探讨了中国历史上商品经济发展的基础和发展的机制。会上方行提出：中国封建社会的商品经济是以贡赋和地租为需求基础的商品经济。根据贡赋和地租提供市场有效需求份额比例的变化，方行把中国封建社会的商品经济发展划分为三个阶段。吴承明赞同方行的观点，并从方法论的高度进行了阐述，指出：历史上的经济发展，有时是生产导向，有时是需求导向。但研究商品经济的发展，从需求入手是一种好方法，而且是唯一的方法。后来吴承明又进一步提出历史上商品经济发展与否主要看制度，与生产力水平无关的观点。[②] 这些观点在研讨会上引起热烈的讨论，可惜还没有深入就转到别的问题上去了。

这是很有意义的讨论，应该继续下去。我觉得以下三个问题需要进一步探讨：1. 研究历史上的商品经济是否应从需求入手？2. 在历史上商品经济的发展中，生产力和体制究竟起什么作用？生产、流通和消费究竟是一种什么样的关系？3. 在中国封建地主制经济中，哪个社会集团的消费需求对拉动商品经济的发展起主要作用？本文打算以战国秦汉为中心，对这些问题作些讨论。

一、从需求入手研究古代商品经济的意义

以前用生产决定论研究历史上的商品经济，一般先说生产，再说流通，

---

① 2005 年 4 月，我在清华大学经济史研究中心举办的"传统市场与市场经济"学术研讨会上就上述主题做了一个发言，本文是在这个发言的基础上整理而成的。

② 参见叶茂：《中国历史上商品经济发展的基本线索、特点和阶段性——"中国历史上的商品经济"第一次研讨会纪要》，《中国经济史研究》2000 年第 3 期；《中国历史上的商品经济的发展变化及其与外国的比较——"中国历史上的商品经济"第二次讨论会纪要》，《中国经济史研究》2000 年第 4 期。

很少谈消费，谈消费也不脱离消费对生产的反作用这个框架。方行则把消费需求视为推动商品经济以至整个经济发展的决定性因素，这是一种新的提法。这种提法的依据是现代市场经济的理论。我们知道，现代市场经济是强调需求导向的，有人称现代市场经济是一种需求导向型经济。那么，这种理论能否应用于对古代商品经济的分析？

讨论这个问题首先要对"需要"、"需求"、"有效需求"这几个在实际使用中往往发生混淆的概念作一些说明。是否可以作如下的区分："需要"是指生产生活中实际消费的需要；"需求"是指"需要"中要通过交换（市场）解决的部分；"有效需求"则是指有支付能力的"需求"①。如果这个分析不错，则"需求"是与市场、商品经济相联系的概念。必须有通过交换取得某种物质的需要（即需求），才会产生市场，才会产生商品经济，古代和现代都一样。可以说，需求是古代市场和商品经济直接的决定因素。战国秦汉，无论是农村市场、城市市场，还是区域性的以至全国性的商业网络，都以一定的社会需求为基础。

吴承明说："怎样研究需求？首先是人口，其次是人口的划分，因为各阶层需求不平均，GNP中各阶层各占多少，加起来是总需求。"② 这很正确的。因为消费的主体是人，而人又是划分为不同阶级、不同阶层的。因此，要在人口基础上分析不同人群、不同社会集团的市场需求。吴承明正是在这个意义上肯定方行从分析国家、地主、农民的需求入手研究古代的商品经济。

从需求入手研究古代商品经济，对我们相沿成习的传统思路是一种突破，它为观察古代经济打开一扇新的窗口。用这种观点和方法研究一个时代的商品经济，首先应该弄清该时代各个社会阶层的需求有什么变化，市场发育有何新特点，然后在此基础上阐述生产和流通的发展等等，这样，可以写出和以往不同的商品经济史。

二、影响需求的诸因素

历史上商品经济发展的决定因素是什么？吴承明在"中国历史上的商品经济"第二次研讨会上提出："历史上商品经济的发展与否主要是制度问

---

① 西方经济学讲的"有效需求"是指能够用货币支付的需求。但古代除以货币作媒介的交换外，还有物物交换；后者只要有支付能力，也可以算作有效需求。

② 叶茂：《中国历史上商品经济发展的基本线索、特点和阶段性——"中国历史上的商品经济"第一次研讨会纪要》，《中国经济史研究》2000年第3期。

题，与生产力水平无关。会上提到赋税制、地租制、货币制都影响商品经济，完全对。但影响更大的是制度体系，即经济体制。进一步，还有根本制度，或政治体制，constitutional institution，包括所有权、债权、人身自由等等。"为了说明这一观点，他举出 5 个例证：1. 战国商品经济发展是由于实行城邦制，八百诸侯；2. 魏晋南北朝亩产不比汉代低，但实行庄园、坞壁、依附农制度，商品经济发展不起来；3. 宋代商品经济发达，但粮食亩产比唐代低（有商业革命，但无农业革命）；4. 明初生产力有所发展，但朱元璋废止商业，田赋征收实物，而且要送到指定地方；5. 斯大林时代生产力很高，可与美国匹敌，但采取计划体制，产品中 3/4 内部调拨，只 1/4 最终消费品进入市场，商品经济很小。吴承明的观点获得一些学者的支持，但也有学者提出不同意见。批评者指出，历史上商品经济的发展不但与生产力有关，而且生产力是商品经济发展的基础和前提。因为先有产品后有商品，商品一般是由剩余产品转化来的，而生产力发展水平决定了可以提供多少可以转化为商品的剩余产品。①

我基本上同意批评者的意见，但不否认吴承明先生的观点也包含了合理的成分和精辟的见解。

既然我们承认需求是古代商品经济发展的直接的决定因素，那么，我们的问题也可以合理地归结为：作为古代市场的直接决定因素，需求是由什么决定的？是生产力还是制度和体制？

中国古代商品经济经历了多次起伏，我们的结论应该建立在对这些起伏的考察和分析上。

战国秦汉是我国古代商品经济发展的第一个高潮。能否把这一高潮出现的原因归结为战国的"城邦制"？所谓"城邦制"，应该是指国野制度。这种制度始于西周，而不是战国，"八百诸侯"也是存在于西周，而不是战国。我国的商品经济，在国野制度鼎盛的西周并不发达，恰恰是在国野制度遭到破坏的春秋战国才发展起来；秦汉结束了诸侯割据，国野制度也消失了，商品经济却继续获得巨大的发展。这些事实是用"城邦决定论"无法解释的。②

从战国秦汉的情况看，当时制约"需求"的主要有三方面的因素：一是生产，二是经济体制，三是政治体制。

---

① 叶茂：《中国历史上的商品经济的发展变化及其与外国的比较——"中国历史上的商品经济"第二次讨论会纪要》，《中国经济史研究》2000 年第 4 期。

② 中国先秦的国野制度是否可以和希腊的"城邦制"类比，尚可讨论；但周代"国人"身份比较自由，对春秋战国时期自由商人的出现和商品经济的发展起了较大的作用，则是事实。

春秋战国冶铁业有长足的进步，黄河流域铁农具基本普及，牛耕初步推广，农业劳动生产率大幅度提高。这就：1. 促进了人口大幅度的增长，较大的人口基数是需求增长的基本条件之一；2. 较多的剩余产品促进了社会的分工；众多的城市出现了，独立的民间手工业也从农业中分离出来，从而大大增加了对市场的需求；3. 有更多的剩余产品转化为地租和赋税，从而使地主、官僚和封建国家的有效需求得以产生。

生产的发展可以直接导致消费需求的产生。战国秦汉冶铁业的发展和役牛技术的进步促进了农民和农业经营者对铁农具和耕牛的需求，导致了铁农具和耕牛市场的形成和发展，就是明显的例子。

经济体制主要是封建地主经济制度的建立。它突破了两种旧的制度：一是领地与村社相结合的封闭的采邑制度，二是建立在劳役地租基础上的与宗法等级制相结合的"凝固性的消费制度"。这就使得农民的再生产和地主的消费都在相当程度上依赖于市场。

政治体制主要是中央集权统一帝国的建立。这个帝国豢养的大批官僚、军队，其部分消费品要从市场取给。

从以上三方面的因素看，生产是最基本的、基础性的因素，它不但是市场有效供给的基础，而且是市场有效需求的基础。但是如果没有体制的变革，尤其是经济体制的变革，也不可能形成战国秦汉那样繁荣的商品经济和市场。就战国秦汉而言，推动商品经济发展的第一位因素应该说是生产力的提高。①

魏晋南北朝是中国封建地主制下商品经济发展的一个低谷。当时实行的庄园制、坞壁制和依附农制，确实在相当程度上束缚了商品经济的发展，但把这些作为当时商品经济收缩的决定性因素，是值得商榷的。因为，商品经济收缩的趋势早在东汉时期、甚至西汉中后期已经开始，而当时这些制度尚未出现。这些制度在一定意义上反而是商品经济收缩的结果。商品经济的这种收缩也不是生产力的萎缩引起的。相反，当这种收缩趋势出现时，生产力仍在继续发展。我们知道，战国时代铁犁牛耕比较原始，西汉中叶赵过做耦

---

① 制约需求的因素，除了生产和制度外，消费习惯的变化也可以导致新的消费需求的产生，从而促进生产的变化以至新的生产部门的出现。例如，汉代厚葬风气的形成，催生了随葬品和冥器的生产。中原人原来有吃狗肉的习惯，狗是六畜之一，但魏晋以后游牧民族进入中原，他们嗜吃羊肉而不吃狗肉，改变了中原地区的消费习惯，使狗退出了主要牲畜的行列，而形成繁荣的贩羊和屠羊的市场。又如，唐代饮茶成为中原人和游牧民族的嗜好，茶叶成为重要的商品，茶叶生产遂成为独立的商业化的生产部门。除了需求外，影响商品经济发展的还有其他条件，如交通状况、货币制度、国家政策等。战国秦汉交通条件的改善，金属货币的发展和货币制度的统一、西汉国家赋税征收偏重于货币的政策等，对当时商品经济的发展都有巨大的推动作用。

犁，铁犁牛耕才摆脱原始状态，劳动生产率有新的提高。东汉时这种二牛抬杠的框形犁进一步地推广，生产力继续发展。但正是东汉"封钱"议和赋税由偏重货币向偏重实物的转变，反映了商品货币经济收缩、自然经济强化的趋向。之所以发生这样的变化，可能与西汉时代细碎的个体农户，不能适应二牛抬杠这种新的生产力有关。所以我们看到了西汉中期以后农户规模扩大的趋势和豪强地主势力的发展。豪强地主经营的较大生产单位可以使用新式的牛犁，役使较多的农民，因而有可能增加自给生产的比重，减少商品生产的比重。这样，在特定历史条件下生产力的提高导致自然经济强化的趋势。在以后长期战乱中这种趋势更得到加强。①

宋代（确切地说是唐中叶以后至宋代）是中国古代商品经济发展的第二个高峰。导致这次高峰的出现的主要原因仍然是生产力的发展。认为宋代生产力不如唐代，缺乏足够的根据。宋代生产力发展具体表现为牛耕的进一步推广、农具发展到传统农业时代的巅峰，南方的持续的大规模开发，形成南方水田精耕细作技术体系，等等。显然是劳动生产率的提高和剩余产品的增多为商品经济的发展和市场的繁荣提供了最基本的条件。制度的演变也起了很大作用，如土地私有制、契约性租佃关系的发展、市坊制的被破坏等等，均有利于商品经济的发展。不过这些制度变迁也是建立在生产力发展的基础之上的。

明清是中国古代商品经济发展的第三个高峰。商品经济的确有超越前代的发展，但农业生产力尤其是劳动生产率却没有相应的提高。明清尽管农业地区空前扩大，精耕细作技术推广到更广的地区和更多的领域，土地利用率达到前所未有的高度，玉米、甘薯等高产作物相继引进，经济作物有较大发展，表现为地区分工的资源配置的优化等，导致经济总量明显增加，但农业工具基本上没有改进，农业技术没有突破性的创新，农牧比例失调，畜力严重不足，有些农业先进区甚至从牛耕退回人耕，生态环境恶化，自然灾害频繁；人口激增，耕地紧缺，导致农业劳动生产率总体上停滞或下降。清代的商品经济为什么能在农业劳动生产率基本停滞的情况下取得巨大的发展？我

---

① 战国秦汉商品经济的勃兴，除了社会生产力的提高外，还有自然力的因素，还由于有机社会共同体（村社）解体所引起的各种社会力量的活跃。在这种基础上商品经济的勃兴既有其必然性，也有不稳定性，在某种意义上说，甚至是"超常"的。例如新垦地和淤灌地的丰厚利益并不是能永久保持的。当时农业生产还不稳定，故商情预测首先要考虑农业可能的丰欠，并形成丰欠循环的理论。货殖家们在经营工商业同时往往要兼营粮食生产，或以某一粮食丰裕地区为依托。这正是生产力水平不高和社会分工不发达的反映。旧的社会有机共同体解体时各种经济力量的冲动也会慢慢纳入比较平缓的发展轨道中。因此，在一定条件下，偾兴的商品经济趋于收缩是不足为奇的。参见叶茂等：《传统市场与市场经济研究述评》"封建地主制前期"第六节，《中国经济史研究》1994年第4期。

认为，明清的商品经济基本上是沿着封建地主制经济的轨道前进的，我们不能离开中国封建地主制经济形成和发展的全局来考察它。我国早在战国时代就已达到"亩产二石"、"民食什五之谷"的水平，中国封建地主制经济正是建立在这样的生产力水平的基础之上。明清农业劳动生产率虽然没有提高，但也没有大倒退，传统农业所创造的剩余仍足以支撑颇大的商品经济规模，明清农业生产在广度方面有颇大发展，社会剩余总量增加，也提供了商品经济继续发展的基础。同时，除了封建地主制经济一般的条件外，明清商品经济的发展面临一些前所未有的新条件或新机遇。其一是国家的空前大统一，内地与草原合为一家，消除了地区间、民族间交流的许多障碍。其二是交通道路的畅通超越前代，以南北大运河和长江为基干的水路交通以及海运的畅通意义尤大。其三，人口空前增加，不但消费总量上升，而且在耕地紧缺的情况下，必然导致非农人口的增加，即使农业人口也不能不更多地从事非农产业，从而从需求和供应两个方面刺激市场的发展。此外，明清时期封建地主制经济制度进行了一些意义重大的调整，尤其是从一条鞭法到摊丁入亩的赋税制度改革，赋税基本上货币化，使生产者从事经济活动有更多的自由，极大地推动了商品经济的发展。

以上对中国封建地主制下商品经济起伏和波动情况及原因做了些粗线条的分析。这些分析表明，对于商品经济的发展，生产力仍然是基础性的因素，从这个意义上讲，它是决定性的。但它只是商品经济发展最基本的条件，这些基本条件提供了一个弹性很大的空间，在一定生产力水平所规定的范围内，商品经济仍然可以有大幅度的盈缩，可以有前进或后退的运动。在这个范围内发生的进退盈缩不一定是生产力变化所引起的，有时也可能是体制的变化引起的。就清代情况而言，体制调整对商品经济发展的作用比生产力因素的作用更大。可以说，在一定生产力水平下，体制对商品经济（以至整个经济发展）往往能起决定性作用。因而，在影响商品经济发展的生产力和体制（或制度）两者之间，不宜离开历史条件简单地说什么是决定性的，什么不是决定性的，需要对具体问题作具体分析。

一般而论，商品是由剩余产品转化而来的；生产力水平决定了能够提供剩余产品的数量，从而在很大程度上决定了商品经济的规模。但实际情况是复杂的。中国封建地主制下的商品有相当一部分并非剩余产品转化的。在国家赋役、地主地租、商人高利贷以及自然灾害等重重压迫下的农民，往往不得不在收获季节低价出售全部的剩余产品以至部分必要产品，在播种季节和青黄不接时又不得不高价买进包括他们出售的产品种类在内的必须的生活资料和生产资料，从而使进入流通领域的产品的数量超过按照劳动生产率计算所能提供的剩余产品的数量。有的贫苦农民对市场依赖的程度甚至超过殷实之家。在封建王朝的晚期往往出现生产萎缩与商业"繁荣"并存的奇特景观。生产和流通的这种"脱节"和"背离"，是中国封建地主制下带有特征意义的现象。

三、国家、地主、农民的消费需求

在关于中国历史上的商品经济的讨论中，方行把中国封建社会商品经济的发展分为三个阶段：战国秦汉至唐中叶的商品经济主要由国家赋税为基础形成的有效需求所拉动，唐中叶到明中叶主要由地主地租为基础形成的有效需求所拉动，明中叶以后一般老百姓的协商需求增加，形成国家、地主、农民三足鼎立的局面。讨论中还论及"小生产、大流通"的问题——中国封建地主制下是否存在"大流通"，如果存在，"大流通"是怎样形成的。有一种意见把"大流通"的形成归因于小生产基础上商人资本的运动。这些意见都值得商榷。

我认为，在封建地主制下，国家赋税所形成的有效需求不可能成为拉动商品经济的主要力量。这是因为：

1. 一般而论，封建地主制下的剩余产品和社会财富主要不是集中在国家手里，而是集中在地主富豪手中。在封建社会中，赋税在某种意义上是地租的再分配，一般是大大低于地租的。汉代地租"见税什五"，土地税三十税一。人头税高出土地税以倍计。如果按这样一个比例推算，地主掌握的社会财富应该数倍于国家掌握的社会财富①。所以汉代就有政论家指出，这种低土地税、高人头税的政策"适足以资豪强"（荀悦）。政府对自耕农的榨取往往突破名义上的税额，有时甚至到了"中分其功"——接近地租率的程度。但国家对农民需索太多，又会"为丛驱雀，为渊驱鱼"，把农民驱赶到地主门下当徒附、隐民。政府面临的是两难局面，无论减轻或加强对农民的榨取，最后坐大的都是地主。

2. 封建国家所征收的贡赋并非都能够转化为有效需求。这些贡赋在皇室、各级官府、军队、贵族、官僚中分配使用。其中有实物、有劳役、有货币。劳役和大部分实物是直接消费，货币和部分实物转化为货币以后可能用

---

① 汉代没有保存赋税总量和地租总量的数据资料，但根据税率和税率的比例也可以做一些虚拟的匡算。假如全国有土地一亿亩，自耕农、地主各占地 5000 万亩，亩产 2 石，三十税一，则国家土地税收入为 667 万石，假如人头税是土地税的两倍，折粮 333 万石，则国家土地税和人头税的收入总计为 2000 万石。按"见税什五"的地租率，地主地租收入为 5000 万石，假如地主人口占全国人口的 10%，则地主需交纳的人头税折粮 133.3 万石；地主地租收入扣除土地税和人头税，尚余 4553 万石。地主地租占有的剩余价值是国家赋税的 2.25 倍。

以购物，形成有效需求。汉代各级官府一般都有公田和手工业作坊，从事提供直接消费品的自给性生产。许多官僚家庭都从事自给性的农业、手工业生产。他们需要从市场上购买的只是消费品中的一部分①。封建官府、贵族、官僚们所需物资和劳务很大程度上依靠强制征调产品和劳役来解决，需要从市场购买的只是一小部分。封建地主制前期尤其如此。反而是封建地主制后期更多物质和劳务的需要通过市场来解决。

3. 应该指出，西汉时期不少税项是征收货币的，赋税中货币税比重较大，这对拉动当时的商品经济确实起了很大作用。但这与赋税所形成的有效需求不应混为一谈。西汉以货币税为主带有超前性质，东汉以后已向实物税转化，它不能代表封建地主制前期的普遍情况。真正实行赋税货币化，从而推动商品经济大发展的，是明代实行一条鞭法以后。封建国家的政策有保证市场交换正常进行的一面，也有妨碍市场交换正常进行的一面。不应只强调某一方面。

在封建地主制下，农民成为市场的主体之一，其再生产与市场发生联系，交换成为农民再生产的必要环节之一，农村集市普遍出现，农民不但是市场商品的主要供给者，其消费也占了市场的很大的份额，构成了商品经济和封建市场的基础。但：1. 一般说来，农民生产生活中的需要大部分通过自给性生产解决，需要从市场购买的必需品只占其生产和生活消费的一小部分；2. 农民是中国封建社会主要的生产者，也是剩余产品的生产者。但是他们的剩余产品绝大部分以地租和赋税的形式转到地主和国家手里，农民自己能够掌握的剩余产品是极其有限的，他们有效需求远远低于他们的实际需求；3. 他们的需求一般在农村集市或地方小市场上即可以获得满足。因此，单靠小农的力量不可能形成战国秦汉那样繁荣的多级市场。

战国秦汉的"大市场"，主要是由地主的消费需求所推动的。这是因为：1. 他们掌握了社会的大部分剩余产品和物质财富，有充分的支付能力。2. 以前那种建立在严格的等级制和劳役地租基础上的"凝固性的消费制度"被打破，地主消费实际不受限制，消费欲望空前膨胀。3. 在主要实行实物地租的分租制的条件下，产生了"地租的单一性"和需要的多样性的矛盾，促使地主将部分地租转变成货币，从市场上购买消费品。当时繁荣的城市市场，主要的消费对象是地主和为他们服务的人群。当时的远途贩运，主要也是为地主服务的。

但地主的消费主要是生活消费，而不是生产消费。这种消费需求虽然可

---

① 史载王莽"物物印市"、"不与民争利"，是作为一种特立独行的美德标榜于世的，适足以证明一般官僚并非"物物印市"。

以造就相当繁荣的市场，但实际推动生产发展的作用却是有限的。地主阶级的消费中有相当一部分是奢侈性消费，这些消费适足造成社会资源的损耗和浪费。实际生产者农民的有效需求十分微弱，难以进行扩大再生产。这恐怕就是中国封建社会商品经济似乎很"繁荣"，却始终缺乏导致新的社会制度诞生的充足力量的症结所在。

中国社科院研究员　李根蟠

国民党国家资本在交通运输业的发展

一、抗战期间国民党国家资本在交通运输业的发展

在中国资本主义发展过程中，近代交通运输业是发展最快的产业部门，据巫宝三先生估算，1933 年近代交通运输业的总所得在整个交通运输业总所得中所占的比重即已达到 50%。① 抗战前，国民党国家资本的产业活动在交通运输业也最为活跃，据统计，1936 年国民党政府的产业资本为 44000 万元，其中 54% 集中在交通运输部门。② 抗日战争期间，原有交通运输线路、邮电线路及交通、邮电器材遭受严重损失，为适应战争的需要和后方经济发展的需要，国民党政府乃大量投资，增修新的线路，补充各类器材，在交通素不发达的后方扩展近代交通运输业。抗战期间后方近代交通运输业建设和营运的主体是国民党国家垄断资本，兹将其发展概况分述如下。

（一）**铁路** 抗战前整个西南和西北地区除滇越路（法国经营）及陇海路西安以东一段外，再无铁路交通可言。抗战开始，日寇首先抢占交通战略要道，至 1938 年武汉、广州沦陷，各主要铁路线相继陷于敌手，陷落和拆除的铁路线里程为 8810 公里（不包括"九·一八"后东北沦陷的 6173 公里铁路线），国民党统治区原有铁路线仅存滇越路、浙赣线、粤汉线株洲至曲江一段以及陇海线洛阳以西一段，里程为 2609 公里。这一时期，国民党政府完成了湘桂线衡阳至桂林一段的修筑，湘黔线完成株洲至蓝田一段，并将陇海线由西安延至宝鸡，完成铁路新线总里程为 708 公里；与此同时国民党政府还修筑了芜湖至歙县线孙家埠以南一段以及杭甬线杭州至曹娥一段，里程总计 314 公里，但完成不久又复沦陷或拆除。③

---

① 巫宝三：《中国国民所得》。
② 吴承明：《中国资本主义的发展述略》，载于《中华学术论文集》。
③ 以上据国民党政府交通部编印：《十五年来之交通概况》铁道章。

汉广沦陷后，国民党政府继续修筑湘桂线，1939 年底桂林至柳州段完成通车，柳州以南一段因其间南宁一度失守中途停工，路轨后移铺黔桂线，黔桂线于 1939 年间由柳州开始修筑，1940 年 10 月通宜山，1941 年 2 月通金城江，1942 年 2 月通六甲，1943 年 5 月通独山，1944 年中达都匀，湘桂战争后全路沦陷，后续工程亦告停止。广州沦陷后，对外贸易线路断绝，为开发新的国际交通线，国民党政府于 1938 年 11 月动工修建滇缅铁路，日本占领缅甸后该路失其修建价值，1942 年 4 月停工结束。与滇缅路同时开工的叙昆铁段在于沟通川滇交通线路，因材料供应不足，至 1942 年 4 月停工，仅完成昆明经曲靖至霑益一段。宝天线工程 1939 年开始筹办，该路全长 154 公里，蜿蜒于崇山峻岭之中，隧道总长达 22 公里，工程极为艰巨，1945 年底方完工通车。此外，为矿产运输便利，国民党政府还修建了一些铁路支线，如陇海路咸铜支线，由咸阳接铜官煤矿；粤汉路白杨支线，由白石渡至杨梅山矿场；湘桂路之黄阳司支线，通达窑冲煤矿。还有合江铁矿运输支线，以及柳州至来宾、大湾的联络水运的支线等。汉广沦陷至桂林陷落这一时期，国民党政府共新修铁路 1187 公里，但其中 846 公里的线路在桂马之役沦陷或拆除。① 抗战期间，国民党政府共修筑铁路干线 2326 公里，②对于后方交通运输业的发展起了重要的作用。

抗战期间，国民党政府的铁路营业里程较战前大幅度减少。据《中华民国统计年鉴（1948）》、《交通部统计年报（1946）》的资料，1936 年底，全国除东北外，铁路营业里程 8983 公里，其中干线里程 8363 公里，支线里程 620 公里；到 1944 年底，分别减少到 1625 公里、1443 公里和 182 公里。车辆及各类器材也受到重大损失，据 1936 年 6 月底统计，全国国营铁路有机车 1243 辆，客车 2047 辆，货车 15482 辆，特种车 380 辆；到 1944 年底，仅有机车 207 辆，客车 446 辆，货车 2307 辆，特种车 90 辆。特别是对外贸易港口沦陷以后，车辆及大型交通器材不能进口，原有车辆大多超期使用，毁损严重，至抗战后期，铁路车辆完好率只有 2/3 左右。由于铁路里程和车辆减少，铁路运输量较战前全国水平（不包括东北）相比也大为减少，铁路年平均客运量不及战前年客运量的 1/3，年平均货运量只相当于战前年运量的 1/10。不过，抗战期间后方铁路的每公里平均运载能力较战前有所提高。

（二）公路及驿运　国民党政府成立以后，即把公路建设列为其五大要

---

① 《十五年来之交通概况》铁道章。
② 国民党政府交通部档案二十（2）324，《抗战前后交通概况重要统计资料》。

政之一，至抗战前夕，国民党政府新修公路约 9 万公里，[①] 平均每年增修近 9 千公里。战前，国民党政府公路建设的重点在东南，主要是为了配合对红军的反革命"围剿"。抗战开始后，后方铁路里程短少，水运又素不发达，除长江上游外，其他水路均未开发利用，公路运输遂成为后方交通运输业的中心，国民党政府乃着手于西南西北公路交通网的建设，公路建设是战时国民党政府在交通运输业投资最多的部门，所占比重达 55.9%。

上海失陷后，为维持国际运输通道，国民党政府首先对广九、湘粤、湘桂等公路施以改善工程，以扩大香港与内地之间的运输能力；西北方面则对西（安）兰（州）、甘新两路进行改善，以便衔接苏联铁路承运物资。在西南方面国民党政府于 1938 年修筑了桂越、滇缅两条公路，沟通了经过越南和缅甸的进出口物资运输线路，汉广沦陷后这两条公路对于维持进出口贸易发挥了重要的作用，为接通国际线路之联络线，国民党以滇缅公路为主体，修筑了西南公路的三条主要干线：一为由昆明经贵阳至重庆之昆渝线，二为由昆明经曲靖、毕节至泸州之川滇东路，三为由滇缅路之祥云附近转北经兆安、西昌至乐山之川滇西路。昆渝线最为繁忙，贵阳北通重庆，西接昆明，东至沅陵、南下柳州、桂林，成为西南地区公路运输的中心。川滇东路虽系辅线，但其路程较短，物资运至泸州后可顺水而下重庆，因此兵工设备及重要工矿器材、航空油料等多数取道川滇东路。川滇西路全长 1073 公里，沟通了川康和云南之间的交通，可接近由滇缅路而来的物资直达川省腹地。滇缅路失陷以前这段时期，除上述主要干线外，国民党政府进行的公路建设工程还有：（1）修筑衡阳至宝庆、洞口至榆树湾两条公路，两路共长 248 公里，缩短了东南各省与西南之间的运输线路；（2）修筑贺县至连县公路，全长 150 公里，为粤桂间要道；（3）修筑安康至白河、安康至南郑两条公路，两路并长 525 公里，是沟通陕南鄂北间交通的重要公路；（4）修筑天水至双石铺公路，长 231 公里，为西兰路通川陕路之要道；（5）对贵阳为中心的西南公路，以兰州为中心的甘新、西兰、川陕各路进行改善路面工程。

滇缅战役之后，西南国际陆路交通已经完全断绝，国民党政府为开辟西北国际运输通道，乃将公路建设的重点移至西北地区，修建了青藏、康青、南疆三条公路。青藏路自青海西宁至玉树，全长 797 公里，该路穿越青海草原，平均海拔在 4000 公尺以上，气候高寒，冬春冰雪载道，每年施工期仅五个月，给养均须由西宁内运，该路 1943 年春动工，1944 年 9 月底竣工通车。康青路自康定至青海之歇武，与青藏线相接，全长 792 公里，该路穿越

---

① 《十五年来之交通概况》。

折多、海子等高山，甘孜以北一段海拔也均在 4000 米以上，施工环境的困难与青藏路相似，给养由雅安供应，运程平均达 600 公里，这项工程 1942 年底开始，1944 年 10 月完成通车。南疆路自甘肃敦煌至新疆婼羌，全长 739 公里，道经荒漠，人烟稀少，1945 年初由甘、新两公路工程处负责同时动工，11 月底甘肃境内路段完成，次年一月新疆境内路段方完工。在西南地区，为适应中印缅战场军事运输需要，1943 年初中美开始合修自列多经新平阳至密支那的中印公路，是年 12 月完成了列多至新平阳最困难的一段工程，1944 年秋新平阳至密支那段亦通车。这条公路的建成不仅有利于中缅战场的对日作战，而且为后方进出口物资的运输提供了新的陆上交通线，当时后方进出口物资运输主要依靠中印航空交通线，由美国输入的物资大量积存印度港口加尔各答，因此该公路通车可以稍微缓解后方进出口物资运输的困难。为使中印公路与国内交通线路相衔接，国民党政府同时开始修筑保山经腾冲至密支那的公路，该路所属的保山经龙陵至腾冲的支线先行完成，干线腾冲至密支那段 1944 年 10 月动工，次年一月打通，保山直达腾冲的干线 1945 年 1 月开工，4 月下旬完成，这样由保山经腾冲、密支那至列多的时人所谓的"史迪威公路"始告全线通车。该公路穿越原始森林和蛮荒地带，人迹罕至，瘴疠为患，工程之艰巨和给养供应之困难较其他公路建设工程更甚。滇缅路失陷至抗战结束这段时期，国民党政府进行的公路工程还有：（1）修筑云南省东南区公路支线以及绿葱坡至资邱公路等；（2）为扩大运输能力，继续对各公路干线进行改善工程；（3）修复湘桂两省收复地区的公路，如南宁至百色线，南宁至柳州线，宾阳至廉江线，南宁至钦州线，金城江至大塘线等。抗战期间，国民党政府在后方共新修公路 14331 公里，修复公路 12576 公里，对公路进行改善工程的总里程约为 10 万余公里，这些公路建设工程，对于西南和西北地区公路交通网的形成，对于公路运输业的发展以及对于后方经济的维持所起的作用是明显的。

抗战期间，国民党统治区的公路通车里程较战前全国里程大为减少，1937 年抗战前夕，国民党政府统治地区公路通车里程为 109500 公里，到 1942 年滇缅路失守后公路里程仅为 53000 公里，尚不及战前的 1/2。战时后方公路都是仓促建成，交通环境一般也比较恶劣，尽管进行了大量的改善工程，多数公路路面状况还是较差，加上敌机对交通线的轰炸骚扰，车辆损毁很快，而新车辆和交通器材的进口、补充又很困难，汽车登记辆数较战前也大幅度减少了。民用车辆由 1936 年底的 62000 辆下降到 1944 年底的 32484 辆，仅及抗战前的 52.4%。在上述登记车辆中，自用客车占了很大的比例，货车很多也为政府机构和国营企业所有（如资委会等都辖有庞大的汽车运输队），据有关资料载，1944 年后方营业性车辆共 7321 辆，只占后方登记车辆总数的 22.6%，其中国营公路运输机构（交通部公路总局各直辖运输处）拥有车辆 4498 辆，占营业性车辆的 61.4%，私人营业性车 2823 辆，所占比重为 38.6%。① 这些营业用车辆的完好率也很低，如 1944～1945 年，营业用车辆的完好率只在 40%～60% 之间（客车完好率稍高一些），因此战时后方公路运输量难以提高，而且很不稳定。

汉广沦陷后，汽车运输十分紧张，国民党政府在 1938 年 10 月的交通会议上决定利用人力和畜力扩大运输能力，以弥补汽车运力的不足；交通部遂设立驮运管理所负责这项活动，陆续开辟驮运线路，经运进出口物资，此为驿运之开端。1940 年 9 月交通部成立驿运管理总处，代替原来的驮运管理组织，并在后方各省也都设立了省驿运管理处。交通部驿运管理总处负责经营干线和国际路线的营运，管辖有川黔、川滇、川陕、甘新、新疆等 5 条干线，共辟主要驿线 6689 公里，其中陆路占 87%，水运占 13%；国际路线有：新苏线——猩猩峡经迪化至苏境之霍尔果斯，驿线长 2013 公里，新印线——即叶列线，由新疆叶城至印度列城，该驿线分东西两线，里程分别为 1005 公里和 1160 公里，康藏印线——自康定经拉萨至印境葛伦堡，全长 2510 公里。各省驿运管理处负责经营支线运输，川、滇等 12 省辟有主要驿线 21319 公里，其中陆路占 55%，水路占 45%。为发展驿运，1940～1944 年间国民党政府拨用于驿运的建设经费总计 1.8 亿元，略低于对水运业的投资，占同期交通事业建设经费的 2%。② 抗战期间，国民党政府的驿运机构共承运货物 136 万吨，总运量为 1.96 亿吨公里，③ 相当于同期汽车货运量的 28%；客运共三千余万人，总运量约为 3.6 亿人公里，④ 相当同期汽车客运量的 50%。这在一定程度上缓和了后方交通运输的紧张状况。

（三）**水运** 抗战前中国航权操诸外人之手，外国资本拥有的轮船总吨位超过了本国所有的轮船总吨位，至抗战前夕，本国拥有轮船的总吨位仅有 60 余万吨，⑤ 其中国民党政府经营的招商局的轮船吨位为 86300 余吨，⑥ 加上地方政府航运机构拥有的轮船，公营轮船吨位占国内轮船总吨位的比重估计在 15% 左右。抗战开始后，船舶损失是十分严重的。国民党政府对于抗战缺乏准备，不修江防工事，为防止日舰侵入，乃大量征用轮船沉于港口作为阻塞工具，先后沉船达 87 艘，计 11.7 万吨，占战前本国轮船总吨位的

---

① 交通部编：《公路统计年报》，1944～1945 年合订本。

② 《十五年来之交通概况》。

③ 交通部编：《公路统计年报》，1944～1945 年合订本。

④ 《十五年来之交通概况》仅有干线客运量的统计，支线运量系笔者据里程估算。

⑤ 《十五年来之交通概况》。

⑥ 《招商局 75 周年纪念刊》。

20%；还有大量船舶被敌机炸沉或来不及撤离而自凿沉没；另有一部分船舶未能撤离至内河，为保存计而移转中立国籍，其数共 130 艘，吨位总计 14.5 万吨。[①] 及至 1937 年底，国民党统治区的轮船艘数只有战前的 1/2，吨位仅 11.8 万吨，相当于战前吨位的 20%；汉广沦陷后，轮船进一步减少，1938 年底后方轮船的总吨位降到 8.7 万吨，以后更是逐年减少。招商局的轮船吨位减少的幅度较民船要小得多，因此其轮船吨位占总吨位的比重较战前反而提高了。

　　战时撤退到后方的轮船，大致吃水深而马力不大，不能完全适用于流急滩多的长江上游航道，特别是招商局的一些吨位较大的江海大轮更不能在川江行驶。国民党政府为解决轮船运力不足的问题，设立了川江和西江两个造船处制造船舶。两处设计了一些吃水浅、吨位较小（一般在 200 吨左右）、马力较大宜于后方水域行驶的浅水轮船，先后制造 20 余艘，总吨位约 4000 吨左右；因原材料供应紧张，新增轮船数量太小，国民党政府扩大水运能力主要依靠大量制造木船，两江造船处在战时制造载重 6～60 吨级的各类木船共 2671 艘，计 42914 吨。战时，国民党政府对木船运输也由航政机构加以统制，据统计，在后方 1941～1942 年帆船运输的高峰时期，其航线里程近 4 万公里，是轮船航线里程的三倍多，由船政机构登记和管制的帆船总吨位达 36 万吨，其运力是轮船的 5～7 倍，其他年份也都在 3～4 倍间。[②]

　　抗战开始以后，随着沿海和长江中下游区的沦陷，轮船航线也日趋缩短，国民党政府为维持水运，陆续开辟了一些新的航线，抗战期间国民党政府新辟轮船航线 3500 余公里，[③] 主要航线有：（1）沅江线。湖南常德至沅陵段，水程 203 公里，一向只驶木船，1938 年交通部会同西南运输处开辟和试航该线成功，随后又增辟了沅陵至辰谿段航线，进一步发展了湘西的水运业；（2）湘宜线。武汉沦陷后，交通部开辟长沙径安乡、公安、松滋至宜昌航线，沟通了湘鄂水运。至宜昌失陷前，该线极为繁忙，运送物资器材数万吨，并承担了大量客运；（3）嘉陵江线。战前嘉陵江轮船航线止于合川，1939 年该航线延至南充，除枯水季节外，重庆至南充间轮船可全线通航。该线的开辟有利于沟通西南与西北间的运输；（4）金沙江线。金沙江水位不浅，只是滩险流急，轮船航行极为困难。交通部等组织勘探队勘测了全线，随即成立金沙江工程处修浚航道，宜宾至安边一段首先通航，嗣后航

---

① 《十五年来之交通概况》。
② 交通部档案二十（2）289，《交通统计概况》（1943）；《交通部统计年报》（1946）。
③ 交通部档案二十（2）289，《交通统计概况》（1943）；《交通部统计年报》（1946）。

线又延至屏山。

抗战期间国民党政府在航运建设方面的另一项主要活动是创设绞滩事业。川江险滩最多，船舶上行也最艰难，如宜昌至重庆水运程350浬，而著名险滩在50处以上，流急之处时速竟达13浬，可见航行之难。1938年秋交通部组织绞滩管理委员会，开始设立绞滩站，至1941年间，在川江、嘉陵江、沅江的急险处共设绞滩56站，后经裁撤，1944年各航道共有绞滩38站，这些绞滩最大绞运能力为4000吨级，多数绞滩站的绞运能力在500吨上下，这些绞滩站对于扩大后方水运能力起到了积极的作用。

抗战期间，后方水道运输的主力还是木船，轮船运输能力因船舶缺乏而较战前大为减少，1937年到1945年，轮船客运量由1634万人下降到742万人，下降了54.6%；货运量由2287万吨下降到167万吨，下降92%以上。关于招商局和地方政府所属轮船的运量无系统资料，据轮船吨位和零散资料估算，其运量大约占后方轮船运量的30%左右。

（四）空运　抗战开始以后，以上海、南京、北京、郑州等为中心的航空线相继停航，国民党政府经营的中国和欧亚两航空公司遂在重庆、昆明设置新的总基地，将总事务所及技术设备中心分别移至这两个城市，原西南航空公司的航线因日军在粤省空袭频繁乃全部停航。航空线路减缩以后，空运业务更显繁忙，中国和欧亚两航空公司遂筹设新的航线，在汉广沦陷前先后开辟的航线有：重庆—桂林、汉口—长沙、重庆—泸县—叙府—嘉定、重庆—桂林—广州—香港、汉口—西安、昆明—成都、昆明—河内等。[①] 汉广沦陷后，国民党政府以重庆为中心进一步扩展航空线路，至滇缅战役前两公司先后开辟的航线有：重庆—昆明—腊戍—仰光、南雄—香港、重庆—昆明—腊戍（缅甸沦陷后改为丁江）—加尔各答、重庆—西安—兰州—武威—张掖—哈密、重庆—兰州、昆明—桂林。[②] 1939年12月，中苏合资经营的中苏航空公司正式成立，总基地设于迪化，专营哈密经迪化、伊犁至苏境阿拉木图一线。1941年8月中德断交，欧亚航空公司的德方资产由国民党政府接收，该公司乃全为国营，同时亦易名为中央航空公司。太平洋战争爆发，中国、中央两航空公司在香港的飞机因空袭遭到严重损失，大型飞机全被炸毁，随之飞香港、越南、缅甸的航线也都相继停航，对外空运线路只存加尔各答一线，中国航空公司除继续经营普通空运业务外，又受国民党政府之命开始办理中印空运，从租借法案获得部分运输机，承担进出口物资的运

---

①　参见《十五年来之交通概况》航空章。

②　同上书。

输。滇缅战役至抗战胜利这段时期，中国、中央两航空公司新辟的国内航线有：昆明—丁江、宜宾—丁江、泸县—丁江、重庆—汉中—宝鸡、重庆—湛江—柳州、成都—雅安等。[①] 抗战期间，国民党政府在后方共新辟航空线万余公里，[②] 虽屡遭损失，但多数年份较战前无显著减少。

抗战前期，国民党政府民航飞机数量较战前略有减少，1941 年底至 1942 年间减少较多，1943 年以后飞机数量又大增，各年平均与战前大体持平。战前，国民党政府民航公司运输任务往往不足，战时因其他交通工具缺乏，特别是海陆进出口线路阻断以后，空运显得更为重要，运输任务极为繁重，因此中国、中央两航空公司的运输量增加非常迅速，单机运输效率较战前有了很大的提高。1938 ~ 1945 年间，中国，中央两航空公司共运客 28 万人，总运量近 2.3 亿人公里，相当于同期国营公路客运量的 16%；共运送货物（包括邮运）9 万吨，总运量约 7500 万吨公里，相当于同期国营公路货运量的 8.3%。可见，民用航空是国民党政府近代交通运输业发展最快的部门，抗战期间民航运输在后方交通运输业的地位和作用是相当重要的。

（五）**邮政**　战前国民党政府经营有邮政局所 72690 个，邮路里程为 58.48 万公里，拥有职工 2.8 万余人。抗战前期，原有邮政局所 1/4 停闭，邮路里程减少了 1/3，国民党政府在前方各个战区重新组织邮政机构，竭力维持邮政业务，同时着重在西南、西北地区扩展邮政业务网，开办新的邮政局所和开辟新的邮路，至 1942 年底，国民党政府共新设邮政局所 16440 个，新辟邮路 20 万公里，[③] 这样国民党统治区的邮政局所较战前只减少千余个，邮路里程还略有增加，邮政职工也增加到 4.1 万余人。香港沦陷之前，后方与沦陷区间的邮运仍通过桂越公路、滇缅公路和渝港航空线得以维持；滇缅战役后，后方与沦陷区间的邮运经先后组成的浙东、湘北、鄂中、鄂东等邮路维持；1943 年以后各线停闭，除一些新组织的秘密邮路勉强维持外，后方与沦陷区间的邮运基本断绝。抗战期间，铁路线短少，公路运输极为繁忙，邮政机构为扩展业务乃自组邮政汽车运输队，1942 年高峰时邮政汽车达到 560 多辆，经营有滇黔、川黔、川陕、桂黔、浙赣、粤汉、湘桂等邮路干线及滇缅国际邮路。由于邮政局所和邮路里程无显著减少，职工续有增加，尽管后方交通困难、运输紧张，1942 年底以前国民党政府的邮政业务除包裹一项有较大幅度减少外，各类信函的收寄数量与战前

---

① 参见《十五年来之交通概况》航空章。
② 交通部档案二十（2）289，（抗战前后之交通统计概况）。
③ 同上书。

相去不远，1940～1942 年间的信函邮递数量都达到 8.7 亿件左右，均高于战前最高年份。

（六）**电信**　抗战前国民党政府电信机构有电报线路约 9.3 万公里，长途电话线路约 4.7 万公里，市内电话线条长度约 342 千公里；战时电报线路损失共计 3.9 万公里，长途电话线路损失累计达 5.8 万公里，市内电话损失在 98% 以上。抗战期间，后方电信业务剧增，国民党政府为维持后方通信联络，开始修建新的通信线路，大量增加各类电信机械，主要电信机械的数量和质量较战前都有所提高，到 1945 年底，已拥有无线电机 365 部，长途电话机 1006 部，市内电话交换机容量达到 11.85 万门，分别比 1936 年增加了 1.7、2.2 和 0.59 倍。战时国民党政府在后方共架设电报线路 4.5 万余公里，架设电话线路 4 万余公里，并在后方各城市陆续修建市内电话设施。因此，除市内电话容量仍远远低于战前外，长途电话线路有了增加，而且先后完成了筑桂、桂衡（阳）、衡长（安）三条载波电路，增设了载波机件，电话通话能力较战前有显著提高；电报线路虽略低于战前，但由于采用了新式电报机件，通报能力也有较大提高。抗战期间，后方无线电通信业务发展也很迅速。原设上海的国际无线电台战争开始后先移至武汉和广州，汉广沦陷后又移至成都，抗战后期为方便国际通信而移至重庆。湘桂战役后，东南各省与后方的有线通信断绝，也完全依靠无线电报维持通信联络。战时后方无线电台由战前的 70 余座增加到 170 余座，[①] 无线电机械数量较战前成倍增长，机械的质量和功率也大为提高。抗战前期，后方电信局所较战前有所减少，后期数量逐渐超过战前，因业务繁忙，职工人数较战前有较大幅度增长，1945 年底，职工人数达到 4.9 万人，比 1936 年增加了 1.4 倍。各种电信业务除市内电话用户数大大少于战前外，电报和长途电话的业务量较战前均有大幅度的提高。

投资和经营状况总述：抗战期间国民党政府在建设经费支出项内设有交通建设专款，这是交通建设投资的基本来源（实际上可以说是唯一来源，因为政府经营的交通事业各个部门除铁路、公路在抗战初期略有盈余外，其余时期各部门都是累赔不堪。企业不能积累资金扩大再生产），据交通部财务统计，1937 年 7 月～1945 年间交通各个部门总计获得建设资金 13019043.7 万元。折合战前法币约合 45569 万元。另据国民党政府财政部有关统计资料，国民党政府历年拨付的交通建设专款总额与上述统计大体相同，但各年数额有所不同，依照财政部的统计，交通建设投资额折成战前法币则合 52361 万元，这一投资额大约是同期国民党政府对工矿业投资额的

---

　　① 《十五年来之交通概况》。

1.9 倍。

抗战期间，国民党政府对交通运输业采取严格的统制政策，运输业务和运输价格都由政府加以管制，在通货膨胀的影响下，各种运输价格及邮资、电信资费的增加远远低于后方整个物价上涨的速度，加之后方交通环境差，运输成本更高，因此大多数年份交通各部门的经营都是严重亏损的。如铁路和公线运输在 1942 年以前尚可勉强维持，嗣后亏损额不断增大，便由政府实行补贴政策，仅公路 1945 年上半年价格补贴额就达 100 余亿元法币；又如航运业 1945 年 3～12 月对长江各轮船公司的补贴即达 22 亿余元；再如邮政历年亏损总额达 85 亿元，政府补贴额为 31.6 亿元，电信历年亏损额达 62 亿元，政府补贴额为 54 亿元，其余亏损依赖从国家银行借垫弥补。因此，仅就营业收支对国民党政府交通运输各个部门的经营状况难以作出估价。总的说来，抗战期间国民党国家垄断资本在近代交通运输业的发展是比较迅速的，相比之下民营资本在交通运输业的活动范围越来越小，据笔者测算，1945 年国民党国家资本的近代交通运输业总所得占后方的比重高达 92%，足见其垄断程度之高。

抗战期间，后方人民特别是参加交通建设工程的员工和各交通部门的广大职工对近代交通运输业的发展作出了卓越的贡献和极大的牺牲。战时各项交通工程的建设很少应用机械，主要依靠人工劳动，每有建设工程国民党政府都要征发大量民工，如湘桂铁路千余公里路基土方，全部由一百余万民工挑土筑成，肩挑背荷，艰辛异常，该路北段衡阳至桂林段一年完工，筑路速度达到每日一公里，又如宝天铁路 20 余公里的隧道全赖建设工人腕力凿通，再如滇缅公路，穿越怒江、澜沧江、漾濞江三条大河，途经原始森林和荒僻地带，15 万民工奋战一年方使该路全线通车。战时后方修建的铁路、公路及其他交通建设工程基本上都处于自然条件极为恶劣的边远地区或深山荒漠，广大交通建设员工付出的努力和牺牲是可以想见的。抗战期间国民党政府交通运输部门的职工人数除邮政、电信部门有系统统计外，其他部门资料均不完整，唯 1942、1943 两年职工人数统计较为完整，1942 年交通各部门职工总数为 19.3 万余人（其中铁路近 6 万人，公路约 5 万人），1943 年职工总数为 17.9 万人（其中铁路 5.5 万人，公路 4.87 万人）。[1] 战时广大交通运输企业职工在艰苦的环境下维持后方交通运输和邮电事业，他们也同样作出了很大的努力和牺牲，交通职工战时伤亡人数即达 5864 人（其中死亡 4207 人）。[2] 对后方交通运输事业真正作出了贡献的是

---

[1] 据国民党政府交通部编 1941～1946 各年（交通部统计年报）综合。

[2] 《十五年来之交通概况》。

广大交通建设员工和交通运输部门职工，他们的爱国精神和爱国业绩是不可磨灭的。

二、战后国家垄断资本在交通运输业的膨胀

抗战胜利后，国民党政府交通部门接收了战时沦陷和敌伪修筑的交通设施及交通工具，但未有专门的接收报告，亦无估值。简锐先生根据有关资料计算出接收内容如下。[①]

1. 铁路。接收日伪修筑的铁路，计东北 4536 公里，华北 1200 公里，台湾 981 公里，海南岛 289 公里。收回"九·一八"后和"七七"后沦陷的铁路，计东北 5311 公里，关内 8943 公里。以上合计接收、收回铁路21260 公里。

2. 公路。接收敌伪在台湾的公路 3690 公里，在东北的 8448 公里，关内 24544 公里，共计 36682 公里。

3. 航运。招商局接收敌伪船舶 314 艘，吨位 81297 吨，省级官营航运部门接收船舶 226 艘，吨位 63192 吨，共计 540 艘，144489 吨。

4. 航空。1944 年有民航机 36 架，1945 年经外购、接收敌资产和军用飞机改为民用，达到 68 架，新增飞机中估计有 11 架为接收资产。

5. 邮电。接收邮政局所 35845 个，员工 14000 人；接收电信局所 245 个，员工 8043 人。

各种交通工具和设备无法确计，简先生估计，交通部接收的敌伪资产折合战前法币约为 218784 万元，国民党国家资本在近代交通运输业的总资产达到 338587 万元。各业运营情况分别叙述之。

（1）铁路。据交通部统计，1946 年底中国境内应有铁路 30146 公里（包括干线、支线、复线、串轨及专用线等），[②] 以干线计亦有 2.5 万公里，而表 15 所示 1946 年营业里程只有 1.28 万公里。战后除增修一些联络支线 175 公里外，便只有破坏，无建设。抗战胜利时，原联系后方的湘桂黔路有 2/3 不能通车。接收的大干线津浦能通 1/3，京汉仅通 1/2。东北情况更坏，接收万余公里，仅通车 200 公里，最高时不过 3500 公里。[③] 1947 年人民解放军转入全面反攻，南京政府控制的铁路也日益缩减。机车辆数也是减少的，客车略增，因得到美援旧车。表 15 不包括东北。东

---

① 简锐：《国民党官僚资本发展的概述》，《中国经济史研究》1986 年第 3 期。

② 《中华民国三十五年交通部统计年报》第 37 页；又下述公路见第 96 页。

③ 宓汝成：《帝国主义与中国铁路》，上海人民出版社 1980 年版，第 350 页。

北日伪原有机车 2403 辆，客货车 42572 辆，超过关内总数；经苏军拉走及破坏，仅接收机车 808 辆，客货车 7975 辆。[1] 仅有的铁路又为军运所占，妨碍南粮北调，尤其是北煤以及棉花等南运，造成上海一带工业燃料、原料缺乏。

（2）公路。战时西南、西北增筑大量公路，战后仍有发展，但民用汽车数始终低于战前。表 15 所列为已成公路里程，单就各省公营运输机构说，1944 年有汽车 4170 辆，营业里程 14068 公里，仅占当年公路里程的 11%。1945 年扩展川滇、川湘诸路运输，车辆增至 4889 辆，营业里程 22087 公里，占当年公路里程的 16.5%。1946 年修复部分沦陷区公路，并修筑青海新疆线，车辆增为 6283 辆，营业里程增为 24679 公里。[2] 1947 年起，大量公路运输中断，货运尤其大幅度跌落，从表 3 可见。

（3）民航。民航在战后发展较快，若就中国、中央两航空公司的飞行里程说，1936 年仅 192 万公里，1946 年达 1579 万公里，增长了 7.2 倍。实际还不只此。战后美国为蒋介石建立空军，其中包括供给 C—47 运输机 43 架，南京政府又在美军剩余物资中以每架 5000 美元的低价购买 C—46 运输机 150 架。[3] 此项运输机一部分拨给交通部，设立民航局。陈纳德航空公司实系与宋美龄合办（即中美实业公司），也是以美军退役飞机在中国经营的民航业务。两者运力未详，大约不小于中国、中央两公司。不过两公司以客运为生，民航局运公物，陈纳德兼运走私商品。

（4）轮船。战时国营招商局的轮船吨位仅占后方公私轮船吨位的 29.7%。战后情况大变。招商局在战前所欠中外银行借款 2600 余万元全部偿清，并获得了大批船只，1946 年经淘汰破损，仍有船 383 艘，298823 吨，以后又有增加，参见表 1。战后招商局开辟了北洋航线和南洋航线，1948 年初开辟外洋航线，1945～1948 年上半年获利 1977 亿元。1948 年核定总资产为金圆券 6 亿元。

战后除招商局外，又有公营的台湾航业公司、行总水运大队、中国油轮公司、中华水产公司船队、航行长江之湖北航运局等。它们接收了敌伪船只 226 只，63192 吨，并由行总拨给美军剩余物资船只及购买外轮。连同招商局，国公营轮船吨位已占到全国轮船一半左右。

---

① 张公权：《中国通货膨胀史》中译本，文史资料出版社 1986 年版，第 143 页。

② 《中华民国三十五年交通部统计年报》第 163、164 页。

③ 世界知识社：《中美关系资料汇编》第一辑，1957 年版，第 998 页。

表1 招商局的轮船①

	轮船只数	总吨位
1937 年 6 月	27	50 028
1945 年 8 月	17	23 943
接收敌伪船舶	314	81 297
行政院拨给外轮	143	297 532
自购外轮	4	9 827
1946 年底（整汰后）	383	298 823
1947 年底实有	461	388 656

各种轮船统计资料不尽一致，表2参照有关资料而成，可见国营公营轮船吨位较战前增长之速，已在航运业中居于垄断地位。

表2 战后的航运业②

	华籍轮船合计		国公营		民 营	
	船只	吨位	船只	吨位	船只	吨位
1937 年 6 月	3 457	576 000	27	50 028	3 430	525 972
1945 年 8 月	457	80 681	17	23 943	440	56 738
1946 年底	2 362	692 071	609	362 015	1 753	330 056
1647 年底	3 615	1 032 305	612	450 370	3 003	581 635
1648 年 6 月	4 032	1 092 217	464	477 086	3 568	615 131

（5）邮电。战后的邮政事业，除员工大量膨胀外，设施和业务比战前并没有什么发展，且服务质量下降。电信事业也是员工倍增，而业务增长不大。设施方面，1947 年与战前 1936 年比较，有线电报机由 1788 部减为 1664 部，无线电报机则由 137 部增为 640 部，长途电话交换机由 317 部增为 1047 部。新兴的载波电报和载波长话通信有所发展，但比之当时国际技术水平大为落后。

---

① 招商局档案《船舶情况》、《自渝恢复办公到 1947 年营业概况》，第二历史档案馆藏档廿、2、343；廿、2、485。招商局轮船统计指千吨以上之海轮、江轮，若包括辅助用小型船，1937 年 6 月共有 153 只，86380 吨。

② 1937～1946 年资料来源同前表"招商局的轮船"，其中 1937、1945 年国公营限于招商局。1947、1948 年据严中平等：《中国近代经济史统计资料选辑》，1955 年版，第 233 页。

表 3　国民党国家资本交通运输业概况（1936～1947）

		1936①	1937	1938	1939	1940	1941	1942	1943	1944	1945	1946①	1947(1～6月)
交通建设费（百万元）			63.3	58.3	151.5	371.1	558.8	1544.5	3162.3	14341.4	109939.2		
抗战前市值（百万元）			61.5	44.5	68.9	72.3	43.1	39.6	25.2	67.4	67.4		
铁路	营业里程（公里）	8983	3921	3051	1941	2221	2473	2174	2992	1625	8746	12788	11053
	机车（辆）	1243	1000	900	500	378	677	416	281	207	2082	1942	1954
	客货车（辆）	17529	17000	13200	11000	7036	7540	5409	4864	2753	28605	26545	28879
	货运（万吨公里）	647300	550807	124950	60520	49922	51705	46501	54575	22919	36638	375608	273556
	客运（万人公里）	430475	418534	91420	113103	143758	155278	147190	210899	100861	181950	1241989	851798
公路②	公路里程（公里）		117296	118269	120852	121801	124417	125172	126743	128162	133722		
	汽车登记（辆）	62001	68917	36784	22778	16429	21636	30440	31833	32484	38199	51141	
	公营货运（万吨公里）		3146	2857	2272	2194	18921	18917	15364	14669	17362	10494	3383
	公营客运（万人公里）		108052	24777	19750	15917	7444	7102	17972	19694	31308	44893	18171
轮船	航线里程（公里）	19910	18492	15052	13868	8014	12989	10189	12968	13195	17409	20203	33375
	轮船（只）	2025	1027	792	607	507	309	224	422	570	562	2362	3348
	轮船总吨位（不含外轮）	600000	118484	87453	68794	58912	46540	62376	37303	73299	125557	692071	883483
	货运（万吨）		2287	762	127	95	80	62	156	216	167	611	542
	客运（万人）		1634	871	163	204	331	493	881	1008	742	1203	788

续表

	1936①	1937	1938	1939	1940	1941	1942	1943	1944	1945	1946①	1947(1~6月)
民航③航线里程(公里)	11841	8569	10533	10363	10771	9710	8171	10538	8813	21783	43390	64301
飞机(架)	27	29	27	22	24	17	17	32	36	68	84	94
货运(万吨公里)		34	21	50	85	178	393	1619	2395	2573	1516	1077
客运(万人公里)	1723	1723	1008	2136	2122	2212	2721	3237	3738	5564	22560	7150
邮政④邮路'(公里)	584816	598787	560745	557520	584161	597639	597790	422165	377764	580960	617137	559000
邮政局数(个)	72690	74587	68654	69458	69906	70999	71293	30051	26824	60973	68808	60777
国内函件(万件)	85264	76878	54185	61369	86716	87012	86826	73542	66408	59198	101016	103800(全年)
国内包裹(吨)	73716	68791	64170	50771	48230	21150	13545	10025	4180	1719	15517	35543(全年)
邮政职工(人)	28007	28596	27833	31120	36439	40988	41041	27702	27708	40018	39596	40446
电信⑤电信局所(个)	1272	928	941	971	1135	1167	1234	1347	1279	1329	1524	1625
电报(万字)	21814	26121	25308	27541	30986	40999	39614	37406	35053	40278	49176	26825
长途电话(万次)	278	250	200	240	273	343	402	534	548	600	1162	921
市话用户(户)	56683	10000	5600	5020	5715	5896	6885	7728	7918	53461	108049	115898
电信职工(人)	20704	17762	20000	23000	25941	30105	32502	31601	30444	49000	44526	

资料来源：《中华民国统计年鉴》，1948年版，台湾。交通部：《十五年之交通概况》，1946年版；《公路统计年鉴》，1944、1945年合订本；《中国邮政统计汇辑》，1955年台北版。

说明：①不包括东北、台湾。②汽车登记不包括国用车；运量1937～1939年为估计数，1943、1944年包括重庆郊区汽车运量。③只包括中国、中央（欧亚）两家航空公司。④1943、1944两年两种为分别统计，战时其他车份包括沦陷区，但不包括东北、台湾。⑤1937～1939年为估计数。

　　随着中国人民解放战争的深入发展，国民党国家资本由膨胀转向崩溃，其近代交通运输企业也逐步被"解放"，回到人民手中，历史翻到了新的一页。

中国社会科学院经济研究所　吴太昌

明代西北地区茶马互市中
茶叶走私及主要防范措施述论

明代的茶马互市对于中原王朝来说，除了前面强调的重要的经济原因外，最主要的是基于对西北少数民族的羁縻政策和军事方面考虑。因此各级政府全力以赴控制茶马互市，一般不允许个人染指其中。

但是对于民间商人来说，私下里与少数民族直接以茶进行贸易，交易成本比较低，回报率相对高，故其不遗余力地从事这种有厚利可图的生意，往往视严刑峻法于不顾。不仅一般商人如此，甚至连官豪势要之家也往往涉足其间，尤其是达官贵族和西北驻军头目利用特权和采取贿赂的手段参与茶叶走私活动，使茶叶走私非常猖獗，甚至出现了公然武装走私的情况。因此，明代的茶叶走私活动复杂，类型各异。

明代茶叶走私活动的日益猖獗，其直接后果是政府正常的茶马互市受到了严重破坏，或无马可市，或无茶叶从事互市，或官茶滞销，致使中央政府关于茶马互市的政策和法令形同虚设。由于私茶相对于官茶来说，价格便宜自不待言，而且还可以直接运输到少数民族地区，销售环节少，交易成本低，服务态度好，少数民族购买或物物交换比较方便，信誉度高，其竞争力是官茶难望其项背的。

终明一世，查禁私茶的措施不可谓不完备，处罚走私不可谓不严厉，而茶叶走私活动始终没有从根本上杜绝。上至皇帝，下至地方官吏，为杜绝茶叶走私可谓绞尽脑汁。尤其令人困惑的是，"查禁愈严，则茶利愈厚"。这是因为"利之所在，趋者澜倒"。① 明代的茶马互市，就是如此形成了查禁越来越严厉，而走私活动愈来愈猖獗的怪圈。

下面就明代茶叶走私的类型和各级政府防范措施作必要的交代。

---

① 《关中奏议》卷 3《茶马类·为修复茶马旧制以抚驭番夷安靖地方事》第一条，载于《杨一清集（上册）》卷 3 第 77 页，中华书局 2001 年版。

一、明代茶叶走私活动的主要类型

明代在西北地区进行茶马互市是一项基本国策，政府寓政治、经济、军事和民族利益于茶马互市一体。终明一世，朝廷不遗余力地经营并不断完善和监督茶马互市的进行，确实收到了一定的成效，其经济效益和社会效益均十分明显。但是，由于在不产茶叶的西北地区（除陕西汉中外）尤其民族地区的茶叶贸易的回报率比较高，茶马互市中茶叶走私活动自始至终存在，即使朱元璋时的严刑峻法也没有使这一活动从根本上扭转，后来实行的一系列举措更是没有遏制住这种势头，最后的结局是政府的茶马互市日益废弛，民间的互市却十分活跃。其中既有措施本身的缺陷，也有历史发展之必然。

纵观明代的茶叶走私，主要有以下几种。

1. 贵族以身试法

明代达官贵族走私茶叶以牟取暴利，是当时政府茶禁中最棘手的难题之一。这一方面的例子很多，其中最典型的例子是朱元璋时期驸马都尉欧阳伦茶叶走私一案。

朱元璋建明伊始，就大兴茶马互市，在今陕西和四川产茶地区广贮茶叶，同西北少数民族进行互市，达到了在政治上羁縻当地少数民族、在军事上减轻压力并且获取战争马匹的目的。但是，与之俱来的是商贩乃至官吏私自在西北民族地区大量走私茶叶，由于大量私茶在这里倾销，使官茶失去竞争力，马价不断提高，政府的马匹来源受到严重影响。

有鉴于此，朱元璋下诏严禁私茶，如果发现擅自贩运秦、蜀茶外出者，一律绳之重法。据《明史·兵志》记载，明律规定："私茶出境者罪死，虽勋戚无贷。"①

严刑峻法使小商小贩的走私活动有所收敛，但达官贵族却对此置若罔闻。其中如驸马都尉欧阳伦以自己特殊的身份，派遣家人往来于陕西私自贩茶，以获取巨额利润。不仅如此，欧阳伦的家奴还狐假虎威，仗势横暴，所经之地不胜其扰，即使封疆大吏也对此是敢怒不敢言，以致到了"皆畏威奉顺，略不敢违"的地步。欧阳伦走私茶叶，不仅违反了政府禁令，而且成为当地居民和官吏不堪忍受的负担。

洪武三十年（1397年）四月，正是耕耨农忙季节，早已尝到了甜头的欧阳伦亲自来到陕西，坐镇指挥规模巨大的茶叶走私活动。一到陕西，欧阳

---

① 《明史》卷92《兵志》四"马政"。

伦便责令陕西布政使司下发公文，征集地方车辆装载茶叶运往河州民族地区。

欧阳伦的管家周保，是一行中最为残暴者，每到一处，他就趋迫地方衙门如同奴仆一般，前后索车多达 50 辆之多。当这些满载茶叶的走私车辆浩浩荡荡通过兰县（今兰州市）河桥巡检司时，周保不仅侮辱河桥巡检司的官吏，而且大打出手。受到人格侮辱和皮肉之苦的官吏对此难以忍受，终于将此事上奏了朝廷。

朱元璋获悉欧阳伦走私茶叶的经过后，龙颜大怒，立即下令追究此事。最后，驸马都尉欧阳伦被赐死，布政使没有如实上奏驸马走私，也被赐死。周保等参与走私和扰乱地方者，均被诛杀。被查封的走私茶叶如数充公。那位上奏朝廷的官吏，因"不避权贵"，皇帝"遣使赍敕嘉劳之"。[①] 这起由权贵亲自参与的茶叶走私案被严厉镇压。

朱元璋在对茶叶走私方面铁面无私，这在封建社会是少有的，但也应该指出，欧阳伦走私茶叶被发现且被严厉处罚，并不反映当时查禁茶叶走私的一般情况。欧阳伦走私规模巨大，而且其家人暴虐之至，才有了不堪忍受虐待的官吏的越级上奏。因此，明代达官贵族走私茶叶尽管为数不少，大多因地方官吏或不敢上报，或共同参与，至于见于史书记载者可谓挂一漏万。这种状况，就连明代官员也不得不承认：

> 今使大奸巨恶，往往得以通番而漏网，闾阎小民以数斤之茶，囚禁图圄，而致死者不可胜计焉。此不惟私贩之弊难究，而轻重缓急之间，亦未有当于人情者焉。[②]

2. 官豪势要以权谋私

尽管茶叶走私是要承担一定的风险，但是，由于茶叶走私回报率相当高，一些地方官吏还是不遗余力地通过走私中饱私囊，执法犯法。

地方官吏在茶叶走私方面具有得天独厚的条件，他们任职在茶马互市之地，不必担心被缉拿归案，另外他们走私的方便条件是，可免去长途贩运茶叶之苦，所走私的茶叶是或被克扣、没收的茶叶，或直接挪用、贪污国库茶叶。官豪势要在当时的茶叶走私的形式多种多样，不一而足。明代人指出，

---

① 《明太祖洪武实录》卷 253，"洪武三十年（1397 年）六月己酉"条。《国朝典汇》卷 95 《户部九·茶法》亦记载："洪武三十年六月，驸马都尉欧阳伦坐贩私茶，赐死。"

② 《明经世文编》卷 106，梁材：《梁端肃公奏议》卷 5《议茶马事宜疏》，中华书局 1962 年影印版，第 956 页。

在茶叶走私方面，"权要之人，每私主之以图利"，是非常普遍的。① 官豪势要在茶叶走私方面的表现形形色色，这里列举其中典型的几种。

一是官豪势要直接走私。朱元璋立国之初就立茶马互市，将茶马互市确定为明朝的基本国策之一，以严刑峻法来处置走私者。但是官豪权要执法犯法，走私现象没有从根本上得到遏制，就连朱元璋本人也不得不承认，官豪权要不仅"滥交无度，纵放私茶"，而且"假朝廷为名，横科马匹"，② 其走私活动已经比较普遍。朱元璋已经意识到，打着公务乃至朝廷的旗号从事茶叶走私，无疑增加了这种走私活动的隐蔽性与查处的难度。

朱元璋之后，茶叶走私活动更加猖獗。成化十年（1474 年），巡抚甘肃右副都御史朱英上奏称，"近年边臣多使人劫诱到营，折阅物价，以贱易贵"，致使陕西、甘肃和西宁一带的少数民族"衔忿"，不堪忍受盘剥的少数民族甚至有"引刀自刎"者。这与以前"番人与我军民贸易彼此相安"的情形大相径庭。有鉴于此，朱英要求"委官阿徇不举或通同鬻利者，具奏执问"。③

杨一清在陕西任职期间对茶法多有整顿，他认为当时"官豪势要"之家私自兴贩茶货，"潜入番境，通同交易"者比比皆是。④ 甚至一些豪强茶徒，以走私为职业，他们往往出资雇佣 10 人以上的人从事挑贩私茶，如果万一事发，这些分散行走的挑夫就采取隐瞒主人或枉指良民的卑劣手法。因分散运茶，即使被发现，也达不到被处罚的数量，往往逍遥法外。⑤

二是怂恿子弟和家人走私。官豪势要直接走私贸易获得巨额商业利润是不言而喻的，但这往往有明显执法犯法的嫌疑，为了遮人耳目，一些官豪势要便躲在幕后，怂恿其子弟和家人从事茶叶走私活动。嘉靖二十六年（1547 年），巡按陕西御史胡彦陈述茶马互市事宜时，内容包括洮河、西宁等处互市机构专以"不堪马匹冒顶番名中纳"，甚至"参游等官自中并纵容其子孙冒中"，将茶叶辗转与少数民族贸易，从中获得暴利。如此弊端，不一而足。⑥

弘治（1488～1505 年）年间，官豪势要怂恿子弟和家人走私茶叶，"及

① 《明经世文编》卷 149，王廷相：《王氏家藏集》卷 2《严茶（蜀茶）》，中华书局 1962 年影印版，第 1490 页。

② 《明太祖洪武实录》卷 251，"洪武三十年（1397 年）三月壬午"条。

③ 《明宪宗成化实录》卷 131，"成化十年（1481 年）七月辛未"条。

④ 《关中奏议》卷 3《茶马类·为修复茶马旧制以抚驭番夷安靖地方事》第一条，载于《杨一清集（上册）》卷 3，第 79 页，中华书局 2001 年版。

⑤ 《明会典》卷 37《茶课》。

⑥ 《明世宗嘉靖实录》卷 329，"嘉靖二十六年（1547 年）十月壬戌"条。

将茶斤展转兴贩通番"①也是十分普遍的，以致一些封疆大吏呼吁对此"从重治罪"。这些官豪势要"纵容弟男子侄伴当兴贩"，因其大有背景，"守备把关巡捕官知情故纵"，②这些机构对于如此特殊的茶叶走私者形同虚设。嘉靖二年（1523年）户部上奏言称，"其总镇守备家人头目豪贩者，抚按论劾无赦"，③可见地方官吏纵容子弟和家人从事走私活动，在当时比较普遍。

三是官吏受贿，徇私舞弊。茶叶走私者还不遗余力地向关口和批验所等机构的官吏行贿，以达到逃避打击的目的，这实际上构成两者相互勾结、共同违法的茶叶走私活动。正如当时人王恕一针见血指出的：

> 茶货出山，经过官司，既不从公盘诘，又不依例批验。纵有夹带斤重，多是受财卖放。④

由此可知，在明代茶叶走私的情况中，走私者与沿途关口及批验所官员的相互勾结，是走私的很重要的手段。

由于明代官豪势要以权谋私，走私茶叶比较普遍，这就给当时的茶禁造成了极大的难度，往往成了"大奸阑出而漏网，小民负升斗而罹法"，⑤这已经不是什么人们谴责的杀鸡给猴子看，而是到了猴子杀鸡的程度。相对而言，朱元璋对此比较清楚，他曾经对兰州的奏文批示说，茶叶走私的重点是"禁令以防关吏"，⑥可谓一针见血。

3. 当地驻军公然走私

明代在西北农耕与游牧交界处有大量驻军，主要用于边关防守和缉拿茶叶走私。但是，有些驻军头目和士兵，利用便利条件，执法犯法，公然从事茶叶走私活动，成为当时从事茶叶走私中的主要参与者。

早在洪武（1368～1398年）初年，朝廷就发现陕西各处驻军往往有私自过河贩卖马匹的违法嫌疑，就派遣使臣前往甘肃、河西和西宁等地印烙官马，以此来杜绝驻军过河私贩马匹的弊端。⑦

洪武三十年（1397年）的敕文指出，当时西北地区茶叶走私"盖由守

---

① 《明孝宗弘治实录》卷154，"弘治十二年（1499年）九月丁丑"条。
② 《明会典》卷37《茶课》。
③ 《明世宗嘉靖实录》卷24，"嘉靖二年（1523年）三月辛未"条。
④ 《明经世文编》卷39，王恕：《王端毅集》卷1《申明茶法奏状》，中华书局1962年影印版，第309～310页。
⑤ 《明世宗嘉靖实录》卷188，"嘉靖十五年（1502年）六月乙未"条；《明会要》卷55《食货三·茶法》。
⑥ 《明太祖洪武实录》卷254，"洪武三十年（1397年）八月丁酉"条。
⑦ 《明太祖洪武实录》卷230，"洪武二十六年（1393年）十二月条"。

边者不能御防，或滥交无度，纵放私茶；或假朝廷为名，横科马匹"。①

永乐（1403～1424 年）茶禁明显有所松弛，永乐帝对兵部大臣说，"闻近时守边头目人等，多用恶谬茶欺之"，以欺骗少数民族，"甚者侵损其财物"，使其"心未能必平"。② 这使广大少数民族地区的消费者的利益受到侵害，其直接结果不仅影响了与少数民族的贸易，且影响了这里的社会安定和民族团结，对当时的经济和社会均产生了不可低估的负面影响。

正统十三年（1448 年），陕西洮州茶马司奏称，近年来近府卫的驻军及其他人"兴贩私茶者多，是以产茶处竞以细茶货卖，而以粗茶纳官"。这一方面影响了原来制定的比较合理、公认的茶马比价，同时也"非番人所好"，影响了正常的茶马互市。③ 以劣充好，从事边关走私，成为当时茶叶走私的基本内容之一。

景泰五年（1454 年）四月，有驻军官吏通过马驮、船运、车载私茶等途径从事走私，巡捕人员受贿后将其放纵，致使户部奏请禁革私茶，违者参照盐法条例处置。④

甘肃总兵刘胜参与走私茶叶，就是见于记载的一起高级驻军将领走私的重大事件。刘胜茶叶走私案件颇具代表性，在此不殚其繁，作比较详细的介绍。

30 岁的姚堂因粗识文字，被从甘州后卫拨送到甘州总兵刘胜部下从事抄写服务工作。弘治十六年（1503 年）十一月，姚堂等人得知西宁"商茶停止"，茶价飞涨的情报后，认为是兴贩私茶、牟取暴利的绝好机会。但是，走私运茶，沿途艰难自不必言，各关口的盘查搜捕更是令人胆战心惊，且承担一定的风险。

姚堂与刘胜的家人刘深的私交比较好，二人一拍即合，共同商议如何走私茶叶之事。姚堂等说：

> 我每要寻买些茶斤，装去西宁发卖。你若同买得些茶，禀知总兵老爷，起得关文，给与火牌，沿途驿递讨马匹骑坐，起车装载，一同前去，卖了就回。⑤

---

① （明）徐学聚：《国朝典汇》卷95《户部九·茶法》，书目文献出版社 1996 年影印版下册，第 1247 页。

② 《明成祖永乐实录》卷39，"永乐三年（1405 年）十二月乙酉"条。

③ 《明英宗正统实录》卷163，"正统十三年（1448 年）二月辛酉"条。

④ 《续文献通考》卷22《征榷·榷茶》。

⑤ 《关中奏议》卷3《为将官滥给驿传兴贩私茶违法等事》，载于《杨一清集（上册）》卷3第 94 页，中华书局 2001 年版。

按当时的法律规定，贩卖 500 斤以上的茶叶，就比照私盐条例处罚，押送充军。为了保险起见，他们合谋起用驻军将军的关文。

在这次茶叶走私活动中，实行的是合伙制形式，姚堂与易宣、王奉、刘深等各出不等的本钱，在甘肃当地收买小商小贩的私茶，其中姚堂和刘深各买茶叶 500 斤，易宣、王奉各买茶叶 1，500 斤，总计买茶叶 4，000 斤。他们先将茶叶窝藏在姚堂家中。

刘深前去禀报刘胜，刘胜身为总兵，明知这伙人在兴贩私茶，居然将易宣的名字"起与符验关文一道，起驿马九匹，给与火牌一面，起递运所牛车三十辆"，显然是动用了运关设施并具备军事行动的手续。不仅如此，刘胜还要求"自甘州在城甘泉驿递起，直至西宁平戎驿递止，各该驿递官吏，各不合不行查举。依关应付前项马匹"。于是姚堂和刘深等分骑马匹，押送各自的私茶，浩浩荡荡地出发，因运输茶叶的是军车，又有关文和火牌，在外人看来俨然是一次正常的军事行动。

因茶多路远，姚堂等人恐怕照顾不周，正巧甘州卫接应的熟人还未赶到，军人杨端、辛洪、张原、贾升等表示情愿受雇担当风险，将茶叶管押装载，越过古浪边关。古浪边关官军没有进行严格检查，姚堂一行顺利通过，并到达目的地西宁卫。

到达西宁卫后，他们便将私茶藏匿在藏经寺内。姚堂先后将其中的 180 斤私茶高价变卖，但刘深等人的茶叶却一点也没有变卖出去。这伙人内心紧张，害怕事情败露，就将其中的 1，500 斤茶叶迅速转移到西宁城外所熟悉的官军处，其余 2，000 斤则藏在李贤、李得家中，等待时机高价出售。当地一些官军如严淮、刘思等人，明知姚堂等人运来私茶并窝藏在藏经寺，因经不起厚利引诱，各购买 20～248 斤不等的茶叶，这样还剩 1，419 斤茶叶仍然留在藏经寺。

尽管走私者自以为这次行动被设计得天衣无缝，形势却发生了意想不到的变化。这时西宁兵备刘副使、缉知差委茶马司大使刘聪、管地方百户杨宣等获知茶叶走私的消息，并立即前去搜捉走私者。

姚堂等人闻讯后畏罪潜逃，押送茶叶的军人也纷纷逃回甘州躲藏起来。但是，西宁的一些官吏还是将严淮和藏经寺的僧人玄干等人捉拿归案。在进行审讯时，又从玄干、严淮等人处得知其他同案犯，并将抓获者送到兵备副使萧翀处进行审理，还将查获的走私茶叶过秤后送至西宁茶马司收库。最后将参与茶叶走私的严淮等人关押起来。

后来，有关部门费尽周折还是把姚堂、易宣、王奉也先后抓获，而杨端等人则负案在逃。在进行审讯的过程中，姚堂等人为了能够得到甘肃总兵刘胜的庇护，将与刘深一起从事走私的勾当一并交代出来，同时还交代了刘胜开具关文、给火牌的事实。为了免受皮肉之苦，姚堂等人还如实交代了将180斤茶叶倒卖给沙塘等地少数民族的事实。最后审判的结果是，将这起走私茶叶的主犯姚堂等人发配边卫充军，严淮等人则被判刑。

兵备副使萧翀认为，走私犯中刘深仍然负案潜逃，而他又是甘肃总兵刘胜的家人，再加上在西宁等地的调查，足以说明刘胜是这起重大走私案件的幕后指挥者，刘胜"官居都府，职握戎符，不思正己率人，乃敢徇利忘义，纵容子侄官舍，兴贩茶禁，擅给符验、火牌，营干私事。且西宁地方，近因贩茶通番者，多沮坏茶法，以致番人生拗，不听抚调中马"。以前萧翀所见"茶徒只是私窃兴贩，未闻明给应付关文、公使，官司运送。况符验非公事不给，火牌非军情不遣。以致递送私茶，不无玩法太甚"！萧翀同时也指出，沿途边关人员及巡茶捕官，"明知故纵，不敢盘拿，虽云畏惧主将声势，实皆蔑视朝廷宪典"。

但是，萧翀知道刘胜既是"在京五府堂上官，又系边防将官"，系朝廷命官，而自己只是级别比较低的查提军职官员，所以不敢擅自论处刘胜，只好上报朝廷，请求处理。① 这一案件涉及的官员和军人非常多，涉及的关口多，案情非常复杂。

实际上，在明代驻军将领走私茶叶者决不止刘胜一人，就连杨一清也认为"其他未发者，不止刘胜一人"，② 漏网走私者大有人在。另外，西宁、河州、洮州等与少数民族相毗邻，当地居民中有人会讲少数民族语言，驻军中就有雇佣这些居民作为向导，深入少数民族境内专门从事茶叶走私活动者。③

除了驻军将领和士兵直接参与茶叶走私外，其子弟走私活动也比较多，尤其明代后期更加猖獗，系茶叶走私中的痼疾。"近年各边贩茶通番，多系将官、军官子弟"。"军职自将官以下，少有不令家人伴当通番，番人受其恐吓，马牛任其计取。"驻军将领子弟走私太普遍，几乎找不到没有参与走私者。同时，由于他们是驻军军官的子弟，既有武装，又有权势，其深入少

---

① 《关中奏议》卷3《为将官滥给驿传兴贩私茶违法等事》，载于《杨一清集（上册）》卷3，中华书局2001年版，第94～96页。

② 《关中奏议》卷3《茶马类·为修复茶马旧制以抚驭番夷安靖地方事》第一条，载于《杨一清集（上册）》卷3，中华书局2001年版，第82页。

③ 《关中奏议》卷3《茶马类·为修复茶马旧制以抚驭番夷安靖地方事》第一条："访得西宁、河州、洮州地方土民，切邻番族，多会番语。各省军民流聚钜万，通番买马。雇倩土民，传译导引，群附党援，深入番境，潜住不出。"（载于《杨一清集（上册）》卷3，中华书局2001年版，第80页）

数民族地区后如同公开抢劫。一些时候，驻军子弟虽不直接出面，他们出资雇人从事走私勾当，"守备边卫巡捕官，自出资本兴贩私茶"，在当时成为另一种走私现象。①

总之，当地驻军尤其军官参与茶叶走私，使得当时的茶叶走私变得非常复杂，同时也增加了禁茶走私的难度。正如当时人指出的，驻军官吏参与茶叶走私者比较多，往往使"守备、把关、巡捕官员，不能禁治"，形同虚设。② 实际上，这种情况在朱元璋时期就已经存在，"守边者不能御防，或滥交无度，纵放私茶，或假朝廷为名，横科马匹，以致番人悖信"，已是朱元璋承认和担心的事实。③

4. 行商小贩走私不断

在明代茶叶走私活动中，最为普遍者当为商人走私，这些为数众多的商人或各自为政，或化整为零，或雇人挑驮，或向当地官员及边关防守人员行贿，或与少数民族商人相呼应，甚至还出现了武装走私的情况。这些屡禁不止、愈演愈烈的茶叶走私，正是民间茶马互市活跃而政府茶马互市萎缩的基本原因。

明代商人走私茶叶早在朱元璋时就已经十分普遍，当时出现了"因私茶出境，马之入互市者少，于是彼马日贵，中国之茶日贱"的现象，这引起了朱元璋的担心。④ 朱元璋派遣驸马都尉谢达前往四川地区传达诏谕，认为因秦、蜀地区"边吏稽察"不严，才使商人走私比较普遍，"今惟易红缨杂物，使番夷坐收其利，而马入中国者少"。⑤ 要求布政使司、都司严格茶禁，不能使政府蒙受经济损失。朱元璋洪武（1368～1398 年）时期对走私茶叶者进行严厉处罚，如前所述，即使贵族也有被正法的例子，这无疑使商人走私活动有一定收敛。

洪武（1368～1398 年）以后，商人走私活动日益猖獗。明代商人走私茶叶主要有下面几种情况。

一是任意夹带，以多充少。

明代规定商人以"引"为运茶的凭证。早在洪武（1368～1398 年）时就规定"官给茶府州县，凡商人买茶，具数赴官纳钱给引，方许出境货

---

① 《关中奏议》卷 3《茶马类·为修复茶马旧制以抚驭番夷安靖地方事》第一条，载于《杨一清集（上册）》卷 3，中华书局 2001 年版，第 73～83 页。

② 《关中奏议》卷 3《茶马类·为修复茶马旧制以抚驭番夷安靖地方事》第一条，载于《杨一清集（上册）》卷 3，中华书局 2001 年版，第 82 页。

③ 《明太祖洪武实录》卷 250，"洪武三十年（1397 年）三月壬午"条。

④ 《明太祖洪武实录》卷 250，"洪武三十年（1397 年）二月丁酉"条。

⑤ 《明太祖洪武实录》卷 251，"洪武三十年（1397 年）三月癸亥"条。

卖"。另外加一定数量的"附茶"。于是，商人不遗余力地钻附茶的空子。"奸商假以附茶为由，任意夹带"，然后从事短途贩卖，不将茶叶运送到指定的茶马司。据当时的盘查结果表明，汉中地区就有商人二三年没有将茶叶运送到茶马司者，巩昌招中时也有 10 余年不销原引者。

　　面对如此严重的问题，朝廷的具体对策是：今后召商人运茶凡 1 年内完成任务者厚赏，2 年内完成任务者给予一定的奖励，3 年内完成任务者不奖不罚，4 年完成任务者则将其 50% 附茶充公，5 年内完成任务者除将所有附茶充公外并不允许再从事运茶，6 年以上完成任务者属于"老引兴贩"，须将且"照例问遣"。①

　　从这些规定中可以看出，当时商人从事茶叶运输一般是任意夹带，不按时运送，政府的这些规定与其说是对商人走私的一种限制，毋宁说是对其走私活动的一种默许或承认。因为政府同时还规定，茶"引过五年之上不销者究问"，5 年及其以下者则不予追究。实际上，当时"因批验所不置簿籍，附写茶商姓名、贯址；或不照茶商路引，听其冒名开报；或将引由卖责产茶地方，转卖与人。如此欲得的确名籍，行追缴引难矣"，② 今天看来绝非无病呻吟。

　　二是不领茶引，直接购茶。

　　政府明文规定，商人只有持官方颁发的茶引方可行商运输茶叶，一般情况下是"每引照茶一百斤，茶不及引者，谓之'畸零'，别置由帖付之，仍量地远近，定以程限，于经过地方执照"。每当将茶叶销售后，则必须立即将原引退还地方有关部门。但是当时的实际情况却是，不少商人根本就没有茶引，而是直接贩运茶叶。

　　如政府明文规定只在四川和汉中地区发放茶引，允许商人从事茶叶运输和销售，但湖南盛产茶叶，茶叶价低自不待言，而且也不需要买茶引以及地方的关口限制，在厚利的驱使下，商人争先恐后前去湖南购买茶叶，其获利远在持四川、汉中茶引的商人之上。有些商人是茶与引分离，一引重复利用多次。按规定当时领取茶引是要交钱的，每一茶引的官价是 1,000 文。一些不法商人为了不交茶引钱，"将已批验截角退引，入山影射照茶"，持过期作废茶引，可以省去茶引钱，对于商人来说降低了交易成本，而对于政府来说则减少了财政收入。所有这些与"伪造茶引"者相比，则成了小巫见

　　① 《明会典》卷37《茶课》；《明会要》卷55《食货三·茶法》；《续文献通考》卷26《征榷·榷茶》。

　　② 《明经世文编》卷39，王恕：《王端毅集》卷1《申明茶法奏状》，中华书局 1962 年影印版，第309页。

大巫了。①

还应当指出的是，明代茶叶走私中的商贩，以茶马司所在地者居多。据明代人梁材当时统计"拿获通番人犯"中，完忠是河州卫千户，李仕英是河州人，其走私茶叶从商人张纯那里得来；黄钦、林森乃西宁人，其走私茶叶由商人罗铭供给。梁材最后得出的结论是：

> 通番者，皆茶司地方之民，皆商人抽分之茶，固非腹里地方之民之茶也。②

商贩从事茶叶走私占据地利，这无疑是禁茶的痼疾所在。自正统（1436～1449年）末年罢金牌制后，"边氓冒禁私贩者多"的现象就一直存在。

三是商人走私，番族接应。

在陕西所辖地区，明代后期发现"汉人结交边人互相买卖，借代诓骗财物，引惹边衅者"时有发生。据巡按陕西监察御史李玑明察暗访，西宁、河州、洮州诸地与少数民族相邻的地区，当地居民中会讲少数民族语言者不少，商人走私茶叶时，就雇佣这些会讲少数民族语言的当地人为向导，潜入少数民族地区直接进行贸易，而且这些商人都有固定的翻译和接应者。所以"贩者横行恣肆，略不知惮，沿边镇店，积聚如丘，外境人方，载行如蚁"。③ 商人、当地居民和少数民族相互接应，形成一条龙的茶叶走私，政府对其遏制显得无能为力。

尤其陕西茶禁地方东起潼关，西极甘肃，南抵汉中，绵亘数千里，防线过于长，不可能对全线进行有效防范，给稽查工作造成了难以克服的困难，而由于商人与当地人、少数民族相互勾结，他们对地形、道路和稽查规律掌握的一清二楚，出现了"数千里伏奸，廋慝无处无之"的走私现象。

杨一清到陕西任职后，试图改变这种茶叶走私现状，雷厉风行地进行了整顿，一次就抓获"积年交通进贡、经过番夷、代买私茶、诓骗财物犯人"徐锐等30余人；在巩昌一地，又先后捉拿贩茶通番者100余人，收获不小。即使如此，杨一清依然对打击茶叶走私持比较悲观的态度，他承认"恶草

---

① 《明会典》卷37《茶课》；《明会要》卷55《食货三·茶法》；《续文献通考》卷26《征榷·榷茶》。

② 《明经世文编》卷106，梁材：《梁端肃公奏议》卷5《议茶马事宜疏》，中华书局1962年影印版，第956页。

③ 《关中奏议》卷3《茶马类·为修复茶马旧制以抚驭番夷安靖地方事》第一条，载于《杨一清集（上册）》卷3，中华书局2001年版。

难去而易生，奇疾难攻而易动"，在厚利诱惑之下，商人胆敢以身试法；走私商人太多，不可能从根本上杜绝走私现象。①

四是武装雇佣，化整为零。

明代规定，走私茶叶达到 500 斤者必须受到充军的处罚。上有政策，下有对策，于是有的商人就一人出资，一次雇佣 100 人左右的人从事茶叶走私活动，以每人运输 50 斤者计，一次可运茶约 5，000 斤。这些为数众多的人在形势紧张时便分头行动，目标分散而不易引起官方注意；在正常情况下却是结伙行动。为了应付边关的突然稽查，这些被雇佣而来的走私者"各执兵器，昼止夜行"，遇有小盗行劫，自然可以从容对付，一旦遇见缉私的官员和军队，这些走私者便一同"併力"，以武力解决问题。② 化整为零，武装走私茶叶，是明代的一个特殊现象。

5. 贡货途中，违制买茶

对于与西域和西北等地的少数民族进行茶马互市时，明政府往往采取特殊的贡赐贸易形式，即这些少数民族以进贡的形式将马匹交付中央政府，而中央政府则以赏赐的名义对其进行付值，赏赐的内容主要包括茶叶以及各种手工业品等。这些少数民族的商人在进行贡赐贸易的途中，往往违制收购茶叶，堂而皇之地从事茶叶走私活动。

洪武三十年（1397 年）八月，兰州官吏就上奏朝廷，声称"朵甘、乌思藏使臣以私茶出境，守关者执之，请置于法"。少数民族使臣擅自带茶叶出境，在当时是一种违法行为，按当时的法律将被处以严惩。但是朱元璋却认为，"禁令以防关吏及贩鬻者，其远人将以自用，一时冒禁，勿论"。③ 这是明代中央政府基于对周边少数民族羁縻政策的考虑而采取的宽大灵活政策，可见当时防范的主要对象是边关官吏及商人走私者。

朱元璋以后，仍然奉行这一政策，永乐帝就曾经下敕甘肃总兵左都督宋晟，要求对西域诸族的贡赐，应该"厚往薄来，柔远之道"。其中"凡进贡回回有马欲卖者，听于陕西从便交易，须约束军民勿侵扰之"。④ 即使如此，这些使臣在从事贡赐贸易中，除了能从明朝廷那里获得十分优厚的茶叶等物品外，还在往来途中从事着茶叶走私活动。

永乐三年（1405 年）二月，四川布政司言称，各少数民族在进行茶马

① 《关中奏议》卷 3《茶马类·为修复茶马旧制以抚驭番夷安靖地方事》第一条，载于《杨一清集（上册）》卷 3，中华书局 2001 年版。

② 《关中奏议》卷 3《茶马类·为修复茶马旧制以抚驭番夷安靖地方事》第一条，载于《杨一清集（上册）》卷 3，中华书局 2001 年版。

③ 《明太祖洪武实录》卷 254，"洪武三十年（1397 年）八月丁酉"条。

④ 《明太宗永乐实录》卷 23，"永乐元年（1403 年）十月甲子"条。

互市的过程中，通常"夹带私茶、布帛、青纸"等物品出关，要求进行处置。永乐帝则说，"边关立互市，所以资国用、来远人也，其听之"。① 允许维持现状。由此可以看出当时少数民族在进行茶马互市时，走私茶叶也是比较普遍的现象。

成化九年（1473年），哈蜜忠顺王遣使朝贡马匹和骆驼，除得到了优厚赏赐外，使臣还提出要买"食茶"等，礼部批准"如例"行事，但"仍定与数目，不许过多"。鉴于其在归途中走私茶叶普遍的现实，要求所在地方"禁约沿途私买"茶叶。②

弘治二年（1489年）八月礼部奏：对西域各族贡使贸易的物品，早就"俱有成例定数"，但是吐鲁番和哈蜜使臣却"违例收买食茶"等物，要求"潼关盘检事例，俱没关"。朝廷批准了这一建议。③ 可见明代后期对这类茶叶走私的限制较前期明显严格。

同年四月，吐鲁番使臣火只哈辛赴京进贡时，经过河南地区时，就违例索要船只，当到达临清地区后，便收买违禁食茶、彩缎达50余柜。明孝宗下令"执伴送人于法司论罪"，并追究商人擅卖茶叶的责任，当然对于西域诸族，采取了不同于内地商人的措施，还是"命所司斟酌给带"，④ 对其留有一定的面子。

在西域使者中，"多是贾胡"，即主体部分是商人，他们"假进贡之名，藉有司之力以营其私"，除了得到赏赐茶叶外，还能获得其他"贸易货物"的权利，这些货物包括食茶之类。沿途有关部门还"出车载运，多者至百余辆，男丁不足，役及妇女，所至之处，势如风火，叱辱驿官，鞭挞民夫，官民以为朝廷方招怀远人，不敢与较，其为骚扰不可胜言"。⑤ 西域商人在沿途的茶叶走私，是何等之烈！沿途百姓苦不堪言。

尽管贡赐贸易活动中茶叶走私现象十分普遍，但明政府对于这类走私的查禁并不严厉，这与茶马互市首先是基于政治、军事和民族方面的考虑的基本国策相一致，而就明王朝而言，对于这类茶叶走私的政策也经历了一个比较大的演变过程，这就是在明朝洪武（1368～1398年）、永乐（1403～1424年）时期，对于这种茶叶走私基本上采取了默认的态度，一般不进行追究；明代中后期则有了一定的限额，允许其可以收买一定数量的茶叶，只是限制超额收买，实际上这种限制往往大打折扣。

---

① 《明太宗永乐实录》卷33，"永乐三年（1405年）二月"条。
② 《明宪宗成化实录》卷113，"成化九年（1473年）二月壬午"条。
③ 《明孝宗弘治实录》卷29，"弘治二年（1489年）八月壬子"条。
④ 《明孝宗弘治实录》卷25，"弘治二年（1489年）四月壬子"条。
⑤ 《明仁宗洪熙实录》卷5，"永乐二十二年（1424年）十二月壬寅"条。

6. 少数民族宗教人士违制携茶

明代开始在今藏族地区盛行藏传佛教，这里属于政教合一的统治体制。"因其俗信佛，择番僧中为番所敬信者，创立寺宇，封以国师、禅师之职。其番中之豪而有力者，授以指挥、千百户，以统率诸番族焉"。① 明政府对于藏传佛教的政策，基本上是"众建多封"，首先在河州、西宁、洮州、岷州 4 卫推行僧纲司制度，先后于这里设立番僧纲司，管理各卫藏传佛教事务，将这里的藏传佛教事务置于中原王朝的统一控制与管理之下。凡能"自通名号"或有助于朝廷者，明帝均要授予与本人地位、名望相应的名号，以示优崇。明代在甘肃藏族僧人中封授的名号有"喇嘛"、"灌顶国师"、"禅师"、"喇嘛都纲"、"大国师"、"西天佛子"等等，"悉给以印诰，许以世袭"。② 于是"僧人"这些宗教上层人士，前来明朝京师者不断，通过召见僧人及赏赐包括茶叶在内的物品，明朝达到了对少数民族的安抚"怀柔"之目的。而这些僧人中也有违制携带茶叶的现象，成为当时茶叶走私的又一途径。

明朝为了抚绥少数民族，允许其每年遣使朝贡方物，作为回报，明政府向其赏赐相当的茶叶及其他物品，允许"岁一朝贡"，由是"诸僧及诸卫士官辐辏京师。其他种族，如西宁十三族、岷州十八族、洮州十八族之属，大者数千人，少者数百，亦许岁一奉贡，优以宴赉"。③ 其后进贡人数不断上升。"初，番僧入贡不过三四十人，景泰（1450～1457 年）渐增，至天顺（1457～1464 年）遂至二三千人，前后络绎，赏赐不赀，所至骚动"。④ 这些进贡的番僧除按例接受赏赐外，他们还在沿途货买及夹带茶叶，如正统五年（1440 年）藏族"使臣私市茶彩数万，令有司运致，礼官请禁之，帝念其远人，但令自僦舟车"；⑤ 景泰四年（1453 年）四川董卜韩宣慰司番僧私自贩卖茶叶多达数万斤；成化十二年（1476 年），大能仁寺法王购茶达到 20,000 余斤。⑥ 少数民族僧人携带私茶而见于记载者，只能是挂一漏万。

明代前期对于少数民族僧人返回途中携带私自购买的茶叶，一般采取的态度都比较宽容，直到英宗天顺二年（1458 年），才"定番僧夹带私茶之禁"，允许沿途有关部门进行稽查，"茶货等物入官，伴送夹带人，送所在

---

① 《秦边纪略》卷 1《西宁卫》，青海人民出版社 1987 年版，第 55 页。
② 《明史》卷 330《西域传》二"西番诸卫"。
③ 《明史》卷 330《西域传》二"西番诸卫"。
④ 《明经世文编》卷 461，叶向高：《苍霞正续集·西番考》，中华书局 1962 年影印版，第 5057 页。
⑤ 《明史》卷 331《西域传》三"阐化王"。
⑥ 《明会典》卷 108《礼部·朝贡》四。

官司问罪；若番僧所至之处，各该衙门不即应付，纵容买茶货及私受馈送赠改关文者，听巡按察司官体察究治"。但是在这之前，"番僧进贡毕日，许带食茶回还，因此货买私茶至万数千斤"，沿途多用船载。从成都陆路起，由民夫扛抬搬运，"土民不习肩挑，多是背负运送不前"，不仅如此，还"令妇人抬至四五百里之程"。到达目的地后，"诬以偷取茶物，逼令陪补"。每当经过驿站时，就"重索酒食，稍有不从，辄用兵刃伤人"。当时护送时有地方官委派的"武弁"，但也"难以钤束"。

因此，才有天顺二年（1458 年）对少数民族僧人"夹带"茶叶的具体规定。成化七年（1471 年），进一步禁止前来进贡的少数民族僧人在"京及沿途收买私茶"。弘治三年（1490 年）"令今后进贡番僧该赏食茶，给领勘合，行令四川布政司拨发有茶仓分，照数支放，不许于湖广等处收买私茶，违者尽数入官"。① 但是，禁者自禁，行者自行，少数民族僧人违制携茶的事件时有发生。

总之，明代的茶叶走私活动是比较普遍的，其走私形式多种多样，上面所列举的只是其中的几种而非全部。明代茶禁本来是很严格的，但是后来逐渐"法弛人玩"，只要"稍一盘诘，即得十数余万，则其平日可知也"。因此，说明代"虽有禁茶之名，而无禁茶之实"，绝非危言耸听，而是比较真实地道出了当时的情形。

本来茶叶因为茶马互市"可以利朝廷"，随着走私活动的猖獗，"利归私门"，政府在茶马互市中的角色明显有所淡化，而"私门"往往能够"制诸番命"，② 成为明代西北地区民族贸易的主体。

二、明代茶叶走私的主要防范措施

针对茶马互市中猖獗的走私活动，明代中央政府采取了一系列严厉措施打击茶叶走私。由于茶叶走私活动往往可以获得暴利，因此尽管明代政府采取严刑峻法进行打击，实际收到的效果并不明显。

明代初期执法比较严厉，即使驸马从事茶叶走私也被明太祖处以极刑。③ 明代前期茶禁能够得以顺利进行的标志之一是，茶叶走私所受到的处罚较其他刑事犯罪要严格。其中原因正如明代人认为的：

---

① 《明会典》卷 37 《茶课》；《续文献通考》卷 26 《征榷·榷茶》。

② 《明经世文编》卷 149、王廷相：《王氏家藏集》卷 2 《严茶（蜀茶）》，中华书局 1962 年影印版，第 1490 页。

③ （明）徐学聚：《国朝典汇》卷 95 《户部九·茶法》（书目文献出版社 1996 年影印版下册，第 1246 页）："洪武三十年（1397 年）六月，驸马都尉欧阳伦坐贩私茶，赐死。"

祖宗好生之德，不嗜杀人之心。而私茶通番，辄以极刑凌迟论罪，其意所在可知矣。盖西边之藩篱，莫切于诸番，诸番之饮食，莫切于吾茶，得之则生，不得则死，故严法以禁之，易马以酬之。禁之而使彼有所畏，酬之而使彼有所慕，此所以制番人之死命，壮中国之藩篱。①

明代茶禁可以说贯穿于整个朝代，这是由茶马互市这种特殊的贸易性质决定的，或者说是由茶马互市中茶叶走私活动猖獗的社会现实所决定的。

明代的茶禁，其所采取的一系列措施，是由前面所指出的茶叶走私的类型所决定的。综观明代茶禁即打击走私活动，主要有下面几种情形。

1. 严格茶禁法律

茶马贸易关系到明王朝"以茶制夷"的基本国策，终明之世制订一系列法律和措施，来保证茶业控制在政府手中。早在朱元璋时期就制订了非常严格的法律："私茶出境者，斩；关隘不察觉者，处以极刑。"前面引明代法律规定，"私茶出境者罪死，虽勋戚无贷"，就是最好的说明。永乐帝时对茶叶走私的处罚力度并不逊色于朱元璋时期："私茶出境者，犯人与把关头目，俱各凌迟处死，家口迁化外。"②

为了保证茶禁的实施，明政府采取措施企图从根本上杜绝茶叶走私，其中一项重要措施是，限制民间茶叶私自流通和民间藏茶叶数量，规定一般居民所储存的茶叶数量不得超过一个月，如果"茶户私鬻者，籍其园入官"。③明代实行茶引制，"伪造茶引者处死，籍没当房家产"，④ 处罚是非常严厉的。明代对于茶叶走私者，"以《大明会典》及律例所载申明榜示"，是一个惯例。⑤

2. 严刑峻法处置走私者

为了对茶叶走私者进行有效打击，政府对于茶农有严格规定，其所产茶叶必须无条件地上缴茶马司及其有关机构，严禁私自出售茶叶，如果私自出

---

① 《明经世文编》卷106，梁材：《梁端肃公奏议》卷5《议茶马事宜疏》，中华书局1962年影印版，第955页。按此为明代中期人的议论，当反映的是明代前期的社会现实。

② 《明经世文编》卷106，梁材：《梁端肃公奏议》卷5《议茶马事宜疏》，中华书局1962年影印版，第955页。

③ （明）陈仁锡：《皇明世法录》卷31《马政》，见吴相湘主编：《中国史学丛书》第8册，第917页。

④ 《明会典》卷37《茶课》。

⑤ 《明世宗嘉靖实录》卷24，"嘉靖二年（1523年）三月辛未"条。

售了茶叶，其得以维生的基本生产资料——茶园，将被没收充公。[①]

终明之世，对于私茶的处置，是通过严刑峻法来体现的，[②] 确实是有道理的。明代对于影响茶马互市正常进行的茶叶走私的打击，在当时执法是比较严的，起到了威慑效果。其中人人皆知的例子是朱元璋时期驸马都尉欧阳伦走私一案。洪武三十年（1397 年）六月，驸马都尉欧阳伦在茶叶走私暴利的驱使下，不顾当朝打击茶叶走私的严刑峻法，贩私茶数巨大，还公然索要走私车辆，侮辱有关官吏，终于被忍无可忍的关吏在今兰州关隘将走私茶叶和走私者扣留，并且直接上奏朝廷。明太祖得知后非常震惊，不顾各方面的说情，排除干扰，果断将欧阳伦处以极刑。[③] "以私茶出者罪死"，这样，真正做到了在打击茶叶走私过程中"虽勋戚无贷"。[④] 这种情况在明代前期基本上能够落实，其对社会的威慑作用是比较明显的，真正收到了杀一儆百的社会效果。

明代中后期，则明显有所松动。嘉靖二年（1523 年）皇帝批准户部关于严格茶禁的上言，颇具典型：

> ……自金牌制废，私贩盛行，各番不中马而自得茶，边吏不能禁，顾私委所属抽税马。且贩者不由天全六番故道，私开小路径通瑈葛，而松、茂、黎、雅私商尤多。自是茶禁日弛，马政日坏，而边方日多事矣。今宜严禁私茶。陕西责之巡茶御史，四川、湖广责之守巡兵备。一切市茶，未卖者验引，已卖者缴引截角。凡引俱南京户部印发，郡县无得擅印。痛革私税，一归于批验茶引所茶课司。其总镇守备家人头目豪贩者，抚按论劾无赦。[⑤]

虽然政府一再强调严格茶禁，重申以前的法律，但是其已经与明代前期不可同日而语，茶禁的效果更为大打折扣。

3. 实行巡茶制度

为了确保茶马互市中金牌制度的顺利实施，禁止私人走私茶叶，明王朝定期派遣京官在行茶之地监督茶叶征课，严缉私贩，这就是所谓的巡茶制

---

① （明）陈仁锡：《皇明世法录》卷 31《马政》，见吴相湘主编：《中国史学丛书》第 8 册，第 917 页。

② 刘森：《明代茶业经济研究》，汕头大学出版社 1997 年版，第 8~9 页。

③ 《明太祖洪武实录》卷 253，"洪武三十年（1397 年）六月己酉"条；《明史》卷 80《食货志》四"茶法"；《国朝典汇》卷 95《户部九·茶法》。

④ 《明史》卷 92《兵志》四"马政"。

⑤ 《明世宗嘉靖实录》卷 24，"嘉靖二年（1523 年）三月辛未"条。

度，所谓"岁遣行人等官巡视"就指此。开始每年"三月至九月，月遣行人四员，巡视河州、临洮、碉门、黎、雅。半年以内，遣二十四员，往来旁午"。宣德十年（1435 年）改为"三月一遣"。明宪宗专遣御史"巡理茶事"。成化三年（1467 年），明政府遣御史"巡茶陕西，番人不乐御史，马至日少，乃取回御史，仍遣行人，且令按察司巡察。已而巡察不专，兵部言其害，乃复遣御史，岁一更，著为令"。① 甘肃及兰州地区，是明王朝禁止茶叶走私的重要防线，自正统十四年（1449 年）始，"每岁遣行人一员，巡查潼关以西至甘州等处私茶"。②

这一监察制度客观上使朝廷对"私茶"出境屡禁不止的现象有一定的遏制，对官吏在茶马互市过程中的徇私舞弊以及侵占牧场等枉法行为有所限制，从制度和稽查方面保证了政府对于马匹的获得起到了不可忽视的作用。毋庸置疑，明代实行的巡茶制度，对于革除官吏与走私商人勾结等弊端，保证政府马匹的获得，曾经起到了不可忽视的作用。但是，其副作用也非常明显，这就是巡茶制度对于民间正常的民族贸易的限制。

三、明代防范茶叶走私措施的社会效果

明代实行的一系列打击茶叶走私的法律可谓严厉、措施得力、处罚的人数不算少，但是茶叶走私活动自始至终都没有被完全杜绝，这是因为茶叶走私具有非常高的利可图，在高额利益驱动下，一些人不惜以身试法。更为重要的原因还有两点：

一是包括皇帝在内的当权者在执法犯法，使对茶叶走私的打击力度大打折扣。如对茶叶运送过程中的夹带，历来是明代打击走私的内容之一，但是却往往有执法者的染指其中。甚至有的宦官公开要求夹带私茶，如正德（1506～1521 年）年间，分守凉州太监颜太经奏请夹带食茶。这一要求遭到了户部的强烈反对，其理由是："国家重马政，故严茶法，奏带非例也，宜停罢"。但是明武宗一意孤行，坚持批准其所宠信的宦官颜太经带茶 700 斤。③ 正因为如此，有的学者指出当时敢冒犯茶禁者主要是"势要内官"，以致茶法日弛，茶叶民间贩卖活动日趋盛行，势要内官的私茶贩卖活动是促使明代茶禁崩坏的主要原因之一。④ 这是有一定道理的。

---

① 《明史》卷 80《食货志》四"茶法"。
② 民国《甘肃通志稿》卷 37《财赋》二《税捐》。
③ 《明武宗正德实录》卷 121，"正德十年（1515 年）二月辛卯"条。
④ 刘森：《明代茶业经济研究》，汕头大学出版社 1997 年版，第 10 页注文。

二是茶禁不利于民间正常的民族贸易的进行，民间互市的发展从根本上使官府主持的茶马互市因没有竞争而日趋萧条。明代人说的"虽有禁茶之名，而无禁茶之实"是有根据的。这就要求我们既要对明代打击和防范茶叶走私的一系列措施给予积极评价，同时对其在社会实际中的效果不能估计过高。

中国社科院研究员　魏明孔

清咸丰朝铸造大钱及发行官票、宝钞

铸造大钱和发行官票、宝钞是清咸丰朝为应对因镇压太平天国起义而引发的财政危机所采取的两大金融措施，在清代货币史上占有特殊地位。本文依据当时的有关档案及文献记载，对此二事的始末略加梳理和申说，就正于方家。

一、铸 造 大 钱

铸造大钱是由咸丰朝的财政危机引发的，同时也与嘉庆、道光以来制钱制度本身的危机密不可分。清代从十九世纪初起，主要由于鸦片走私贸易扩大，白银大量外流，国内开始出现严重的银荒，银价上升，从而过去在白银供应充足、银价低落条件下长期相对稳定的银、钱比价发生了急剧变化。这种变化不仅影响到当时的社会经济生活，也对政府财政和制钱制度构成了威胁。

清代币制沿袭明代晚期制度，以银为主，但不废铜钱；尤其民间小额零星交易，主要是用钱。这种银、钱并行的二元化币制，始终存在着银、钱两种货币的比价问题。清代铸钱，定制每枚一文。制钱重量，顺治初为一钱，后几次增加，至顺治十四年（1657 年）改定为一钱四分。康熙二十三年（1684 年）改回重一钱，至四十一年恢复一钱四分旧制。雍正十二年（1734年），因钱重铜多，铸造亏本，命减重至一钱二分，此后直至道光时期未再变化。制钱成色，初为七成红铜加三成白铅（即锌）配铸，康熙二十三年改为铜六成、白铅四成，雍正五年再改为铜与白铅各占一半；乾隆五年（1740 年），为避免私销，命铸铜含量为 50％，另加白铅 41.5％、铅（时称"黑铅"）6.5％、锡 2％的"青钱"（因含锡色青，故称；此前不含锡之钱称"黄钱"）。① 以上铸钱之制，大致是按照制钱千文（一串）值银一两设

① 以上清前期制钱重量及成色的变化，见王庆云：《石渠余纪》卷 5《纪制钱品式》。这里所说均仅指宝泉、宝源二京局所铸之钱，各省局所铸品质参差不一，不完全合乎定式。

计的。自顺治时起，钱文与银两的比价为1000∶1一直是这两种货币间的官定比价和政府制钱政策追求的目标。当然，受银、铜各自价格变化及不同时期所铸制钱的轻重、成色、供应量等复杂因素的影响，制钱与白银的市价比实际是上下波动的，不过这种波动，直到嘉庆中期以前，总的说并不大；由于长期银价低落而铜价较贵的情势，多数时间里制钱的市价还高于官定价格。自顺治直到嘉庆初年以前，大致而言，顺、康、雍时制钱的市值约七八百文合银一两，乾隆以后则九百文左右合银一两，基本处在一种"银贱钱贵"但比价波动相对平缓的状况之下。①

嘉庆中期以后的情况完全不同。由于银荒使银价上升，制钱的市价开始一路走低，此前长期的"银贱钱贵"到这时一变而为"银贵钱贱"了。嘉庆末年，制钱与白银的价格比一般已经超过制钱千文合银一两的官定水平。② 道光时期，尤其在道光朝的最后二十年间，即鸦片战争前后各十年左右时间内，这一趋势进一步发展。据咸丰二年冯桂芬回忆："二十年前，（银）每两易制钱一千一二百文，十年以前易制钱一千五六百文，今易制钱几及二千文"。③ 而据《皇朝政典类纂》记载，制钱二千文左右易银一两的情况，早在道光二十五年就出现了："京中纹银每两易制钱几及二千文，外省每两易钱二千二三百文不等"。总之到道、咸之际，制钱与白银的比价差不多已经"较昔钱价平时盖倍之，较贵时几及三倍"。④

银贵钱贱对当时的社会经济生活和政府财政都产生了很大影响。由于实行银、钱双本位货币制度，社会经济生活中银、钱并行，当银、钱比价剧烈变动时，物价波动及两种货币之间兑换的种种问题便随之而来，从而影响到经济的正常发展。尤其是商民向政府纳税，"升斗小民"的日常出入多半为钱，交税时却要以钱换银，钱价跌落使其负担大为增加："昔日两银换钱一千，则石米得银三两；今日两银换钱二千，则石米仅得银一两五钱。昔日卖米三斗，输一亩之课而有余；今日卖米六斗，输一亩之课而不足。朝廷自守岁取之常，而小民暗加一倍之赋"。⑤ 这种情况，一旦超出纳税者的承受能力，就不但为害民间，而且还必然影响国家的税收。咸丰元年曾国藩奏陈十余年来江苏漕粮因银价高昂而不能全完的情形说："州县竭全力催科，犹恐

---

　　① 康、雍、乾时期，也有几次钱价跌落至超过1000文合银一两的水平，但时间都不长，变化幅度亦不大，总的说是银贱钱贵。
　　② 如据《皇朝政典类纂·钱币七》记载，嘉庆二十三年（1818年），"银价增昂，每两换制钱一千三百余文"。
　　③ 冯桂芬：《校邠庐抗议》卷下，《用钱不废银议》。
　　④ 王庆云：《石渠余纪》卷5，《纪银钱价值》。
　　⑤ 曾国藩：《备陈民间疾苦疏》（咸丰元年十二月），见于《曾文正公全集·奏稿》卷1。

不给，往往委员佐之，吏役四出，昼夜追比，鞭扑满堂，血肉狼藉"，"道光十五年以前，江苏尚办全漕，自十六年至今，岁岁报歉，年年蠲缓，……盖银价太昂，不独官民交困，国家亦受其害"。①

银贵钱贱还对政府财政造成了难以承受的铸钱亏损。清政府铸钱是按白银核算成本的，银价上升，必然使铸钱成本增加。嘉、道时期铸造制钱仍依雍正十二年的定制每枚重一钱二分，含铜量为 50% 。这样的制钱，即使在雍正改制的当时，虽然号称"轻重适中"，但按照官定制钱千文合银一两的比价，其实也仍然是亏本的。② 据记载，雍正年间铸造重一钱四分之钱，仅宝泉、宝源二京局每年即亏损银 30 万两；改铸重一钱二分之钱后，每年仍亏 17 万余两。③ 不过，当时清政府的财政宽裕，这样的亏损还是可以承受的。嘉、道时期，一方面制钱与白银的市价比一路跌落，至道光末仅约为官定比价的一半，铸造成本更远过昔日；另一方面，清政府的财政愈来愈拮据，远不如昔日，在这种情况下，铸钱成本的上升就成了一个大问题。主要是由于这个原因，嘉、道时期，除二京局仍每年依制铸钱外，外省铸局大都未能正常运转，道光后期更多数省份的铸局都已停炉或减卯铸造了。

制钱的市场价格与其价值严重背离还导致了民间对官铸钱的大量私销和各种劣质"私钱"、"小钱"的日益流行。制钱被大量私销取铜问题自从钱价跌落以来一直困扰着清政府，道光后期尤其严重。据鸦片战争后归隐福建老家的梁章钜记载："由今追溯四五十年以前（按指嘉庆初年以前），铜器之为用尚少。比年则铜器充斥，而东南数省为尤甚。……省会之铜器店以百计，郡城以数十计，县亦不下数家。……其铜何自而得乎？则皆销毁制钱而为之也"。④ 说市场上的铜器皆由销毁制钱得来当然是夸张，但制钱被大量私销牟利则是事实。一方面政府因亏本而减少了制钱的铸造，另一方面民间又复私自大量销毁制钱，这使流通领域里制钱的供应量严重不足，"流通日少"。此即屡屡见之于当时章奏的所谓"钱荒"之说的由来。

民间私铸的劣质铜钱即所谓"私钱"也自道光以来日渐流行，与制钱的减铸、私销现象并存。据道光十年御史徐培深奏，当时贵州一些地方"设炉私铸，大约以一铜九铅为成色；又销毁官钱，搀入铅沙，以做工本。……每文重不过四分，每千值银三钱六七分不等。始则搀入官钱，继乃公然

---

① 曾国藩：《备陈民间疾苦疏》（咸丰元年十二月），见于《曾文正公全集·奏稿》卷 1。

② 据当时核算，铸造重一钱四分之钱，每串约耗原料工费银一两四钱，即每铸一串，亏银四钱。按此计算，铸造重一钱二分之钱，每串原料工本费应为一两二钱左右，约亏银二钱。

③ 《清朝文献通考》卷 15，考 4990。

④ 梁章钜：《归田琐记》卷 2。

行使。……贵州一省如此，他省恐亦不免"。① 鉴于私钱的流行对官钱产生严重冲击，道光皇帝当即降旨严禁，要求各省州县"访拿究办"。② 然而这在实际上根本不可能做到，因为当时私铸的盛行既是制钱价格与价值日相背离的结果，也与流通领域严重的"钱荒"密不可分，"民用不足，私铸能无起乎"？③ 其时不仅民间有私铸，就是官局也因有利可图而多暗铸不符合定制的"小钱"，即所谓"官私"或"局私"，同样屡禁不止。私钱、小钱盛行与制钱的减铸和被大量私销并存，这种钱制的混乱，说明在银贵钱贱日趋严重的情势下，以往的制钱制度已经陷入了难以为继的深刻危机。

对于银贵钱贱导致的制钱制度危机及由之引发或与之密切关联的种种社会、经济和财政问题，自嘉庆以来朝野就多有议论，提出了各种各样的解决办法，其中就包括铸造大钱即增大钱面价值的主张。尤其在道光朝的最后十余年间，随着钱制危机的进一步深化，铸大钱的意见更从私人之间的讨论演变为朝廷上的政策建议，先后有多位地方大员和朝臣上奏请行大钱。不过，当时清政府鉴于以往历代铸造大钱鲜有成功先例，对于此类建议，未敢轻易尝试。④

但是咸丰军兴以后情况就不同了。这时一方面因战争关系，道路梗阻，滇铜不能顺利运至京师，致铸钱原料匮乏，铜价上涨，各种私钱、小钱愈益盛行，政府铸钱成本更加高昂；另一方面，更重要的，突如其来的巨额军需开支使清政府陷入了空前的财政危机，国库在极短时间内就几乎到了山穷水尽的地步。在这种情况下，铸造大钱对于清政府的意义就已经不再单纯是解决货币危机的手段，而且成了弥补国库亏空，应对收不抵支严峻局面的一根救命稻草，从而具有了前所未有的迫切实施价值。正因为如此，当咸丰二年（1852年）十月四川学政何绍基上奏再提铸造大钱的建议时，咸丰皇帝虽然

---

① 见《中国近代货币史资料》第一辑上册，第89页。
② 同上书，第95页。
③ 王庆云：《石渠余纪》卷5《纪户部局铸》。
④ 据《中国近代货币史资料》第一辑上册收录的档案，这一时期先后有如下大臣上奏请铸大钱：道光十八年八月，广西巡抚梁章钜奏请铸当十、当五十、当百、当五百、当千大钱，"与制钱相辅而行"，以杜私铸；道光二十二年十一月，御史雷以诚奏银贵钱贱，请铸重一两之当百钱；道光二十三年十二月，御史张修育建议仿照新疆普尔钱例铸造当十钱文，行令陕甘总督试行，并请禁用铜器以杜制钱私销；道光二十六年八月，安徽巡抚王植请铸当三至当五十五等大钱；道光二十八年十一月，给事中江鸿升请铸当五十、当百大钱。上述诸臣的奏请，除御史张修育仿普尔钱例铸大钱之请得到批准，谕令陕甘总督及陕西巡抚实施外，其余均遭驳斥不准。其中道光二十六年十月十四日军机大臣穆彰阿等驳安徽巡抚王植请铸大钱之议一折，陈述历代铸造大钱未有成效的史实，且云："前代创铸大钱，皆以有害无利，屡试辄罢。今日任事者不及于古，而作奸者更胜于前，若谓古人不能行而今人独能行之，实未敢信"，就突出反映了当时清廷鉴于以往历代教训，不敢轻易尝试的态度。奉谕试行大钱的陕甘，因其督抚反对，也未能实际推行。以上见该书第143～158页。

像道光帝一样仍持反对态度，但口气已经不甚坚决，其折后朱批于驳斥之余又写道："此折著户部存记，若有可行时，不妨采择入奏"。① 次年元、二月间，战事益急，饷需支绌，滇铜不继，御史蔡绍洛（正月十七日）、刑部尚书周祖培（二月初六日）、大理寺卿恒春（二月十二日）等又接连上奏请行大钱。② 对于这些建议，户部虽一开始仍态度不积极，但随着南京陷落的消息传至京师，此事实已再难拖延。二月二十三日，上谕命恒春会同户部妥议章程。三月十八日，经由户部议奏，批准铸造当十、当五十两种大钱。③ 是年十一月，经巡防大臣绵愉等奏请，户部覆准，又开铸当百、当五百、当千大钱，同时将当十、当五十大钱减重铸造并添铸当五钱。④ 与京师开铸大钱的同时，清政府还将新钱制推向全国。是年六月，皇帝"饬户部妥议章程，迅速通行各省办理"。⑤ 十一月议定各种大钱钱样后，又发布上谕："着该部通行各直省督抚，均照此次所定分两，一体铸造，以归划一。其民间应纳税课钱文等项，均照部议，准以大钱交纳；其应交银者，并准其按照制钱两串折银一两之数抵交"。⑥

　　大钱一经推行，便从京师到各省都开始了滥铸滥发。当时所铸大钱的面值，主要是上面提到的几种，其中当五、当十、当五十 3 种称为"咸丰重宝"，当百、当五百、当千 3 种称为"咸丰元宝"。此 6 种之外，也有其他面值的，如当二、当四、当八、当二十、当三十、当四十、当八十、当二百、当三百、当四百等，不过这些都只是个别地方铸局有铸，铸造的数量也很少，有的仅为样钱。⑦

　　由于铸钱的铜原料不足，咸丰时还铸发过铁钱和铅钱。铁钱早在咸丰三年七月已在山西试铸，四年三月京师开始铸造，接着推行于各省，面值有当一文的铁制钱和当五、当十、当五十、当百、当五百、当千的铁大钱，共计 7 种。铅钱于咸丰四年六月首先在京局开铸，以后一些外省铸局也有铸造，面值有当一的铅制钱和当五十、当百、当五百、当千的铅大钱，总共 5 种。

　　咸丰时期铸造大钱的主要目的是实行通货膨胀政策，缓解财政危机，因

---

① 《中国近代货币史资料》第一辑上册，第 198 页。

② 同上书，第 199～203 页。

③ 同上书，第 203～205 页。按当十钱于是年五月开铸，当五十钱于八月开铸。

④ 同上书，第 206～208 页。

⑤ 《清文宗实录》卷 97，咸丰三年六月，第 33 页。

⑥ 刘锦藻：《清朝续文献通考》卷 20，《钱币考》。

⑦ 当二钱为甘肃宝巩局铸造，当四、当八钱分别为新疆宝伊、宝迪两局铸造，当二十钱江苏宝苏、浙江宝浙、福建宝福、江西宝昌等局有铸，当三十钱江苏宝苏、浙江宝浙两局有铸，当四十钱宝浙局有铸，当八十钱宝迪局有铸。当二百、三百、四百大钱仅京师捐铜局铸造过，咸丰四年六月初七日奏准鼓铸，二十四日奉旨停铸。

此各种大钱的铸造都尽可能降低成本，币面价值远高于其实际价值。表 1 是咸丰三年十一月户部奏定的各种铜大钱的铸造标准：

表 1 铜大钱的铸造标准

名　　称	面　值	重　量	成　色
咸丰重宝	当　五	二钱二分	铜六铅四
	当　十	四钱四分	滇铜七成锡铅三成
	当五十	一两二钱	滇铜七成锡铅三成
咸丰元宝	当　百	一两四钱	滇铜七成锡铅三成，黄色
	当五百	一两六钱	十成净铜，紫色
	当　千	二　两	十成净铜，紫色

　　资料来源：根据《中国近代货币史资料》第一辑上册第 206～208 页载咸丰三年十一月二十一日管理户部事务祈寯藻等折。按此仅为部定标准，各地铸局所铸，不完全相同。

与制钱相比，大钱的铸造虽增加了每枚钱的重量并提高了成色标准，但与面值的增大相比，这种重量的增加和成色标准的提高显然都微不足道，铸钱的成本（工费及料费）大大节省了。

　　大钱的铸造成本，据咸丰四年户部奏定，各种大钱核给工银、料钱的标准为："当千大钱每文（枚）按铸制钱七十六文工银核给，当五百大钱每文按铸制钱六十文工银核给，料钱减半；其当百大钱，每文按铸制钱三十文工银、二十文料钱核给；当五十大钱每文按铸制钱十六文工料之数核给；当十大钱每文按铸制钱七文工料之数核给"。[①] 就是说，铸造当千大钱，每枚核给相等于铸造 76 文制钱的工银和 38 文制钱的料钱；当五百大钱每枚核给相等于铸造 60 文制钱的工银和 30 文制钱的料钱；当百大钱每枚核给相等于铸造 30 文制钱的工银和 20 文制钱的料钱；当五十大钱每枚核给相等于铸造 16 文制钱的工银和料钱；当十大钱每枚核给相等于铸造 7 文制钱的工银和料钱。那么铸造制钱的工银和料钱各是多少？根据同一奏折，当时户部宝泉局每月仍以二卯铜斤，"按铜六铅四配铸一钱重制钱二万四千九百六十串"，此"二卯制钱工银料钱仍照旧章办理，每月通共应领工银一万一千二百十四两，料钱八千三百二十四串"。[②] 平均到每枚制钱，大约为工银 0.00045 两、料钱 0.3335 文。按当时白银每两合制钱 2000 文的比价，每枚制钱的工银约合制钱 0.9 文左右。依照每枚制钱工钱 0.9 文、料钱 0.3335 文的平均

---

　　① 咸丰四年正月十六日户部尚书孙瑞珍等折，载于《中国近代货币史资料》第一辑上册，第 218 页。又见光绪《大清会典事例》卷 214。

　　② 同上书，第 217、218 页。

标准，上述几种大钱的铸造成本约计如表 2 所示：①

表 2　　　　　　　　　　　　　铜大钱的铸造成本

大钱种类	工钱（文）	料钱（文）	工料合计（文）
当　千	68.4	12.7	81
当五百	54.0	10.0	64
当　百	27.0	6.7	34
当五十	14.4	5.3	20
当　十	6.3	2.3	9

显然，大钱的铸造成本极低，铸造利益极大，且面值愈高，铸造利益愈大：当千大钱，扣除成本，净盈利约 919 文，为成本的 11.3 倍；当五百大钱净盈利 436 文，为成本的 6.8 倍；当百大钱净盈利约 66 文，为成本的 1.9 倍；当五十大钱净盈利约 30 文，为成本的 1.5 倍；当十大钱虽成本与面值相差不多，但也有 1 文余的盈利。② 铜大钱如此，铁、铅钱自更不必说。如咸丰七年四月初四日御史钱桂森奏称：铸造当十铁大钱，获利 6 倍。③

清政府规定，各种金属大钱与当时发行的官票、宝钞等纸币相辅而行。凡文武官俸、兵饷、工役薪值等各种官放之款均按一定成数搭给大钱，民间完纳地丁税课及捐输亦可搭交大钱。发行官票宝钞的官银钱号给大钱以为钞本。这是以政府的行政力量强制推行大钱。然而客观的经济规律并不依行政

---

① 汤象龙及彭泽益两位研究者均曾根据咸丰四年户部奏定的铸造大钱核给工银、料钱标准计算大钱成本（分别见汤象龙：《咸丰朝的货币》，载于《中国近代经济史研究集刊》第 2 卷第 1 期，1933 年 11 月；彭泽益编：《中国近代手工业史资料》第 1 卷，中华书局 1962 年版，第 570 页）。他们的计算，由于将原文的意思误解为铸造千文大钱给工钱 76 文、料钱 38 文，当五百大钱给工钱 60 文、料钱 30 文，当百大钱给工钱 30 文、料钱 20 文，当五十大钱给工、料钱各 16 文，当十大钱给工、料钱各 7 文，直接将二者相加，所得结果是错误的。周育民在《晚清财政与社会变迁》（上海人民出版社 2000 年版）中虽指出了这个错误，但认为"目前尚无系统的大钱铸造成本资料"（第 178～179 页），则显然未注意到户部原折（光绪《大清会典事例》的记载即根据户部的这个奏案）中关于铸造制钱的工银及料钱的记载。

② 大钱的盈利情况在当时官员的奏报中也有反映。如据咸丰四年十一月初七日庆锡奏片，铸造当百大钱"一本二利"，当五十大钱"一本一利"，当十大钱"得不偿失"。这里说当十大钱"得不偿失"，应主要是与其他大钱获利情况相比较而言，并非铸本大于 10 文，因为后来此种大钱也有被毁铸的，显然仍有利可图。

③ 《中国近代货币史资料》第一辑上册，第 227 页。按原文云："民间售卖生铁，斤直制钱四十余文，斤铁可铸当十大钱三十文，利且六倍。"

权力为转移。大钱发行之初，只有当十、当五十两种，分量较后来所铸为重，① 发行数量亦有限，故"数月以来，民间通行"。② 但到咸丰四年，当百至当千的各种大钱接连鼓铸出来并投放流通，因其面值与实际价值严重背离，"折当太重"，大钱便迅速贬值，最终走向破产。是年六月，御史呼延振奏："现在当千、当五百大钱不能畅行，当千者折算七八百文，当五百者折算三四百文，……实以分两过轻，当值过多，获利过厚，私铸者争先减价求沽也"，为此他建议"鼓铸大钱以当百为止"。③ 当月，京师停铸当千、当五百大钱，已发出者官发宝钞收回。但当百以下面值较小的大钱，也都很快贬值，流通壅滞。到咸丰五年春，即便当十大钱，在京城铺户及各项买卖中，也被"百般挑剔，不肯一律行使"。④ 六月，当百、当五十大钱也被迫停铸。咸丰九年七月，停铸铁钱。此后，仅当十大钱仍然保留下来，主要在京师流通，但重量一减再减，市值跌到仅相当于制钱 2 文。光绪末，清廷推行铜圆，于三十一年（1905 年）八月下令停铸当十大钱，⑤ 三十三年六月又专门拨银，限期半年对市面流通的大钱进行回收，大钱的历史终告结束。

外省铸造及停用大钱的时间与京师不尽相同，但都无一例外发行不久即大幅度贬值，壅滞难行，甚至激起民变。咸丰后期，各省的大钱先后废止。

咸丰铸造大钱，主要目的不在解决道光以来客观存在的制钱贬值问题，而是通过通货膨胀的手段，转嫁入不敷出的财政危机。因此，大钱政策一经出台，便毫无限制，当十、当五十犹且不足，又铸面值与实际价值严重背离的当百、当五百乃至当千大钱。丰厚的利益空间，必然导致私铸盛行，最终使官钱贬值，直至无法通行。咸丰四年六月，御史林廷选奏谓："自当千、当五百大钱一出，渔利之徒，用数百制钱购买旧铜一二斤，便可铸造当千大钱十余个，其利不止十倍，此所以易于犯法也。近闻此二项大钱，商民多不愿使用，皆以其折当过甚，私铸奸徒因而减折其值，每当千之钱作六七百或五六百售用。此端一开，到处纷纷效尤，而官铸与私铸混淆莫辨，不免同受亏折"。⑥ 这种情况，在当时的社会和铸造技术条件下，不可能有效防止。此外，大钱的币制过于复杂，发行过程中政府条令屡更，朝令夕改，自坏信

---

① 当十大钱初铸时每枚重 6 钱，当五十大钱重 1.8 两，二者均含滇铜七成。

② 咸丰三年十二月初十日御史蔡征藩奏，见于《中国近代货币史资料》第一辑上册，第 213 页。

③ 《中国近代货币史资料》第一辑上册，第 263～264 页。

④ 同上书，第 273 页。

⑤ 光绪十二年，清廷即拟在京师规复制钱，限期 3 年停铸大钱，但未成功。此后时铸时停，市面流通者大部分为私铸，绝少官板。

⑥ 《中国近代货币史资料》第一辑上册，第 265 页。

用，也是大钱失败的重要原因。①

　　咸丰朝铸发大钱，其高潮期虽只有短短几年，但造成的币制混乱和通货膨胀、危害正常商品流通的社会经济后果非常严重。咸丰朝铸造大钱的种类，仅就面值而言，全国总计多达 28 种（铜大钱 16 种，铁大钱连同铁制钱 7 种，铅大钱连同铅制钱 5 种）；如果算上不同铸局所铸面值相同而重量、成色不同的情况，那就更多。当然具体到某一地区，不是所有这些大钱都有铸造和使用，但在大多数地区，当时都同时发行了面值不同的多种大钱，少的几种，多的达十几种甚至更多。如在京师，户部宝泉局、工部宝源局及咸丰四年三月至八月一度设立专铸大钱的捐铜局，先后铸造和发行的大钱面值就多达 20 余种！咸丰时期铸发钱币种类之多、品质之驳杂，不但在清代历史上从未有过，较之历史上有名币制混乱的新莽时期也不遑多让。

　　如此滥铸滥发大钱，几乎从一开始就引发了私铸仿造盛行、劣币驱逐良币的严重金融混乱。首先被大量仿铸的是当千、当五百等大面值币种，接着又波及当百以下各种大钱。私铸大钱较之官铸成本更低，往往以很大的折率低价流通，遂使官铸大钱不但只能跟着贬值，而且很快便壅滞难行，除当十大钱外，其余都被迫先后停铸。大钱和私钱还严重冲击了制钱制度，促使其没落。大钱出笼之前的咸丰二年，官铸制钱已经因成本过高而减重至每文一钱。此后又进一步减重，以与市面上充斥着的私铸小钱竞争。咸丰中宝泉局铸造的制钱每文仅重六七分，但与当时泛滥的大钱相比，销毁制钱改铸大钱仍然有利可图。在咸丰中期大钱泛滥的几年中，制钱遭到了大量私销，② 几近绝迹。咸丰以后京师仍流通当十大钱数十年，制钱的缺乏是一个重要原因。

　　滥铸滥发大钱还导致了银、钱比价的严重扭曲。咸丰中、后期，由于对外贸易出超，白银回流，以及战争条件下国内贸易萎缩等原因，道光以来高昂的白银价格已经逐渐回落。但在大钱泛滥的一些地区，白银对钱币的比价不降反升。据彭泽益先生研究，在京城，1853 年以前白银每两可换京钱 4000 文（京钱 2 文合制钱 1 文），1855～1857 年间升至 7000～7700 文，1858 年 8 月至 1859 年初达 11000～12000 文，1859 年春夏间达 15000～17000 文，1861 年 5 月以后更高达 30000 文。1862 年，即同治元年，京城白银一两可换制钱 20～30 串，比 1853 年的银价上涨了 9～14 倍。又如在京外最早推行票钞、大钱的福建省，白银每两的市价一向不过合制钱 1500～

---

　　① 参见汤象龙《咸丰朝的货币》，载《中国近代经济史研究集刊》第一卷第一期，1933 年 11 月。

　　② 黄钧宰：《金壶遁墨》卷 2，《大钱》。

1600 文，但自 1853 年 9 月推行局票、铁钱后，银价便开始猛涨，1860 年 2 月间福州的银价达到每两合制钱 28000 文，比咸丰初年上涨了 16.5 倍。①

钱价暴跌的结果是物价飞涨。仍以京师为例，据档案记载，自从发行大钱、票钞以后，京城百物价格"无不陡加数倍"。咸丰七年春夏间，食米一石卖到京钱十余吊，次年春更涨至二十余吊；同期，猪肉由每斤二三百文涨到六七百文；杂粮、杂货、零星食物以及其他日用品也"无一不腾贵异常"，"增长几至一倍"。京城某铺户的账簿显示：咸丰十年的物价较之发行大钱、票钞前，香油上涨 3 倍余，硬煤 4 倍，茶叶 5 倍，猪肉 6 倍，羊烛 7.5 倍。次年夏、秋间，又一次物价腾涌，七至八月仅一个月里，米、油、盐、煤、布等日用必需品"价值几增一倍"。② 当时的北京是典型的消费城市，从食品到日用百货几乎完全仰赖外部供应，而其时部颁大钱"出京数十里或百余里，民间即不行使"。这种情况使得京城内外使用的货币、物价都有很大差异：城内用大钱，城外用制钱；城内物价高，城外物价低。由于大钱不行于京城之外，四郊乡间庄户贩卖农副产品入城"换归大钱；不便使用，因即裹足不前"。同样，外省商贾贩货至京，因"所售大钱，以之易票，再以票易银，每两约钱七八千文，京外银价只易三千数百文，亏折大半，是以商贾裹足不前"。③ 但这样一来，京城所需物资失去供应，只能物价更高、钱价更低，从而外货更加不来，形成恶性循环。

类似的现象在全国各地都有程度不等的表现。大钱的发行和流通主要是在各省的中心城市，因之通货贬值、物价上涨也主要是在这些地方。而广大乡间，因仍有大量过去的制钱在流通，物价的上升幅度相对于大钱泛滥的中心城市，总的说要小一些。这种由滥铸滥发大钱引起的币制混乱、物价混乱无疑严重妨碍了各地城乡间乃至各省之间正常的经济往来和商品流通。

二、发行官票、宝钞

发行官票和宝钞也是在咸丰三年（1853 年）。官票以银两为单位，宝钞以钱文为单位。

清代在咸丰以前，除入关之初的顺治八年至十八年（1651～1661 年），迫于经费拮据，一度"仿明旧制，造为钞贯，与钱兼行"之外，④ 再未发行

---

① 彭泽益：《十九世纪后半期的中国财政与经济》，第 107～108 页。
② 同上书，第 109 页。
③ 同上书，第 108 页。
④ 《清朝文献通考》考 4967。

过纸钞。嘉、道间，因白银外流、银贵钱贱等一系列货币问题逐渐严重，开始有发行纸钞的议论。太平天国兴起，清王朝财政大窘，行钞遂作为一项"理财"建议，在朝堂上正式提出。咸丰元年九月，御史王茂荫奏称：

> "粤西之军务未息，河工之待用尤殷。国家经费有常，岂能供额外之用？……臣观自汉以来，不得已而为经国之计者有二：一曰铸大钱，一曰发钞币。……臣见往年议平银价，内外臣工多为铸大钱之说，因私拟为钞法，以为两利取重，两害取轻计。钞之利不啻十倍于大钱，而其弊则亦不过造伪不行而止。国初造钞岁十余万，行之亦经十年之久。其行也，所以辅相夫不足；其止也，即以裁成夫有余。圣神妙用，百世可师，济用权宜，似莫逾于此。"

接下来，王茂荫依据他对钞币的认识，提出了 10 条关于制造和发行以银两为单位的钞币，以及如何促其流通、防其流弊的建议。① 王茂荫的纸币方案当即遭到了户部的"议驳"，未被采纳。② 此后一年多的时间里，尽管又有内外官员多人上书建议行钞，呼声渐高，户部仍因种种顾虑而加以反对。直到咸丰二年十一月，户部的态度才有所松动，于会同军机大臣议奏江苏巡抚杨文定请行钞法折中提出先在江苏试行，"并请旨敕下福建巡抚王懿德，亦就闽省情形，实力讲求，咨商苏抚杨文定，互相考订，分析奏覆，按照办理"。③

在反对行钞的同时，迫于国库空虚、军饷无着的压力，户部曾考虑了某种变通之策。咸丰二年十月二十八日和十二月二十六日，户部在与定郡王载铨会奏筹备军饷折及覆议左都御史花沙纳行钞建议折中，两次提出"暂行银票期票"的意见。据十二月二十六日折，户部的设想是：（1）从"各省当杂各商生息帑本内每省酌提十分之三"，并"酌量催提"各省"现存未买谷价银两"，均报部听候拨用，即按所提银数印制银票，分发给各省商人及地方官府，"准令该省捐纳封典、职衔、贡、监之人"向各商及地方官买票报捐，以所捐银两归还原提之银；（2）仿照内务府官钱铺之法，"于京城内外招商设立官银钱号三所"，由银库发给成本银钱，"令其与民间铺户银钱互相交易。即将户部每月应放现钱款项，一概放给钱票，在官号支取，俾现

---

① 《中国近代货币史资料》第一辑，上册，第 317～322 页。
② 见咸丰三年正月初八日王茂荫"请将钞法前奏再行详议"片，同上，第 331 页。该片原载《王侍郎奏议》卷 3。
③ 同上，第 327 页。按福建巡抚王懿德于是年六月上疏建议发行钞票，为户部议驳，见同书第 322～323 页。

钱与钱票相辅而行，辗转流通，兵民两有裨益。至在京王公百官俸银，向分二、八月两次支取，今拟请世职自亲郡王以下、侯以上，文职自四品以上，武职自二品以上，均给与期票五成，统限于八月初一日持票赴库关支，其秋季俸银准此递推"。①户部的这个提取各省生息帑本及购买谷价银两以充国用，同时发行有特定用途、仅为票据性质的银票、期票，以解决财政困难的办法，遭到了力主行钞的户部侍郎王茂荫和福建巡抚王懿德等人的反对，认为不切实际，难以实行。② 同时户部关于先在江苏、福建等个别省试行钞币的意见也遭到了反对。咸丰三年三月初七日，刚刚署理闽浙总督的王懿德于覆奏闽省试行钞法的奏折中指出：钞法宜在全国统筹实施，而不宜仅在个别省试行。③

朝堂上关于行钞的辩论很快便在民间造成了混乱。自咸丰三年正月起，闻听传言的京师商人便已"装载银两盈千累万纷纷出都，以致银价骤昂"，引起户部惊慌，请旨严禁。④ 到二月初，又有传言说朝廷将禁止使用私钱票并议征铺税，加之当月应支官俸展期、太平军攻陷安庆等地警报传来，京城更加"人心惶惑，日甚一日"，银号钱铺开始被持票商民大量挤兑，纷纷倒闭。据说仅十五日一天，内外城关闭的钱铺就不下二百处之多。⑤

民间的动荡迫使清廷不能再犹豫不决。就在朝臣纷纷上折具奏京城钱铺大量关闭、市面混乱的当天（二月十六日），咸丰帝发布上谕，宣布停议京师商捐、商税及按户收钱等筹款办法；先已停发的春季官俸，文职四品、武职三品以下各员"照数补行给领"；至于行钞，则宣布："钞法由来已久，本朝初年亦行之。近日诸臣纷纷陈请此事，原以济国用之不足，既非废银用钞，亦非责商缴银。部库出入通行，并不令稍有畸轻畸重，正当行之久远，俾天下咸知钞为国宝，与银钱并重。……仍著户部妥议速行。其各银号钱铺所用私票，仍令照常行用。"⑥

旨下次日，左都御史花都纳会同户部奏呈《试行官票章程》18 条，当天就得到批准："著照所议办理。该部即遵旨刊刻告示，并著步军统领衙

---

① 《中国近代货币史资料》第一辑，上册，第 328～329 页。

② 分见咸丰三年正月初八日王茂荫折，同上书第 329～331 页；咸丰三年二月初八日王懿德折，同上书第 337～338 页。

③ 同上书，第 338～339 页。

④ 咸丰三年正月二十六日管理户部事务祁寯藻等奏，同上书，第 339 页。

⑤ 以上参见咸丰三年二月十六日礼部尚书奕湘、左都御史文端、巡视东城给事中吴廷溥、御史陈庆铺等折，同上书，第 340～343 页。

⑥ 同上书，第 343～344 页。

门、顺天府、五城一体晓谕遵行。"① 章程规定：试行银票"以京师为始，俟行有成效，再为推行各省"；部库放款，除兵饷不搭票外，其他一律按"银八票二搭放"；官票搭放 3 个月后，部库收项亦准按同一比例搭收；各衙门所领官票可到银钱号兑现，均按票上所开平色照数付银，换钱者按本日市价换给钱文钱票，毋许克扣；应交官项之人赴银钱号购取官票者，许银钱号按 1% 收费；官票分 1 两、5 两、10 两、50 两 4 种面值，"均系二两京平，准作足色"；"造票以十二万两为准，日久流通再行添制"；在户部设立书写官票的"官票所"，委司员专司其事，发出之票的票根存所备查。七月，户部又奏准将官票推行各省，并将官票的搭放范围扩大到兵饷，搭收、搭放比例增加到五成，增造 3 两票，官票的发行额增为 200 万两（各路粮台 25 万两，各省藩库 175 万两）。②

　　是年九月，清政府决定于官票之外再发宝钞。十一月户部奏呈《宝钞章程》18 条，二十四日经内阁明发上谕实施。当时规定：宝钞与现行大钱、制钱相辅而行；准商民以官票兑换宝钞；设宝钞局专司发钞之事；宝钞面值分五百文、一千文、一千五百文、二千文 4 种（咸丰五年添制五千文、十千文、五十千文、一百千文 4 种）；宝钞二千抵京平银一两；宝钞的搭放搭收与官票一样以五成为限。③ 十二月初，户部造出样钞呈准，同时发商承领，正式在京师发行。

　　咸丰三年发行纸钞，是在国库已经穷途末路的情况下被迫采取的货币措施，意在解脱国库没有足够现银的财政窘境。因此，尽管在推出官票之初规定官票可以由官银钱号有条件兑现，部库入项亦承诺搭收官票，但是由于根本就没有充足的现银准备，这些承诺最终成为一纸空文。如官铺兑现，行票不久，就改变了官票可在官银钱号兑取现银的承诺，规定："有持官票到铺者，即按照时价折钱兑换现钱，钱票随所便以示信，惟不准于官钱铺取银；其在私铺，银、钱并兑，仍听其便。"④ 七月份官票推行到各省，户部除规定发交各省藩库的官银票只能在各省搭放搭收并"按价支取现钱及钱票"，"得票者不准支银"外，还特别规定"不准以银票搭解部库"，连当初部库

---

① 《中国近代货币史资料》第一辑，上册，第 349～352 页。按据咸丰三年二月十七日花沙纳会户部奏试行官票章程折，从是年正月十九日起，经户部奏请，咸丰帝已专门指派左都御史花沙纳、陕西道御史王茂荫会同户部堂官筹议钞法章程，"奏明办理"（同上书，第 349 页）。至是，钞法正式出台。

② 同上书，第 352～358 页。

③ 同上书，第 358～360、367～378 页。

④ 咸丰三年七月初三日户部奏，同上书第 353 页。按据此折，该项规定为五月份议覆御史贾世行折时作出的。

入款准以官票搭收的承诺也不兑现了。① 十一月份发行宝钞，户部贴出的告示更明确说"此钞并非为取钱之用"，所发宝钞完全成了一种不可兑现的纸币。

发行纸币却不能兑现必然损及信用，导致其流通窒碍。京师发行官票仅几个月，就发生了"官铺多不愿收票"的情况："有持票至者，非刁难不收，即抑勒市价，较之现银易钱，每两少至数百文。"② 据九月初二日给事中英绶奏："近日部发俸银官票约六七万两，初出之时商民争购，旋因官铺倡言户部无本不肯收换，于是市廛观望，收者渐稀。间有持票向官铺理论者，该商夥声言任人告发，自有大部做主。不数日，而户部有不必专归官铺收买之印示张贴铺门，众目咸观，相顾骇愕，因而相约不收，官票几成废纸。"③ 宝钞也如此。咸丰四年正月二十七日通政使崇实奏："自设立钞局而后，凡搭放之项均不能流通。有以钞买物者，或故昂其值，或以货尽为词。八旗兵丁所得钱粮，皆养赡身家之用，今所领钞票不能买物则日用愈绌，强愈买物则滋生事端。开正以来，奴才留心查访，内外城兵民及大小铺面，均视钞法为畏途，未见行钞之利，但见行钞之害。若不亟求通行之法，数月而后，必致兵民俱困，商贾歇业，其患不可胜言。"④ 折后附片又言："京城放项甚多，收项惟崇文门税务及现在火器营捐输。乃奴才闻火器营收捐，有以钞票搭交者往往掷还不收；崇文门亦然。在督办各臣以为功归核实，而小民耳目甚近，谓钞票不能当银钱。此即明效大验，其怀疑不用之故，实由于此。"⑤ 缺乏信用，"钞票不能当银钱"，是清政府所发钞票不能流通的根本原因所在。没有信用的钞票在当时的强制使用中引发了无穷无尽的争执，因而被"戏呼为'吵票'"。⑥

鉴于纸钞流通不畅，曾首议发钞的户部右侍郎王茂荫于咸丰四年三月初五日上折，提出 4 条改进建议：（1）"令钱钞可取钱"；（2）"令银票并可取银"；（3）"令各项店铺用钞可以易银"；（4）"令典铺出入均准搭钞"。⑦ 这个建议的核心是将官票、宝钞变为可兑现纸币，以政府信用促其流通，马克思在《资本论》中曾特别提及。⑧ 但王氏的意见当即遭到了咸丰皇帝的严

---

① 《中国近代货币史资料》第一辑，上册，第 354 页。
② 咸丰三年八月二十二日御史章嗣衡奏，同上书，第 363 页。
③ 同上书，第 365 页。
④ 同上书，第 381 页。
⑤ 同上书，第 383 页。
⑥ 鲍康：《大钱录》，转引自同上书，第 385 页。
⑦ 同上书，第 391～393 页。又见于《王侍郎奏议》卷 6，《再议钞法折》。
⑧ 见《资本论》第一卷，人民出版社 1975 年版，第 146～147 页。

厉申斥，指其"专为商人指使"、"不便于国而利于商"、"漠不关心于国事"。① 在清政府的强令之下，对宝钞一直持观望态度的各省从咸丰四年夏初开始，陆续设立官钱局，开始推行宝钞。

由于毫无信用，官票、宝钞根本不可能做到统治者所设想的那样"银票即是实银，钱钞即是制钱，上下通行，中外遵奉"。② 强制推行的结果是各级官府利用其大谋私利，下层人民及普通士兵则因钞票贬值、形同废纸而遭受到无情的盘剥。

清政府在发行票钞之初规定票钞有放有收，还专门由刑部、吏部分别议定了"官役不遵定章拒绝搭收钞票处罪办法"和"官役拒绝搭收钞票该管上司议罪办法"等规条。③ 实际的情形却是无论京师还是各省，官府于收款时普遍拒绝搭收钞票，"只放不收"。京城崇文门税关及火器营捐输拒绝搭收的情况已如前述。又如顺天府大兴、宛平二县征收钱粮，据咸丰四年七月二十六日御史吴艾生奏，定章民间每"完银二两准搭官票一两"，"然民间向来应完地丁银两均系凭地完银，或田地非在一处，或典买非出一时，率皆分起注册，……故有一人完银数十两，而串票多至数十张者。此时搭收钞票，自应按一人名下应完之数并计搭交。而闻该二县现办章程则令各计各串，不准合计一人应完总数，遂多以一串之数不及二两，不能搭交。是名为搭收钞票，实则仍概征银"。④ 通州、三河、平谷、密云、顺义等近京州县也无不拒绝搭收："从前部议钞票原许搭交五成，乃该州县并不张贴告示，俾民咸知。其地丁交项概用制钱，于钞票、大钱全不收纳。……粮房、书吏百般抑勒，钞票则苛索其由来，大钱则吓其私铸，多方刁难，必不使其搭交而后已。"⑤ 外省州县也绝少肯于搭收者："各省钞票，从藩司发给州县，即皆秘不示人，所有征收悉如旧式。"⑥ 州县拒收钞票常用的借口是"恐搭收官票，则民间所完银钱亦比照票银数目核交，火耗、解费等项均无所出"。⑦ "火耗"、"解费"一向是各地滥征浮收的借口，实征数远超过以其名义应征的合理数目，一旦搭收钞票，这些额外浮收也将"均无所出"，经征官吏自然心有不甘。然而征收时拒收钞票，州县上解税款却普遍仍按照规定成数，

① 见《中国近代货币史资料》第一辑上册，第393页。
② 咸丰三年九月十八日惠亲王绵愉等奏，同上书第367页。
③ 同上书，第388～390页。
④ 同上书，第434～435页。
⑤ 咸丰四年十一月二十九日御史隆庆奏，同上书，第439～440页。
⑥ 咸丰四年十月二十七日给事中蒋达片奏，同上书，第439页。
⑦ 咸丰五年九月初五日河东河道总督李钧奏，同上书，第447页。

以贱价购买纸钞搭解："及至批解到省，则又将银、钞兼行；"①"民以制钱二千交官，官则以制钱八九百文易票解部"。②"征银解钞"，这是在浮收现银现钱之外，州县利用纸钞的贬值，为自己开辟的又一条生财之路。

官府贱价收买票钞，无疑会进一步压低票钞的市价，促其更加贬值。如在河南，据咸丰五年九月初五日河东河道总督李钧奏："臣自到河南以来，见票银一两仅易制钱四五百文，宝钞一千始犹易制钱八九百文，现亦只易制钱四五百文，商民尚不肯收买。推求其故，总缘州县征收钱漕税课或收现银，或照现在银价核收现钱，其有以官票完纳者，拒而不收，迨解司之时，除现银五成外，复以贱价收买五成官票搭解。"③

纸钞不断贬值给各级官吏及倒贩票钞，唯利是图的奸商带来了牟利的机会，但使广大持票商民及普通兵丁的利益受损，因而遭到民间的普遍抵制。咸丰四年初，宝钞刚刚发行，京城就"物价腾踊，民气愈蹙，大商小贾走相告语，谓毕生贸易，所积锱铢，异日悉成废纸。虽三令五申，告以钞票即是银钱，而阳奉阴违，群存观望"；④"市肆萧条，各铺关闭"，"虽复刑驱势迫，疑惧滋深，钞法不行"。⑤咸丰四年六月初，京师还发生了内务府镶黄旗人吉年因不满宝钞贬值，闯入紫禁城呈控管理户部的大学士、军机大臣祁寯藻的事件。这位指控祁为"军营头名大奸贼"的旗人在被捕后供称，他之所以控告，系因户部"所议行使钞票及抽取房租、铸造大钱等项都与国家无益"、"军营行钞比城内更难，致令兵民俱怨，遂心怀不平"、"八旗兵丁尽领钞票、大钱要饿死"，⑥可见强制推行纸钞对下层兵民生活的影响之大，引起的怨愤之深。

从咸丰三年推行票钞，到咸丰十年初，户部共造银票900余万两，其中已掣字银票190余万两；造宝钞2400余万串，已掣字宝钞800余万串。⑦这些票钞除在京师流通外，还有相当一部分被发行到各省。同时自咸丰四年以后，各省也大都成立官钱局发行自己的票、钞，具体数额则难于统计。"架空行用，借资周转"的票钞虽然支撑了清政府自军兴以后突然膨胀的很大一部分财政开支，但却是以通货膨胀、社会经济生活混乱和普通民众的财富被无情剥夺为代价的。到咸丰末，市面上的官票、宝钞都已贬值到近乎废

---

① 同前引咸丰四年十月二十七日给事中蒋达片。
② 咸丰六年十二月初七日御史李鹤年奏，同上书，第452页。
③ 同上书，第446～447页。
④ 咸丰四年正月二十七日通政使崇实奏，同上书，第383页。
⑤ 咸丰四年四月二十四日御史吴艾生奏，同上书，第399、402页。
⑥ 同上书，第406、407页。
⑦ 咸丰十年二月初九日惠亲王绵愉等奏，同上书，第412～413页。

纸，除了给各级官吏和不法奸商带来渔利的机会外，于国于民都无好处。咸丰十年二月初九日惠亲王绵愉等会同军机、户部奏称：

> "宝钞、官票之设，原所以筹备库储，为一时权宜之计。至于今日，法久弊生，亟应随时变通，量为补救。即如宝钞一项，以纸代钱，原冀其架空行用，借资周转，至今日钞必须有本，其民间持钞到局，并不取现钱而专取官号钱票。且甫经发钞，旋即取票，名为行钞，实则仍用钱票，徒多转折，并未流通。而官票所之造钞，每年用实银四千余两，核对处之收钞，每年领经费十万余串，所耗甚多，所盈甚少。其实市价省钞每串不过值京钱一百余文，空钞每吊不过值京钱三百文，银票每两不过值京钱四百文。总因制造、发放均无限制，以致壅滞不行。在兵民之领此钞票者，徒苦折耗，而铜局收捐，宝钞一吊即抵一吊制钱，官票一两即抵一两实银，市井奸商因此渔利，高下其手，贵贱从心。在国家以新钞票抵实银实钱为放款，即以钞票抵实银实钱为收项，丝毫无利于其间，而兵丁小民因此受累。若年复一年，制造无已，弊端百出，伊于胡底。即以伪钞而论，现在铜局所收，由核对处退换，每月不下数百千，此外未经查出，尚不知若干。"①

很显然，到了这个地步，票钞已经再难维持下去。因此，绵愉等于折中奏请停止发行官票、宝钞，已发票钞则变通出入章程：（1）兵饷改放七成实银、二成现钱、一成票钞；（2）捐铜局收捐每两搭收实银二钱；（3）钞本停用钱票，改放一成铁制钱、九成当十铜钱；（4）停止票钞掣字；（5）银库放项官票一两改放实钞一吊；（6）停止由民钱铺推行宝钞，已领钞本令缴回，民间留存宝钞限期赴捐铜局搭交捐项。② 三月，户部又奏裁宇升、宇恒、宇谦、宇泰四官钞局（另一官局宇丰号已于咸丰七年裁撤），其所发宇号宝钞（总计900余万串）以后专收不放；另从官票所旧存空钞内提出100万串，分别加盖宝钞总局、分局戳记作为"新钞"发行。咸丰十一年四月，停收宇钞；已制成的100万串新钞以80万串交存大库，仅以20万串供捐生购买向捐铜局报捐，只售不放。同治元年十一月，停止直隶、山东、四川、河南等省应征地丁、旗租及各关税课搭收钞票，改收实银；京外各项放款亦停放钞票，只按应放实银成数给发；所有已发银票，由京外捐局陆续收回（嗣直隶请地粮仍按银九票一征收，放款按银、票各半搭放，至同治五

---

① 《中国近代货币史资料》第一辑，上册，第412页。
② 同上书，第413~415页。

年停止）。同治七年三月，户部奏准停止回收银票，历年所发 978 万余两官票中未收回的 650 万余两"一概作为废纸"。[①] 各省官钱局也大都在咸丰后期关闭，仅个别钱局一直存在到清末。

中国社科院研究员   史志宏

---

① 以上参见刘岳云：《农曹案汇》。

论晚清轮船招商局的对外投资

在研究晚清中国新式工商企业时，有一个现象引人注目，这就是 19 世纪 80 年代以后出现的纺织、银行、煤矿、邮政、铁路等新式企业，绝大部分都有轮船招商局和电报局的投资在内，而这又都是盛宣怀以督办身份于 1885 年入主招商局后出现的现象。对此，当时人即有种种评论。如谢家福认为这是资本不丰的"空心大老"①盛宣怀为个人谋利的手段，徐润认为这是"心敏手辣"的盛宣怀玩弄的"无本生涯"。②经元善的看法更为典型，他认为盛宣怀是利用投资进而独揽轮船、电报、铁路、煤矿和纺织诸大政，达到"一只手捞十六颗夜明珠"③的目的。此后，在对此现象进行的研究中，从盛宣怀个人品质和野心进行分析的也为数不少。

近年来，国内学术界中有人从另一个角度，即针对招商局投资对其他洋务企业兴办的积极作用出发，对此现象给予了较为肯定的评价。④笔者认为，晚清社会是一个变动剧烈的社会，各种矛盾错综复杂。在探讨招商局对外投资这种现象出现的原因时，决不能忽略当时社会诸种因素的制约和影响。因为，招商局向其他企业大量投资，客观上虽对其他企业的创办或发展有积极作用，但这绝非是招商局向外投资的原始驱动力。在此过程中虽有盛宣怀个人的因素发挥作用，但当时各种社会因素对盛宣怀的左右和制约也应当给予相当的重视。也就是说，笔者认为，招商局向外大量投资这种现象的出现，有着更为深层和复杂的原因，实际是当时中国社会中诸种因素共同作用的结果。因而分析此现象，不仅可加深对当时中国社会诸种特点的了解，还可从这个角度观察中国早期工业化进程蹒跚迟缓的原因

---

① 见《徐愚斋自叙年谱》，台湾商务印书馆 1981 年影印版，第 70 页。

② 同上书，第 148 页。

③ 转引自夏东元：《郑观应传》，华东师范大学出版社 1985 年版，第 183 页。

④ 如张后铨主编：《招商局史·近代部分》，人民交通出版社 1988 年版。王双：《早期招商局的多元化经营战略》，载于《经济问题》杂志 1995 年 3 期。以及纪念轮船招商局成立 120 周年的论文集《招商局与中国现代化》（汤照连主编，广东人民出版社 1994 年版）中的部分论文等等。

所在。

一、招商局对外投资的状况

从表 1 中大致可观察到晚清招商局对外投资的情况。仅根据笔者收集到
的资料制作的这份统计表，可看出在 1882 到 1909 年的 28 年期间，招商局
一共进行了二十项投资，投资对象包括煤矿、纺织、铁厂、银行、铁路等领
域，涉及晚清时期几乎所有的洋务部门。二十项投资总金额 313 万银两，占
同期招商局资本总额 400 万两的 78%。从时间上看，除唐廷枢、徐润主持
招商局期间于 1882 年向煤矿进行过投资以外，所有的投资都集中在盛宣怀
1885 年督办招商局后，尤其是 1896 到 1903 年的 8 年中，除 1900 年外，每
年都有巨额的对外投资，7 年总投资项目十项，投资总金额 143 万两，平均
每年 20 多万两。无论从数额还是从投资的频率看，都十分惊人。再从招商
局投资的对象看，数额最大的是机器织布局、华盛纺织局、湖北铁厂和通商
银行等项目，但这些项目绝大多数都和招商局的业务无关。

表 1　　　　　　　　　晚清轮船招商局对外投资一览表　　　　　　　单位：两

年　代	投 资 项 目	金　额	备　注
1882 年	安徽荆门煤矿投资	60,900	
-	开平煤矿投资	210,000	
1888 年	台湾商务局投资	20,000	
1891 年	上海机器织布局投资	100,000	
1896 年	中国通商银行投资	800,000	
1897 年	上海华盛纺织局投资	320,000	此款 1893 年从仁济和保险公司账上拨付，本年从账上拨还仁济和
1898 年	湖北铁厂投资	100,000	
1899 年	萍乡煤矿投资	100,000	
1901 年	湖北铁厂投资	(174,000)	总投资数增为 274,000
	萍乡煤矿投资	(64,400)	总投资数增为 164,400
1902 年	萍矿铁厂垫款	469,000	
1903 年	萍乡煤矿投资	70,000	
	招商内河小轮公司投资	50,000	
	大德榨油公司投资	5,000	
1906 年	萍乡煤矿投资	217,000	总投资数增为 381,400

年　代	投　资　项　目	金　额	备　　注
1907 年	湖北铁厂投资	(186,000)	总投资数增为 460,000
	江苏铁路投资	23,72.5	
	浙江铁路投资	740	
	粤汉铁路投资	6,79.3	
1909 年	汉冶萍厂矿公司投资	(177,600)	由湖北铁厂、萍乡煤矿合并组成，总投资数增为 1,019,000
合　计	20 项	3,127,691.8	

　　说明：1. 本表各项目金额，均以史料记载中第一次出现的金额为准，此后变化，如史料有记载的在备注栏中说明。

　　2. "金额"栏目中带括号的数字，是根据史料记载中总投资数（史料中只有总投资数）减去前面已知的投资数后得出的当年投资数，因系笔者计算，故加括号。

　　3. 附属招商局的仁和（1876 年成立）济和（1878 年成立）保险公司，以及 1886 年合并成立的仁济和保险公司，虽全部资本存入招商局，并由招商局代理其一切业务，但与招商局究有不同，故仁济和公司对外的资金往来均不列入本表。

　　资料来源：根据《国民政府清查整理招商局委员会报告书》（不载出版年），下册载各年账略，交通史编纂委员会编：《交通史航政编》1935 年刊，第一册第 315、316 页"各项投资"，招商局档案和《邮传部第一、第二次统计表》"轮船招商局收支余利及提存各款表"（上）等资料编制。

　　显然，在分析招商局对外投资现象之前，还有必要考察一下招商局这一期间的经营状况。笔者选取了 1886 年至 1911 年招商局经营中的部分主要数据作成统计表 2，现据表 2 中列出的数据进行一下分析：从统计表的资本栏目看，1897 年招商局的资本有过一次翻番，即从 200 万两增加到 400 万两。但这里需补充说明一点，即 1885 年盛宣怀督办招商局后，一改过去公开向社会招集股本的做法，再没有对外公开招集过股本。故这次的资本翻番，是以"在公积项下提出 100 万两，自保船险公积项下提出 100 万两，共计 200 万两转入股本项下，填发股票发给各股商收执"①的方式进行的，实际是把原有的老股一分为二，资本并没有增加。

　　这期间招商局的轮船状况中，最明显的一点，是轮船的只数并无大的增长。最低的年份 23 只，最高的年份也没超过 29 只，绝大多数年份在 27～28 只上下浮动。如拿 1911 年与 1886 年相比，历经 26 年，轮船招商局的轮船数仅增加 5 只，船只总吨数也仅从 1886 年的 31,420 吨增加到 1911 年的 49,373 吨，净增仅 17,953 吨，尚不到一倍。如从最后一栏的轮船资本即船本看，情况就更可怜了，1886 年时招商局轮船 24 只价值 2,424,000 两，过

———————————

①　《国民政府清查整理招商局委员会报告书》（以下简称为报告书）下册，1897 年账略。

表2　1886—1911 年轮船招商局经营数据一览表

单位：两

年份	股本	轮船只数	轮船总吨数	水脚收入（客货运及堆入水脚）	各船费用	结余船利盈（+）亏（-）	借款合计（括号中为官款）	收支盈亏盈（+）亏（-）	资产总计	其中船本
1886	2000000	24	31420	1897454	1398899	498000	2169690(1170222)	201000	5349706	2424000
1887	2000000	25	31900	2057408	1426200	631000	1882232(1065254)	193100	5145039	2267000
1888	2000000	26	33063	2139226	1331770	807000	1418016(793715)	209500	5199361	2190000
1889	2000000	27	34090	2182445	1455994	726000	1260535(688242)	162300	5424408	2079000
1890	2000000	26	32789	1859355	1576967	282300	750559(90241)	20830	5157924	2052000
1891	2000000	28	36481	1984560	1574832	409000	685490	17300	5100406	1870000
1892	2000000	27	35318	2021665	1528577	495000	664825	47100	4954330	1880000
1893	2000000	26	35457	2161354	1357690	803000	345735	276400	5246748	1700000
1894	2000000	26	35457	1967229		538000		74900		1700000
1895	2000000	24	34531			1154800	710790	227400	6020255	1170000
1896	2000000	23	33807	2180000	1619300	560700	576127	118400	6257497	1030000
1897	4000000	26	39632	2612000	1886000	726000	932843	191600	6860001	1350000
1898	4000000	27	41171	3001000	2300400	700600	514853	190600	7588065	1470000
1899	4000000	27	41171	3117900	2356800	761100	573212	持平	8023410	1420000
1900	4000000	29	43949	2912400	2251900	660500	628188	持平	8587483	865000
1901	4000000	29	43949	2783800	2428600	355200	652133	持平	7627623	1995000

续表

年份	股本	轮船只数	轮船总吨数	水脚收入（客货运及摊入水脚）	各船费用	结余船利 盈(+)亏(-)	借款合计（括号中为官款）	收支盈亏 盈(+)亏(-)	资产总计	其中船本
1902	4000000	28	43288	2741000	2468500	282500	1000877	-13100	7008930	2035000
1903	4000000	27	42143	3168000	2724000	481000	1039617	持平	9056624	2195000
1904	4000000	27	42143	3234600	2646000	769000	745942	持平	9357798	2035000
1905	4000000	28	46357	3171000	2510000	660000	971378	持平	9473051	2195000
1906	4000000	29	48503	2817700	2614600	203100	1090536	持平	10873914	2385000
1907	4000000	29	49536	2478000	2459000	19000	1438510	持平	10052210	2750000
1908	4000000	29	49536	2715100	2460500	241500	1143894	持平	10012419	2700000
1909	4000000	29	49536	2727200	2590200	137000	1110651	持平	9598486	2610000
1910	4000000	29	49536	2280700	2304300	-23600	1241393	持平	9342529	2570000
1911	4000000	29	49373	2100000	2328000	-230000	2166364	-64300	9495167	2575000

资料来源：1.“股本”、“轮船只数”、“轮船总吨数”、“收支盈亏”栏目数字据《国营招商局七十五周年纪念刊》（民国36年版）《附录》制作。

2.“结余船利”栏目数字根据《交通史航政编》第一册第277~278页统计表制作。

3.1886至1894年的“水脚收入”、“各船费用”数字据宣怀：《愚斋存稿》，卷3，表疏3，第20~26页。1895至1911年数字据《交通史航政编》第一册第277~278页统计表制作。

4.“借款合计”栏目1893年前数字引自张国辉：《洋务运动与中国近代企业》，中国社会科学出版社1979年版，第171~172页统计表。1895年至1911年数字出自轮船招商局22~38局账略，转引自张后诠编：《招商局史·近代部分》，人民交通出版社1988年版，第235页统计表。这里的数字是其“借款”栏目的合计数。

5.“船本”栏目根据《交通史航政编》第一册第287~289页“资产负债表”中数字。“资产总计”栏目数字是同表“资产”一栏中“存款”“船本”“局产”的合计数。

了 26 年，到 1911 年时轮船只数虽增为 29 只，但价值仅增为 2,575,000 两，净增仅 151,000 两。这对于一个以轮船运输为主业的企业来说，如仅从这几项数字进行观察，恐怕只能得出这家企业是处于停滞维持状态的结论。

再从轮船招商局的收支状况看，这二十多年时间大体以 1898 年为界可分成两个阶段。其中前一阶段的收支状况要好于后一阶段，这在收支盈亏栏目中的数字上得到反映。1898 年前，招商局在扣除折旧、借款和各项开支后，尚有几万到一二十万数额不等的盈余。而 1898 年后，不仅没有盈余，反而出现两年净亏损。但总体来看，应当说招商局是有相当的利润收入的，这一点突出表现在水脚收入栏目中。从招商局的水脚收入栏目看，除个别年份外，每年的水脚收入都在 200 万两以上，有五年甚至每年都超过 300 万两。除 1910、1911 两年出现亏损外，其余年份扣除各船费用后都有巨额船利结余，大部分年份都有 50 万两以上的结余，个别年份甚至达到 100 万两以上。无疑，这是招商局得以对外连年进行大量投资的基础。但是，以 1894 年的中日甲午战争为界，招商局的支出重点前后有着明显的不同。甲午战争前招商局的重点看来是放在返还所借的债款方面，首先是返还所借官款方面，这从招商局的借款总额连续八年递减，从 1886 年总额 217 万两递减到 1893 年的 35 万两（其中所借官款 117 万余两到 1890 年已全部还完）上得到明确的证明。但这种趋势并未持续下去，随着甲午战后招商局对外连续大量投资，债务总额也随之回升，以至于 1911 年时又恢复到 217 万两的水平。但令人费解的一点在于，招商局的对外投资和债务的增长是同步的，也就是说，每当招商局对外进行一次巨额投资，其债务数额就会相应出现一次明显增加。譬如 1896 年招商局向通商银行投资 80 万两，1897 年招商局的债务总额就猛增 36 余万两，1901 年招商局向湖北铁厂和萍乡煤矿投资合计 24 万两，1902 年的债务总额同样猛增 35 万两。1906 和 1907 年的情况大体也同样。也就是说，或许招商局是宁肯借债也要对外投资，或许就是经营者别有某种意图在内，否则很难解释这种现象。

另外，从招商局的资产①总计栏目看，很明显，这 26 年中其资产总额是呈持续的上升趋势，从 1886 年的 500 多万两递增到 1911 年的 900 多万两，净增 400 多万两。但在这同样的 26 年中，如前所述，招商局的船本却只增加微不足道的 15.1 万两。如拿船本在资产总额中所占的比重来看，1886 年时船本 242.4 万两在资产 535.0 万两中所占的比例为 45.3%，到 1911 年时船本 257.5 万两在资产总额 949.5 万两中所占的比例仅为 27.1%，显现出一种惊人的缩减。也就是说，招商局资产在不断递增的同时，轮船价

① 招商局的资产包括轮船、码头、房地产、对外投资等等。

值在招商局资产总额中所占的比例却持续下降。这对于招商局这样一家以轮船运输为主业的公司来说，只能视为一种不正常的现象。如果再考虑到唐廷枢、徐润主持招商局时制定的《轮船招商局局规》第 14 条中有"本局专以轮船运漕载货取利，此外生意概不与闻，无论商总董司事人等均不准籍口营私任意侵挪"①的规定。盛宣怀 1885 年入主招商局时制定的《用人理财章程》双十条中也有"本局于轮船之外，不准分做别事"②的规定，唐、徐时除用煤的需要向煤矿投过资外，严格地执行了自己的规定，而盛宣怀时期却严重违反规定，则合理的解释只能是：要么这是盛宣怀遮人眼目的障眼法，要么就是此后的社会环境和客观条件发生了变化，使得盛宣怀改变了初衷，从而做出了对他自己和招商局有利的选择。现在我们就沿着这条思路来观察和分析导致招商局对外大量投资的种种因素。

二、盛宣怀督办招商局后对外投资的内在原因

实际上，当我们沿着这条思路进行观察时，首先就可以发现，盛宣怀督办招商局后实行的是一条与此前的经营者唐廷枢、徐润很不相同的经营路线。

1885 年前，唐廷枢、徐润对招商局的经营管理方针十分鲜明，这就是力图"纯用西法经理"③的指导思想和积极扩大规模、努力进取的经营方法。唐廷枢、徐润是当时中国最熟悉西方资本主义生产方式的人，也是力图按商办原则经营招商局的人。④在 1873 年招商局改组唐、徐入局时主持重订的"局规"和"章程"中，就显现出他们力图提高商股地位，增强商董权力，按照"西法"经营招商局的意图。因而不论局规还是章程，都十分强调"应照买卖常规办理"。他们要求清政府"清（请）免添派委员"，"清（请）免造册报销"，"并拟除去文案书写听写等名目"。⑤为防止这种力图在一定程度上摆脱官控制的行动不可避免地遭受攻击和非议，他们在章程中预先做了一番表白，强调"商人践土食毛，为国赤子，本不敢于官商二字稍存区别，惟事属商办，似宜俯照买卖常规，庶易遵守"。⑥可以说，力图摆脱官控制和按商办原则经营，是唐廷枢、徐润经营思想中明显的特点。

---

① 《交通史航政编》第一册，第 144 页。
② 《交通史航政编》第一册，第 157 页。
③ 《远东月报》1878 年 6 月，转引自上引《徐愚斋自叙年谱》第 117 页。
④ 参见陈绛：《唐廷枢与轮船招商局》，载于《近代史研究》1990 年第 2 期。
⑤ 《交通史航政编》第一册，第 185 页。
⑥ 《交通史航政编》第一册，第 145 页。

与此相应，在经营方针上，唐、徐采取的是一种积极扩大规模努力进取的策略。在他们入局时提出的"预算节略"中，反映出他们经过调查分析，认为有战胜在华外商轮船公司获取利润的把握。因此他们力主扩展业务："就大局论，亟宜多集二三百万之资，广购轮船往来各口……。"①他们按照自己的计划广招股份，扩大营业，除在上海设立总局、天津设立分局外，还在各口岸乃至国外设立分支机构。他们利用清政府有限的援助和支持，勉力支撑，积极经营，在短时期内业务和利润都有明显的增长。这从表3所列这期间招商局的各项统计数字尤其是资本数、轮船数和吨位数上可以得到有力的证明。特别是1877年，在唐廷枢、徐润努力经营积极进取的指导思想下，他们经过奋争，一举击败和收购了当时在中国领水中规模最大的外资——美商旗昌轮船公司，规模和运力都出现了一个飞跃，使招商局的船队只数、吨数一年之间猛增一倍多，从头一年的轮船11只11,854吨增加到29只30,526吨，并使在中国各通商口岸进出的轮船中外吨位对比数从1872年前的空白，一跃增为36.7比63.3。②这件事在当时引起很大反响，如《申报》发表文章称赞此举使得"从此国家涉江浮海之火船，半皆招商局旗帜"。③舆论也认为这是"千百年来创见之事"。④

表3　　　　　　　　**1873~1884年轮船招商局经营状况统计表**

年　度	资本（两）	轮船只数	轮船吨数（吨）	净收入（两）	折旧（两）	扣除折旧后的利润（两）
1873—74	6,000	1	619	81,608	—	81,608
1874~75	476,000	4	2,319	156,144	—	156,144
1875~76	602,000	6	4,088	161,384	—	161,384
1876~77	685,000	9	7,834	359,162	—	359,162
1877~78	730,200	11	11,854	442,418	—	442,418
1878~79	751,000	29	30,526	782,126	428,581	353,545
1879~80	800,600	25	26,916	673,138	404,387	268,751
1880~81	830,300	25	28,255	744,794	451,995	292,799
1881~82	1,000,000	26	27,827	604,606	256,849	347,757

---

① 《交通史航政编》第一册，第147页。
② 严中平主编：《中国近代经济史统计资料选辑》，科学出版社1955年出版，第221页。
③ 《申报》1877年3月2日。
④ 中国史学会编：《洋务运动》第6册，上海人民出版社、上海书店出版社2000年版，第14页。

续表

年　　度	资本（两）	轮船只数	轮船吨数（吨）	净收入（两）	折旧（两）	扣除折旧后的利润（两）
1882～83	1,000,000	26	29,474	464,374	156,279	308,095
1883～84	2,000,000	26	33,378	912,086	757,084	155,002

说明：此期间轮船招商局的会计年度大体为头年的 7 月至第二年的 6 月，故年度栏目的数字均为跨年度的数字。

资料来源：1. 招商局资本、轮船数、吨位数引自《国营招商局七十五周年纪念刊》的《附录》。

2. 净收入、折旧和扣除折旧后的利润三栏目引自张国辉：《洋务运动与中国近代企业》，中国社会科学出版社 1979 年版，第 178 页表。

　　但是，就在唐廷枢、徐润主持招商局逐渐走向顺境，唐、徐也准备实施更大的扩展计划时，却先后于 1884、1885 年被清政府赶离了招商局。导致唐廷枢、徐润下台的直接起因，是 1883 年上海出现的金融风潮。据说徐润因挪用招商局巨款搞地产投机失败濒临破产，李鸿章派盛宣怀到招商局查处整顿，盛宣怀以 "该局本根不固，弊窦滋生，几难收拾"①为由，具禀南北洋大臣，致使徐润在 "泰山压卵"② 之势下惨遭革职。随后唐廷枢也被排挤离局，"专主开平"。

　　唐廷枢、徐润相继被迫离局一事，固然与其自身弱点有关，但从根本上看，应该说还有更深刻的原因。唐、徐是当时中国民间经营新式工商企业的商办代表，他们的愿望和要求在许多方面与清政府格格不入，尤其是他们力图在某种程度上摆脱官府控制的做法，更是为当道所难容。即使开明如李鸿章者，在这一点上也是同样。这可从唐、徐离局四年后李鸿章在提到此事时仍面诫盛宣怀 "中西情形不同，未便悉仿西法。从前唐、徐屡言不要官问，究不可靠"③的议论中得到证明。

　　据现有资料，我们知道盛宣怀在与唐、徐共事时因人事和权力等关系有矛盾，也知道盛宣怀有取得招商局更大权力的意图，④但尚无明确表明盛宣怀对唐、徐经营招商局方针持何种态度的资料。虽然如此，根据常理推测，盛宣怀在与唐、徐共事期间的经历和唐、徐经营招商局期间的遭遇，不会不

---

① 上引《徐愚斋自序年谱》，第 78 页。

② 上引《徐愚斋自序年谱》，第 78 页。

③ 前引陈绛文第 51～52 页。

④ 参见《李文忠公全集》朋僚函稿，第 17 卷，第 32 页。夏东元著：《盛宣怀传》，四川人民出版社 1988 年版，第 35 页。

给盛宣怀留下深刻印象。特别是他们在击败和收购美商旗昌轮船公司后的遭遇，更是为他们所始料不及的。例如，山西道监察御史董隽翰在上奏中指责他们收购旗昌是"置船过多"，"闲置耗费"，要求朝廷"饬下南北洋通商大臣，于该局各商董时加察核"，使其"不得揽权喜事，徒骛虚声，致误实济"。①随后国子监祭酒王先谦的奏折中，更指责收购旗昌公司使得"各码头船只经费愈繁，息银愈增，又复大亏，势将决裂"，并认为唐廷枢、盛宣怀等收购旗昌公司是"挟诈渔利"，过去即已"囊橐病公，多历年所，现在乃复暗中勾串，任意妄为。若任其逍遥事外，是无国法也"。②

在这场风波中，盛宣怀万万没有料到，他因协助招商局借官款收购旗昌会成为最大的替罪羊：随后奉旨调查招商局的两江总督刘坤一将主要矛头指向了盛宣怀，他认为唐廷枢和徐润"为招商必不可少之人"，"功过相抵应免予议处"；而盛宣怀却"工于钻营，巧于趋避"，"此等劣员有同市侩"，因而请旨将之革职。③虽然李鸿章为之"极力剖辩"，盛宣怀依然被赶离招商局，总理衙门并奏请"不准再行干预局务"，并命李鸿章"严加考察"。④

岂料时移事易，几经寒暑，当初被赶出招商局的盛宣怀又被李鸿章派委到招商局查处整顿，并在把唐、徐排挤出招商局后成为清政府委派的"督办"，一手把持了招商局的大权。我们完全有理由相信，以盛宣怀的精明和积累的官场经验，他不会不总结当初自己被赶出招商局的经验，也不会不接受唐、徐积极扩张导致下台的教训，并进而影响到他今后督办招商局的方针。这一点，从盛宣怀任督办后一改唐、徐时期积极经营、努力扩张招商局规模，转而实行以"敛字诀"为宗旨的方针，把大量资金转投其他企业的做法上可以得到证明。

敛者，收敛也。"敛字诀"完全可以理解为收缩规模的方针。1885年盛宣怀开始督办招商局时，就是以一"敛字诀"的方针开始对招商局进行整顿和经营的。⑤在盛宣怀的这种经营方针下，直到清末，招商局再也没有对外公开招募过股份，没有开辟过海外航线，船队的只数和吨数也正如表2显示的那样处于维持和停滞的状态。盛宣怀收缩招商局规模，抽提招商局资金开办其他企业的意图，在1893年郑观应任招商局帮办，从汉口致盛宣怀的信中即有部分透露。信中说道："观应曾早与我督办谈及，承示本局宗旨：

---

① 上引《洋务运动》第6册，第19~20页。
② 《洋务运动》第6册，第39~40页。
③ 《洋务运动》第6册，第48页。
④ 《洋务运动》第6册，第62、68页。
⑤ 参见夏东元前引书《盛宣怀传》，第110页。

宜用敛字诀，拟开银行为我局将来转输地步。"①

1886 年底，盛宣怀在给李鸿章所上的禀帖中，对此思路也有部分透露。在禀帖中，他向李鸿章明确表示，要"竭我生之精力，必当助我中堂办成铁矿、银行、邮政、织布数事"，如此，"百年之后，或可以姓名附列于中堂传策之后，吾愿足矣"。②他认为，"职道每念及，督抚姓名得传后世者有几人哉？遑论其下。是故做官不及做事多矣。"③

从这些话里，我们可以看出盛宣怀有几个想法，即：其一，他认为即使官做到督抚，姓名得以流传后世者也没有几人，因而"做官不及做事"。其二，要做事，不能像唐、徐那样要求摆脱清政府，而要依靠清政府特别是李鸿章的保护扶持，要"竭我生之精力""助我中堂"，这样，才可以达到"姓名附列于中堂传策之后"的目的。其三，不能只局限于经营招商局，还要进一步办铁矿、银行、邮政、织布等事，这样才能扩大势力基础以及影响，达到"姓名得传后世"的"做事"目的。这里虽说是助李鸿章，但明眼人一眼就能看出，这是要李鸿章把经办这些企业的权力给他。稍后在他给李鸿章上的另一封禀帖中，他进一步提出了具体的行动计划和步骤。他认为，在按照他的计划进行后，1888 年左右招商局可以达到"洋债填足，招足商股，收回垫款"的目标，而在这几点做到后，"届时如果立足牢稳，即可提出保险存款及各省存款一百数十万，附以华商股份，做一小小银行"。这样，就可以达到"不必仰鼻息于户部"的目的。④但要做到这一点，前提是要把招商局办好，"将招商局翻过脸来"，不然，"暗者必谓中国独不可为，明者必谓中堂用人不当。一之为甚，其可再乎？"因此，"职道电禀枢老，谓必须将已成之船、电两事办好，方能扩充商务，以致富强，似颠扑不破"。⑤

这些话里，除了有讨好李鸿章的内容外，还可以看出，盛宣怀认为只有首先办好招商局和电报局，才可能为今后兴办其他企业奠定基础。由此也可知道盛宣怀督办招商局后头几年将重点放在返还所借债款特别是所借官款上的原因，就在于盛宣怀要把掌握在手的船、电两局的事情首先给人以办好的印象，以昭示朝廷内外，为以后兴办和投资其他企业开路。这一点，还可从 1886 年底他向醇亲王所上的禀札中得到证明。在禀札中盛宣怀说道："此后

---

① 引自夏东元编：《郑观应集》下册，上海人民出版社 1988 年版，第 818 页。
② 转引自王尔敏、吴伦霓霞合编：《盛宣怀实业函电稿》，香港中文大学 1993 年版，上册，第 46 页。
③ 上引《盛宣怀实业函电稿》上册，第 46 页。
④ 上引《盛宣怀实业函电稿》上册，第 50~51 页。
⑤ 上引《盛宣怀实业函电稿》上册，第 51 页。

上蒙国家留意扶持，下与商人谨慎筹办，三年为期，必当扩积余利，还清洋债，务使天下皆知轮船电报两局有利无弊，而后开矿、铁路、银行、邮政皆可次第兴办。"①

从以上叙述可知，盛宣怀的经历，唐廷枢、徐润经办招商局的教训，当时兴办新式工商企业的不利社会环境，以及盛宣怀想"做事"的欲望等等因素，都驱使着盛宣怀要抽提轮船招商局和电报局的资金投资其他企业。可以说，这才是盛宣怀督办招商局后抽提招商局资金向外投资的原因和内在驱动力。当然，与此同时，外在环境的变化也从另一个角度刺激和加强了招商局的对外投资活动。下面我们接着分析这个问题。

三、清政府勒索报效与招商局对外投资的关系

大量事实表明，进入八十年代以后，清政府对招商局的政策发生了引人注目的变化，即从早期的扶持转向索取。长期藉以解决资金周转困难的官款资助1884年起便已停止，历来被视为"商局命脉所系"的漕粮运输，也由于清政府将运费价格大幅度降低（如1886年由每石五钱六分降至四钱三分，②，1902年更降至三钱三分八。③）从而变成亏本的生意。据统计，1899至1911年期间，漕运积亏竟达984,800余两。④但更严重的是，这时期清政府对招商局的勒索和要求"报效"日趋严重，不仅成为招商局的沉重负担，而且成为促使招商局向外大量投资的重要因素。

我们知道，自盛宣怀上任督办招商局后，由于有唐廷枢、徐润时期奠定的基础，以及李鸿章上奏，使招商局得到四项优惠措施的帮助，⑤加上上述盛宣怀要搞好招商局以便"做事"的动机和与英商怡和、太古公司续签"齐价合同"，停止跌价竞争等因素，因而营业状况得以迅速好转。这主要表现在以下几方面：1. 自1886年开始，各年连续出现船利结余，1895年除去各项开销外，甚至净余103万余两，1896年也有60多万两。2. 洋债官债均按年拨还。到1891年年底，官债"业已还清"，1895年所借汇丰洋债也"至本年还清"。3. 股商官利每年均按一分发给，1896年在结余甚多的情况下，除官利按二分派给外，"又每股提派历届公积三十两，连官利余利共五

---

① 上引《盛宣怀实业函电稿》上册，第47页。
② 《交通史航政编》第一册，第264页。
③ 上引张后铨编：《招商局史》，第233页。
④ 《报告书》下册，1911年账略"运漕损失"。
⑤ 四项措施包括减免运漕回空船税、减免茶税、运漕水脚与沙船同等运价、缓拔官本等。《报告书》下册，第38页，1886年账略"政府之奖励"。

十两"。①仅这一次发给的股息，就占当时每股股本 200 两的 1/4。另外，局中办事人员从 1886 年起，还每年从净结余中提取一成作为奖赏分配，其数各年也有数千至一二万两之多。

显然，招商局连续出现的利润结余，必然会引起朝野各种势力尤其是清政府的觊觎。实际上，从 1890 年开始，清政府向招商局勒索报效的活动就已开始了。这年因"江浙赈捐"的原因，招商局即提供了初次报效 2 万两。②1891 年，又因"数年来局基渐固，公积增至七十余万，官款业已还清"的缘故，"由北洋大臣李奏准，在公积内提出官款免利报效银十万两，指定作为预备赈济之用"。1894 年，除因慈禧生日"报效银五万五千二百余两"外，又因"中日战争发生"、"军费浩大"之故，而由"户部向招商局息借库平银三十七万五千两，合规银四十一万一千两"。从 1896 年起，更需每年捐助学堂经费八万两。这时，因甲午战败，清政府筹措浩大的赔款正四处罗掘，曾享有清政府漕运、官款免税等特权优惠，此时又"获利颇丰"、"经济非常宽裕"③的招商局，必然成为当局猎取的对象。对此，富有官场经验的盛宣怀不可能无所察觉，也不可能不采取相应的对应措施。前面表 1 中所显示的盛宣怀从 1896 年起连续采取异乎寻常的重大对外投资举措，就应是这种对策之一。1896 年，盛宣怀提取招商局资金 80 万两投资通商银行；1897 年，在投资上海华盛纺织局 32 万两的同时，又把 200 万两的保险及公积基金填为股票发给股东，使招商局股东的股本在该年突增一倍，达到 400 万两。1898 至 1903 年，还连续向湖北铁厂、萍乡煤矿等投下多笔巨款。④应该说，这种现象的出现并非偶然，在这里，抽提招商局资金向外投资是一种架空该局，逃避官方勒索的手段；化公积为股本，转积余为私股则是隐产、逃避官方勒索的又一个手段。但无论如何都可以肯定，向外大量投资和内部扩股都与逃避清政府的勒索有关。

看来，盛宣怀的预防性措施并非多余。1899 年，清朝大员徐桐即以招商局、电报局及开平矿务局"近年获利不赀"，但"如何酌提归公"却"未经议及"，认为这是"徒有收回利权之名，并无裨于公家之实"，⑤因而上奏朝廷。随之清廷即派钦差大臣刚毅南下，"彻查"招商局和电报局，要求"除股商官利外，所有盈余之款，均着酌定成数提充公用"，但在把"历（历）年收支底册"调来"彻查"时，却"查明局中前获之盈余，皆陆续

① 《报告书》下册，第 45、46、43、47 页，1895、1896、1891、1896 年账略。
② 《报告书》下册，第 41 页，1890 年账略。
③ 《报告书》下册，第 43、45~46 页，1891、1894、1895、1896 年账略。
④ 参见表 1。
⑤ 盛宣怀：《愚斋存稿》卷三，第 5~11 页。

作为扩充之资本，并无现银可以提用"。尽管如此，刚毅仍然不顾盛宣怀提出的汉阳铁厂、萍乡煤矿、华盛纺织厂等企业都有赖于两局资助的辩解，指名要盛宣怀保证招商电报两局必须提供 10 万两的报效。在来自清政府的压力下，盛宣怀不得不答应此后招商局"除捐南北洋两公学常年经费 8 万两外，每年再报效实银 6 万两"，合计每年 14 万两，按余利 70 万两的二成计算，如"余利过 70 万两，照数加捐，如遇亏折不敷商股官利，此项报效展至下年分摊补交"。①显然，如果不把积余化为私股并抽提大量资金向外投资，使得刚毅"彻查"招商局时"并无现银可以提用"的话，则清政府这次对招商局的勒索，绝非仅仅增加 6 万两报效银就可以解决。

尽管刚毅的彻查使得招商局每年必须多付出 6 万两报效银，并把每年 14 万两的报效以制度的形式固定下来，但可以想见，清政府中对此报效数目不满并依然觊觎招商局利润的还大有人在，这从刚毅彻查之后不过几个月，"即有言官佥言轮船局及电报局之厚利，意在多得报效"上可以得到证明。虽然这次言官的弹劾被盛宣怀上奏"痛陈汉阳铁厂、萍乡煤矿未成之举，全赖轮电两局之商相舆有成，是以已定报效之外，断难再事苛求"②而暂时化解，但从这里也可以证明，盛宣怀是把抽提轮船招商局和电报局的资金向外投资，作为对付清政府勒索的手段来使用的。虽然如此，仍然难以完全拒绝清政府的勒索。例如，商部于 1903 年成立，从 1904 年开始，商部每年所需经费银总数 3 万两中的 1 万两，清政府即以"招商电报两局各认筹银五千两"的方式来解决，"札到该局，即便遵照办理"。③这笔款项，不在刚毅彻查时规定的报效额内计算，"另行支销，不在二成报效之内扣除"。④

笔者据不完全的资料制作了招商局报效清政府的资金统计表 4，即使从这显有疏漏的统计表看，从 1890 年见诸文字记载的第一笔报效起，到 1911年清朝统治结束为止，招商局对清政府就直接报效了总数高达 168.84 万余两的白银，相当于同期招商局资本总额的 42%。

表 4　　　　　　　**晚清招商局报效清政府资金统计表**　　　　　　单位：两

年　代	学　校	北洋兵轮	商　部	其　他	备　注
1890				20,000	江浙赈捐
1891				100,000	预备救灾捐款

① 盛宣怀：《愚斋存稿》卷三，第 5～11 页。
② 《报告书》下册，第 51 页，1900 年账略"言官弹劾"。
③ 招商局档，468（2）/197"奉饬认解商部经费"。
④ 《报告书》下册，第 57 页，1904 年账略。

续表

年　代	学　校	北洋兵轮	商　部	其　他	备　注
1894				55,200	慈禧生日捐款
1896	80,000				
1897	80,000				
1898	80,000				
1899	80,000	60,000			
1900	80,000	60,000		10,000	见说明1
1901	80,000	60,000			
1902	80,000	60,000		54,800	见说明2
1903	20,000	60,000			
1904	20,000	60,000	5,000	25,000	见说明3
1905	20,000	60,000	5,500		
1906	20,000	60,000	5,500	20,000	见说明4
1907	20,000	60,000	5,500		
1908	20,000	60,000	5,500		
1909	20,000	60,000	5,400		
1911				11,000	见说明5
合　计	700,000	660,000	32,400	296,000	
总　计	1,688,400				

说明：1. 本年八国联军进犯，慈禧逃往陕西，招商局除进呈贡物外，另奉命在备记项下拨银1万两以为报效。见招商局档468（2）/181。

2. 1902年招商局认购摊派的昭信股票54,800两，第二年即因"谕旨昭信一概停止"，而"移作报效"。见招商局档468（2）/171。

3. 本年"其他"栏目中的25,000两为照新章报效后的剩余，仍然"扫数呈解"。见《报告书》1904年账略。

4. 本年"其他"栏目中的20,000两为奉命加拨报效上海实业学堂的经费。见招商局档468（2）/212。

5. 包括官运兵运均未能收的经费，等于报效。见《报告书》下册1911年账略。

资料来源：据《报告书》下册第17～38页账略，盛宣怀：《愚斋存稿》卷三奏疏三和《交通史航政编》第一册第274～276页"报效"栏目及招商局档案编制。

除了这种明文规定的直接报效外，还有一种没有报效之名，亦需由招商局付出的项目，笔者将之称为变相报效。限于篇幅，这里不再叙述。[①]问题在于，清政府为何要对新式工商企业不断勒索和要求报效？

---

① 参见拙著：《国家干预经济与中日近代化》，东方出版社1994年版，第134～138页。

　　无疑，晚清政府财政紧张尤其是甲午战败后为筹措巨额战争赔款而四处罗掘是一个重要因素，但应该说还有一个绝不能忽视的根本因素，这就是清政府中普遍存在着一种对企业利润与国家富强关系的错误理解。认为国家应分享工商企业的利润，"酌提归公"报效政府是一种正当和正常的要求，这种看法是当时存在于朝野的一种普遍看法。这种看法追溯起来源远流长，与中国历史上传统的"抑商"和"专买专卖"的制度有一定的关系。在晚清新式工商企业兴起之前，中国社会中享有某些特权的商人如盐商、皇商、官商和行商中，提供"报效"以换取特权的情况可说是司空见惯和习以为常，而且报效的数额巨大。如据何炳棣教授的研究，两淮盐商在 1738 至 1804 年不到 70 年的时间里报效数额达 3,637 万余两之巨。①据陈国栋先生对广东十三行商人的研究，在 1773 至 1835 年的 62 年里，行商报效清政府的数额是508．5 万两等。②又据台湾学者何汉威对晚清广东赌商的研究证明，报效制度同样存在于地方政府和地方商人之间。③

　　晚清新式工商企业兴起之后，虽与过去的盐商、皇商、行商等旧式商业组织有所不同，但在得到政府的特许和享有某些特权及优惠方面却有共同之处。也正因如此，清政府中有人要求新式企业提供报效也就是顺理成章和不奇怪的了。这一点，1881 年两江总督刘坤一在奏折中对招商局所获利润的看法就很有代表性。他认为，（招商局）"每年盈余所入，官商照章均分，于军国之需，不无小补"。他对新式工商企业兴办与国家富强间关系的看法是："泰西各国以商而臻富强，若贸迁所获，无舆公家，自别有剥取之法，否则富强何自而来？"④他把国家与企业的关系比喻成父母与孩子的关系，认为父母帮助孩子赚了钱，孩子回报父母是理所当然："在朝廷以父母之心为心，以我自有之利为外人所得，遏若为子弟所得，是以提之挈之，不遗余力，顾为子弟者，以父母之力而有是利，独不稍为父母计乎！"他认为，在政府"以官力扶商"之后，为商的也应该"以商力助官"。⑤

　　刘坤一的这些话，相当典型地反映了清朝政府对新式工商企业和对其所获利润的看法。这种看法并非刘坤一独有，而是一种普遍存在和顽固的认

---

　　①　Ping-ti Ho，（何炳棣）："The Salt Merchants of Yang-chou：A Study of Commercial Capitalism in Eighteenth Century China"，Harvard Journal of Asiatic Studies，17（1954），第 154 页。

　　②　Kuo-tung Anthony Chen（陈国栋）："The Insolvency of the Chinese Hong Merchants，1760-1843"，（Monograph Series，No.45，Nankang：The Institute of Economics，Academia Sinica，1990），第 93页。

　　③　参见何汉威：《清末广东的赌商》，载于台湾中央研究院历史语言研究所集刊，第 67 卷，1996 年。

　　④　刘坤一：《刘忠诚公遗集·奏稿》第 17 卷，第 4 页。台北，文海出版社影印版。

　　⑤　同上书，第 50～51 页。

识。这从时过近 20 年，前引清朝大员徐桐在要求对招商局、电报局、开平矿务局进行"彻查"，要求对其所获利润"酌提归公"时的议论，与刘坤一的看法如出一辙上得到证明。仅从此例，也可看出这种认识在清朝政府中存在之普遍和力量之大。正因如此，当时凡是经营稍有成效的新式企业无不成为清政府勒索的对象。如漠河金矿在 1889～1900 年的 11 年里共报效清政府军饷 114 万余两。电报局 1884～1902 年报效清政府的数量，按低限算也有 124 万墨西哥银圆。而汉冶萍煤铁厂矿公司从 1897 年转为商办后，到 1911年为止报效数更达 800 余万两。[①]在这种环境下，新式工商企业的经营者如盛宣怀等既无力与清政府的要求和勒索直接对抗，转而寻求其他手段如抽提资金投资，如转公积金为私股等等作为对抗的办法也就是合乎情理和不奇怪的了。

四、小　结

从以上的分析可以看出，晚清轮船招商局的对外投资，是种种因素综合作用形成的结果。这里既有盛宣怀想办大事的个人因素，也有逃避官方勒索，对抗清政府报效的因素，当然也不排除投资到一定阶段，因连锁反应客观上产生的对进一步投资的需求。

平心而论，招商局的对外投资，对于其所投的对象企业来说，无疑会产生积极的作用，尤其是在兴办新式企业缺乏资金的近代，这种作用更是必然。但从上述分析中可以看到，招商局的对外投资，主观上与盛宣怀的私欲分不开，客观上更与逃避官方勒索有关，因而其在决定对外投资和选择投资对象时，必然与正常条件下投资追求结构最优化和利润最大化的目标有着相当的距离，甚至会为达到上述目的而不惜牺牲某个企业的发展或损害某个企业的利益。例如，1902 年的账略中对招商局资金困难的情况就有"因现银竭蹶，一时不复（复）能添置新船"，1903 年有"现银之窘，几如悬磬"[②]的描述，但就在这两年，招商局依然向外投资四个项目，数额几达 60 余万两之巨。[③]

可以说，招商局的投资是在牺牲了自身某种程度发展的前提下进行的。

---

① 漠河金矿的数字见何汉威：《清季的漠河金矿》，载于《香港中文大学中国文化研究所学报》第八卷，第一期。电报局的数字见 Albert Feuerwerker 著，虞和平译：《中国早期工业化》，中国社会科学出版社 2002 年版，第 263 页。汉冶萍的数字转见汪熙：《论晚清的官督商办》，载于《历史学》杂志 1979 年第 1 期，第 101 页。

② 《报告书》下册 1902、1903 年账略。

③ 见前述表 1。

而获得招商局投资同时又受盛宣怀控制的其他企业，彼此之间大体也都如此。显现出一种你中有我，我中有你的局面。这种现象正如盛宣怀自己所说："敝处素有富名，而实皆辗转抵押，以一钱化三钱，流通布子，所以成就较大公司者在此。"①

　　1895 年后李鸿章在清政府中逐渐失势，从 1896 年起，如前所述，招商局的对外投资无论在数额和频率上都表现出一种异乎寻常的增涨趋势，这种现象是否是李鸿章失势后盛宣怀急于巩固和扩大自己在清政府中地位的反映，目前限于资料，还不能得到明确的回答，但上述种种情况从根本上反映出来的最明显的一点，是当时中国还远未形成新式工商企业发展的良性环境和机制，因而在这种状况下，不仅招商局自身，其投资的其他企业也同样处于一种不正常和负债经营的状态中，其结果，是所有的企业都不可能得到正常和顺利的发展。这一点，也已被此后的历史事实所证明。

　　但更严重的是，要求新式工商企业向清政府报效的认识在晚清社会尤其是清政府中普遍和顽固存在的事实，除了会对商人和其他人投资兴办新式企业的积极性造成打击以外，还让我们更深刻地认识到近代中国社会中新式工商企业成长发展的艰难和障碍，因为当这种传统力量还依然强大，并在统治阶层中占据优势地位的时候，必然会给新式工商企业造成畸形的生存环境和空间，从而延缓中国早期工业化的发展速度。招商局的对外投资现象，在某种意义上正好证明了这一点。

复旦大学历史系　朱荫贵

---

① 《盛宣怀档·盛宣怀致孙宝琦函》1912 年 7 月 1 日。转引自上引汪熙文。

民国时期的定货契约习惯及违约纠纷的裁处

内容摘要： 本文通过对民国时期定货契约习惯及违约纠纷裁处的考察，揭示商事习惯在维系交易秩序中的作用。本文认为尽管其时国家制定了独立的商法，商事习惯仍在维系交易秩序中发挥至关重要的作用。商事习惯通过不同形式的社会力量约束商行为，而不同形式的社会力量则构成对交易行为的多层管理体系。这是保证民国时期商务正常开展、商业渠道畅通的重要因素之一。

关键词： 民国时期 定货契约习惯 违约纠纷裁处

定货契约习惯是商人①在商务实践中多次重复、最终被群体所认可的行为方式。它不是某个商人个体的有目的的、理性的创造，而是在商人群体种种无意识的尝试中逐渐形成的。习惯一经形成，便显示了它的两面性：一方面，它令商人间的相互沟通更加便捷，节省了交易费用，有利于商事活动的顺利开展；另一方面，它作为商人集体意志的体现，是调节商事关系的规则，从而约束每个商人个体的行为。近些年来，新制度经济学的兴起与传播，促使学界越来越关注非经济因素在经济发展中的作用，习俗或习惯对经济行为的影响也受到应有的重视。笔者最近接触了一些有关民国商事习惯的调查资料，有些感想，故不揣浅陋，撰成此文，以就教于方家。

一、民国时期的定货契约习惯

定货是常见的买卖行为，而买卖实际是一种契约关系，即："称买卖

---

① 本文所言商人，并非经济学所指以营利为目的、直接媒介财货交易之人，而是法学意义上的商人。按民国时期颁布的《商人通例》，凡买卖业、赁贷业、制造业或加工业、供给电气煤气和自来水业、出版业、印刷业、银行业兑换金钱业或贷金业、担承信托业、作业或劳务承揽业、设场屋以集客之业、堆栈业、保险业、运送业、承揽运送业、牙行业、居间业、代理业均为商业，其主体则为商人。

者，谓当事人约定一方移转财产权与他方，他方支付价金之契约。当事人就标的物及其价金互相同意时，买卖契约即为成立。"① 与现货交易相比，定货交易有明显的预期交易特征，即承诺交易与完成交易之间有一个或长或短的过渡期。换言之，定货是对预期交易的承诺，承诺交易与完成交易之间存在的某些不确定性，增大了交易的风险。因此，控制风险并在交易双方之间分配承担风险责任，就成为保证定货交易顺利进行首要解决的问题。订立契约习惯正适应了这一需要。

我国买卖习惯一直有口头协议与书面契约两种方式。书面契约习惯至迟在汉代就已形成。据现存出土文献，西汉时人们已习惯用文字记载当事人的意思表示——书写契约，契约上除载明日期、当事人、标的物、价金等主要内容外，还有见证人的署名。② 这一习惯为后世所承继，见于预买与赊销等商业行为中。

民国时期，现货买卖（非不动产）一般多用口头协议；定货，若非相熟，不确认对方资信，则须订立书面契约。如上海糖业贸易习惯"除现货往来间用口头契约，凡抛盘期货，均用公所规定之成票方式。双方盖戳，互换各执。"③ 上海棉花交易"凡系期货，必订合同，以资信守；如系现货，一方交银，一方交货，只凭栈单，不订合同。"④ "靛青买卖，对于素熟之客家，及有信用之客人，均凭口头说合，一言为定；否则亦有订立契约，作为凭证者"。⑤

定货契约称"定货成单"，也叫"成单"或"定单"；或依地方习惯称"卖条"、"交单"、"信单"等。民国时期，全国各地风情不同，契约习惯也存有差异。譬如：陕西省长安、凤翔等县的习惯："甲欲买某种货物，与乙商议定数量若干、价值若干，书立契约，预交定钱，限期交货"。而在察哈尔陶林县，无论定购或现购成趸货物（如胡麻、菜籽等油类），只需由"卖主开具卖条一纸，其卖条上书某商号定买某物若干，右旁批每斗价银若干，并无期限之限制，更无定银之交付，契约即为完成。""至给付时，卖出人又必开具取条一纸，给与买受人持执，而买受人收受货物，并不出具收条，其取条上书某商号取某货若干。买卖即为完成。"山东掖县凡"订购各

---

① 《民法·债编·买卖通则》第 345 条，引自梅仲协、罗渊祥编：《六法解释判例汇编》，上海昌明书屋 1947 年印行，第 181 页。

② 叶孝信主编：《中国法制史》，复旦大学出版社 2002 年版，第 111 页。

③ 吴桂辰等编：《中国商业习惯大全·买卖契约》，世界书局 1923 年版。本文未注明出处者，均见该书。

④ 严谔声编：《上海商事惯例》，新声通讯社出版部 1947 年，第 61 页。

⑤ 严谔声编：《上海商事惯例》，新声通讯社出版部 1947 年，第 60 页。

种货物，皆须立有订单，方能发生效力。届期背约，按照订单内交货时价值赔偿。"湖北宜昌"预约买货，习惯先立定单为凭。"湖南临澧"商家买卖货物，必先议定价额，由经纪人约凭双方书立交单，载明某货若干，价目若干，加盖商号戳记，无论货与款交过与否，该买卖即视为成立。"福建平潭牙行"向船商买卖货物，一经议定，必立信单二纸，互相签字盖印，各执为据。单内登载某年月日，议买某货若干，价值若干。"

汉口是国内几大商埠之一，商贾辐辏，贸易兴隆，流行定单买卖与登账买卖两种方式："各商人向为定期买卖时，有书立单据者，称定（单）买卖；有仅由出卖人之一方，将所定商货之类及数量登载自己账簿之上者，（称登账买卖）。此种买卖，书立定单或仅登账簿，一任双方之自由。"但相比之下，登账买卖最为普遍。"登账"无一定之规，无可稽考。定单则有议定规章。汉口《纱业公会公议定货规条》规定：定货凭单以双方盖印为据；定货每件以定银五两为保证金；银期面议，以注明单内为凭；每件照例另加栈力银一钱；等等。

从以上各地契约习惯中不难发现：第一，各地立约习惯不同。在有的地区，交付定银是立约的附带条件，如陕西长安、凤翔，湖北汉口纱业；有的地区，有否交付定银与立约无涉，如察西陶林。据笔者所见资料，交付定银是定货交易中较常见的现象。定银在这里不是被当作价金的一部分，先期垫付，而是如汉口纱业公会公议订货规条所言，充作保证金。契约当事人预先支付一定数额的款项作为债权的担保，为的是确保契约的履行。即"买主已交定银与卖主，于履行契约之先期，不得抛弃定银而主张解约；卖主亦不得返还定银取销（消）买卖。"

第二，各地契约内容有差别。上述各地契约的主要内容不一，涉及立约日期、当事人、标的物、货物数量质量、价金、交货日期等等，但似乎均不注明偶然性风险的承担责任及违约赔偿责任。更简单者，如陶林"卖条"、汉口的"登账"连交货日期也未注明。这些内容的缺欠，显然不是由于当事人的考虑不周，而是源于各地固有的习俗。比如，察哈尔陶林"卖条""条面虽无限期，一般习惯于旧历年关以前，任卖主自由交付"。而湖北通行"限期交货，大都一月内外"。（有关因立约到交货期间物价涨落引起的交易风险及违约的处理习惯，将在后面叙述）当然，契约条款的缺欠，容易引发商事纠纷。因此，成书于民国12年的《中国商业习惯大全》的作者建议"凡定货者，应注意下列条件：（一）定货双方立约或凭居间人立约；（二）交货之日期；（三）悔约之惩处；（四）逾期交货之惩罚；（五）其他必要之事件"。

第三，偶然性风险责任习惯不同。如何在交易双方之间分配因立约到交货期间物价涨落引起的交易风险，各地有不同的习惯。陕西长安、凤翔等地习惯：若立约后契约所指货物价格涨落，甲方或乙方因利益受损提出解除契约，必经由立约证人"酌量情形设法调停双方愿意，始能了结。"汉口商人通例则是"自协议付银及交货期间后，届时无论货价高涨或低落，双方均应履行。倘货价高涨，在承卖之甲商人催令收银付货，乙商人不能拒绝；或价银低落，乙商人催令付银，甲商人亦须履行，殆成汉商通例。惟有时货价高涨，在承卖之一方，因订卖人货物缺乏，要求免交，即以交货时之价格与约定时价格比较，而将其余额交付与承买人，买卖从此终了；或货价低落，承买者一方，恐货难转售，亦得要求免受，而以前法比较，将差数交付定卖人，买卖亦从此终了。"湖南临澧习惯于只要立单，买卖关系即为成立，即日后价有涨落，"买卖双方均以交单为据"。福建平潭的习惯也是：立约后，即便物价"突有起落"，买卖双方"彼此不得翻悔"。由此看来，各地对物价涨落引起的风险大致有三种分配习惯：1）无论货价涨落，均按约定价金履约。如湖南临澧、福建平潭即是。此法看似不合理，却含有均分风险的意味。因为市场风云变幻，货价涨落不居，在自由竞争的条件下，任何商家都无法使自己在货价涨落的风险中永远是赢家，有得有失才是常见的现象。所谓"均分风险"正是在得与失中实现的。2）解除契约。如陕西长安、凤翔即是。若买卖中的一方因利益受损提出解约，要由证人调停，或是说，由证人寻求一个契约双方都能接受的承担风险的方案，作为解约的条件。由于史料阙如，我们无法确知方案的具体内容。可以确知的仅是此法会增加买卖双方的交易费用；而且，假设交易者是理性交易者，那么只有在增加的交易费用少于因货价涨落造成的损失（包括违约赔偿）时，商家才会采用此法。3）汉口似乎是上述两种习惯并行，但与习惯2）不同，若要解约，无需证人调停，只要提出解除契约的一方向契约的另一方做出赔偿，就可撤销原约。这看上去有些矛盾，实则第一种习惯强调风险承担责任，第二种转而变为违约赔偿责任。"此种商行为……为双方通融办法"。

第四，违约责任习惯不同。当契约的一方没有按约定履行契约时，契约被破坏或违反，利益受损的一方有权要求违约方承担违约责任。首先，买卖契约发生效力期间，卖方负有按约定时间向买方交付契约所指货物，并使买主取得该物所有权的义务。卖方的违约有两种情况：未能如期交货；货物质量与约定不同。按各地习惯，若卖方违约，买方或可要求退换货物，或可要求违约赔偿。陕西长安、凤翔"会交货物或量数不足，或质不佳，买主可径向卖主退还"。山东掖县对背约者的处罚是"按照订单内交货时价值赔偿"。山东临朐习惯与此相同。汉口商人"在承卖之一方因订买人货物缺乏，要求免交，即以交货时之价格与约定时价格比较，而将其余额交付与承买人"。其次，买方对卖方有交付约定价金及受领约定货物的义务。买方的违约主要是不能如约交付价金。在陕西长安等地，若"买主无力交银，可凭中正撤销原约，听卖主将货另行卖出"。而在汉口，若承买人背约，要将约定货物的交货时价格与约定价格间的差额交付给承卖人，作为赔偿。

上述契约习惯是华商间交易的定货习惯，华商向洋商定购洋货，在上海，则依从国际商事惯例。1931 年，上海市商会答复上海特区地方法院关于订货习惯的调查时说："照普通习惯，定货出货，皆按成单之规定办理。而各行成单，大致亦皆以英商公会备案之标准成单为根据。"[1]

上海市商会视为根据的英商公会标准成单——"华商订购棉绒布合同条款"，计有绪言、付银、争论、关税、保火险、货物存栈、提货、货物遗失或缺少、装运—议罚—取消—人力难施各办法等 9 项条款，主要内容为：1）当事人名称；2）交付价金时间；3）双方若对合同所定之货发生争议的解决办法；4）合同有效期内，关税税银的增减由买主承认；5）保火险由买主支付；6）栈租由买主交付；7）买主未在限期内提清所定之货，应按未提之货至少 1/10 的货价算给卖主，并承认于提货时照付因展限增出之栈租、保险及卖主亏耗之利息等费用；若限期展至二月后，买主仍未提货，此项未提之货，听由卖主自由处置，如有盈亏，仍同买主清算；8）合同所指之货，全部或一部分遇有人力难施保护，以至毁坏者，卖主不负责任；9）合同所指之货，未在指定起运限期内装船，准展限 10 日。如展限期满，仍未装船，买主可决定再行展限或取消合同，并在接到此消息 3 天内通知卖主；10）合同所指之货，如在指定起运限期满后一个月起运，买主有权从指运限期满后第 10 日或取消订货，或承认再行展期，不得要求减价或赔偿；如遇指定起运限期一个月不到二个月起运，货价（按合同内货价并水脚等费总数计算）减 2.5%，过限二个月不到三个月起运者，货价减 3.5%，过限三个月起运者，货价减 7.5%；但上述所指限期每期按宽放 10 天计算；11）因自然灾害、罢工停工等意外事件迟延按期未到之货，延迟超过一个月买主有权取消订货或收受货物，但不得要求减价；等等[2]。另外，按照华洋交易习惯，"号家向洋行定货以金磅作价者，金磅涨落归号家负责，如以银作价者，金磅涨跌，与号家无涉。"[3] 因成单"系置（买）主以银两交付货价"，单内特别注明"汇兑行情涨落，概与买主无干"。

显然，这份成单详细注明华商（买主）与洋商（卖主）应尽的义务与

---

① 严谔声编：《上海商事惯例》，新声通讯出版部 1947 年印行，第 14 页。

② 同上书，第 14～20 页。

③ 同上书，第 8 页。

责任。与国内华商定货契约习惯不同，偶然性风险及违约责任被明确写入契约，而且，有关条款正是契约阐述最为详尽的部分。诚然，它是成单的范本，但更为重要的，它是定货契约双方对预期贸易的承诺，"定货出货，皆按成单之规定办理"。一旦发生因供货或提货延迟、限期内未付货款或付款方式与契约不符引起的违约纠纷，违约方要按照契约中的约定赔偿另一方的损失。

该成单未提及定货与货样不符的责任问题，但有双方发生争议的条款，写明：若双方就所定之货发生争议，"自当央人调处，亦须按照本埠市场上英商公会承认之惯例办理。在调处之先，两方面应将争论之理由，缮具节略，送交调处人，以凭评论；并应预先声明，一经调处评定，均愿遵守。调处人收到两方节略，察酌情形，孰是孰非，缮具评定书，连同作证货样，封送英商公会宣布"。不难想象，由于定货与货样不符的情况比较复杂，不好预先设定损失赔偿，因而不写入成单。据上海总商会的调查"号家向洋行购定洋布匹头，先有货样为标准，如来货与定货不符"，卖方负违约责任，"小错则割价，大错则退货"，"但须请公证人解决之"。① 由此看来，若定货与货样不符，买卖双方须请公证人调处；同时，预先声明愿意遵守调处意见；公证人视具体情况作出"评定"，交由英商公会宣布，买卖双方执行。

华商向洋商定货如上所言，洋商向华商定购土货又是怎样呢？1914 年 6 月，直隶高等审判厅因"本庭受理华洋诉讼案件纷至沓来"，函请天津商会调查华洋交易习惯，"以资参政"。商会旋委托会员、德义洋行的张月丹调查，张复函说："查各洋行买货，凡立票批定货物，先交定洋，既系洋人转售与外国，如到期无货可交或迟误期限，索要罚款或赔偿市价，皆取决于外国买主，罚数之多寡必须由外国公证人议定，签有凭单为据，此乃洋商向来情形也。"② 可见，洋商向华商定货依华商书写契约习惯，即不将违约责任写进契约——"批票"，俟违约行为发生，再由外国公证人调处。正因违约赔偿没有被写入契约，外国公证人的调处又不能平息所有的纠纷，法庭收到的华洋诉讼案件才会"纷至沓来"。这无疑会延误交易时日，增加交易费用。为此，张月丹建议商会"转呈高等厅，函请各领事馆转知各洋行，俟后皮货先交定银，如到期无货可交，应如何包赔罚款，详细逐条注明批票，设或诉讼，不难直解。"③ 由此可见，洋商在与华商的土货交易中依照中国的契约习惯。

---

① 严谔声编：《上海商事惯例》，新声通讯出版部 1947 年印行，第 8 页。
② 天津市档案馆等编：《天津商会档案汇编》（1912～1928）2，第 1983 页。
③ 同上。

综上所述，民国时期定货契约的缔结大多秉承中国的习惯（华商向洋商订购洋货除外）。与西方的习惯不同，中国习惯多不将违约责任记入合同，西方（见定购洋货）则将违约条款作为合同的重要内容。由于这一差别，西方契约习惯下，契约当事人一方违约，可依契约条款本身对违约行为作出处理（定货与货样不符除外），无须找第三方调停；而在中国契约习惯下，契约当事人一方违约，双方为此发生争议，则须找第三方调处。

中国的契约习惯如何形成，尚待进一步研究。从现有的研究看，它与中国传统社会文化难脱干系。在中国传统社会"重义轻利"的道德规范下，社会对个人追求"利"的行为不持赞赏态度，契约当事人双方在处理对方违约时的"讨价还价"，便须由第三方来平衡。顺便说一句，在我国古代文献中，有"乡老"在基层"市"交易双方间言定物价的记载。因此，不难理解，当违约行为发生时，解除契约或赔偿损失常常由契约当事人双方商请中人或公证人，即由第三方（调停方）视具体情况裁定。当然，一旦违约，违约方所承受的不仅是经济上的赔偿，还有来自社会关系方面（如舆论、资信、人际交往等等）的压力，后者将对违约方日后的经营产生影响。也许，在传统的中国社会，国人更重视社会关系对违约方的软约束。不过，仅从传统文化的特质来探讨这一问题显然是不够的。毋庸讳言，"商"是以赢利为目的的经营，买卖契约习惯正是确保商人整体利益的交易秩序的一部分。从经营的角度考虑，将违约责任写入契约，契约当事人双方就会在设定违约责任时"讨价还价"，从而增加交易成本。因此，如契约当事人双方自觉信守承诺，不将违约责任写入契约，免去了双方的"讨价还价"，其实是节约了交易成本；相反，若契约当事人一方违约，找第三方调停，则定然会增加交易费用。目前我们无从测算因找第三方调停增加的交易费用与"讨价还价"增加的交易成本之间究竟有多大的差额，进而确切说明它与文化背景、社会关系是怎样地相互作用着左右商人群体的选择。但假如信守契约的商家多于违约的商家，或者从整体上看，守约行为多于违约行为，商人群体就有可能选择不将违约责任写入契约，在一个重视人际关系的社会更是如此。

二、违约纠纷中的裁处

买卖契约是买卖双方的一种合意，在双方自愿的基础上产生。但契约一旦缔结，就对缔结契约的当事人产生约束力。这是因为买卖契约习惯既被某个群体认同，就成为一种社会力量，无论当事人主观意愿如何，它对每个个体都具有教化与约束作用。如上所述，民国时期各地定货契约习惯不将违约责任写入契约，这样，违约后双方的争议就须找第三方裁定。那么，在中国的契约习惯下，违约纠纷如何裁定？

民国时期，若买卖双方对履约中的问题发生争议，经双方协商，仍无法达成一致，或酿成商事纠纷时，调停、解决纠纷的办法有三：1. 由中人或证人，或与双方无经济利害关系的第三者出面调停；2. 提请商人自治组织做商事仲裁；3. 诉请司法机关做商事裁决。

（一）由中人或证人，或与双方无经济利害关系的第三者出面调停商事纠纷，是行之已久的商事习惯。前引陕西长安、凤翔等地，遇货价涨落，买卖中的一方试图解除契约，即由证人出面调停。按照一般程序，在调停之前，有争议的双方"应将争论之理由，缮具节略，送交调处人，以凭评论；并应预先声明，一经调处评定，均愿遵守"，① 一旦调停人察酌情形，作出公断，原有争议的双方就必须信守"均愿遵守"的承诺，接受调停。需要强调的是，"预先声明，一经调处评定，均愿遵守"是买卖双方执行调停决定的先决条件，调停能否生效，取决于买卖双方有否预先声明"均愿遵守"调处决定。譬如，上海某华商向外国进口行家定购匹头，双方因货物品质与定单不符发生争议，自愿请公证人调停。当时，上海商界对定货与货样不符的处理习惯是："小错则割价，大错则退货"②。公证人按"割价"（一九扣）公断，断卖方降低价金，买方须按原定价格的一九扣买入货物。买主以"品质上既有百分之十之差异，依据通例，不得强迫……出货"为由，要求退货；而卖方声称并无买方说的"通例"，坚持要买方提货。买方对此不服，便上诉地方法院，并请律师为自己辩护。律师接受委托后，就有无委托人所言商事通例向商会咨询，商会答复说："此案即由公证人决定，在价格上，定货人可得一九扣，是定货与货样不符，已证明属实，在理自不能强迫定货人出货，否则又何贵有此货样？但如双方同意交付公断时，已立有愿意服从公断之书面声明书，则一经公断，自然按照决定履行，否则该进口行家，亦不能强迫该定货人以服从公断也。"③ 言下之意，定货与货样不符，是卖方违约，断无强迫买方提货的道理；但若买卖双方在调停前已有书面声明表示愿意服从调停，就必须履行自己的承诺，执行调停决定。显而易见，尽管是否选择由第三者调停双方争议取决于买卖双方的意愿，但一经选用此法，无论调停对自己是否有利，争议双方都须遵行。这里，调停人的调停不单纯是个人行为，甚至不再是个人行为，而被赋予了社会性，他是"习惯"

---

① 严谔声编：《上海商事惯例》，新声通讯出版部 1947 年印行，第 15 页。
② 同上书，第 8 页。
③ 同上书，第 9 页。

的人格化，代表社会力量约束买卖双方的行为，维护交易秩序。

（二）提请商人自治组织做商事仲裁。近代中国商会是商人的自治组织，它自诞生之日起，就将商事仲裁作为自己的职能之一。20 世纪初，商部奏准颁行的《商会简明章程》第十五款规定：凡华商遇有纠葛，"可赴商会告之，总理定期邀集各董秉公理论，从众公断。如两造尚不折服，准其具秉地方官核办。"① 据此，各地商会在成立章程中都将商事仲裁与调查商业、联络同业、启发商智、兴办商学等同列为商会的立会宗旨，并选举资深、公证、素洽商情的会员担任评议员，调处商事争议。注重"理案"的苏州商务总会还撰拟理案章程，对商事仲裁作了专门的规定。成都商务总会则率先成立了商事公断处。②

民国初年，民国政府又颁布了《商事公断处章程》，对商事公断处的主旨、组织、职员之选任及任期、公断处之权限、公断程序、职员之裁制等事项作了详细规定。《章程》明确指出商事公断处附设于各商会，对于商人间商事争议立于仲裁地位，"以息讼和解为主旨"。公断处设公断处长、评议员、调查员、书记员，受理两类讼案："于未起诉先由两造商人同意自行申请者"，及"于起诉后由法院委托调处者"。其商事公断程序为：公断处接到争议双方的"申请书"，于 5 日内通知双方到场听候仲裁。"公断之判决"由评议员（一般为 3 人或 5 人）投票决定，多数票赞同即算通过，但必须征得争议双方同意，方能发生效力。若双方不愿遵守公断判决，仍可向法庭起诉；如双方对公断均无异议，应强制执行，然须函请法院宣告。《章程》还对公断处受理讼案收取费用作了规定，仲裁费或由理屈者付，或由双方分担，限收费不得超过双方所争物价额的 2%③。民国三年，政府又颁布了《商事公断处办事细则》，规定"公断处评议事件得依据各该地方商习惯及条理行之，但不得与现行各法令中之强制规定相抵触"。④

《商事公断处章程》出台后，各地商会纷纷筹备设立商事公断处，强化商会的商事仲裁职能。即使有的商会因种种原因未设商事公断处，依然对调解商事纠纷发挥了作用。

违约纠纷在商会仲裁的商事纠纷中占有一定比例，包括因延期交货、定货与货样不符、违约起货、提货后不交银等等引起的纠纷，都可申请商会仲裁。比如民国 4 年 10 月，天津鲜货商裕顺合向昌平县峰山村韩风等人订购

---

① 天津市档案馆等编：《天津商会档案汇编》（1903 ~ 1911），上册，天津人民出版社，第 25 页。

② 见任云兰："论近代商会的商事仲裁功能"，《中国经济史研究》1995 年第 4 期。

③ 《商事公断处章程》，郑希陶译纂：《中国商业法令》，上海，1926 年，第 76 ~ 79 页。

④ 同上书，第 71 页。

大枣 10 石，定价 2.8 元，中枣 10 石，定价 2.4 元，并按每石 1 元交付了定金，言明寒露、霜降后过斗付价。谁知届时行市稍涨，货主竟将高枣偷偷卖给他人，只以次枣五六石搪塞裕顺合，裕顺合董事褚聘三遂向天津商会提出诉呈，"请转函昌平县处理"。①受资料的限制，我们无从知晓昌平县商会对此案的仲裁过程，但从《商事公断处办事细则》有关仲裁依据的规定，可推知商会若依习惯仲裁，定然判韩风等人违约，并要韩风等人承担违约责任。

（三）诉请司法机构做商事裁决。诉请衙门裁决商事纠纷古已有之，但直至 19 世纪末，我国既无独立的商法，也未分设民事法庭。受理诉讼的官员时因不谙商情，或拖延时日，或难昭公允。

我国商法的制定可以追溯到 20 世纪初。当时国内工商业的发展与对外贸易的扩大迫切需要商事法律的保护。1903 年 7 月，清政府设立商部，仿效欧洲大陆法系"民商分立"（民法与商法分立）的立法原则，开始制定商法。同年即公布了《商人通例》与《公司律》，定于 1904 年实施。1908 年修律馆又起草《大清商律草案》，内容包括总则、商行为、公司法、票据法、海船法等五编，但未得实施。民国初年，北洋政府对《大清商律草案》中的"公司律""商法总则"作了修正，先后颁布了《公司条例》与《商人通例》。1927 年南京国民政府成立后，进一步加强法典的编纂，但立法原则及司法制度发生了一些变化。首先，改"民商分立"的立法原则为"民商合一"，将有关商事的总则、契约、买卖方面的内容归入民法债编。其次，1932 年公布《法院组织法》，改四级法院体系（即设初级审判厅、地方审判厅、高等审判厅、大理院四级）为三级（即地方法院、高等法院、最高法院三级）三审制，并在各级法院分设民事、刑事庭。审判人员称"推事"，地方法院一般采用推事独任审判，高等法院一般以 3 名推事组成合议庭审理案件。② 几年后，南京国民政府又发布《民事诉讼法》，规定契约诉讼在当事人指明债之履行地情况下应由履行地法院管辖，同时，将调解制度纳入诉讼法，如先行调解未成，即由调解阶段的首任推事继续担任裁判。③

如果说在调处违约纠纷时，第三方调停、商会仲裁以商事习惯为公断依据的话，那么法院的裁决则以法律为准绳。然而，由于民国时期，尤其是北洋政府时期成文法律不健全，司法审判往往缺乏依据，习惯仍常常是法官断

---

① 天津市档案馆等编：《天津商会档案汇编》（1912～1928）2，天津人民出版社，第 2385 页。

② 叶孝信主编：《中国法制史》，复旦大学出版社 2002 年版，第 389～390 页。

③ 同上书，第 391 页。

案的重要参考资料，对裁决起重要作用。鉴于此，民国《民法·总则》第一条规定民事规范的适用顺序："民事法律所未规定者，依习惯；无习惯者，依法理"，习惯被明定为民事裁决的法律依据。考虑到各地习惯良莠不齐，《民法·总则》第二条对适用于法律依据的民事习惯作了限定，"以不背于公共秩序或善良风俗者为限"。具体说，满足下列四个条件，即：1. 有内部因素，即人人有确信以为法之心；2. 有外部因素，即在一定期间内，就同一事项反复为同一之行为；3. 系法令所未规定之事项；4. 无背于公共之秩序及利益①的习惯，就可能成为判案的法律依据。

从历史法学的角度观察，民法对民事规范使用顺序的规定并非没有道理，商事习惯与商法的确有千丝万缕的联系。商事习惯及惯例是商法的历史渊源，它是构建有约束力的法律规则的原始材料。事实上，西方最早出现的商事法典，就是商事惯例的汇编。譬如，被称为欧洲三大商事法典的《康索拉度海法》（Lex Consulato）、《奥莱隆惯例集》（Rolls of Oleron）以及《维斯比海法》（Laws of Wisby）分别汇集巴塞罗那、奥莱隆岛、维斯比港口的商事习惯与商事惯例。当然，它们并非由国家制定，而是商人自己在商事实践中设立的，用来调节彼此的商事关系；但它所建立的规则却对近代商法的设立产生了莫大的影响。当欧洲民族国家纷纷成立，自治城市不复存在，商人设立的商事习惯法也随之变成国家立法的组成部分。

我国古代虽有较发达的国内贸易，对商事习惯的记载却较分散。鸦片战争后，西风东渐，晚清政府仿效德国日本制定商事法规，其法制建设开始与国际接轨。但因所定法规照搬德日商法，与中国的商事习惯不甚融洽，难以贯彻执行。上海商务总会会长李云书评论说："政府颁布商事法令，每不与商人协议，致多拂逆商情之处，是非徒不足以资保护，而且转多窒碍。"②为改变这种状况，1907 年，上海预备立宪公会联合商会在上海召开了第一次全国商会商法讨论会，会议提出"由各埠商会分任调查，以本国之惯习，参各国之法典，成一中国商法"③，议决各商会调查商事习惯。北洋政府成立不久，即针对清律中民事内容少，当时审判厅主要依靠民事习惯为裁判依据的情况，要求各审判庭长率民庭推事调查各地习惯。1918 年设立的修订法律馆进一步要求各省设民商事习惯调查长，各县设调查员，并拨发调查经费，开展民商事调查。一时间，民商事习惯调查形成热潮，它不仅为后来修订民商法奠定了基础，也为法院断案提供了参考。即或是商法公布以后，法

---

① 引自梅仲协、罗渊祥编：《六法解释判例汇编》，上海昌明书屋 1947 年印行，第 5 页。
② 天津市档案馆等编：《天津商会档案汇编》（1903～1911）上册，第 284 页。
③ 同上书，第 284 页。

庭仍间或就受理案件涉及的商习惯向商会调查，以求裁决公允。

笔者没有法院受理违约纠纷案件的分类统计，无法对法庭裁决在多大程度上依据成文法规，多大程度上依据商事习惯作精确说明。印行于1947年的《六法解释判例汇编》辑录了一些违约纠纷判例，反映司法机构依据成文法规执行裁决的事实；这里仅从法庭向商会调查商习惯的案件中取两例，看习惯在裁决违约纠纷中的作用。

案例1　民国2年3月上海总商会答复上海地方审判厅

调查主文：兹有甲商店向乙商店定购货物，先交定洋若干元，言明于某日交货。及到期之后，乙商店因意外之情事（不可抗力者）不能交货，而此项货物价格飞涨。本埠商业习惯，此时乙商店应否负损害赔偿之责任，抑谨须交还定洋，即可解除契约，不负其他责任。应请调查商情，以资参考。

答复要点：查所谓不可抗力之情事，除天灾人祸非人力所能挽回者，自无法再令交货。其余应就事实分别处理也。①

案例1是乙商不能如期交货，又不肯负损害赔偿责任，引发的商事纠纷。从"调查主文"可以看出，甲商诉乙商违约，要求乙商退还定金，并赔偿因物价上涨，超出原定价格，给甲商造成的损失。乙商以不可抗力为抗辩理由，声称自己遇不可抗力，无法在限期内交货，不应负赔偿责任。本案裁决的关键是乙商不能交货的理由能否成立。查民国《民法·债编》第二章第一节"买卖"中没有关于"不可抗力"的条款，故上海地方审判厅向商会调查商事习惯。所谓不可抗力，指不预见、不可避免、不能克服的客观情况，它独立于人行为之外，不受当事人的意志所支配。"调查主文"并未说明究竟是什么情况阻碍乙商履约，因此，上海总商会的答复强调"不可抗力"是"天灾人祸非人力所能挽回者"。果真是不可抗力，乙商没有过失，不能再令交货，只有解除契约。笔者没有见到上海地方审判庭的裁决，若依《民法·总则》第一条规定，裁决有可能采用上海总商会的答复。若此，乙商的权益受到保护，甲商索赔的意愿则不能实现。

案例2　民国6年1月上海总商会答复上海公共租界审公廨

调查主文：案据美商茂生洋行控中国化学工业社定货不出欠款一案，业经会讯，因所定之硼砂粉，桶漏耗损，以致重量不付（符），是

---

① 　严谔声编：《上海商事惯例》，新声通讯出版部1947年印行，第2～3页。

以迄未出货。据原告供称，是项定货，由纽约落船交卸以后，应由被告负责；质之被告，则称须要收足定货，并付清货款，原告方可卸责等语。查阅供词各执，而定单文义又不明了，自应查明商界习惯，以杜争执。希查复以凭核办。

答复要点：依据上海商业习惯，定货如载西文 C. I. F 字样者，系属货到上海迟十天交货，交货之后，方与收货人脱离关系。今录示译文，定单系 C. I. F 字样者，应照习惯办理也。①

案例 2 是因定货损失引发的商事纠纷。原告茂生洋行诉中国化学工业社到期不提货、不付货款；被告中国化学工业社称硼砂粉重量与原定不符是原告方违约，原告则辩称硼砂粉漏失是被告责任，双方争论的焦点即硼砂粉在海运途中漏失，究竟由谁来负责，而这实际是由双方约定以离岸价或到岸价交易决定的。审公廨不谙商情，又没见到相关的法律条文，只好求助于商会。

离岸价格，简称 F. O. B（free on board），以货物装上运载工具为条件的价格。采用离岸价时，卖方负责将货物装上运载工具，并承担将货物装上运载工具前的一切费用和风险，而起运港到目的港的运费及保险费均由买方承担，② 海运途中硼砂粉的漏失也由买方负责。到岸价格，简称 C. I. F（cost，insurance and freight），以货物装上运载工具并支付运费、保险费为条件的价格。采用到岸价时，卖方支付由起运港到目的港的运费与保险费，海运途中硼砂粉的漏失由卖方承担责任。上海商会答复审公廨"定货如载西文 C. I. F 字样者"，即以到岸价交易，"系属货到上海迟十天交货，交货之后，方与收货人脱离关系。"今定单有 C. I. F 字样，即"应照习惯办理"。

受篇幅所限，这里不能剖析更多的案例。上述史实已经明确地揭示了商事习惯在调节违约纠纷中的作用。中人或证人调停、商会仲裁自不待言，即便是法庭，在没有具体法律条文的情况下，也把习惯（不背于公共秩序或善良风俗者）作为断案的根据。

上述史实还揭示了事情的另一面，即商事习惯是如何通过不同形式的社会力量——中人或证人、商会、司法机构来约束契约当事人的行为，从而维持交易秩序的。诚然，上述三种不同的社会力量对契约当事人的约束力有所不同：中人或证人调停最为简便易行，但须契约当事人双方预先声明愿意遵守"公断"，公断结果才能生效。商会仲裁有半官方意味，契约当事人双方

---

① 严谔声编：《上海商事惯例》，新声通讯出版部 1947 年印行，第 4 页。
② 《辞海》（缩印本），上海辞书出版社 1979 年版，第 355 页。

若不服仲裁，可向法院上诉；若双方认可，则"函请法院宣告"仲裁结果，强制执行。法院的裁决无疑最具约束力，无论契约当事人认可与否，都须强制执行；但为此付出的费用可能最高。因此，除非迫不得已，争议双方不愿"对簿公堂"。值得注意的是，违约纠纷的裁处须依靠不同形式的社会力量；换言之，正是不同形式社会力量的相互配合，才能有效地解决违约纠纷的裁处问题，建立起真正的交易秩序。

笔者关注商事习惯的初衷源于对中国近代化的思考。19 世纪下半叶，大机械工业裹挟着西方文明进入中国，加速了中国的近代化进程。清末民初民商法的制定，就是借鉴、吸收西方现代文明的产物。那么，传统的因素在中国近代化的过程中扮演了什么角色，它是不是近代化的对立物？回答当然是否定的。从上述对定货契约习惯的考察可以看到，尽管国家制定了独立的民商法，商事习惯仍在维系交易秩序中发挥至关重要的作用。商事习惯通过不同形式的社会力量约束商行为，而不同形式的社会力量则构成对交易行为的多层管理体系。这是保证民国时期商务正常开展、商业渠道畅通的重要因素之一。这一史实发人深省：即当近代中国上层社会的变革眩人耳目时，基层社会的运作竟主要依靠传统习惯维系！这里，笔者丝毫不否认国家司法在市场治理机制中的意义，只想客观地描述市场治理机制的多样性，并揭示中国近代化初期传统因素（习惯）与现代化因素（司法）在市场治理中的互补关系。今天，伴随中国现代化建设与市场经济的发展，商法已逐步完善。与民国初年相比，商事惯例在断案中的作用淡化。然而，经济秩序往往包含多个层面，它的建立与维系，则需调动各种社会力量，实施多层管理体系方能奏效。这是考察民国时期的商事习惯与商法留给笔者的启示。

附 记

完稿后与朋友闲谈，偶得两件趣闻：其一，苏州大学某教授告诉我，在江苏农村至今仍保有口头契约的习惯。若日后契约双方发生纠纷，则请第三方调解。充任调解的人被称作"老娘舅"，取"老娘舅"有威信之义。其二，一位从新西兰回国的律师说，他在新西兰的一位朋友原任中学教师，后经一段时间的培训取得了调解员证书。这位新西兰朋友称：设调解员的办法"是从东方学来的"。谨记之。

中国社科院研究员　刘兰兮

原载《中国社会经济史研究》2003 年第 3 期

民国时期乡村建设运动的农村改造模式

内容提要：民国时期的乡村建设运动，就其所设想和实施的具体内容而言，是一种旨在全面改造传统农村的模式探索，其内容包括对农村政治、农业经济和农民素质的现代性改造。当然，从当时的时代背景和实际成效来说，乡村建设运动存在着不少缺陷，更不能成为乡村建设派所期望的解决近代中国问题的根本之路。但是，它改造农村的一些思想认识和具体做法，既把改造农村问题作为中国现代化进程的关键问题，又企图寻找一条改造农村的有效途径，在农村政治改造方面力图实行民主自治制度，在农业经济改造方面试图推行具有企业化和市场化性质的股份合作体制，在农民素质改造方面企图培养初具现代文化科技知识的"新农民"，从而显示了一种比较系统的具有一定现代化意义的农村建设模式，这是值得我们深思和认真研究的。

关键词：乡村建设　农村改造　乡村自治　合作社　乡村教育

近年来，有关民国时期的乡村建设运动已有不少研究，涉及乡村建设运动的领导人物及其乡村建设思想，乡村政治制度改革、乡村平民教育、乡村合作社建设等各项乡村建设事业的情况叙述及其政治性质评价，研究的内容已相当全面。① 但是，已有的研究大多是从思想史、文化史和政治史的角度进行的，本文试图从社会经济史和现代化史的角度，考察乡村建设运动具有什么样的社会性质和经济性质，在中国农村改造的历程中具有什么样的历史作用和意义。笔者认为，乡村建设运动的主体目的和内容是试图对旧有的农

---

① 专门研究的著作有：郑大华：《民国乡村建设运动》，社会科学文献出版社 2000 年版。部分涉及的著作有：马勇：《梁漱溟评传》，安徽人民出版社 1992 年版；詹一之、李国音：《一项为和平与发展奠基工程——平民教育之父晏阳初评介》，四川教育出版社 1994 年版；梁漱溟乡村建设理论研究会：《乡村：中国文化之本》，山东大学出版社 1989 年版；李德芳著：《民国乡村自治问题研究》，人民出版社 2001 年版；徐秀丽主编：《中国农村治理的历史与现状：以定县、邹平和江宁为例》，社会科学文献出版社 2004 年版。

村政治、农业经济和农民素质进行具有一定现代化性质的改造，即对乡村政治进行自治化和民主化的制度改革；对农业经济推行企业化和市场化的股份制合作社建设；对农民素质实施知识化和文明化的普及教育，从而显示了一种农村改造的现代性模式。

一、乡村政治的自治化和民主化追求

以开展乡村自治、合作社和平民教育活动为主要内容的乡村建设，最初萌芽于 1904 年河北省定县翟城村米氏父子的"村治"活动。此后，斐以礼（Joseph Baillie）创立的金陵大学农学院所进行的农村活动开始了真正意义上的乡村建设，并引起了中国某些知识分子与美国康乃尔大学等某些团体和个人的合作，开始从事中国农村的建设活动。① 到 1923 年时，又有"华洋义赈救灾会"在河北省组建农村信用合作社。与此同时，中国人的这一思想和实践也在逐渐产生，孙中山在其民生主义讲义里提到合作的理想，认为合作社将在一个既非资本主义，也非马克思主义的理想社会中起重要作用，并提到了农业合作、工业合作、交易合作、银行合作、保险合作以及农民与政府合作等等。② 20 世纪 20 年代初，晏阳初从美国获得硕士学位回国后即提出"乡村建设"这一概念，并创办了一个名为"中华平民教育促进会"的民间组织，逐渐把其工作重点放到农村，于 1926 年选择河北定县进行以识字教育为中心的乡村建设试验。但是这些都属于萌芽和理想的状态，到 1927 年以后逐渐成为一种潮流，进入 20 世纪 30 年代后形成高潮，相继出现了以梁漱溟为首的山东邹平乡村建设实验区、中华职业教育社所进行的江苏徐公桥等实验区、江苏省立教育学院所从事的各实验区、金陵大学农学院所举办的安徽乌江农业推广实验区等等，总计达千余处，其中尤以邹平和定县的实验区为典型。③ 下面以邹平和定县为主要对象，对三十年代乡村建设运动的农村改造模式作具体考察。

乡村建设运动的内容包括政治、经济、文化、社会四大部分，试图寻找一条全面改造农村的道路。从当时报刊的有关记载和报告来看，乡村建设的具体内容包括：改善农村政权，组织乡村自卫；组建各种合作社，推广先进

---

① 《泰勒（J. R, Tayler）论中国的乡村运动》，《乡村建设》第 4 卷第 7～8 期合刊，1934 年 10 月 11 日，第 35 页。

② 秦孝仪主编：《革命文献》第 84 辑，台北中国国民党中央委员会党史委员会 1980 年版，第 206 页。

③ 关于乡村建设运动的兴起过程，参见许莹涟等：《全国乡村建设运动概况》，山东乡村建设研究院出版股 1935 年版；郑大华：《民国乡村建设运动》。

的农业生产技术；设立各种教育机构，推进基础教育；改善卫生和医疗状
况，整治村容和道路，禁绝鸦片和赌博，破除迷信，等等。从这些内容来
看，乡村建设运动的目标是力图对农村政治、农业经济和农民素质进行全面
的改造。

　　力图实行农村政治的自治化和民主化，是乡村建设运动中最早和最明
确提出的目标，虽然各实验区所采取的方式方法各有不同，但是他们的实
质都是在追求这一目标。在乡村建设运动出现之初，王鸿一等人于1929
年在河南设立了村治学院，形成所谓村治派，提出了实行乡村自治的理
念。他们明确表示，成立村治学院的目的在于："研究乡村自治及一切乡
村问题，并培养乡村自治及其他服务人才，以期指导本省乡村自治之完
成。"① 其理由则出于他们所提出的"农村立国"主张，认为：中国以农
立国已有数千年之久，人民绝大多数住在农村，因此中国的政治、经济和
文化都应该以农村为基础和重心。就政治而言，即应建设"村本政治"，
因为只有这样，才能使"一切权利，根本在民，政权操于民众，治权始于
乡村，权力无由而齐，阶级无由而生，全国农村组织划一，权虽分而仍无
害于统一"。还指出：实行乡村自治的途径，"一面由学术上积极阐发教养
精神，而使学者悍然于推恩尽性，服务乡村之本分；一面由政治上积极实
施教养原则，痛革中国专制传统和西洋阶级传统之积弊"。② 这种"村本
政治"的理论不仅提出了农村政治的民主化建设问题，而且涉及了农村民
主政治建设与国家民主政治建设的关系问题，认为前者是后者的基础，只
有乡村普遍建立了良好的民主自治制度，国家的政治才能实现民主和
统一。

　　1930年，支持村治学院的河南省政府主席韩复榘调任山东省政府主席，
河南的村治学院停息，原有的以梁漱溟为首的一些骨干人员移师山东，于
1931年6月在邹平重建山东乡村建设研究院，从村治运动转向乡村建设运
动，仍以乡村自治作为其中心任务之一。1931年，邹平县废除了原来的7
区157乡镇及各区乡镇公所，改划为14乡336村，相应设立村学和乡学。
1933年邹平被划为县政建设实验县之后，进一步开展了以乡村自治为中心，
以设立村学、乡学为途径的县政改革。其内容包括两个方面：一是"自县
以下之地方行政改革实验：此包括行政制度之改革，及各项行政之讲求刷
新，未举办者如何次第举办等"；二是"自县以下之地方自治推行实验：此

---

① 《河南村治学院组织大纲》，《河南省政府公报》第852号，转引自郑大华：《民国乡村建设
运动》，第93页。

② 王鸿一：《建设村本政治》，村治月刊社编：《村治之理论与实施》，村治月刊社1930年版。

包括各级地方自治之推行，以讫县自治之完成"。①

邹平推行地方自治的具体办法是实行"政教合一"的自治制度，即以"村学"、"乡学"和"乡农学校"作为乡村的自治组织。村学、乡学何以能够作为乡村的自治组织？在理念上，梁漱溟把它们设计为乡村自治组织的核心。他指出："我们说到地方自治，必须注意而不可忘记的是：'地方自治'为一个'团体组织'，要过'团体生活'，实行地方自治，就是实行组织团体来过团体生活。""所谓地方自治，必须地方本身是一个团体组织，如一个村庄是一个自然形成的团体，而且是有他'自己'的团体组织。"②组建村学、乡学就是组建这种具有地方自治性质的团体组织，因为它们"不仅是个机关，并且是个团体"。③ 因此，"村学乡学应处处着眼于为地方自治团体之完成——原所谓设立村学乡学之意，即在促成自治。是以村学之组织隐然即一村之自治组织；村学之工作（尤其是乙项社会改良运动社会建设事业的工作）实即一村之自治工作。乡学之组织隐然即一乡之自治组织；乡学之工作实即一乡之自治工作。"④ 其中的村学相当于乡级政府的乡公所，乡学相当于区级政府的区公所。

在实践上，梁漱溟把它们办成为既是乡村的文化教育组织，更是行政自治组织。是这样操作的：村学、乡学由学董、学长、教员和学众组成。其中村学的学董由实验区县政府遴选"村中或乡中有办事能力的人"数名作为人选，经村民开会同意后，再由县政府正式聘任 3～5 人，一年一聘；乡学的学董有两种，一种为当然学董，由县政府从本乡各村现任村理事及未设村学之各村村长中聘请资望素孚、热心公益者 1～3 人担任，另一种为聘任学董，其聘任程序同村学学董。村学和乡学的学董分别组成村和乡的学董会作为办事机构，负责办理村学和乡学的各项公众事务。学董会设常务学董（又称理事）1 人，由学董互选产生，并报经县政府聘任，执行学董会交办的各项事务，在学董会开会时担任主席。学长由学董会推举"村中或乡中品德最高"、年龄较长者 1 人，报经县政府聘任。教员由学董会直接聘任，大多是山东乡村建设研究院研究部和训练部的毕业生。学众包括"全村或全乡的男女老幼"，其所要遵守的规则除了社会道德伦理方面的内容之外，还有关于参与村、乡公共事务的内容，如以团体为重；开会必到；事事都要认真地考虑；有何意见要对众说出；要尊重多数，舍己从人；要知道尊敬学

---

① 梁漱溟：《县政建设实验区实验计划绪言》，梁漱溟：《乡村建设论文集》，山东乡村建设研究院 1934 年版，第 48 页。

② 梁漱溟：《中国之地方自治问题》，梁漱溟：《乡村建设论文集》，第 109～110 页。

③ 梁漱溟：《村学乡学须知》，梁漱溟：《乡村建设论文集》，第 57 页。

④ 同上书，第 75 页。

长；要知道信任理事，对理事不可存挑剔反对之心。① 可见，村学、乡学和乡农学校，是一种全员性的乡村社会组织，并要求全体学众遵守民主集中制和传统优秀伦理道德的原则；其主要领导者和办事人员不仅由民主推选产生，而且都要求德才兼备，热衷于乡村建设事业；其职责除了从事教学工作之外，主要是办理本村、本乡的一切公共事务和上级政府交办的事务。

晏阳初组织的中华平民教育促进会（以下简称"平教会"），于 1929 年将总会机关迁往河北定县，开始对定县进行全面的乡村建设实验，其中的一项主要任务也是乡村自治建设，特别是 1933 年定县被划为县政建设实验县之后，乡村自治建设更加受到重视。平教会将县政机构设计为三级：最基层的第一级机构为公民服务团，以此作为"培养民力、组织民力、运用民力"的"政治初步组织"；其团员包括全体人民，在全县各级行政区域逐级设立组织，以保甲为单位设立甲团、保团或称分团，各甲团中的各类专业人员再联合组成经济组、政务组、保健组、教育组，还计划设立区团和县总团；"保团长、秘书、各组正副组长，均用选举方法产生之"。第二级为乡镇建设委员会，其委员由公民投票选举"当地之有资望阅历者"担任，并以"本乡镇之小学教师为当然委员及秘书"，再由委员互选主席、副主席，并由县政府加委为乡镇长、副乡镇长。同时，为限制和监督乡镇建设委员会的权力，又设乡镇公民大会，作为"全村公民行使政权之组织"，拥有选举和罢免乡镇建设委员会委员；议决乡镇建设委员会的提案、预算和决算；向乡镇建设委员会提出创制案等五项权利。第三级为县政府，其组成的办法是："设一县政委员会，于秘书长、科长等实际行政人员之外，另罗致一部分名誉职之学者专家，遇有要政兴革特请参与。"这种做法的目的在于推行乡村政治的民主自治，他们在设立示范村时就明确表示："以客观事实为根据，实验县政建设中地方自治组织之效能。"②

其他乡村建设运动实验区也都把乡村自治作为主要内容之一。如中华职业教育社的徐公桥实验区，以组织建设"为主要的指导训练目标"之一。其目的"在使人人能自治，能合群，视公事如己事，扩大爱家爱乡之心以爱国。"③ 又如江苏省立教育学院创办的位于无锡附近的各个民众教育实验

①　梁漱溟：《邹平县县政建设实验区计划摘要》；《村学乡学须知》，梁漱溟：《乡村建设论文集》，第 54～56、57～76 页；梁漱溟：《乡村建设大意》，中国文化书院学术委员会编：《梁漱溟全集》第 1 卷，山东人民出版社 1990 年版，第 676～697 页。

②　晏阳初、陈筑山：《定县实验区工作概略》，乡村工作讨论会（江问渔、梁漱溟）编：《乡村建设实验》第 3 集，香港中华书局 1938 年版，第 226～231、237～238、235 页。

③　江恒源：《中华职业教育社之农村工作》，章元善、许士廉编：《乡村建设实验》第 1 集，上海中华书局 1934 年版，第 40 页。

区，同样以改善农村的政治制度为目的之一。1929 年春设立的黄巷实验区，"主旨在普及民众教育，促成地方自治，……以政治教育为中心，从组织乡村改进会入手，办理地方自治各种事业"。1932 年设立的北夏实验区，其宗旨之一亦是："以民众教育培起国民力量，树立自治基础。"①

乡村的政治自治建设，在乡村建设派的理论及其所发起的乡村建设运动中，不仅是中心内容之一，而且是整个乡村建设的基础和前提条件。如晏阳初认为，乡村建设要达到目的就必须要借助乡村政府的力量，但是原有的乡村政府只知道剥削农民，因此要进行乡村建设，首先就要改革乡村政治。他指出："一方面地方政府在那里剥削农民，另一方面我们帮助农民增加生产、改良品种或组织合作，增加他们的收益，可是这种收益有限，而地方政府的剥削无穷。所以，从消极方面说，如果单以县为单位而帮助农民，救济农村，则非改革政治不可；从积极方面，要把我们研究实验的结果——教育的内容及乡村建设的方案——推到民间去，亦非利用政治机构不可。"② 梁漱溟则认为：农村衰落的主要原因，"不外有两大缺乏：一大缺乏是团体组织；一大缺乏是科学技术"。要克服这两大缺乏，就"要从团体组织入手"。一是因为"团体组织是人的本身的事情，人是主，科学是工具。从团体组织入手，才能引进科学技术"；③ 二是因为面对国际国内的严重压迫和天灾人祸的严重摧毁，"在知识短浅而又零散单弱的农人或农家有什么办法呢？非我们使他们发生公共观念，教他们大家合起来如何解决问题不可。合起来成为有组织的力量，然后乡村才可以起死回生"。④ 而这种"团体组织"正是梁漱溟所说的乡村自治。

二、农村经济的企业化和市场化尝试

努力引导农村经济走向企业化和市场化的发展道路，是乡村建设运动的第二项主要内容，其主要方法是推行各种合作社。在思想认识上，乡村建设派认为合作社是农村经济发展的最好途径。梁漱溟说："所谓经济进步，无非是生产技术与经营技术的进步，此种进步，均从小规模进于大规模，从零

---

① 孔雪雄：《中国今日之农村运动》，中山文化教育馆（地点不详）1934 年版，第 133、135 页。

② 晏阳初：《平民教育促进会工作演进的几个阶段》，宋恩荣主编：《晏阳初全集》，湖南教育出版社 1989 年版，第 391 页。

③ 梁漱溟：《村学乡学释义》，中国文化书院学术委员会编：《梁漱溟全集》第 5 卷，山东人民出版社 1992 年版，第 438 页。

④ 梁漱溟：《乡农学校的办法及其意义》，梁漱溟：《乡村建设论文集》，第 79 页。

碎生产进于大批生产。这种情形，都是竞争的结果。……农业进步亦需要大规模的经营，与工业同。……农业既不能走竞争吞并的路，其经营复须相当的大规模，则舍农民同意的自觉的'合作'，殆无他途。"① 这里，反映了梁漱溟以合作社促进农村经济企业化的用意，他把合作社作为农业经营技术的一种进步，企图通过合作社把中国传统的农家农业引上规模经营、大农业和农业工业化的道路。

在实际行动上，各乡村建设实验区都成立了多少不等的各类合作社，主要有金融合作社、生产合作社和运销合作社。金融合作社主要是信用合作社，种类比较单一，但数量最多，设置最广。生产合作社种类最多，各地根据其农业资源和出产的不同而设立不同的合作社。如邹平的蚕业合作社、林业合作社、机织合作社；无锡各实验区成立的戽水合作社、养鱼合作社、养猪合作社、养蚕合作社、垦殖合作社；乌江实验区的灌输合作社、养鱼合作社；湖塘的植棉合作社、水利合作社、养蚕合作社等。运销合作社的种类较少，各地的种类也有所不同，如邹平的美棉运销合作社、蚕业产销合作社，乌江的棉花运销合作社，无锡北夏的鲜茧运销合作社、农村工艺品产销合作社，以及有些地区设立的生产供销合作社等。各类合作社大多有程度不同的企业化和市场化表现。

表现之一是，它们都程度不同地利用集体的资金和力量开展生产和经营，具有一定的股份制企业的性质。在资金上，无论是哪种合作社都采用了合股的形式，并具有一定的现代股份制企业的性质，尤以信用合作社为突出。合作社的股金，或按产缴纳，或按户缴纳，如邹平的棉花运销合作社规定，凡入社者，每 30 亩棉田缴纳股金 1 股，每超过 10 亩增加 1 股；蚕业生产合作社、林业生产合作社和信用合作社都规定，每个社员至少认购 1 股，最多不得超过 20 股，每股 2 元。② 整个邹平实验区，到 1936 年时，所成立的合作社总共有 307 个，其种类构成和股金交纳状况如下表所示：

1936 年邹平合作社种类构成状况表　　　　股金数单位：元

项目　　　　种类	社　数		社员人数			股金数			
	数量	比重	数量	比重	社均	数量	比重	社均	人均
棉花运销	156	0.508	3826	0.4178	24.53	4149	0.2831	26.60	1.08

　① 梁漱溟：《中国之地方自治问题》，梁漱溟：《乡村建设论文集》，第 131～132 页。
　② 《梁邹美棉运销合作社第五届概况报告》，第 86 页；《邹平蚕业生产合作社第五届概况报告》，第 14 页；《邹平林业生产合作社第四届概况报告》，第 4～5 页；《邹平信用合作社第三届报告》，第 17 页，《乡村建设》第 6 卷第 17～18 期合刊。

续表

项目 种类	社　数		社员人数			股　金　数			
	数量	比重	数量	比重	社均	数量	比重	社均	人均
蚕业产销	21	0.068	167	0.0182	7.95	174	0.0119	8.29	1.04
林业生产	23	0.075	1115	0.1218	48.48	1279	0.0873	55.61	1.16
信用庄仓	58	0.189	2914	0.3182	50.24	5161	0.3522	88.98	1.77
信　用	48	0.156	1059 *	0.1157	22.06	3807	0.2598	79.31	3.59
购　买	1	0.004	76	0.0083	76.00	84	0.0057	84.00	1.11
合　计	307	1.000	9157	1.000	29.83	14654	1.000	47.73	1.60

资料来源:《梁邹美棉运销合作社第五届概况报告》,第3页;《邹平蚕业产销合作社第五届概况报告》,第1页;《邹平林业生产合作社第四届概况报告》,第3页;《邹平信用庄仓合作社第三届概况报告》,第6页;《邹平信用合作社第三届概况报告》第7页;《绪言》,第1页,《乡村建设》第6卷第17~18期合刊(邹平实验县二十五年度各种合作社概况报告专号),1937年6月1日。

说明:1. 其中信用合作社的社员人数原资料为1069人,经笔者核计后为1059人。

2.《乡村建设》第6卷第17~18期合刊中,罗子为所撰《绪言》中也有上表所列的各项数据,其中有不少与上表所采用的数据有差异,它们是:社员总数8828户,已缴股金总额为12422元9角3分;美棉运销合作社社员数3632户,股金数3826元;林业生产合作社社员数944户,股金数957元;信用合作社社员数1095户,股金数2479元;信用庄仓合作社股金数4481元。现有的研究著作都采用这一统计数据。但笔者以为,《绪言》应是在各个专项报告的基础上写成的,当其所述的数据与各个专项报告的数据不一致时,后者的数据可能更为准确,故上表1律采用了各个专项报告的数据。

3. 表中所列的"股金"栏目,为实缴股金数额;"比重"栏目,系指各种合作社的社数、人数、股金数分别占其合计数的比重。

从上表可见,各种合作社的社员总数为9157人,平均每社29.83人;缴纳股金共计14654元,平均每社47.73元,平均每人1.60元。其中的信用合作社有48个;拥有社员1059人,平均每社22.06人;拥有股金3807元,平均每社股金79.31元,各占第三位,平均每人股金3.59元,远远高于其他各类合作社,比全体合作社的平均每社股金多出66.16%,平均每人股金多出124.38%。如果再加上信用庄仓合作社,那么信用类合作社所占的各项比重就更高了,尤其是股金数额占全体合作社股金总额的比重高达61.2%。而且呈现了较好的发展势头,从1934年开始设立信用合作社,到1936年时,社数从21个增至48个,增加了128.57%。社员人数从314人增至1059人,增加了237.26%;社均人数从14.96人增至22.06人,增加了47.46%。股金数从870元增至3807元,增加了337.59%;社均股金数从41.43元增至79.31,增加了91.43%;人均股金数从2.77元增至3.59元,增加了29.60%。贷款数从6600元增至23626元,增加了257.97%;

社均贷款数从 314.29 元增至 492.21 元，增加了 56.61%；人均贷款数从 21.02 元增至 22.31 元，增加了 6.14%。除了人均贷款数之外，各项指标都有较大幅度的增加，尤其值得注意的是社均人数、社均股金数和社均贷款数都有大幅度的增加，这表明信用合作社的成员规模、资金规模和经营规模都在较快的扩展。其详情见下表所示：

邹平信用合作社组织和经营发展状况表　　股金、贷款单位：元

项目 年份	社数	社员人数		股金数			贷款数		
		数量	社均	数量	社均	人均	数量	社均	人均
1934	21	314	14.96	870	41.43	2.77	6600	314.29	21.02
1935	35	614	17.54	1466	41.89	2.39	9803	280.09	15.97
1936	48	1059	22.06	3807	79.31	3.59	23626	492.21	22.31

资料来源：《邹平信用合作社第三届报告》，第 2 页，《乡村建设》第 6 卷第 17～18 期合刊（邹平实验县二十五年度各种合作社概况报告专号）。

合作社不仅分股集资，而且采用了各种类型的责任制。如邹平各类合作社采用了有限责任、无限责任和保证责任三种体制。蚕业生产合作社的章程规定其正式名称是："有限责任邹平县第×乡×村蚕业生产合作社"，并明确规定："社员均负有限责任"，"本社如有亏损，以本年度盈余、公积金、社股金及其他财产以次抵补之"。林业生产合作社也冠有"有限责任"之称谓，也有同样的责任规定。信用庄仓合作社和信用合作社均为"无限责任"合作社，并规定："本社如有亏损，除将公积金、社股金抵补外，不足之数由全体社员负责清偿"。① 美棉运销合作社则采取连带保证责任制，其章程规定自己的名称为："保证责任梁邹县第×乡×村美棉运销合作社"，"本会会员负保证责任，其保证额为社股五十倍"，"本社如有损失应按照社员委销棉花数量比例分担之"。② 这种连带保证责任制，其性质介于有限责任与无限责任之间。这种股份责任制，虽然从贫苦农民加入合作社的角度来说，它增加了农民入社的困难和障碍，抑制了合作社社员构成的广泛性及其乡村建设的社会动员作用，也削弱了合作社为贫苦农民谋利的意义，但是从经济组织特性的角度来说，这些合作社既不是福利组织，也不是互助组织，而是带有一定现代性的农

---

① 《邹平蚕业生产合作社第五届概况报告》，第 13、14、15 页；《邹平林业生产合作社第四届概况报告》，第 4、5 页；《邹平信用庄仓合作社第三届报告》，第 12 页；《邹平信用合作社第三届报告》，第 16、18 页，《乡村建设》第 6 卷，第 17～18 期合刊。

② 《梁邹美棉运销合作社第五届概况报告》，第 85、87 页，《乡村建设》第 6 卷第 17～18 期合刊。

业企业组织。

合作社还按股分利，注意资本积累。各合作社根据自己所实行的责任制办法，采用不同的利润分配结构。在邹平，蚕业生产合作社和林业生产合作社都规定：盈余的 30% 为公积金、20% 为公益金，股息为年利 6 厘，其余按照各社员育蚕产茧（或造林）之成绩分配。信用庄仓合作社和信用合作社，大概是由于采用"无限责任"体制之故，其盈利分配办法特别重视公积金的积累，以增加合作社自身承担风险的能力，其章程规定：以 50% 为公积金、20% 为公益金（信用合作社以此作为发展业务和公益事业资金）、15% 为职员酬金、15% 为储蓄奖励金；信用合作社还按股发放最高不超过 7 厘的股息。美棉运销合作社，可能是由于实行连带保证责任制，其亏损风险几乎全部由社员承担，因此利润分配办法特别向社员倾斜，社员既可以得到较高的股息还可以得到较多的盈余，其分配原则是：除照章程规定按年提付一分股息外，所余 20% 为公积金、10% 为公益金、5% 为职员酬金、65% 按运销额平均摊还各村社员。[①]

在力量上，所有合作社都有一定数量的社员，且有一定的社间联合。1936 年时，各种合作社的平均每社社员为 29.83 人；特别是信用庄仓合作社，由于以粮入股，社均人数为 50.24 人，居首位（购买合作社仅有 1 个，不计）；林业生产合作社，社均人数为 48.48 人，居第二位；运销合作社和信用合作社也拥有较多的社员数。有些实验区还建立了合作社的联合组织。在邹平，建有全县的总社和联合会，统一安排棉花的种植和运销；蚕业产销合作社也组有联合社，具有与美棉运销合作社联合会同样的功能和作用；信用合作社和信用庄仓合作社，则有实验区所设的农村金融流通处给予资金支持。又如定县的信用合作社，成立了各村合作社联合组成的县联合社，协调和办理全县各村社的运销购买和储蓄贷款业务，形成了"基本组织在村，而其功用完成之机能则在于县联合社"[②] 的全县合作系统。由于合作社有一定数量的社员，又有一定的社间联合，就增强了的能力，有利于开展乡村建设工作，正如梁漱溟所言："农民散漫的时候，农业推广实不好做。乡村有了组织，大家聚合成一气，农业改良推广的工夫才好做。举凡品种的改良，病虫害的防除，水利工程，新农具的利用、等等，一切莫不

---

① 《邹平蚕业生产合作社第五届概况报告》，第 15 页；《邹平林业生产合作社第四届概况报告》，第 5 页；《邹平信用庄仓合作社第三届报告》，第 13 页；《邹平信用合作社第三届报告》，第 17 ~ 18 页；《梁邹美棉运销合作社第五届概况报告》，第 86、87 页，《乡村建设》第 6 卷第 17 ~ 18 期合刊。

② 晏阳初、陈筑山：《定县实验区工作概略》，乡村工作讨论会（江问渔、梁漱溟）编：《乡村建设实验》第 3 集，第 252 页。

如是。"①

表现之二是，有些合作社实行了产销联合，具有一定的农工商联合企业的性质。这类合作社主要有农产品运销合作社、农村工艺品产销合作社、生产供销合作社等。其中最为典型的是运销合作社，它既组织和指导社员进行生产，又把社员和其他农民所生产的物品经过粗加工运往所需地区直接销售，使农产品的市场效益得到充分实现。如邹平的美棉运销合作社，既是一种美棉的加工、运输和销售组织，也是一种美棉的种植和推广组织，还建立了一定的经营管理系统。从组成情况来看，美棉运销合作社的社员和组织构成，不仅有从事运输和销售的人员和机构，而且有更多的从事种植和推广的人员和机构。它是在 1932 年开始推行美棉种植的基础上成立的，以 219 户第一批试种美棉的表证农家为社员，以村为范围组成 15 个合作社，后以各村的合作社为分社联合成立总社；到 1934 年，随着各村分社的增设，组织体制进行了调整，各村分社改为具有一定独立性的村级合作社，再由各村合作社组成联合会取代原先的总社；分社、村社和总社、联合会的任务各有侧重，前两者主要是进行棉花的种植，也兼及借款、收花和轧花，后两者主要是进行棉花的加工、运输和销售，也提供生产资金贷款和优良品种。② 从业务范围来看，美棉运销合作社不仅从事运销，而且从事种植。它所从事的业务，总的来说是："一面在谋社员经济收益的加增，同时兼助棉农生产技术的改良"。③ 具体而言，一是棉花的收购及分等；二是加工，将收购来的棉花去籽、打包；三是运销，将加工、打包后的棉花运往济南等城市直接售给纱厂或棉商；四是向社员提供棉花的种植费用贷款和销售预付贷款；五是指导棉花种植，要求社员必须一律种植脱里斯美棉，由总社供给种子，并指导种植。

表现之三是，有些合作社建立了一个比较完整的生产和经营管理系统。邹平的美棉运销合作社是其中的一个典型。在生产方面，社员和各级合作社的办事机构各有分工，农家社员从事种植，各村社办事机构从事种植指导、产品收购和加工，总社或联合会办事机构从事运输和销售。还采用了一定程度的现代性生产方法，在种植上，由技术人员指导农民植棉，力求采用先进的科学技术；在加工上，采用机器轧棉，不仅总社设有 1 家轧花厂，各村分

① 梁漱溟：《乡村建设理论》，中国文化书院学术委员会编：《梁漱溟全集》第 2 卷，山东人民出版社 1989 年版，第 426 页。

② 参见山东乡村建设研究院编印：《梁邹美棉运销合作社第二届概况报告》，该院 1933 年版，第 1、11～14、45 页。于鲁溪：《山东乡村建设研究院农场四年来工作之回顾》，第 5 页，《乡村建设》第 5 卷第 4 期，1935 年 9 月 30 日。

③ 山东乡村建设研究院编印：《梁邹美棉运销合作社第二届概况报告》，第 6 页。

社也联合设立了 1 家轧花厂,共有动力轧花机 25 台,此外还有各分社社员个人用合作社贷款购置的人力轧花机 123 台。① 在经营管理方面,建立了职责分明的各种办事机构,如联合会内设会员代表大会为最高权力机关;由会员代表大会选举产生会务委员,并组成会务委员会总理会务,为最高执行机关;会务委员会推选主席 1 人,为会务主管人员。1936 年改为理事及监事制,除继续由会员代表大会选举产生理事和监事,并组成会务委员会外,还由理事组成理事会,推举主席 1 人,总理会务;由监事组成监事会,推举主席 1 人,监查财产状况及理事执行事务情况;还设有棉花育种场、技术改进机关、轧花厂和仓库等。此外,蚕业产销合作社、林业生产合作社、信用合作社等也建立了一定的经营管理体系,每社设正副理事、监事,分工负责,各司其职;理事和监事由社员大会选举产生。② 信用合作社则根据自己的业务特点另有自己的管理体系,它先"由保管委员会负责处理社务",后经改组,"既不用保管委员会名义,亦不用理监事制度,系由全体社员选举社务委员,组织社务委员会,负责处理社务及业务";并"由各委员分任会计、金柜、仓库等职务;此外再推选信用审查委员若干人,组织信用审查委员会,审查各社员之信用程度,使合作社对各社员之信用贷款得到安全保障"。③

表现之四是,有些合作社在经营理念上有较强的市场观念,在实际操作上有较强的效益追求。这主要表现在运销合作社身上,它们都是为了扩大农产品的销售市场和提高农产品的经济收益而设立的和运作的。如邹平的美棉运销合作社,在 1932 年开始成立时,其动机是为了帮助第一批试种美棉的农家推销产品,既重视产品质量,又追求经济效益。它除了以保证棉花的质量、适应市场需要为出发点指导社员种植棉花之外,还十分注意树立自己所售产品的优质品牌形象。1933 年 11 月,它将所运销的美棉取样送请上海华商纱厂联合会检验,经上海商品检验局及申新纱厂试验,被鉴定为国产棉花之优级者;各收购厂商也一致称道其品质优良,"足敷 42 以上纱支纺织之用","各纱厂争购"不已,使棉花销量大增,售价亦随之上涨。④ 在运销过程中,努力寻求与纺纱厂家或城市棉花商的直接销售,减少中间流通环节,

---

① 于鲁溪:《山东乡村建设研究院农场四年来工作之回顾》,第 6 页,《乡村建设》第 5 卷第 4 期,1935 年 9 月 30 日。

② 《组织》第 14 页,《乡村建设》第 5 卷第 16 ~ 17 期合刊(梁邹美棉运销合作社第四届概况报告专号),1936 年 5 月 1 日;参见各合作社、联合会的章程,《乡村建设》第 6 卷第 17 ~ 18 期合刊。

③ 《邹平信用庄仓合作社第三届报告》,第 2 页,《乡村建设》第 6 卷第 17 ~ 18 期合刊。

④ 山东乡村建设研究院编印:《梁邹美棉运销合作社第二届概况报告》,第 42 ~ 43 页。

争取获得较高的效益。它所运销的棉花，1932 年时，改良美棉每百斤售价
比当地棉花商的收购市价高出 8.3 元，普通美棉高出 6.3 元；1933 年时高
出 3～4 元；1934 年时更要高出 14 元。[①]

其他运销合作社的组成形式和经营管理方法也类似于邹平的美棉运销合
作社。如邹平的蚕业产销合作社，也是仿照美棉运销合作社而建立的一种产
销结合的组织，由邹平乡村建设研究院所设之农场指导各蚕业合作社共同烘
茧缫丝直接运销，其所运销的蚕丝每斤能较以前多得 6～10 分的余利。[②] 又
如乌江的棉花运销合作社，除指导农民种植棉花、收购棉花之外，还用自己
配备的棉碾机和打包机进行加工，（有打包机一具，棉碾机 15 部）并将棉
花直接销售给无锡的申新纱厂和庆丰纱厂，1933～1934 年度的售价"较当
地不加入运销者每石增加三元"，1934～1935 年度更高出 17 元左右。[③] 再如
无锡北夏实验区的鲜茧运销合作社，既指导农民养蚕，又收购鲜茧直接售给
缫丝厂，在 1934 年和 1935 年，每石售价高出茧商市场收购价的 4～5 元；
农村工艺品产销合作社，不仅帮助社员推销产品，而且根据市场需求指导社
员进行生产，在 1934 年 12 月时，鉴于原先生产的稿秆、藤柳、竹器工艺品
已不太好售，于是便组织和指导社员改产销售市场看好、且有希望输出国外
的美术草地毯，使该地区的农村工艺品生产持续发展。[④]

当然，上述各种合作社，无论从资金上，还是从人员上来看，其规模都
是很小的；其生产经营的市场化程度也是有限的，距离真正的企业化和市场
化还很远，但它显示了企业化和市场化的方向，具有了初步的企业化和市场
化性质。至于这些合作社的经济效益如何，给农民带来了多少实际利益，则
不属于模式研究之内，有待另行研究。

三、农民素质的知识化和文明化举措

力图促进农民素质的知识化和文明化，是乡村建设运动的第三项主要内
容，其途径是开展多种形式的农村教育。乡村建设运动的各个实验区都建立

---

① 于鲁溪：《山东乡村建设研究院农场四年来工作之回顾》第 6 页，《乡村建设》第 5 卷第 4
期。

② 同上书，第 9 页。

③ 王倘、姜和：《乌江农业推广实验区印象记》，《教育与民众》第 5 卷第 7 期，1934 年 3 月，
第 5 页（总第 1247 页）；马鸣琴：《乌江农业推广实验区工作报告》，乡村建设讨论会（江问渔、梁
漱溟）编：《乡村建设实验》第 3 集，第 526 页。

④ 《北夏第二年》（下）；《北夏第三年》（上）；尤蔚祖：《农村工艺品产销合作社之初步尝
试》，《教育与民众》第 6 卷第 7 期，1935 年 3 月；第 7 卷第 3 期，1935 年 11 月。转引自郑大华：
《民国乡村建设运动》，第 355、359 页。

了数量众多、形式多样的农村教育机构。在邹平，先设有乡农学校，后改设村学、乡学，以及各种专业和各种级别的培训班。在定县，则有各级平民学校、同学会（平民学校毕业生的继续教育组织）、生计巡回训练学校、公民训练班等。在徐公桥，既有"固定的"，如乡村小学、补习学校，统称之为"农村学校教育"；又有"活动的"，如农品陈列室、农品展览会、各种讲演会、阅书报室、农友问事处、农友谈话会，以及包罗多种的农民教育馆，统称之为"农村社会教育"。① 在无锡，有男女各级民校、工余学校、义校、小学校等。

乡村建设派进行乡村教育活动的目的，是为了提高农民的文化素质，为推进农村乃至国家的现代化建设培养新型的农民和公民。总的来说，他们办教育，是为了培养有知识力、生产力、强健力、团结力的现代公民，从而构筑一切社会改造的基础，把培养农民的现代化素质作为乡村现代化建设的基础。对农村教育最为投入的中华平民教育促进会，其农民教育部的报告中指出："我们想产生的教育建设方案不是偏于心理，或物质，或社会，或国家的任何一方面的建设，而是集中在一切建设的基础上作工夫；简言之，就是人的建设，或新民的建设。此种建设成功，则其他一切建设都易着手进行。"② 平教会的领导者晏阳初，对平民教育培养新型农民的目的有非常明确的认识，在 1929 年时就接连发表了《有文化的中国新农民》和《中国的新民》两篇文章，不仅明确指出了开展平民教育的这一目的，而且详细陈述了实现这一目的的途径和办法。他很明白地表示："开展乡村教育，不仅是使一个不识字的工匠成为一个'读书人'，或把一个纯朴的农民塑造成懂得科学知识的人，而且，还应该使他们成为有聪明才智和进取心的中华民国公民。因此，我们的口号是'作新民'，即以培养'既有了科学的头脑，又有农工的身手'的新农民为宗旨"。③

邹平乡村建设实验区的领导者梁漱溟对乡村教育的这一目的有更为深刻的认识。他不仅也把培养新农民作为乡村教育的总体目标，指出："抑农业教育之目的固在求一新农业社会之出现，即从此目的以为言，亦莫要于养成新农民"，④ 而且还特别重视培养农民的社会革新能力。他认为，新农民应具有"实现他自己，完成他自己"的能力，也就是具有"参加现社会并从

<hr />

① 江恒源：《两个名词的解释》，江恒源：《农村改进的理论与实际》，生活书店 1935 年版，第 1～2 页。

② 汤茂如主编：《定县农民教育》，中华平民教育促进会学校式教育部 1932 年版，第 1～2 页。

③ 晏阳初：《中国的新民》、《在定县展览会上的演说》，宋恩荣主编：《晏阳初全集》第 1 卷，第 171、173 页。

④ 梁漱溟：《社会本位的教育系统草案》，梁漱溟：《乡村建设论文集》，第 105 页。

而改进现社会之生活能力"。因此，他提出了重在培养改进社会能力的教育方针，这就是：教育"不惟能适合此社会的生活，并且能从而改进之。必不可忘记的就是他（指学生）除了很有参加现社会的能力之外，还要有改进现社会的能力。在任何时候都要这样：一面让他能参加，一面让他能改进。此刻的中国教育，更应当着重第二层——能改进社会。……现在农业技术、社会制度，一切一切都要改进的，我们不能迁就这个，所以这个时候参加现社会的话不能不放轻一点，改进现社会的话不能不放重一点。"[①] 他还把乡村教育作为对农民进行乡村建设社会动员的主要途径，认为乡村建设必须有农民的"自觉"行动才能成就，而农民的"自觉"则需要由教育去启发。他指出："乡村建设之教育一面，眼前可做之事甚多；而要以民众教育为先，小学教育犹在其次。民众教育随在可施，要以提高一般民众之知能为主旨。经济一面、政治一面之得有些微进步，统赖于此。……倘于此多数民众不能有所开启振拔，则凡百俱不相干，什么都说不上。"[②] 因此，他在邹平的乡村建设实验中，以乡村教育机构及其所进行的民众教育为整个乡村建设的基础，所设立的村学和乡学，既是民众教育机构又是乡村行政机构，意在"用教育方法辅导人民自治"，通过教育唤起农民，进而开展乡村建设。

其他乡村建设实验区的领导者们也有类同的认识。中华职业教育社的徐公桥实验区，"纯以教育、经济、组织三项为主要的指导训练目标"，并把教育放在三项主要目标的第一位。"其教育目的，在使全区儿童完全入学，不识字之青年成人完全减除，知识开明，风俗敦厚。"[③] 其所开展的学校教育，目的在于："供给一般农童的需要，教他们识字、读书、作文、写信、记账；教他们认识了解各种自然科学、社会科学的道理"；社会教育的目的是："促起其反应，开通其知识，增长其经验"。[④] 江苏省立教育学院创办的位于无锡附近的各个民众教育实验区，同样以改善农村教育为乡村建设的入手办法。1929 年春设立的黄巷实验区，"主旨在普及民众教育，促进地方自治，以期发展乡村经济，改善民众生活；以政治教育为中心，从组织乡村改进会入手，办理地方自治各种事业。"1932 年设立的北夏实验区，其宗旨亦

---

① 梁漱溟：《目前中国小学教育方针之商榷》，马秋帆编：《梁漱溟教育论著选》，人民教育出版社 1994 年版，第 207～208 页。

② 梁漱溟：《山东乡村建设研究院设立旨趣及办法概要》，马秋帆编：《梁漱溟教育论著选》，第 46～47 页。

③ 江恒源：《中华职业教育社之农村工作》，章元善、许士廉编：《乡村建设实验》第 1 集，第 40 页。

④ 江恒源：《两个名词的解释》，江恒源：《农村改进的理论与实际》，第 1～2 页。

是："以民众教育培起国民力量，树立自治基础，增进农业生产，改善经济组织。"①

从上述这些指导思想出发，各实验区都选择相应的教育任务，即向农民传授现代的政治和农业科技知识。邹平实验区在其计划中规定："（一）本实验区为改进社会、促成自治，以教育的设施为中心，于乡设乡学，于村设村学。（二）乡学村学以各该区域之全社会民众为教育对象而施其教育。"②乡学实施教育的主要目标是："（甲）酌设成人部、妇女部、儿童部等，施以其生活必需之教育，期于本乡社会中之各分子皆有参加现社会，并从而改进现社会之生活能力。（乙）相机倡导本乡所需要之各项社会改良运动（如禁缠足、戒早婚等），兴办本乡所需要之各项社会建设事业（如合作社等），期于一乡之生活逐渐改善，文化逐渐增高，并以协进大社会之进步。"③ 所以要这样做，是因为"在现在这个改造期间的社会，大多数的成人对于新式的生活，如地方自治、合作、新农业，他们都不会的，必须使得他们会，才能实现地方自治、合作和新农业，而新文化才能有。"④ 中华平民教育促进会，提出自己办乡村教育的目的和任务是："我们并不满足于仅仅教人们阅读，我们还想帮助农民实现农业现代化，引进先进的农业方法和提高中国农民的生产效率"；并十分注意从实际出发，强调这种教育工作的重点，"不是探索中国农民耕作的最现代的方法，而是探索现代科学和经验的实际应用。这些科学和经验能使中国农民现在所持有的，也许在今后许多年里仍然必须持有的那些工具、习俗和经验变得尽可能的有用，尽可能地发挥出生产潜力。……通过采用中国民力所能及的现代方法来使这些老的东西得以扩大和改进。"⑤ 其目标是："应用最经济最基本的教育方法，训练一般青年农民，使获得接受农村建设之意识与能力。"⑥ 中华职业教育社负责乡村教育和乡村建设工作的办事部主任江恒源，曾对乡村建设的教育事项做过这样的解释："在农村特设机关，认定农民一般生活需要，以实施种种改善农民生活的方法，是为农村教育"。再进而言之，则是"教他们练成会做工、会做公民的技能习惯，……增加许多农事上的知识技能"。⑦ 也就是说，农村教

---

①　孔雪雄：《中国今日之农村运动》，第133、135页。

②　梁漱溟：《邹平县县政建设实验区计划摘录》，梁漱溟：《乡村建设论文集》，第53页。

③　梁漱溟：《社会本位的教育系统草案》，梁漱溟：《乡村建设论文集》，第99页。

④　梁漱溟：《目前中国小学教育方针之商榷》，马秋帆：《梁漱溟教育论著选》，第210页。

⑤　晏阳初：《有文化的中国新农民》，宋恩荣主编：《晏阳初全集》第1卷，第143、155~156页。

⑥　晏阳初、陈筑山：《定县实验区工作概略》，乡村工作讨论会（江问渔、梁漱溟）编：《乡村建设实验》第3集，第242页。

⑦　江恒源：《两个名词的解释》，江恒源：《农村改进的理论与实际》，第1~2页。

育的主要任务是向农民传授各种先进的生产科技知识。

本着这种指导思想和所定任务，各实验区都开展了程度不同的乡村教育活动，并取得了一定的成绩，使农民及其子弟受文化教育的普及面有所扩大。在定县，1933 年时，全县成立民校 645 所，其中初级校 605 所，高级校 40 所；共有 842 班，其中初级 799 班，高级 43 班；共有学生 21 170 名，其中初级生 18 601 名（内有女生 6 927 名），高级生 2 569 名（内有女生 163 名）；已毕业者 434 班，其中初级 393 班，高级 42 班；共计有毕业生 7 639 名，其中初级生 6 847 名（内有女生 2 329 名），高级生 792 名（内有女生 74 名）。[①] 在邹平，1932 年时，就已设有乡农学校 91 处，其中高级部 16 处，普通部 75 处；已有 3 996 人受到教育，其中既有青少年农家子弟也有中老年农民，平均年龄为 25.33 岁，50 岁以上者为 96 人，年逾 70 者 6 人；此外还办有蚕桑班 1 班、30 人，儿童班 2 班、28 人。到 1934 年时，乡农学校改成为村学、乡学，全县 13 乡均已成立乡学，并设立村学共计 55 所，学生总数为 8 828 人。[②] 各乡学中设有升学预备部，相当于高级小学，1935 年时共计有 17 班。除了村学和乡学之外，还开办各种职业培训班和青年义务教育训练班。到 1935 年时，在全县 14 乡共举办青年义务培训班 269 班，培训学员 8 603 名，其中按等级水平划分，有高级水平者 225 人、中级水平者 8 名、初级班 4 684 名、无等级者 3 686 名；按业别划分，学农业者 7 679 名、学工业者 506 名、学商业者 406 名、其他 12 名。[③] 在无锡，1933 年时，惠北地区已设有“民校 35 班，内妇女班 20，学生 612 人；男子班 15，学生 343 人；又儿童 87 人，共计 1042 人。凡 43 学级，计高级 18 级，初级 25 级，毕业者 95 人。”北夏地区“共开民校 17 所、23 班。内成人班 11 班，学生 422 人；青年班 6 班，学生 169 人；儿童班 6 班，学生 402 人。其中男占 642 人，女占 351 人，……毕业 206 人，内男 138 人，女 68 人。”[④]

与此相应，各实验区乡村教育机构所实施的教学内容，除了国民政府所规定的教科书和日常生活知识之外，主要是有关乡村建设所需的先进科

---

① 晏阳初、陈筑山：《定县实验区工作概略》，乡村工作讨论会（江问渔、梁漱溟）编：《乡村建设实验》第 3 集，第 242～243 页。

② 许莹涟等：《全国乡村建设运动概况》，第 1 辑上册，山东乡村建设研究院出版社 1935 年版，第 203～204、233～234 页。其中乡农学校学生的平均年龄，根据该资料数据计算。

③ 张石方等：《邹平乡学概述》，第 4、6 页，《乡村建设》第 5 卷第 4 期。该资料之统计略有错误，其中开办班数原资料为 271 班；学员中无等级者为 2686，这也可能是印刷不清楚。本文所用的数字，是依据该资料的数据进行重新计算后得出的。

④ 《江苏省立教育学院乡村民众教育实验工作报告》，乡村工作讨论会编：《乡村建设实验》第 3 集，广州中华书局 1938 年版，第 74～75 页。

学技术知识。以山东乡村建设研究院为例，其乡学升学预备部的课程，"仍沿用教育部颁发之课程，外酌加乡建大意、合作簿记等"。养蚕训练班，设有"研究养蚕制丝及合作社等课目"。棉业合作社讲习会，设有"研究植棉方法，及合作运销、合作簿记等课目"。青年义务教育训练班所开设的课程则包括有："1. 国语（识字教育、应用文、演说竞赛等）；2. 音乐；3. 常识（自然科学、农业改良及一切日常生活指导）；4. 军事训练；5. 国术（国术团体操及其他有关体育活动）；6. 公民（村学乡学须知、时事报告、社会问题讨论、精神陶炼等）。"并规定："各教育单位均应采用乡农的书、识字明理、小学各科教科书、村学乡学须知、县公报、大公报、山东民国日报、县政府各种政令、乡村常用契约、柬帖及其他适宜读物。"①

山东乡村建设研究院还设有乡村服务人员训练部，就地培养乡村建设工作人员。该培训部以培养乡村建设工作人员的服务精神、知识、技能为目的。其开设的主要课程有这样几项：一是党义教育，包括三民主义、建国大纲、建国方略等；二是各种精神陶冶；三是自卫技能训练，如军事知识、拳术等；四是经济知识教育，涉及经济学、农村经济、各项合作、会计、社会调查及统计、农业常识及技术、农产制造、水利、造林等；五是政治知识教育，如政治学、乡村自治、乡村教育、风俗改良等。② 由此，不仅将先进的文化和科技知识传授给了乡村建设工作人员，而且通过这些工作人员传播给了广大的农民。

此外，山东乡村建设研究院还于 1931 年开办了农场，以此作为试验、传授和推广先进农业科技的机构，既给学员提供学习农业科技知识的实验场所，又向农民推广先进的农耕和畜牧技术，力图促进农业生产和农民素质的现代化。它规定自己的宗旨就是向农民推广和传授先进的农业科技知识和生产工具，宣称："本场就是让最进步的知识、技术、器具多量的为农业所采用的一个机关；更具体言之，则本场之开办，不外欲介绍农业上新技术、新机器以及种种新的科学方法于农民，以增加其农业生产。"并据此规定了实验、推广、研究农业科学技术的工作方针："（1）收集各地农业机关试验已有成效之品种，作一度之区域试验；再将有效之结果，以表证的方法推广于当地农民。（2）为求推广之易于收效，当提倡农民组织合作社，运用新机器、新技术，作大规模之生产，促使农业社会化。（3）推广发生困难或为提供推广材料，乃从事于研究实验。（4）供给院内学生研究及实习材料，

---

① 张石方等：《邹平乡学概述》，第 4、5、6 页，《乡村建设》第 5 卷第 4 期。
② 许莹涟等：《全国乡村建设运动概况》第 1 辑，第 74～77、84 页。

以便推广于本省各县。"① 在良种试验方面，设有"园艺及各种作物育种场"、"棉麦育种场"、"棉种繁殖场"、"养鸡场"、"养蜂场"，实验的品种涉及小麦、高粱、粟、大豆、中国棉花、美国棉花、苹果、葡萄、中国梨、外国梨、桃、白菜等农作物和猪、牛、鸡、羊、兔、蚕、蜂等禽畜。在良种推广方面，以美棉最有成效，所设的"棉种繁殖场"，以试验繁殖美棉为主，并发布"本院为推广脱里斯美棉告农民书"②，动员农民种植美棉；还发放美棉种子和《种棉浅说》、《选种浅说》，推动和指导农民种植美棉。这些措施使改良美棉的种植面积迅速扩大，在 1932～1934 年的 3 年中，种植面积从 874 亩增至 23 266 亩、41 283 亩，"行将普及全县"。③ 在改良蚕种方面，推广优良蚕种数量从 1932 年的 593 张，逐年增加为 1933 年的 740 张、1935 年的 1 685 张。在改良猪种方面，引进波支猪与本地猪杂交，繁殖出新品种波邹猪。该猪种与邹平猪相比，每头每年可多长肉 50 斤，价值 8 元；自 1931 年 8 月至 1934 年 12 月，共繁殖养殖 18 113 头，"共为农民增加生产 144 914 元"。④ 随着优良品种的推广，自然会使广大农民掌握相应先进的作物种植和禽畜饲养的科技知识。

该农场还把推广优良品种的过程成为促使农民树立科学兴农观念的过程。要向农民推广优良品种和新的种植、饲养方法，自然首先要使农民相信这些优良品种和新方法。对此，该农场有清楚的认识，他们指出："农业推广之意义，系对民众施行关于农业生产及农民生活方法改良上之各种教育；……故每一新方法或新品种推广之际，当先使之明了其原有者与新推广者优劣点之所在，然后方能接受；否则农民之守旧心重，积习难改，虽有推广良法，绝难诚意接受。……本场认为过去从事推广者之无甚成绩，在于少下教育工夫。"因此，他们确定推广优良品种的基本原则之一是："以村学乡学为推广策源地"，既通过村学乡学向农民讲解新品种、新方法的好处，又"以村学乡学为推广机关（受本场指导之村学乡学教员），先与农民（村学乡学学生）在感情上有深切之联络，继之施以精神陶炼，使有向上学好求进步之要求；再指点其问题所在，进而研讨改进方法，即自然追寻至新种子新方法之采用方面矣，……对新技术、新方法遂争相采用，而推广之

---

① 于鲁溪：《山东乡村建设研究院农场四年来工作之回顾》，第 1、2 页，《乡村建设》第 5 卷第 4 期。

② 《山东乡村建设研究院农场工作报告》，第 7～8 页，《乡村建设》第 5 卷第 1 期，1935 年 8 月 16 日。

③ 于鲁溪：《山东乡村建设研究院农场四年来工作之回顾》，第 4 页，《乡村建设》第 5 卷第 4 期。

④ 同上书，第 9、10 页。

效果见矣"。①

　　在实际推广工作中，该农场也是这样做的。在推广改良美棉中，早在1931 年冬乡村建设研究院"学生下乡办理乡农学校之际，即行宣讲邹平棉业改良之必要，及种脱里斯美棉之利益等，农民早已跃跃欲试。次年春季乃于十一乡各乡农学校学生中，择其成绩优良者作为棉花表证农家"，从而开始推广改良美棉。② 此后，又在其发布的"本院为推广脱里斯美棉告农民书"中，详细陈述种植改良美棉的种种实际利益，促使美棉种植大步推广。③ 在蚕业改良中，乡农学校成了主要的推广者。"当开创改良伊始，先由研究院师生全体下乡创办'乡农学校'，同时并由院务会议议决，乡农学校所讲农业问题，须就各区情形择其重要者一二种特加提倡，……于是在蚕业改进区内各乡校，对于养蚕问题甚为注重；并邀请青岛大学农学院任济民先生来邹分赴各乡学讲演（蚕业），……及至乡校春季开学，研究院遂与青大农学院会商，请郑普一先生来邹担任蚕业导师，并聘助理员数人负责指导。实施进行之先，召开蚕业改进会各乡校懂会议，讨论拟定蚕业合作社规程，……规程既定之后，就由各乡校懂会通知各村乡农学校，分别组织蚕业合作社"，使蚕业改良工作逐步推进。④ 此外，还举办农产品展览会，"陈设本场各项表证材料，广为宣传，俾农民互相比较观摩，引发其采用新种及种植方法之兴趣"，⑤ 由此增进农民的科技观念。

　　由此可见，通过举办各种乡村教育，农民逐步破除了守旧心理和传统观念，逐步学习、掌握、运用和相信部分农业科技知识，使新式农民的素质有所培育。

　　上述二十世纪三十年代的乡村建设运动，当然存在着不少缺陷，如它的改良主义的政治出发点、依赖地方政府和国内外社会力量资助的经费来源，及其所推行地区和所取得实际成效的局限性，相对于当时半殖民地半封建社会的国情背景和普遍贫穷的广大农村，显然不能成为乡村建设派所期望的解决近代中国农村问题的有效途径，更不能成为解决近代中国问题的根本之路。但是它的改造农村的一些思想认识和具体做法，既把改造农村问题作为

---

　　① 于鲁溪：《山东乡村建设研究院农场四年来工作之回顾》，第 2～3 页，《乡村建设》第 5 卷第 4 期。

　　② 同上书，第 4 页。

　　③ 《山东乡村建设研究院农场工作报告》，第 7～8 页，《乡村建设》第 5 卷第 1 期。

　　④ 《蚕业合作概况》，第 1 页，《乡村建设》第 5 卷第 11、12 期合刊（邹平实验县合作事业报告专号），1936 年 2 月 16 日。

　　⑤ 于鲁溪：《山东乡村建设研究院农场四年来工作之回顾》，第 10 页，《乡村建设》第 5 卷第 4 期。

中国现代化的关键问题，又企图寻找一条改造农村的有效途径，并显示了一种比较系统的具有一定现代化意义的农村建设路径，也取得了一定的实际成效，可以说是中国近代以来农村改造多种模式中的一种，具有一定的历史意义。

中国社科院研究员　虞和平

对 1927～1937 年间
中国机器面粉工业的若干考察

　　关于中国近代机器面粉工业的研究已有不少重要成果。[①] 本文拟对抗日战争前 10 年间机制面粉工业的发展与不发展，外资企业及进口面粉对民族工业的影响，面粉工业的市场、原料及生产，抗战前中国机制面粉产量等问题，提出若干看法，以就教于同仁。

　　1927～1937 年期间，随着国内近代工业的扩大和相应的城市化进展，机制面粉[②]的消费市场在逐步扩充。特别是在 1933 年以后，中国民族工业逐渐将进口面粉逐出国门，赢得了国内大片市场，取得了机制面粉进口替代的重大胜利。同时，面粉工业的工厂数和设备数都有了一定增加，面粉产量在 1933、1934 年曾达到了 10 年期间的较高水平。但由于近代中国社会经济性质的影响，机制面粉的农村市场难以形成，特别是日军占领东三省，中国面粉工业约 1/4 市场受到严重损失，面粉工业整体仍不能摆脱困境，开工率低下，产量远远低于设计能力。估计直至 1937 年抗日战争前，仍未达到 1933 年前后的产量水平。

　　1928～1937 年间的中国机制面粉工业生产是在两大因素影响下运转的。一是国内面粉需求的特性对面粉工业市场的基本制约。二是在有限市场中的外资与华资的激烈拼杀。在这两个基本因素作用下，民族面粉工业在艰难境遇中奋力拼搏，辗转延续。

---

　　① 如陈伯庄：《小麦及面粉》、中国科学院经济研究所等编：《旧中国机制面粉工业统计资料》、上海市粮食局等编：《中国近代面粉工业史》、徐新吾、杨淦：《抗战前民族资本面粉工业对外资竞争的相对优势》等。
　　② 本文所指"机制面粉"的含义是近代机器面粉工厂产品。

一、国内面粉工业市场的基本特征与
20世纪30年代变动趋势

在近代中国，机制面粉的消费对象是城市市民，而且是以大城市为主，经济发达、交通便利的中小城市为辅。在一般的城市和一些乡镇中，机器磨坊和畜力土磨坊占据重要地位。而在广大农村，则是农民用以满足自身消费的手推磨粉、土磨粉一统天下。

20 世纪以来，随着国内近代工业的扩大和相应的城市化进展，面粉的消费市场逐步扩充。在北方诸城市，面粉及其制品是包括各类工人在内的市民们主要食品之一。在 20 世纪 30 年代的天津，即便是各类手工业者家庭中，按"平均每家 10 个月的食品构成"分析，面粉类食品约为 141 公斤，占主食中的第二位。[①] 在上海等南方城市，大米虽是市民的主食品，但在产业工人中，面粉类食品也占相当比例。[②] 因此，自 20 世纪初至抗日战争前，面粉的国内市场在逐步扩张，进口洋粉和国内生产面粉的销售量都在增加，仅从关内市场看，各海关入口的面粉，包括洋粉和国产粉，在 1922～1932 年的 10 年期间，从 5052 千关担增加到 13979 千关担，增加到 277%。[③]

但机制面粉的消费却大体局限于城市。在我国北方尽管人们喜食面食，却并非广大农民的生活水平所能普遍享用，正如一位专家所说："小麦为比较高价之精粮，北方农村贫乏，多留用粗粮，售出精粮。小麦既非华北惟一粮食，尤非农村之必留粮食，小麦实为都市主要民食。""机制面粉完全为都市民食"。[④] 在南方，机制面粉更完全是为供给城市特别是大城市市民消费的。以广东省而言："面粉非粤人主要粮食，乃每年进口占最大宗，居米谷之上。盖粤省制作面点食品及饼饵，俱以面粉为之，其余各制造饮食品业亦需用面粉不少，如饼干业、面包西饼业、粉面茶点业、茶楼饼业及酱料业等，皆销用面粉最大事业也。"[⑤] 反观内地，许多城镇的面粉供应，仍是土磨坊的产品而非机制面粉。据调查，1936 年山西省 69 个县共有畜力磨坊 1186 家（平均每县 17～18 家），年产面粉 5540 多万斤，按当地计量单位机

---

① 冯华年：《民国十六年至十七年天津手艺工人家庭生活调查之分析》，南开大学《经济统计季刊》一卷三期。数据为作者重新计算，文中手艺人系指手工业者。

② 《上海市工人生活程度》，上海市政府社会局 1935 年。

③ 陈伯庄：《小麦及面粉》，交通大学研究所 1936 年版，第 9 页附表二。

④ 同上书，第 7 页。

⑤ 国民政府西南政务委员会国外贸易委员会编：《广东工商业—麦粉》。

制面粉每包 37 斤折算，则磨坊土粉年产量将近 150 万包，超过该省机器面粉工厂年产量 90.02 万包的 60%。就当时华北数省来说，山西是有一定代表性的。①

从全国面粉工厂的产品销路分布中，也可明显看到面粉市场的城市性消费特点。据 1931～1933 年的调查，全国民族机制面粉工厂年销量约 8000 万包，其中上海一地约 3500 万包，本地直接消费约 350 万～400 万包，出口国外 6 万～100 余万包，余均转口销往国内各地大城市，占全国民族面粉工业输出额的 70%～80%。② 面粉最重要的市场是天津，销天津者占上海面粉产量的半数。而天津当时号称"东亚最大面粉销场"，每年可销面粉约 2000 万包，占全国总销量的 1/4。③

其他各地面粉的销售也明显呈现出以城市特别是交通干线沿线城市为主的特征。无锡地区的面粉厂销路为附近各地并上海。南京、镇江、常州、芜湖及苏北各面粉厂，主要销本地和邻近地区。蚌埠、滁州的面粉销本地和潼关。山东的青岛、潍县、青州、泰安、周村、济宁等地面粉主销本地。汉口面粉销本市及湖南江西。④

农村市场的缺乏对机器面粉工业国内市场形成根本性制约：⑤ 自 1921～1936 年，面粉工厂出品在商品面粉生产中所占比例基本不变。见下表：

表 1　　　　　1921～1936 年商品面粉中机器粉厂产品比例变化表

	1921 年（单位:%）	1936 年（单位:%）
1. 商品面粉	45.15	46.30
其中：		
机器粉厂生产	18.36	18.40
机器磨坊生产	1.13	2.21
土磨坊生产	25.66	25.69
2. 非商品面粉	54.85	53.70

资料来源：《中国近代面粉工业史》，第 105 页。

---

① 上海市粮食局、上海市工商行政管理局、上海社会科学院经济研究所经济史研究室编：《中国近代面粉工业史》，中华书局 1987 年版，第 109 页。

② 本地和出口量据上海市粮食局、上海市工商行政管理局、上海社会科学院经济研究所经济史研究室编：《中国近代面粉工业史》，第 139 页；余据陈伯庄：《小麦及面粉》。

③ 陈伯庄：《小麦及面粉》，交通大学研究所 1936 年版，第 16 页。

④ 同上书，第 25～26 页。

⑤ 上海市粮食局、上海市工商行政管理局、上海社会科学院经济研究所经济史研究室编：《中国近代面粉工业史》第四章。

二、外国势力对国内市场的影响及变化

　　市场是企业的生命。在中国市场中，国产面粉面临着进口洋粉与国内外资企业产品的激烈竞争。势力对比的消长对中外各方生死攸关。自第一次世界大战结束后，外国面粉又大规模输入中国市场。1922~1932 年，"洋粉"每年进口都达二百多万关担到五六百万关担，最高的 1929 年近 1200 万关担。每年平均进口量，1922~1927 年为 4 472 193 关担，1928~1932 年为 6 926 861 关担，增加了 55%。自 1922~1933 年，各海关外国面粉年均进口占全部面粉比例为 45.6%，最高年份达 65.3%，最低年份也达 27.6%。洋粉对中国民族工业构成最大威胁。

　　自 1930 年后洋粉进口逐渐减少，国产面粉呈增加趋势，稳定在 50% 以上。而自 1934 年修改关税后，局势为之一变，关内的外粉进口比例只有 9.9%，国产面粉的比例达 90% 强。国内面粉市场发生了重要变化。见下表：

表 2　　　　　　　　　　**面粉海关入口统计表（1922~1937 年）**　　　　单位：1000 关担

年份	全国关内关外进口总量	其中：国产粉量	比例%	其中：外国粉量	比例%	关内各海关进口总量①	其中：国产粉量	其中：外国粉量	关外各海关进口总量②	其中：国产粉量	其中：外国粉量
1922	6539.7	2930.4	44.8	3609.3	55.2	5052.4	2441.5	2610.9	1477.3	479.0	998.3
1923	8783	3045.2	34.7	5737.8	65.3	6895.0	2293.0	4692.0	1798	752.2	1045.8
1924	12451.6	5850.7	47.0	6601.0	53	8809.6	4235.9	4573.7	3642	1614.8	2027.2
1925	10179.5	7366.6	72.4	2812.9	27.6	6597.1	5279.4	1317.7	3582.3	2087.2	1495.1
1926	11175	7478.8	63.5	4297.1	36.5	8079.6	5515.7	2563.9	3696.2	1963.1	1733.1
1927	10202.4	6377.3	62.5	3825.1	37.5	8688.4	5577.5	3110.9	1514	799.8	714.2
1928	13094.5	7109.5	54.3	5985.0	45.7	11351.7	6562.4	4789.3	1742.7	547.1	1195.6

　　① 1922~1934 年关内总量和国产、进口粉数据，根据前引陈伯庄：《小麦及面粉》附表（二），某些年度数据已据中国社会科学院经济研究所等：《旧中国机制面粉工业统计资料》99 页表 58 修改。

　　② 1922~1931 年关外总量和国产进口粉数据，系根据前引《旧中国机制面粉工业统计资料》73 页表 45、99 页表 58 计算。1932~1937 年的关外数据，根据《旧中国机制面粉工业统计资料》表 49 及注计算（国外进口加关内运入东北数）。

年份	全国关内关外进口总量	其中：国产粉量	比例%	其中：外国粉量	比例%	关内各海关进口总量	其中：国产粉量	其中：外国粉量	关外各海关进口总量	其中：国产粉量	其中：外国粉量
1929	19794.1	7858.7	39.7	11935.4	60.3	15262.2	7199.0	8063.2	4531.9	659.7	3872.2
1930	11475.8	6287.6	54.8	5188.2	45.2	8095.6	4723.1	3372.5	3380.2	1564.6	1815.6
1931	15185	10295.4	67.8	4889.6	32.2	12056.4	8343.0	3713.4	3128.6	1952.4	1176.2
1932. A 1932. B	13978.9 18065	8199.8 9647.4	58.7 53.4	5779.1① 8417.6	41.3 46.6	13978.5	8199.8	5779.1	4086.5	1447.6	1076.3 2638.9
1933. A 1933. B	12479.7 20849.6	9243.4 12012.9	60.6	3236.3② 8836.7	39.4	12479.7	9243.4	3236.3	8369.9	2769.5	5600.4
1934. A 1934. B	9920.5 18569.2	8935.1 10189.8	90.1	985.4 8379.4	9.9	9920.5	8935.1	985.4	8648.7	254.7	7394.0
1935. A 1935. B				844.4				844.4	7695.6	80.3	7615.3
1936. A 1936. B				512.9				512.9	3480.9	381.4	3099.5
1937. A 1937. B									1297	22.0	1275.0

　　估计 1932 年后至抗日战争前，国内面粉工业总产量估计不超过 8 千万包。③ 此时期洋粉进口量，已从 1932 年的 685 万关担④（合 18268950 包）下降为 1933 年的 323 万关担（合 8633252 包）再下降为 1936 年的 512852 关担（合 1367776 包），占面粉工业总产量的比例（以年产 8 千万包计），约从 22% 降到 11% 再降到 1.7%。

---

　　①　自 1932 年起，A 只含关内数据，转见前引《中国近代面粉工业史》第 53 页表及《旧中国机制面粉工业统计资料》表 49。1932 年外粉进口原数为 6855 千关担，包含上半年关外数，统一为关内数，现扣除；计算数据与陈伯庄附表（二）略异，此从陈数据。B 包含关内外数，但关外已为日本殖民地，外国粉进口实际上与关内无关。B 数据不具有可比统计意义。

　　②　1933 年起公担折成关担，据前引《中国近代面粉工业史》页 54，外粉 3237 关担。自 1933 ~1936 年间，全国进口量只含关内各海关。关外数据系根据伪满财政部：《国外贸易统计年报》，转自《旧中国机制面粉工业统计资料》表 49 及注。

　　③　陈伯庄：《小麦及面粉》第 9 页。详细论证见本文后节。

　　④　《旧中国机制面粉工业统计资料》表 46，1932 年输入外粉 6855041 关担，而《中国近代面粉工业史》53 页表为 6636658 关担；此从前书数据。

国产替代了大部分进口面粉，对民族面粉工业而言极为有利。但这只是原有需求总量之内，中外产品比例的变化。因此，国内市场需求总量进一步扩大还是缩小就成为中国民族面粉工业能否发展的一个关键问题。由于前述近代中国城乡关系制约下农村市场难于扩大，机制面粉的国内市场的总需求也难以扩大。在 1927~1937 年间，在总需求大体不变状况下，外商和华商面粉厂的力量对比以及原有市场范围的变化，成为影响市场需求量的决定因素。

中国近代面粉工业始于外资在华设厂。历经数十年至 20 世纪 20、30 年代，外资企业形成的基本特点是：日本资本独占，基本局限于东北地区。

东北近代面粉工业中的外资企业为俄商 1900 年创办，在 1913 年东北外商曾达 40 家，[①] 该地机器面粉工业为俄商控制。日俄战争后，俄商资本开始转移于华资。至 1921 年，俄资面粉厂除 4 家外均入民族资本之手。东北地区华资面粉企业已达 57 家，被称为面粉业的黄金时代。时刻觊觎东北的日本在俄资溃退时立即插手，1908 年在辽宁创办了满洲制粉株式会社，但由于民族工业的努力，长期以来势力局限于南满。"九一八"事变后日本垄断资本大举扩张。据 1936 年的统计，日资在东北共有制粉厂 15 家，资本额 15000 千元，日生产能力 52300 包，分别占该地区制粉厂 68 厂的 22%、资本额总数 32550 千元的 46%、日生产能力 168710 包的 31%。[②]

从全国看，至 1936 年，外国资本在华面粉厂主要为日本厂，大部集中于东北地区，另河北、山东各一厂。合计在华外厂共 17 家，资本额 15385 千元，日生产能力 58500 包。而同年华商面粉厂共 152 家，资本额 52822.4 千元，日生产能力 452218 包。日本厂占华厂资本额的 29%，占华厂日生产能力的 13%。[③]

东北市场丧失直接引发华商面粉工业的衰落。1931 年"九一八"东三省被占领，对全国民族面粉工业造成巨大打击。至 1931 年，东北地区约有华资面粉厂 58 家，占全国实存华资面粉厂 164 家的 35%；58 厂日生产能力为 79930 包，占全国华资厂总生产能力 305245 包的 26%。全国 1/3 以上华资厂及 1/4 以上生产能力陷入日本殖民统治之下。[④] 详见下表：

---

①　《中国近代面粉工业史》第 232 页表。

②　参见前引《中国近代面粉工业史》。

③　见前引《中国近代面粉工业史》，第 66~69 页表。

④　据前引《旧中国机制面粉工业统计资料》，第 46~47 页表计算。

表 3　　　　　　　　　　　　　**东北面粉工业产量统计表**　　　　　　　　单位：袋

年度	产量	比率
1929	12678058	100
1930	11724580	92
1931	11068115	87
1932	8311923	65

资料来源：《吉黑面粉工业现状》，国际贸易情报 1936 年 10 月，1 卷 32 期。

东北沦陷，又使我国民族工业丧失一大市场。从 1912～1931 年的 20 年间，关内输往东北地区的机制面粉平均占全国各关面粉输入量的 20%。[①] 1930 年，民族工业生产面粉输往东北各口岸者共 1564554 关担，占国内各关华粉输入量 6287637 担的 25%。[②] 1932～1937 年，关内输往东北的面粉则愈来愈少，1937 年只有 22032 关担，为 1930 年的 1.4%，表明东北沦陷使关内民族面粉工业丧失约 1/5 至 1/4 的国内市场。

东北沦陷，使原来制约面粉工业发展的国内市场需求不足的矛盾更加尖锐，成为这一时期影响其发展的主要矛盾。

三、民族面粉工业的生产状况

从民族资本看，1928～1936 年，有记载厂家的家数减少了 2 家，共减少 3 家。资本额增加了 10893 千元，增加了 25.98%；日生产能力增加了 80558 包，增加了 21.68%。同期，外资企业数量增加了 4 家，资本增加了 9167 千元，增加了 147%；日生产能力增加了 17054 包，增加了 41%。外资面粉厂家数、资本和日生产能力的增加速度远远超出华商，不过在总量上仍是华商厂家占绝对优势。

1928 年、1936 年中国机器面粉工业概况大致如以下两表所示：

表 4　　　　　　　　　　**1928 年、1936 年全国机器面粉厂概况表**

单位：资本额：千元　　日生产能力：包

1928 年	华厂厂家数	华厂资本额	华厂日生产能力	1936 年	华厂厂家数	华厂资本额	华厂日生产能力
全国合计	155	41929	371660	全国合计	152	52822.4	452218
上海	17	7427	84600	上海	11	10629	101100

---

①　据前引《旧中国机制面粉工业统计资料》，第 101 页续表 58 计算。

②　据前引《旧中国机制面粉工业统计资料》，第 99 页表 58 计算。

续表

1928 年	华厂厂家数	华厂资本额	华厂日生产能力	1936 年	华厂厂家数	华厂资本额	华厂日生产能力
无锡	5	1740	30300	无锡	7	3420	36100
江苏	12	2579	20000	江苏	13	5159	38800
哈尔滨	25	4935	51430	哈尔滨	9	3700	41000
东北①	40	8850	57170	东北②	44	10150	75410
汉口	6	1400	22000	汉口	5	1450	25700
济南	9	3900	28350	济南	7	3850	37700
天津	6	3068	24020	天津	5	2550	21530
河北	9	1455	11500	河北	12	2080	15710
河南	6	1120	9300	河南	9	1557.4	13410
山东	6	2297	18600	山东	6	1707	13898
山西	4	1270	3010	山西	5	1370	5000
湖北	1	50	600	湖北	2	150	1080
四川	4	488	1750	四川	4	390	2000
陕西				陕西	3	930	7490
绥远	1	10	450	绥远	3	900	1490
湖南	1	160	880	湖南	1	300	1500
浙江				浙江	1	300	1600
宁夏				宁夏	1	50	400
广州	1	100	700	广州	1	100	700
安徽	2	680	3800	安徽	3	2080	10600
云南	1	100	500	云南			
江西	1	300	2000	江西			
1928 年	外资厂家数	外资资本额	外资日生产能力	1936 年	外资厂家数	外资资本额	外资日生产能力
	13	6218	41446		17	15385	58500

　　资料来源：1928 年据《中国近代面粉工业史》附录十一《民族近代机器面粉工业一览表》、附录十四《外国资本机器面粉工业一览表》整理计算。其中 1928 年有 2 厂情况不甚清，仍计入。1936 年见《中国近代面粉工业史》页 66 附录表。另据《旧中国机制面粉工业统计资料》的统计，1928 年民族资本工厂实存厂数 140 厂，其中有资本记载者 114 厂，资本额 3261.7 万元。有生产能力记载者 116 厂，生产能力为 263.30 千包。1936 年民族资本实存厂家为 163 厂，其中有资本记载者 103 厂，资本额 2979.6 万元；有生产能力记载者 149 厂，生产能力 301.59 千包。9 年间，新设厂 82 家，停业厂 58 家。

---

① 东北指除哈尔滨以外地区，包括吉林、长春、双城子等地。
② 同上。

表5　　　　　　　　　全国总量及关内中外企业资本、生产能力比较表

资本额：千元，生产能力：包

年　度	1928				1936			
	资本额	比例	生产能力	比例	资本额	比例	生产能力	比例
全国合计	48147	100%	413106	100%	68207.4	100%	510718	100%
民族工业	41929	87%	371660	90%	52822.4	77%	452218	89%
外资企业	6218	13%	41446	10%	15385	23%	58500	11%
关内总计	29751	100%	275460	100%	39357.4	100%	342008	100%
民族工业	28144	95%	263060	95%	38972.4	99%	335808	98%
外资企业	1607	5%	12400	5%	385	1%	6200	2%

　　资料来源：同上表，其中1928年上海裕顺、汉口东亚两厂情况不清。1936年上海三井、汉口东亚两厂情况不清。

　　在中国近代工业中，外资凭借各种不平等特权和雄厚资力，在许多行业中，比中国民族资本享有较多优势。据1933年统计，外资企业占据生产总值一半以上的行业，有造船、卷烟、皮革制造、蛋制品、锯木等；公用事业的电、水、煤气占56.9%；棉纺业将近一半。但在号称中国近代工业三大支柱的面粉业中，却是华资企业占绝对优势。[①] 其中原因值得深究，而民族资本家的奋力拼搏、经营得法是关键之一。孙氏家族经营的通孚丰集团阜丰面粉厂是典型。

　　阜丰面粉企业上海面粉工业中发展最为显著的企业。在第一次世界大战后的困境中，资本额从1920年的100万元增至1936年的300万元。1929年、1932年两次增添钢磨，面粉生产能力从1920年的6000包增至26000包。1936年又投资101.6万元建造了拥有最先进设备的全自动化圆筒麦仓，企业规模超过福新系统中最大的福新八厂，被誉为远东第一大粉厂。抗战前，阜丰先后租办了三家中型粉厂，加上先前开办的山东、河南两个厂，1937年阜丰系统的面粉日生产能力达标51500包，占全国民族面粉工业日产量的11.39%。[②]

　　阜丰经营的成效离不开正确稳健的经营方针。它十分重视自身发展再生产的资金积累，除历年有数十万账面利润外，每年都提存一定比例的公积金和折旧金。至1935年，阜丰的公积金储备已有89.6万元，折旧金达78.9万元，为度过萧条、抵制日本抢占东北、华北市场的压力储备了资力。阜丰

---

　　① 参见徐新吾、杨淦：《抗战前民族资本面粉工业对外资竞争的相对优势》，《近代中国》立信会计出版社1997年第七期，第277～299页。
　　② 徐新吾、黄汉民：《上海近代工业史》，上海社会科学院出版社会1998年版，第199页。

为保证产品质量，形成一系列生产管理特色，如坚持选购、储备优质原料，注重在生产过程中的质量管理，等等。阜丰重视对人才的培养，又建立了相对独立的金融机构。这些，都对它的发展作出了重要贡献。[①]

四、民族工业生产的困难与特征

1. 原料的困扰

国产原料小麦的质量和数量问题是制约民族面粉工业发展的十分重要的因素。因原料小麦不足导致粉厂停工的报道屡见不鲜。上海商业储蓄银行于 20 世纪 20 年代末在调查了上海面粉工业后认为，"上海今日面粉厂所最感困难者即原料缺乏，以致不能充分利用生产能力"。[②] 但国产小麦的数量的对面粉工业来说并非绝对缺乏，而是种种原因导致流通障碍，使产地小麦难以按工厂需要抵达加工地。其中主要原因是贸易制度障碍。"进口洋麦，能大量按期、按标准质量交货，国产小麦则不能按期交货，实因运输制度不良所致。而不能按质交货，则归因于国麦贸易制度之弊：国麦杂泥掺水，成色不一，毫无确定标准，不能为期货之交易，不能与洋麦争衡。这是最大障碍。"[③] 国产小麦的质量问题、国麦贸易制度的问题和铁路运输问题，使得交通不便但产麦丰富的地区难以建立起本地的面粉工业，也使那些已在铁路沿线地区建成的、主要使用国麦的面粉工厂，难以与有发达的贸易体制、方便利用进口洋麦和海运条件的少数大城市和少数大厂相竞争。上海的少数大厂就是后者的代表。

2. 面粉产量远不能满足设备开工能力，表明面粉工业发展中的主要矛盾是市场销路不足

对于 20 世纪 30 年代后的面粉销路呆滞状况，报刊时有报道："我国各粉厂实际生产状况，自 1921 年以来即已不振，各地粉厂以粉销不振或缺乏原料之故，时有停工减工之举。据调查，1922 年上半年上海各粉厂情况较好，各厂颇能开足工，下半年则最低仅开四成，平均总在七八成左右。中秋节后，更宣布停车……至于内地各厂情形亦相类似，济南、天津、汉口、徐州等处，均减工 1/4 或 1/3 不等。""1923 年以来，情况转劣，粉销益滞，粉市日下，各厂维持困难，开工不过五六成。截至 2 月中旬止，计已得悉之亏累各地厂，上海有祥生厂，亏蚀 30 万元；信大厂，亏 30 万元；泰隆厂，

---

① 前引徐新吾、黄汉民：《上海近代工业史》第 200～201 页。
② 上海商业储蓄银行《小麦及面粉》，1932 年版，第 119 页。
③ 前引陈伯庄：《小麦及面粉》，第 39～51 页。

亏 20 万元。宁波恒丰厂，亏 80 万元。南京大同厂，亏 30 万元；扬子厂，亏 30 万元。汉口福新厂，亏 20 万元。其余各厂即幸免亏累，亦鲜有盈余者。各厂减工之结果，本年面粉产量乃大为减退。据最近调查，1923 年 1 月~3 月，上海各厂共出粉 4082711 包，与 1922 年 1 月~3 月之 8776344 包出数比较，减少达 4693633 包，即减少达一半以上。"①

销路呆滞的重要表现是面粉销量远低于企业生产能力。在中国最大的面粉工业基地上海，虽然 20 世纪 30 年代前期的数年中产销比例在历年中可谓不错，但面粉销量仍不能满足企业生产能力，参看下表：

表 6　　　　　　　　**上海各厂历年销量与生产能力比较表**　　　　　单位：千包

年份	全年面粉销量	全业生产能力	销量占生产能力%
1922	8350	29940	27.89
1928	19950	30030	66.43
1929	22880	33780	67.73
1930	19070	34170	55.81
1931	30430	32580	93.40
1932	28960	35880	80.71
1933	33700	35880	93.92
1934	29820	35880	83.11
1935	27660	31230	88.57
1936	20450	30330	67.42

资料来源：《中国近代面粉工业史》，第 138~139 页。

上海是 20 世纪 30 年代面粉工业运行状况最佳地区，尽管自 1922~1936 年，粉厂的生产能力基本未发展，其产品销路也不能满足工厂已有设备生产能力。其他地区粉厂的产销状况就更远逊于上海了。当然，面粉厂开工率不足也同时表明加工设备能力过剩，但这至少说明，制约旧中国面粉工业发展的瓶颈不在于加工能力而在于市场需求。

3. 面粉工业资本和生产能力高度集中于少数大城市

机制面粉国内市场的大城市性和极其狭窄，必然使少数大城市中的少数大厂有凭借雄厚实力排挤小厂、从而在面粉市场中形成少数地区和少数厂家对市场寡头垄断或控制的可能。

据统计，至 1936 年，全国 80 多个大小城市都曾设立过民族机器面粉

①　延伸："最近我国之面粉业"，《工商半月刊》1934 年 7 月，6 卷 14 号。

厂。1936 年全国民族机器面粉厂实存 152 家，共有资本 52822.4 千元，日生产能力 452218 包。[①] 但民族面粉工业的生产力布局极为不平衡，生产能力明显集中在少数大城市，仅上海一地即占资本的 1/5 强、日生产能力的 22.36%。其余资本和生产能力，也主要集中于少数大城市，请看下表：

表 7　　　　　　　　1936 年全国机制面粉工厂资本、日生产能力分布表

地区	资本额（千元）	比例（%）	日生产能力（包）	比例（%）
全国	52822.4	100	452218	100
上海	10629	20.12	101100	22.36
无锡	3420	6.47	36100	7.98
南京	1920	3.63	13200	2.92
天津	2550	4.83	21530	4.76
济南	3850	7.29	37700	8.34
汉口	1450	2.75	25700	5.68
哈尔滨	3700	7.00	41000	9.06
长春	4200	7.95	17760	3.93
8 地合计		60.04		65.03

资料来源：据《中国近代面粉工业史》第 66～69 页表改制。长春数系据《旧中国机制面粉工业统计资料》。

从上表可见，全国民族面粉工业的资本额的 60%、生产能力的 65% 集中在 8 个城市中。

4. 在面粉工业集中的少数城市中，少数厂家居于寡头垄断地位

上海最为典型。1913 年上海阜丰厂占全业资本总额的 18%，福新厂则不足 2%。至 1937 年，阜丰已上升到全业资本额的 26.1%，福新上升到 49.25%。如果加上租办的厂，则两大系统占据上海面粉工业资本总额的 95% 以上！[②] 而在生产能力方面，至 1937 年上半年，上海实存机器面粉厂 12 家，总计日生产能力 111600 包，其中福新系统占 57.8%，阜丰系统占 34.48%，其他厂只占 6.72%。[③]

少数厂家在当地面粉工业中居于垄断地位的现象在大多数地区都不同程度地存在着。1937 年无锡有面粉厂 7 家，荣家企业系统的茂新一厂、二厂

---

① 据前引《旧中国机制面粉工业统计资料》"民族资本工业面粉工业统计表"及《中国近代面粉工业史》第 66 页表、63 页。

② 前引《中国近代面粉工业史》，第 151 页。

③ 同上书，第 147 页。

就居全业生产能力的 2/3。① 在武汉，1936 年有 5 厂，全业年生产能力为
5950 千包，年产量为 4784 千包。其中福新五厂一家，年生产能力即占全部
的 60.6%，年产量占 46.69%。② 在天津，自 1906 年创办第一家面粉厂起，
至旺盛时期的 1925 年曾达 11 厂。然至 1936 年仅存 6 厂，全业日生产能力
21530 包，其中孙俊卿、杨西园等人的寿丰一、二、三厂的日生产能力合计
15250 包，占 66.65%；福星厂日生产能力 5800 包，占 25.5%，寿丰与福新
两大厂合占总日生产能力的 92%。③

　　20 世纪 30 年代中国近代民族面粉工业能够尽可能利用各种因素，产品
质高价低，在中国市场上与洋粉进行有力竞争并在抗战前几乎占领了关内全
部国内市场，这是民族面粉工业的最大功劳，也是民族纺织工业和许多民族
工业远未达到的。但与此同时，这种发展又存在诸多问题。其一，少数大城
市和少数大粉厂的生存和扩张是以牺牲大多数地区和厂家的利益乃至生存为
代价的。特别对于富于麦产和主要面粉消费市场的广大北方地区，从长期的
生产力布局合理化角度分析，建立我国主要面粉工业基地较江南更为有利。
但上海各厂及少数通商大埠厂家的强力竞争和压迫，却使内地厂尤其是原料
产地之厂难以发展壮大而反趋萎缩。其二，内地厂之所以难与上海大厂竞争
的重要原因是运输和贸易制度等方面的落后。而这和其不是重要通商口岸有
直接关系。以直接服务于资本帝国主义和半殖民地宗主国在华利益而建立的
通商口岸，其建立和发展在很大程度上是依赖外资而与中国本土资源和生产
要素禀赋相脱节。依托于半殖民地性的大通商口岸而发展起来的面粉工业，
不仅在经济环境上与内地面粉工业极不相同因而使两者的竞争是一种不平等
的竞争，更严重者是这种不平等竞争使内地厂家难以利用本身的资源等优
势，也难以在竞争中改进自身之不足。其三，靠进口洋麦为原料是上海大面
粉厂战胜内地厂的重要因素。对上海民族面粉工业来说，利用廉价外国原料
发展加工工业是一件极有利之事。但依赖进口洋麦为原料却存在着两方面问
题。一是 20 世纪 30 年代廉价洋麦大量进口有其特殊的历史背景，即处于经
济危机中的西方诸国有大量过剩物资急于向落后地区倾销，因此这种廉价能
维持多少时日是有问题的，换句话说，一个落后国家依赖先进国家向其提供
廉价原料而发展起自己的现代工业进而实现现代化，在经济史和经济理论中
堪称奇迹。二是不利于充分利用本国原料并改进其不足。中国是产麦大国，
国麦作为面粉工业原料之所以常常不敌洋麦，既有品种问题，更有小麦贸易

---

① 前引《中国近代面粉工业史》，第 220 页。
② 同上书，第 263 页。
③ 同上书，第 280～281 页。

流通领域中的诸多弊端。如若适量进口洋麦，可以在一定时期补充国麦因本身问题引起的面粉工业原料暂时短缺，也可促使改进国麦及贸易中的问题。但如果大量进口洋麦，并严重影响到国麦的价格和生产规模以至农民的利益，则这种进口是对中国的小麦生产和改良以致对中国的农村经济和全国经济都会造成巨大不良后果。20 世纪 30 年代的洋麦进口，在很大程度上正是属于后者。正如 1932 年一批坚决反对国民党中央政府实行美麦借款的呈文所说："如果大量美麦运华销售，国产粮价必更惨落至无可收拾之地步，农村经济将濒于万劫不复之境。"① 在更深层次上，这是近代中国社会经济矛盾的体现和反映：农村购买力低和消费水平低，农民只能将生活限制在与收入相平衡的水平上。在农民吃不起小麦的状况下当然更不可能指望其吃"洋粉"，哪怕在小麦价格大跌、农民觉得出售不合算、不得不食用部分小麦时，他们也绝不是机制面粉的消费者，而至多是"农民粮食出售无利可获，大都留作自用—小麦自磨土面"② 而已。

五、对抗战前 10 年间机制面粉工业实际产量的估计

厂家资本额和设计生产能力并不能正确全面地反映出生产的真实状况。由于从 1931 年下半年开始，才有对近代中国机器面粉工业产量的正式统计，至 1934 年之后又缺乏同口径的连续统计，因此对 1934 年至抗日战争前的面粉工业产量，只能据各方面状况进行估计。

表8　　　　**1931～1933 年全国机制面粉产量统计表（关内部分）**　　单位：包

麦年	1931 年	1932 年	1933 年
总计	66379042	70853403	69847694
上海	35372869	37852555	34093400
江南及浙江	10339702	8934808	9248427
江苏北部	2170602	1517175	1614555
淮河流域	1599226	1902238	1053810
济南	6365000	6008115	7070107
山东	1171684	1320380	1774056

① "上海市政府转呈请勿续借美麦免伤农村经济代电"（1932 年 11 月 4 日），国民政府行政院档案，转见第二历史档案馆编：《中华民国史档案资料汇编》第五辑第一编 "财政经济"（三），第236 页。

② 陈伯庄：《小麦与面粉》，第 13 页。

续表

麦年	1931 年	1932 年	1933 年
天津	2554549	5902494	6833169
河北	180552	179590	51151
陇海沿线	1113222	1422013	1139006
平汉沿线	1086059	2222800	2880238
山西	351015	780669	778035
绥远			77208
汉口汉阳	3710206	2545059	2771474
湘鄂	212443	264217	363814
各省市合计	66227129	70852113	69748450
补遗			
上海小厂	151913	1290	15011
河南小厂			84233

资料来源：据南京政府税务署统计，转见陈伯庄：《小麦及面粉》附表。

原注：1. 麦年：本年 7 月至下年 6 月。

2. 本表产额，实为各地粉厂出厂销额，因所报产额不可靠。

3. 江南系上海除外。江苏北部系徐州除外。山东系济南除外。河北系天津、北平、保定、石家庄正定、邯郸除外。湘鄂系汉口、汉阳除外。

4. 天津、河北、山西及平汉沿线冀境各厂，1931 麦年仅为半年数。

本文注：税务署对 1932 年、1933 年面粉工业产量又有不同数据：① 1932 年，66631155 包；1933 年，73256976 包。

又据不同来源，1933 年、1934 年全国面粉产量可参见下表（关内部分）：

表9　　　　　　　　　　**1933 年、1934 年全国机制面粉产量表**

年　代	产量（包）
1933（1）②	76078940
1933（2）③	74857119
1934④	64963000

① 转见前引陈伯庄：《小麦与面粉》，第 9 页。

② 1933 年（1）：前引《旧中国机制面粉工业统计资料》，第 51 页，表 26。包括 41 个市县。

③ 1933（2）：巫宝三主编：《中国国民所得》（下），中华书局 1947 年版，第 128 页。所引数据来自前引陈伯庄：《小麦与面粉》，再加上东北地区产量。

④ 前引《旧中国机制面粉工业统计资料》，第 52 页，表 27。包括 19 个面粉工业重要产地的 66 厂。

国民政府财政部税务署税务局对 1936 年度的全国面粉工业产量统计如下：

表 10　　**1936 年度（1935 年 7 月～1936 年 6 月）全国 12 省面粉厂产量表**

地　区	产量（包）
鲁、豫	12 225 034
苏、浙、皖	36 257 882
湘、鄂、赣	4 289 748
冀、察、晋、绥	9 168 953
12 省总计	61 941 612

资料来源：陈树三：《上海区面粉工业概况》，转见陈真：《中国近代工业史资料》第四辑，三联书店 1961 年版，第 414 页。

我们现在尚不能就以上数据何者更为精确做出判断。但从趋势看，1932～1933 年约为抗日战争前中国面粉工业产量最高年份，数额约在 6600 万～7600 万包之间。

这里再就上海面粉生产状况，对抗战前数年全国面粉工业产量趋势做一间接推断。上海面粉工业产量占全国一半左右，其生产能力 1936 年要较 1931～1934 年明显降低。见下表：

表 11　　　　　　**上海粉厂历年生产能力变化表**　　　单位：千包　指数：1928 年＝100

年代	生产能力	指数	年代	生产能力	指数
1922	29940	99	1932	35880	119
1928	30030	100	1933	35880	119
1929	33780	112	1934	35880	119
1930	34170	114	1935	31230	104
1931	32580	108	1936	30330	101

资料来源：《中国近代面粉工业史》，第 138～139 页。

上海是 20 世纪 30 年代华商粉厂经营最佳之地，但其面粉销量又逊色于日产能力，1934～1936 年的实际产量显然低于 1931～1933 诸年。

综合上述各项数据，给人的印象是，1931～1934 年为抗战前全国机制面粉产量、销量较高年份，1932 年、1933 年为最高峰，此后有向下减退之势，因此估计 1936 年全国产销量亦不会高于 1931～1934 年。有研究认为："抗日战争前四年，关内机制面粉的年产量大约在 7 千万包左右，最高时也未超过 8 千万包……加上东北地区 1 千万包左右，全国机制面粉产量不过 8

千余万包。"① 本文认为以上论断较为确切。由此判断,《中国近代面粉工业史》一书对 1936 年的机粉产量估计为 12322 万包,确有可能偏高。

如果大体确认上海机制面粉实际产量约为国内实际产量的一半,1936 年上海面粉产量与 1928 年基本持平,则可以推论,自 1928 年至 1936 年的全国机制面粉实际产量,大致也维持在相同水准上下,其中 1932 至 1934 年较高,以后下降至与 1928 年相等水平。

中国社科院研究员　林　刚

---

① 前引《旧中国机制面粉工业统计资料》,第 49 页。

近代中国工商社团的转型与发展

近代中国被迫开放，"商战"愈演愈烈，西方工业文明对中国工商业者产生较大影响。这些情况促使中国各地工商社团在量的方面有了明显的新发展，在性质上出现了由传统向现代化的转型[①]，并增强了其促进社会经济发展的功能。

一、清后期工商社团的发展

我国工商社团发轫于古代行会。自宋代以后，随着工商业的逐渐发展，行会组织的规模"日形壮大"。至清代，随着商品经济的进一步发展，以"公所"为名的同业组织在很多城镇出现，也有同业组织以"堂"、"会"、"宫"、"庙"、"殿"等为名。此外，随着明清时期商品经济的发展，以地缘为纽带的商人会馆以一定的章程和约定俗成的条规约束会众的性质逐渐增强，逐渐成为一种商人自我管理及互助济困的行会组织。古代中国工商行会组织主要以一定的章程和约定俗成的法规约束会众，执行经济上行业协调职能、扶贫济困的福利功能、祭祖拜神等聚心功能。当时官府需要工商行会组织承应科差，并协助官府维护地方市场秩序。各地工商行会组织也往往要靠官府保护其"合法"性，帮助压制本地同业中其他行会的产生，维护行规的权威性；当面临其他社会恶势力侵扰勒索时，需要官府的庇护以保护行业正当利益。清后期这些行会组织继续发展，为20世纪初期商会组织及工商同业公会组织的发展打下了基础。

鸦片战争以后，中国国门洞开，外商洋货蜂拥而至。由于中国许多旧有的手工业制品敌不过外国同类机制品而日趋衰落，经营这些手工制品的商业

———————————

① 1995年，汪敬虞先生与我谈有关《中国近代经济史，1895～1927》一书结构时，曾说起清末民初中国工商社团的发展问题，启发了我对清末民初中国工商社团向现代化转型的研究兴趣。谨以本文纪念汪公对我的教导和帮助。

行业也随之衰落，这些工商行业的行会也难以为继。与此同时，因进出口贸易发展而产生的一些新商业行业逐渐壮大起来。例如，洋铁、洋针、火柴等洋货的进口，挤垮了中国的土铁、土针、火石等，原来经营这些土产的商业迅速衰落，而经营洋铁、洋针、火柴等洋货的商业迅速发展起来；同样，随着洋纱洋布输入的增加，经营土纱土布的商业逐渐被经营洋纱洋布的商业所取代；从事收购羊毛、牛皮、烟叶、豆类等新出口土货的商业组织也逐渐发展起来。这样，随着鸦片战争后中国进出口贸易的发展，出现了许多新兴的商业和手工出口加工行业，在这些行业中相应产生了新的行会。中国原有的一部分与进出口贸易相联系的工商行业，也获得了新的发展机遇，同时外商的组织方式和经营方式等也给中国工商业以很大影响。

这些情况促使中国各地工商业者和市民们进一步组织起来，旧有的会馆、公所、行会等组织形式有一定程度推广，数量有所增加。例如，上海的振华堂洋布公所、洋油杂货公所、集义公所（进口海产业）、蛋业公所、报关业公所，汉口的西皮杂货公所、洋广杂货公所、猪鬃公所、混元公所（蛋业）等，是随着进出口贸易的发展而成立的；随着丝绸业日益兴盛，原杭州帮商人组织的上海钱江会馆逐渐演变为丝绸业的商人组织；在北京，也成立了名为"织云公所"的丝绸业商人组织；随着汉口出口茶叶贸易的发展，在汉口的原广东、山西、湖南、湖北、江西、江南等地商人组织的六帮公所逐渐演变为茶商的同行业组织。也有在地区性商人组织下分为若干行业组织的。例如在上海的四明公所内，就有济生会（酒业）、同善会（渔业）、长胜会（石器业）、崇德会（海产业）、永兴会（南货业）、同兴会（竹器业）等行业组织。上海钱庄发行的庄票可在市面上流通，为了防止信誉不好的同行损害庄票的名声，资力较大信誉较高的钱庄另行组织"钱业总公所"，享有发行银票、钱票和代售票据的权利，办理存放款、贴现以及汇划签发庄票、汇票等业务；而资力小较小的钱庄，不得参加钱业总公所，主要经营货币兑换及存放款，其所开庄票不能流通。这样，在一地同业之中出现了不同"公所"的情况。上海开埠前（1644～1842年），有同乡同业团体30个，开埠后（1842～1911年），迅速增加至100多个，其分布几乎遍及各行业；[①] 晚清上海新建立的行会中同业团体超过同乡团体一倍多，也从侧面反映出近代上海工商界"依靠同乡声援向重视同业呼应方面的变化"。[②] 它们中间有不少团体仍沿用传统的会馆、公所名称。其他城市，如汉口，

---

① 樊卫国：《近代上海经济社会功能群体与社会控制》，《上海经济研究》2001年第10期。
② 沈祖炜主编：《近代中国企业：制度和发展》，上海社会科学院出版社1999年版，第199页。

1891 年 10 月一个月间就先后新建广东会馆和淮盐公所；扬州 1992 年成立药行会馆，当时扬州已是"不论大小行业，皆有公所会馆"。① 各地城市随着商业的兴盛，一些旧式地区性商人会馆、会所逐渐演变为行业性组织。据彭泽益先生的统计，自 1655～1911 年间，汉口、苏州、上海、北京、重庆、长沙和杭州等地有工商会馆、公所共约 598 个，其中手工行业约占 49.5%，商业行帮约占 50.5%。② 彭泽益先生还指出，除上述统计之外，天津、南京、烟台、宜昌、福州、镇江、奉天、琼州、北海、龙州、蒙自等地都有不少会馆、公所等工商组织。这些工商组织以后继续发展，为 20 世纪初期商会组织及工商同业公会组织的发展打下了基础。

　　清后期工商行会组织的社会功能不仅仅是联乡谊、营慈善，通过设立祠庙祭祖拜神等这些"浓郁的宗教般活动使同人产生深厚的向心力和归属感"③，还在调解同人经济纠纷和冲突方面发挥了很大作用。上海广肇公所 1872～1902 年间所做议案 143 个，调解纠纷案 97 个，其中包括合资纠纷 42 件，一般经济纠纷 29 件，劳资纠纷 1 件。④ 这一案例说明调解同人纠纷已成为这一时期公所的主要功能。清后期工商行会组织更重要的社会功能是制定行规，规范行业活动。为了规范行业市场和行业活动，维持本行业及其成员利益，清代工商行会组织往往由公所会馆的会董集议定有行规章程。有些行规内容较为细密，涉及生产经营上的各个环节，从生产组织的形式和规模、原料的获得和分配、产品的数量和质量、业务的承接、销售的范围、度量衡的标准、货物的价格、结账的日期到同行之人福利和相互关系等等无所不包。行规还对产品规格、质量、原料分配、度量衡使用进行统一规定。例如，湖南益阳烟业条规有每烟"捆轻重，遵照宪断，每毛捆只准 53 斤为度，不得多加减少，如违公同禀究"。安化染坊业行规有"各染坊凡染青，要细加工作，先将布底深染，虽旧而颜色不改，如有浅染弄弊减价掣骗，查出重罚。"长沙明瓦业行规有：本行所需原料"城厢内外到得有货者，知音必先晓众，公分派买，勿得隐瞒独买"，否则议罚。湖南宁乡摊店鱼行行规："出货均用正 16 两称，解用靖解，斗用靖斗，尺用省垣铜尺，如有短少情弊，公同议罚，不服禀究。"行规还划定经营范围和用工限制，违者往往受到严厉惩罚。例如苏州麻油业聚善堂规定相隔 70 余家才可开设油坊；苏州小木公所和梳妆公所行规严格控制学徒人数，并订立限制入行的各种措

① 王日根：《近代工商性会馆的作用及其与商会的关系》，《厦门大学学报》1997 年第 4 期。
② 彭泽益主编：《中国工商行会史料集》，中华书局 1995 年版，第 999～1046 页。
③ 樊卫国：《近代上海经济社会功能群体与社会控制》，《上海经济研究》2001 年第 10 期。
④ 同上。

施。① 浙绍公所规定，学徒 5 年才准满师，6 年才准留用。学徒入行必须交上会钱，且有严格人数限制。总之，清代各地方社会经济活动和市场运作主要靠民间约定俗成的习俗进行规范和约束，而实现这种规范，控制社会均衡的社会化组织主要是各地会馆和公所等行会组织。它们订立的行规成为地方上规范行业市场、调整行业活动的基本准则。②

对违反行规的惩罚常常很严厉。例如，苏州金箔业行会有一规定，就是每个作坊老板一次只能雇一名学徒，而且还只限于大作坊。这项手工艺的学徒期限是 3 年，只有在一个学徒期满以后，老板才能雇另一名学徒。但是1872 年有一个同时又是行会首董的作坊老板，得到县官的同意，打破了行规，多招了一名学徒，受到本业同行们的威胁，他就去请求县衙门的帮助，"工匠们最后请他到公所谈判，他在几个衙役的保护下来到公所。当他到达之时，那里已经聚集了大约 120 名工匠。他们把衙役推出门外，然后关上大门。……由于他破坏了行规，他们决定每人咬他一口，一直到把他咬死。谁要是拒绝参加这个可怕的行动，就用同样的办法对付谁。这样，他们就一起上去把这个倒霉的人绑好，在他的周身遍地咬起来，直到他死去。"就在苏州案件发生以后 10 年，人们从报纸上还看到："杭州锡箔作坊于收徒一事，规则极严，费用亦钜。非逢乡试之年，不能擅收。起师满师，皆须遍请同业。一经学满，须为师家白做 3 年，方可外就。"而在福州，在此以后 15 年还出现"超过行会规定多收学徒的店东"，"被残酷地打死的故事。"可见，这种情况并不限于苏州，而"带有普遍的性质"。③

在清代社会，官府需要工商行会组织承应科差，并协助官府维护封建社会秩序。各地工商行会组织也只有得到官府的承认和庇护才能得以生存，勾通官府是工商行会组织生存与发展的重要支柱。官府对会馆、公所的庇护主要体现在如下几方面：第一，保护经过正式立案的行会组织的"合法"性，维护行规的权威性；第二，维护会馆、公所等公共建筑的安全与秩序；第三，保护同业组织征收营业捐的权利。④ 工商行会组织面临社会恶势力侵扰勒索时，经常利用官府的庇护，保护行业正当利益。例如，吴县粮食业店铺依照官府规定"领帖开张粮食豆行"，但为粮行运货的船夫脚夫"每遇货物装卸即恃众霸持，勒价硬索"，不许店铺自备船只装运，甚至殴打买客。地

---

① 段本洛、张圻福：《苏州手工业史》，1986 年版，第 128、318～319 页。

② 详见程二奇：《近代中国行业组织的历史变迁》（2004 年硕士学位论文）。

③ 《北华捷报》（Courier, NorthChinaHerald），1872 年 12 月 16 日，第 549 页；《申报》1882年 1 月 30 日及 J. S. Burqess：TheGuildsofPeking，1928，Newyork，第 204 页，转引自汪敬虞：《中国资本主义的发展与不发展》，中国财政经济出版社 2002 年版，第 9 页。

④ 详见彭南生：《行会制度的近代命运》，人民出版社 2003 年版，第 60～62 页。

方政府根据该业人员察请，下令粮食豆行上下货物，可以自挑自载，或者雇人驳船，或由买主自带船只载运，绝不允许逞凶勒索，如果出现把持揽阻、有碍行市的情况，绝不宽贷。此外，抵制胥吏差役的盘剥也是行会的重要职能。例如苏州府嘉定县竹木行业不满差役侵害，向官府请求帮助，得到官府支持，明令不许差役抑勒，如有明知故犯，滋扰竹行者，依法严惩。[1]

清后期会馆、公所等组织的功能有一定程度转化，不仅继续执行传统功能，强化了行业内的经营制度由公所会馆的会董集议而定，及调解、平息同人经济纠纷和冲突等功能，还致力于倡导、扶持开通商智、调查商情等旨在推动行业现代化的活动。例如在19世纪末20世纪初上海振华堂洋布公所决定"重定规则"以适应时代潮流，在重订的公所规则中载明：公所宗旨是为了"联络同业，维持公益，研究商学，以冀同业之发达"，并大兴办学之风，培养了一批新式人才；上海南市钱业公所也表示要开浚商智，联络商情，"日进无疆，以与外人相争衡"；旅沪山东会馆希冀通过"会馆之成合，群策群力，共谋恢张，揽利权之要，而驰域外之观"，反映了强烈的趋新变化倾向。[2]

二、20世纪初商会、同业公会等新型工商社团的出现

原有会馆公所等组织往往受地域、行业等限制，相互之间较少联络，内部运作机制易受旧式行帮陋规影响，难以更好地适应对外"商战"和对内"振商"的时代需要。因此，在1902～1903年间，在上海等工商业比较发达的城市和江苏、湖南、直隶、山东、河南、山西、福建等省份先后设立新型组织——商业[3]会议公所。

20世纪初，八国联军侵华，强迫清政府签订《辛丑条约》。帝国主义列强采用"以华治华"的策略，选择了驯服清政府，使之成为帝国主义统治中国工具的方案，要求清政府改变无能状态；清政府也企图以变法取得列强对它的支持，而且慈禧太后等自感面临统治危机，需要加强本身统治能力。另一方面，《辛丑条约》签订后，全国各省要摊派数额巨大的赔款，人民对清政府的不满和反抗日益发展，清政府需要采取对策。在清朝统治集团中，在义和团运动后顽固派失势，洋务派官员占据上风，他们也主张变法。在这

---

①　程二奇：《近代中国行业组织的历史变迁》（郑州大学2004年硕士学位论文）。

②　王日根：《近代工商性会馆的作用及其与商会的关系》，《厦门大学学报》1997年第4期；张忠礼：《清代上海会馆公所及其在地方事务中的作用》，《史林》1999年第1期。

③　当时商业的概念相当广泛，除专事商品流通的行业外，还包括制造业和加工业、水电供给业以及出版、印刷、保险等行业，所以商业会议公所成员中也有部分人的身份是工业资本家。

种情况下，为了延续自己的统治，慈禧太后等不得不开始了被史家称为"清末新政"的变法。清末新政中正式设立商部，以示加意讲求工商。清政府颁布《商人通例》、《公司律》、《商船公会章程》、《农会简明章程》、《出洋赛会章程》、《奖励公司章程》、《奖给商勋章程》等，并下令废科举、办学堂，在客观上对传播新文化和发展工商业起了一定作用。

对民间经济社团，商部在 1904 年初颁布《商会简明章程》26 条，1906年又颁布了一个章程附则。章程基本上按民办、民主原则规定了商会组织及办事程序。关于商会的职责，章程规定，商会总理、协理应为无法申诉各事的商人于地方衙门代为申诉，直至禀告商部核办；总理应按年列表汇报各地商务及进出口情况；会董与总理每周会议一次，接洽各商近情；总理应招集有关人员商讨关系大局事件；定期召集会董公断商事纠纷，酌行剖断华洋商人间的交涉；商会还应稽查、制止商人的不正当行为，直至移送地方官惩治。商会还有考核发明创造之责，等等。

清政府正式在全国劝办商会，上海商业会议公所正式改组为上海商务总会，这是中国的第一个正式商会，其势力和影响也为全国商会之最。此后，商会这一新型民间工商团体依法在各地相继成立，到 1912 年商会已普及除蒙古和西藏之外的全国各省区，大小商会总数近 1000 家。商会是一地各业全体商人的共同组织，克服了以地区帮派和行业划分商人的狭隘性，其活动是以振兴、保护商业为出发点、中心和归宿的，其内部治理结构更具现代性。原有的行会加入商会是完全自愿的，任何行会只要交纳一定数额会费，即可推举行董入商会做会董或是会员。这样一来，以这些行董为代表的行会其实等于宣布加入了商会。1906 年加入天津商务总会的工商字号有 713 家，分属于钱商、金店商、票庄商、洋行商、布商、广货商、粮商、粮店商、磨房商、大米商、姜商、杂货商、颜料商、洋布商、金珠首饰商、木商、茶叶商、洋药商、瓷商、海货商、南纸商、书铺商、帽商、皮货商、鲜货商、竹货商、洋镜商、鞋商、油商、栈房商、药材商、汇兑商、机器磨坊商、酒商、铁商、绸缎商、土药商、染货商、炭商、估衣商等 40 个行业。商会在各地的成立，对推动各地经济发展和社会进步起到了一定作用。旧式行会组织往往在商会中起着基层组织的作用，它们的组织结构和行动取向逐渐也受到商会的影响，更具现代性。但是在另一方面，据统计上海、苏州、汉口和北京的行会在 1840 年之前成立的行会只占 1912 年后之实存总数的 28.7%；1840～1903 年间成立的行会数则占到总数的 48.7%。到 1904 年后伴随着商会及新型行业组织同业公会的大量建立，行会的增长量已大为减少。①

---

① 虞和平：《商会与中国早期现代化》，上海人民出版社 1993 年版，第 34 页。

清末还出现了以"公会"、"商会"等命名的新型行业组织，例如在上海 1905 年出现了"书业商会"，1908 年出现了专事为机器面粉厂采购小麦的办麦公会，1910 年报业同行组建日报公会，保险业同行组建保险公会，仪器文具业同行组建教育用品公会，1911 年布厂业主组建中华布厂公会，类似还有皮货商业公会、北市花业公会、棉业公会、木器商会等 30 多个。[①]

三、民国时期工商社团的转型与发展

（一）新型工商社团法律地位的提高与旧式行会的改组

辛亥革命后，各种社会团体如雨后春笋般涌现。据不完全统计，仅民国元年宣告成立的实业团体即达 40 余个，再加上其后不久成立者共有 100 多个团体，它们共同的宗旨是振兴实业、强国富民。这些实业团体中持续时间较长并且影响较大的有：中华民国工业建设会、拓殖协会、中国实业会、中华实业团、中国实业共济会、民生团、华侨同仁民生实业会、经济协会、西北实业会、安徽实业会、黑龙江省实业总会、苏州实业协会、镇江实业会等。这些团体召集同道，齐心合力为新经济政策和制度的建立而努力。据统计，民国初年全国各地成立的 100 多个经济团体，就业别构成而言，有工业、矿业、商业、交通、农业、渔业、手工业、土产业等，其中工业团体48 个，约占总数的 46%；商业性团体 41 个，约占总数的 39%。就地区构成而言，民初经济团体普及全国各主要城市，其中 70% 以上在上海、南京、北京和天津。[②] 这些经济组织的广泛活动，为商会及同业公会的新发展营造了良好的社会氛围。

1914 年，北洋政府颁布了民国成立后的首部《商会法》，后又于 1915 年 12 月及 1916 年 2 月先后公布了经修正后的《商会法》以及《修正商会法施行细则》，完全承认了自晚清以来的各地总商会的合法性。

接着，北洋政府改变了过去对会馆、公所的模糊态度，于 1918 年 4 月颁布了《工商同业公会规则》及《工商同业公会规则实施办法》，饬令各地筹建同业公会，明确给予工商同业组织以合法地位，并开始对工商同业团体进行制度规范。《规则》规定："工商同业公会，以维持同业公共利益，矫正营业上之弊害为宗旨。同一区域之内之工商同业者设立公会，以一会为限"；"工商同业公会之设立，以各地重要各营业为限，其种类范围，由该

① 《上海工商社团志》编撰委员会编：《上海工商社团志》，上海社会科学院出版社 2001 年版，第 5 页。

② 虞和平主编：《中国现代化历程》第二卷，江苏人民出版社 2002 年版，第 403、404 页。

处总商会认定之"，并将手工劳动及设场屋以集客之营业排除在外。但同时又规定在规则实行前，原有关于工商业之团体，不论用公所、行会或会馆等名称均得照旧办理。1923 年 4 月，北京政府农商部公布了《修正工商同业公会规则》，对原规则做了补充规定："原有公所、行会或会馆存在时，于该区域内不得另设该项同业公会，以一会为限"，并规定"除有法令特别规定外，于工商同业公会均适用之"。这项修改增强了该法的适用范围，也有利于行业组织的整合。这几部法规都促进了工商同业组织的发展，但是允许会馆、公所仍照旧办理，不利于原有行业组织的改组。

1927 年 11 月，南京国民政府颁布了《工艺同业公会规则》，规定"凡属机械及手工之工厂、作坊、局所等，操同一职业者"，得成立工艺同业公会，正式承认了已经事实存在的大量手工业行会。该法在对同业公会的组织、职务、选举、会议、经费及解散等方面的规定更为详细。1929 年 8 月国民党政府颁布《商会法》，规定商会的设立必须有 5 家以上的工商同业公会发起；若无工商同业公会，则必须有 50 家以上的商业法人或商家发起。与此相对应，商会的会员也分成两种：一种是工商同业公会会员，另一种则是独立的商号会员。独立的商号要成为商会会员，必须是别无同业或者是虽有同业，但还没有成立同业公会组织者。《商会法》对商会职能的界定较为全面，它们包括筹议工商业的改良以及发展；关于工商业的征询以及通报事项；关于国际贸易的介绍和指导；关于工商业的调处及公断；关于工商业的证明及鉴定；关于工商业统计的调查、编纂；关于设立商品陈列所、商业学校等工商业公共事业；遇市面恐慌时，负有维持市面之责任；以及合乎其宗旨的其他事项。1929 年 8 月和 1930 年 1 月南京国民党政府先后公布了《工商同业公会法》及《工商同业公会法施行细则》，规定"工商同业公会以维持增进同业之公共利益及矫正营业之弊害为宗旨"，要求一地同业行号在 7 家以上时均要依法组建同业公会。该法规定原有工商各业团体不论其公所、行会、会馆或其他名称，凡其宗旨合于《工商同业公会法》规定者，"均视为依本法而设立之同业公会"，在法律上强调以同业公会作为行业组织的统一名称，明令在一年之内必须完成改组。1918、1929 年两个有关工商同业公会的法规中都有同业公会"不得以其名义为赢利事业"的规定，因而近代同业公会具有典型的"NGO"和"NPO"性质。1938 年 1 月，国民党政府又分别颁布了《工业同业公会法》、《商业同业公会法》及《输出业同业公会法》，分别规定同业公会为法人。

是否强制入会问题，是民国时期关于同业公会制度建设中的核心问题之一。在很大程度上，出入会是否自由被作为判断一个组织是否具有现代性的重要标志。北洋政府颁布的《工商同业公会规则》对于出入会并没有限制，对于自由入会原则表示了认定。后来的国民党政府 1929 年《工商同业公会法》在入会方面规定："同业之公司行号，均得为同业公会之会员"，入会与否仍然全视公司、行号之意愿，不予强制。但到 1934 年前后，要求强制同业入会，以健全工商组织的呼声日益高涨。这种呼声主要来自民间，其原因有二：其一是同业公会虽然在各地成立较多，但仍有大量非会员存在，对于非会员，同业公会无权管辖，影响到同业公会的组织凝聚力。由于同业公会组织不力，商会也受到影响。其二涉及同业公会的行规是否应同业共守的问题。在传统行会时期，行会具有垄断力和市场准入权，不允许有会外经营情况的存在。而在同业公会时期，只要依法登记注册即可经营，入会亦采取自由原则，因此非会员对于公会行规可以不予遵守，如此也影响到会员的自觉性。要求强制入会不仅仅是为加强同业公会的权威性和组织力量，也是为了从根本上削除非会员的不尽会员义务而享受公会所提供的服务的"搭便车"行为。当时有人指出："凡属同业，必须加入公会，然后群策群力，庶其有效。今若采放任主义而无强制入会办法，则已入会者凡有义务如拟募国家公债、赈恤灾黎、抵货运动以及其他法令所定义务，无不共同负责。而未入会者转得置身事外……相形之下，已入会者每以出会为便利，其欲求同业公会之不瓦解，诚为事实所不许。"[①] 国民党政府接受民间意见，对《工商同业公会法》再次予以修订，规定同业"均应"加入同业公会，而非原来的"均得"两字，这意味着要求同业加入同业公会已成为强制性的法律要求。1937 年，行政院已要求商行必须加入同业公会，并出台了不加入同业公会制裁办法，1938 年，在《工业同业公会法》、《商业同业公会法》及《输出业同业公会法》中再次明确规定未加入同业公会的商店限期若干日内正式加入，逾期仍不遵办者，即予以警告和惩戒。抗战时期，1940 年 8 月，国民政府颁布《非常时期职业团体会员强制入会与限制退会办法》规定：凡合于商会及同业公会法定会员资格之从业人员或团体，均应加入当地业经依法设立之各该团体为会员，非因废业或迁出团体组织区域或受永久停业处分者不得退会；拒绝入会者，从业人员，予以罚款或停业处分；下级团体予以整理或解散。[②]

从民国时期历次有关同业工会法律的比较来看，1929 年 8 月《工商同业公会法》地位重要，它对同业公会的设立、章程、组织等方面的规定较

---

① 薛光前：《同业公会组织研究》下，1933 年 10 月《商业月报》。
② 魏文享：《民国时期的工商同业公会研究》（华中师大 2004 年博士论文）第三章。魏文享在文中还指出：强制入会原则在实践层面上未得到完全有效地落实，终国民党政府统治全期，始终在不断强调同业入会，但仍有少量数量的公司、行号拒不加入。

北洋政府时期更为规范，在法律上强调以同业公会作为行业组织的统一名称，并对原有行会组织改组为同业公会做了强制规定，它的颁布标志着工商同业公会的发展进入了一个新的阶段。

民国初年，一些地方原有的公所、会馆等同业组织已开始改组为新式的同业公会。1929 年《工商同业公会法》又规定，"本法施行前原有工商各业同业团体不问其所用公所、行会、会馆、或其他名称，其宗旨合于本法第二条所规定者，均视为依本法而设立之同业公会，并应于本法施行后一年内，依照本法改组"。这实际上等于是宣布了任何不按照《工商同业公会法》登记设立的工商同业组织都是不合法的，都将不再受到法律保护。这样一来，迫使那些在《工商同业公会法》公布之前尚大量存在的旧式公所等组织失去了法律合法性，纷纷依法改组为新式工商同业公会。据 1930 年上海市的统计，改组合并及新组织之同业公会数目共 170 个，新组织者 7 个，合并者由 58 个合并成 23 个，而由原来的公所等就是行会组织改组者有 140 个。[①]由此看来，在上海这样的通商口岸，由传统行会基础上分转合并而来的工商同业公会占大多数。大致在 1933 年前后，全国同一区域内一行多会、互不统属的格局大都消失，绝大多数商家被集结到同业公会下，同业公会制度可以说基本确立了，工商社团的转型基本完成。

（二）新式工商社团的内部组织机构和权力运行机制

清末民初新式商会、同业公会内部组织机构各地各业情况不一，总的来讲一般都以会员大会为最高权力机关，由会员大会选举会董或委员等，再由会董或委员等推举会长等领导干部。各级选举遵循"依格选举，宁缺毋滥"的原则，按照民主方式进行，可以说这是中国新兴资产阶级走上政治民主化的开端。

商会、同业公会早期多采取"会董制"，即由总董总揽其事，副董与董事分担其责，董事数量则视会员多少与事务多少而定。其法律依据主要有：1918 年 4 月颁布的《工商同业公会规则施行办法》第二条规定，"工商同业公会得设立事务所，置总董一人，副董一人，董事 10～15 人，均为名誉职"；1927 年 11 月公布的《工艺同业公会规则》对工业性同业公会的组织设置进行规范，规定工艺同业公会得设立事务所，并置会长、副会长以及董事 10～20 人。"会董制"对权职与任期有明确的规定，已具科层化雏形。以 20 世纪 20 年代初的上海钱业公会为例，1920 年上海钱业公会章程规定由会员选举董事 5 人，任期为两年，可连选连任，但不得连任三次，由董事互

---

① 《商业月报》，1930 年，第 10 卷第 7 号。

选出正副会长各一人；1923 年修订章程，改为由会员选举董事 12 人，由董事互选出正副总董各一人，所有职员任期为两年，可连选连任，但以一次为限。①

1929 年 8 月颁布的《工商同业公会法》第九条规定："同业公会置委员 7～15 人，由委员互选常务委员 3 人或 5 人，就常务委员中选任一人为主席。"依此规定，各地工商同业公会大体都改"会董制"为"委员制"。例如上海市商会拟订的《同业公会章程通则》第五章规定，"本会由会员代表大会就会员代表中选举执行委员 7～15 人，由委员互选常务委员 3～5 人，就常务委员中选任一人为主席，均为名誉职"；"本会执行委员任期 4 年，每 2 年改选半数，应改选者不得连任"等。②上述上海钱业公会亦随之修订章程，改为"本公会由会员代表大会就会员代表中选举执行委员 15 人，再由执行委员互选常务委员 5 人，复由常务委员互任 1 人为主席，均为名誉职"；"委员任期为 4 年，每 2 年改选半数，应改选者不得连任"等。③有些同业公会，如苏州铁机丝织业公会等，又另设监察委员与候补监察委员，均由会员选举之。监察委员之职责在于"稽查本会全年经济之出入，审查本会各种进行之事业，检举执行事务之错误。"④"委员制"比"会董制"在权力制衡方面更进一步，可以说是近代工商同业公会较为成熟的组织形态。

工商社团的组织体系要真正发挥治理作用，履行各项职能，需要适宜的权力运行机制，这包括选举制度、财务制度及内部调控制度等。

1. 选举制度。新型工商社团在组织运作方面与旧式会馆、公所相比有一个明显进步就是实行了选举制。选举制作为现代民主制的内容之一与旧式行会的推举制或轮流制有着根本的不同，它的实行可使会员得以充分利用公会的组织机构反映自己的意见，并在较大程度上避免少数实力雄厚的企业垄断公会的权力。不过，各同业公会并非实行普遍的民主选举制度，而是依具资本额及其承担会费的多少来确定代表人数及表决权数。公司、行号的资本额越大，承担的会费越多，派遣到公会的代表人数越多·，其表决权数也越多，至多者一会员厂家可以拥有 7 个表决权数，这意味着在选举以及公会决策中也拥有更多的发言权。事实上，关于表决权数在同业公会的发展过程中

---

① 中国人民银行上海市分行编：《上海钱庄史料》，上海人民出版社 1960 年版，第 658～662 页。

② 《上海工商社团志》编撰委员会编：《上海工商社团志》上海社会科学院出版社 2001 年版，第 679 页。

③ 中国人民银行上海市分行编：《上海钱庄史料》，上海人民出版社 1960 年版，第 666 页。

④ 苏州档案馆等编：《苏州丝织业档案汇编》，江苏古籍出版社 1994 年版，第 140 页。

一直存在着一定争议。许多同业公会依据承担会费多少来划分会员等级即由于此。这种选举权数计算法有利于实力雄厚的公司与厂家在同业公会中占据领导地位，也可在公会决策过程中发挥更大的作用。但就总体而言，这种选举权数计算法主要有利于行业的中上层企业，而小型企业在同业公会的声音则很微弱，这也是导致一些中小企业不愿意参加同业公会的重要原因之一。①

在以资本额计算表决权数的基础上，同业公会实行着一种实力与民主相结合的选举方法。同业公会的执行委员、监察委员由会员大会选举，再由委员们互选常委，由常委中选出会长，得票多者当选。会长、执监委员是同业公会的核心组织岗位。会员大会为最高权力机构，但并不常设，执监委员会担当日常管理之责。此外，各项办事机构也由执监委员担当领导工作。在实际情形来看，近代一些著名工商企业的经营者大多在相关同业公会中担任主要的领导职务。如著名化工企业家吴蕴初、面粉工业的巨头荣宗敬、纺织业的郭顺分别都担任过上海化学工业同业公会、面粉工业同业公会以及纺织工业同业公会的理事长或者是常务理事。这与他们成功经营企业所获得的个人声望有密切关系。②

表1　　　　　　上海市书业同业公会入会费、月捐费与选举权数分配表

等级	入会费（单位：元）	月捐费（单位：元）	选举票数（单位：权）
特等	200	30	6
超等	150	20	5
甲等	100	10	4
乙等	50	5	3
丙等	30	3	2
丁等	10	1	1

资料来源：上海档案馆：《上海书业公所现行章程》（癸亥重订），S313-1-1，转引自魏文享：《民国时期的工商同业公会研究》（华中师大2004年博士论文）第三章。

2. 财务制度。商会与同业公会的财务问题往往关系到其运作绩效。由于《工商同业公会法》明确规定，同业公会不得为赢利性事业，因此同业公会的经费主要来源于会费。会费是会员享有同业公会所提供的服务而要付出的成本，必须依据一定的标准，在会员范围内收取。如果完全平均，规模

---

① 魏文享：《民国时期的工商同业公会研究》（华中师大2004年博士论文）第三章。
② 朱英主编：《中国近代同业公会与当代行业协会》，中国人民大学出版社2004年版，第201页。

大的公司、行号当无异议，但资本小、规模小的企业则会感到不堪重负。因此，同业公会往往依据一定的标准，按不同层次征收。这个标准包括有以下几种：一是按资本额或机器数量收取，资本额大和机器数量多者多收，少者少收；二是按销售额收取，每月依据会员的销售额按一定比例抽取会费。由于后者存在统计上的困难，大多数同业公会都是按照资本额或者使用的机器数量来收取。有的公会按交纳会费之多少将会员分为不同等级，享有不同权利。为了要求大企业多交会费，在资本额标准下，选举权数、资本额及会费形成连带关系（参见表1）。国民党政府认为按资本额收取较能体现公平原则，因此认同同业公会会费均按资本额收取的方案。

一些商会、同业公会也接受一些捐赠，也有一些公会有限制地进行赢利事业，例如进行地产、房产或者债券投资，以盘活经费，增加收入以补充会费开支。各地商会、同业公会经费支出庞杂，因而大多建立了会内财务制度，由专门的财务委员会负责财务开支的监督，聘请会计人员负责财务。在新式会计簿记法推广以后，一些同业公会采取新式会计管理财务，以防止财务漏卮，保证会务实施。公会的财务开支一般都有明确的制度管理，也体现了一种民主化、规范化的精神。

3. 调控制度。任何组织系统都有一套内部调控机制，以便随时排除各种干扰，保证系统营运的有序性、方向性、目的性。商会、同业公会的调控制度主要包括以下3点：其一是章程与业规。章程和业规是同业公会据以管理会务的依据，在同业公会的各项制度中有着举足轻重的作用。章程对同业公会的宗旨、任务、组织、会议等做原则性的规定，以利于组织与管理，因此内容大同小异，其作用类似于经济合约。上海等地商会为便利各公会之草订章程起见，还拟订了章程通则，以做规范。[1] 业规是根据是行业经营习惯而制订的，主要涉及营业、价格、契约、交易等同业公认的规则，多由同业公会经过会员大会公议拟定，然后报上级主管官署备案生效。民国时期同业公会的业规与行会时期的业规在内容以及执行方式上都有很大区别。业规也并非一成不变，各业业规都规定，在业规执行遇到窒碍时，得由同业公会或社会局核准修改。其二是议事制度。同业公会的会员大会、执委会、监事会以及各专项委员会依据章程和业规形成了较为有效的会议和议事制度。同业公会的会议制度主要分为三种——年会，常会和特会。年会每年一次，多在年底或年初举行，由全体会员参加，主要是检查上届公会工作绩效，选举下届公会成员，报告政府有关本行业的经济政策。常会主要是执、监委员会议

---

① 详见《上海工商社团志》编撰委员会编：《上海工商社团志》上海社会科学院出版社2001年版，附录9。

或执监委联合会议，一般定期举行。特会也可称为临时会议，遇有紧要事件关系行业大局或会员达 1/5 以上欲开会时召集全体会员召开。其三是惩奖制度。奖惩制度的有关条款多已包含在业规之中，但奖惩的执行确是同业公会的一个难点。同业公会属于民间性的自治性组织，本身并无法律执行权力，主要依赖于同业自觉与公信推进会务。如果遇到会员不服惩罚者，同业公会可以向社会部报告由政府部门协助执行。[1] 调控制度使同业公会能够更好地整合同业力量，能够增强公会运作绩效，是同业公会实现行业自治的重要保障。

与旧式公所、会馆等相比，商会、同业公会等在活动机制上更注重规范化和制度化建设，办事讲究公开性、效率性。因此有学者指出，从行会到同业公会的转化，标志着工商同业组织近代化过程的基本完成。[2]

（三）工商同业公会量的扩张

20 世纪 20 年代一些地方相继成立新的同业公会，《工商同业公会法》公布后在更广大的区域新组建了一批批工商同业公会，到 1933 年止全国同业公会经实业部备案者已达 6000 家。其中，以工商经济较为发达的江苏、浙江两省为最多，上海一市到 1936 年底止就有 236 家同业公会，其中工业同业公会 40 家，商业同业公会达 196 家。[3] 其后，随着南方各省工商业的发展，到 1938 年全国工商同业公会数已超过 1.3 万家。经历了日本侵华战争的摧残之后，上海等地同业团体依然顽强存在并在战后有所发展，1947年上海共有同业公会 297 个，其中工业 66 个，商业 231 个。[4] 1930 年，天津已有机器制造业、织染业、五金业等同业公会 70 多个。到天津解放前夕，同业公会总数达到 144 个。在汉口，截至 1934 年，"工商同业公会共计 159所，其中原有者 140 所，新成立者 14 所，尚在筹备中者 15 所。"不仅商贸业发达的大中都市各行业组织了同业公会，就是一般的县镇也组织了一定数量的同业公会。

（四）商会与工商同业公会关系的变化

民国时期跨行业的商会在政府与同业公会之间发挥着重要的中介作用。

---

① 朱英主编：《中国近代同业公会与当代行业协会》，中国人民大学出版社 2004 年版，第198、202 页。

② 彭南生：《近代工商同业公会制度的现代性刍论》，《当代史学评论》（香港）第 4 卷第 4期；樊卫国：《近代上海经济社会功能群体与社会控制》，《上海经济研究》2001 年第 10 期。

③ 黄汉民：《近代上海行业管理组织在企业发展与城市进步中的作用》，张仲礼主编《中国近代城市企业·社会·空间》，上海社会科学院出版社 1998 年，第 178 页。

④ 《上海研究论丛》第 5 辑，第 93 页。

政府对同业公会的管理，常常利用商会来进行。而同业公会对政府的一些要求往往也通过商会来转达。

商会的这种中介作用在清末已开始存在。在新式商会刚成立时，其成员虽然包括有不少企业或商号，但绝大多数成员还是来自于工商行会组织，例如 1906 年苏州加入商会的行帮约有 40 余帮，此类"合帮会员"构成商会主体，在商会内部起着基层组织的作用。但是这种中介作用是到了民国年间才确立的。民国初年，商会与工商同业组织的相互依存关系日趋加强，这主要体现在三个方面①：第一，工商同业工会对商会的组织依存同时构成商会的组织基础。民国初年，商会为了加强组织基础，曾大力促进各行同业尽早组建同业公会，各行会尽早改组为同业公会，各同业公会则应加入商会，以巩固商会的组织基础。依据 1918 年《工商同业公会规则》，商会还负担同业公会之行业认定，在同业公会的注册备案中负有审查之责。1929年的《商会法》规定"商会之设立，须由该区域内 5 个以上之工商同业公会发起之"，从法律上肯定了同业公会在商会组织中的基石地位。第二，在对外交涉中，工商同业公会对商会的依存更为强烈。同业公会作为一个行业性组织，自身能量有限，往往显得势单力薄，常常请求商会为其出面做主，商会也以跨行业组织代言人的角色努力维护各行业同业团体的利益。例如，1932 年羊毛白皮商人因从四川松潘运皮货到成都，经过成都犀铺镇时，当地印花税卡勒收要钱，羊毛白皮业公会商人约 200 余人赴商会请愿，成都市商会立即派员前往交涉，并召开各业公会主席大会，议决尽量援助，以达到撤消苛税目的，解除商人痛苦。1932 年隶属 24 军军部的遂华邮运征税处宣布将邮包税增加一倍收取，成都市商会领导各业公会进行了坚决反抗和抵制，并到四川省政府请愿，要求取消邮包税。商会主席王剑鸣被军警逮捕后，各业实行了总罢市。最后，24 军军长刘文辉只得下令免去征税处长职务，释放王剑鸣，承诺不增加邮包税。② 第三，在向政府争取工商同业团组织更大的自主活动空间的斗争中，各级商会不遗余力地站在了同业公会一边。1923 年初江苏省决定创设苏省航政局，招致与行业有关的同业组织的反对，上海、苏州总商会和武进、江都、南通、无锡、宿迁等各县商会以及全国商会联合会江苏省事务所分呈省署，要求取消成议。经各级商会多方努力，江苏省署下令暂行停办航政局，各

---

① 朱英主编：《中国近代同业公会与当代行业协会》，中国人民大学出版社 2004 年版，第 286 ~291 页。

② 李柏槐：《民国商会与同业公会关系探析》，2005 年 3 月《四川师范大学学报》（社会科学版）第 32 卷第 2 期。

分局相继撤销。①

从 1918 年、1929 年两个有关同业公会的法规条文中以及从民国时期各地商会与同业公会的实际关系来看，同业公会是商会的基层组织。上海市商会拟订的《同业公会章程通则》在第四章中明文规定各同业公会"受上海市党部之指导、市社会局之监督"，"为上海市商会之会员"。②

但是，对于同业公会是否必须加入商会问题，1918 年、1929 年两个法规都未做明确表述，由此造成许多同业公会不加入商会的情况发生。各地商会代表对商会与同业公会关系状况表示了不满。1931 年 2 月，天津市商会主席张仲元在就职宣言中言，将指导公会作为商会职责之一，"公会成立者，虽已有 40 余业，而内容幼稚，与夫一切设备不甚大健全者犹多，皆有赖本会之指导，兹拟对各业之已成立公会者检查纠正，稗使日益健全，其会内会外之尚未组织同业公会者，指导其迅速成立。至各业商号之尚未加入公会者，亦应分别促其加入。或同业不满 7 家以上商号不能组织公会者，亦应促其加入本会。"各地商会多次致电政府，希望政府"于同业公会法施行细则中，将同业必须加入公会加以补充规定。"在国民党政府对商人团体的改组整顿基本完成之后，各地商会更加力促非会员加入同业公会，公会加入商会，以加强与同业公会的组织联系，巩固商会的组织基础。著名经济学家马寅初在立法会议上提出应修改《商会法》，限令公会必须加入商会，得到上海市商会的通电赞同，倡导"现在急宜赞同马委员之主张，向主管院部一致表示，请其早日实施。"在 1936 年 6 月上海市商会第七届会员代表大会上，由执行委员会提出"健全商人团体，同业必须加入公会，公会必须加入商会案"，认为"非加增公会商会权力，使同业一律入公会，公会一律入商会，不易推行尽利"，因此建议《商会法》应增列条文，"改为公会成立后，必须加入商会，公会非解散不得自由退会，且规定商会有辅助各业组织公会之权"。③ 同年 7 月在上海召开了各省商会联席会议，会上草成修订条文若干条，要求"明定商业团体组织系统，使同业公会与商会保持其密切关系"，"公会不加入商会，或加入而不履行其应尽义务者，得请主管机关将公会予以改组或整理，或处分其职员"。主张商会对于"同业公会之组织及整理有指导监督之责"，"同一商会区域内之工商同业公会，均应加入商会为会员"，"未能组织同业公会之各公司行号，亦得加入商会为商店会

---

① 详见朱英主编：《中国近代同业公会与当代行业协会》，中国人民大学出版社 2004 年版，第 291 页。

② 《上海工商社团志》编撰委员会编：《上海工商社团志》上海社会科学院出版社 2001 年版，第 679 页。

③ 魏文享：《民国时期的工商同业公会研究》（2004 年博士论文）第三章。

员"。这些提案由联席会议选派代表面呈国民党政府各院部，受到了一定程度的重视，实业部表示，"《商会法》和《同业公会法》现正在修改期中，所拟条款留备参考。"① 1938 年 1 月颁布的《修正商会法》明确规定各同业公会均应加入该区域之商会。增强了强制性的规定。为促进商会与同业公会的同步发展，《修正商会法》明确将商会成员分为"公会会员"与"非公会会员"，同时规定一地同业公会有三家以上就可发起组织商会，使政府对于同业公会发起商会的数额限制又有所降低。

商会在整合各业公会，维护商人的共同利益，协助地方当局管理商业事务，调解商事纠纷等方面均起到了领导作用，充分反映出商会与各同业公会之间的上下级组织隶属关系。商会对各业公会及工商字号的组织管理职能主要表现在以下三方面：其一，整合各业公会，维护商民的共同利益。例如成都市商会成立后，即组织领导各业公会进行抗捐抗税斗争，维护成都商民的共同利益。其二，代表各业公会谋求政治参与。商会代表各业公会谋求政治参与的举措有两个方面一是代表各业公会与地方政府联系，表达工商业者的意愿。地方政府在涉及各业公会的共同性事务时，一般先向商会发出指令，再由商会转发给各业公会。1934 年，成都市各银行钱庄滥发执照，四川省善后督办公署饬令成都市商会，各商号之中发有执照者，必须到市商会登记，以审校取缔，商会则转令各业公会执行。同时，商会代表同业公会向地方政府提出维护工商业者权益的要求。其三，商会负责调解各业公会内部纠纷。例如成都市商会专门成立公断处，负责调解各业公会内部纠纷。据统计，1947 年 1～4 月，成都市商会公断处处理纠纷案件 71 件，包括账目、借款、买房、汇款、无理要挟出会、遗失支票备查、违反诚信、迫缴会费等等，这些案件大多数通过市商会公断处调解，和平了结，部分不能处理的则记录全案转呈市政府处理。凡是向法院诉讼的，商会公断处则不受理。商会在调处各业公会纠纷时，无论是对地方政府而言，还是对各业公会而言，均是不可或缺的重要组织。②

四、新型工商社团在近代社会经济发展中的作用

在中国近代复杂曲折的社会转型过程中，商会、工商同业公会等新型工

---

① 《各省市商会联席会议记录》，1936 年 8 月《商业月报》，转引自朱英主编：《中国近代同业公会与当代行业协会》，中国人民大学出版社 2004 年版，第 299 页。

② 李柏槐：《民国商会与同业公会关系探析》，2005 年 3 月《四川师范大学学报》（社会科学版）第 32 卷第 2 期。

商社团是推进近代中国城市经济社会发展不可替代的重要社会角色，往往在多方面发挥了重要作用：

（一）参与商事仲裁

近代中国商会、同业公会等经济社团在调解各类经济纠纷上做了大量艰苦细致的工作。在传统中国社会，商事纠纷主要由地方官府衙门审理，各级衙门视商事纠纷为钱债细故，常敷衍延宕，有时则悖情违理，胡断乱判，使纠纷不仅得不到合理解决，反使商人涉讼破费，甚至倾家荡产。随着近代市场经济的发展，商事纠纷增多，矛盾更加尖锐。清政府终于在 1904 年颁行《商会简明章程》，谕令在全国普遍设立商会，同时规定商会有权调处商事纠纷。各地商会成立时，均把受理商事纠纷、保护商人利益写进章程，并设立理案处、评议处、商事裁判所、商事公断处等机构，以处理各类经济纠纷。由商会受理的经济纠纷最多的是钱债纠纷案，即欠债、卷逃等，其次是行业争执、劳资纠纷、假冒牌号、房地产继承、官商摩擦、华洋商人纠葛等等。

商会理案的最大特点是，破除了匍伏公堂、刑讯逼供的衙门积习，以理服人，秉公断案，主要采取倾听原、被告双方申辩，以及深入调查研究、弄清事实真相，剖明道理的办法予以调解息讼。商会在调解商事纠纷方面所做的努力及显著成效，不仅受到商人的欢迎和赞誉，而且也获得官方的首肯。例如，清末商部在颁发给苏州商会的一份札文中曾提及：商会已卓有成效地理结了大量钱债讼案，"其中时有曾经纠讼于地方衙门经年未结之案，乃一至该地评论之间，两造皆输情而遵理结者，功效所在，进步日臻"。① 北洋政府时期，司法、农商两部会定《商事公断处章程》，后又颁布《商事公断处办事细则》，各地商会的商事仲裁功能继续得到政府的肯定，一些地方商会原来无商事公断处的纷纷创设公断处，一些商会原有的理案处、评议处也改组为公断处。商会的商事仲裁保护了商事主体的合法权益、增强了商会的凝聚力，还有助于消弭当事人之间的冲突，成为当时社会治安的重要手段，对维持正常的社会经济秩序和促进社会经济的顺利发展均有重要意义。②

各地商会商事仲裁功能的实行过程中往往需要同业组织的帮助。首先，商事公断处在理案中要借重公所等同业组织的力量，如清算账目、调查市价等，因为同业组织对于本行业经营中的许多细节问题往往比较了解，公断处

---

① 马敏：《商事裁判与商会——论晚清苏州商事纠纷的调处》，《历史研究》1996 年第 1 期。
② 详见郑成林：《清末民初商事仲裁制度研究》，提交纪念辛亥革命 90 周年国际学术讨论会论文。

必须倚重同业组织成员的专业知识；其次，商事公断处解决商事纠纷中，往往也需要同业组织进行调解或协助执行有关裁决。各地同业组织在商事仲裁方面"一直扮演公断证人、调查员、仲裁者的重要角色"①。

（二）制订和维护行规，对价格欺诈、虚假广告和冒牌假货等行为进行有效抑制

近代工商同业组织向来通过制订和维护行规业规，调整行业经济秩序，也以此增强行业组织本身的权威。例如苏州铁机丝织业公会的职能包括，"1. 研究铁机所制丝织办法，籍供同业各厂参考；2. 受同业各厂委托，调查机械上之事项；3. 关于同业兴利除弊诸举，经众议决，随时施行；4. 因赛会得征集同业各厂之出品，以资比较；5. 同业各厂艺徒学成后，由本会发给盖印凭证，由各该厂自行填报，由本公会备查"。② 这些职能都直接关系到企业经营制度，并且同旧行会制度下技术封锁、因循守旧、排斥竞争的宗旨形成鲜明对比，对生产技术的提高具有积极意义。其他同业公会等也对业内企业从开业、营业等规则，一直具体到度量衡器的使用等都做了规范。"行规为公会之命脉，在矫正营业，增进公共利益，如偷工减料、劣货影响、扰乱市价，种种不良习惯，均由行规之约束，为之消除，而商业上道德信用，亦可相互增进"。③

国民党政府初期曾认为各业行规"往往含有垄断性质"，否认行规的法律地位。30 年代初经全国各地商会及同业公会的一致呼请，国民党政府转而通过训令承认行规在规约同业上的效力，同时也加强了对行规的审核，同业公会不得私自执行处罚，必先报主管官署同意方可执行。此后各地方政府及商会、同业公会掀起了一场大规模的"重整行规运动"。近代工商同业公会在制订行规时往往注重制订具体的生产和质量标准，以维护行业信誉。例如上海市制药业同业公会制定制药信条 8 条，前 7 条对生产规范及标准进行了规定，"制药厂应有政府许可执照或注册证书；制药厂应有相当设备，不可有名无实；制药厂应有专任负责之药师，制品要精，不可粗制滥造；药物含量应准确，须适合中华药典或规定之标准；原料应纯净，非药用原料，决不可搀用做伪；工场保持清洁，消毒更宜慎重。"同业公会会员必须宣誓遵守制药信条，"如有违背政府法令、公会章程及制药信条，原受国家及公会

① 付海晏、匡小烨：《从商事公断处看民初苏州的社会变迁》，2004 年 3 月《华中师大学报（人文社会科学版）》第 43 卷第 2 期。
② 彭南生：《近代工商同业公会制度的现代性刍论》，《当代史学评论》（香港）第 4 卷第 4 期。
③ 《申报》1930 年 10 月 31 日第 9 版。

严厉制裁及惩罚。"对于违反质量标准，销售虚假伪劣者，同业公会予以打击。①

近代工商同业组织经常与价格欺诈、哄抬物价、虚假广告和冒牌假货等经营行为进行斗争。例如，上海的国产机制呢帽问世以来，深受消费者喜爱，市场上就出现了许多冒牌商品，上海草呢帽业同业公会先后在报上公布有关商标名称，采取协同监督等方式以防止冒牌假货事件的再现，从而有效地保护了正当经营的会员商户。苏州商务总会也宣告，凡履行缴纳会费义务加入商会的成员都可享受以下的权利：商号受到地痞流氓、贪官污吏的讹诈欺凌、滋扰，商会应代为申诉；出现假冒牌号混淆市场的伪劣商品，使正当商号受到损失，商会应立即查助。在反对假冒伪劣方面，商会与同业组织作为内行，往往能击中假冒商品的要害，有效地保护了正当经营的会员商户和消费者的利益，收到很好的效果。

（三）促进同业公益，为会员企业服务，促进企业发展

近代新型工商社团以促进同业公益为宗旨，将服务会员企业，促进企业发展作为自己的重要职责。工商同业公会往往重视为同业会员进行市场交易提供便利，以集团力量努力开拓国内市场和国际市场。为降低同业的交易成本，利于业务及信息交流，培育行业市场，不少同业公会不惜花费巨额资金设立交易所或建立公共市场。例如上海机器面粉公司公会在 1916 年就设立了面粉贸易所，"凡同业之买卖交易，每日均在该所营业"。该所采期货交易形式，凡面粉、数皮交易均由贸易所制成期票，由厂商与买客直接订明交货付价期限，由买卖双方签印成立。此后由于同业交易增多，于是又在原贸易所基础上扩建成立中国机制面粉上海交易所。② 又如上海银行公会为推动国际汇兑业务联合上海钱业公会、外商银行公会设立中外银钱业联合会等。1932 年"淞沪抗战"爆发后，上海银根紧缺，金融动荡。上海银行同业公会为应付恐慌，成立了上海银行业联合准备委员会，由会员银行各自缴存一定的财产，发给公单、公库证、和抵押证等信用工具，以此来灵活同业间的资金融通。联合准备委员会的成立，起到了集中准备，调剂盈虚，实现同业互助以安定金融的作用。1933 年 1 月上海银行公会又成立了票据交换所，使得银行的各种票据清算减掉了原来通过汇划钱庄的环节，节约了人力，缩短了时间，减少了大量票据清算费用的支出。联合准备委员会和票据交换所

---

① 详见魏文享：《民国时期的工商同业公会研究》（2004 年博士论文）第四、五章。

② 上海社会科学院经济研究所主编：《中国近代面粉工业史》，中华书局 1987 年版，第 211 ~ 212 页。

这两个机构的成立，标志着中国民族资本银行业向近代化方向迈出了重要的步伐。

（四）参与解决近代一些跨行业或全局性的经济问题

近代商会及同业组织还参与解决近代一些跨行业或全局性的经济问题，以缓解经济危机。如1916年北洋政府下令中国、交通两行停兑现银，上海中行分行抵制这一倒行逆施政令，上海总商会支持这一抵制活动，发布公告要求各商号对中国银行发行之钞票一律照办，维持市面。每当遇到经济波动，或因政治或社会危机对经济生活造成重大影响时，商会及同业组织等往往成为缓解危机不可替代的重要角色。南开大学丁长清教授指出，对于近代市场而言，第一调控系统是国家政权，第二调控系统就是商会、会馆、公所、同业公会等，这些组织规范着近代市场日常的交易规则、贸易行为，在缓解经济危机方面作用更加明显。①

（五）充当近代工商业者与各级政府间的"桥梁"

近代商会及同业组织往往发挥中介作用，充当工商业者与当时各级政府间的"桥梁"。同业公会处于政府与企业之间，要从两个方面来处理与政府之关系，一是要协助政府实施行业管理，推行财经政令，另一方面则要在与政府交涉中维护工商业者利益，为企业发展创造良好的制度环境，促进行业发展。同业公会直接与企业与市场相联系，对于本行业的经营状况、经营习惯、市场环境等了如指掌，能够为政府决策提供参考信息，使政府政策更能切合实际。在晚清政府制定商律的过程中，政府就要求商会及各地会馆、公所进行商业习惯调查，以为立法依据。民国年间，政府制订相关政策时，需要商会及同业公会进行商情调查或参考决策的事宜很多。例如，1933年国民党政府实业部以"米麦为民食要品，其收获之丰歉，运销之畅滞，关系国计民生至为重大。本部职责所在，夙谋促进生产，以足民食，便利运销，以裕民用。现为实话起见，对各省米麦之产量、运销及所课之田赋、征缴之税捐，特印制表式，分发各县，普遍调查。借观产销之现状及利弊之所在，以谋改进之方法。"天津市商会将此调查任务转交天津市米业同业公会负担，米业公会依要求进行调查。除产米地面积和产麦地面积不知外，对亩

---

① 详见丁长清：《近代商会——市场第二调控系统》，提交首届"商会与近代中国"国际学术讨论会的论文；亦可参见胡光明等：《首届商会与近代中国国际学术讨论会综述》，《历史研究》1998年第6期。

产、批发价格、运销区域、运费、计量单位等事均一一报告。① 从《天津商会档案汇编》、《苏州商会档案丛编》及其他有关近代中国工商社团历史资料中，有大量关于各地商会、会馆、公所、同业公会等代表工商业者围绕有关裁厘减税等事，或对有关法规条文有异议，或提出某项政策建议，为其他有关经济利益事项与当时各级政府部门交涉的事例，当时政府亦通过这些社团传达对工商界的种种要求。

（六）兴商学、开商智，开展实业教育

近代商会及同业公会等新型工商社团都十分重视兴商学、开商智。在参加近代世界激烈的"商战"中，华商屡遭失败或常处于被动地位，他们在总结失败原因的过程中痛感掌握新式工商业知识对发展工商实业的重要性，认识到中国工商业者学习任务很重。因而，上海商务总会成立时拟定的试办章程中，将调查商情、研究商学列为该会的一项宗旨。从 1904～1912 年短短几年间，经上海商务总会倡导而由所属各行业创办的实业学堂就有十多所。苏州商务总会成立之初也制定了详细的实业教育规划，其试办章程规定要先筹设商业学堂和商学研究讲习所"以开商智"。② 其他社团也往往将有关开商智等内容列为社团应办的大事。上海商务总会在 1907 年倡议调查商事习惯或习俗一事，得到全国 80 多个地区商会的积极响应，苏州商务总会还专门制定了《研究商事习惯问题简章》以推动商事习俗调查活动的开展。一些上海银行界有识之士意识到组建银行学术团体的必要。他们通过对英国银行业的发展进行了逐步考察，指出英国"自 19 世纪以来，金融界领袖辈出，皆学识渊博，经验宏富，为各国所推许。即一般银行职员之学识效能，亦日见增高，非他国所能及。论者每归功于 1879 年创设之银行学会。盖以其设座讲学、考试给评、奖励研究、发行刊物等工作，于养成银行业人才，与训练行员之技能，有莫大之贡献焉"③。上海银行公会在筹备时期，就充分意识到传播近代金融知识，研究银行实务对于促进中国银行业发展的重要性，所以创办了《银行周报》。各地经济社团还通过创办商品陈列所、劝工会、劝业会，成立商业研究会和研究所之类组织，创办有关工商业的专业报刊和创办商业图书馆等一系列活动，增强工商各业之间的相互联系和市场竞争意识，以促进工商实业发展。

---

① 天津市档案馆等编：《天津商会档案汇编 1928—1937》（下），第 1689 页。
② 章开沅等编：《苏州商会档案丛编》第 1 辑，华中师范大学出版社 1991 年版，第 30 页。
③ 银行学会：《银行学会成立经过及其现状》，《银行周报》第 18 卷第 1 号，1934 年 1 月 16 日。

（七）在民间外交及社会公益活动中的作用

各地商会、公所、公会等还在不同程度上参与政治活动和社会公益活动。例如，在清末新政、地方自治运动、上海光复、二次革命、袁世凯称帝、张勋复辟、五四运动、齐卢战争、北伐战争等历次重大历史事件中，上海总商会以中上层绅商和资产阶级立场为出发点，或通电、条陈意见书，或组织集会活动，或出示资助，或决议号令商民等方式介入社会政治变革，表示态度背向。在上海历次的抵货运动、国货运动中上海总商会发挥了重要的作用，如 1905 年的抵美运动中，上海商务总会议董曾铸在集会上，发表演说，慷慨激昂，领衔通电清廷要求拒签新约，发挥了积极的推进作用。1905 年 7 月上海总商会再次召开会议，当场许多商董签允不订美货，并决定向全国 35 个商埠发电，宣布抵美行动正式开始，成为抵美运动的发动者。1917 年总商会针对会审公廨如遇讼案，不顾商人体面、信用将商人立刻拘押捕房之状况，致函公共租界会审公廨，要求凡被控华商系总商会会员，即应视为体面商人，一律改提为传，顾全华商名誉信用，使得租界当局复告自应妥筹办法，交通办理。20 世纪 20 年代初的国民运动，上海总商会是重要的倡导者和组织者；"废督裁兵"之说由上海总商会首倡。1923 年反对曹锟贿选的民治运动中，上海总商会成立"民治委员会"，发布政治宣言，公陈政治主张，俨然为民间社会的代表和领袖。①

五、历史的启示

在近代中国动荡复杂的社会转型过程中，中国各地工商社团在性质上出现了由传统向现代化的转型，在量的方面也有了明显的新发展。以商会、同业公会为主体的新型工商社团在整合城市工商阶层的共同利益，调解商事纠纷，制定和维护行业规范，充当政府与工商业者的"桥梁"，参加社会公益活动，兴办实业教育等方面发挥了重要的社会整合②作用，是推进近代中国城市经济社会发展不可替代的重要社会角色。

西方当代以"NGO"、"NPO"为对象的"第三部门"（Third Sector）理论研究打破了沿袭已久的"政府—市场"两分法模式，提出了政府与市场

---

① 樊卫国：《近代上海经济社会功能群体与社会控制》，《上海经济研究》2001 年第 10 期。

② 社会整合有广义与狭义之分，狭义的社会整合主要指在地方社区层次、行业领域中协调各社会成员利益，使各社会成员具有共同的价值观念，遵守相同的行为规范，建立起和谐的合作关系；广义的整合还包括国家体制内的政治整合等。

都失灵的问题，并提供了解决这一"双失灵"问题的新思路，将促进西方人所谓"结社革命"的发展，将促使 21 世纪成为多元化发展的"公民世纪"。

近代中国社会经济发展过程中也存在政府与市场"双失灵"的问题，在解决这类问题方面，近代工商社团所起到的积极作用十分明显。当代中国市场经济发展过程中也存在政府与市场"双失灵"的问题，诸如债务纠纷、假冒伪劣等社会经济"顽症"治理中就存在"双失灵"问题。近代中国商会、同业公会等新型工商社团能很好地适应市场经济发展要求，是现代化社会自组织的重要形式。一方面它们既能容纳各个工商企业独立、自由的发展，另一方面又在社会的文化整合、规范整合和功能整合等方面发挥独特作用，以公认的制度性程序解决和调节各经济个体之间已发生的利益冲突，以特有的制度安排避免或减少个体之间发生的冲突。借鉴近代工商社团在这些方面所起的积极作用，积极发展当代中国的工商社团，可以为当代中国解决"双失灵"问题提供有益的路径。

中国近代工商社团还通过各种渠道向当时政府传递信息、反映工商界要求、沟通工商界与其他各界联系，在广义的社会整合中发挥积极作用。当代中国的工商社团也同样可以通过多种形式和途径有效监督和约束公共权力运行，同样能在广义的社会整合中发挥积极作用。

清华大学教授　陈争平

日本对中国沦陷区丝绸业的统制

　　民国前期，中国主要丝绸产区的丝绸行业发生了显著的变化和历史性的进步，经历了向近代工业转型的洗礼。就在中国丝绸行业基本完成了生产手段与经营方式的变革，面临着进一步发展契机的时刻，日本帝国主义发动了全面侵华战争，中国的大片国土，其中包括主要的丝绸产地沦入敌手。日本侵略者在沦陷区对丝绸工业实行严苛的统制，极大地损害了中国丝绸业的发展。

　　丝绸业在近代中日两国的国民经济中扮演着极其重要的角色，而这两个国家在世界生丝市场上又长期处于相互竞争的状态，因此，一旦中国的主要丝绸产区沦入日本侵略者的统治范围，占领当局便立即设法"调整"（实即"压制"）中国的丝绸生产，实行严格的茧丝生产和贸易统制政策，使之不至于妨碍日本丝绸业的前途。早在 1938 年 8 月，日本侵略者就曾泄漏天机："以太湖为中心的三角洲地带的蚕丝业，向来为蒋政权时代抗日工业之一，同日本输出生丝发生对抗，必须在打倒方针下，进行奖励指导，否则必为中日纷扰的祸根。为此，必须用两国提携为名，进行调整，以散布亲善种子，才能达到统制目的。"[①] 对于中国丝绸业这个长期的竞争对手，日本侵略者一直视为眼中钉、肉中刺，"奖励指导"也好，"两国提携"也罢，都是遮人耳目的花枪，"根本打倒"才是其既定方针。

一、丝绸统制机构的成立

　　就资本家个体而言，日本的蚕丝业经营者垂涎于中国低廉的工资成本所可能带来的莫大利润，亟希望能够自由投资沦陷区的缫丝业。他们为了增进资本的效率，自然会引进日本的优良技术，改进当地的生产方式，从而促进新技术的转移和生产力的上升，这样势必将会影响乃至动摇日本本国制丝业

---

　　① 渡边辖二"華中蠶絲股份有限公司沿革史"，上海，1944 年，第 225 页。

的优势地位。于是，日本当局决定阻止资本的自由输出，而由日本制丝业垄断财团及有关各方设立"中支蚕丝组合"，来处理华中的蚕茧交易和经营中国的缫丝工厂，实行了严格的茧丝生产和贸易统制政策。

1938 年 4 月，伪"中华民国维新政府"成立之后，日本侵略者策划的"中支蚕丝组合"宣告成立，资本额为 300 万日元，其事业经营则委托给成员中的日本制丝业垄断财团片仓制丝纺绩株式会社（出资 105 万日元）、郡是制丝株式会社（出资 60 万日元）和钟纺纺绩株式会社（出资 50 万日元）。5 月，三家公司在上海合组"日华蚕丝公司"，企图控制华中缫丝工业的生产和流通。他们采取利用华商丝厂以统制中国缫丝业的手法，以和华商"合作"为名，中日各出资 40% 和 60%，共投资法币 20 万元，在无锡组成所谓"惠民制丝公司"，在苏州组织"华福公司"，在杭州成立"日华蚕丝公司"，7 月间又在无锡组成"惠民第二制丝公司"，控制了相当数量的丝厂和丝车。见下表：

表 1　　　　　　　　　　　　**1938 年日本控制中国丝厂情况**

地名	公司名	丝厂名	丝车台数	开工日期
无锡	惠民蚕丝公司	鼎盛	320	1938 年 6 月 20 日
		福纶	248	15 日
		振艺	256	12 日
		大生	208	9 日
		润康	208	
苏州	华福蚕丝公司	大有	220	1938 年 6 月 15 日
无锡	第二惠民公司	宏余	276	1938 年 7 月 21 日
		振元	352	21 日
		大成	360	7 月底
杭州	日华蚕丝公司	杭州	240	1938 年 8 月 1 日
合计		10 家	2688	

　　资料来源：据高景岳：《1937—1945 年中国蚕丝业受侵事略》改制，见《无锡文史资料》第 6 辑，第 40 页。

由于中国丝绸业者的反抗和欧美资本的抵制，"中支蚕丝组合"在中国沦陷区的蚕丝统制政策推行得不很顺利，日本侵略者乃谋进一步协调行动，加强统制，计划组织中日合资的政府法人团体，由伪维新政府实业部正式制定章程，作为蚕丝业统制的核心机构。1938 年 8 月 10 日，在"蚕丝国策会社"的名义下，日本当局纠集日本蚕丝垄断企业共同投资，在上海成立"华中蚕丝股份有限公司"，继承并强化了"中支蚕丝组合"的事业。日本当局自己承认，他们设立华中蚕丝公司的宗旨，目的只在于"统制此地区的蚕丝业，图谋调整中日两国间的生产及输出，促进两国蚕丝业之健全发展，俾对世界蚕丝业界有所贡献"。① 说得明白点，就是企图独占经营华中地区的蚕种之配给、蚕茧之收购、机械丝之生产与贩卖等各方面业务，把中国的丝绸生产纳入它的"调整"和"统制"之下，使之不致成为日本丝绸业的竞争对手和威胁力量，并进而利用中国的现有设备和廉价劳力，来弥补日本国内因战争而导致的一系列资本重组和生产衰竭所造成的损失。华中蚕丝公司对于中国的机器缫丝工业必欲置之死地而后快，惟独对以中国国内消费为目的的民间土丝生产和交易却似乎网开一面②，可见其目的在于掌控和扼杀对日本制丝业形成竞争威胁的中国机制丝的生产和贸易，对于落后的手缫丝产销则不妨任其自生自灭，更加充分地暴露出日本侵略者力图压制中国现代缫丝工业的险恶用心。

华中蚕丝公司成立时的资本额为 800 万元，其中日资占 3/4，华资占1/4，但中国的 200 万元并非现金，而是日方估价统制下的江浙地区的丝厂（包括已复工和将复工者共 18 家，6028 台丝车）的设备总额。1939 年 3 月，华中蚕丝公司增资至 1000 万元，其中吸收中国的汉奸商人投资以及被强占的华商丝厂设备折股两项约占资本总额的 30%，日方投资共 700 万元，占70%，投资者"可以说集合了日本与生丝有关的各层业者，其中以大制丝业者和生丝输出业者的资金为最多，并且是日本为了'开发'占领地而由官民共同投资的中支那振兴会社（资本金 1 亿元，1938 年 11 月成立）所控制的企业，具有'国策机关'的性质。"③ 此外，日本的金融机构亦在沦陷区的蚕丝生产中占有极其重要的地位。华中蚕丝公司下属丝厂都接受日本华兴商业银行、三井银行、横滨正金银行的融资，连从事生丝贸易的三井物产、三菱商事和片仓会社等也以预先支付丝款的方式来融通。向银行贷款时，通常以丝厂本身和场内贮藏的原料为担保，而由母公司做保证人。1938年，购茧总资金 320 万元，其中借款 90 万元，占 28.12%；次年购茧费 30 028 784 元，其中借款高达 24 526 000 元，占 81.67%。④ 华商丝厂很难挣脱这层金融网罗。

1940 年，华中蚕丝公司改组，名义上为中日合办，股份中日各半。当年该公司共 20 万股，股份分配如下：

---

① 华中蚕丝股份有限公司 "支那蠶絲業と華中蠶絲股份有限公司"，第 13 页。
② 华中蚕丝股份有限公司 "支那蠶絲業と華中蠶絲股份有限公司"，上海，1939 年。
③ 陈慈玉：《近代中国的机械缫丝工业（1860～1945）》，中国台北，中央研究院近代史研究所专刊（58）1989 年，第 118 页。
④ 兴亚院华中联络部 "中支那重要國防資源生絲調查報告"，华中调查资料第 96 号，1941年。

中国方面 10 万股：国民政府实业部 99 840 股，商人 160 股；

日本方面 10 万股：中支那振兴株式会社 27 752 股，片仓制丝纺绩株式会社 26 300 股，郡是制丝株式会社 14 763 股，高桥雄次郎 11 385 股，钟纺纺绩株式会社 11 233 股，日华兴业株式会社 5 841 股，三井物产株式会社 1 020 股，三菱商事株式会社 1 020 股，日棉实业株式会社 510 股，日本商人 176 股。①

表面上，华中蚕丝公司的董事亦为中、日各 5 人，似乎中日对等，实际上该公司完全为日本人所操纵。例如：1940 年 11 月，该公司召开第三届股东常会，出席者 150 人，全是日本人；1941 年 4 月召开第四届股东常会，只有很少几个中国人出席，略资点缀。甚至，名义上汪伪政府对华中蚕丝公司有监督之权，但事实上也不过只是一句空话。时人评曰："各制种场皆借用华中资本，故只知有华中，不知有政府。"② 此可谓一语中的！

华中蚕丝公司成立后，日伪政权立即颁发了《管理丝茧事业临时办法》、《蚕丝事业统制指导要领》等一系列法令政令，规定蚕种、蚕茧、缫丝、销售等全部环节，统由华中蚕丝公司经营控制。在蚕种方面，该公司有权委托蚕种制造业者生产蚕种，有权收买华中地区蚕种制造业者所生产的全部蚕种；在蚕茧方面，该公司有权垄断收买华中地区所出产的全部蚕茧；在蚕丝方面，该公司有权独占华中地区全部机器缫丝企业。一句话，华中蚕丝公司有统制和掠夺华中地区全部丝茧资源的垄断特权。③ 1939 年 6 月，伪实业部进一步指令江、浙、皖三省蚕丝业统归华中蚕丝公司管辖，意在使华中地区的蚕丝命脉完全操于日本人之手。日本侵略者随之在华中地区各省精心设计和建立了统制和掠夺中国丝绸业的庞大组织机构，于上海虹口设立总办事处，在无锡、南京、苏州、杭州等中心城市设立"支店"（分公司），又在各地蚕丝业发达的重要城镇设立"出张所"、"驻在所"等，从组织上建立起一套统制和掠夺中国丝绸生产的严密体制。

二、蚕种统制

日本侵略者对沦陷区中国丝绸生产的统制，首先是从蚕种制造这一基础

---

① 华中蚕丝公司：《华中蚕丝公司股东会 1940 年常会报告》。
② 浙江省档案馆藏：《维新政府农矿部技师金晏澜的浙江蚕业调查报告》。
③ 渡边辖二"華中蠶絲股份有限公司沿革史"，上海，1944 年。

环节着手的。1939 年 6 月 13 日，兴亚院华中联络部在《关于蚕丝事业统制之指导要领》的通牒中明文规定："华中方面需要配给统制之蚕种，统由华中蚕丝株式会社供应。华中蚕丝株式会社应收买现存蚕种制造业者所制造之全部蚕种，并委托蚕种制造业者从事制造，以资统制蚕种之数量、价格及配给。"[①] 具体实施步骤是：养蚕农家将其所需要的蚕种数量预先向蚕种办事处登记，数字汇集到县政府、省建设厅后报送华中蚕丝公司；华中蚕丝公司据此与蚕种场签订委托制造的契约，再经由建设厅、县政府将制造出的蚕种配发给养蚕农家。在实际执行过程中，这种蚕种统制的方式烦琐而费事，蚕农大多仍然采取经由茧行直接与蚕种制造者洽谈的习惯，同时华中蚕丝公司所恢复的制种生产力也很有限。1939 年，经由华中蚕丝公司所配给的蚕种约为 90 万张，只占蚕种制造总量的 26.7%；而不经华中蚕丝公司的蚕种交易约为 247 万张，高达总制种量的 73.3%。[②]

当年，江浙地区有营业执照的蚕种场共 129 所，拥有年产 337 多万张蚕种的能力，但华中蚕丝公司所委托经营的蚕种场只有 95 家，占原有场数的73.6%；共计委托制种 272 万张，占制种能力的 80.7%，约有 20% 的生产能力荒废。与此同时，华中蚕丝公司对江浙两省的蚕种场，都派日本人接管和掌握，大幅缩减各场产量，竭力推销日本蚕种，并规定它所培育和配给的蚕种"不得复制和转让"。沦陷期间，输入中国的日本蚕种急剧增加，1938年为 20 000 张，1939 年为 222 864 张，而 1940 年仅春蚕一季就已达 165 616张。[③] 这些蚕种大多是日本国内已经淘汰的劣种，饲养期间病害连连，致使蚕农屡遭亏蚀。另一方面，日伪政权又借口中国蚕种病毒严重，强令集中销毁，仅 1941 年，江浙两省遭焚毁的蚕种就达 60 万张之巨，致使中国的蚕种业经营者亏蚀累累，被迫停业。

三、蚕茧统制

控制蚕茧收购，是日本侵略者统制沦陷区丝绸生产的至关重要的一环。上引兴亚院华中联络部的通牒规定："华中方面所产蚕茧，完全按维新政府实业部茧价评定委员会建议政府规定之公定价格，由华中蚕丝株式会社一手收买，以资统制蚕茧之数量、价格及配给。""家庭制丝及特定丝厂允许存

---

① 参见堀江英一"支那蠶絲業の政策調整"，"东亚经济论丛"第 3 卷第 2 号，1943 年 5 月，第 7 页。
② 渡边辖二"華中蠶絲股份有限公司沿革史"，上海，1944 年。
③ 黎德昭：《江苏浙江蚕业调查报告》第 2 编，1940 年，第 10 页。

在，但其所需蚕茧，须由华中蚕丝株式会社的茧行，以华中蚕丝株式会社的名义收买配给。"① 在蚕茧的流通过程中，华中蚕丝公司实际上不可能直接从农家购茧，必须由茧行仍和战前一样扮演中间商人的角色。日伪政权便以重新登记的手法，强迫茧行与华中蚕丝公司订立契约，接受管制，才能获颁营业许可证，收集原茧纳入公司。

早在 1938 年 10 月 1 日，伪维新政府实业部公布《管理丝茧事业临时办法》，第一条内容就是："在苏浙皖三省及各市区辖境以内经营茧行业者，事前必须呈报维新政府实业部，取得许可证方可开始营业"；而茧行的申请时限规定在 1938 年 11 月 30 日之前，逾期概不受理。② 这样，战前已经开业的茧行，如果于限期内申请不到执照，势将无法营业。这一办法公布时，民众逃难尚未复归，期限又为短短两个月，"其目的无疑地是想让华蚕公司独占茧行事业，于是以前的茧行如果不接受华蚕公司的委托，则不能'合法'开业。"③ 这样，华中蚕丝公司便以批准营业许可证的伎俩，将华中地区的数百家茧行和数十万担收茧能力置于自己的控制之下，得以低廉的价格收茧，实现对中国农民的剥削和掠夺。

1939 年，华中蚕丝公司的契约茧行，江苏省春季有 290 所，秋季有 280 所，比战前的春季 561 所和秋季 482 所减少了许多。浙江省茧行数量的减少更是惊人，春季为 30 所，秋季为 21 所，分别只及战前 379 所和 289 所的 7.9% 和 7.2%。④ 蚕农或直接、或由茧商中介卖茧至华中蚕丝公司控制的茧行，华中蚕丝公司则一面向日本军方申请运送蚕茧的许可证，一面向省"建设厅"呈报数量和改良茧的费用；那些不属于华中蚕丝公司的家庭小丝厂和上海租界内与华中蚕丝公司有特约关系的丝厂，则向"建设厅"申报所需要的原茧量，再由"建设厅"通知华中蚕丝公司配给之。"换言之，华蚕公司以此种方式独占了沦陷区的原茧购买权，以统制其生产与价格。"

在蚕丝统制政策下，茧价皆由伪维新政府实业部茧价评定委员会"公定"，而该委员会的许多人选则由华中蚕丝公司派人参加，所以实际上蚕茧的价格是由华中蚕丝公司决定的。连当时一些进行调查的日本人都觉得其中大有可疑："茧价怎样计算出来，我们不晓得。即使假定这个标准茧价是公

---

① 渡边辖二"華中蠶絲股份有限公司沿革史"，上海，1944 年。

② 《维新政府实业部管理丝茧事业临时办法》，民国 1927 年 10 月 1 日，第一条，第四条，第十三条。

③ 陈慈玉：《近代中国的机械缫丝工业（1860—1945）》，中国台北，中央研究院近代史研究所专刊（58），1989 年，第 120 页，注 6。

④ 兴亚院华中联络部"中支那重要国防资源生絲调查报告"，华中调查资料第 96 号，1941 年，第 140～142 页。

正的，由上述双重契约的茧行利用和游击区域的种种课税使然，它到达养蚕农家手中时，可以断言是非常之低的。"[1] 例如 1939 年春季的公定价格为鲜茧每担 69.3～100.8 元，干茧每担 201～292 元，日本侵略者曾大言不惭地表示这是华中地区从未有过的高价，农民所获纯益达 25%，可为苟延残喘于战祸的中国农民带来莫大的经济利益。[2] 但是，自 6 月以后，公定茧价已经大大低于市场实际茧价，如下表所示：

表 2   **无锡市场茧价和上海丝价（1939 年）**

时间	干茧价	指数	厂丝价	指数
1 月	200 元	100	1450 元	100
2 月	220 元	110	1580 元	109
3 月	240 元	120	1660 元	114
4 月	250 元	125	1760 元	121
5 月	270 元	135	1860 元	128
6 月	300～350 元	150～175	2180 元	150
7 月	380 元	190	3180 元	219
8 月	400～600 元	200～300	3800 元	262
9 月	450～650 元	225～325	4350 元	300

资料来源：兴亚院政务部"无锡工业实态调查报告书"，1940 年，第 14 页。转引自陈慈玉前引书，第 121 页。

若以干茧公定价格的底限计算，除了 1 月以外，其他月份的干茧市场价格均大大超过，9 月的市场最高价甚至超出公定价 2.25 倍；若以公定价格的上限计算，6 月以后市场价也比公定价高出 20%～123% 不等。由此可见，华中蚕丝公司不仅没有让利于民，相反使用超经济强制手段，从蚕农手中强行掠取远比市场价格低廉的原料茧。[3] 1941 年浙江秋茧的公定价格为每担 80 元，以实际币值计算仅及 1936 年茧价的 1/5；且在收茧时只付 1/3 现金，其余出具票据，规定要等到蚕茧缫成新丝出售后方可兑现，在物价不断上涨的情况下，等到期票兑现，几乎已成一叠废纸。蚕农如果拒绝售茧，就会遭

---

① 堀江英一"支那蚕丝业の政策调整"，"东亚经济论丛"第 3 卷第 2 号，1943 年 5 月，第 9 页。

② 华中蚕丝株式会社"支那蚕丝业と华中蚕丝株式会社"，上海，1939 年，第 21 页。

③ 华中蚕丝公司 1939 年购入干茧的平均价格为每担 280 元。据兴亚院政务部"无锡工业实态调查报告书"（1940 年，第 153 页）记载，1939 年华中蚕丝公司无锡分公司实际支付的茧价要比公定价格为高，大约一担为 305.6～322.6 元。即便如此，仍然比市场价格低廉许多，实属一种超经济强制的掠夺行为。

到日伪的公开抢掠，拘禁投狱，不一而足。[①]

华中蚕丝公司的低价强买，引起了江浙蚕区民众的抵制和反抗，有一部分蚕茧"走私"流入位于上海租界而不受华中蚕丝公司统制的丝厂。[②] 据调查统计，1939 年华中蚕丝公司在江苏省的购茧量只占该省蚕茧产量的43.47%，在宜兴、句容两县，购买量尚不及产量的 10%，在江阴县的购买量只有产量的 3.85%，而扬中、溧阳、溧水三县的蚕茧则完全没有流入华中蚕丝公司。[③] 相当数量的江苏蚕茧先经由运河运至江阴下游长江沿岸的福山、浒浦、鹿苑等小港口，再由第三国船舶搬运到上海。尽管路途遥远，周折繁多，耗费很大，加上日军重重监视，时有蚕茧罚没、人员被捕的危险，但蚕农和茧商仍然甘冒极大的风险，将蚕茧"走私"进上海，这是因为纵冒风险，比起华中蚕丝公司的巧取豪夺，仍有利润可得。这从反面有力地说明，日伪政权的蚕茧交易统制，对于中国农民来说根本不是什么"施惠"，而完全是一种强加的剥削和掠夺。

在日伪政权的严酷统制下，沦陷区的蚕茧产量急剧下跌。在无锡市场上，1936 年各县产茧量为 124 286 担，1939 年只有 65 450 担，减少将近一半。[④] 在浙西地区，1940 年的蚕茧产量比 1936 年减少了 50% 以上。[⑤] 但是，日伪的搜刮并无丝毫放松。据日方文件记载：1938～1943 年的 6 年中，共在沦陷区抢购鲜茧 100 余万担，总值"法币" 4 亿元以上，其中用于军需的57 000 余担，运往日本国内的 50 000 余担，其余的则留在当地缫丝，再行统购生丝。[⑥]

沦陷区的农民不堪忍受日伪政权的野蛮掠夺，迫不得已纷纷挖除桑树，平毁桑园，"有将桑园改种食粮以求食粮自给者，有因粮食涨价种粮食比较有利而改种食粮者，也有因为燃料昂贵燃料不足而利用桑树为燃料者。总之，最近的桑园减少倾向是很显著的。"[⑦] 据统计，1932 年浙江全省有桑园265 万余亩，抗日战争结束后调查，全省桑园面积不到 100 万亩，约为战前

---

① 朱新予主编：《浙江丝绸史》，浙江人民出版社 1983 年版，有关章节。

② 当时上海租界内约有丝厂 43 家，丝车 7694 部。陈慈玉：《近代中国的机械缫丝工业（1860～1945）》，中国台北，中央研究院近代史研究所专刊（58），1989 年，第 124 页。

③ 兴亚院政务部"無錫工業實態調查報告書"，1940 年，第 788～791 页。按：这种情况的发生，一是出于华中蚕丝公司的购茧价格过低；二是游击队阻止产茧地带向华中蚕丝公司供茧。

④ 兴亚院政务部"無錫工業實態調查報告書"，1940 年，第 788～791 页。

⑤ 张毓华：《我国蚕丝业之过去、现在与将来》，《经济汇报》第 11 卷第 6 期，1945 年，第63 页。

⑥ 堀江英一"經濟に関する支那慣行調査報告書——支那蠶絲業における取引慣行"，东京，东亚研究所，1944 年。

⑦ 本位田祥男等"東亞の蠶絲業"，"东亚经济研究"三，1943 年，第 456 页。

的 1/3；江苏省桑园面积的耗失比浙江尤甚，只及战前的 1/4。江浙两省的蚕茧产量也比战前大为下降，1946 年总计出产蚕茧 132 752.57 担，仅及战前的 1/5。①

四、蚕丝统制

管制蚕丝产销，特别是机械丝的产销，是日本侵略者统制中国丝绸生产的重心所在。一方面，华中蚕丝公司被日伪当局赋予机械制丝业的独占经营权。"华中各地机械制丝业，完全由华中蚕丝株式会社统制经营，生丝完全由该会社统一购买。"另一方面，"……家庭制丝及特定丝厂允许存在，但其所需蚕茧，须由华中蚕丝株式会社的茧行，以华中蚕丝株式会社名义收买配给。其生丝除本地消费外，输出丝必须卖给华中蚕丝株式会社。这样，切断蚕茧的来源，使租界丝厂无法存在，同时，将家庭制丝及特定丝厂的蚕茧圈入华中蚕丝株式会社统制之下，以统制生丝贩卖，切断他们与其他外国出口商的关系。"② 在江浙沦陷区，华中蚕丝公司尽其力量所及，指定 22 家规模较大的机械丝厂进行生产，原料由其提供，成品由其包买。1939 年，这些丝厂共有丝车 5 972 部，生丝产量 17 276 担，职工 12 790 人；1940 年高峰时期，丝车数为 6 974 部，生丝产量 26 448 担，职工 15 700 人。③ 此外，江、浙、沪等地尚有一些小型丝厂，则以批准营业许可证的方式加以控制，原料和产品同样必须由华中蚕丝公司掌握。

如同前述，由于原料茧驳杂不齐，较多劳力用于选茧、剥茧，而且煮茧索绪工和缫丝操作技术落后，劳动生产率低下，中国丝厂中每一丝车的单位劳工数，一般而言要比外国丝厂多。1930 年代初期，无锡丝厂平均每一丝车的职工数约 2.53 人。这种情况，沦陷期间进一步加剧。为了防止与日本国内制丝业的利益发生冲突，日伪当局禁止沦陷区的丝厂使用多条缫丝机，严格限制中国丝厂的机械化水平和自动化程度，极力阻止中国缫丝工业的技术设备更新。华中蚕丝公司所辖的无锡地区 12 家丝厂中，每一丝车的平均职工数上升为 2.57 人，其中润康、大生等丝厂的每一丝车职工数更多达 2.92 人，而当时日本国内郡是制丝工场每一丝车平均只有 1.3 人。④

具体来看，据满铁上海事务所 1939 年的调查，华中蚕丝公司所属的各

① 《中蚕通讯》第 1 卷第 2 期，"国内消息"。

② 堀江英一 "經濟に関する支那慣行調查報告書——支那蠶絲業における取引慣行"，东京，东亚研究所，1944 年，第 13 页。

③ 渡边辖二 "華中蠶絲股份有限公司沿革史"，第 229～237 页。

④ 兴亚院政务部 "無錫工業實態調查報告書"，1940 年，第 119～124 页。

丝厂的女工总数中，补缺工（替车）占 6.69%，索绪工（盆工）占 17.06%，接丝工占 4.52%，整理工占 4.89%，选茧工占 6.86%，剥茧工占 17.89%，缫丝工只占 41.68%。与 20 世纪 20 年代初相比，缫丝工的比例减少了近 2 个百分点，而剥茧工的比例则增高了近 5 个百分点。① 这既反映出日本当局大肆鼓吹的沦陷区蚕种改良工作并未达到预期效果，原茧品质益形恶劣，同时也表明，在日本侵略者的严苛统制之下，中国缫丝工业的技术更新能力和劳动生产率不仅没有得到提高，相反呈下降趋势。

值得注意的是，在调查的华中蚕丝公司所属各丝厂中，索绪工的比例平均都非常高，一般占劳工总数的 17.1%。这是因为这些丝厂采用的都是落后的意大利式索绪分业型缫丝机的缘故，而当时日本国内已经广泛使用千叶式索绪兼业型缫丝机，无需索绪工，只要引进这种新式缫丝机，便可大大提高中国丝厂的劳动生产率。"但在'中日协同合作'的大前提下，日本不可能导入新技术到沦陷区，更遑论生产力的提高。"② 为了压制中国制丝业的竞争，避免对日本制丝业优势地位造成威胁，华中蚕丝公司不仅不引进新的技术设备，甚至连战前中国丝厂已经装备了的先进设备也不许使用。20 世纪 20 年代后半期，无锡薛氏的华新丝厂已经置备了最新型的多条缫丝机，到 1936 年，无锡各丝厂装置的多条缫丝机已经增至 1 162 台，占无锡丝车总数的 7%。③ 同年，浙江省也设有多条缫丝机 2 215 台，占全省丝车总数的 38%。④ 沦陷期间，江浙丝厂的多条缫丝机遭到日伪当局的禁用，无锡宏余丝厂原有 40 部多条缫丝机，被迫废置。⑤

这样，由于日伪当局有意压抑中国缫丝工业的生产能力，极力排斥置备较先进设施的丝厂复工，使得很多战前"已改良了的较进步的机械无法运转"，加上时局不稳，原料不足，供电紧张，华中蚕丝公司所属丝厂的运转时间，只有一年之中的 6 ~ 9 月，约 99 ~ 104 天。每部丝车的日产量为 1.5 斤左右，平均每人日产量 0.58 斤，仅相当于日本国内丝厂女工日产量 1.16 斤的一半。⑥ 与战前无锡丝厂女工的平均日产量 1.88 斤相比，更是降低了许多，只及战前产量的 30.85%。

沦陷期间，战争环境下工人的就业机会受到极大限制，在日本占领军的

---

① 兴亚院政务部"無錫工業實態調査報告書"，1940 年，第 125 页。

② 陈慈玉：《近代中国的机械缫丝工业（1860—1945）》，中国台北，中央研究院近代史研究所专刊（58），1989 年，第 126 页。

③ 小野忍"無錫の制絲業"，"滿鐵調查月報"21—10，1941 年。

④ 奥村哲"恐慌下江浙蠶絲業の再編"，"東洋史研究"37—2，1978 年。

⑤ 兴亚院政务部"無錫工業實態調査報告書"，1940 年，第 119 ~ 124 页。

⑥ 日本全国制丝业组合联合会"制絲業參考資料"，东京，1938 年，第 21 页。

高压下也不可能有开展劳工运动的空间，所以华中蚕丝公司统制经营的丝厂中，女工工资都被尽可能地压到了最低，不仅低于战前，也低于当时上海租界内未遭华中蚕丝公司统制的丝厂，与日本国内丝厂女工的工资相比，更是只有半数上下。见下表：

表3　　　　　　　沦陷期无锡丝厂女工日工资与战前和上海丝厂之比较

工种 ＼ 年次	1929（无锡）	1939（无锡）	1939（上海）
缫丝工	55～57 分	38～58 分	60 分
补缺工	40～45 分	35～40 分	
索绪工	18～38 分	28 分	35 分
接丝工	45～55 分	30～55 分	50 分
整理工	62～63 分	35～58 分	80 分
选茧工	30～55 分	31～53 分	50 分
长吐工	30～36 分	34～37 分	
剥茧工	每篮 240～300 文	每篮 7 分	每篮 15 分

资料来源：原据兴亚院政务部"無錫工業實態調查報告書"，第 89 页，133；兴亚院华中联络部"中支那重要国防资源生丝调查报告"，第 198 页。转引自陈慈玉前引书，第 127 页。

该表反映的只是华中蚕丝公司无锡分公司所公布的工资数额，工人的实际所得则可能比该表所示的最低工资还少。如索绪工表中工资为 28 分，但这是以一人负责 2 釜的情况为基准，事实上很多女工只负责 1 釜，只能领到最低工资的一半。整理工、接丝工等亦然。一方面是工人工资下降，另一方面则是物价水平的暴涨，到 1941 年初，工人的生活费指数已比战前上升了 6 倍，而工人的平均工资却只比战前增加了 1.36 倍，可见工人们的实际收入是大大降低了。[①]

华中蚕丝公司所雇女工尽管工资低微，工作时间却和战前一样，每日长达 12.5 小时，夏季是早晨 5 时半至傍晚 6 时，冬季为早晨 6 时至傍晚 6 时半，其间只有午餐时休息 30 分钟。丝厂并不提供宿舍和其他福利，这也与日本国内的情况迥然不同。然而，正是这种工资的低廉、工作时间的漫长和福利设施的欠缺，反而成为华中蚕丝公司所属丝厂弥补原料茧质恶劣、技术设备落后等不良因素的手段，以相对低劣的生产条件一直保持着相当高的赢利。与华中蚕丝公司同期投入的资本相比，其利润率最高时为 1939 年 4 月 1 日～同年 10 月 31 日，达到 56%；最低时为 1941 年 10 月 1 日～翌年 3 月 31 日，也有 12.8%；在总共九段时期里，除了第九期（1943 年 4 月 1 日～

———————

① "上海綿業界の不振"，"大日本紡績連合會月報"第 581 号，1941 年，第 88 页。

9 月 30 日）之外，分红率每期都保持在 10% 以上，"可谓成绩良好"。① 不难看出，华中蚕丝公司之所以会一直保有高额的利润，既没有引进新的技术装备，也没有改善不良的劳动条件，完全是牺牲中国农民和工人利益的结果。

日本侵略者的统制政策和霸道行径，引起中国人民和一些民族资本家的强烈反抗。战前无锡缫丝业中技术设备较为先进、产品质量较为优良的薛氏家族的丝厂就宁可停工，也不愿纳入华中蚕丝公司的统制范围。对于那些不甘忍受侵略者控制的机器丝厂，日伪当局如果不能逼其就范，就会采取一切手法迫使其停业。沦陷期间，江浙地区战前已经具备的机器缫丝业生产力，只恢复了 17%；即使在华中蚕丝公司势力的重镇无锡，也有相当于原有生产力 78% 的 30 多家丝厂一直闲置着。据沦陷期间的调查统计，华中蚕丝公司所属无锡各丝厂雇用的男女职工，最高时仅为 15 000 人左右，这尚不及 1923 年无锡丝厂的职工人数；② 比 1934 年无锡缫丝业职工人数更是减少了一倍多。③ 从产业规模上讲，沦陷期间无锡丝厂已经倒退到当地缫丝业草创期的水平。大量丧失工作和生计的缫丝工人，或脱离原来的丝厂，或转移到农村地带，从事家庭缫丝生产。1938 年后，家庭缫丝工场在江浙地区勃然兴起，到 1939 年末，已达 489 家，共有丝车 9 699 部。④ 广大蚕农拒绝卖茧而自缫生丝者也日渐增多。⑤ 在日本侵略者的"资力和暴力限制欺侮之下"，中国的蚕丝生产"惟有'化整为零'地分别奋斗"。⑥

然而，就连这样落后和艰苦的生产条件，日本侵略者也要千方百计地加以剥夺。华中蚕丝公司惟恐其对中国蚕丝产销的"统制"松弛，唆使伪实业部于 1939 年 7 月 15 日发布《管理手工制丝业暂行办法》，规定：三釜以上设备经营手工制丝业者，须呈请实业部核准注册，颁发执照，方得营业；手工制丝业除经实业部特许出口者外，限于行销国内；经营机械制丝业者，不得兼营手工制丝业；独资或合资经营手工制丝业者，不得同时经营两个以上的手工工场；丝厂不得自行收买蚕茧。⑦ 1940 年，伪工商部又秉承日本侵略者的意旨，颁行《管理小型制丝工场暂行规则》，再次强调：经营小型制

---

① 渡边辖二"華中蠶絲股份有限公司沿革史"，第 377～383 页。

② 据无锡第三师范附属小学：《无锡实业现况调查》，1923 年无锡有丝厂 19 家，丝车 5848 部，女工 14250 人，男工 750 人。

③ 刘大钧：《中国工业调查报告》，经济统计研究所，军事委员会参考资料第 20 号，下册，第 31～35 页。

④ 兴亚院华中联络部"中支那重要國防資源生絲調查報告"，第 229～230 页。

⑤ 今井长二郎"中支那制絲業概況"，1940 年，第 36 页。

⑥ 吴雨巷：《我国蚕丝问题总检讨》，《经济周报》第 2 卷第 16 期，1946 年，第 12 页。

⑦ 黎德昭：《江苏省浙江省蚕业调查报告》第 2 编，1940 年，第 37 页。

丝工场，须经工商部核准注册，颁发执照，始得营业；所产生丝，除工商部特许输出者外，限于行销国内；小型制丝工场的设备，以旧时木车为主；经营大规模机械制丝厂者，不得兼营小型制丝工场；小型制丝工场每月应将购茧数量、缫丝数量、存茧数量、存丝数量以及运销地点、售予何人等事项，呈报主管官署及丝茧运销管理局。① 细审条文，后一个《规则》显然比前一个《办法》更为严厉和细密，暴露出华中蚕丝公司力图将小型家庭缫丝工场置于其罗网之内，确保其垄断沦陷区蚕丝产销的野心。

在日本侵略军的刺刀支持下，华中蚕丝公司利用其垄断地位和独占经营，1939～1943年间，在中国生产和出口的生丝达7万担以上，"由于生丝输出，对于取得具有重大战时使命的外汇有所贡献，换得外汇一千七百五十余万美元。"② 难怪日本侵略者要弹冠相庆："可以说，华中蚕丝株式会社充分完成了我国（日本）制丝业交给它的使命。"③

华中蚕丝公司生产和输出的生丝，绝大部分是在1939～1941年上半年的两年多内完成的，约占总数的85.74%。进入20世纪40年代以后，日本与美英等国的矛盾日益激化。1941年7月，美英宣布对日冻结资金；1941年12月8日，日军偷袭珍珠港，太平洋战争爆发，美英对日宣战，战火蔓延到整个世界。战局的变化，使得日本的国际贸易对象改变，长期以来支撑日本生丝出口的美国市场顿失，生丝丧失了作为出口品的重要性。在中国沦陷区，日本当局乃改变生丝产销方针，由出口导向转换为内销为主，先后3次实施生产限制，关闭大部分丝厂，余下的丝厂也大幅度缩减开工时间，生丝产量和雇工人数也都急剧萎缩。见下表：

表4　　　　华中蚕丝公司和民间小丝厂的生产情况（1939～1943）

年份	丝车数（台）		丝产量（担）		职工数（人）	
	华蚕公司	小丝厂	华蚕公司	小丝厂	华蚕公司	小丝厂
1939年底	5972	9699	17276	12750	12790	30000
1940	6974	6750	26448	11250	15700	—
1941	3328	4500	15298	6754	7133	—
1942	2092	3000	6953	4235	4433	—
1943年8月	2092	0	3222	0	4615	0

资料来源：渡边辖二"華中蠶絲股份有限公司沿革史"，上海，1944年，229～237，271～274页。

① 《工商部管理小型制丝工场暂行规则》，《工商公报》第7号，第9页。
② 今井长二郎"中支那制絲業概况"，1940年，第41页。
③ 渡边辖二"華中蠶絲股份有限公司沿革史"，第385页。

如表所示，到 1941 年末，华中蚕丝公司属下只有 10 家丝厂，3 328 台丝车，为 1940 年末华中蚕丝公司巅峰时期的 47.7%，只及抗日战争前夕丝车数的 9.5%；到 1943 年 8 月，仅存 6 家工厂，2 092 台丝车，规模仅及战前的 6%，比 1940 年末也要萎缩 70%，运转时间亦只有 1940 年末的 1/6；生丝产量和职工人数则分别比 1940 年末减少了 87.82% 和 70.74%。由于海外市场丧失，内销市场有限，沦陷区的缫丝工厂已经失去了利用价值，日伪当局便将华中蚕丝公司所属的杭州、嘉兴、苏州、无锡等地的丝厂弃若敝履，于 1943 年初开始先后"发还"，并于 1943 年 11 月 5 日宣布解散华中蚕丝公司，另组中华蚕丝公司，资本 6 千万元，"中"日各占其半。在"中方"股本中，伪实业部有 29952000 元，许逊公 30000 元，郭谦之 6000 元，任仲达、麦静铭等各 3000 元，这些人也都是伪实业部的官员。[1] 可见这仍是一个日伪当局垄断沦陷区蚕丝业的官方机构，中国的蚕丝产销仍然逃脱不了遭受"统制"、任人宰割的命运。

五、丝织业实态

为了调和日本军阀与垄断资本在掠夺中国社会财富过程中的矛盾，尽可能地榨取沦陷区的资源，日伪当局把沦陷区的工矿企业划分为"统制事业"和"自由事业"两类，与缫丝业被划属于"统制事业"有所区别，丝织业则在表面上属于"自由事业"，允许私人自由经营。但是，实际上中国商人始终没有自由经营丝织业的权利，稍具规模的民族资本丝织企业，时刻受到华中蚕丝公司以"合作"、"收买"、"租赁"等形式的吞并威胁。1941 年 2 月和 1942 年 5 月，上海的中国丝织厂和九福织染厂就被华中蚕丝公司所"收买"。此外，日本侵略者还严格控制沦陷区丝织工业的原料来源，一再缩减直至断绝沦陷区丝织工业的生产用电，不断压缩沦陷区丝织工业的产品销售市场，从原料、生产、销售等各方面，把名为"自由事业"的沦陷区丝织工业置于自己的严密掌握之中。

这种情况，在苏州尤为典型。据苏州档案馆藏驻苏日军"登集团"司令官的命令，规定各种丝绸的行销，均"须申请清乡督察专员公署发给原产地证明书，并由'登集团'司令官指定之许可机关'支那派遣军司令部第七号出张所'依据该证明书发给规定之许可证，方准载运出境（或入境）。"[2] 其后，日伪当局用以控制苏州丝织业的"吴县丝织厂业同业公会"

---

① 台北中央研究院近代史研究所藏：《中国蚕丝公司接收清册》，1946 年，农林档 20-50-2-1。
② 原件藏苏州市档案馆，全宗号：乙 2-1；案卷号：1842；第 31 页。

成立①，其章程规定：“任务：第一、关于丝织品之生产统制事项；第二、关于丝织品原料之收买配给事项；第三、关于丝织品原料之调节流通事项；第四、关于丝织品品质及价格之审评事项；第五、关于会员经营事业之调查、统计、设计指导及检查取缔事项；第六、关于会员与会员或非会员间争议之调解事项；第七、关于同业劳资间争执之调解事项；第八、关于会员业规订立与执行事项；第九、关于会员之福利事项；第十、关于丝织品及原料之签订事项；第十一、关于政府及丝绸同业联合会指定或委托事项。”② 举凡丝织行业从原料配给到丝绸织造，再到产品运销，包括企业管理、劳资纠纷等各个环节，无不受到日伪当局的严密控制，所谓“自由事业”，允许私人自由经营，完全是欺人之谈。

太平洋战争爆发后，世界生丝市场急剧萎缩，日本侵略者对中国丝绸业的掠夺重点也发生了变化。1943 年 9 月，华中蚕丝公司“常务董事”铃木格三郎呈文伪实业部：“今因世界情势变化，中国蚕丝业不得不由‘输出依存’转为‘内需第一主义’。故敝公司今后之主力亦集中于内需，目下已在进行各种准备中。”铃木格三郎称：“以目下而论，其最有效果之办法，莫如振兴绸业。华中方面重要机织业地为上海、杭州、苏州、湖州、盛泽、南京等地，然若徒使此等地方之丝绸业漫然勃兴，而不采取适当方针，则等于缘木求鱼。故必须先树计划，究如此等地方丝绸业之本质认清其特质后，始能树立各种对策。……务须于对最近之特质详细检讨后，官民一体，考究综合对策，付诸实施，始能达到所期目的。此不仅单有促进内销之积极意义，且能进而使中日经济合作之具体化，更对东亚共荣圈衣料问题之解决，亦有不少贡献也。”③ 尽管说得拐弯抹角，还是不难看出其真意所在，说穿了无非是为了加强日本对中国经济的控制（即所谓“中日经济合作之具体化”），要采取更加致命的措施（即所谓“采取适当方针”，“树立各种对策”），以防止中国主要丝织产地的“勃兴”威胁到日本帝国主义的利益。

为了达此目的，日本侵略者采取釜底抽薪的手段，控制了中国丝织业厂家的原料供应。日伪当局规定，所有丝织原料均由华中蚕丝公司统制，生丝、人造丝，甚至废丝都必须经过日本占领军的批准方可运送，这就掌握了沦陷区丝织业的生命线。在家庭小丝厂兴盛的短暂时期，沦陷区丝织厂家所需原料尚可以从统制外渠道获得，随着家庭小丝厂的式微消散，丝织厂家的

---

① 参见苏州市档案馆藏：《吴县丝织厂业同业公会全体会员大会记录》，民国三十年一月十六日；旧吴县县商会丝织业部分档案第五卷：《沦陷时期丝织厂业同业公会各项会议记录》之二。

② 苏州市档案馆藏：《吴县丝织厂业同业公会章程》。

③ 苏州市档案馆藏：《华中蚕丝股份有限公司原呈》，民国三十二年八月十九日。

原料来源顿然消失，只能等待华中蚕丝公司的配给，被牢牢置于日本侵略者的控制之下。在原料供应严重不足的情况下，沦陷区丝织厂家无"米"下锅，生产能力急剧萎缩。1941 年 1 月 16 日这一天，仅苏州一地，就有延龄、久昌余、天一、永丰仁等 18 家绸厂停产倒闭。它们联名致函同业公会，历数"原料统制，输入被阻，成品输出困难，货匹积搁，存料将绝，兼为米价飞涨，各项开支倍增"的境况，表示实在焦头烂额，走投无路，只有忍痛宣告停业。①

在华中蚕丝公司之外，又有"华中水电公司"作为日本帝国主义对华经济侵略的御用机构。沦陷区丝织业除了深受原料统制之苦，还备尝供电中断的困扰与折磨，历经供电失常、供电大减、供电停止三个阶段，终致全业停工，濒临绝境。

日本侵略者占领江浙地区后，严令促迫各行各业克日开工，自 1938 年 4 月起，苏州、杭州等地丝织厂家"陆续开工"，但是日伪当局却又借口"电厂机件损坏，对于马达供电时断时续，各厂用电大感失常"。② 而且日伪当局一反战前日夜供电的常规，改日夜送电为只送夜电，"今电厂发电时间，需自下午 3 时起，送至夜间 12 时止。对于工作时间既受限制，工人生计更感困难；复以夜间工作之故，厂方电灯暗耗尤巨。"③ 在这种情况下，各丝织厂家"当午前凉爽之际，以无电故，不得不蹉跎坐视，直将宝贵之时间，充盈之精神，付诸虚掷。迨至午后最炎热时，始行开始工作，以致夜间灯光之下，蚊蚋丛集之候，仍无休息。盖厂方非此不足以维持，而工人尤非此不足以糊口。反昼为夜，则公共卫生未由顾及；限制生产，则事业繁荣等诸梦想！"④

鉴于供电失常的严重情况，沦陷区丝织业一再上书日伪当局，陈述丝织工业与地方经济、社会治安、国课税收等方面的关系，希望引起当局者的重视，保证对丝织厂正常供电。他们在一次呈文中写道：

> 丝绸为江浙两省重要企业之一，其与农村经济、工商繁荣、地方治安、甚至国课税收，俱有异常密切关系。丝绸事业而蓬勃发扬，则农村

---

① 苏州市档案馆藏：《吴县丝织厂业同业公会全体会员大会记录》，民国三十年一月十六日。旧吴县县商会丝织业部分档案第五卷："沦陷时期丝织厂业同业公会各项会议记录"之二。

② 苏州市档案馆藏：《吴县丝织厂业同业公会呈江苏省政府函》，民国二十七年六月十九日。

③ 苏州市档案馆藏：《吴县丝织厂业同业公会为电厂仍须收基本电费请赐救济》，民国二十七年六月十六日。

④ 苏州市档案馆藏：《吴县丝织厂业同业公会第三次呈省长公署函》，民国二十七年七月一日。

经济赖以复兴，工商市容赖以繁荣，无数工友生活安定，各项捐税亦得充分旺收；反之，则不仅农工商直接损失，国课歉收，即江浙两省整个经济体系，亦必遭遇严重威胁，故丝绸事业之盛衰，直接可以反映民生之荣枯，抑有进者，其与整个国民经济关系之密切，概可想见。绸缎原为衣着主要原料之一，自去岁收买棉纱布后，纱布产量锐减，（绸缎）需要更感迫切，设非大量生产，殊不足以应事实之需要，是绸缎尤为日常生活必需品也。

综上所述，可见丝绸事业于国计民生关系之深切。惟华中（水电）公司对于本业之重要性尚未能充分明了，竟与普通商品之供电量同其待遇，虽首遭打击者似为绸业，惟绸业不振，丝业无独存之理；丝业不振，则蚕农育蚕兴趣势将为之泯灭，大好桑田尽予委弃，不仅非增加生产中应有现象，抑亦有以违背建设农村之原旨。故本业供电量应即设法增加，以资救济。①

江浙丝织厂家指出："电厂延不恢复日电，影响各种工业复兴"；要求日伪当局"定必严予纠正，迅饬照常输送，俾苏地工业得以恢复常态，钜万生计亦得赖以安定"。② 然而，通过限制用电来压制和摧残中国丝绸工业，乃是日本侵略者的既定方针，尽管日伪当局虚伪地表示："电厂开放日电一事，允于即日内先行提早一小时，经过相当时期再行增加……"，③ 但种种承诺实际上是一张空头支票，"岂料接奉钧批，瞬逾兼旬，犹不见电厂之实施"。沦陷区丝织业哀求"即速恢复日电，以维工商生计"，但日伪方面"一味搪塞，迄犹未见实行，而收费方面竟不顾减发基本电流至 5/8 之多，仍须全部十足收取。"④ 自此之后，供电不仅没有恢复正常，相反一步步加以削减⑤，沦陷区丝织业受损严重，"动力濒绝，业务益危"，"全体同业奄

---

① 苏州市档案馆藏：《吴县丝织厂业同业公会呈江苏省政府政务厅、建设厅函》，民国三十二年七月十九日。

② 苏州市档案馆藏：《吴县丝织厂业同业公会第三次呈省长公署函》，民国二十七年七月一日。

③ 苏州市档案馆藏：《吴县丝织厂业同业公会第五次理监事会议记录》，民国二十七年七月四日。

④ 苏州市档案馆藏：《吴县丝织厂业同业公会致工商处函》，民国二十七年七月十六日。

⑤ 日伪政权为了贯彻"限电"政策，"特组设电力消费委员会以实施节电，并审议必要之用户与用电度之多寡；务使必需者可获得适当之电量供应，不必要者尽力减少无谓之消耗"。（苏州市档案馆藏：《吴县丝织厂业同业公会致江苏省政府函》，民国三十三年七月二19日。）它们对于有关国计民生的丝绸工业苛刻以求，一再紧缩供电；对于毒害中国人民身心的营业则百般扶持，提供方便。当时的上海、南京、苏州、无锡、杭州和一些中小城镇，烟馆、赌馆、妓院"三毒"林立，入夜霓虹灯光怪陆离，通宵达旦，却并不加以限制，"待遇之轩轾，奚啻霄壤"。（苏州市档案馆藏丝织厂业同业公会文件：《为电力缩减影响工作，本业劳资双方前订贷借工资协约应即废止，并准自由解雇，祈鉴核主裁由》。）两相对比，日伪政权"限电"政策的险恶用心昭然若揭。

无生气"。①

市场统制，是日伪当局统制政策的重要一环。自 19 世纪后期日本丝织工业崛起后，一直处心积虑与中国丝织业争夺市场。一旦中国丝织生产中心江南地区沦于敌手，日本侵略者自然会千方百计压制沦陷区丝织业的销售市场，使之不至于妨碍日本丝织业的利益。太平洋战争爆发后，丝绸的国际市场进一步缩小，日本侵略者扼杀沦陷区丝织业的图谋越发暴露无遗。

随着战争范围的扩大和局势的演化，一方面，羊毛、棉花、棉纱等纤维的输入停止，中国沦陷区内的衣料来源减少，供应枯竭；另一方面，生丝的海外市场丧失，只能转而在国内销售，华中蚕丝公司为了控制机械丝的内销市场，开始注重丝织品的生产，逐渐由蚕丝企业向丝织企业蜕变。由于丝绸的内销市场有限，日伪当局越发加强了对名为"自由事业"的丝织工业的束缚，产品销售尤其受到严格管制。1942 年，日伪政权在丝织业中的御用组织"中华丝绸业产销互助会"成立，其《规约》强调："凡会员工厂之制成品送交其来往之绸庄，关于制品匹额、数量应随时填表报告本会。制成品凡输出国外者，均须委托本会之贩卖机关贩卖之。"② 按照这一规定，不仅行销产品要向该会"登记"，输出国外更须由该会代办，一句话，即剥夺了各丝织厂家经销自家产品的自由。

中国的丝织品不仅被禁止出口销往国外，还被严禁进入北平、天津、青岛等由日本丝织品占领的华北大城市，堵塞了中国丝绸的销售渠道。20 世纪 40 年代初，在日人小野忍调查杭州丝织业时，锦昌永志记绸庄诉苦道："销货额小，是因为最近向华北送货困难，……因此处于停业状态。"惠昌绸庄也愤愤不平："客人多在北京、天津、青岛等北方都市中，……现在由于统制，无法送货。"③ 小野忍就此写道："华北是绸缎的重要市场，用不着多加说明。华北与华中间现在施行变换制，因此，华中方面不能向华北随便发送货物。作者所到之处，无论杭州、苏州或南京——南京尤甚——都在诉说这种苦处，使调查感到若干困难。"④ 这样，日伪政权就完成了从原料、生产、销售等各方面对中国丝绸工业的控制网，把名为"自由事业"的沦陷区丝织工业置于自己的严密掌握之中。"……各丝织厂出品之各种绸货，

---

① 苏州市档案馆藏丝织厂业同业公会文件：《为电力缩减影响工作，本业劳资双方前订贷借工资协约应即废止，并准自由解雇，祈鉴核主裁由》。

② 中国第二历史档案馆藏：《中华丝绸业产销互助会规约》，1942 年 4 月。

③ 小野忍 "杭州の绢织物业"，"满铁调查月报" 第 23 卷第 2 号，1943 年 2 月，第 141，150 页。

④ 小野忍 "杭州の绢织物业"，"满铁调查月报" 第 23 卷第 2 号，1943 年 2 月，页 141。按：所谓 "变换制"，为日伪当局统制贸易的政策之一。

其推销方法，向来由苏运至上海，再行分运华北及南洋群岛等处销售。近以运输迄无办法，殊有使出品者不胜负担之慨。"①

在苏州，"丝绸业产销互助会"成立后，侵占苏州的日本支那派遣军总司令部"登集团"第 7330 部队立即逼迫各会员厂家签署《誓约书》，其中规定：

> 关于地方生丝之经手搬入，须协力军部之企图，其许可条件当诚实履行誓约如左：
>
> 1. 本厂所制绢织物之原料生丝及土丝（辑里丝）皆限于由苏州丝绸业产销互助会向华中蚕丝公司申请配给之。
>
> 2. 受到供给之生丝及土丝，决不让与及转卖。
>
> 3. 受到供给之原料，于制织品完成时，每月须详细做成报告书，经由华中蚕丝公司报告之。
>
> 4. 关于制造与贩卖，须受军部及华中蚕丝公司之指示与监督。
>
> 5. 凡制织品，以内销为第一原则，若输出时，当经军部及华中蚕丝公司之指示办理。
>
> 6. 其他事项，均愿诚实履行军部当局之指划。②

不难看出，誓约书完全唯日本军部及华中蚕丝公司之马首是瞻，把丝织业的原料补给和制造贩卖都置于日本侵略者的严密管制之下，扼杀了沦陷区丝绸生产的活力与生机，致使"苏地出产之绸货，销路顿感困难，无法运销"。③ 正如当时江浙丝绸业者所哀叹的那样："际此时会，民生日蹙，绸缎又非日常必要用品，以致销路大狭；更以外销受战事影响，运输间阻，营业式微，国内市场除本街外，几仅京沪沿线十余县而已，故营业批额较诸畴昔，百不及一。经营之艰，可以想见！"④

对沦陷区丝织业实行"限卖"之外，日伪当局还强制推行所谓"限价"政策。为了实现其"以战养战"的图谋，尽力在沦陷区搜刮民脂民膏，日伪政权大肆印发伪币中储券，造成币值狂跌，物价腾涨。以白米计算的一般

---

① 《苏绸无法运销》，《江南日报》1941 年 1 月 21 日。

② 苏州市档案馆藏：《苏州丝绸业产销互助会会员誓约书》。全宗号：乙 2-2；年代号：1942；卷宗号：166。

③ 《苏绸无法运销》，《江南日报》1941 年 1 月 21 日。

④ 江苏省档案馆藏：《苏州铁机丝织业暨纱缎庄业同业公会呈江苏省经济局局长函》，1944 年 1 月 20 日。

物价，1944 年 1 月比 1938 年上涨 170 倍，到 1944 年 7 月上涨了 680 倍。[①]
各丝织厂家"尤感原料狂涨之苦"。[②] 当时的丝织品原料成本，"系根据当日
产地市价再加捐税运费等计算"，而"产地丝市，瞬息万变，朝夕不同"。[③]
一般物价指数飚升，原料价格不断上涨，丝织品的织造成本随之高腾。1943
年 4 月到 9 月，丝织品成本平均增加 111.5%，平均每月上涨 27.88%；到
1945 年五六月间日伪政权覆灭前夕，物价涨幅更甚，一月之内，丝织品成
本就上涨了 107.6%，与 1943 年相比，成本又增加了 386.5 倍。[④]

　　与此同时，日伪当局却以严刑峻法相威胁，严令丝绸织品不得随之涨
价，"故年来绸缎售价，大都均不及成本"。沦陷区丝织业一再申述："虽实
业界此种原料贵、成品贱之现象，不乏先例，但均不如近来丝贵绸贱之深且
巨者。……各绸厂处此境遇，纵能勉力维持于一时，岂可挣扎于长久！此所
以近月来，已有同孚等十余绸厂相继停工，宣告清理之事实。夫工厂为商人
营利之命脉，只须前途尚有一线希望，岂能自绝财路，遭受损失！今同孚等
厂，不惜牺牲，忍痛停工，则其事态之严重，可以概见！"[⑤] 然而，日伪当
局对此不仅不据实进行调整，以解丝织业之困厄，相反变本加厉，于 1943
年 7 月 18 日，"突予以不及成本之限价"。[⑥] 丝织同业闻讯后，"群情惶怵"，
立即上书当轴，抗议"限价"，指出："查此项准定价格，系根据前铁机丝
织业暨纱缎庄业两同业公会三月间所呈之成品价，再予以八折左右之折抑。
按三月间该公会等所呈价格表，系根据当时成本估计编列，并未加入利润，
虽现在已经时过境迁，该项评价已成明日黄花，但较之当时市价，亦属相去
甚远。至现在原料价格，较之三月底，又已高涨不少。当时生丝每担 4 万
元，普通人（造）丝每箱 36000 元者，今已增至生丝每担 67000 余元，人
造丝 73000 余元；织造工资津贴，亦由 1940% 增至 3160%；其他炼染等
费，无不较前为高。三、四月来成本价格，盖又增加 80%～100%。且默
察市情，似尚有继续增高趋势，故现在绸货售价，应请重新评定，以符事
实"。并且要求"迅赐评定，因现在市情动荡不定，时日迁延，诚恐又失

---

　　① 苏州市档案馆藏：《物价与工资比较表》（1938～1944）。全宗号：乙 2-2；案卷号：44。

　　② 苏州市档案馆藏：《纱缎业沧桑回忆录》1942 年。

　　③ 苏州市档案馆藏：《吴县丝号业同业公会丝货成本售价表》，民国三十三年一月、三月、五月。

　　④ 据苏州市档案馆藏：《吴县丝织厂业同业公会各项出品成本及售价表》（民国三十二年四月、九月），《吴县丝织厂业大伟呢每市尺成本表》（民国三十四年五月、六月）计算。详见王翔：《中国资本主义的历史命运》，江苏教育出版社 1992 年版，第 382～384 页。

　　⑤ 苏州市档案馆藏：《吴县丝织厂业同业公会致江苏省经济局长函》，民国三十二年七月。

　　⑥ 苏州市档案馆藏：《江苏省经济局通知》，"经四 1471 号"，民国三十二年七月十八日。

平允"。①

　　但是，日伪当局对于沦陷区丝织业的合理要求根本不予理睬，反而进一步将丝绸列为"统制"的"主要商品"之一，严令举行"主要商品存货登记事宜。存货总值仅允许依商业登记资本额加半计算，如有超出数额，即由政府收买，配给民众"。② 1943 年 10 月 19 日，在苏州丝织厂业同业公会第五次常务理事会议上，各厂家怨声载道："丝织品列入主要商品后，绸厂业务骤形衰落，拟联络绸缎号公会，分呈主管局暨丝绸联合会，转呈中枢，准将丝织品免列主要商品。"③ 结果自然又是无功而返。

　　其后，丝织同业"为目今原料价格步涨靡已，各货成本日见增高，若不亟事加价，势将无法维持。爰经公同议决：真丝织品统加三分（指加价 30％。下同——笔者），交织货品统加贰分；并于大结束后一律改为现钞交易，借维血本而免暗损。"④ 向来依照传统惯例与客户实行期票结账的纱缎庄"账房"，也宣布"改为现款交易，以免暗损"。⑤ 日伪当局随之立即发布公告，施加高压："近据报告，省垣丝绸价格，骤然增涨，殊属非是。除派员查明处办外，合亟先予警告，并仰迅饬所属会员丝织厂，克日自动拟低价格。如有故违，一经调查实在，定予严惩，幸勿自误。特此通知！"⑥ 遂使沦陷区丝织业的处境越发艰窘，"绸厂业务，骤形衰落"。⑦

　　种种情况表明，在日伪政权的严酷统制和残暴摧残下，沦陷区的丝织生产迅速衰落，奄奄待毙。据 1942 年杭州丝绸织造业同业公会调查统计，1942 年 1 月，杭州现有的 2 375 台电织机中，停开的 1076 台，占 45.3％；479 台手织机中，停开的 196 台，占 40.9％；685 户丝织厂家中，完全停业的 239 户，占 34.9％；部分停工的 185 户，占 27％，两者合占 62％，其余的也都处于时开时停的非正常状态。⑧ 盛泽小镇也难逃厄运。抗日战争前夕，盛泽丝织业从业人员 29 000 人，1945 年减至 8 150 人，减少了 71.9％；

---

　　① 苏州市档案馆藏：《吴县铁机丝织业暨纱缎庄业同业公会致江苏省经济局长函》，民国三十二年七月。

　　② 苏州市档案馆藏：《吴县丝织厂业同业公会第一次理事会议记录》，民国三十二年十月。

　　③ 苏州市档案馆藏：《吴县丝织厂业同业公会第五次常务理事会议记录》，民国三十二年十月十九日。

　　④ 苏州市档案馆藏：《吴县丝织厂业同业公会致驻沪联合办事处函》"往来函件"（十一），全宗号：乙 2-2；案卷号：153。

　　⑤ 苏州市档案馆藏：《吴县丝织厂业同业公会木机组声明》。

　　⑥ 苏州市档案馆藏：《江苏省经济局通知：为据报丝绸价格骤然高涨，除查办外先行警告由》，经字第 63 号。全宗号：乙 2-2；案卷号：152。

　　⑦ 苏州市档案馆藏：《吴县丝织厂业同业公会第五次常务理事会议记录》。

　　⑧ 《杭州市丝绸织造业公会会员调查表》，据满铁：《中支惯行调查参考资料》第 2 辑，1942 年，第 152～184 页。

丝绸年产量抗战前为 190 000 匹，1945 年跌至 20 000 匹，减少了 89.5%。[①]在苏州，丝织业的生产能力严重萎缩，丝织厂家倒闭相寻，仅 1941 年 1 月 16 日一天之内，延龄、久昌馀、天一、永丰仁等 18 家绸厂，就因"原料统制，输入被阻，成品输出困难，货匹积搁，存料将绝，兼为米价飞涨，各项开支倍增"而忍痛宣告停业。[②] 据日本人统计，自江浙两省沦陷之后，丝绸生产便呈每况愈下之势：1939 年，江浙两省有丝织机 25 586 部，开工者为 15 765 部；1940 年丝织机数减为 23 971 部，开工者减为 14 173 部；1941 年丝织机减为 22 339 部，开工者减为 12 450 部；1942 年丝织机更减至 22 266 部，开工者减至 7 891 部。[③] 1944 年 8 月，沦陷区丝织厂业同业公会在一封致日伪当局的照会中说：

> 事变初定，一切设备，摧残殆尽，虽各同业竭尽所能，力图规复，但以物资统制，主要原料如丝线、纱线、人造丝等，或属绝对禁运，或准小量流通，致原料不继，生产减少，而成本日高。复以原料价高，如舶来品之颜料、人造丝以及电力、人工等，靡不增高数十倍至百余倍，致成本加重，影响销售。虽知制造商应尽量争夺市场，惟成本既昂，即难与他处互相竞争；而况在物资统制管理之下，各地驻苏采办客号，陆续撤退，货运阻滞，业务萎疲，造成今日奄奄一息、不绝如缕之窘态，在此风雨飘摇之中，不寒而栗！是知本业黄金时代，已成历史陈迹，而今日遭遇，实已至楚歌四面、万劫不复之境地。[④]

这是绝望的哀鸣，也是严正的控诉。

南开大学教授　王　翔

---

① 吴江县档案馆藏：《吴江调查》，"木机绸业历年生产情况表"。
② 苏州档案馆藏：《吴县丝织厂业同业公会全体会员大会记录》，1941 年 1 月 16 日。
③ 本位田祥男等"東亞の蠶絲業"，"东亚经济研究"三，1943 年，第 460～461 页。
④ 苏州市档案馆藏：《吴县丝织厂业同业公会致江苏省建设厅长节略》，民国三十三年八月二十六日。

近代中国银行信贷资金的财政化现象探析

引　言

关于近代中外银行业的发展问题，长期以来一直是汪敬虞先生颇为关注的经济史课题之一，曾为此做出过不懈的努力和探索，并取得了丰硕的成果，特别是他对早期华资银行业兴起原因的分析更具开拓性意义。笔者近年来致力于近代中国银行史的研究，自感受汪先生学术思想和研究风格的影响不浅，有些学术观点的形成甚至直接来源于汪先生所作研究结论的启发。故此，时值汪敬虞先生90华诞之际，谨借拙文的发表，以表示对这位经济史研究领域的老前辈无比的崇敬与深深的谢意。

一、近代中国银行资本与国家财政的依存关系

近代中国的银行资本与国家财政之间长期存在着一种共生共栖的依存关系。中国银行业产生与发展的一个重要基础条件就是国家财政的需求。不仅最先成立的私人资本性质的中国通商银行如此，随后出现的国家资本与私人资本合办的户部银行和交通银行更是概莫能外，其创立动机纯粹是为了支持国家财政机器的正常运转。此后，中国银行业在几十年的发展进程中，自觉或不自觉地与国家财政结下了不解之缘。但是，两者之间的关系往往又受制于国家政治环境与社会经济条件双重因素的交互影响和制约，其发展过程曲折而复杂，各个阶段的具体情况有所不同。在政治方面，两者关系的疏密基本上取决于当时中央政权的运行机制健全与否。当整个国家由一个强有力的中央集权政府基本控制时，银行资本同国家财政多能保持一种密切关系；而一旦中央政府的统治机能严重弱化，对全国失去控制时，银行业多疏远国家财政而谋求自主发展。在经济方面，情况略显复杂，一般来说，银行资本对国家财政的依赖性加强，正是社会经济发展停滞之时，或者是因外族入侵而造成社会经济衰败不堪之际。相反，如果银行业趋于独立发展，则是进入了

社会经济增长较快的阶段。

根据实际考察的结果发现，近代中国的银行资本与国家财政之间的关系经历了一个由密切到疏远、又由疏远到密切的回归演化过程。根据其演化特征，不妨择取一些重大事件作为标志，将这个过程大致划分为三个阶段：第一阶段从 1897 年中国通商银行成立起，到 1916 年中国、交通两银行发生第一次停兑风潮为止；第二阶段从中国、交通两银行第一次停兑风潮结束到 1935 年南京国民政府改组控制中国、交通两银行为止；第三阶段从 1935 年国民政府建立起以四行二局为中心的国家金融体系到抗日战争结束为止。下面分别予以详细论述：

（一）第一阶段以银行资本与国家财政之间关系的密切为主要特征。

在此阶段，国家资本银行比较活跃，从 1897～1916 年的 20 年间，全国共计成立了 117 家本国资本银行，其中属于官办和官商合办性质的有 56 家，占一半左右，而且资本实力要远远超过私人资本银行。① 这些国家资本性质的银行本来就是由政府组建的，主要职能也是为国家财政效力。如户部银行，"一为国家银行，由国家饬令设立，与以特权。凡通用国币发行、纸币管理、官款出入、担任紧要公债，皆有应尽之义务。"② 由此看出清政府创设该行的任务有二：一是辅助空虚的国库，二是实行币制改革。此两项任务均与国家财政密切关联。该行后改组为大清银行，上述职能在《大清银行则例》中又有更为明确的规定。交通银行自成立起即与国家财政挂上了钩，承做的第一笔业务就是代国家财政借款赎回京汉铁路。该铁路借款总额原为 12500 万法郎，折合银 3378 万两，加上提前还款的储金和利息，远不止此数。当时国家财政十分空虚，实在无力自筹这笔巨款，便交由交通银行按"招募公债、挪借款项、提集存款和另借新债"四项办法办理。该行开办初期的另一项重要业务是受清政府委托代理收回电报局商股。电报局原为官商合办，1908 年清政府欲将其改为官办，但财政还是无力筹款，仍只得责成该行"暂由路款借拨"。③ 1910 年度支部统一国库制度，但关于交通事业收支项目，却与邮传部商定，凡官办铁路、邮电等事业，均另订"特别出纳事务细则"，统归交通银行办理，④ 可见两者关系之不一般。

清末设立的私人资本银行中，中国通商银行和浙江兴业银行与国家财政

---

① 杜恂诚：《民族资本主义与旧中国政府》，上海社会科学院出版社 1991 年版，附录部分，第 501～507 页。

② 大清银行总清理处编：《大清银行始末记》，第 9 页。

③ 徐义生编：《中国近代外债史统计资料》，中华书局 1962 年版，第 43～44 页。

④ 交通银行总管理处编：《交通银行简史》（内刊本），第 4 页。

往来密切。盛宣怀控制下的中国通商银行历来以官款汇兑为重要业务,他曾指示该行"承汇官商款项,必须格外迁就招徕",但官款"每千两汇费必少,甚至当差无利",为此又特别强调:"汇丰银行汇票不赚不做,通商银行汇票不赚亦要收。"① 这种违背经济原则的做法显然是为了取悦于官府,以图拓展业务范围。盛氏虽未执掌全国财政收支之权柄,但他所经办的各项国家资本主义经济事业的耗费,在国家财政支出中占有一定份额,作为这些经济事业的资金枢纽的中国通商银行,与财政发生较多联系也是势在必然。浙江兴业银行是一家比较纯粹的私人资本银行,但其资金存放渠道仍以官款为重。

辛亥革命后,政治体制的创新并未改变银行资本与国家财政之间早已存在的那种密切关系。中国银行是在原大清银行的基础上改组而成的,其创建工作能够得以顺利进行,在很大程度上与袁世凯控制的北京政府亟须建立起新的国家财政体系有关。该行除经营一般银行的存、放、汇等普通业务外,主要是代理国库、经理和募集公债以及发行钞票、铸造银币。1913 年 4 月颁行《中国银行则例》,并由财政部函咨外交部正式转告各国银行,声明"中国银行系国家中央银行"。② 交通银行于民国之后改弦易帜,主动靠拢北京政府,争取到"分理金库"的特权;1914 年 3 月仿照中国银行的做法颁行《交通银行则例》,主要内容除继续经理交通四政业务外,并得受政府委托分理国库、发行钞票,实际上已具备国家银行性质。至此,从主要的业务范围和业务对象来看,中国、交通两银行均被纳入国家财政体系,成为北京政府的两大财政支柱。但由于北京政府统治时期国内政治腐败不堪,财源有限,尤其是袁世凯称帝的倒行逆施耗费甚多,造成国家财政极度拮据,严重入不敷出,中国、交通两银行的代理国库,实际上只是为财政垫付款项。"历年经理公库,流通钞币,成效昭彰"。③ 这虽是当局对两行的褒奖之辞,实则反映出此种倾向。但两行资力终归有限,而政府催款又紧,只得在现金准备极其空虚的情况下,滥发钞票,终于在 1916 年酿成两行的第一次停兑风潮。

(二)　第二阶段以银行资本与国家财政之间关系的疏远为主要特征。

1916 年发生的中国、交通两银行的停兑风潮,是国家财政过度压迫银

---

① 中国人民银行上海市分行金融研究室编:《中国第一家银行》,中国社会科学出版社 1982 年版,第 120 页。

② 中国银行总行、中国第二历史档案馆合编:《中国银行行史资料汇编》上编,档案出版社 1991 年版,第 114 页。

③ 转引自前引《交通银行简史》(内刊本),第 8 页。

行资本所造成的直接后果。当时，袁世凯为解决恢复帝制活动及镇压云南起义的经费问题，在财政罗致俱穷的境况下，竟挪用中国、交通两银行的储备金，并通过两行发行不兑现纸币，终引起社会恐惧，各地商民纷纷向两行提款兑现，迫使北京政府对两行下达停兑令，遂演变成了一场波及全国的金融风潮。

北京政府的停兑令首先遭到中国银行上海分行的抵制。该分行经理宋汉章、副经理张嘉璈为保全中国银行的信用，使社会各界"寄希望于不受政府非法支配之银行"，[①] 拒不执行停兑令，照常维持兑现。在其影响下，长江流域各省的中国银行分行也相继恢复兑现。在这次抵制政府停兑令的行动中，中国银行在业务上表现出一种欲脱离国家财政而谋求独立发展的倾向。1918 年，该行董事会又决定停止对财政部的京钞垫借款，独立性又趋加强。

交通银行的发展趋势与中国银行相似。1921 年中国、交通两银行第二次停兑风潮发生后，该行开始积极调整营业方针，推行了一系列新的措施，其中试图改变与国家财政关系的有：（1）改革发行制度，实行发行独立、准备公开；（2）清理以往政府旧欠；（3）对新的军政借款一概婉却。这些措施基本上得到较好的贯彻，使该行的业务渐有起色，政府欠款大为减少，扭转了多年来亏损不堪、信誉下降的局面。据《交通银行 12 年度营业报告书》记载："对于政府方面，除清理旧帐、催收旧欠外，未曾垫借分文。……偶有零星暂借，然皆随时收回，毫无留滞。"[②] 该行还为"脱离北京政治之牵掣起见"，从 1924 年起陆续将总管理处的发行股、会计股、稽核股迁至天津办公，到 1927 年时，仅将国库股及文书股留于北京。[③]

私人资本银行的情况也有了较大变化。长期控制中国通商银行的盛宣怀于 1916 年病故，该行的实权落入与北京政府较少联系的上海资本家傅筱庵之手。辛亥革命后，随着盛氏在政治上的失势，该行在业务方面的一些特权除发行钞票的权利继续保留外，其他特权基本丧失；另外，大股东招商局和电报局的股权也陆续转让于私人。这些变故促使该行逐渐转化成了一家独立于国家财政的商业银行。还有不少私人资本银行虽然是在北京政府发行公债的高利刺激下设立的，但恰逢第一次世界大战期间国内工商业迅速发展，使这些银行同资本主义经济成分的联系很快超过了同国家财政的联系，并能独立于政府之外谋求自主的发展。著名的"北四行"就是其中突出的典型。

1927 年 4 月，南京国民政府成立后，北京政府时期国内那种四分五裂、

---

① 姚崧龄编：《张公权先生年谱初稿》上册，台湾传记文学出版社 1982 年版，第 27 页。
② 《银行杂志》第 1 卷第 17 号，1924 年 7 月 1 日。
③ 《交通银行股东常会议事录》（上），《银行周报》第 11 卷第 20 号，1927 年 5 月 31 日。

混战不已的政治局面逐渐改观。作为一个意欲在经济建设方面有所作为的资产阶级政府，它自成立之初就制定了以国家资本主义形式来发展国家经济的宏观政策。该政策的一项重要内容就是实行金融垄断，并将整个银行业纳入国家财政机器的运行轨道之中。但由于受各种因素的制约，国民政府控制全国银行业的行动不可能一蹴而就，只得逐步展开。这一总的过程特征便构成了本时期全国银行业发展的两个不同侧面：一方面是政府组织力量，有步骤地实施控制全国银行业的各种措施；另一方面是中国银行业沿着原来的运行轨道继续独立发展业务。

在政府方面，1928 年 11 月南京国民政府设立中央银行，并给予种种特权，业务发展极快，至 1933 年时存款增长近 17 倍，货币发行增长近 7 倍，资产总额增长近 10 倍[①]。但与中国、交通两银行比较，该行实力还显得单薄一些。重新恢复政府对中国、交通两银行控制的行动也在进行之中。1928 年 10 月对中国银行实行改组，加入官股 500 万元，同年 11 月又对交通银行实行改组，加入官股 200 万元，并将两行的总管理处从北京迁至上海。[②] 此外，1929 年 11 月中国国货银行成立，政府加入 40% 的官股，由孔祥熙任董事长，宋子良任总经理，以不过半数的股份控制了这家银行。1931 年又以入股方式控制了新华银行。1933 年 4 月成立豫鄂皖赣四省农民银行，两年后改组为中国农民银行。不过，以上国家资本的这些活动，只是国民政府全面控制银行业的前奏曲。

在银行业方面，由于本时期全国政治环境比较稳定，无论是工农业生产还是国内外贸易，都获得长足的发展，以中国、交通两银行为代表的中国银行业广泛加强同工商企业的联系，努力拓展业务，资本实力较前又有所增强，不仅能在经济上基本独立于国家财政，而且还在政治上试图对政府施加一定影响。对于政府发行的公债，也能采取一些灵活的处置措施。如当债信确实时，遂持合作态度积极承销，而当债信破产后，便给予了不同程度的抵制。其中，中国银行的作用尤为突出。1931 年国民政府召开全国财政委员会会议，邀请工商、金融、教育等社会各界人士参加。中国银行的代表在会上提出了紧缩开支、发展经济的意见，要求政府每月将军费限定为 1800 万元，党政费不得超过 400 万元，若每月收入不敷 1300 万元，由发行公债抵补差额，此外不再发行公债。[③] 以后该行又多次对政府的财政政策提出批

---

① 《旧上海的金融界》，上海人民出版社 1988 年版，第 34 页。
② 《中国近代金融史》，中国金融出版社 1985 年版，第 162～163 页。
③ 前引《张公权先生年谱初稿》上册，第 122 页。

评，强烈要求"政府必须有真知灼见，分别缓急，削减一切不急务之消费。"① 但这些意见却遭到政府的拒绝，使两者之间的矛盾日益加深并趋于直接的对抗，终于演化成 1935 年 3 月政府对该行再次实行改组，从而完全控制了这家中国最大的银行。

（三）第三阶段以银行资本与国家财政的紧密结合为主要特征。

进入 1935 年以后，面临着财政收支入不敷出的南京国民政府为尽快摆脱困境，加快了垄断金融的步伐，以便驱使全国银行业为其财政服务。矛头首先指向了中国、交通两大银行。1935 年 3 月 20 日，蒋介石密电财政部长孔祥熙："国家社会皆濒破产，致此之由，其症结乃在金融币制与发行不能统一，其中关键全在中交两行固执其历来吸吮国脂民膏之反时代之传统政策，而置国家与社会于不顾；若不断然矫正，则革命绝望，而民命亦为中交二行所断送，此事实较军阀割据破坏革命为甚也。今日国家险象，无论为政府与社会计，只有使二行绝对听命于中央，彻底合作，乃为国家民族惟一之生路。"② 3 月 28 日，根据国民政府财政部训令，以尚未上市的金融公债 1500 万元充做中国银行官股股份，将政府在股本总额中的比重提高至 50%，并把总经理张嘉璈逐出银行，改总经理制为董事长制，董事长一职由宋子文担任。与此同时，以 1000 万元金融公债充做交通银行官股股份，将政府在股本总额中的比重提高至 55%，占据了完全的优势。③ 这样，政府便彻底控制了中国、交通两银行。

国民政府还对其他私人资本银行进行了改组。1935 年 6 月，拥有发行权的中国通商、四明、中国实业三家银行在白银风潮中发生挤兑，力不能支，政府便以救济的名义加入股份，取得了控制权。

在南京国民政府执政的最初十年内，它通过一系列的改组、兼并活动，已经完成了对全国银行业的初步垄断。据统计，到 1938 年 6 月止，全国共有 147 家本国资本银行，实收资本总额达到 41285 万元，其中官办及官商合办银行 45 家，实收资本额为 25929 元，占 62.80%④，其优势地位显而易见。对银行业的垄断，使国民政府有条件将银行资本与国家财政溶为一体，为己所用。从此，银行业的发展逐渐失去了独立性，依附于国家财政而生存，成为国家财政的出纳机关。

---

① 《中国银行民国二十一年度营业报告》，第 59 页。
② 前引《中国银行行史资料汇编》上编，第 385 页。
③ 前引《中国近代金融史》，第 163 页。
④ 沈雷春主编：《中国金融年鉴（1939 年）》，中国金融年鉴社 1939 年版，第 114 页。

抗日战争爆发后，国民政府的财政金融体系被迫转入战时运行轨道，银行资本与国家财政的结合程度又进一步加深。在收入大量减少的情况下，为了弥补对日作战所造成的庞大财政赤字，政府惟有依靠银行大量印发钞票，遂将中国拖入了恶性通货膨胀的泥潭。

二、中国近代银行信贷资金的财政化现象

银行资本与国家财政关系密切的直接后果就是银行业务深受财政赤字的影响，从而出现了银行信贷资金的财政化现象。所谓信贷资金财政化，即银行信贷资金的运行脱离了信用的基本规则和属性，去充当财政资金，其职能与作用也完全发生了变化。从理论上讲，财政与银行是一个国家内部积聚和分配社会资金的两条主要渠道，它们是一个对立的统一体。当社会资金的总量一定时，财政收支状况的松紧都会对银行资金的运行带来影响。若银行与财政关系并不密切，那么，这种影响只能间接发生作用，表现为两者在社会资金分配份额上的此消彼长；反之，其影响将是直接的，除表现为两者在社会资金分配份额上的此消彼长外，更多地是财政将吸纳大量的银行资金，以弥补其赤字。

近代中国的财政收支状况，自清代末期开始趋向紧张，历经民国的北京政府时期，直至南京国民政府时期，始终处于不断的恶化之中。在这样的环境中兴起的近代新式银行业，很早就出现了信贷资金财政化的迹象，随后经历了一个由隐蔽到公开、由局部到整体、由诱致到强制的演变过程。其表现形式也是多种多样的，归结起来，主要有以下两种：

第一种形式是财政收支出现赤字，直接向银行透支和借款。

当政府财政入不敷出时，如有用款需要，常会向银行借贷。1902 年中国通商银行向上海道放款 10 万两用以支付赔款；1911 年向邮传部放款 50 万两；同年又放给清政府 20 万两，用于救济灾民。[①] 还有该行对国家资本主义企业的一系列放款，实际上也是在国家财政无法满足其资金需求时，只得由银行放款来填充。清政府财政功能的萎缩，导致一部分本应由财政供应的产业资金改由银行供应，率先为银行资本向产业资本的转化创造了条件。

进入民国后，在北京政府时期，由于国家财政收入中的大宗项目——关、盐两税的绝大部分已为五国银行团所控制，而由于中央政府软弱所造成的财政权力分散又导致各省上解款项极其有限，导致中央政府收入占全国财政总收入的比重大幅度下降。又因政府庞大的军政费用支出具有日益扩大的

---

① 　前引《中国第一家银行》，第 152～153 页。

刚性，致使国家财政年年入不敷出，惟有靠举债度日。在这种情况下，国内银行业便成为政府的最大债主。北京政府向银行界举贷的短期借款，可分做三类：一类为以盐余抵借的盐余借款；一类为一般的银行短期借款；还有一类为银行垫款。

盐余借款就是以盐余作为担保品借贷的款项。1918 年以后，政府关税收入有所增加，原以盐税做担保的各项外债的还本付息多改由关税拨给，盐余之额遂有增加。而政府往往因急需用款，便在盐余正式拨交之前先以此向银行高利抵借款项。因而此类借款盛极一时，各银行纷纷争相承做，以博厚利。一般的银行短期借款有的有切实抵押品，有的则没有任何抵押品。银行垫款是一种由银行为政府代垫的款项，不同于普通借款，不必逐笔签订合同，只须在银行开一垫款账户即可。截至 1924 年底，以上三类借款累计结欠本息达到 11930 万元，其中盐余借款本息为 5350 万元，银行短期借款本息为 3550 万元，银行垫款本息为 3030 万元。[①]

在各种短期借款中，当时作为国家银行的中国银行与交通银行的地位是十分突出的。具体情况见下表：

表 1　　　　　　　　　　　　**中国、交通两银行对政府的短期借款**

（1924 年）　　　　　　　　　　　　　　　　　　单位：元

借款类别	两行借款	借款总额	两行占总额的比重（%）
盐余借款	20900000	53500000	39.07
银行短期借款	20800000	35500000	58.59
银行垫款	26400000	30300000	87.13
合　计	68100000	119300000	57.08

资料来源：杨荫溥：前引书，第 31 页。

由上表得知，中国银行与交通银行共同负担了各种短期借款的一半以上，经常有六七千万元的巨额资金被政府占用着。因此两行所谓代理国库，实际上成为了北京政府的财政外库，源源不断地为政府提供资金。但它们的资力毕竟有限，只有靠增发准备不足的钞票以资调剂。1916 年中国银行的发行额为 4600 余万元，为政府垫款 2200 余万元；[②] 交通银行的发行额为 3000 余万元，为政府垫款 3800 余万元。[③] 到 1924 年中国银行的发行额增至

9000 余万元①，交通银行的发行额增至 4200 余万元②，而两行承担的各种政府借款却达 6800 多万元。

中国通商银行对北京政府也有大量借款，据该行 1935 年清理旧欠的结果，前北京政府拖欠的借款本息累计达 230 多万元。③ 金城银行对北京政府的财政性放款为数也不少，截至 1927 年底，对财政部放款 164.69 万元，对各省财政厅放款 56 万元，但该行的做法比较稳妥，多以关余、盐余或其他项目为担保。④ 盐业银行则以承做盐余借款为主，1925 年底的借款额为 189.6 万元。⑤

南京国民政府财政政策的一个重要特点就是以推行赤字财政为基本方针，在大量发行内债的同时，向银行业借款的数额也不在少数。在中国银行的营业报告内所列各年度的放款余额中，对政府的财政性贷放所占比重最大，1928～1934 年的 7 年间，每年所占比重都在 40% 以上，1935 年以后这项数据未再公布，但估计不会有太大的变化。具体情况见下表：

表 2   **中国银行的政府机关放款**

(1928～1934 年)   单位：元

年 份	放款总额	政府机关放款	比重（%）
1928	316127712	135369800	42.82
1930	377198093	184563030	48.93
1931	383854209	181140800	47.19
1932	322891218	137583950	42.61
1933	351388609	154259600	43.90
1934	411952175	172649160	41.91

资料来源：根据中国银行各有关年份营业报告整理。

交通银行对南京政府的财政性放款始终占据各项放款的首位。以 1936 年为例，对政府的放款达到 20680 万元（含北京政府的旧欠），占该行放款总额的 60% 左右。如果剔除北京政府的旧欠不计外，该行对政府的放款也是直线上升的，1936 年比 1932 年净增 7482 万元。⑥

其他私人资本银行的情况莫不如此。金城银行原来与北京政府关系密切

---

① 前引《中国银行行史资料汇编》上编，第 956 页。
② 前引《交通银行简史》（内刊本），第 56 页。
③ 前引《中国第一家银行》，第 35 页。
④ 中国人民银行上海市分行金融研究室编：《金城银行史料》，上海人民出版社 1983 年版，第 194～195 页。
⑤ 杨荫溥：《民国财政史》，中国财政经济出版社 1985 年版，第 28 页。
⑥ 前引《交通银行简史》（内刊本），第 26 页。

是众所周知的，南京政府成立后又通过各种途径积极向其靠拢，并给予了大量的资金支持。在该行 1927～1937 年的放款总额中，政府机关放款的比重常年保持在 10% 以上的水平。[①] 上海银行截至 1934 年底，共计对中央政府放款 14425000 元，其中对财政部放款 12320000 元；再加上对各省、市、县政府的放款，该行的政府机关放款累计达到 18247000 元[②]。

抗日战争时期，国民政府弥补巨额财政赤字，已不再依靠发行公债，而是改为由银行直接垫款的办法。这是因为国民政府已经建立起垄断的国家金融体系，完全能够使财政、金融合二为一，直接服务于政府的政治、经济、军事目标。该时期银行垫款的数额几乎与财政赤字数额完全相等，具体情况见下表：

表 3　　　　　　　　　抗战时期国家银行的财政垫款与财政赤字的比较

年　　份	银行垫款（亿元）	财政赤字（亿元）	银行垫款合财政赤字的百分比
1937	12	15	77.7
1938	9	9	100.0
1939	23	21	109.5
1940	38	40	95.0
1941	94	88	106.8
1942	201	192	104.7
1943	409	423	96.7
1944	1401	1355	103.4
1945	10433	10650	97.9
合　　计	12620	12793	98.5

资料来源：杨荫溥：前引书，第 164 页。

该时期银行用于垫款的资金大部分靠增发法币的办法来解决，各年中平均占 80% 以上。如果将通货膨胀还不太明显的 1937 年与 1938 年两个年份剔除计算，则平均数还要高一些，大约在 88% 左右。[③]

第二种形式是政府向社会发行公债来平衡财政收支，直接占用或间接抽走银行信贷资金。

北京政府 1912～1926 年共计发行 27 种公债，发行总额计达 87679 万

---

① 前引《金城银行史料》，第 367 页，第 483 页。
② 中国人民银行上海市分行金融研究所编：《上海商业储蓄银行史料》，上海人民出版社 1989 年版，第 609～611 页。
③ 杨荫溥：《民国财政史》，中国财政经济出版社 1985 年版，第 162 页。

元，实际发行额为 61224 万元；[①] 同时又发行各种短期国库证券、有奖公债等 88 种，发行额达 10300 万元。[②] 这些公债及国库证券的发行一般是由银行界负责承销的，然后再向社会各界发售，其中银行本身也投资购买一部分。由此对银行信贷资金所造成的影响是双重的：一是银行投资公债必定要挤占一部分信贷资金，直接使信贷资金的数额减少；二是社会各界用来购买公债的资金，一部分实际上是被抽走的银行信贷资金，另一部分则在很大程度上成为银行信贷资金的来源。

由于中国银行与交通银行是北京政府的两大财政支柱，那么自然成为政府公债的主要承销者。具体情况见下表：

表 4　　　　　　　　　**中国、交通两银行的有价证券投资**

（1912 ~ 1926 年）　　　　　　　　　　　　　单位：元

年　份	中国银行的有价证券投资	交通银行的有价证券投资	政府公债库券发行额
1912			6248460
1913	53921		9042200
1914	7139218		35070520
1915	11854674		26234155
1916	10096560	2240000	10570515
1917	4093433	2890000	10716790
1918	10487658	10890000	146363760
1919	10632517	9250000	33658700
1920	20967000	10550000	146660450
1921	22882951	11650000	144362248
1922	25977625	9500000	85434910
1923	17004454	11160000	8500000
1924	15147649	13150000	5300000
1925	11836740	11630000	15000000
1926	21459767	11930000	32400000

资料来源：中国银行有关年份营业报告；《交通银行简史》（内刊本），第 20 页；千家驹：《旧中国公债史资料》，中华书局 1984 年版，第 11 页；杨荫溥：前引书，第 22 页。

有价证券本应包括政府债券、产业债券及公司股票等，但在 1927 年以前，产业债券与公司股票的发行额不是很大，可以估计两行拥有的有价证券

---

① 千家驹：《旧中国公债史资料》，中华书局 1984 年版，第 10 页。
② 杨荫溥：《民国财政史》，中国财政经济出版社 1985 年版，第 21 页。

中绝大部分为北京政府发行的公债及国库证券。

金城银行 1927 年末拥有有价证券 708 万元，其中政府公债、国库证券为 545 万元，占 76.98%。[1] 另据中国银行经济研究室的统计，1921～1926 年全国 28 家重要银行投资有价证券的情况如下：[2]

表 5 　　　　　　　**全国 28 家重要银行的有价证券投资**

（1921～1926 年）　　　　　　　　　　单位：元

年份	金额	指数
1921	54310131	100
1922	55879609	103
1923	50347447	90
1924	60047282	119
1925	64730228	108
1926	90058145	139

南京政府时期，公债又成为政府调节财政收支的重要手段，从 1927～1931 年的短短 5 年间，财政部就发行公债 25 笔，共计 10.58 亿元，比北京政府时期 15 年内的发行数额还要多出 4.45 亿元。1932 年财政部未发行公债，但从 1933 年至 1936 年又发行了 16 笔公债，共计 12.63 亿元。连前累计，共发行公债 23.21 亿元，为北京政府发行额的 3.79 倍。[3]

与前一个时期相同，公债的发行仍然以银行代理为主。以下是 1927～1934 年全国 28 家重要银行投资有价证券的情况：

表 6 　　　　　　　**全国 28 家重要银行的有价证券投资**

（1927～1934 年）　　　　　　　　　　单位：万元

年　份	金　额	指　数
1927	104324217	100
1928	126221773	121
1929	148893322	143
1930	222311189	213
1931	239236974	229
1932	239239735	229

---

① 前引《金城银行史料》，第 202 页。

② 前引《民国二十一年度中国重要银行营业概况研究》，第 1 页。

③ 千家驹：《旧中国公债史资料》，中华书局 1984 年版，第 19 页；杨荫溥：《民国财政史》，中国财政经济出版社 1985 年版，第 64 页。

年　份	金　额	指　数
1933	272973672	262
1934	475563949	456

资料来源：《民国二十三年度中国重要银行营业概况研究》，第1页。

从上表中看出，这28家重要银行的有价证券投资额增加很快，8年中增长了3.5倍。这一时期银行对工商企业的投资亦有相当增长，但增长速度最快的恐怕还是对公债的投资。中央、中国、交通、中国农民四银行在代理政府公债中占有十分重要的地位。据一项比较保守的估计，1935年末全国银行业握有的有价证券总额为87270万元，其中公债为64240万元，占73.61%。又其中四行握有的公债额为41450万元，占公债总额的64.52%；其他银行握有的公债额为22790万元，仅占公债总额的35.48%。①

抗日战争时期，国民政府财政部共发行了18种公债，有的是法币，有的是关金，还有的是美元、英镑。总计法币公债发行额为150亿元，外币公债发行额折合为3.2亿美元。② 这一时期的公债特别是法币部分，已逐渐丧失此前原有的举足轻重的地位。以各年度公债发行面额来说，所占财政赤字的比重有逐年下降之势，从1942年起，仅有百分之几了。而且这150亿元公债总额中的绝大部分也没有公开发行，而是以"总预约券"的形式向国家银行抵押，再由国家银行通过增发纸币放款给政府的。其实，这已不是发行公债，而是一种变相的通货膨胀。

三、银行信贷资金财政化对社会经济的影响

近代中国银行资本与国家财政关系密切的直接后果，就是造成大量的银行信贷资金财政化。这种现象的形成对社会经济所产生的作用与影响是复杂的。客观地讲，它对社会经济发展既有积极推进的一面，也有消极阻碍的一面。下面对此试做具体分析。

判定一国银行与财政的密切关系对整个经济发展将会带来何种影响，首先需要确定一个基本前提，即该国的财政支出结构是否合理？是否做了有利于经济发展的投入？一般来说，发展中国家在工业化起步阶段，由政府充分运用财政工具，将国民收入剩余中可供利用的部分集中起来，然后大量投入

---

①　杨荫溥：《民国财政史》，中国财政经济出版社1985年版，第67页。
②　同上书，第148～149页。

到工业建设中，从而推动国家的工业化运动向前发展。这种模式曾被大多数发展中国家以及少数发达国家所采用，其中也不乏成功之例。然而，也有一些国家的政府很少将集中起来的财力用于经济建设，而是将大部分财政收入花费于非生产性用途，从而造成大量浪费。在近代中国，无论是清末，还是民国时期，情况莫不是如此。

甲午战争前，清政府花费了大约 8 亿银两的财力，创办与维持了一批新式工业企业。但甲午战争后清政府背上了沉重的赔款包袱，相当一部分财力用于偿债，再也无力进行产业方面的投资。民国成立后，在北京政府执政时期，从有决算可查的各年度财政支出情况来看，军事费和债务费约占支出总额的 70% 左右。南京政府执政后这种状况依旧如故，除极个别年份财政支出中军事费与债务费的比重低于 70% 外，其余年份均在 70% ~80% 之间。其中国家财政的公债收入大部分也是用于非生产性开支，未能转化为产业资本。试以民国时期北京政府与南京政府所发行公债的具体用途来对此进行说明：

表 7　　　　　　　　　　　　　　中国政府公债发行的用途

（1912~1934 年）　　　　　　　　　　　　单位：元

项　目	北京政府时期 （1912~1926 年）		南京政府时期 （1927~1934 年）		两届政府合计	
	金额	比重%	金额	比重%	金额	比重%
军费	164198510	26.9	220000000	17.9	384198510	20.9
政费	99400000	16.3	533000000	43.3	632400000	34.4
善后			148000000	12.0	148000000	8.0
整理或调剂金融	344302603	56.4	275000000	22.4	619302603	33.7
赈灾	2168475	0.4	44000000	3.6	46168475	2.5
生产事业			10000000	0.8	10000000	0.5
合　计	610069588	100.0	1230000000	100.0	1840069588	100.0

资料来源：王乃栋：《民国二十三年来之内债及其用途》，《大公报·经济周刊》第 126 期，1935 年 8 月 14 日。

从上表中看出，在两届政府公债发行的用途中，完全用于经济方面的只有赈灾与生产两个项目，合计占发行总额的 3%。由此可见，公债经银行承兑转化为财政资金后，再转化成产业资本的极少；银行对政府的财政性借款也存在相同的倾向。这种做法带来了一些不利影响，主要表现在以下两个方面：

第一，削弱了银行的资产营运能力。由于政府企图利用金融体系对国民收入做有利于自己方面的再分配，便将弥补财政赤字的途径建立在向银行业的借贷上，从而使大量的银行信贷资金脱离了原来的运行轨道。财政向银行的直接借款自不消说，即使面向社会发行的公债，除一部分由银行承销或认购外，其余对个人或其他单位、团体发行的公债所吸收的资金，也有相当一部分是从银行储蓄存款中转移过来的。银行信贷资金财政化现象的大量存在，削弱了银行信贷的功能与效果，而银行资金实力的缩减，势必又会影响到国内经济的发展。

第二，造成银行信贷资金的商品性与资金运用财政化之间的矛盾日益突出。银行的信贷资金实质上也是一种商品，它主要由社会储蓄存款构成，交付职能资本家使用后，得以分享其经营成果，从而达到自身增值的目的。但是，一旦信贷资金财政化，而政府又将大量的财政收入用于非生产性开支，遂使信贷资金增值的本能逐渐丧失。另外，银行资金的偿还又迫使政府加征赋税，这无疑会增加工商企业的负担。因此，银行信贷资金的财政化完全违背了其商品性原则。

当然，如果我们的分析到此为止的话，那就未免过于简单化了。事物发展的复杂性表明：在任何事物的发展过程中，既存在着不利于发展的因素，但同样也会存在有利于发展的因素。若对近代中国银行资本与国家财政的关系做进一步的深入探讨，则又会发现，这种关系的形成仍然存在着一定的合理性，即它对国家的经济发展也能起到某种促进作用。当然，这种促进作用是通过银行业这个中间环节间接发生作用的，主要表现在以下两个方面：

第一，有利于优化银行的资产结构。从银行管理学的角度来看，银行的资产结构应谋求赢利性、安全性和流动性的最佳组合，实现资产的多样化与合理化。为了确保银行资产运用的安全、稳实，必须贯彻分散投资的原则，以降低经营风险。这是因为将较多的资金集中运用于一途，极容易形成经营风险。在长期的业务实践中，中国的银行家们逐渐摸索出一套灵活调度使用资金、最大限度地规避经营风险的方法，即通过放款、投资等方式将一部分资金运用于工商业等经济部门；通过投资自建、抵押放款等方式将一部分资金运用于城市房地产业；通过放款、投资方式将一部分资金运用于国家财政。以上三种资金运用方法虽然各有利弊，均存在着一定风险，但若将资金分别投入，则可达到分散风险的目的。即使某一方面的经营出现亏损，也可以由其他方面的赢利来弥补，以求得平衡。金城银行的做法就是"如遇市场利率过于低廉，放款不能合算，或市场利率虽高而放款难期稳妥时，得于有价证券中择其市价稳妥而利较厚者酌为购存，专事生息。"[①] 而该行又认

---

① 前引《金城银行史料》，第 126 页。

为："我国有价证券内，以中央政府发行之公债、库券担保最为确实，信誉素著，市场流通性亦最大。"① 其他银行一般也是这样做的。

第二，银行承销政府公债可以获得丰厚利润。"银行买卖承押政府公债，利息既高，折扣又大，所沾利益，实较任何放款为优。"② 这种利益首先表现在承购公债时的折扣上。当时已成惯例的承购办法是：每发行一种新公债，先以此作为担保向银行押款，待该项公债在交易所上市后，再按开出的市价结算，而开出市价一般只有五六折左右。银行以五六折承购下来的公债，于到期时却可以按照面值十足收回全部本金。如南京国民政府财政部1927～1931年共计发行了 10.58 亿元面值的公债，但同期的实际债券收入只有 5.387 亿元，平均仅合到面值的五折多一点，其余 5.193 亿元中的绝大部分成为了银行的"折扣利益"。③ 其次是购买公债的高利率。当时政府发行公债的年利率大约在 8 厘左右，但利息不是按购价而是按面值计算的，因此，在购价只合面值对折的情况下，实际利率要合到 1 分 6 厘左右，大大高于一般银行的放款利率。而且这些公债又一律被规定可作为发行准备之用。1931 年时，除中央银行之外，中国、交通、中国通商、浙江兴业、四明、中国实业及四行联合准备库等 7 家重要发行银行就发行了 38245 万元的钞票。④ 这些银行从发行中所获得的利益也不小，而这又与作为发行保证准备的大量公债是分不开的。

以上是从银行的资产业务方面讲的。从银行的负债业务方面来看，那些与国家财政关系密切的银行还能得到大笔的政府存款。国家资本银行自不消说，不少私人资本银行也是如此。金城银行从 1917～1928 年的 12 年间，全部存款中政府机关、团体的存款比重一直保持在 1/2 至 1/3 的水平之间，从而使该行的存款总额能够在全国私人资本银行中保持前列。⑤ 还有中国通商银行在成立之初，户部曾拨存 100 万银两，以示支持。

银行资本与国家财政的密切关系是怎样推进中国经济发展的呢？这主要是通过公债的原始积累功能表现出来的。公债是近代资本主义的产物，马克思指出："公债成了原始积累最强有力的手段之一。它像挥动魔杖一样，使不生产的货币具有了生殖力，这样就使它转化为资本。"⑥ 在近代中国，无论是北京政府还是南京政府，其发行公债只经过剥夺过程，却没有进而转化

---

① 《金城银行创立二十年纪念刊》，第 157 页。
② 前引《金城银行史料》，前言部分，第 13 页。
③ 千家驹：《旧中国公债史资料》，中华书局 1984 年版，第 26 页。
④ 中国银行总管理处经济研究室编：《中国重要银行最近十年营业概况研究》，第 319 页。
⑤ 前引《金城银行史料》，第 142 页。
⑥ 马克思：《资本论》第 1 卷，第 823 页。

为产业资本。但是，政府的公债政策将相当一部分利益让渡给了银行业，并顺利地转化为银行资本，充实了银行的实力。银行买卖公债的直接得益者是其自身，但若用联系的观点来考虑，还有一个间接得益者，这便是工商业界。只有银行业获得较快发展，它才有能力支持工商业的发展。我们看到，像中国、交通、金城、上海这样一批长期与国家财政保持密切关系的银行，与工商业的关系也比较密切。尤其是在 1932～1935 年中国经济的衰退时期，大多数工商企业陷入困境，而银行由于从承销政府公债中获取了较多的利益，仍能维持相当程度的繁荣（还有其他的原因），也有力量继续支持工商企业，助其渡过难关。我们还可以找出一些反例来，其中最为突出例子的就是浙江兴业银行。该行是国内创立最早的私人资本银行之一，在第一次世界大战期间及 20 世纪 20 年代上半期发展十分迅速，有多项业务指标居于全国同行业的前列。然而从 1928 年起，该行实力逐渐衰落下去。这其中的原因是复杂的，但该行与南京国民政府关系的疏远无疑是一个重要原因。该行自国民政府建立之初就对其公债政策进行了抵制，此后与国家财政一直较少联系，所获利益也不多。如 20 世纪 30 年代上半期每年的有价证券收入不过十来万元，占收益总额的比重多在 10% 以下。尽管该行一贯注重与工商业的联系，但由于自身实力的中落，不能不严重影响到这种关系的正常发展，使其对工商业的支持常感到心有余而力不足。

此外，我们在分析近代中国银行资本与国家财政的关系对经济发展的影响时，还必须注意到这样一个事实，即银行业对国家财政的投放，实质上是为剩余资金寻找出路。众所周知，在中国的各资本主义经济成分中，新式银行业尽管产生时间较晚，但它的发展速度却比其他经济成分要快得多，特别是第一次世界大战以后，中国工业经过了前一阶段的高速发展，终因受到国内市场需求不足而又不能更多地开拓国外市场等诸多条件的限制，发展速度趋于平缓，直至抗日战争爆发前再未形成新的发展高潮。比较而言，银行业的发展速度则始终不减，资金实力呈急速膨胀之势。按吴承明的估算，1920～1936 年，中国的本国工业资本额从 56484 万元增加到 246502 万元，增长了 3.36 倍。[①] 而银行方面，1921 年至 1934 年仅 28 家重要银行的存款额就从 49699 万元增加到 275136 万元，增长了 4.54 倍；资产总额从 75925 万元增加到 384090 万元，增长了 4.06 倍。[②] 另据统计，1936 年全部本国银行的存款额已经达到 455127 万元，资产总额更高达 727589 万元，分别为本国工

---

① 吴承明：《中国近代资本集成和工农业及交通运输业产值的估计》，《中国经济史研究》1991 年第 4 期。

② 《民国二十三年度中国重要银行营业概况研究》，第 1～2 页。

业资本总额的 1.85 倍和 2.95 倍。从发展速度与发展规模两方面来看，银行资本均大大超过工业资本。于是，从 20 世纪 20 年代初开始，银行资金已呈现出过剩之势，始终存在着寻找出路的问题，只是在 20 世纪 30 年代内地资金大量集中都市之前还表现得不太明显罢了，或者说除银行界人士外，还不曾引起整个社会的广泛重视。

从 1930 年起，中国金融市场上出现一种特殊现象，即现金大量涌向都市，尤其集中于上海，使各家银行的存款激增。"以上海的情形而论，近两年来上海银行的库存已愈增愈高，以 20 年全年平均为 100 时，今年（即 1922 年）6 月底已到 176.65。"① 因而资金剩余问题更加严重，仅据上海银行称，1933 年 6 月底该行已有 4000 万元的资金"无处可放"。②

面临着这种日趋严重的资金过剩形势，银行界必然要积极为其寻找出路。除了产业之外，国家财政与城市房地产业便自然成为银行资金的重要运用之途。就工商业部门来说，本来应该是银行资金最为理想的投放方向，但实际情况却并非如此。由于工商业发展的规模最终受到社会现实经济条件的制约，难于形成新的增长点，因而能够吸纳的银行资金有限，像永利公司创办硫酸铔厂那样投资逾千万的项目不过是凤毛麟角而已；又由于现有各个企业的实际经营状况大多不佳，资金投放的风险加大，使得不少银行视放款、投资于工商企业为畏途。对此，金融巨子陈光甫的意见最具代表性："工厂因为资本薄弱，缺少流通现金……社会上往往责备银行不肯供给资金，然而办理工厂缺少精密计划，不但本身债台高筑，并且拖累银行同归于尽。"③ 由此观之，近代中国经济要获得发展，真正短缺的恐怕并不是发展资金，而是缺乏一种顺利将银行资本转化为产业资本的有效机制。

上海社会科学院经济研究所　李一翔

---

① 杨荫溥：《中国都市金融与农村金融》，《新中华》第 1 卷第 8 期，1933 年 4 月 25 日。
② 前引《上海商业储蓄银行史料》，第 413 页。
③ 陈光甫：《怎样打开中国经济的出路》，《新中华》第 1 卷第 1 期，1933 年 1 月 10 日。

"官商资本"与民国经济政策诸问题初探

一、"官商资本"的概念

在近代经济史中存在这样一种资本形态（类型），它为私人及家族所有，不同于国家资本；它又不同于普通的民间私人资本，可以涉足经济法规设立的私人资本的禁区；它在资本的来源、运作和利润分配等方面，都与国家政权和政府部门有着剪不断、理还乱的联系，却又以商股、商办的面目示人。这种资本源远流长，在近代后期已经成为庞然大物，对社会经济和政治产生重大的消极影响。

1923 年瞿秋白始将晚清官办企业名之为"官僚资本之第一种"、官商合办企业名之为"官僚资本之第二种"。① 自此以后，"官僚资本"的概念经李达、吕振羽及陈伯达、许涤新、张郁兰等学人的释论，被长期沿用。近年来官僚资本概念的政治性和局限性为人所见。它存在一定程度的含糊和混乱，对于经济史研究中，划清这种资本与国家资本或私人资本之间的界限并不适宜。

20 世纪 30 年代后有左派评论家提出"豪门资本"、"权力资本"，近年来也有学者再提出。以"豪门资本"代替"官僚资本"是一个进步，在一段时期内这种资本为豪门大族所据有的特征确实突出。但是，历史上这类资本拥有者的权势、地位有大小高低，性质相同但呈现多层次特征，豪门资本

---

① 屈维它（瞿秋白）：《中国之资产阶级的发展》，《前锋》1923 年第 1 期。作者按：晚清"洋务运动"时期官办企业中贪污腐败、营私分肥固然普遍，但究属官办，应为初期的国家资本；特殊的是继而在清末民初出现的官商合办企业，这种企业名为"合办"，实际官府大都并无投资或投资很少，仅挂名"以示提倡"兴办实业。这种企业享有税收、营业范围等特权，其中"商股"就有大小官僚政客的投资，来源于利用官职进行的搜刮、贪污、挪用等化公为私的行为。企业赢利，则官僚股东坐地分肥，"官股"增值部分尽入私囊；企业亏折则算在"官股"项下。官商合办企业在实行"官利"制度的范围内，即不论企业是否赢利，均须支付一定利率的股息。企业有的与官府发生"报效"关系，即上交一部分利润。因此，瞿秋白所称"官僚资本之第二种"，就是本书所涉及的特殊类型的私人资本，是"官商资本"的早期形态。

的概念似不能涵盖这种资本的全部特性。而且豪门也并不是经济史公认和通用的规范概念。

基于这些考虑，本文进一步提出"官商资本"的经济史学概念。① "官商"是众所周知、耳熟能详的一个普通词汇，甚至在现实生活中离我们也并不遥远，而"官商资本"的概念，与经济史研究之间的距离实际上只是隔了一层窗户纸。

"官商"在中国经济史上长期存在，它兼具官与商二者的特性，与中国社会的某些传统如"人治"、"家天下"、"官本位"、"家族制"等紧密相连。官商资本也是合二为一的产物，在近代表现为为官从商、以商求官，官商结合、公私不分；它在近代产生，不仅有文化传统的积淀、政策的温床，还受到西风东渐后资产阶级自"原始积累"以来惟利是图不择手段的习性的沾染。官商资本不仅是官僚的私产，它必须投入到资本主义经营活动中而成为资本，造成名副其实的官僚资本主义。资本主义近代产业从晚清开始显示了远胜于传统产业的赢利优势。同理，在近代还出现了来自买办商人的"买办资本"，或来自乡绅地主的"绅商资本"，在中国资本主义经济中（特别是在初期）都占有一定比重。不过这些资本类型的规模和影响，远远不能与官商资本相比，因此有时并不需要做过细的划分而可统归入私人资本。在本书所论及的民国时期，官商资本出现了膨胀和集中，已经在社会经济和政治中独立显现其特殊性，足以与国家资本、私人资本（也称民间资本，为狭义的民族资本）共同构成本国资本的三大形态。官商资本也在经济政策里面具备了一定的独立的特殊意义。从经济政策的角度来说，官商资本的特殊性表现在，其所有者作为"自然人"，既是政策的制定者即主体，又是政策的直接承受者即受体。当然，官商资本本身也可以有一些层次的划分，不一定尽为高官望族所据有。借助官商资本的概念（范式），应更加有利于对这种资本形态进行理论和历史的深入探讨，也有助于对经济政策史的研究。

本文提出和使用官商资本概念的目的，在于选择官商资本这一视角对民国时期的经济政策进行剖析。作者认为，近代中国的官商资本值得进行专项研究。截至目前，除老一辈学人有关"官僚资本"（国家资本与官僚私人资本笼统而论）的论著外，新时期有魏明对民国北京政府时期（1912～1927年）45名军阀官僚的资本主义投资活动予以考察，已有论著在一些企业或经营者的个案方面有所涉及，对于这类资本的总体的、宏观性的研究并无进展。因此，还有很大的探讨余地。

---

① 历史上曾经有"官商"之说，是指官方的经营（专营、专卖等）机构或其代理人，这里的"官商"含义与前不同。概念中的"商"泛指赢利性行业及其经营者，在近代是指近代实业及其经营者。

所谓总体、宏观研究，应有二项内容：一是官商资本发生和发展的过程，二是官商资本的规模和作用。其发生可追溯至封建时代，其在近代的再发生是有"传统"因素的。随着近代产业的出现和开始采用官、商合办企业的形式，直至 1949 年，官商资本有一个断续滋长膨胀的过程，以 20 世纪 30 ~ 40 年代为盛。准确无遗地描述这一过程工作量较大；对其规模的估计，既不宜采用前辈将国家资本等同于"四大家族"资本的方法，也不能将中小所有者部分忽略不计。但是，中国历来没有"实名制"，有财不外露和伺机分散转移是传统。封建时代豪强地主为躲避清查田产，就曾采取"飞洒"、"诡寄"等手段。近代军阀官僚政客等官商的投资，则不论其本人在位还是已去职，都充分利用了家族、血亲、姻亲、裙带等关系，呈请注册时认股者多用"堂"名。如北京政府"贿选总统"曹锟家族投资的官商合办"天津恒源纺织有限公司"，1919 年呈请注册时股东有 137 户，约一半用堂名。其中估计至少有五聚堂曹等 3 个堂名属曹锟的四弟曹锐（直隶省长）等 7 人共 8200 股（每股 100 元），另有积德堂鲍 2000 股估计属鲍贵卿（黑龙江督军），存义堂田 1000 股估计属田中玉（陆军次长、山东督军），三畬堂张 500 股估计属张作霖（奉系首领）。大多股东特别是中小股东已不易查明。所以，官商资本的主人在近代企业中隐蔽者多而彰显者少，将其与较单纯的国家资本或私人资本剥离开来，难度颇大。对其作用的评价，除需在理论上有所创新外，更应以掌握其过程和规模为基础。这是作者等后辈学人努力的方向。

二、关于"官商资本"与民国经济政策的关系

（一）从北京政府到南京政府，其政权经济基础的变化

北京政府的经济基础发生了变化。清朝末年，袁世凯曾经依靠周学熙等人在华北地区实行"新政"，兴办了一批北洋实业。在此过程中，北洋集团继续了洋务派的做法，即将官办、官督商办的各项重大的近代工矿业控制在手，并以此初步垄断原料和市场，获取高额利润，为其自身的壮大提供了经费来源，进而成为它夺取政权的部分经济基础。袁世凯政府时期，分析其财政收入的预算情况，关税和货物税的收入超过了田赋收入的份额，资本主义财政杠杆性质的内国公债，也占有很大的比重；反之，从实际收支情况看，关税、货物税、印花税、牌照税、契税、烟酒税等项税收不能实收，或未能征足预定额，成为财政严重入不敷出的重要原因；① 内国公债的偿还要求也造成了叠加性的财政困难。同时，当政者的理财观正经历由"赋出于田"

---

① 贾怀德：《民国财政简史》，下册附录，商务印书馆 1941 年。

向"赋出于工商"的转变。这些情况说明，北洋政权所赖以支撑的经济基础，除封建经济外还加入了资本主义经济的成分。另据一项考察，45 名军阀官僚私人受经济利益驱动的资本主义投资活动，与民初实业的结构及其兴衰的节律相吻合。他们对金融业的大量投资，又表明其经济活动与国家政权有着密切的关联。① 这些大多"名义上为商办"的投资活动，② 参加了民初经济结构的形成。与经济基础的变化相应，这部分官商资本的持有者由于其政治军事地位，在向多重身份转化的同时，也对国家政策相应产生着影响。他们既是经济政策的主体，又成为政策利益的受体。

南京政府的情况：孙中山所领导的旧民主主义革命，从发起成立兴中会、到同盟会和多次武装起义直至民国建立，都是依靠资产阶级力量。他的理想实质上就是建立资产阶级的民主共和国。国民党人发动北伐战争，蒋介石于 1927 年发动政变并在南京另立政府，以至实现"宁汉合流"，都得到了以江浙财团为代表的资产阶级的大力支持。尽管后来蒋介石集团对资产阶级成员及其组织，采取了分化削弱和压榨等手段，并形成了该政权自身的国家资本和新权贵的官商资本（也称豪门资本），但并不是像有的西方论著所认为的那样，"南京政府的政策只图谋取政府及其官员的利益，至于除它以外的任何社会阶级的利益，它是完全不管的"，"它决心要把这一切独立的社会力量控制在自己统治之下"。③ 从政治史的角度看，蒋介石统治集团的确是违背了孙中山联俄联共扶助农工的遗愿，还对旧有的资产阶级实行镇压。它独裁专制不假，但也必有其阶级代表性。南京政府的政治、经济政策的利益归属，表明它是代表大资产阶级、大地主利益的新军阀政权，"国民党新军阀的统治，依然是城市买办阶级和乡村豪绅的统治"。④

（二）南京政府时期资产阶级人物参政及其特点

从南京政府与经济政策有关的部会包括农矿部、工商部、实业部、铁道部、交通部、财政部，以及建设委员会、资源委员会等，与经济政策密切相关的部会的主管人员的出身和身份情况可见，资产阶级人物任职于政府是显

---

① 魏明：《论北洋军阀官僚的私人资本主义活动》，《近代史研究》1985 年第 2 期。

② 严中平等：《中国近代经济史统计资料选辑》，科学出版社 1955 年版，第 154 页表 32 "中国煤矿生产中官僚资本的垄断势力（1912～1927）"编者注。

③ 〔美〕小科布尔著，杨希孟译：《上海资本家与国民政府，1929～1937》，中国社会科学出版社 1988 年，第 319～320 页。作者还引用并赞同伊斯门（LlonydE. Eastman）的观点："这个政权，除它自身以外，它不对任何政治集团或法制负责，除自己以外的任何人的反应也不必听取"。（《流产的革命》第 286 页）

④ 《毛泽东选集》，人民出版社 1967 年，第 1 卷，第 63 页。

而易见的。在主管级别的人员中，已经找不到像北京政府那样一些封建"遗老"、"遗少"的身影。但是也并非如西方学者所认为的，由"资产阶级全面掌权"（杨格）。掌权者有军人和政客，如其首领蒋介石本人。南京政府对他们的政策是区别对待，政权建立之前国民党内部强烈的反私人资本主义思想，也不容许大量的旧有资产阶级当权。

南京政府时期的资产阶级参政，有 3 个引人注目的特点：

第一，新产生的资产阶级人物掌权。如孔祥熙、宋子文，他们都曾经留学美国，分别毕业于耶鲁大学和哥伦比亚大学，他们早在 1924 年就到广东革命政府的财政、商务部门掌权，不论是知识结构还是革命经历，他们都远非以前的资产阶级可比。他们是参与制订甚至可以决定经济政策的关键人物，即所谓"政策精英"。在这一点上，宋子文、孔祥熙与"前朝"的张謇、周学熙具有可比性，都是政策中的重要的人员因素。所不同的，是宋、孔的政治地位，比张、周更为稳固，他们是统治集团的核心成员。他们在治理天下的过程中既成为大官僚，又成为名副其实的大资产阶级，成为新时期官商资本的主要拥有者。

第二，资产阶级出现分化。江浙资产阶级在蒋介石集团建立政权的过程中提供了财力支持，特别是金融资本家予以鼎力相助。所以，尽管他们有反私人资本主义的倾向并采取了区别对待的政策，原有资产阶级的转向和投靠，还是使他们得以在新政府中分得一杯羹。盐业银行的吴鼎昌任实业部部长，中国银行的张嘉璈任铁道部部长，交通银行的钱永铭任财政部次长、代理部长，三人成为新政学系的重要成员；中国银行的宋汉章任银行管理委员会的主任委员，浙江实业银行的李铭任国债整理委员会的主任委员，上海银行的陈光甫任江苏兼上海财政委员会主任委员，还有谈荔孙、胡笔江、徐寄庼，他们大都是财政委员会、全国经委会、建委会的委员。① 工商业资本家除穆湘玥任工商部常任次长外，就很少见到进入政界担任高官的。以至于外国学者发现："从这个政权中获益最多的企业家（包括政治和经济利益）是银行家"，"与银行家的境遇相左，工业家和商人从新政权所获得的'利益'，不是收买政策的高官厚禄，而是进一步的约束和勒索"，"约束常常给予工业家，而特权则授予银行家"。② 金融资本家投靠新政权，既是为了他们自北京政府以来就热衷的"喜与官府结缘"而获特权，也不排除出于生

---

① 详见徐矛、顾关林、姜天鹰主编：《中国十银行家》，上海人民出版社 1997 年。

② 〔法〕白吉尔著，张富强、许世芬译：《中国资产阶级的黄金时代（1911～1937）》，上海人民出版社 1994 年，第 318～321 页。（该书收入费正清主编的《剑桥中华民国史》上册，为第 12 章"中国的资产阶级"，略有不同，作者名译为：玛丽·克莱尔·贝热尔）

存的需要及对新政府寄予的期望。

第三，存在一个可称为技术官僚的阶层。这些人员不同于从军政界发迹或留任的官员，也不同于从实业界、银行界进入政界的官员，他们是作为专家、学者及社会名流而进入政府的，形成了为北京政府时期所少见的资产阶级参政的特殊情况。南京政府出于对人才的拉拢和笼络，对北京政府大量实业、外交、财政、教育及司法监察等部门的人员予以留任。财经部门主管中的易培基、曾养甫（农矿部）、连声海（铁道部）、朱家骅（交通部）、顾孟余（铁道部、交通部）、张乃燕（建委会）、钱永铭（财政部）等人，留学欧美、日本者比比皆是，还有职位较低的穆湘玥、张轶欧、吴承洛（度量衡局局长、中央工业试验所所长）、谭熙鸿（实业部林垦署署长、中央农业试验所所长）等人，他们都是名实相符的专家学者。（谭熙鸿、吴承洛等人还留下了一些论述当时社会经济的著作，对后世的经济史研究具有参考价值。）

与经济政策密切相关的资源委员会，则是一个最为典型的例子。资委会的前身国防设计委员会，即吸收了大量资产阶级知识分子参加，其中称做"大知识分子"的有胡适、丁文江、翁文灏、傅斯年、蒋廷黻、何廉、陶孟和、王世杰、周鲠生、钱端升、杨端六、肖纯锦等，科技界人员有沈怡（水利）、黄伯樵（铁路）、钱昌祚（航空）、俞大维（数学）、王崇植（电机）、吴健（钢铁）、王宠佑（钨锑冶金）、颜任光（电机）、洪中（化学）等。[①] 1935 年 12 月政府机构大改组，资委会委员占据了许多重要的职位。行政院新任部长，全部是该会委员。9 个部长，加上秘书长、政务处长十几人中，资委会委员占了 5 个，他们是：秘书长翁文灏、铁道部长张嘉璈，政务处长蒋廷黻、外交部长王世杰、实业部长吴鼎昌。当时政府中有人称这届内阁为民国廿四年的"三元巷内阁"。[②] 比之民国元年的"同盟会中心内阁"和民国二年的"第一流人才内阁"，应更有实权。其中，翁文灏的情况在资委会成员中具有代表性和普遍性，堪称资产阶级知识分子参政的典型。由于资委会特殊的、相对独立的地位，它的经营活动与大官僚大资产阶级的官商资本距离较大，近年来对它有了积极的评价，并牵涉到官僚资本或国家资本的定义及划分问题。[③] 这与资委会人员构成密切相关，据钱昌照体会，

---

① 吴兆洪：《我所知道的资源委员会》，《回忆国民党政府资源委员会》，中国文史出版社 1988 年，第 76 页。

② 前引吴兆洪：《我所知道的资源委员会》，《回忆国民党政府资源委员会》，第 77、68 页。因资源委员会的前身国防设计委员会对外保密，仅称其地址"南京三元巷 2 号"，故有"三元巷内阁"之称。

③ 参见郑友揆、程麟荪、张传洪著：《旧中国的资源委员会——史实与评价》，上海社会科学院出版社 1991 年。

"资源委员会的职员，极大多数是旧社会的资产阶级知识分子，……还有一种突出的现象，就是纯技术观点。"① 他们信奉科技，想法单纯，就是技术报国、投身针对日寇的"国防事业"以实业救国、希望实现工业化，虽身为官员却不入某系某派。因此，可以将他们称为技术官僚。他们在抵御外侮和本国工业化等方面，对新政府的预期和希望，其实在经济政策制定过程中的舆论和思想背景里面，是有一定分量的。

（三）国家垄断资本主义政策选择、制造国家资本行为与官商资本

制造国家资本的经济行为政出多门，这类行为也称为建设国家资本或实业建设、经济建设。就其经济行政机构而言，有由工商部和农矿部 1930 年合并而成的实业部、1928 年成立的建设委员会、1933 年全国经济委员会、1935 年由国防设计委员会升级的资源委员会。这 4 个主要部会在制造国家资本方面多管齐下、各逞其能，也都取得各自的成果。

资源委员会是南京政府的"国家资本企业经营管理机构"，② 它成立之初拟定的"重工业建设三年计划"，是少数认真付诸实施的政府计划之一。战前资委会陆续成立 26 家相关的企事业单位。资委会企业主要由技术官僚经办，其国家资本性质较为单纯和明确。

全国经济委员会是通过组织专业投资和信托性质的公司，来对制造国家资本的行为进行操纵。身兼经委会委员长和中国银行董事长的宋子文，于 1934 年牵头组建了中国建设银公司，总公司设上海，资本 1000 万元，孔祥熙为董事长，宋子良为总经理。中国建设银公司除集中办理华南米业公司、中国国货联营公司、川滇铁路特许公司、中国保险公司和衡中纺织公司等企业外，还于 1936～1937 年迅速控制和接管了扬子电气公司、淮南路矿公司、中国棉业公司、渤海化学工业公司、南洋兄弟烟草公司等公司及其所属厂矿，又投资改组私营的广东银行，"是双管齐下的"。1936 年末银公司结算总资产达 3287 万元，当年纯利 1914 万元。③ 它对其中一些企业采取控股公司的方式进行控制（新《公司法》中已有法人控股的相应规定）。如对于首都、戚墅堰和既济这 3 家电厂，扬子电气公司为第一重控股公司，其 1000 万元资本中银公司又持有 80％的股份，遂成为第二重控股公司，在扬子公司董事会中实施控制。建委会在扬子公司中仍保留 20％的股份，

---

① 钱昌照：《国民党政府资源委员会的始末》，《文史资料选辑》第 15 辑（1961.3）。
② 郑友揆、程麟苏、张传洪：《旧中国的资源委员会——史实与评价》，上海社会科学院出版社 1991 年，序言第 3 页。
③ 陈真：《中国近代工业史资料》，第 3 辑，第 940 页。

无异于重重控制。银公司的行动范围非常广泛，凡工商矿金融交通均有涉足，形成了一定的规模和独自的体系。但从制造国家资本的角度看，银公司名为商办实恃官权，人员亦公亦私，行为公私掺杂，所制造出来的岂止国家资本而已。

制造国家资本的行为为一种特殊的"私人资本"创造了生成和滋长的条件。以中国建设银公司为例。银公司是1934年时的前任财政部部长、时任中国银行董事长宋子文所倡办，而由孔祥熙任董事长，孔祥熙与宋子文、贝祖贻为执行董事，宋子文之弟宋子良任总经理，是商办股份有限公司。1934年成立后发展极为迅速，至1937年不仅接办了由建委会转让而来的扬子电气公司和淮南路矿公司，还控制了一大批厂矿，为其他私人公司所望尘莫及。银公司章程称，"本公司以协助并联同政府机关、中外银行及其他组织，扶持公私各类企业，发展农工商业，办理关于是项事业之投资及管理事务与信托公司之一切事务为业务范围"，[①] 这也不是一般商办公司所能比拟的。银公司一方面是银行团，其部分股份来自中央、中国、交通、金城、中南、浙江兴业、中国实业、通商、大陆、四明、聚兴诚、江浙、上海、垦业、东莱、国华等十余家大银行，另一方面是私人投资，有孔祥熙、宋子文、张嘉璈、李铭、陈光甫、贝祖贻、张慰如、徐辅荪、李石曾、叶琢堂、宋子良、徐堪等数十名权贵和金融资本家的股份。[②] 其中中央银行等国家银行的股份也以商股的面貌出现。中国建设银公司号称商办公司，其双重性确切地说是亦官亦商、官商结合的，其由"联同政府机关"获取的巨额利润又是公私难辨的。它既有官方投资是政府行为，造成国家资本，又有个人入股，是私人行为，造成与民间私人资本有很大不同的官商资本，在以前通常被称为与国家资本、外国资本及民间资本相结合的"官僚资本"。[③] 相比之下，北京政府时期军阀官僚私人投资所获保息、免税特权，周学熙资本集团依凭官势形成垄断倾向，及民营银行金融业"喜与政府结缘"的习惯，是小巫见大巫，但也有一脉相承的关系。在近代中国的社会政治条件下，官商资本的出现，是采取国家垄断资本主义政策所必然造成的伴生物，是官办国有政策与封建性政权、官僚政治嫁接所生的毒瘤。如果说制造国家资本的行为有利于私人资本的发展壮大，那么应该是指官商资本。众所周知，在南京政府实施国家垄断资本主义政策并初见成效之后，民间资本再没有机会抬起头来，而官商资本兴风作浪、浑水摸鱼并滋长膨胀正逢其时。

---

① 《申报》，1934年6月3日。

② 《申报》，1934年6月1日、6月4日。

③ 参见许涤新：《官僚资本论》，上海人民出版社1958年，第38~47页。

（四）政策与国家资本、私人资本及官商资本

民国时期国家资本、私人资本的名称发生了变化，大致由官营、官业、民营、商办而改称国营、国有、私人、个人、私营。这种变化反映了政策思想上近代国家概念的改进和强化。同时，对于官厅与商民、公与私之间的，传统的好坏高下的价值判断和重抑之别仍有影响力。"耻于言利"有所改观，但私利即私人赢利，相对于天下为公、国家至上的时新观念仍是卑下的。

更为实质性的是政策本身的变化。北京政府时期，官办或官商合办已由历史经验证明为实业的歧途，张謇"民办官助"的自由资本主义思路在政策中得以体现，但仍有煤铁矿业等"基本产业"应归官营的潜流；官营业的经办处于日见衰败的状态，但从北京政府处置官产官业和收归国有官有等经济行为，及其所反映的政策内容来看，政策依然对官业有所期望并留有一席之地，为其扩张并侵蚀和排斥商民营业埋下伏笔。这是与政权性质及中央集权的程度相关的。南京政府时期，明确提出并严格划分工矿业企业的国营或私营性质，国家资本与私人资本在政策中的地位得以确定。1928 年发布的政府宣言，遵从了孙中山的实业开发应分个人、国家"两路进行"的嘱咐，依次原则规定了"可以委诸个人经营或其较国家经营为适宜"的实业应归私人资本，"予以充分之鼓励及保护"，然后是"有独占性质而为国家之基本工业"的实业由国家经营。但是，同年由国民党中央政治会议通过的《建设大纲草案》，发生了语序上的变化，它首先详细列举了"悉由国家建设经营"的事业项目，然后简单表示经政府批准的个人营业除受法律上应有的节制外，"政府不得无故收回管理"。[①] 法律文件的语序和语义变化，反映出从此政策赋予国家资本和私人资本的地位、处境和前景的变化，简单说就是厚此薄彼乃至于取此舍彼。孙中山除了实业分两路进行的思想，在与资本并重的地权问题上还曾表示，"敢有垄断以制国民之生命者，与众弃之。"[②] 而南京政府借助基本工业、国防工业等名目，经过统制经济、计划经济和国民经济建设运动的历次鼓噪，终于脱离了孙文学说的宗旨，造成实用主义的一系列经济行为。

国有政策的理由和依据，是防止私人"独占"的危害和国家垄断的必要。孙中山观察西方资本主义发展的利弊，看到"独占"（Monopoly，垄

---

① 《中华民国法规汇编》，第一编法源，中华书局 1935 年，第 43～44 页；《革命文献》，第 22 辑，台北版，第 368 页。

② 《孙中山全集》，第一卷，中华书局 1985 年，第 297 页。

断）所致社会生产的浪费和破坏，及严重的社会不公和动荡，其高瞻远瞩的清醒态度是可贵的、超前的，但他所开药方并不适合中国的国情。对私人垄断危害的防范，即使是防微杜渐式的防范，对于规模小、资本集中程度弱、国内市场狭窄的中国经济，并没有丝毫的针对性。反证之，在南京政府的实业政策中还提出集中资本、实行联营、形成规模、科学管理等办法以求扩大生产，所针对的正是民营业的实情，后却成为扩张国家资本的准备。在政策文件中，"有独占性质"的事业应由国家办理的界定成为一种概念化的固定说法。其实，这种说法与私人资本"无力、不愿承担"或"无利可图"的事业也应归国营的说法一样，涵义模糊且解释的伸缩性极大。在这类说法概念化之前，私人资本已经立足于铁路、航运、矿业、银行、重化、电力等事业，惟亟待规范引导、提高发展程度。垄断的概念和事实源自西方，是西方资本主义长期发展并在工业化之后出现的结果。20 世纪初先发国家纷纷步入帝国主义阶段，工业资本与金融资本结合，对社会经济实行全面的垄断，不止重大行业甚至连商品零售业也出现连锁和垄断。以此生搬硬套地理解"独占"事业的范围，南京政府可名正言顺地以国家资本包办一切，使私人资本无立足之地，正如阎锡山"大公无私"地在山西防范托拉斯，造就专属于土皇帝及地方权贵的官商资本。

北京政府曾于 1913 年 1 月公布《官吏服务令》，规定"官吏不得兼充公私商业执事人员"，明令禁止官员经商。但政府官僚私办实业风气渐长，如财政总长周学熙的华新纺织公司拥有办厂"专利"特权、官股、免税和保息，实为"财政部既与华新沆瀣一气，是官是商已不可辨。"[1] 1930 年 11 月，国民党三届四中全会通过蒋介石等所提《关于肃正纲纪与刷新政治之方案》，规定"凡官吏收受赃贿或侵蚀公款在金额若干元以上查有实据者，由国民政府按非常程序处以无期徒刑或死刑，仍查抄其财产"，"绝对禁止官吏兼任商业机关之职务与从事投机市场之交易"，[2] 要造成"廉洁政府"。但官员们"多年养成枪杆万能之风，俱存玩视法令之心"，以致"官吏经商故属寻常，投机买卖尤堪骇异。大抵投机市场之枢纽，大半操诸官吏之手"。[3] 官吏经商不能令行禁止尚在其次，政府的国家垄断政策在当时的社会条件下，只能是国家政权与以国为家、"家天下"等封建习性（及近代社会所沾染的西风习性）相嫁接，纵容并为以私人资本面目出现的官商资本提供便利，造成社会经济的病变和毒瘤；并与政治不民主和吏治腐败低效相

---

① 陈真：《中国近代工业史资料》，第三辑，三联书店 1961 年，第 666 页。
② 秦孝仪主编：《革命文献》，第 79 辑，第 199 页，1979 年台北版。
③ 《官吏不得经商投机》，天津《大公报》，1930 年 11 月 23 日。

互推波助澜。1922 年，就有人看穿政府"制造资本专制"的行为，"表面上标榜国有，实际上乃益豪强"。①

宋子文在 1937 年 5 月扬子电气公司、淮南路矿公司成立会上曾经许愿说，"建设委员会为提倡人民投资以扩充国内建设事业起见，拟将已有成效之事业招收商股，组织公司继续经营，其招得之资金，则以之倡办其他事业，俟将来办有成效再为开放，商股如此循环，在政府固得资金易于周转之效，在人民亦投资有正当稳固之途，开政府与人民共同建设之先河"。② 这似乎为私人资本提供了诱人的前景，而其实揭开内幕就可发现，所谓招商接办、所谓商股，无非孔、宋等新的大官僚大资产阶级家族与投靠他们的金融资本家集团的私产。无怪乎研究"官僚资本"的老一辈学者，会将国家资本和官商资本一概视为四大家族的大小金库。除了资源委员会和中纺公司等少数单纯的国家资本机构外，公私不分、官商结合、化公为私的情况是普遍而复杂地存在的。在权力"寻租"、公私转化的过程中，官商资本凭借在政策中左右逢源，在工矿贸易领域逐渐形成大官僚大资产阶级一体的垄断利益格局。这对于以防止私人"独占"弊害和国有为主旨的经济政策，无疑是一种讽刺和内伤。

南京政府有意识地向近代国家转变，比较有所作为。但其作为乃是以经济统制、建设运动为名，谋求全面的垄断，遵循由金融向产业推进、由重工业向轻工业推进、从金融和交通等经济命脉扩展到一般经济部门的程序。通过建立国家垄断资本主义，不仅操纵宏观经济走向，更直接插手于微观经济领域；趋向于囊括一切利权和财源，并对社会经济的运行大包大揽。"实业部计划之多并世无两，自炼钢以至造纸，皆欲以一中央机关之力自办，是直等于一企业公司矣"，③ 这也是其他各机构的通病。制造国家资本的行为，使政府在经济生活中既做掌舵人又做划桨者，既做裁判又参与竞争，既维护市场秩序又充当市场主要行为人，这必然导致权力市场化（即所谓"寻租"行为）和政府行为企业化、企业衙门化的腐败和低效。控制垄断传统使南京政府的经济政策阻断了私人资本主义向上的趋势，从根本上损坏了社会经济自由、公正的条件，使其得不到稳定和应有的进步，从中还滋生出官商资本的毒瘤。以后的事实也会证明，控制垄断政策传统的谬种流传将为害不止。

南京政府 10 年间国民党政权正处于上升期，其政策的有利一面与前民

---

① 《申报》，1922 年 8 月 5 日，国内要闻。
② 陈真：《中国近代工业史资料》，第 3 辑，三联书店 1961 年，第 789 页。
③ 《经济委员会今日大会》，《国闻周报》，11：13，1934.4.2。

国政府时期基本相同，但其实现的程度要大得多。随着政策转型步伐的跨越，政府对社会经济一直施以强有力的干预，造成了有政府状态的经济秩序。1928～1937年的10年可谓大都是"多事之秋"，资本主义在曲折起伏中获得了发展，资本主义工业化有所进步，即与政策的积极作用有关。同时，延续了政策的消极传统和实质，政策的不利一面也凸现出来。1936年"高峰"期的发展状况和性质表明，新经济中的顽症没有得到有效的治理；金融业和交通运输业的发展突出，利润率增高，这是国家资本进入并排斥和驱逐私人资本、实行垄断的结果；20世纪30年代的国家资本趋向采用公司制并由专业官僚管理，在经营管理方式上，比清末民初官办企业的半衙门方式，是一种变异和进步；但国家资本在资本主义经济中所占比重，总体上小于私人资本，说明国家资本还未能成为国民经济的主体，未成为经济发展的火车头，也未造就可观的财源。其成就与无数宏图大计形成强烈反差，更与经济政策赋予它的地位和处境不相称。当然，这又与南京政府将大量的人财物力投入军政，对国内事务并未将重点放在建设上有关。在经济政策的思想背景中，对统制经济的实行是否具备社会条件、将会导致"舍本逐末"、"摧残经济"等担忧，已经变成现实；控制垄断的思路与封建性浓厚的政权嫁接，结出了官商资本的恶果。私人资本仍然是发展的主力军，但其政策前景黯淡。1936年前后的舆论显示，工商业者对中国经济的危机四伏状况有清醒的认识，并在不满和警惕中不断寻找出路，以致其后出现了民族资本正处于"破产半破产"境地之说。此说虽不能成立，但也说明私人资本主义的发展不容乐观。如果看到南京政府干预经济所产生和将要产生的负面作用，那么，可以说民国北京、南京政府的经济政策对于资本主义的发展并没有起到应有的保护、引导和促进等作用，也并未实现较大的发展。

通过分析官商资本与其他资本类型及政策的关系，可以证实：在当时中国社会和政治条件下，民国政府的政策选择即扩张国家资本，走的是剥夺和压制私人资本的"捷径"，同时又为官商资本这样的病变提供了发生和膨胀的温床，终将导致经济政策的失败和政权崩溃。因此，在现代化的初级阶段，想要走有中国特色的资本主义道路，是缺乏可行性的，不论这种特色体现为国家资本还是官商资本。

徐建生

中国银行与北洋政府的关系

一、中国银行创建初期与政府的关系

（一）中国银行的成立

1912 年 1 月 24 日，上海大清银行商股股东联合会呈请孙大总统将大清银行改组为中国银行，① 请求新政府继续承认为中央银行。并建议，截至旧历年 12 月止将大清银行停业清理，原官股 500 万两备抵因战争各分行所受损失和一切滥账，从旧历壬子年正月 1 日起组织中国银行，除原有商股 500 万两外，再添招新股 500 万两，将大清银行房屋生财等，统归接收应用。值得注意的是，该会还建议"本行专招商股，惟开办时，可由新政府酌拨公款若干协助，俟股份招齐，即行发还"。财政总长陈锦涛批复"著即准行"，并在呈孙大总统一文中指出，以大清银行改组成中国银行，一可使不费手续，便可建完全巩固之中央银行，二是承认原有商股，可保其信用，以利将来。② 经孙大总统批准，财政部委任吴鼎昌、薛仙舟为正副监督，会同股东联合会商订办事细则，克期开办③。1912 年 1 月 28 日大清银行商股股东联合会召开，宣布中国银行成立；31 日在上海各大报纸登载广告，一则宣布大清银行于旧历 12 月 15 日收账停止营业，实行清理，另一则宣布中国银行择于元年 2 月 5 日（旧历 12 月 18 日），在上海汉口路三号大清银行旧址，先行交易。④

1912 年 2 月 5 日，大清银行上海分行改名为中国银行后正式开业，并举行茶会以示庆祝。2 月 12 日，原大清银行商股股东联合会致电行将窃取临时大总统职位的袁世凯，请求追认南京临时政府核准改组方法，袁复电：

① 《申报》1912 年 1 月 28 日第 7 版。

② 姚嵩令：《中国银行二十四年发展史》，台北传记文学出版社 1976 年版，第 15 页。

③ 《申报》1912 年 1 月 30 日第 7 版。

④ 参阅《申报》1912 年 1 月 29 日第 3 版、1 月 30 日第 3 版、1 月 31 日第 1 版。

"旧大清银行本具中央银行性质，新政府自应继续办理，统一政府即日成立，当将前此批准之件，核计统一办法。"随后再由北京政府财政部令准大清银行上海分行改名中国银行。① 4月，南北统一，政府所在地北迁，即令在北京设中国银行筹备处。熊希龄时任财政总长，简派吴鼎昌筹备开办事宜。另设大清银行清理处，清查资产负债。6月，吴鼎昌与财政部会商，将大清银行官股取消，用于补偿各地分行因战争损失所致虚亏；商股库平银500万两，由中行换给存单，分四年还清；商存670余万两，亦由中行分年摊还，此项垫付之款，再由政府陆续拨还。② 中行肇始，羽毛未丰，毅然代偿大清银行商股商存，这主要是有政府做后盾，另也为树立自身信用之故。7月财部拨到第一批官股，计银50万元。8月3日北京中国银行正式开业③，号称总行。但初时北京中行总行与分行无具体划分，迟至1914年9月，北京设总管理处，总行与北京分行才正式分开。自在北京设立中国银行后，上海中行定为分行。中国银行重心由沪移京，适应政治重心的变化。

（二）中国银行则例的制订

1912年6月，吴鼎昌主持草拟中行则例，但规例草案迟迟未通过。故此时中行虽在京设有总行，并辖有上海、南京、天津、汉口等分行，建制初具，但仍未取得国家银行的法定地位。9月周学熙继任财政总长，他一上台，便制订了一个庞大的整理财政计划，在金融方面，要求建立"国家银行系统"；统一币制，实行金汇兑本位，"尤须最巩固、最完备、最信用之中央银行，方能收效"④。显然吴鼎昌等所拟中行则例不论在规模上还是经营业务范围都不合周学熙的胃口。9月13日吴具文总统，辞职他就。

继吴鼎昌为筹备处主任，先为财政部参事项骧，12月改派周学熙的同乡同寅亲戚孙多森，并增派范磊为筹备员。⑤ 孙到任后，周学熙因困于财政而放弃了另设中央银行的打算，在他的授意下重新修订中行则例。12月21日财政部将中行则例草案呈交国务院，并附有"中国银行则例草案理由"，文中深刻陈述了成立中行的迫切性在于整理财政。

1913年1月14日大总统将则例提交参议院，后因参议院闭会，延至4月7日参议院在各方面的敦促下议决通过；15日《中国银行则例》正式公

---

① 姚嵩令：《中国银行二十四年发展史》，台北传记文学出版社1976年版，第16页。
② 《中国银行大事记》（油印本），中国人民银行上海分行藏档。
③ 《民立报》1912年8月4日。
④ 周叔贞：《周止庵先生别传》（无出版年月）第64页。
⑤ 聂其炜：《我和1913年的中国银行》，《文史资料选辑》第49辑，第115页。

布实施。① 则例共 30 条，基本内容：确定中行的组织形式为股份有限公司（第一条），股份总额规定为 6 千万银元，计分 60 万股，每股百元，政府先行认垫 30 万股，余数由人民认购（第三条）、由政府先缴所认股份 1/3 以上即开始营业，一面招募商股（第三条）；则例规定了中行享受种种特权：发行兑换券（第十二条）、买卖金银及各国货币（第九条）；代国家发行国币（第十四条）等等。中国银行则例的颁布，确定了中国银行作为国家银行的法定地位，标志着中国银行经过一番难产终于正式诞生了。

与此同时，孙多森又派范磊、朱筱康两人前往日本，考察其银行组织制度，带回许多资料，据此并旁参各国银行体例，拟就中国银行章程一百二十余条。总行机构采用营业、出纳、国库、发行、证券、检查、计算、文书等八局制度②。中行因此确定了内部体制。

（三） 中行初期以代理金库为主利用各种特权迅速扩展业务

1913 年《中行则例》公布后，按规定政府应先垫 1 千万元，即行开业，但因当时财政窘迫，实行拨到官股不及此数的 1/3，并要承担偿还大清银行商股商存的任务。在这种情况下，中行之所以能支撑门面，并使业务获得迅速发展，这是与其接收金库和享受种种特权分不开的。

1．以重款而谋营业

户部银行和大清银行设立时，清政府始设金库，宣统二年（1910 年），资政院提议统一国库办法，并会同度支部奏定统一国库章程 15 条，③ 实际并未真正实行。大清银行各地分行亦只部分接管了官款。辛亥革命后，一些省官银钱号倒闭，有些改为省银行。

当时各地官款管理紊乱，应解中央之款常常因故梗塞，作为财政支柱的关盐两税，具抵外债和战争赔款，须存外国银行。民国初元，财政部曾公布《金库出纳暂行章程》，这时章程虽十分粗糙，但规定了"委托中国银行暂时代理现金出纳保管义务"等事项。④ 1914 年 4 月财政部设立国税厅；5 月，财政部公布参议院通过的《金库条例草案》（又称《金库暂行章程》），共 12 条，较系统地规定了金库制度。金库系统分为总金库、分金库、支金库，并规定各自统辖范围；中行对金库的现金保管出纳事项，对于政府须负完全之责任，并有委托其他银行代理金库之权，但须财政总长复准。⑤

---

① 中行档案：中行与财政部往来函件。
② 聂其炜：《我和 1913 年的中国银行》，《文史资料选辑》第 49 辑，第 115 页。
③ 贾士毅：《民国财政史》下册，商务印书馆 1917 年版，第 68 页。
④ 同上书，第 85 页。
⑤ 中行档案：财政部转中行函件（1914 年 5 月）。

至 1915 年 12 月底止，中行接收各地关税 21 处①，盐税 38 处②，接收各省金库计有直隶、江苏、浙江、山东、山西、安徽、江西、福建、广东、奉天、吉林、黑龙江、四川、贵州、归绥 15 省③，全年经收之款约 1 亿 2 千多万元，占全国税收的 1/2 以上。④ 随着中行接收各地金库地进行，其分支行、派办处、代理店、汇兑所也就在全国各地设立起来。如："浙江分行因接收金库行务日繁……其兰谿、温州、嘉兴、绍兴等处势有营业及收税事宜，亦应亟为筹备添设分号。"⑤ 又如："南京为省会之区，税源旺盛，必须设立代理机关，就近接收税款，且该省夙称通商大埠，贸易可期发达，亟应筹设中国银行分行，以重库款而谋营业"。⑥ 总之，通过接收金库而设立分支行号，并扩大存放款及汇款业务，这便是中行初期业务发展的主要特点。

2. 发行纸币

1912 年 12 月，财政拟定中国银行兑换券暂行章程 5 条。

当时中行则例虽尚未制订公布，但这早已赋予其纸币发行特权，并对纸币规定了广泛的用途。后中行则例第十二条规定中行得发行兑换券，但须遵守兑换券章程办理。在发行准备方面，1920 年 6 月以前，规定现金准备为 50%，保证准备为 50%，此后规定现金准备 60%，保证准备 40%。⑦

中行成立之初，外国银行林立，国内各大商埠的钞票流通，均为其占有；各省银行、商业银行等发行的地名券，参差不齐；而内地社会，乐用银洋；政潮起伏，时有挤兑，此种状况，推广发行，的确困难重重。但中行依靠政府赋予的发行特权和代理金库、收解税赋之便，推广钞券。此外，还采取一系列措施：第一，接收大清银行钞票⑧。第二，收回杂色跌价兑换券。第三，创设领用暗记券制度。⑨

3. 发行银元国币

1913 年《中行则例》第十四条规定：中行有代国家发行国币之责。1914 年，袁世凯指定中交两行和一些省银行主持兑换，以"袁大头"换龙洋；1915 年间在上海等市收回墨洋及其他杂色银元改铸国币，并与钱业公

① 贾士毅：《民国财政史》下册，商务印书馆 1917 年版，第 84~87 页。
② 同上书，第 88~91 页。
③ 同上书，第 82~83 页。
④ 《中国银行民国十八年报告》第 2~3 页。
⑤ 中行档案：中行致财政部函件（1914 年 7 月 11 日）。
⑥ 中行档案：中行总裁致财政部函件（1913 年 11 月 13 日）。
⑦ 姚崧令：《中国银行二十四年发展史》，附中行历届资产负载表，台北传记文学出版社，1976。
⑧ 中国银行总管理处编：《中国银行发行史略》（油印本），中国人民银行上海分行藏档。
⑨ 中国银行总管理处编印：《通函汇编》（总文书部分），第 85 页。

所协定，自 8 月 1 日起取消龙洋行市，会同交行任兑换杂色银洋之责，每日以 2 万元为度，共收兑 3 千万元有余，杂币逐绝迹于沪市，其他地方流通亦日见稀少。[①]

4. 存款、放款、汇款业务的发展

中行初期存、放、汇款业务也是在依赖政府并以政府为主要业务对象发展起来的。《金库规则草案》第九条规定："经财政总长批准，得以金库款之一部分移做存款"，[②] 这实际是采取以保管为主、存款为辅的金库管理制，它综合了英国中央银行代理金库单一的保理制和欧美及日本中央银行的单一的存款制不同的优点，既有利于金库的管理，又利于发展银行一般业务。除此而外，中行存款大部分来自政府机关，以及代收之关盐税及其他税款，由于中行信用未固，富商大贾储蓄多存在洋商银行。放款方面，大部分是对财政部及政府机关垫款、对各省财政厅短期放款以及收回地方杂色兑换之垫款，至于对工商业放款，数量少，仅仅购入少量钱庄经手的商业远期票据。汇款方面，由于中行分支机构随接收遍设各地，此项业务发展迅速，应解未解汇款，账面余额甚巨。[③]

由于中行接收金库和享受种种特权，故业务在初期获得了迅速发展。从 1913 年开始尤其是 1915 年存款、放款、汇款各项业务上升迅速，其根本原因在于从 1913 年 7 月开始，中行陆续接收金库并享受各种特权的缘故。也是直到 1915 年 3 月，实际资本（不包括公债券折股）仅 4,281,000 元的中行，[④] 业务如此迅速发展的秘密所在。1912 年中行赢利仅 13 万元，而到 1915 年达 353 万多元。另兑换券发行上升较为平缓，说明推行钞票的艰难性和信用尚未广泛树立，也反映存款来源充足和放款去向偏窄的状况。至 1915 年底，中行各地分支行号共达 136 处，遍及 22 个省，[⑤] 实力在短时期内得到较为迅速的发展。

（四）　北洋政府对中行正副总裁的控制

1913 年《中国银行则例》第十六条规定，正副总裁由政府直接简任。中行初期，尚无股东会、董事会、正副总裁为一行之主，掌管一切行务活动，故政府对中行正副总裁的控制，等于控制了中行的神经中枢。北洋政府时期，军阀混战，战争连绵，党派之间，相互倾轧，冲突迭起，相互角逐，

---

① 《中国银行大事记》（油印本），中国人民银行上海分行藏档。
② 贾士毅：《民国财政史》下册，商务印书馆 1917 年版，第 69 页。
③ 姚崧龄：《中国银行二十四年发展史》，台北传记文学出版社 1976 年版，第 23 页。
④ 中行档案：中行呈财政部文（1915 年 6 月）。
⑤ 姚崧龄：《中国银行二十四年发展史》，台北传记文学出版社 1976 年版，第 39～41 页。

战争流血，一败一胜，军阀、党派之间上台下野，更替频繁。财政总长随之更换，中行总裁也跟着走马换将。在北洋政府短短的 15 年间，财政总长先后更动 33 人次，任期一年以上的仅 3 人，最短的仅十一二天。而中行正副总裁一级的行政首领，从 1912～1917 年短短 5 年时间，就走马灯似地更换了 19 人次。在担任中行正副总裁的人物中，有继袁世凯为总统的冯国璋的老同事，有各位财政总长的同乡、亲戚、亲信、同党派人士，也有进步党、研究系、交通系、安福系的政客。他们往往随财政总长的进退而更换。如：周学熙上台改换金邦平（总办）、孙多森（会办）；周自齐上台改任汤睿为总裁、项馨为副总裁，汤又是进步党首领、"名流内阁"熊希龄人物梁启超推荐的，后熊希龄内阁被袁世凯解散，汤与项也随之下台，周自齐又任同党，交通系要人萨福懋为总裁、陈威为副总裁；1915 年 4 月周学熙第二次任财政总长，任李士伟为总裁；1917 年 7 月梁启超上台，任王克敏、张嘉璈为正副总裁。此外，中行的正副总裁又随政府首脑和财政总长的好恶而去留。如：1913 年 5 月财政总长周学熙辞职，袁世凯改派梁士诒代理部务，梁千方百计排斥中行正副总裁孙多森和聂其炜。当间袁世凯为了对付国民党，军事方面也很吃紧，多次要孙多森在金融方面给他"缓一口气"，因孙不肯过分通融，袁便把孙调离中行放逐安徽。与此同时，因政费孔急，梁士诒派泉币司司长吴乃琛要挟副总裁聂其炜答应中行按月担负经费 450 万元，以 5 个月为期，共计 2250 万元，聂不肯从命，不久，政府公报便登载财政部派公债司司长陈威和泉币司司长吴乃琛代理中行正副总裁，无形之中撤了聂其炜的职务。① 可见，凡中行正副总裁必须俯首贴耳于政府，否则便自身难保，这是政府控制中行关键的一着。

中行正副总裁不仅在去留方面受政府财政部的控制，而且他们的工资标准、交际费、膳食补贴、病休假期等等，也都要经过财政部核定批准，② 正副总裁实际成了财政部派往中行的代理人。

（五）北洋政府对中行各地分支机构的控制

中行则例第四条规定中行总行设于中央政府所在地，各省会及商业繁盛的地方，得斟酌情形设分行或与其他银行订立代理合同或缔结汇兑契约，均须经财政总长核准，政府视为重要之区域，得商令总行增设分行分号或代理处。如前所述，由于接收金库，中行各地机构的设立，基本上是与地方政府捆在一起。周学熙任总长、孙多森任总裁时，在人事组织方面，主张各省分

---

① 聂其炜：《我和 1913 年的中国银行》，《文史资料选辑》第 49 辑，第 116～118 页。

② 中行档案：中行与财政部往来函件。

支行负责人，正职由政界有相当资望的官僚担任，副职由英美留学生或熟悉银钱业的人担任，① 这套人事制度后来成为惯例。因此，中行各地分支行号的主要负责人都与政界有直接或间接联系。1913 年 6 月 8 日财政部还进一步规定，中行选任或更换重要职员，须将履历呈部察核。② 后因南京分行正副行长和沪、津、汉分行副行长的派定未先呈请财政部，财政部即下令，严责中行速呈部察核。此外，中行总行与各地分支机构实行垂直领导等，地方政府有推荐分行行长权，但无决定和委任权。如：湖南都督谭延闿曾向财政部推荐刘翼为长沙中行行长，经财部批准就任。而福建都督直接任命分行行长，结果遭中行总行反对而未就。③ 中行总行与分支行号的这种垂直领导，有利于中央政府对中行的控制。

（六）　中国银行在解救北洋政府财政中的作用

在中行初创时期，我们主要看到了中行对政府的各种依赖关系，而在中行的发展过程中，我们又将看到北洋政府在加强对中行控制的基础上，是如何依赖中行解决财政困难的。北洋政府时期财政之所以窘迫，究其原因，一是承袭清朝政府遗留下的战争赔款和财政收入受帝国主义控制；二是军费开支的日益繁浩；三是北洋政府腐败，贪污强占成风，军阀割据，社会生产备遭破坏，应解税款常被截留。一方面是财政支出相对增加，另一方面是财政收入相对减少，惟一出路靠举借内债和外债。在这一点上，主要是在内债方面，中行起了十分重要的作用。

1. 承销和投资政府公债

中行则例中明确规定：受政府之委托，经理国库及募集或偿还公债事务；中国银行得买卖公债证书。从 1912～1926 年，北洋政府财政部正式发行的债券 27 种，发行额达 610,069,588 元，④ 其中 19 笔为公债，8 笔为库券（这里的库券实际成了短期公债）。据统计，1921 年底中国银行等 47 家银行，购置有价证券总额 56,071,368.15 元（公债票当占大部分），而仅中国银行一家购置有价证券 22,882,591.19 元，约占总额的 40%，相当于该年北洋政府发行公债的 22%，足见中行购置公债在各银行中的突出地位。

中行建立之初，投资公债，受能力限制，1914 年财政部实收中行三年内国公债 280 万元（面值当大于此）；1915 年中行投资四年内国公债折价为

---

① 聂其炜：《我和 1913 年的中国银行》，《文史资料选辑》第 49 辑，第 115～116 页。
② 中行档案：财政部地字第 576 号公函。
③ 中行档案：中行与财政部往来函件。
④ 千家驹：《中国的内债》，第 10～11 页，社会调查所，1933。

2,659,900 元。① 同年，由财政部拨到面值 1000 万元元年六厘公债充做股本。从 1918 ~ 1926 年，中行持有的公债面值占放款总额每年平均为 25.7%，最低年份（1919 年）也占 20.75%，最高年份（1922 年）占 32.71%。② 中国银行如此热衷于公债经营，除了它作为国家银行负有责任外，更为主要的是经营公债能获厚利，其获利途径主要有：

第一，代替政府销售公债。北洋政府公债发行一般采取间接募集方式，即把债券打折扣交给银行经募或销售，折扣一般在五六成之间，③ 通常是等交易所开行市到六七折上下便由政府把债券交与银行出售。中国银行是债券的主要经募人和销售人，它利用销售中的折扣和经手费等，获取利润。

第二，直接投资公债。在北洋政府所发的 27 种债券中，其中利率在 6% 的有 16 种，利率在 7% 的有 3 种，利率在 8% 的有 7 种，一四库券每月利率为 1.5%。直接投资公债，不仅能获较高利息，而且能在偿还中按 100% 的面值收回，从中获取厚利。

第三，公债用做准备，与现金收同一功效。从而使银行再创造信用，以利扩大发行及其他业务。前述北洋政府时期，1920 年 6 月以前规定现金、保证准备各占 50%，此后现金准备至少占 60%，保证准备为 40%。而保证准备主要是指国内公债券、公司股票、外国债票等有价证券。在中行的保证准备中，绝大部分是政府公债。1924 年以前，多数年份保证准备超过法定数额，最高年份（1917 年）超过法定数额的 19.1%。④ 足见证券准备在中行发行中的重要作用。

第四，公债投资吸引银行大量游资。北洋时期，帝、官、封的压迫和剥削，军阀混战，农村经济面临破产，加之通商口岸与内地贸易发展不平衡，使内地资金外流，资金偏在沿海城市。而城市中民族工商业在外国势力的压迫下，经常开工不足，以至歇业倒闭，故银行往往视放款民族工商业为畏途。中国银行存款居国内银行之首，要寻找资金出路，主要依靠放款政府，则对政府放款中，公债投资又占突出地位。中行持有公债面值在放款政府中，最低年份也占 32.54%，最高年份（1922、1926）竟占 60% 以上。⑤ 正因为这样一些原因，北洋政府时期，中行存放款业务在当时资金偏在城市和城市民族工商业无能力吸收的情况下，却一直保持同步增长。

第五，利用公债从事投机活动。公债作为有价证券可以买卖，政潮的起

---

① 贾士毅：《民国财政史》下册，商务印书馆 1917 年版，第 1060、1064 页。

② 中行档案：中行历年投资于政府公债数额。

③ 千家驹：《中国的内债》，第 62 页，社会调查所，1933。

④ 中行档案：中行历年发行准备额。

⑤ 中行档案：中行历年直接放借中央政府款额。

伏、债券整理的信息及市场其他因素，常常引起债券价格的剧烈波动，此外，公债买卖有期货和现货交易，价格也相差悬殊，这一切提供了公债投机的条件。当时，债券近一半掌握在银行界手中①，故"银行家之为债券交易所之中坚分子，则是没有疑问的。"② 在买卖远期近期债券中，往往能坐得一分二三厘或一分四五厘厚利。③ 中国银行持有大量公债，也常参与投机活动。如：1926 年上半年潘复任财政总长，提出整理九六公债，并商由海关总税务司安格联拨款协助整理。消息传出，九六公债市面价格随之上升。九六公债实际是无担保的，只付一年利息便无力偿还了。因而中行副总裁张嘉璈乘机高抬债券价格，抛售大量九六公债，一面以低价买进欧美债券。结果，九六公债因安格联食言而价格猛跌，相反，欧美债券则保持上升，中行此次投机，获利不少。

以上五点说明，经营公债乃是一本万利，实际年利达一分五厘至三四分之厚，④ 并不是夸大其辞的。值得指出的是经营公债又带有冒险性，一旦财政破产，政府信用丧失，必导致金融与财政的冲突。

2. 中行对政府的短期借款

短期借款是长期借款的补充。北洋政府时期，政府的短期借款可分为三种：盐余借款、非盐余借款和银行垫款。

（1）盐余借款和非盐余借款

以盐余为担保的短期借款称盐余借款。据 1925 年整理会统计，截至 1925 年底止盐余借款积欠本息达 44,112,388.53 元，⑤ 在中国银行方面，积欠本息达 3119847.49 元，另还有中交两行合借的积欠达 2,896,688.03 元，两项一起为 6,013,533.58 元，占整之积欠本息的 13.63%，就中行一家而言，估计至少占总积欠本息的 10%。⑥

非盐余借款或称内国银行短期借款，与盐余借款不同，有些有抵押品，有些则无，据统计，截至 1925 年底止，政府对各银行此类借款积欠本息总计为 38,904,282.27 元，其中中行一家积欠为 10,378,467.35 元，⑦ 占积欠总数的 26.68%，此数还不包括中交等 12 家银行合借积欠本息 508,403.74 元。

（2）中行对政府的垫款

---

① 千家驹：《中国的内债》，第 73 页，社会调查所，1933。
② 吴承禧：《中国的银行》，商务印书馆 1935 年版，第 78 页。
③ 千家驹：《中国的内债》，第 63 页，社会调查所，1933。
④ 吴承禧：《中国的银行》，第 80 页，商务印书馆，1935。
⑤ 根据千家驹：《中国的内债》第 17～18 页统计。
⑥ 根据千家驹：《中国的内债》第 18～22 页统计。
⑦ 根据千家驹：《中国的内债》第 24～26 页统计。

由于代理金库关系，当青黄不接之际，每月未到解款之时，财政便先要中行垫款，月底结算，常常是入不敷出，垫款变为借款。故中行究竟为北洋政府垫款多少，实难统计，这里且以积欠之数观之。据统计，至1925年底止，国内各银行向政府垫款积欠数为30,333,399.26元，而其中中行垫款积欠达23,734,387.78元，竟占垫款积欠总数的78.25%。① 值得指出的是，此类垫款，中交两行利率一般为7%，其他银行利率则在9%～19%之间。

在以上几项短期借款中，耐人寻味的是，中行在有盐余担保的借款中，积欠所占比例约10%，在担保不甚确实的借款中，积欠约占26.7%，而作为临时的、无担保的垫款，却占78.25%，并且各项借款的利率均低于一般商业银行，这些都深刻反映了中行作为国家银行，在解决财政困难中所起的作用。因此可以说，北洋政府财政依赖于金融，主要是依赖中国银行。

在政府的借款中，往往是有担保的借款变成无担保的欠款，临时性的垫款变成短期借款，续而各种短期借款又变成无力偿还的长期借款，致使银行方面资金沉淀，周转失灵，信用受挫。而政府方面，负债累累，公债利息高而折扣大，借款多为息重期近，可财政极度困难，对此在所不惜，致使金融与财政同时陷入紊乱，从而加剧矛盾，大批银行因此倒闭，中行也蒙受重大损失。

综上所述，中行的产生和发展都是在依赖北洋政府的情况下进行的，另一方面，北洋政府在依赖金融方面又主要是依靠中行来解决财政困难。这样，中行的发展便脱离一般资本主义国家的银行发展常轨而走向畸形，其主要表现是它的经营业务远离国内产业。它的存款主要来自政府而很少来自工商业，它的放款对象主要是政府而很少投放工商业。在最高年份(1918)，中行对政府放款几乎占放款总额的80%，一般也在50%～70%之间。② 而中行对工商业放款较少，它即使接受一些商业期票，也是通过钱庄间接购买的。

在贴现和押汇方面，中行甚至低于交行，如1916年交行贴现和押汇总额为3,600,298元，中行仅2,512,882元。③ 至于中行较之其他商业银行在放款工商方面更是大为逊色，如1919年金城银行放款工商业（包括铁路）占总放款的50.9%，对政府的放款为31.12%，而中行这一年对政府的放款占63.76%。足见中行与政府的关系甚为密切。

但是，在中行与北洋政府相互联系和相互依赖的关系中，同时也潜伏着

① 根据千家驹：《中国的内债》第27页统计。
② 中行档案：中行历年直接放借中央政府款额。
③ 马寅初：《中华银行论》，第8页，商务印书馆，1929。

银行与政府的深刻矛盾，在当时军阀混战、党派争斗的环境下，其矛盾显得更为错综复杂。

二、中国银行反对北洋政府控制和干预的斗争

（一）1916 年停兑风潮

1916 年 3 月 20 日，广东中行受政府牵累，发生挤兑，后因恐惧地方政府强迫借款而宣布停业；[①] 与此同时浙江中行亦发生挤兑；[②] 4 月 12 日浙江宣布独立，上海南北市商界因沪杭交通中断大起恐慌；[③] 4 月下旬相传政府将发行不兑换钞票，平津沪鲁各地中行兑现提存者日众，中交两行地位危机，30 日，财政部交通部为补救计，通令各地税收机关，一律收用中交两行钞票，以维持中交信用。5 月初，中央财政窘枯"最达极点，出入之差约近 1 千万元之谱，"而"偿还外债之期，转瞬已至，无力应付"。[④] 停兑令发表前几天，段祺瑞派他的亲信、国务院帮办秘书徐树铮到财政部，要求发放盐余现款 500 万元，结果清查盐务稽核所账本，只余 70 万元，而北京军饷、各部院薪俸都靠此款支付，不可挪用。徐树铮感到"只有停止兑现的一法了。"[⑤]

面临挤兑提存的压力，早在 1916 年 4 月 1 日上海中行商股股东就秘密成立了商股股东联合会。5 月 5 日公开以该会名义致电院部和总行，要求在金融窘迫之际，"不得再迫银行垫款，"并指出，如果政府强令发行不兑换券，将使"银行基础摧残殆尽。"与此同时，汉口商总会也发表维持金融意见书，要求中央及地方政府停止强迫中交两行垫款，承认两行中立，脱离政治势力支配。[⑥] 但这些均无济于事，政府已决意孤行。8 日，财政部开始密电沪、津、汉中交各分行迁出租界营业，做好停兑准备；[⑦] 10 日，济南中交两行电告挤兑，中行总行令津行援救，津行现金被抽空，并也告挤兑，此时虽已任命的财政总长孙宝琦迟迟未有就任，财政大权为梁士诒一手操纵。11 日，段祺瑞召集国务会议，议决中交两行停兑禁提。[⑧] 这样，由梁士诒提出

---

① 姚崧龄：《中国银行二十四年发展史》，第 25～26 页，台北传记文学出版社 1976 年版。

② 《时报》1916 年 4 月 20 日。

③ 《新闻报》1916 年 4 月 20 日。

④ 《申报》1916 年 5 月 1 日、5 月 2 日。

⑤ 李思浩等：《关于上海中国银行 1916 年抗令兑现的回忆》，《文史资料选辑》第 49 辑，第 102 页。

⑥ 《申报》1916 年 5 月 8 日。

⑦ 姚崧龄：《中国银行二十四年发展史》，第 26 页，台北传记文学出版社 1976 年版。

⑧ 余捷琼：《民国五年中交两行的停兑风潮》，《社会科学杂志》第七卷第一期，1936.。

和一再主张的、由徐树铮促成的、最后被段祺瑞采纳决定的、为袁世凯解救财政的停兑止付命令终于出笼了。震撼全国的金融风潮由此而爆发。

12 日停兑止付议案以第二号院令公布："照各国先例，当金融窘迫之际，国家银行有暂时停止兑现及禁止提取银行存款之法，应由财政交通两部转饬中交两行自奉令之日起，所有该行已发行之纸币及应付款项，暂时停止兑现。一俟大局定后，再行颁布院令，定期兑付"云云。① 此令直接危及中交两行及整个银行界的信用生命，中国银行与北洋政府的矛盾白热化了。

首先起来反对停兑命令的是上海中行。早在 5 月 10 日，上海殖边银行因相传现金被政府抽空而发生挤兑。② 12 日，上海中行接到总行转来国务院停兑止付命令后，正付经理宋汉章、张嘉璈惊恐万状，"认为如遵照命令执行，则中国之银行将从此信用扫地，永无恢复之望，而中国整个金融组织亦将无由脱离外商银行之桎梏"，③ 故当即毅然决定拒绝执行院令。但停兑消息传出后，上海金融一片混乱，面对如此严重的局面，上海中行采取了以下措施：

第一，公开成立上海中行商股股东联合会，推选有名望的张謇、叶揆初为正副会长，钱永铭为秘书长，由股东联合会出面维持，并于 13 日发布公告，通知社会各界，照常兑现；由股东联合会举定监察员一人，到行监察；全行事务，悉归股东联合会主持；将来各商家设有损失，归该会负责。④

第二，取得租界当局的支持，串通租界会审公廨，由外国律师代表股东向法院起诉，要求将全行资产负债和发行准备移交外国律师保管，律师代表股东管理中行，并随时有查账权。

第三，对分行兑现能力进行了仔细核算。以较充足的准备应付来势凶猛的挤兑风潮。

第四，联络江浙各大银行，获得江浙资产阶级的支持，宋、张的后台主要是浙江兴业银行的叶葵初、蒋抑厄、项兰生、上海商业储蓄银行的陈光甫和浙江地方实业银行的李馥荪。由他们代表大宗存户和持兑者请外国律师接管中行；宋张遇有重大问题，常与他们密商，并由浙江兴业银行借款中行为后盾。⑤

此外，上海中行还得到江苏和地方官厅的支持，当时在江苏的冯国璋、

---

① 中行档案：国务院关于中交两行停兑禁提命令。
② 《申报》1916 年 5 月 10 日；李思浩等：《关于上海中国银行 1916 年抗令兑现的回忆》，《文史资料选辑》第 49 辑，第 103～104 页。
③ 姚崧令：《中国银行二十四年发展史》，第 27 页，台北传记文学出版社，1976。
④ 《申报》1916 年 5 月 13 日。
⑤ 参阅项兰生自著：《茶叟年谱》（无出版年月）。

省长齐耀琳、湖北的王占元都曾通电表示支持；上海总商会也协助维持市面；[①] 上海新闻界也为中行大造舆论。

在上海中行的影响下，其他各地分行也纷纷响应，首先起来响应的是南京分行。接着长江一带诸如安徽、江西、浙江、湖南等省分行相继仿效。[②] 东北三省因日俄牵制，中交分行均未遵令；福建、山西分行也照常兑现；张家口分行初时并未遵令，后因准备被抽空，才被迫停兑。事实上，发行时中行全国各地机构中，真正遵令的只有京、津、济、热及粤分行。这些分行，有些迫于政治压力（如京津），有些则是现金早被抽空（如济粤），而不得不停兑。总之，遵令的少，拒绝和抵制命令的多。尤其是上海作为贸易和金融中心，上海中行的抗令，不仅影响很大，而且保住了中行的信用；而南京当时正值冯国璋筹备 17 省会议，各省代表云集，可谓一时政治重心，它的抗令，同样产生了很大影响。

停兑院令发布后，由于大多数省份及中交各行的直接抗令，政府直属的军警两饷，又照常发放现洋，[③] 交通部亦下令铁路搭收现洋，[④] 尤其是外国银行的阻挠，要求所收中交钞票都予以兑清，[⑤] 作为外债担保的关盐两税征收机关，也拒收京钞，要求收现银，[⑥] 因此，北洋政府的所谓停兑命令，几乎成了一纸空文。虽在 6 月 1 日，政府曾发布安定市面命令，宣布政府对中交两行钞票"负完全责任"，但此项命令，于事无补，同样是一纸空文。

（一）中行股东联合总会的成立和反对徐恩元的上台

前述 1614 年 4 月 1 日，上海中行商股股东为顾全股东血本，秘密成立股东联合会，之所以要秘密进行，因为中行则例规定商股须招足 1000 万元，才能成立股东总会，但直到 1916 年 9 月中行只有商股 3643300 元，[⑦] 故当时股东联合会不能不秘密成立，它实际上是中行内部商股股东为自保而自发成立的与北洋政府控制中行势力抗衡的民间组织，是在特殊环境下酝酿产生的。后来在沪行抗令斗争中公开成立，并起了十分重要的作用。在抵制停兑命令的同时，各地中行股东仿效上海，相继发起成立旅津、旅汉等股东联合会。但因各地股东联合会分散，行动不能一致，斗争未能呼应。6 月初，相

---

① 《申报》1916 年 5 月 14 日；《新闻报》1916 年 5 月 14 日。

② 余捷琼：《民国五年中交两行的停兑风潮》，《社会科学杂志》第七卷第一期，1936。

③ 同上。

④ 《时报》1916 年 5 月 26 日。

⑤ 《时报》1916 年 5 月 17 日。

⑥ 余捷琼：《民国五年中交两行的停兑风潮》，《社会科学杂志》第七卷第一期，1936。

⑦ 张公权：《一年半以来之中国银行》，载《银行周报》第 96 号。

传中交将合并，京钞问题也日益严重，而政府仍不断强迫中交垫款，迫于形势，6 月 15 日，由沪行股东联合会发起，商得各地股东联合会同意，在上海北市借总商会议事厅，召开中国银行商股股东联合总会成立大会，各省均有股东代表参加，共有二百多人。大会推定大股东（500 股），联合会发起人之一、台湾籍人林绛秋主持，汉口、天津股东联合会代表也在会上发了言，大会选举张謇（得票 889 权）为会长，叶揆初（785 权）、林绛秋（690 权）为副会长，并议决四项事宜：（1）电请政府实行中行则例，承认中行为永远之国家银行，有代理国库发行纸币之惟一特权；（2）电请政府速将筹得的款（如盐余及美国借款）拨还中行垫款，俾京津两行恢复营业；（3）议决添招商股扩充商权；（4）重电政府要求不得再发生中交合并问题。

　　大会通过中行股东联合会章程，共 25 条。基本内容是：该会成立"以保全商本，巩固本行为宗旨"（第一条）；向法院、政府请愿以求承认本会的合法地位（第三条）；规定本会职员及职掌，职员均为名誉职员，不支薪水和其他私人费用，因公费用实报实销（第九条）。尤其值得注意的是有关股东选举权的规定：股东会议之议决权 100 股或以下每一股有一议决权，101～500 股，每 10 股有一议决权，510 股以上，每 50 股有一议决权（第十二条）。它反映了联合一切中小股东进行斗争的意愿。自本会成立后，旅沪及各埠股东联合会一律改为分会（第二十三条）。① 以上海为中心的中行股东联合总会正式成立，表明中行股东在与北洋政府的斗争中越来越成熟，标志着一个新的与控制中行官方势力抗衡的组织已经诞生，从而也形成了"南北对峙"的局面。

　　中行股东联合总会成立后，17 日便致电国务院及总行，报该会成立情况，并声称"到会股东共 19 万余股"，② 两天后又致电国务院，要求"速筹的款，拨济京津两行，从速开兑，以新天下耳目"。③ 显然电文所称到会股东 19 万余股是不属实的，但当时北洋政府自停兑令下达后，财政和金融已陷入紊乱，应付不暇，对此并未追究，段祺瑞在 20 日复电中说："前因金融紧迫，逼不得已，停止兑现，原为暂时救济之计，幸赖诸公热诚维持，商民蒙福，感仰同深，京津两行现正竭力设筹款，俾资拨济，迭与财政部商酌办法，一俟筹商妥洽，即将详定办法，以付厚意而慰人心"。④ 且不探究段在骗人，但从电文的语气中，可窥见政府对中行股东联合会虽没有正式表态

---

① 中行档案：中行致财政部函件（1916 年 6 月）。
② 中行档案：中行股东联合会电文（1916 年 6 月 17 日）。
③ 中行档案：中行股东联合会电文（1916 年 6 月 19 日）。
④ 中行档案：段祺瑞复上海中行股东联合会电文（1916 年 6 月 20 日）。

承认，但至少是默认这个组织的存在了。

1916 年 6 月 6 日，袁世凯在全国一片反对声中死去，黎元洪依法继任总统。6 月下旬段祺瑞组阁，任陈锦涛为财政总长，陈锦涛任徐恩元为中行总裁。徐恩元 1914 年在财政部任制用局局长时，未得中行总裁同意，越权与美商订印钞票价值 200 万元之巨，并一律加印"昭武"，为复辟帝制做准备。当时中行所拨股本不及 300 万元，此举竭全行股本 2/3。洪宪帝制失败，所印钞票即成废纸，当时便遭中行与时论的讥评。① 现政府任命徐为中行总裁，消息披露，舆论哗然。中行股东联合会首先起来反对。30 日，该会直接致电徐恩元，讽其自动下台，并特声明，对政府的决定，股东联合会"万万不能承认"。② 同时又多次致电财政部，指出任徐为总裁"舆论反对甚烈，敝虑其不得社会信用，妨碍银行进行"，请政府"俯采众意，设法挽回"，③ 但未得回复。

一波未平一波又起，7 月初，徐恩元又擅聘北京英商麦加利银行经理卢克斯（Sidey Edward Lucas）为京行副经理，年俸 3000 英镑，津贴 1000 英镑，合同 5 年。此举又把中行股东联合会反对徐恩元上台的斗争推进了一大步，该会又一次致电政府，指出国家银行"实操全国金融命脉……况中行副经理操全行实权，一旦被外人插足，其结果非特监督财政而已，流弊殆不忍言"，要求政府慎选贤能，速筹补救。④ 与此同时，中行总管理处高级职员中，总稽核卞寿孙、总司账谢霖、总司券范磊等亦联合致函徐恩元，提出质问，指出京行为国库总枢纽，今外人据副经理之位，将毫无遗漏地了解我国财政的内情；总统府高等顾问莫理循（George Ernest Morrison）、盐务署会办丁恩（Sir Richard Morris Dane），最高年俸和津贴亦不过 4000 英镑，今中行一副经理与之相等，卢克斯的名望、才干是否有过人之处？前总裁孙多森虽任意人白雪利（Gaspero Passeri）为稽核、英人麦云为会计，但仅用其技术，未授实职，副经理掌管业务大权，且合同又未明定卢克斯权限范围，为此，"特函请训示，以释群疑"。徐却一意孤行，并对周围的人不信任，7 月 26 日，卞、谢、范三人愤然辞职，副总裁陈威早与徐不合，也同时引退，财政部改派愈凤韶为副总裁。⑤ 徐恩元对中行股东联合会及中行职员的反对，采取了以下反击措施：

一是把 1914 年与美商订印纸币一事，归咎他人，登报公布，公开为自

---

①　北洋政府财政部档案：国务院致财政部函件（1916 年 6 月）。

②　中行档案：中行股东联合会致徐恩元电文（1916 年 6 月 30 日）。

③　中行档案：中行股东联合会致陈锦涛总长电文（1916 年 7 月）。

④　中行档案：中行股东联合会致国务院电文（1916 年 7 月）。

⑤　姚崧令：《中国银行二十四年发展史》，第 39～41 页，台北传记文学出版社 1976 年版。

己辩护。

二是指责中行股东联合会为非法组织，要求政府不予承认并加以遣散。徐恩元此计亦告落空。

徐恩元的第三个措施，是他一手制造的张嘉璈调任事件。

1916 年 12 月 7 日，徐恩元对上海中行采取报复行动，他认定张嘉璈为抗拒停兑命令和反对他上台的主动人，便借故重庆分行经理位置开缺，升调沪行副经理张嘉璈为重庆分行经理，实为分散沪行力量，借此打击中行股东联合会和张嘉璈本人。结果反把中行股东联合会反对徐恩元的斗争推向高潮。

8 日，张謇以个人名义首先致电段祺瑞和陈锦涛，指出自停兑以来，全赖沪行艰苦支撑，保全半壁，宋张两经理有功于行，为国计为行计正宜久任。① 9 日，在沪的进步党首领、曾推荐张嘉璈（系进步党人）为沪行副经理的梁启超，亦致电段祺瑞，指责徐恩元此举"恐系别有用心"，"伏乞严饬该总裁，不得任意颠倒扰乱行务"。② 上海中行经理宋汉章指责徐恩元此举"纯系报复行为"，愤然提出辞职，襄理（营业主任）胡稄芗不仅不愿就任副经理，也同时提出辞职。12 日，中行股东联合会致函宋、张，不得擅离职守，同时该会还致电在南京的副总统冯国璋、江苏省省长齐耀琳等，要求为之呼吁。③

13 日，冯国璋致电院、部，为张嘉璈开脱责任。④ 同日省长齐耀琳也请求缓调张、留任宋，"实于沪市大有裨益"。⑤

与此同时，中行股东联合会致电政府，指责徐私心自用，要求"严饬徐恩元，取消迁调之令"，如政府"优容不加制止，则金融扰乱，恐不仅东南一隅受其荼毒，势将延及全国"。⑥ 14 日，该会为了促成政府严饬徐恩元撤销调令，采取更为激进的措施，以该会的名义，提出撤出中行所有商股，并向上海地方审判厅提出假扣押京行在沪存款，作为商股抵押品。上海地方审判厅根据政府民事假扣押处分及假扣押暂行规则，受理此案，按已交商股 2,312,500 元，命沪行现任正副经理宋张，将京行存款项下提存现文 2,312,500 先行假扣押；如要求撤销本案假扣押之决定，中国银行应照规则第九条担保如数银洋方能照准。⑦ 中行股东联合会如此大胆举动，使这场反

---

① 中行档案：上海张謇电文（1916 年 12 月 8 日）。
② 中行档案：上海梁任公电文（1916 年 12 月 9 日）。
③ 中行档案：中行股东联合会电文（1916 年 12 月 12 日）。
④ 中行档案：南京冯国璋副总统电文（1916 年 12 月 13 日）。
⑤ 中行档案：南京齐耀琳省长电文（1916 年 12 月 13 日）。
⑥ 中行档案：上海中行股东联合会电文（1916 年 12 月 13 日）。
⑦ 中行档案：上海地方审判厅民事决定（民国五年声字第一五五号）。

调任斗争进一步升级，北洋政府当局为之惊骇。

当局最初尚无更改调令之意，14 日陈锦涛在复宋汉章的电文中态度显得强硬，① 徐恩元则要求政府"迅饬江苏地方长官转饬上海道尹"，解散中行股东联合会，并以中国银行总行的名义对上海地方审判厅违法受理假扣押一案提出抗告。② 中行股东联合会面对重重压力，仍未做出让步。而此时正近年关，上海市面银根日紧，提款兑现者日形增加，眼看将再次酿成风潮；外国银行为维护自己的利益，也扬言将出面干涉，形势对股东联合会有利。早在 12 月 13 日，调任风潮肇始，财政部就委派前驻沪中行监官陶湘前往调查。19 日陶湘将在沪调查情况电告陈锦涛，称："沪行调换副经理，日来报纸登载，市面渐起恐慌，必酿风潮，闻已在法厅起诉，将来内情暴露，恐愈不可收拾，望速收回前命，和平解决。"③据此，财政部不得不放弃解散中行股东联合会的打算，采纳和平解决的建议。20 日，财政部以年一分六厘公债300 万元提供担保，撤出京行在沪被扣押存款。中行股东联合会因内部分裂，加之该会未得合法地位，缺乏号召力，故对政府提出的和平解决也做出积极反应。徐恩元也觉解散股东联合会的目的不能达到，形势对他不利，在各方的压力下，不得不撤销调张的命令，让张仍为沪行副经理，风潮因而平息。

三、中国银行的则例修改

修改中行旧则例，是中行与北洋政府财政分离、摆脱政府控制的关键一着。中行初创，基本是官股，故则例的官气很浓，随着中行的发展和商股的增加，旧则例的官方束缚已日益显露出弊端，对旧则例的修改，便提到议事日程上来。

（一）第一次修改（1915 年 9 月）

自 1912 年中行成立后，至 1915 年行务有较大发展，但由于财政窘困，至 1914 年底，政府仅拨到官股实际不到 300 万元。④ 既然财政无从拨款，要发展行务，惟有募集商股，故在 1915 年 9 月招商股之前，对中行则例进行了修改。经参议院议决通过，9 月 13 日由财政部公布施行。这次修改则例的主要内容有：

---

① 中行档案：陈锦涛复宋汉章电文（1916 年 12 月 14 日）。
② 中行档案：徐恩元致大总统、总理及财政总长函件（1916 年 12 月 18 日）。
③ 财政部档案：派往上海调查者陶湘致陈总长电文（1916 年 12 月 19 日）。
④ 中行档案：中行业务情形。

第一，原例第十六条规定，"总裁副总裁简任；董事监事由股东总会选任，非有 50 股以上之股东，不得充任董事监事"。新则例将 50 股改为 100 股。

第二，原例第二十一条规定："总裁遇有董事监事全体或股东总会会员 50 人以上，并占有股份全额 1% 以上者，因重要事件，请求会议，可招集临时股东总会"。新则例将 1% 改为 10%。

第三，原例第二十二条规定："股东会员之投票权每 10 股有投一票之权，百股以上每 50 股递增一权"。新则例改为百股以上 30 股递增一权。

第四，原例第二十九条规定："本则例关于股东之规定，自招满 1 万股起发生效力"。新则例改为自招满 10 万股发生效力。[①]

可见，这次则例修改的重点是削减了一般商股的权力，而扩大了大商股的权力，以刺激股东大量购股。虽然这次则例修改在摆脱政府控制方面没有实质性的进展，但为添招商股开了新风，客观上构成了商股与官股的对立。

（二）第二次修改（1917 年 11 月）

伴随着停兑风潮的出现和京钞整理多次失败，中行与一般社会舆论深感财政挤压银行之严重恶果。要整理京钞，就必须停止垫款，要停止垫款，就必须修改中行则例。1917 年 10 月，早年曾留学日本庆应大学的中行副总裁张嘉璈，特邀他的业师、日本庆应大学教授崛江归一来华，与之商讨则例修改问题，企图寻找一既符合中国现状、又有英格兰和日本中央银行优点的则例。[②] 1917 年 11 月 5 日，中行呈文财政当局，提出了修改中行则例的原则和草案。当时在任的财政总长梁启超积极支持此项修正案，财政部速将修正案呈交大总统。由于当时新国会尚未成立，因此修改后的中行则例，便直接由大总统在 11 月 21 日以第二十五号教令公布施行。与 1915 年 9 月第一次修改后的则例比较，此次修改的主要内容如下：

1. 原例第二条规定股本总额为 6 千万元，计 60 万股，政府先行认垫 30 万股，余数由人民认购。现改为股本总额 6 千万元，"先招 1 千万计 10 万股，政府得酌量认购，以资提倡"。

2. 删除原例第三条："中国银行由政府先交所认股份 1/3 以上，开始营业"等语。

3. 原例第十六条规定："总裁副总裁简任，董事监事由股东总会选任。非有 100 股以上之股东不得充董事及监事。商股未招满 10 万股以前，前项

---

① 中行档案：民国二年中行则例、民国四年中行修正则例。

② 姚崧龄：《中国银行二十四年发展史》，第 49 页，台北传记文学出版社 1976 年版。

职员资格，暂不适用"。删改为："董事监事由股东总会选任，总裁副总裁由董事中简任，非有 100 股以上之股东，不得充董事及监事"。

4. 原例第十七条："总裁副总裁以 5 年为一任，董事以 4 年，监事以 3 年为一任"，现改为"总裁副总裁任期以董事之任期为限，董事以 4 年为一任，监事以 3 年为一任"。①

由此可见，以上中行则例修改，主要集中在两个方面，一是股本总额 6 千万元，先招 1000 万元。它实际上确认了不论官股商股，只要招满 1000 万元，便可成立股东总会。同时，使中行的股本规定与实际相符，有利于巩固中行信用。二是总裁副总裁由董事中简任，任期 4 年。如前所述，中行总裁随财政总长的进退而更换，而总裁变更，大小行员又随之变换。每更改一次，各地必起一度恐慌，"人人怀五日京兆之心，敷衍塞责，行务之不能进步，此其一大原因"，②尤其是政府简任的总裁，对政府借款，唯命是从。这项修改，一方面政府仍操纵了人事选举权，因为政府一般掌握一半股份，足以左右董事选举；另一方面商股虽只占一半，但所拥有股权，可能超过政府，因为商股股权递减率较政府股权递减率低，故董监事非得商股大多数同意，是不易选出来的，即商股可通过间接手段牵制政府简任正副总裁，尽管这种方法带有调和色彩，但这样一种机制，多少能制约政府，按多数股东愿望确定人选，稳定总裁职位。

修改则例公布后，由财政部补足 500 万元官股，同时续招商股，竟超过原定数额，总计官商股为 12，279，800 元。③根据新则例规定，1918 年 2 月 17 日，中行在京召集第一次股东总会，并选出第一届董事、监事会。政府从所选董事中简任王克敏、张嘉璈为正副总裁。

中行则例重新修改成功，在中行发展史上具有十分重要的意义，为以后逐渐摆脱北洋政府的控制奠定了法律基础。但是这个新则例，按国家法律程序，应经国会议决才能成立，由于当时旧国会业已解散，新国会尚未成立，故是一个未通过立法程序的法案。财部早在呈文修改则例案中也曾提到："俟国会成立后，再咨交追认"。④后来安福系便借此掀起了一场恢复旧则例风波。

（三）维护新则例——中行与安福系的几次较量

1918 年新国会成立，参众两院席位主要为安福系所控制，故人们称这

---

① 中行档案：民国六年中行则例修改案。
② 《银行周报》第 96 号，第 10 页。
③ 中行档案：中行业务情形。
④ 中行档案：财政部呈文修改中行则例案（1917 年 11 月）。

届国会为"安福国会"。安福系是以段祺瑞为首的皖系军阀所控制的政客集团，是段祺瑞为了控制当时的立法机构——国会而成立的。安福系早就对中行垂涎三尺，此时便借掌握立法权的方便，企图把中行据为己有。他们知道，要控制中行，首先就应该恢复旧则例，才可以轻而易举地把中行大权夺过来。因此，他们紧紧抓住则例问题不放。中行便与把持国会的安福系以则例问题为中心展开三个回合的较量。

1. 第一个回合——恢复旧则例

安福系之所以迫不及待地要控制中行，在于募聚其从事党派活动的经费。当时北京的政府机构，每月至少需700万元开支，海关盐余款只有500万元，其余200万元，须在中交两行借款开支。中行自执行新则例以来，限制和抵制了政府借款，并迫使政府宣布不再要中交两行垫款。新国会成立后，安福系议员深感活动经费短缺，他们了解到中行1918年净赢利579万元，除提存准备200万元以外，尚余379万元为股东行员之余利；① 而此时南北局势，不战不和，旷日持久，安福系认为："不可无闭门自活之准备"，② 他们死盯着中行这部分余利，"欲得大宗之金钱，非拿到国内绝大之金融机关不可"，③ 以便为下届竞选获胜做准备。

1919年2月28日，众议院议决恢复民国二年中行则例咨送参议院；4月26日参议院开会，由胡钧、吴宗濂等议员提出恢复旧则例议案，指责新则例不是正式通过的法案，而是以"命令变更法令"，并以不足法定人数宣告延会；④ 28日众议院开会，复由郑万瞻等提出议案，虚报人数，匆促通过，咨达参议院；6月14日参议院开会，一日三读，强行通过恢复中行旧则例案，即日咨达政府，让其实行。当消息传出，群情激愤，反对之声四起。财部两日之间收到电报20余起，词意极为激昂。按法律规定，议决案咨达政府，如10日之间不驳回复议，即是政府默认，便无可挽回。⑤ 为此，中行股东全力以赴，舍命力争。

中行方面采取的主要策略和步骤有：第一，集会、发电、撰文登报抨击和反对，造成浩大声势；⑥ 第二，主张坚决维护新则例，提出中行全改商办；第三，有人主张如果斗争无效，则以撤离股份、提取存款、兑换钞票等办法对抗；第四，有人主张把中行总管理处迁往上海，摆脱政府直接控制；

---

① 《银行周报》第96号，第16～17页。
② 《银行周报》第104号，第46页。
③ 《银行周报》第96号，第16～17页。
④ 《银行周报》第97号，第10页。
⑤ 《银行周报》第104号，第45、47页。
⑥ 《银行周报》第97号，第17～19页。

第五，成立股东联合会，金融维持会，联络社会各界维护行基对抗政府。①

恢复旧则例遭中行拥有 10 万余元股股东的反对，10 余省商会及舆论界的指责，人心浮动，局势不稳，有鉴于此，总统徐世昌，不得不叮咛财政当局审慎处理。政府当局一面复电各地中行，对两院议决案不予公布；另一方面派人与中行谈判周旋，企图找到两全其美的妥协办法。

眼看恢复旧则例将酿成巨患，危及整个金融界，"外国银团、领事团、军政府、和平期成会、各省商会、农会、省议会等均以利害攸关，未可漠视，迳电府、院、部，请求维持；总统、总理亦以舆情激忿，颇为感动"②，向安福系暗示难以接受议案，面对如此强大的压力，安福系不得不转守为攻，向中行重提有利于自己的条件。斗争结局，新则例的基本政则仍旧维持，以增加中行股本至 3000 万元，让安福系得以购买部分股票了事，③ 这又为以后的斗争埋下了伏笔。

2. 第二个回合——查办中行案

1919 年 12 月 17 日，议员陈嘉言、王伊文等借口中行正副总裁在发行 7 年公债中贪利、违法、渎职、殃民等事，要求政府派员查办。④ 当时已近年关，总统徐世昌担心金融恐慌危及政局，便派总理靳云鹏审慎办理。王伊文等即去谒见靳，提出让安福系派员协助查办，靳担心安福系插手，将扩大事态，故婉言拒绝。

安福系挑起这桩事件有两重用意，一是企图重治不驯服的中行正副总裁，进而达到控制中行的目的，二是即便达不到前一目的，至少使中行信用扫地，以便将来他们有取代的机会。当他们见不能直接插手查办中行案，便转向社会制造舆论，渲染中行正副总裁的舞弊行为。对此，中行一面呈文财政当局，要求尽快调查，以免损害中行信用。⑤ 一面将 7 年公债出售和收回京钞经过，以及当时财政部历次到行审核情况，于 12 月 23 日一一登载于北京各报。政府调查结果并没有获得舞弊贪污之确实证据，王伊文等控告并非确实，安福系的阴谋又告破产。

3. 第三个回合——安福系进入股东会捣乱

经几次失败，安福系对中行已无力发动正面进攻，他们便转而借助自己手中购买的中行股票所拥有的股权，以"孙行者钻进铁扇公主肚皮"的战术，准备列席下届股东会，在中行内部，展开最后一次较量。

---

① 《银行周报》第 104 号，第 26 ~ 27 页。

② 《银行周报》第 105 号，第 47 页。

③ 姚崧龄：《中国银行二十四年发展史》，第 44 ~ 45 页，台北传记文学出版社，1976。

④ 同上书，第 46 页。

⑤ 中行档案：中行呈财政部文（1919 年 12 月）。

1920 年 4 月 24 日，中行在京召集第三次股东总会。会前安福系曾向财政部提出要求，在选举修改中行章程起草委员会的 5 人中，安福系应占 3 人，不许增加商股，由股东直接查账，财政当局对此并未做正面答复。①

会议期间，到会安福系股东突然提出决算报告不详细，肆意干扰会场，要求延期会议。而多数股东反对延期，认为本年报告实较上年有所改进。争持不下，大会主席主张投票表决，安福系股东黔驴技穷，甚至使出暴力手段，殴打投票股东。②

由于安福系的一再捣乱及其他原因，会议时停时续。此时外界政局也发生很大变化，7 月中旬，爆发直皖战争，皖系节节败退，安福系的地位一落千丈。29 日股东总会继续开会，选出 11 人修改章程起草委员会。其中虽有安福系代表 3 人，但就在当天，政府下令通缉安福系徐树铮、段芝贵等重要分子，后台倒坍，议员也销声匿迹，由安福系所掀起的修改则例风波到此结束。

新则例风潮发生在中行与国会安福系议员之间，实际上体现了中行与把持朝政的皖系军阀之间的矛盾。斗争的焦点是维护中行新则例还是恢复旧则例，实质则是中行是相对独立于政府还是完全受制于政府。由于府院内部交织着军阀及政治派系的复杂矛盾，谁都嫉妒对方控制中行，相互倾轧、相互抵消力量和相互钳制，从而使中行能够利用派系之间的矛盾，尤其是政府与国会的矛盾，来应付安福系所掀起的风潮。安福系在每一个回合中都以失败告终，而且斗争的规模日益缩小范围，这种情况是与皖系在军事上、政治上日趋衰落成正比的，故新则例风潮最终随直皖战争中皖系的失败而结束。这次风潮，中行基本上取得了维护新则例的胜利，为以后相对独立发展、巩固信用、扩张业务、吸引商股投资打下了基础，同时也为内部的协调和完善创造了有利条件。然而，在这次风潮中，中行在经营活动上受到一定程度的影响。

四、中行自身变化及其与北洋政府分道扬镳的趋势

（一）中行官商股份结构变化概述

1912 年 2 月，上海中行初创，南京临时政府财政并未拨给官股，它是在清查大清银行资产的基础上开业，此举不单是由于当时财政窘迫，而且也反映了临时政府同意中行完全商办的主张。6 月北洋政府财政部宣布将大清

---

① 姚崧令：《中国银行二十四年发展史》，第 47 页，台北传记文学出版社，1976。
② 中行档案：在京桑铁珊等股东代表致上海中行电文（1920 年 4 月 25 日）。

银行官股取消，用于补偿各分支行战争损失，商股 500 万两和商存 670 余万两，均归中行负责分期归还，通过一清两还，划清了中行与大清银行的界限，从股本上或资产负债上割断了中行与大清银行的直接联系。7 月，为开办京行，财政部拨到第一批股款计银 50 万元。1913 年 4 月政府正式公布中行则例，但因财政奇乏，仅拨到现款约 250 万元，两批股款实际只有 2930587 元，[①] 不及则例规定股本总额 6000 万元的 5%，也不到则例要求政府先垫股款 1000 万元的 30%。1914 年 6 月 1 日，中行总裁汤睿呈文财政部，请续拨官款，以固中行信用，[②] 结果财部拨给无市价元年 6 厘公债 1000 万元，作价 700 余万元，凑足 1000 万元之数。按各国通例，凡以财产（包括公债等有价证券）入股，须经股东会讨论决定，但中行此时并无股东会，自然听任处置，致使股本构造很不健全。7 月中旬财政总长周自齐呈请政府将中行直隶于财政部。1915 年上半年财部又以大清银行资产抵交股本 1281000 元。[③] 直至 1915 年 9 月以前中行股本都为官股，故这一时期不论是则例的制订、总裁的简任，机构的设立和行务的处理，均在政府的严格控制之下进行，中行无异于财政的附庸，这一时期也是中行官气最浓的时期。

　　1915 年 4 月，李士伟任中行总裁，变更中任直隶财政部的办法；9 月，为招商股修改了中行则例，制订招募商股章程，拟定先招商股 500 万元，是年底共收商股 2312500 元。[④] 这是中行自产生以来，股本中第一次加入商股，从此中行股本出现了官股与商股的对立，在中行与政府的关系中，出现了商股股东与北洋政府的矛盾，即出现了抵制政府干扰行务的力量。中行商股股东为了自身的利益，要求按照银行的原则经营业务，抵制政府的干扰和控制。1916 年 4 月，面对险峻的形势，上海股东便自发组织中行股东联合会，后来成功地抵制了北洋政府的停兑命令，在南方巩固了中行信用。中行反对政府控制和要求相对独立发展的斗争，也正是从这里开始的。接着在 6 月联络各地股东，在上海成立了股东联合总会，该会在反对政府任意安插不符合自己意愿的总裁徐恩元、反对调离张嘉璈的斗争中，起了中坚作用。

　　1917 年 7 月，中行呈文财政部要求拨足官股，并对政府以公债入股一事提出异议："惟银行创立伊始，基础薄弱，似未便以巨额之债票，充做资本，足严格论之，即中国银行股款并未交足，根本不能成立"。[⑤] 11 月在中行的一再要求下再次修改则例，规定招足 1000 万元（不论官股商股）便可

　　① 中行档案：中行业务情形；《中国银行行员手册》第 1 页。
　　② 中行档案：中行总裁汤睿呈财政部文（1914 年 6 月 1 日）。
　　③ 中行档案：中行业务情形。
　　④ 中行档案：中行业务情形。
　　⑤ 《银行周报》第 26 号，第 22 页。

召开股东会；正副总裁由董事中简任。随后财政部补交现金 719000 元，凑足官股 5000000 元，并将原来作价充股的元年公债全部撤出，原拟招商股 1956700 元，凑足 500 万元，结果招收 3636500 元，超 2273800 元，商股超过官股，中行股份结构第一次发生明显变化。1918 年 2 月，根据新则例规定，中行第一次召开了股东总会，并选举出第一届董事 9 人。27 日在第一次董事会上，会议主席王克敏宣布："本主席于数年中所希望之董事会已于今成立，实可欣幸，以后关于一切行务，均赖董事会整理。"①同时政府从董事中简任王克敏、张嘉璈为正副总裁，这次则例修改，为中行摆脱政府控制，走向独立，迈出了关键的一步；政府只能从董事中简任正副总裁，这对中行避免政潮影响，牵制政府对中行神经中枢的控制起了十分重要的作用。尤其是股东总会的召开和董事会的产生，使股东有了发挥权益的机构，取得了与政府合法交涉的地位，从而结束了中行股东过去主要依靠民间性股东联合会组织与北洋政府斗争的时代。因此，中行则例的修改、股东总会的召集和董事会的产生，可以看做是中行自身组织发展的一个转折点，标志中行自民国成立以来，逐渐完成了由官掌大权的名义股份有限公司向实际的股份有限公司的转化。在中行发展史上有人曾把 1912～1917 年 11 月以前划为"政府任命制时期"，1917 年 11 月后～1926 年称"选举制时期"，②这不是没有道理的。

在中行董事会总处及股东们的多次限制和反对下，终使财政部声明从 1918 年 10 月 12 日起不再要中行垫款，为整理京钞争取关键的一着；接着又成功地反对了安福系议员恢复旧则例、查办中行案等种种损害中行的行为，显示了较为雄厚的斗争实力。

京钞问题使金融和财政陷入混乱，在中行的要求下，北洋政府先后以 7 年长短期公债和 9 年金融公债结合定期存单，才基本完成整理。为使中行恢复元气，1921 年 4 月下旬在中行股东会上，对中行章程进行修改：增加股本为 3000 万元，即续招股本 17720200 元，先招 7720200 元，凑足 2000 万元；对股东投票权除原则例规定外，增加：每一股东之权数，不得超过 1500 权，每一股东以一票为限，出席股东之代理投票权不得超过 10 股；董监事以得 2/3 权数者，始能当选。③旨在进一步扩招商股和完善股东会的选举制度。8 月 1 日登报招股，副总裁张嘉璈特赴上海劝募，浙江兴业银行、浙江实业银行、上海商业储蓄银行，上海证券、金融、面粉、粮食等交易

---

①　中行档案：董事会第一次会议记录（1918 年 2 月）。

②　《中国银行大事记》（油印本），中国人民银行上海分行藏档。

③　姚崧令：《中国银行二十四年发展史》，第 53 页，台北传记文学出版社，1976。

所，中新、宝成等纱厂，共认股 200 万元左右，另散集 100 余万元；京津及其他地方亦募得 200 万元，截至 12 月底，共招股款 5908800 元，1922 年又招 1481500 元，股本总额此时共达 19760200 元。[①] 由于招股过程中遭遇上海"信交风潮"和"津口券挤兑风潮"的打击，致使中行股票价跌，故未达到原定招足 2000 万元的目的。

在商股逐渐增加的同时，官股却在不断减少。中行原有的 500 万元官股，到 1923 年底，只剩 5 万元了。值得注意的是，自津口券挤兑风潮后，中行遭受沉重打击，元气未复，而此时政府贸然出售大宗官股，对中行很为不利，表现在：第一，因政府登报出售大宗官股，引起人们疑惧，使中行股票价格下跌，"日价乃日以贬损"；[②] 第二，财部积欠中行大笔借款，"官股股息向来扣抵部欠，经部复准有案"，官股出售，财部抵偿中行积欠部分减少；第三，官股过户为商股，中行增加股息负担，照中行章程规定，官股正息为四厘，商股正息为七厘。股息增加，纯益必然减少，正如一董事对官股过户一事指责政府，"本行历年代部垫款过多，且调换以后，正息增多，值此营业不甚发达之时，实难增加负担"。[③] 总之，财政部"趁人之危，投石落井"，出售和调换大宗官股，无疑又给中行增加负担。但是，由于官股的出售，使中行的股本结构发生了巨大变化，有利于中行摆脱政府的控制，朝完全民营的有限股份公司过渡，商股因而占绝对优势，从而为中行走向相对独立发展提供了经济基础，也为中行与北洋政府分离提供了条件。

官股逐渐减少和商股逐渐增加，是中行股本结构变化的基本趋势。由此可见，1916 与 1917 年之交，为中行官股与商股地位发生根本变化的交叉点。由纯粹的官股走向几乎完全的商股，是中行逐渐摆脱政府控制而迈向独立发展道路的主要标志之一。

（二）　中行性质的分析

由于中行与北洋政府相互依赖又相互冲突的错综复杂关系，而中行又处在不断地发展变化过程中，故给对中行的类型、形式及其性质的分析带来困难。下面就这些问题略谈点看法。

1. 关于中行的类型

中行虽原则上规定为北洋政府的中央银行，但由于当时历史条件的限

---

① 中行档案：中行业务情形；姚崧令：《中国银行二十四年发展史》，第 64 页，台北传记文学出版社，1976。

② 中行档案：董事会第七次通常会议记录（1922 年 4 月）。

③ 中行档案：董事会会议记录（1922 年 2 月）。

制，中行并非成为真正意义上的中央银行，这是因为：

第一，中行在北洋政府统治时期，没能完成统一币制的使命，因而也没能控制或独占发行权。中行建立的目的之一是统一币制，确定单一本位制。虽中行初期在整理各省钞券、统一杂色银元、推广发行上有些成效，并在1914年试行在全国各县设货币交换所，专事发行各地地名券，先在京兆直隶各县试办，取十足现金准备制，后因开支繁浩，未及半载停办，此次统一币制之初步尝试以失败告终。① 而自1916年停兑后，各地分行自保，并与当地独立半独立状况相联系，自成一体。加之财政告匮、军阀混战，统一币制成为泡影。虽政府曾颁《取缔发行条例》，并经几次修改颁行，但在那兵荒马乱的年代，自然无法执行。币制未统一，中行自不能执行控制或独占发行权的中央银行职能。

第二，一般说来，中央银行为一国最高金融机构，控制一般银行，执行货币政策，不经营普通银行业务，是"银行的银行"。在北洋政府时期，政治上的分散性和币制的不统一，使中行没有条件成为能控制一般银行的最高金融机构，即使是中行内部，停兑后形成的分行相对独立状况，破坏了中行原来的总行制，总行也不能完全控制各地分行。中行也像其他商业银行一样，经营普通银行业务，以追逐更多的利润为目标；它也无法对其他商业银行行使监督权。它对金融市场的控制和调节十分有限，故还称不上是执行货币政策的银行和银行的银行。

第三，一般说来，中央银行办理对各银行的融通资金业务，称为"最后通融者"，如果商业银行遇有资金周转不灵，用已贴现的票据请求中央银行再贴现，中央银行也就通过"再贴现率"来控制和调节信用。在当时中国商品经济十分落后的情况下，国内银行界贴现业务本来就很不发达，② 对中行来说，更谈不上利用"再贴现率"来控制金融活动了。由于中行无能管制全国信用，也就无法执行中央银行主持全国各银行的清算职能。

但又要看到，中行又具有中央银行的某些职能，即代理国库，对政府融通资金，收存款项，并承担发行公债、库券之责，服务于政府财政。由此可见，中行不是真正意义上的中央银行，而是既有中央银行性质，又兼有商业银行性质的国家银行，中行自身的这种两重性，在当时历史条件下，具有向商业银行或向中央银行发展的两种可能性。当北洋政府面临崩溃之际，中行转变业务方针，试图向商业银行转化，但随后又落到国民党政府手中，国民党政府曾想把中行变为中央银行，但遭中行拒绝，后发展为经营国际汇兑的

---

① 中国银行总管理处编：《中国银行发行史略》（油印本），中国人民银行上海分行藏档。
② 马寅初：《中华银行论》，第7～8页，商务印书馆，1929。

特许银行。

　　2. 关于中行的股份公司形式

　　中行则例规定，中行为股份有限公司，官股商股各占一半。我们不能因此断然称中行为有限股份公司或官商合办性质，因为则例条文的规定与现实中的中行发展并非一致。从北洋政府时期的中行发展过程看，在前期、中期、后期情况都不一样。在前期（1912～1915 年 9 月），中行股本是清一色的官股，也无股东会、董事会之类的组织机构，故这一时期的所谓股份有限公司是不存在的，实质是官办银行。中期（1916～1922 年）中行则为官商合股形式的有限股份公司，与洋务运动中的官商合办形式不同，它具有发挥股东权益的股东会、董事会组织机构，并能在一定程度上抵制来自官方的干扰。如：1918 年 2 月第一次股东总会上就中交合办的新华银行招添商股问题，曾议决因该行储蓄票尚未办完竣，应俟办理完后再酌量招股。而新华银行避开中行，经由财政部呈请大总统核准添招新股。此举与中行股东会议决案"颇有冲突"。中行董事会认为，其影响所及，"将来董事会议决之案财政部亦可推翻，殊与本会职权大有关系"，"以后本会议决案件设如财政部呈请大总统核准即可推翻，岂非将本会职权完全打消"，因而责成总管理处将此案通知财政部。[1] 可见这与洋务运动中官商合办企业仍是官掌大权、商股难以发挥权益的状况比较，是一大进步，故此时衙门式的经营方式在中行表现较少，这也是中行在当时环境下能够成功的主要原因之一。在后期（1923～1926 年），随则例修订，官股逐渐减少到只占 2.53%，以及随着业务方针逐渐由政府转向商业，中行几乎成了完全民营有限股份公司。但它并没最终完成向完全的民营股份公司的转化，始终拖着官股的尾巴，享受各种特权。由此观之，在中行的发展过程中，我们看到了这个企业的组织形式经历了由官办到官商合股有限股份公司再到不完全的民营有限股份公司几种形式。中行的组织形式及其企业性质的变化，是与中行逐渐摆脱政府的控制、走向独立的趋势相吻合的。

　　3. 关于中行的资本性质

　　以上仅从中行的组织形式论其企业性质，下面将进一步从作为价值形态的资本性质进行分析。不言而喻，中行资本是以经营货币为手段来尽可能获得更多利润的近代金融资本。但是作为生息资本，它却有不同的特点：

　　第一，它不同于一般资本主义国家的借贷资本。首先，它不是直接从产业资本中分离出来的，而主要是依靠政府财政拨款和清理大清银行的基础上建立起来的。其次是在其发展过程和经营活动中，它的业务对象主要是政

---

① 中行档案：董事会第四次会议记录（1918 年 3 月）。

府，很少直接放款产业，即以借贷资本的形式放给职能资本家使用。放款政府在最高年份（1918年）几乎占总放款的80%，1917～1924年对政府放款均在50%～70%，除去同业及其他方面放款，估计对商业、工业放款最多在25%左右，并且这些放款多采取间接形式，如通过钱庄买进一些远期期票等。因此，中行的放款未能真正起到借贷资本的作用。交给职能资本家进入生产领域，再从中分割剩余价值。而放款政府的这些资金并非用于发展生产，而是用做军政费用，即用于统治人民和进行战争，有些则流入贪官污吏的私囊，这不仅不利于社会经济的发展，相反使经济萎缩。同样，中行的利润来源，主要是通过放款政府而取得，而政府财政又是通过对广大人民的横征暴敛得来的。可见，中行利润的真正来源，不仅包含了产业工人所创造的剩余价值部分，而在当时农业占绝对优势的国内，更多地包含了农民、手工业者等劳动人民的剩余劳动所创造的产品价值部分。

第二，中行资本作为生息资本又不同于前资本主义的高利贷资本，这可从利润率中看出：

中行赢利率1920年最高为34.85%，1921年最低为3.06%，1912～1926年平均每年为16.83%。这与当时一些企业相比，属中等水平。如周学熙所主办的华新纺织公司，1920～1926年平均每年账面利润率为12.62%，低于中行水平，而申新一、八厂1916～1926年平均为20.15%，则高于中行水平。故总的看来，中行资本也难以称得上高利贷资本。虽然它有时在公债和其他证券投机中牟取暴利，但这只是中行营业的一部分。

中行资本作为生息资本既不像借贷资本，又不是高利贷资本，这是中行所处的特殊历史条件及其与北洋政府的密切关系所决定的，但不管怎样，它是在特殊历史条件下以追逐利润为目的、从事货币经营的近代金融资本。

北洋政府时期中行资本性质的另一方面问题，即它是国家资本（通称官僚资本）还是私人资本（通称民族资本）的问题。事实上，从中行发展过程和内部资本结构来考察，1912～1915年主要是财政部所拨官款，资本较为单一，这段时期可称为国家资本，而1916～1926年，它既不是完全的国家资本，也不是完全的私人资本，而是一种享受特权的混合型资本。

前面已述国家资本和私人资本即官股和商股的结构变化，这里就私人资本内部结构进行分析。在中行商股中，军阀官僚政客及买办的股本占有一定比例，如在张嘉璈调任风潮中，孙宝琦、钱能训、曹汝霖、萨福懋等官僚政客曾代表11942股呈文大总统，请求解散上海股东联合会。① 又如熊希龄、周学熙、虞洽卿、王克敏、吴鼎昌、杜月笙、孔祥熙等官僚买办相继购股，

---

① 中行档案：孙宝琦等十二人呈大总统文（1916年12月18日）。

握有较多股权，他们在中行商股中具有较大实力，这样一些投资者，可称之为中行商股股东上层，与政府联系密切。但中行商股中，中小商股占的比重较大。从户数上看，百股以下的占95.56%，百股以上只占4.44%，而从股数上看，百股以下占57.53%，百股以上却占42.47%。且从拥有投票权看，10股至99股的占55.55%，百股以上的占44.45%，可见，尽管中行则例修改后，政府仍有从董事中简任正副总裁权，但中行中小商股对董事人选掌握较大的决定权，而大股东未能在中行构成绝对优势来直接影响和决定中行的活动。尤其是后期，商股内工商业、银行业资本家投资增加，更有利于中行资本朝着私人资本转化。这些变化也是与中行逐渐摆脱北洋政府的控制而走向独立发展相一致的。

五、中行业务发展方针的转变和内部整顿改革

停兑风潮及整理京钞等教训，袁世凯死后北洋政府内部的争斗、分裂和混战，南北统一的破坏，这一切使得统一财政、统一币制已成泡影，中行初建时的使命已无望实现。显然，中行如果继续依靠北洋政府这个行将灭亡的政府，自然也难逃同归于尽的命运，"故中国银行之营业方针不能不及早变更，由政府方面转移向商业方面。类如纸币之发行，不以金库支出为主，而以购买或贴现商业期票为主；顾客之招徕，不趋重于官厅之存款，而注意于商民之往来"。[①]

中行初创时期，内部体例和经营活动多承袭大清及钱庄旧制，如上海中行成立，"一切经营方式仿照钱庄的办法"，"沿用大清银行的旧例办理"。[②]以后通过调整内部机构、办事手续，改变会计方法和制度以及其他旧习，使中行逐步近代化。停兑风潮，尤其是津口券风潮的打击，使中行面临生死存亡的考验，为了恢复中行元气，使其适应营业方针的转变、增强自身实力，中行内部进行了较大幅度地整顿和改革，其主要内容如下：

（一）紧缩开支，裁减冗员

受津券风潮的影响，中行经营亏损至重，为中行前所未有。为维持中行信用，巩固行基，中行总处不得不整饬内部，大刀阔斧地采取裁减冗员，撙节开支的措施：1. 正副总裁、董事减支半薪；停止行员待遇中的劳功俸，取消年资加俸、普通奖、特别奖，每年仅有3个月的"年间津贴"；2. 将总

---

①　《中国银行民国十八年报告》，第6页。
②　聂其炜：《我和1913年的中国银行》，《文史资料选辑》第49辑，第114～115页。

管理处原有职员 300 人，裁减为 120 余人，减少 60%；3. 凡不能自负赢亏、营业清淡的分支行处，分别裁并。[①] 自实行这些措施后，总行开支由 1921 年的 450 万元，减为 1922 年的 370 万元，减少 17.8%；1923 年又减为 320 万元，较上年又减 13.5%，较 1921 年则减少 28.89%。中行总处在裁减冗员中碰到很大的阻力，然而裁员和紧缩开支，对于恢复中行元气起了很大作用。1922 年中行纯利由上年的 55 万，恢复到 136 万，1923 年又增至 151 万元。

（二）分行调整和迁入商业区

前述接管金库后，各分行均设于各省省会所在地，故行务常被地方军阀官僚干扰，现金准备常被抽空，如广州、成都、济南等行多次挤兑，其因皆出于此。此外，有些省会所在地仅为政治、军事中心，不是经济中心。有鉴于此，中行逐将一些在省会所在地为非商业中心省份的分行，相继移入商业中心；并将非商业区的原分行缩减规模，改为支行。如：安徽分行由合肥迁于芜湖，四川分行由成都迁于重庆，山东分行由济南迁于青岛，福建分行由福州迁于厦门，广东分行由广州迁于香港，哈尔滨则由支行改为分行。原设分行的省会所在地，随分行迁出后，均改为支行。这些措施有利于中行业务方针的转变。

（三）成立业务委员会

停兑风潮后，中行总处疲于整理京钞，各分行之间，谋求自保，彼此缺少联系，各行资金，无从挹注调节。1921 年 11 月津券风潮，由于从各地调借现款，厚集准备，风潮即刻平息。这件事使总行看到，全行合作有余，分立不足，只有调拨集中、抽赢济虚、统筹安排，才能应付时局。为此，1922 年春，总处征求各分行意见，拟由各行合组业务委员会，共同主持，以保障行务，但因意见分歧，未有结果。次年夏间，中行再次在济南召开临时行务会议，重提建立业务委员会。由于政潮的影响，政府对中行总处的压力，时常累及分行，此时各行经理逐渐认识到，中行要摆脱中央政府的控制和干扰，调节资金、度过难关，舍此别无他法，因而表示赞同。经一番筹备，是年冬季，成立了中行业务委员会，由各地分行经理任委员，每年举行会议一次，决定当年行务方针；规定总行不经分行同意，不得移用分行资金。这实际上使中行总处摆脱北洋政府的直接干扰，将总行权力下移，以减轻政府强行借

---

①　中行档案：董事会议案；姚崧令：《中国银行二十四年发展史》，第 57 页，台北传记文学出版社，1976。

款的压力，并有利于协调各分行的关系。"此会设立于存亡绝续之秋"，在它的调节下，使资金薄弱的京津，迅速调整内部，恢复信用。① 后因分行之间积欠本息未能偿还，发生争执，业务委员会每年一次的会议无形取消；② 在总处南迁上海之后，其权力又统收归总行，但该会在当时起了十分重要的作用。

（四）发行准备集中　设立各区域行

停兑风潮后，各行为谋当地业务健全起见，形成自保之状况。由于现款准备分散，不仅不易调节，并容易被各地政府、军阀强借，损坏发行信用。津券风潮后，各分行更觉有统筹具体办法之必要，决定采取以下方针：（1）集中发行准备于通商大埠；（2）银行钱庄共享发行之利益，共同监督发行准备；（3）总行及分行当局抱定宁可牺牲个人，不可牺牲银行利益之原则，应付军阀之筹款。③ 为此，1921 年上半年，中行曾有设置区域行之议，计划将各地分行划为四区，至 1922 年春，始见实行。四大区域划分原则：一是能实现现金准备集中商业中心，便于以商业中心为依托发展业务，并使现金保管安全；二是根据各分行间地理及业务联系。四大区域行划分如下：

第一区，沪、宁、浙、皖四分行及所属各支行，以上海行为区域行，各行改用沪钞；

第二区，津、鲁、晋三分行及所属各支行，以天津分行为区域行，各行改用津钞；

第三区，汉、赣、渝、黔四分行及所属各支行，以汉口分行为区域行，各行改用汉钞；

第四区，粤、闽两分行及所属各支行，以香港分行为区域行，各行改用粤钞。

区域行内设置总经理、副总经理，以解决一切纠纷；各行准备金分别拨存区域行，各区域行相对独立；原各分行兑换券版及颜色一律，易滋流弊，现区域行发行不同券版、颜色的钞票，以资识别。④ 区域行的设置，实际上也是中行根据当时实际情况，逐渐放弃总行制下的统一发行制度，将发行权下移到各区域行，并使现金准备集中于通商大埠，便于抵制地方政府、军阀强迫借款，代替总行在本区范围内集中发行，挹注资金，以利行务向商业方

---

① 中行档案：中行业务委员会的设置。

② 中行档案：中行行务会议议案。

③ 姚崧令：《中国银行二十四年发展史》，第 68～69 页，台北传记文学出版社，1976。

④ 中行档案：区域行设置之沿革；中国银行总管理处编：《中国银行发行史略》（油印本），中国人民银行上海分行藏档。

面转化。

（五）发行准备公开检查制的创立

前述 1921 年津行在恢复无限制兑现前，聘请英国会计师司培门查核账目，点检库存，并邀政府商界和银行、钱业公会代表到行公开检查，对稳定人心起了明显的作用。这个成功的经验，后为上海分行采用并加以发展。1924 年，当财政破产之际，因中行代理金库关系，引起社会疑惧，为巩固信用，上海分行在各行庄领用本券时，于 5 月 4 日公开准备，邀请各行庄到行检查审核，登报告布，沪钞信用更为巩固，并定期检查，成为制度。① 公开准备检查制对树立中行信用，扩大发行，起了很大作用。尽管以后军阀混战、南北战争及 1927 年武汉政府停兑汉券等，各地分行未受影响，原因在于中行信用已较为巩固。②

（六）发展外汇业务

外汇业务最初始于上海，上海中行拒受停兑令后，中行在中外商界，信用昭著，往来较繁，当时虽未在国外设立机构，但特约国外各银行代理者，为数不少。广东分行由广州迁往香港后，重视对南洋等国的外汇业务。至1927 年，中行与外通汇地点，共达 90 余处，已遍及南洋及欧洲、南北美洲，这为后来中行转向国际汇兑业务打下了基础。北洋时期，中行受政府委托经理的外债，主要有八笔，即 1895 年俄法借款和英德借款，1898 年英德续借款，1908 年津浦路借款，1910 年津浦路续借款，1911 年湖广借款，1912 年克利浦斯借款和 1913 年善后借款等，③ 经理这些外债，也必然和外汇发生联系。

（七）拒绝军阀借款

如 1924 年 10 月，第二次直奉战争，吴佩孚责令中行承借 500 万元，张作霖入关驻京，扣押中行副总裁张嘉璈，用种种威胁手段强迫中行借巨款，均遭拒绝。各省分行经理亦常遭军阀要挟，如山东分行经理汪振声，因不同意借款，被山东督办张宗昌拘留；天津分行经理卞寿孙也多次遭直隶督办褚玉璞的威逼借款；四川分行经理周询则也因借款问题，被当地军阀扣押。这些借款均遭中行拒绝。自上海抗令后，中行内部形成了一种不屈从军阀威胁

---

① 中国银行总管理处编：《中国银行发行史略》（油印本），中国人民银行上海分行藏档。
② 《中国银行民国十八年报告》，第 5～6 页。
③ 中行档案：香港银行之改组；《中国银行行员手册》第 1～4 页。

借款而尽职守的风气，"此也保全银行独立之一重要因素也"。①

由此可见，中行通过营业方针的转变和内部整顿、改革等种种措施，以适应当时的环境，增强了自我保护能力，并通过各种不同形式抵消了北洋政府的控制和压力，为中行走向独立发展铺平了道路。

结 束 语

综上所述，在北洋时期中国银行与北洋政府存在着相互依存和相互摩擦的矛盾。中行的成立和发展都是与这个政府发生密切联系的，依靠其赋予的国家银行地位，享受各种特权；中行作为国家银行，也为恢复整理北洋政府的财政，尤其是为解救财政借款垫款起了十分重要的作用。但中行所依赖的这个政府，却是一个由形形色色的军阀、官僚政客所凑合起来的政治军事集团，内部矛盾重重，战争连绵不断，政局动荡不定，并在一步一步走向崩溃的边缘，中行在发展过程中所遭受的波折和干扰，也主要来自于它所依赖的这个政府。北洋政府控制中行的目的，在于把它变成财政的附庸，作为筹措军政费用的工具，这必然激化它与中行的矛盾。在当时历史条件下，中行与北洋政府的冲突焦点，集中反映在控制和反控制的问题上，冲突的实质则是反映中行两种前途、两种命运的斗争。洪宪帝制失败，国内陷入四分五裂，北洋政府财政濒于绝境，便去挤压银行，导致1916年的报停兑风潮。在南方，由于以上海为首的中行拒受命令，使中行信用日益昭著；在北方，则酿成了京钞问题，而整理京钞一次又一次失败，根本原因在于政府继续向中行借款垫款；政府简任总裁徐恩元上台因遭中行反对，便对上海中行进行报复，企图调离张嘉璈，分散上海中行力量，结果引起风潮；一度占据国会的安福系议员，因借款未遂，企图恢复中行旧则例，将中行控制在自己手中，并挑起查办中行案；由于整理京钞所带来的银根紧缩和政府抽空中行现款，致使中行津券出现挤兑，导致津券挤兑风潮，使中行受到沉重打击。在一次又一次的风潮中，以商股股东为首的中国银行，为了维护自己的切身利益和行务，为使中行摆脱这个正走向崩溃的政府的控制，不得不一次又一次地抵制和反对政府的干扰，迫使政府修改中行则例，停止继续向中交两行借款垫款，并采取了一系列内部整顿改革的措施，增强了中行实力。终北洋政府统治之世，中行的资本结构，一反初建时期完全官股之状况，一直表现为商股比重不断增加，官股日见减少，到1923年底，商股已占股本总额的97.47%，官股仅剩2.53%。它的业务对象，也力求由政府转向商业，整个

---

① 姚崧令：《中国银行二十四年发展史》，第70页，台北传记文学出版社，1976。

中行处于转向完全民营（即商办），转向民族资本的过程中，这是当时不依人的意志为转移的趋势。

在中行与北洋政府的矛盾冲突中，中行为了联合以上海为中心的南方金融势力，逐渐形成江浙金融资产阶级集团，因此，在某种意义上可以说，江浙金融资产阶级集团的形成，是南方以上海为中心的银行势力与北洋政府矛盾斗争的产物。江浙金融资产阶级在促进中行摆脱北洋政府的控制，使中行走向独立的斗争中起了积极作用，但也正是这个金融集团，后来倒向和支持反动的国民党政府建立政权，结果使中行又沦为这个新军阀政权筹军政费用的工具。中行又与这个政权产生了新的矛盾。国民党政府曾想利用中行在社会上的信誉、将其改为中央银行，但遭中行拒绝，中行结果转向专营国际汇兑的特许银行。在宋子文任财政部长时，为了将中行大权揽到手，在中行内部培植亲信，逐渐增加官股，尤其是 1935 年，经过修改中行条例，将官股增至 2000 万，使官商股各占一半，与此同时，增加官股董事监事，排斥中行总裁张嘉璈，迫其辞职他就，将中行最高行政长官总裁制，改为董事长制，宋子文亲任董事长，将中行由民办变为"国营"，至此，中国银行便真正成为由四大家族控制的国家垄断资本，这便是半殖民地半封建社会的历史条件下中国银行的命运。

国家外汇管理局　邓先宏

汪敬虞先生主要成果目录

一、著作

1. 《中国通史》（第十册）与蔡美彪等人合著，人民出版社 1992 年版。

2. 《外国资本在近代中国的金融活动》，人民出版社 1999 年版。

3. 《中国近代经济史》1895～1927 卷，人民出版社 2000 年版。

4. 《汪敬虞集》，中国社会科学出版社 2001 年版。

5. 《中国资本主义的发展和不发展》，中国财政经济出版社 2002 年版。

6. 《近代中国资本主义的总体考察和个案辨析》，中国社会科学出版社 2004 年版。

7. 《近代中国对外经济关系史论集》（待出版，约 350 万字）。

二、论文

1. 发表于《历史研究》者有以下诸篇：

（1）1990 年第 3 期：《试论近代中国的买办阶级》

（2）1994 年第 1 期：《十九世纪外国在华金融活动中的银行与洋行》

（3）1994 年第 5 期：《中国人口的昨天》

（4）1995 年第 3 期：《十九世纪外国在华金融活动中的银行与银行团》

（5）1998 年第 1 期：《近代中国金融活动中的中外合办银行》

2. 发表于《近代史研究》者有以下数篇：

（1）1990 年第 1 期：《近代中国社会和中西关系的实质问题》

（2）1991 年第 1 期：《浅议近代中外经济关系的评价问题》

（3）1992 年第 4 期：《中国资产阶级研究的重要收获》

（4）1993 年第 1 期：《中国资本主义研究的可贵成果》

（5）1996 年第 1 期：《一部高质量的中国对外经济研究的工具书》

（6）1996 年第 6 期：《关于中国近代史研究中的殖民主义观点问题》

（7）2000 年第 6 期：《记忆犹新的回忆》

（8）2004 年第 6 期：《回首杂忆》

3. 发表于《中国经济史研究》者有以下诸篇：

（1）1990 年第 4 期：《关于中国近代经济史中心线索问题的通讯》

（2）1992 年第 2 期：《对真理探讨的执着追求》

（3）1994 年增刊：《1927 年海关总税务司安格联的去职》

（4）1995 年第 4 期：《1895～1927 年外国在华银行势力的扩张》

（5）1997 年第 1 期：《近代史上中外经济关系的全方位评价》

（6）2000 年第 1 期：《19 世纪 80 年代世界银行的下跌和汇丰银行在中国的优势地位》

（7）2000 年第 4 期：《中国资本主义现代企业产生过程中的若干特点》

（8）2001 年第 2 期：《从中国生丝对外贸易的变迁看缫丝业中资本主义的产生和发展》

（9）2002 年第 1 期：《中国现代化黎明期西方科技的民间引进》

（10）2002 年第 3 期：《广东银行研究》

（11）2003 年第 4 期：《"同治银币"的历史意义》

（12）2004 年第 1 期：《中国工业化生产力变动初探（1933～1946）》

4. 发表于《近代中国》者有以下两篇：

（1）1999 年第 1 期：《论近代中国的产业革命精神》

（2）1999 年第 9 期：《三峡第一艘轮船沉没的历史启示》

5. 发表于 Social Sciences in China 者（《中国社会科学》英文版）有以下两篇：

（1）Banks and Firms With Foreign Banking Activities in China During the 19th Century.（《19 世纪外国在华金融活动中的银行与洋行╱银行团》）

（2）1997 年第 2 期：Banks and Banking Consortiums Active in China from 1895 to 1927.（《1895～1927 年在华的外国银行势力的扩张》）

此外尚有在其他杂志上发表者，至少有两篇；在中国人民大学主办的《中国近代史》和《经济史》两复印报刊资料转载者，有 10 篇左右，不及备录。

图书在版编目（CIP）数据

汪敬虞教授九十华诞纪念文集/杜恂诚 陈争平 朱荫贵 林刚等著.
-北京：人民出版社,2007.7
ISBN 978－7－01－006374－4

Ⅰ.汪…　Ⅱ.①杜…　②陈…　③朱…　④林…　Ⅲ.汪敬虞-纪念文集；
　经济史-研究-中国-文集　Ⅳ.F129-53

中国版本图书馆 CIP 数据核字（2007）第 112016 号

汪敬虞教授九十华诞纪念文集
WANGJINGYU JIAOSHOU JIUSHI HUADAN JINIAN WENJI

杜恂诚　陈争平　朱荫贵　林　刚　等著

人民出版社 出版发行
（100706　北京朝阳门内大街 166 号）

北京瑞古冠中印刷厂印刷　新华书店经销

2007 年 7 月第 1 版　2007 年 7 月北京第 1 次印刷
开本：710 毫米×1000 毫米 1/16　印张：28
字数：513 千字　印数：0,001－2,000 册

ISBN 978－7－01－006374－4　定价：60.00 元

邮购地址 100706　北京朝阳门内大街 166 号
人民东方图书销售中心　电话（010）65250042　65289539